中共嵊州市委嵊州市人民政府大型资料性工具书

嵊州年鉴

SHENGZHOU NIANJIAN

(2017)

嵊州市地方志办公室编

国家图书馆出版社

图书在版编目（CIP）数据

嵊州年鉴.2017/嵊州市地方志办公室编. --北京：
国家图书馆出版社，2017.10
  ISBN 978-7-5013-6279-0

  Ⅰ.①嵊… Ⅱ.①嵊… Ⅲ.①嵊州市－2017－年鉴
Ⅳ.①Z525.54

中国版本图书馆 CIP 数据核字（2017）第 244425 号

国家图书馆出版社官方微信

书　　名	嵊州年鉴（2017）
著　　者	嵊州市地方志办公室　编
责任编辑	于春媚
特邀编审	夏红兵

出　　版　　国家图书馆出版社（100034　北京市西城区文津街 7 号）
　　　　　　（原书目文献出版社　北京图书馆出版社）

发　　行　　010-66114536　66126153　66151313　66175620
　　　　　　66121706（传真）　66126156（门市部）

E-mail　　nlcpress@nlc.cn（邮购）

Website　　www.nlcpress.com →投稿中心

经　　销　　新华书店

印　　装　　浙江新华数码印务有限公司

版　　次　　2017 年 10 月第 1 版　　2017 年 10 月第 1 次印刷

开　　本　　889×1194（毫米）　1/16

印　　张　　31.75

字　　数　　830 千字

书　　号　　ISBN 978-7-5013-6279-0

定　　价　　120.00 元

编　辑　说　明

　　一、《嵊州年鉴(2017)》是由中共嵊州市委员会和嵊州市人民政府组织,嵊州市地方志办公室编纂的综合性地方年鉴,是全面、系统、客观地记叙嵊州市2016年度经济、政治、文化、社会、生态建设的基本面貌及发展状况,集资料、信息和知识于一体的大型工具书。

　　二、本年鉴以邓小平理论、"三个代表"重要思想和科学发展观为指导,深入贯彻习近平总书记系列重要讲话精神,用辩证唯物主义和历史唯物主义观点、方法,实事求是地记述一年中的人、事、物,力求思想性、科学性和信息性相统一。

　　三、采用分类编辑法,设卷首、百科、卷尾3个基本组成部分和类目、分目、条目三级结构层次。卷首设彩页、中文目录、英文目录、特载、大事记、地情;百科设农林牧渔业、工业、建筑业、水利·电力、商业、旅游业、商务服务与管理、市场及管理、对外及对中国港澳台地区经济贸易、城乡建设与管理、生态环境、交通运输、邮政·电信、金融、经济管理、财政·税务、市委、市人大、市政府、市政协、民主党派·工商联、社会团体、政法、军事、科技、教育、新闻·传媒、文化、体育、医疗卫生、社会保障、社会事务、街道镇乡;卷尾为统计资料、文件目录、人物、附录、索引等,约83万字。

　　四、这部年鉴是连续出版的第十六部年鉴,在坚持年鉴内容的稳定性和连续性基础上,根据2016年度的新情况和新的国民经济行业分类,部分类目和分目作了必要的调整。

　　五、除专文外,采用记述体,力求结构严谨、文风朴实、语言简洁。

　　六、文字、称谓、数字、纪年、计量单位,按国家有关规定书写。所有数据,以统计部门提供为准,统计部门未作统计的,由各业务部门提供。由于资料来源和统计口径不同,某些数据可能不尽一致。

　　七、采用双重检索系统,书前有中英文目录,书后有索引。索引采用主题分析法,按条目主题标引词首字汉语拼音顺序排列。

　　八、本年鉴的"省"指浙江省,"嵊""市"指嵊州市。撰稿人或单位一律放在最后一个条目后。随文照片由单位提供的,不括注提供者姓名。

主　　　编	金午江
副　主　编	吕淼钦　钱徐良
编　　　辑	王和祥　袁孟梁
编　　　务	潘菊娥
文 字 排 版	嵊州市王兴图文中心

▲2月1日，寻找"最美人物"暨"美丽村嫂"颁奖典礼在市越剧艺术中心举行

▲2月14日，市委、市政府以电视直播的形式召开全市经济工作会议，上万人分别在主（分）会场参加会议

▲6 月 11 日，2016 年嵊州新城吾悦广场城市发展论坛在嵊州宾馆举行。被誉为"诗人外交家"，以幽默犀利风格闻名中外的中华人民共和国第九任外交部长、中国公共外交协会会长李肇星，受邀到访并与大伙分享他的外交故事。图为李肇星在演讲

▲6 月 28 日，全市工业经济发展大会召开。图为表彰奖励新光药业（前右一为市委书记孙哲君，前左一为市长陈玲芳，前居中为新光药业董事长王岳钧）

▲7月25日，浙锻路104国道以东主车道通车。图为浙锻路桥

▲7月30日，主题为"山水清凉地·乐游来嵊州"的2016嵊州夏日旅游嘉年华活动启动

▲10月16日，市第七届运动会开幕式在市体育馆举行

▲11月2日，527国道嵊州甘霖至黄泽段开工

▲12 月 12 日，越剧小镇举行奠基仪式

▲12 月 28 日，中共嵊州市第十四次代表大会在嵊州宾馆开幕

▲市人民医院鸟瞰

▲红杉成林

▲城南商贸区鸟瞰

▲市区鸟瞰

目　　录

工　业

建　筑　业

水利·电力

商 业

城乡建设与管理

生态环境

金 融

经济管理

财政·税务

市人大

市政府

市政协

政　法

军　事

科　技

教 育

体　育

医疗卫生

街道镇乡

统计资料

文件目录

人　物

附　录

索　引

Contents

特　载

聚力三区建设　　决胜全面小康
为打造实力嵊州　品质嵊州
魅力嵊州而努力奋斗

——在中国共产党嵊州市第十四次代表大会上的报告

孙哲君

（2016 年 12 月 28 日）

各位代表、同志们：

中国共产党嵊州市第十四次代表大会，是在顺利实现"十三五"良好开局，加快建设实力嵊州、品质嵊州、魅力嵊州关键时期召开的一次重要会议。大会的主要任务是：高举中国特色社会主义伟大旗帜，深入贯彻落实党的十八大和十八届三中、四中、五中、六中全会，以及习近平总书记系列重要讲话精神，回顾总结市第十三次党代会以来的工作，研究确定今后五年的奋斗目标和主要任务，选举产生中共嵊州市第十四届委员会和中共嵊州市第十四届纪律检查委员会，动员全市各级党组织和广大党员干部群众，扛起使命、勇往直前，为高水平全面建成小康社会、打造"三个嵊州"而努力奋斗！

下面，我代表中国共产党嵊州市第十三届委员会向大会作报告。

一、过去五年工作回顾

市第十三次党代会以来的五年，在中央、省委、绍兴市委的坚强领导下，市委团结带领全市人民，坚持"工业强市、实干兴市"工作基调，积极推进跨越发展、共创共享幸福嵊州，努力拼搏、真抓实干，较好地完成了各项目标任务，为今后发展奠定了坚实基础。

1.综合实力再上台阶。过去的五年，我们积极应对经济下行影响的挑战，主动适应发展新常态，全力以赴稳增长、促转型、抓投入、控风险，保持了经济平稳较快增长的良好态势。预计到 2016 年年底，全市地区生产总值达到 480 亿元，年均增长 7.9%，人均 GDP 突破 65700 元。财政总收入达到 48.8 亿元，其中一般公共预算收入 32 亿元，年均分别增长 9.6% 和 13.8%。完成固定资产投资 265 亿元，其中工业性投资 135 亿元，年均分别增长 17.7% 和 13.6%；社会消费品零售总额 256 亿元，年均增长 14%。城乡居民人均可支配收入分别达到 47600 元和 24500 元，年均分别增长 9.2% 和 10.1%。

2.产业结构不断优化。过去的五年，我们坚持创新引领，坚定不移推进转型升级，发展质量和效益得到提升，三次产业比例达到 8.5：49.5：42。工业强市有力推进，坚持以亩产论英雄，实施转型升级"七化"行动，加快产业提档升级。新光药业创业板上市，累计新三板挂牌 14 家、新增规上企业 300 多家、高新技术企业 311 家，累计到位外资 2.92 亿美元、市外境内资金 140 亿元，建筑业产值突破 300 亿元。入围"浙江制造"试点县市，领带产业列入国家第一批区域品牌建设试点，纺织（真丝产品）产业被授予国家新型工业化示范基地称号。平台建设力度加大，实施开发区"二次创业"，加大高新园区、城北工业区、三江工业园区、各乡镇功能区建设力度，启动领尚小镇、越剧小镇等特色小镇建设。现代农业蓬勃发展,被评为全国推进农业现代化优秀城市。服务业发展迅速,三产增加值年均增长8.4%,网络零售额突破60亿元,被评为省电子商务示范县市。旅游人数和总收入保持较快增长。

3.城乡统筹力度加大。过去的五年,我们找准薄弱环节大力推进城乡建设,城镇形象大幅提升。不断完善城乡规划体系,规划意识和执行力度显著增强。大力推进城市开发建设,特别是以城中村改造为突破口,举全市之力集中连片拆除城中村187万平方米,拆出了空间,拆出了精气神,引进了吾悦广场、碧桂园、绿城等一批高质量项目,学校、医院、市政道路等公共设施不断完善,以城南新区为核心的高品质城市形象初步显现。大力推进基础设施建设,累计完成投入185亿元,建成新104国道嵊州段、罗小线、剡溪大桥等一批项目,甬金铁路、杭绍台高铁、杭绍台高速、527国道等重大项目相继落实。加快中心镇发展,加强扩权强镇,实施"六个一"工程,大力推进镇村建设,经济实力不断增强,被评为省"千万工程"建设先进县市。

4.环境面貌焕然一新。过去的五年,我们坚持贯彻"绿水青山就是金山银山"发展理念,成功创建省级生态市、省示范文明城市、省森林城市,顺利通过国家卫生城市首轮验收。大力推进"三改一拆",积极争创无违建县市,累计完成拆违835万平方米,"三改"803万平方米,整治非法"一户多宅"2万多宅,被评为省"三改一拆"先进县市。大力推进"五水共治",累计治理"三河"89条309公里,完成380个村生活污水治理工程,清淤195万方,关停畜禽养殖场2241个,被评为省"清三河"达标县市、省农村生活污水治理工作优胜县市。大力整治城乡环境,累计投入近10亿元整治城乡环境,扎实开展优化环境"八大行动"暨"三城同创",加强节能减排,环境面貌显著提升,被评为省美丽乡村建设先进县市。

5.民生福祉持续改善。过去的五年,我们始终坚持以人民满意为目标,每年新增财力80%以上用于民生支出,民生事业发展力度加大。不断健全社会保障,初步建立城乡一体化社会保障体系,积极推进就业创业,全面消除贫困现象。不断推动教育

体育发展,优化普高教育格局,探索教师人事管理机制改革,建成剡溪小学、仙湖幼儿园,教育质量得到提升,被评为全国义务教育均衡发展县市、省体育强县市。不断完善医疗卫生计生事业,医疗服务体系进一步健全,医药卫生体制改革得到深化,新人民医院建成运行,与浙大一院合作实施全面托管,中医院完成搬迁,实施全面二孩计生政策,被列入国家级乡村医生签约服务试点和基层卫生综合改革试点。不断繁荣文化事业,积极推进越剧事业发展,加强文化惠民工程建设,建成文化礼堂105家,被评为中国民间文化艺术之乡、省农村文化礼堂建设先进县市。

6.治理水平有效提升。过去的五年,我们锐意改革创新,全面提升社会治理能力。平安建设扎实推进,严格落实意识形态管理、维稳信访、社会治安、安全生产等工作责任,营造和谐稳定社会环境,顺利完成G20杭州峰会、世界互联网大会等维稳安保工作,信访秩序不断规范,信访积案有效化解,实现"平安县市"七连冠。行政效能显著提升,政府机构改革、"四张清单一张网"改革、行政审批"三集中三到位"、司法体制改革、机构编制瘦身强体等工作扎实推进,政府法治水平、管理能力和服务效能不断提升。基层治理创新稳步推进,积极开展乡镇社会治理模式创新,获评全国创新社会治理优秀城市。持续开展移风易俗倡新风活动,推进村嫂志愿服务,着力匡正社会风气。要素保障力度不断提升,完善体制机制,着力破解资金、土地、人才等瓶颈制约。

7.党的建设全面加强。过去的五年,我们深入开展党的群众路线教育实践活动、"三严三实"专题教育活动、"两学一做"学习教育,大力推进从严治党,为经济社会发展提供了坚强保障。加强干部队伍建设,坚持以实绩论英雄,突出重点工作用重兵,实施红黄牌警示督办制度,激励和倒逼干部抓落实。夯实基层基础,不断加强农村基层组织建设和"两新"组织建设,抓好软弱落后基层党组织整转提升。创新"民情微群"载体,深入开展"走村不漏户、户户见干部"活动,更加紧密联系群众。落实党风廉政建设主体责任,刚性执行中央八项规定精神,扎实开展巡视

巡察反馈意见整改落实,加强领导干部经济责任审计,全面整治"四风"问题。健全政府投资项目一体化监管体系,实施村级"零招待"制度,进一步扎紧制度笼子。深入推进纪律检查体制改革,始终保持惩治腐败高压态势,不断净化政治生态。

过去的五年,市委常委会总揽全局、协调各方,严格执行民主集中制,严守党的纪律规矩,与人大、政府、政协班子坦诚相待,支持政府在依法行政中创新作为,支持人大、政协在共谋发展中积极履职。爱国统一战线发展壮大,工会、共青团、妇联等人民团体桥梁纽带作用充分发挥,编制、外侨、档案、老干部、红十字、关心下一代等各项工作得到加强,国防动员和后备力量建设取得新成效。

过去五年的成绩来之不易,凝聚了全市上下艰苦奋斗、顽强拼搏的心血和汗水。在这里,我代表中共嵊州市第十三届委员会,向全市广大党员干部群众,向老领导、老同志,向各民主党派、工商联、人民团体和社会各界人士,向驻嵊部队和武警官兵,向所有关心支持嵊州建设发展的朋友们,表示衷心的感谢和崇高的敬意!

奋斗蕴含艰辛,经验启迪未来。五年生动实践,我们深切感受到:

必须坚定事在人为的顽强意志,鼓足信心,奋勇争先。理念决定行动。我们正视嵊州存在的问题和短板,逢山开路、遇水架桥,努力到无能为力、拼搏到感动自己,攻克了一批提振士气、群众喝彩的难事,干成了一批打基础、利长远的要事,做成了一批创造历史的大事,汇聚了加快发展的正能量。实践证明,事情都是靠人干出来的,只要我们尊重规律,敢想敢为,奋勇争先,嵊州人完全有能力把不可能变成可能。

必须制定精准有力的工作举措,保持定力,一抓到底。思路决定出路。我们牢牢把握宏观形势和嵊州发展的阶段性特征,深入研究,集思广益,科学谋划,找准工作举措,积极借势借力,打出了转型升级"七化"行动、开发区"二次创业"、城中村改造、大交通建设、环境综合整治等系列组合拳,找到了一条符合嵊州实际、具有嵊州特色的新型工业化、城镇化发展道路,总结形成了嵊州城改精神、国卫创建宣言和环境整治经验。实践证明,办法总比困难多,只要找准跑道,盯牢不放,持续发力,嵊州完全可以比别人发展得更快。

必须树立以人为本的工作导向,凝聚合力,共创共享。民生决定民心。我们坚持把维护人民群众根本利益作为一切工作的出发点和落脚点,深入推进创业富民、就业惠民、社保利民、稳定安民,保证人民平等参与、平等发展权利,让改革发展成果更多更公平惠及全市人民。实践证明,只要我们坚持以人民为中心,干出优异的成绩,不断提升群众的获得感和满意度,就一定能够赢得人民的信任和支持。

必须坚持全面从严的治党方略,党建引领,抓事促人。党风决定作风。我们坚持党要管党、从严治党,牢牢抓住党员干部这个关键环节,以实干论英雄,不断加强和改进党的领导,打造了一支忠诚、干净、担当的干部队伍,营造了上下同欲、风正劲足、积极有为的干事创业氛围。实践证明,只要党员干部信念坚定、务实清廉,率先垂范冲在前,一级带着一级干,我们的基础就会坚如磐石,我们的力量就会无坚不摧,我们的事业就能无往不胜。

在充分肯定成绩的同时,我们也清醒地看到,嵊州发展还面临不少困难和挑战,主要是:经济下行压力依然存在,科技创新能力不强,传统产业转型升级成效不明显,新旧增长动力转换尚未完成;城乡发展存在较大不平衡性,脏乱差、污泥浊水、违章建筑依然存在,环境面貌需要下大力气改善;制约发展的体制机制障碍仍然较多,活力优势有待进一步激发,改革举措落地见效需要下更大功夫;社会建设和治理面临一些新情况、新问题,基层法治建设有待进一步加强;全面从严治党任重道远,基层组织的战斗力还比较薄弱,党员干部思想作风、能力水平和担当精神有待进一步提高。市第十三次党代会提出的个别跨越式发展指标由于经济步入新常态等宏观环境变化因素而未达到预期。这些问题,我们将在今后工作中高度重视,切实加以解决。

二、今后五年的总体要求和主要目标

站在新的起点,我们必须认清形势、把握趋势、谋划大势，在应对挑战中抢抓机遇。纵观未来，机遇和挑战并存，总体上机遇大于挑战。从发展大局看，"一带一路"、长江经济带、义甬舟开放大通道、嵊新协同发展等国家、省战略正在陆续推进。嵊州处于诸多战略交叉辐射的有利位置，有条件、有机会对接上级战略，赢得更大空间，增添更强动力。从嵊州发展格局看，目前我们仍处于艰苦创业、奋力爬坡的阶段，还存在很多短板，面临很多困难，但总体发展势头强劲，经济社会发展各个方面正在快速前进，尤其是经过不断磨炼，打造了一支干实事、过得硬、打胜仗的干部队伍，为今后更好发展奠定了基础，完全有可能把原有的良好基础变成更大动力，把原来落后之处转化为后发优势，创出发展加速度。对此，全市广大党员干部既要树立忧患意识，正视困难与挑战，又要坚定必胜信心，看到有利条件和积极因素，把握发展的新常态、新理念、新实践、新方位，顺势而为，积极有为，以更强的担当、更大的干劲，不断开拓嵊州发展新境界。

今后五年工作的总体要求是：高举中国特色社会主义伟大旗帜，以邓小平理论、"三个代表"重要思想、科学发展观为指导，深入贯彻习近平总书记系列重要讲话精神和治国理政新理念新思想新战略，紧紧围绕"五位一体"总体布局和"四个全面"战略布局，践行五大发展理念，认真落实省委、绍兴市委决策部署，坚持"工业强市、实干兴市"工作基调，聚力特色产业集聚区、山水生活体验区、幸福和谐示范区建设，推动各项事业发展和全面从严治党迈上新台阶，高水平全面建成小康社会，高质量打造实力嵊州、品质嵊州、魅力嵊州，奋力谱写嵊州经济社会发展新篇章。

（一）奋斗目标：聚力"三区"建设，决胜全面小康，打造"三个嵊州"

今后五年，确保地区生产总值、城乡居民人均可支配收入年均分别增长7.5%、7.5%和8%以上，在提前一年完成高水平全面建成小康社会目标任务的基础上，带领全市人民在经济社会发展征程上更进一步，做到主要经济指标增速在绍兴排名领先，综合实力在全省争先进位。到2021年年末，实现规上工业总产值达800亿元、力争冲千亿元，财政总收入达80亿、力争破百亿，固定资产投资额翻一番，高质量打造成为实力嵊州、品质嵊州、魅力嵊州。要实现这样的宏伟目标，我们必须明确经济社会发展路径，进一步破解发展难题，增强发展动力，厚植发展优势，以推进"三区"建设作为必须打赢的主攻仗，集中思想、集中力量、集中资源，求大突破、见大成效，打开发展新天地，展示"三个嵊州"建设的过硬成果。

——建设特色产业集聚区，打造实力嵊州。就是要以工业化为引领，充分发挥领带服饰、厨具电器、机械电机三大特色产业以及高端装备制造、新材料、生物医药、信息技术四大战略性新兴产业基础和优势，大力推进转型升级。力争年均新增1家上市企业、净增80家规上企业，从而形成以6家以上上市企业引领、百家以上科技型企业带动、千家以上规上企业集聚、万家以上工业企业蓬勃发展的嵊州工业板块，打造国家级经济开发区，创新能力大幅提升，产业发展迈入中高端，集群优势更加明显，实现经济发展从量变到量质并重的提升，并有效带动现代农业和服务业发展，一二三产齐头并进，使嵊州的经济实力迈上一个新台阶。

——建设山水生活体验区，打造品质嵊州。就是要以新型城镇化为引领，充分发挥山水资源优势，高质量推进城乡建设。基本完成城中村拆迁改造，大力度推进以城南新区为核心的城市建设，现代化新城基本建成，城镇化率达到62%以上；建成杭绍台高铁、甬金铁路以及杭绍台高速，构建内外畅通便捷的大交通网络；建设一批旅游业龙头，打响山水旅游品牌，基本建成全市域景区化格局；深入推进"三改一拆""五水共治"、城乡环境综合整治、美丽乡村建设，全面消灭脏乱差、污泥浊水、违章建筑。从而在嵊州这片土地上，既能体验现代都市生活，又能享受山水田园风光，让群众在嵊州的生活成为高品质的体验。

——建设幸福和谐示范区，打造魅力嵊州。就是要以文化引领工业化、城镇化建设，进而更好推进城乡一体化，让发展成果更多更公平惠及全体人民,有更满意的收入、更好的教育、更可靠的社会保障、更优质的医疗服务。在满足物质需求的同时,大力推进越乡文化繁荣发展,通过国家卫生城市、国家森林城市、国家园林城市、全国文明城市等一系列创建,以及法治嵊州、平安嵊州建设,全面提升嵊州软实力、软环境,促进物质富裕和精神富有相得益彰、协调发展,显著提升群众的幸福感和获得感,使嵊州成为群众安居乐业的魅力之地。

(二)工作基调:工业强市、实干兴市

——工业强市。就是要继续坚持把做大做强工业作为经济发展第一要务不动摇,牢固树立"工业强则嵊州强"的理念,营造"一切围绕企业转、一切围绕项目干"的浓厚氛围,做到工作精力向工业倾注、要素资源向工业倾斜,全面唱响工业强市大合唱,通过工业经济的蓬勃发展,推进工业化、城镇化更好联动,吸引更多人气、集聚更多资源、营造更多优势,真正让嵊州成为经济实力强县市。

——实干兴市。就是要充分发挥党员干部关键作用,牢固树立"嵊州兴旺、舍我其谁"的责任意识、"建功必须有我"的担当意识,以及"有作为才有地位"的争先意识,坚持实字为先,干字当头,围绕市委、市政府决策部署,夙兴夜寐抓紧干、甩开膀子放手干、寻找窍门科学干、鼓足劲头拼命干,"5+2、白加黑",一切为了工作,一心扑在工作,亲力亲为、落细落小、尽心尽力,以实实在在的工作成效,汇聚起嵊州兴旺的不平凡业绩。

(三)根本保障:加强队伍建设,打造嵊州铁军

要实现嵊州发展的新使命、新任务,需要全市上下共同努力,特别是党政干部、村干部、企业家和科教人才这四支队伍,事关事业成败。必须以这四支队伍建设为根本,通过一系列措施凝聚共识、激发斗志、提升素质,打造一支绝对忠诚、干事担当、干净自律、充满活力的党政干部铁军,一支干事创业有思路、村务管理有规矩、服务群众有感情、带领发展有办法、廉洁公道有口碑的村干部铁军,一支爱家乡、爱实业、爱资源、爱创业、守法律的企业家铁军,以及一支专业技能精湛、结构素质优良、创新活力焕发的科教人才铁军,全方位支撑起嵊州改革

发展稳定大局,为全面夺取各项事业胜利提供坚强保障。

三、今后五年的主要任务和重点举措

根据上述总体要求和奋斗目标,今后五年要突出重点,攻坚克难,推动经济社会向更高质量、更有效率、更加公平、更可持续的方向发展,实现各个领域工作的全面突破,开创嵊州发展新局面。

(一)致力创新发展,推动经济转型升级

加强供给侧结构性改革,坚持以新型工业化为核心,协同推进现代农业和服务业发展,深入推进"三去一降一补",优化经济结构,振兴实体经济,提升发展质量和效益。

1. 加快工业产业转型。坚持创新引领产业发展,对接"中国制造2025"战略和省、绍兴产业发展规划导向,深入推进转型升级"七化"行动,更有针对性地推动三大特色产业和四大战略性新兴产业转型升级。深入推进特色产业集群与互联网深度融合,加快智能制造发展步伐,提升"嵊州制造"享誉度,打造具有嵊州特色的现代产业集群。要做精做强领带服饰产业,进一步加强上下游产业链整合,推进国家新型工业化产业示范基地建设,创建国家级现代产业集群转型升级示范区,实现产值超250亿元。要做优做响厨具电器产业,进一步打响"集成灶、嵊州造"品牌,推动集成灶标准化制定和市场营销,实现产值超200亿元。要做专做特机械电机产业,进一步提升设备成套化、自动化和智能化水平,推动上虞－嵊州电机产业协同发展,创建国家级产业集群公共技术服务平台,实现产值超150亿元。围绕高端装备制造、新材料、生物医药、信息技术等战略性新兴产业,研究制定和完善发展路线图,着力推进重大专项的实施,加快突破一批关键技术瓶颈,努力推动赶超发展,新兴产业产值突破200亿元。进一步发挥行业协会作用,加强行业规范自律,形成良好竞合发展氛围。

2.加强企业梯队培育。充分激发企业在经济发展中的主体作用,实施精准的政策供给和有力的机制倒逼,积极推进"四换三名",更有针对性推动企业发展。坚定不移推进企业上市,完善政策,优化服

务,确保年均新增上市企业1家以上,培育一定规模的挂牌公司和股份制企业,努力形成嵊州上市企业板块。积极开展整合重组,突出重点扶持一批总部型企业,积极推进"个转企""小升规""下升上",形成一批具有示范带动效应的集团型企业和一批具有较强成长性的中小企业梯队。坚持一二三产联动推进,打造一批现代农业、商贸旅游、文化创意、健康养生等历史经典产业的骨干龙头企业。推进建筑业做大做强,新增一级资质以上企业5家,创建钱江杯、兰花杯等优质工程10只以上。与此同时,积极倡导扶持大众创业、万众创新,鼓励和支持小微企业发展,壮大更加广泛的发展基础。加强企业家队伍建设,提高信心指数,营造积极向上创业创新的企业家生态。

3.突出科技创新引领。深入实施创新驱动发展战略,推动高新技术产业增加值翻一番,全社会科研与发展经费支出占地区生产总值比重达2.7%以上。加强创新平台建设,推进硅藻土、新材料、制冷等产业园建设,充分发挥科创中心、众创空间对科技型企业孵化作用。突出企业创新主体地位,推动规模以上企业科研活动全覆盖,促进企业与高校、科研机构加强产学研合作,新增国家高新技术企业100家以上、科技型中小微企业400家以上、企业发明专利1500件以上,建成省级及以上企业研发中心10家以上。继续推行人才优先发展战略,制定实施更加积极有效的人才政策,不断加大引才育才力度,提高人才队伍规模和素质,引进国家、省"千人计划"15名以上。

4.增强平台承载能力。高标准推进平台建设,加强要素集聚,全面提升平台实力。深入推进开发区"二次创业",在实现经济总量翻一番的基础上,占全市工业经济比重逐步提升,建设成为产业特色鲜明、配套优良、集聚度高的现代工业园区,创建成为国家级开发区。加大力度推进高新园区、城北工业区、三江工业区、中心镇工业功能区建设,加快完善基础设施配套,围绕各自特色加大产业培育和引进,打造成为特色鲜明的产业集聚区,努力实现规上产值、规上工业税收、工业性投资等翻一番。建成

领尚小镇、越剧小镇、飞翼农业休闲小镇、温泉养生小镇、颐养生态小镇、书法小镇等一批特色小镇,打造经济增长新引擎。科学谋划推进丽湖区块、湛头区块建设,打好发展基础,储备发展空间。

5.提升农业现代化水平。深化粮食生产功能区和现代农业园区建设,提高粮食综合生产能力,保障粮食安全。抓好现代农业综合体和省级主导产业示范区建设,打造现代农业集聚区和农业特色强乡镇,提升农业生产规模化和标准化水平。推进农业品牌化建设,做强茶叶、花木、竹笋、香榧等农业主导产业,做优桃形李、长毛兔等特色产业,培育中药材、食用菌等新兴产业。充分结合文化旅游特色,建设一批农旅、文旅结合的现代农业景点,创建成为国家森林城市。深化"三位一体"农民合作经济组织体系建设,构建立体式复合型现代农业经营体系。深入实施农民素质提升工程,培养新型职业农民。

6.促进服务业发展。推动传统服务业提档升级,完善汽配五金、家居建材、现代农贸市场、再生资源等专业市场规划布点,建设和改造汽车4S店、农副产品批发、特色小吃、领带城等集聚区,科学有序推进房地产稳健发展,培育消费新热点。积极推动商贸服务业发展,围绕吾悦广场、和悦时代广场、鹿山广场、国际会展中心等服务业项目,积极推动总部经济、楼宇经济和会展经济发展,打造城市新商圈,创建全省服务业发展示范强县,服务业增加值占GDP比重年均增长1个百分点以上。充分挖掘山水资源,加大旅游规划和资源整合力度,积极融入长三角、浙江、绍兴旅游业发展大格局,加大旅游资源开发建设和营销力度,建成一批具有带动作用的龙头景区和精品游线,打响"唐诗路、越剧源"旅游品牌,推进农家乐、特色民宿发展,争创4A级风景区3个以上,旅游业总产值年均增长15%以上。

(二)致力城乡统筹,建设高品质特色城镇

坚持区域协同、城乡统筹,优化生产力布局,在弥补薄弱环节中增强发展后劲,提升发展品质。

1.坚持高起点规划。充分发挥规划的战略引领和刚性控制作用,以高水平规划引领高水平建设。本着前瞻性、系统性、全覆盖原则,完善市域总体规

划修编、中心城区控制性详细规划和各类专项规划编制,制定城市改造规划,修订《城市规划管理实施办法》,推动"多规合一"。加强城南核心区、铁路站场、特色小镇、小城镇等重点区域设计研究,实现城乡建设发展的整体协调、无缝对接。强化规划执行刚性,坚持一张蓝图绘到底。

2.打造高品质城区。主动策应发展需要,聚焦功能提升,丰富价值内涵,把城市建设得更加宜居宜业、富有特色。持续推进集中连片城中村改造,完成市区城中村、危旧房拆除改造,腾出更多发展空间。进一步优化城南新区产业布局、空间布局,全面贯通主干路网,引进和建设一批高品质商业、住宅、文教卫和休闲项目,建成档案馆、图书馆、文化综合大厦,加速集聚公共服务资源,吸引更多创业置业人口,打造成为全省一流县域城市核心区。抓住铁路建设契机,打造"高铁新城",带动周边区域发展。谋划推进老城区开发建设,优化功能布局,合理疏解老城区公共资源,启动城隍山保护开发,注重彰显城市文化内涵,继承城市历史记忆,优化人居环境。提升发展城北、城西、城东、浦口区块,加快生产生活服务配套,打造产城一体、宜居宜业的现代化产业新城。有序推进北直街、官河路、嵊州大道和剡溪两岸提升改造,"拆、改、建、管、清、埋"多措并举,不断提升城市品质。

3.推进城乡协调发展。加大扶持力度,明确功能定位,提升城镇功能,大力推进中心镇建设。以创建省级小城市为契机推进甘霖镇建设,主动承接中心城区城市功能和产业转移。加强产业功能区建设,加强老镇区拆迁改造,打造崇仁镇、长乐镇、黄泽镇等区域次中心。以杭绍台高铁三界站建设为契机,加快三界镇开发建设。全面推进小城镇环境综合整治行动,大力推进"一加强三整治",打造一批洁净小镇、活力小镇、风情小镇。优化农村空间布局,积极推进特色村、精品村建设。不断壮大村级集体经济,增强发展造血功能,推动农民致富。因地制宜发展山区经济,加大财政转移支付力度。

4.实施精细化管理。深化城市管理体制改革,健全管理和执法衔接机制,增强城市管理和执法的

科学性、公正性和公信力。推进数字城管扩面升级,建立城市管理综合大数据,不断提升管理精细化、信息化、智能化水平,着力建设智慧城市。加强建筑工地管理,加大扬尘治理,实现标化建筑工地全覆盖。提高城市保洁水平,完善"门前三包"制度,实行一把扫帚扫到底。积极推进交通治堵,加强交通秩序管理,科学合理利用公共空间,稳步推进有偿停车制度,进一步畅通城市交通。加大对水利交通建设等公共设施统筹力度,实现一盘棋管理,提高使用效率。

(三)致力大交通建设,完善现代化基础设施体系

基础设施建设是现代化建设的先行军,要以大交通建设为重点,加大投资、加快建设,集中力量办好一批打基础利长远的大事要事,以大建设、大交通助推大发展。

1.构建大交通建设格局。铁路、公路、水运联点成线、连线成网,构建内联外达、快速便捷、高效安全的综合交通体系,成为义甬舟开放大通道的一个重要交通节点枢纽。做好借势借力文章,完成杭绍台高铁、甬金铁路建设,真正迈入铁路经济时代。加快公路建设,全力推进并建成杭绍台高速、527国道及甘霖至长乐延伸段、甬金高速金庭互通、杨港路东延工程等道路建设,基本构建"二二三四"大交通格局。积极推进水运发展,实施曹娥江嵊州段航道综合开发。结合路网建设,建成火车站枢纽广场、铁路客货站场、绍兴港嵊州港区综合作业区和三界作业区,推进一二级公路新建改造、县乡公路提升,构建联程服务体系。大力推进农村客运站场和公交站场建设,实现城乡公交一体化,促进城乡交通更加畅通便捷。

2.打造现代物流体系。充分利用大交通建设契机,加大对物流市场整顿和资源整合,构建"一园三中心"物流体系,建成现代物流产业园和城南综合物流中心、城西物流中心、甬金铁路货运长乐站物流中心,配套建设货物托运市场和货运停车场,提高物流速度,节约物流成本。加快电商物流企业集聚,依托领带跨境电商产业园、云电商信息科技产业园,不断培育跨境电商服务品牌企业。促进电商与特色产业

融合发展,强化区域物流网络建设,完善农村商品流通网络,创建国家级电子商务示范县市。

3.提升基础设施水平。坚持"先配套、后开发"原则,全面加强基础设施建设。按照"系统谋划、整体推进、确保安全"的要求,积极推进水利工程建设,加大强库固塘工程和农田水利建设,加快长乐江、黄泽江等流域综合整治,提升水利设施功能,做到与美丽环境有机结合。加快城乡供排水一体化建设,建成嵊新污水处理厂二期、第三水厂、工业水厂,加大供排水管网和农村生活污水处理设施建设,提升农村饮用水安全。建成上虞—嵊州—新昌天然气管道及网络,实施电网升级改造,建设高速信息网络,完善市政、园林、环卫等设施,不断提升生产生活配套功能。

(四)致力绿色发展,打造美丽生态环境

坚持把绿色生态作为嵊州最大财富、最大优势、最大品牌,做到在保护中发展、在发展中保护,使绿水青山产生巨大生态效益、经济效益、社会效益。

1.全面推进环境整治。切实加大环境整治力度,持续深入推进"五水共治""三改一拆""四边三化""五气合治"、城乡环境综合整治等工作,全面提升空气、水、土壤质量,消除脏乱差、污泥浊水、违章建筑。严格落实环境整治、巡查、管理责任,建立健全长效机制,创建成为国家卫生城市、省无违建县市,实现环境整治示范村全覆盖。到2021年底,全面消除Ⅳ类及以下水质,Ⅱ类及以上标准水质达到90%以上,空气质量优良率达到90%以上,年平均PM2.5浓度降至37以下,让嵊州天更蓝、山更青、水更秀。

2.着力打造美丽景观。围绕打造美丽城区、美丽集镇、美丽村庄3个板块,推动连片整治、整体美丽,实现全市域景区化。水岸一体推进城市公园建设,建成艇湖城市公园、诗画剡溪、美妙三公里及延伸段、三江两岸景观提升改造等项目,积极推进美化、绿化、亮化,实现"300米见绿、500米见园",创建成为国家园林城市、省美丽乡村示范县市。加强入城口、主干道和沿路沿线整治改造,推进嵊义线、嵊张线、绍甘线等景观长廊建设,打造美丽公路示

范带。做好美丽景观开发利用文章,通过美丽景观建设推动美丽经济发展。

3.严格实行生态保护。实行最严格的环境监管执法机制,建立完善生态环境建设绩效评价体系,实施环境损害责任追究制度,形成"谁保护谁受益、谁损害谁补偿"的利益导向。始终高度重视节能减排,实施更严格的环境准入、污染物排放、产品能耗限额标准,推广企业清洁化、低碳化生产,坚决淘汰落后产能。加大垃圾治理力度,实现城乡垃圾分类处理全覆盖。坚持最严格的节约用地制度,加强农村土地综合整治,加大闲置土地处置和低效土地二次开发力度,提高土地节约集约利用水平。倡导绿色生活,在全社会形成绿色低碳生活方式和消费习惯。

(五)致力文化繁荣,提升社会文明程度

坚持社会主义先进文化前进方向,坚定文化自信,发挥文化资源优势,推进文化创新,加快建设文化强市,加快形成与经济硬实力互为支撑的文化软实力发展体系。

1.培育和践行社会主义核心价值观。持续深化以中国梦为主题的中国特色社会主义宣传教育,积极开展全国文明城市创建活动,深入开展道德主题实践、越剧文化传承、校园文化建设、诚信体系建设等活动,推动社会主义核心价值观落地生根。传承红色基因,发扬优良传统,用长征精神、焦裕禄精神等凝聚人心、激励斗志,塑造新时期嵊州精神。加强意识形态领域管理,掌握舆论主动权,清朗网络空间,弘扬正能量,更好地传递嵊州精神、嵊州故事、嵊州经验。坚决抵制和打击不良社会风气,注重家风和村规民约建设,壮大村嫂等志愿者队伍,打造"素质美、人文美、风尚美、环境美"的社会氛围。

2.继承和弘扬越乡文化。坚持以"越剧为魂、旅游为基、农业为根",把越剧小镇打造成为"中国戏曲朝圣地、华东文旅新地标"。推进越剧艺校二期建设,打造全国越剧艺术教育名校。加强越剧原生地保护,扶持民营越剧团开拓市场,打响故乡越剧团演出品牌,培养越剧传承发展新群体。实施越剧文化精品战略,推进全国戏迷大会、袁雪芬奖、越剧节等普及推介交流活动,创建国家级越剧传承发展示

范区。实施文艺精品创作工程,建立健全文艺创作激励、保障机制,保护提升竹编、根雕、围棋、书法、美术等传统民俗文化,创作一批展示时代风貌、体现越乡特色的优秀文艺精品。推进小黄山遗址、崇仁古镇等保护和开发利用,加强非物质文化遗产保护工作。

3.建设和完善公共文化服务体系。坚持以市场为导向、企业为主体,创新文化经济发展,做大做强文化产业,激发经济新增长点。深化文化体制改革,加快建设现代文化市场体系。继续推进农村文化礼堂等基层文化阵地建设,促进公共文化服务标准化、均等化发展。鼓励和引导社会力量参与文化建设,促进公共文化服务主体和方式多元化。精心策划开展群众性文化活动,不断推进文化惠民,着力促进文化事业和文化产业互动发展。

(六)致力改革开放,注入发展强大动力

坚持问题导向和效果导向,敢于向一切顽瘴痼疾开刀,勇于破除各种利益固化藩篱,不断为发展注入强大动力。

1.以改革激发活力。增强率先探索、创新实践的改革意识,保质保量完成上级改革任务,积极争取一批具有现实红利的改革试点,着力解决事关长远发展的改革事项。完善企业亩产效益综合评价体系,健全资源要素市场化高效配置机制。深化"四张清单一张网"改革,全面建立权力清单、责任清单,推行负面清单制度。深化财税金融体制、国资国企、户籍制度、招投标等关键性改革,加快文化、教育、卫生、养老等社会事业改革。完善用能用水排污权交易制度,建立多元化的生态保护补偿机制。深化投融资体制改革,拓宽投融资渠道,完善投融资平台,激发社会投资活力。积极稳妥推进农村各项改革,推动农村承包土地经营权抵押贷款改革试点工作,建立完善农村要素市场,提升农村集体"三资"管理水平。完善改革督考和责任追究机制,建立第三方评估机制,切实提高改革实效。

2.以开放拓展市场。积极融入国家、省、绍兴开放总布局,更加深入融入"一带一路"、长三角经济带、浙江四大都市区、义甬舟开放大通道建设,更主动接受辐射带动,更积极强化融合互动。加快推进嵊新协同发展,立足区域优势互补原则,按照现代产业分工要求,突出合作共赢理念,建设嵊新保税区。始终坚持招商选资一号工程,实施精准招商,推动嵊商回归,积极打好服务牌和亲情牌,引进一批有实力、有技术、有信誉、有市场的世界500强、央企、军企、行业龙头企业和上市公司,吸引人才、技术、信息、税源等优质资源。积极实施"走出去"战略,优化外贸发展结构,巩固传统外贸市场,深入开拓新兴市场,积极引导企业抱团作战,推动出口规模和质量不断提升。

3.以服务强化保障。坚持"放管服"有机结合,深入推进简政放权、放管结合、优化服务,全力打造优越的营商环境。深化行政审批制度改革,简化审批流程,优化行政审批"一站式"服务,打造更有效率的政务生态系统。加强项目推进政策处理力度,实现零障碍施工。深入分析研究产业趋势和市场供需,创新思路化解制约经济发展的土地、资金等一系列瓶颈制约,积极盘活存量,提升使用绩效。全面把握企业运行的状况,警惕经济转型过程中出现的苗头性、趋势性问题,加强数据监测和风险处置。

(七)致力民生实事,促进社会事业全面进步

坚持把人民群众对美好生活的向往作为奋斗目标,更加注重民生改善,更加注重公平正义,使人民群众有更多的获得感、幸福感。

1.提升公共服务供给水平。实施更加积极的就业政策,促进群众收入水平持续较快增长。建立健全城乡大社保体系,养老、医疗、失业等社会保障水平逐步提高。围绕创建省级教育现代化县市目标,加强教育事业投入,深化教育体制改革,加快名师、名校长队伍建设,推动职业技术教育发展,提高教育均衡化和现代化水平。加强群众体育、学校体育和竞技体育,推进全民健身公共服务体系建设。推动"健康嵊州"建设,建立覆盖城乡居民的基本服务体系,打造更加完善、更有质量、更高水平的公共卫生和基本医疗服务。推进名医、名院等区域品牌建设,持续深化医疗体制改革,积极促进社会办医。积极发展养生养老产业,完善居家养老市、镇、村三级

服务网络。健全红十字、残疾人、农村留守儿童、妇女、老人关爱服务体系。

2.提高社会治理水平。健全平安嵊州建设共创共建长效机制，不断提升群众安全感。积极创新维稳信访工作机制，完善重大决策社会稳定风险评估机制，加大初信初访、信访积案和矛盾纠纷化解力度。健全立体化社会治安防控体系，加强治安巡查，严厉打击违法犯罪行为，切实维护人民群众生命财产安全。完善和落实安全生产责任制，有效防范较大事故，坚决遏制重特大事故。实施食品药品安全战略，积极构建食品药品安全治理体系，保障人民群众饮食用药安全。推进乡镇基层治理模式创新全覆盖，构建权责清晰、功能集成、扁平一体、运行高效、执行有力的治理体系。坚持从实际出发，科学调整行政区划。

3.提升法治建设水平。深入推进法治嵊州建设，不断提高领导干部运用法治思维和法治方式深化改革、推动发展、化解矛盾、维护稳定的能力，提高全社会法治意识。稳步落实司法体制改革，健全司法权力运行机制，促进司法公正。大力推进依法行政，落实重大决策法定程序，完善综合行政执法体制改革，深入推进执法规范化建设，实现政府行为全面纳入法治轨道。依法理顺政府与市场关系，打造"亲""清"政企关系，加快构建行政监管、信用管理、行业自律、社会监督、公众参与的综合监管体系，努力维护公平、公正、公开的市场竞争环境。深入开展"七五"普法宣传教育，拓展法治文化建设内涵。

四、加强党的建设，开创全面从严治党新局面

推进未来五年发展，关键在党，关键在党要管党、从严治党。必须坚持全面从严要求，大力加强思想建设、组织建设、作风建设、反腐倡廉建设、制度建设，保持党的先进性和纯洁性，打造风清气正的政治生态。

1.发挥领导核心作用，全面提升执政水平。充分发挥市委总揽全局、协调各方的领导核心作用，突出把方向、管大局、作决策、保落实，完善市委工作机制，有效实施党对各个领域的领导。加强党对

人大、政府、政协的领导，支持人大及其常委会依法行使职权，支持政府在依法行政中积极作为，支持政协充分履行政治协商、民主监督和参政议政职责。巩固和壮大最广泛的爱国统一战线，积极为民主党派、工商联、无党派人士发挥作用搭建平台，加强对非公有制经济人士、新媒体代表人士的工作，做好民族、宗教、外侨、对台和港澳工作。加强和改进党对群团工作的领导。坚定不移抓好党管武装，推动军民融合发展。

2.强化思想理论武装，筑牢理想信念根基。坚持把理想信念教育摆在首要位置，以全面贯彻落实党的十八大和十八届三中、四中、五中、六中全会以及明年将要召开的党的十九大精神为主线，深入学习习近平总书记系列重要讲话精神和治国理政新理念新思想新战略，坚定中国特色社会主义道路自信、理论自信、制度自信、文化自信，切实增强政治意识、大局意识、核心意识、看齐意识，坚定不移维护以习近平同志为核心的党中央权威。切实加强思想政治教育，完善党委（党组）中心组学习、周一夜学等制度，坚持为民务实清廉，践行"三严三实"，巩固提升"两学一做"学习教育成果，提升党性修养，筑牢信仰之基，补足精神之钙。

3.模范遵守党章党规，严肃党内政治生活。认真执行《关于新形势下党内政治生活的若干准则》，严格党的组织生活，坚持"三会一课"制度，提高民主生活会和组织生活会质量，坚持谈心谈话制度，加强对党员进行民主评议，用好批评和自我批评武器，着力增强党内政治生活的政治性、时代性、原则性、战斗性。认真贯彻执行民主集中制，坚持集体领导制度，实行集体领导和个人分工负责相结合，发扬民主、善于集中、敢于担责。各级领导干部要以身作则，模范遵守党章党规，严守党的政治纪律和政治规矩，自觉做到以上率下、作出表率。

4.树立正确用人导向，锻造过硬干部队伍。坚决贯彻党管干部原则，突出以实干论英雄导向，打造好班长好班子好梯队。完善能岗相适、能上能下的干部使用和评价机制，大力选拔重用勇于冲锋、

能打硬仗、干得成事的狮子型干部,加强在重点岗位、重点工作培养历练,坚持领导干部带头抓落实制度,深化红黄牌警示督办制度,健全容错免责机制,加强激励和倒逼,增强各级干部担当意识。精准推进各级干部教育培训和实践锻炼,推进专业化能力建设,提升干部能力素质。加大培养选拔年轻干部力度,重视选拔优秀女干部、党外干部,做好老干部工作。坚持把从严要求与落实党内关怀结合起来,真心诚意关爱基层干部,充分调动广大干部积极性。

5.深化基层组织建设,打造坚强战斗堡垒。把基层基础建设作为长远之计和固本之策,不断提升基层党建工作水平。加强乡镇(街道)党委(党工委)建设,提升抓班子、带队伍、谋发展、促落实能力。选好用好管好村(社区)干部,实施清单式管理,落实发展稳定管理责任,切实增强基层组织战斗堡垒作用。深入推进服务型党组织建设,切实加强工作保障,推进服务品牌创建,提高服务能力和水平。开展走进群众家门、走进群众圈子、走进群众心里"三走进"活动,切实提高做群众工作的能力。大力整顿软弱涣散基层党组织,选优配强基层党组织带头人。从严抓好党员发展和教育管理工作,加强流动党员管理,有序开展不合格党员处置。抓好"两新"组织党建工作,重视非公企业、众创空间、社会组织等领域党组织建设,形成有效覆盖、上下联动的党组织网络体系。

6.加强党风廉政建设,永葆清正廉洁本色。坚持把党风廉政建设和反腐败斗争作为全面从严治党的重要内容,着力构建不敢腐、不能腐、不想腐的体制机制。深入落实党风廉政建设"两个责任",深化"签字背书"和履职约谈等制度,落实"一岗双责",强化"一案双查"。加强党内监督,推进审计监督,实践好监督执纪"四种形态",突出抓早抓小、防微杜渐,坚持把纪律挺在前面。加强巡察制度创新,推动全面从严治党向基层延伸,切实解决群众身边的不正之风和腐败问题。稳步推进监察体制改革,设立监察委员会。推动纪检派驻机构改革,进一步

优化职能作用。持之以恒推进作风建设,深入贯彻落实中央八项规定精神,坚决整治"四风"问题和"为官不为"现象。以零容忍的态度和决心,保持遏制腐败高压态势,做到有腐必反、有贪必肃。

各位代表、同志们,目标催人奋进,奋斗时不我待。让我们更加紧密地团结在以习近平同志为核心的党中央周围,在省委、绍兴市委的坚强领导下,不忘初心,继续前进,团结带领全市党员和干部群众,开拓创新,实干苦干,聚力"三区"建设,决胜高水平全面建成小康社会,为打造实力嵊州、品质嵊州、魅力嵊州而努力奋斗!

名词解释

1.转型升级"七化"行动:领带服饰定制化、厨电产品品牌化、机械电机高端化、土地利用集约化、企业资产资本化、产品销售多元化、科技创新成果产业化。

2.中心镇"六个一"工程:一个提升集镇品位项目、一个农民集中居住区项目、一个一定体量的商贸综合体项目、一个较大规模的房地产项目、一个工业功能区提质扩面项目。

3."三改一拆":旧住宅区、旧厂区、城中村改造和拆除违法建筑。

4."五水共治":治污水、防洪水、排涝水、保供水、抓节水。

5.优化环境"八大行动":违法建筑大整治行动、污泥浊水大整治行动、安全隐患大整治行动、经济秩序大整治行动、社会治安大整治行动、法治环境大提升行动、基层治理大提升行动、城乡面貌大整治行动。

6."三城同创":创建国家卫生城市、国家森林城市、省文明县市。

7."四张清单一张网":政府权力清单、企业投资负面清单、政府责任清单、专项资金管理清单、浙江政务服务网。

8.行政审批"三集中三到位":审批机构、审批事项、审批人员向政务服务中心集中,审批事项进驻落实到位、授权到位、电子监察到位。

9.“三严三实”：严以修身、严以用权、严以律己，谋事要实、创业要实、做人要实。

10.“两学一做”：学党章党规、学系列讲话，做合格党员。

11.“两新”组织：新经济组织和新社会组织。

12.嵊州城改精神：上下齐心、敢于担当、忘我工作、城改惠民。

13.国卫创建宣言：永不放弃、永不言败、勇往直前。

14.环境整治经验：党建引领、统筹结合、因地制宜、群众参与。

15.“一带一路”：丝绸之路经济带和21世纪海上丝绸之路。

16.“三去一降一补”：去产能、去库存、去杠杆、降成本、补短板。

17.“四换三名”：腾笼换鸟、机器换人、空间换地、电商换市，培育名企、名品、名家。

18.“个转企、小升规、下升上”：个体工商户转型升级为企业、规模以下企业转型升级为规模以上企业、限额以下商贸服务企业升级为限额以上企业。

19.“三位一体”农民合作经济组织体系建设：将农民专业合作、供销合作、信用合作三类组织融合在一起，增强为农服务的流通、金融、科技三重功能。

20.“一加强三整治”：加强规划设计引领，整治环境卫生、整治城镇秩序、整治乡容镇貌。

21.“二二三四”大交通格局：“二二”即杭绍台和甬金铁路“二铁”，城市中环和外环“二环”；“三”即甬金高速、37省道、527国道“三横”；“四”即杭绍台高速、上三高速、104国道、绍甘线“四纵”。

22.“四边三化”：公路边、铁路边、河边、山边开展洁化、绿化、美化。

23.“五气合治”：控烟气、降废气、减尾气、消浊气、除臭气。

24.监督执纪“四种形态”：党内关系要正常化，批评和自我批评要经常开展，让咬耳扯袖、红脸出汗成为常态；党纪轻处分和组织处理要成为大多数；对严重违纪的重处分、作出重大职务调整应当是少数；严重违纪涉嫌违法立案审查的只能是极少数。

政府工作报告

2016年1月7日在嵊州市第十五届人民代表大会
第五次会议上

代理市长　　陈玲芳

各位代表：

现在，我代表市人民政府向大会作工作报告，请予审议，并请市政协委员和其他列席人员提出意见。

一、“十二五”规划执行情况和2015年政府主要工作

“十二五”时期，面对复杂多变的宏观环境和艰巨繁重的发展任务，市政府在市委的正确领导下，在市人大、市政协的监督支持下，坚持“工业强市、实干兴市”工作基调，克难攻坚，奋力拼搏，基本完成了“十二五”规划确定的目标任务。2015年全市实现地区生产总值445.02亿元，五年年均增长8.4%，人均生产总值6.1万元；财政总收入46.8亿元，其中公共财政预算收入29.2亿元，年均分别增长13%和15.6%；城镇、农村常住居民人均可支配收入分别达到44506元和22616元，同口径年均增长10.0%和11.8%。五年累计完成固定资产投资834.26亿元，年均增长18.7%。预计万元生产总值能耗比2010年下降16.5%。

五年来，我们坚持转型升级，经济保持平稳健康发展。三次产业增加值比重为8.5∶49.5∶42.0。深入开展“提振信心、合力兴工”六大系列活动，五年累计完成工业性投资493.42亿元，年均增长16.1%；2015年规上工业总产值399.58亿元，五年年均增长4.6%，领带服饰、电器厨具、机械电机三大主导产业产值占比达76.5%。实施创新驱动战略，新增国家级高新技术企业23家，战略性新兴产业产值占比达30%。坚决淘汰落后产能，全面关停黏土砖瓦窑，完成造纸、印染等重污染行业整治提升。成功争创“浙江制造”试点县，获批国家级厨具产品质量提升示范项目，领带产业列入国家区域品牌建设试点。现代农业稳步推进，现代新有机农业基地、绿城现代农业综合体项目形象初显，创建省级现代农业综合区 3 个、粮食生产功能区 2 个,建成中国农科院茶叶研究所嵊州研究中心,获评中国茶叶产业发展示范县,入围第四批中央财政小型农田水利重点县。加快现代服务业发展,中国领带城物流中心、文化创意产业园等项目取得进展,电商换市工作深入推进,75%行政村设立村级电商服务网点,全市社会消费品零售总额达 229.88 亿元,年均增长 15.3%,游客接待数和旅游总收入年均分别增长 21.3%和 21.2%。开放型经济快速发展,累计实际利用外资 2.8 亿美元、市外境内资金 125.5 亿元。建筑业加快发展,建安产值年均增长 19.5%。要素保障力度加大,完成供地 1.5 万亩,新增建设用地 1.3 万亩,引进和设立各类金融机构 14 家。邮政、电信、烟草等行业健康发展。

五年来,我们坚持统筹发展,城乡面貌持续改善。突出规划引领作用,调整完善城乡规划审查制度,完成市域总规、旧城区控规及城市绿地等专项规划编制。中心城区建设不断加快,建成区面积扩大到 36.5 平方公里。城市功能不断完善,城隍山慢行系统、鹿山森林公园二期等工程顺利完工,基本建成公共自行车系统,新增停车泊位 1400 个,成功创建为省示范文明城市。五年累计完成基础设施投资 148 亿元,新 104 国道嵊州段、罗小线全线通车,剡溪大桥、南山水库引水复线、垃圾填埋场二期、嵊新污水处理厂一期提标工程等重大基础设施建成投运,完成五大中心镇到城区的路灯亮化工程;完成 24 座中小型水库、171 座重要山塘除险加固,新改建市(县)级标准堤防 31 公里;新改建各等级供电线路 1572 公里,完成数字电视整体转换工作。中心镇培育扎实推进,"六个一"项目完成投资 11 亿元,集镇面貌不断改善。美丽乡村建设深入推进,实施一批山区发展项目,获评省美丽乡村建设先进县市。大力推进"五水共治""四边三化""三改一拆"等工作,累计完成"三改"280 万平方米,拆违超过 500 万平方米,获评省农村生活污水治理工作优胜县市和省"三改一拆"先进县市。生态环境持续改善,新增国家级生态乡镇 5 个,森林覆盖率 64.6%,成功创建国家级生态示范区,获评省森林城市。

五年来,我们坚持以人为本,社会事业全面发展。每年实施一批重点民生实事工程,民生支出占公共财政预算支出 80.4%。文化事业繁荣发展,持续推进越剧发展"六大工程",建成农村文化礼堂 83 家,文化遗产传承保护得到加强,获评"中国民间文化艺术之乡"。教育体育事业加快发展,实施标准化学校建设,改扩建学校 85 所,新建剡溪小学等学校(幼儿园)3 所,通过全国义务教育发展基本均衡县(市)认定,成功创建省体育强市。医改工作深入推进,被列入国家级乡村医生签约服务试点和基层卫生综合改革试点县(市),新改建卫生院 9 家、社区卫生服务站 86 家、村卫生室 110 家。食药品监管进一步加强,完成集镇农贸市场整治提升任务。新增城镇就业人数 7.1 万人,城镇登记失业率 2.86%。社会保障力度不断加大,各类养老保险总参保率达到 70%,城乡居民最低生活保障标准分别提高 31.4%和 47.2%,建成保障性住房 8792 套,完成农村危旧房改造 1400 户。"平安嵊州"建设大力推进,各类安全生产事故起数、死亡人数五年累计分别下降 30%和 18.4%,刑事发案率下降 12.9%,信访秩序进一步规范,平安建设实现"六连冠"。工青妇、老龄、慈善、残疾人、流动人口管理等事业全面发展,国防动员、司法、民族、宗教、外事、侨务、档案、人防、气象等工作取得新成绩。

五年来,我们坚持依法行政,自身建设不断加强。自觉接受市人大及其常委会依法监督和市政协民主监督,定期向市人大报告工作、向市政协通报情况,切实办好人大代表建议和政协委员提案。严格执行中央八项规定,扎实开展党的群众路线教育实践活动和"三严三实"专题教育,"四风"问题得到有力整改,全市"三公"经费比"十一五"末下降 55.5%。认真落实党风廉政建设责任制,加强预算管理改革,实施政府性投资项目综合监管和重大政策跟踪审计,开展政府非税收入专项检查,清理整顿往来款项和乡镇部门"小金库"。深化行政审批制度改革,启用新行政服务中心,行政审批基本实现"三集中、三到位",加快"四张清单一张网"建设,减少和调整审批事项 115 项。稳步推进综合行政执法改革，开展乡镇治理模式创新试点。实施工作函告单跟踪督查制度和企业服务员制度，机关工作效率和服务水平进一步提升。

各位代表！刚刚过去的 2015 年，市政府按照市委确定的总体思路，稳增长促转型，抓改革优环境，强保障惠民生，基本完成了市十五届人大四次会议确定的目标任务。地区生产总值增长 7.1%，公共财政预算收入增长 8.5%，固定资产投资增长 16.1%，社会消费品零售总额增长 11.8%，城镇、农村常住居民人均可支配收入分别增长 8.4% 和 9.0%。一年来，我们着重抓了以下几方面工作。

一是以"七化"行动为主线，重抓招商选资、开发区"二次创业"，努力保持经济平稳增长。加快产业转型升级，成功注册"嵊州领带"集体商标，《集成灶》浙江制造标准通过专家评审，优森股份成为全国第一只农村电商概念股，完成"个转企"315 家、"小升规"112 家、股份制改造 27 家，新三板挂牌 5 家，新光药业上市审核（首发）获通过。完善招商工作体制机制，全年实际利用外资突破 1 亿美元，引进市外境内资金 28 亿元。实施开发区"二次创业"，开发区全年实现规上工业产值、规上工业税收、工业性有效投资、基础设施投资分别同比增长 15.0%、20.4%、18.0%、50.9%。加大企业帮扶力度，设立企业转贷应急专项资金，全市不良贷款率控制在 1.46%，金融生态环境稳健有序。

二是以城中村改造为突破口，完善基础功能配套，着力推进城市建设。理顺城中村改造体制机制，实施"房票＋货币"的拆迁安置政策，发扬"上下齐心、敢于担当、忘我工作、城改惠民"的嵊州城改精神，全市累计拆迁 52.8 万平方米。加大城市项目招商力度，吾悦广场、剡江越园等城市商住项目动工建设。加快推进重大基础工程，甬金高速嵊州南互通建成通车，浦东大道至罗小线段、普田大道延伸段至浙锻路连接线工程开工动建，杭绍台高速公路建设正式启动，甬金铁路完成立项。

三是以项目投入为抓手，强化要素保障，切实增强经济发展后劲。以"协议项目抓生成、落地项目抓进度、在建项目抓投运"为目标，大力开展"百日攻坚"专项行动和项目服务月活动，全市 40 只实施性重点建设项目全年完成投资 84.91 亿元，完成工业性投资 128.96 亿元，增长 15.3%。加强特色小镇培育争创工作，领尚小镇、飞翼农业休闲小镇、温泉养生小镇列入绍兴市特色小镇创建对象。加大要素保障力度，完成土地利用总体规划中期调整和融资土地实转工作，新增建设用地报批 2316 亩、耕地 5000 亩，存贷款余额分别增长 7.0% 和 12.4%。

四是以优化生态环境为目标，加强综合治理，扎实推进美丽乡村建设。全面推进"五水共治"，关停畜禽养殖场 1941 家，拆除非法砂场 35 家，完成 211 个村的生活污水治理设施建设，甘霖等 4 个镇级污水处理厂建成投运，开展农村饮用水安全工程试点，剡溪江综合治理工程、湛头滞洪区改造工程列入省级重点项目，创建成为省级"清三河"达标县市。加强城乡环境综合整治，争创"无违建村"309 个，整治"两路两侧"41 个省定点和 949 个自查点，拆除违建坟墓 2.1 万穴，淘汰黄标车 4688 辆、燃煤锅炉 400 台。稳步推进"五村共建"，西白山美丽区块初具雏形。开展农村土地承包经营权和农房确权登记颁证工作，基本完成农村集体资产股份合作制改革。

五是以改善民生为根本，更加注重利民惠民，努力保持社会和谐稳定。市政府承诺的十方面民生实事如期完成。全面实施学前教育第二轮行动计划，成立义务教育发展基金，嵊州高级中学开工动建。新医院项目主体落成，与浙大一院合作创新办医机制，有效应对人感染 H7N9 禽流感等疫情，再生育审批权限平稳下放。加强越剧传承与创新发展，开展文化"三下乡"活动，农村应急广播体系实现全覆盖。推进基层防汛防台体系规范化建设，有效应对台风等自然灾害。完善创业就业等人才扶持政策，引进各类人才 5600 人。加强社会养老规范化管理，全面完成全民参保登记工作，发放"市民卡"1 万余张。

各位代表！"十二五"时期嵊州经济社会发展所取得的成就，是上级党委、政府和嵊州市委正确领导的结果，是市人大、市政协监督支持的结果，是全市人民同心同德、奋力拼搏的结果。在此,我代表市人民政府,向全市人民和外来建设者,向全体人大代表、政协委员,向各民主党派、工商联、人民团体,向驻嵊部队、武警官兵、公安干警,向所有关心、支持和参与嵊州建设发展的各界朋友,致以崇高的敬意和衷心的感谢!

在看到成绩的同时,我们也清醒看到,我市经济社会发展中还存在不少困难和问题,政府工作也存在许多不足。主要表现在:经济总量偏小、产业层次较低的问题依然存在,产业转型升级任重道远;要素制约不断加剧,资源集约节约利用亟待加强;城乡区域发展不够协调,城市建设管理水平需要提升;公共服务、民生改善与人民群众的期待仍有较大差距,基础设施历史欠账较多;政府自身改革、机关作风和效能建设存在薄弱环节,一些政府工作人员担责担当、勤政廉政的意识有待提高。对此,我们一定会高度重视,采取有力措施,认真加以解决。

在这里要特别说明的是,"十二五"规划提出的全市地区生产总值、自营出口等指标没有完成预期目标。市政府相关部门已就此向大会作出书面说明,这里有宏观环境变化的影响,也有对经济指标缺乏系统论证的因素,还存在工作力度不够、措施不实等问题。我们将虚心接受大家的批评,致力改进自身不足,扎扎实实做好人代会确定的各项工作。

二、关于"十三五"规划纲要(草案)的说明

今年是"十三五"开局之年,市政府高度重视"十三五"规划编制工作,根据市委《建议》精神,充分听取了人大代表、政协委员、专家学者和各界人士的意见建议,不断进行修改完善。《纲要(草案)》现已提请大会审议,我就有关情况作一简要说明。

(一)关于《纲要(草案)》编制的总体把握

一是注重战略布局。市委《建议》提出了"十三五"时期的发展理念、基本要求、主要目标、重点任务和重大举措。《纲要(草案)》进行了全面贯彻落实,并规划了一系列具体指标、工作载体、政策举措、重大项目和保障体系。

二是注重创新发展。《纲要(草案)》既继承发扬"十二五"时期好的经验做法,做到指标体系、任务举措、项目推进的一脉相承,又切实加强与上级及周边地区"十三五"规划的衔接,在经济发展、城乡统筹、社会事业、生态文明等方面提出了一系列新的发展思路和创新举措。

三是注重全面融合。《纲要(草案)》充分兼顾全市发展的具体情况,加大城乡统筹发展和协同发展力度,更加体现全面性和整体性。坚持找差距、补短板,针对薄弱环节强化了任务举措,力求《纲要(草案)》科学合理。

(二)关于"十三五"发展的指导思想和主要目标

"十三五"时期仍处于大有作为的重要战略机遇期,同时也面临诸多矛盾叠加、区域竞争加剧的严峻挑战。在世界多极化、经济全球化、文化多样化、社会信息化的背景下,我国经济发展呈现速度变化、结构优化、动力转换三大特征。未来五年,是嵊州城市建设的机遇期,产业转型的关键期,全面建成更高水平小康社会的决胜期。我们要主动适应新常态,准确把握新形势、新要求,更加有效应对各种风险和挑战,坚持稳中求进、积极有为,努力推动嵊州经济社会又好又快发展。

《纲要(草案)》根据市委《建议》,提出"十三五"时期发展的指导思想是:高举中国特色社会主义伟大旗帜,以马克思列宁主义、毛泽东思想、邓小平理论、"三个代表"重要思想、科学发展观为指导,深入贯彻习近平总书记系列重要讲话精神,全面落实中央"四个全面"战略布局、省委"八八战略"总纲和绍兴市委"两重战略",坚持创新、协调、绿色、开放、共享发展理念,坚持"工业强市、实干兴市"工作基调,统筹经济建设、政治建设、文化建设、社会建设和生态文明建设,扎实推进经济转型升级、城市新区建设、大交通建设和嵊新协同发展,高水平全面建成小康社会,为建设现代化嵊州奠定坚实基础。

《纲要(草案)》提出了今后五年的总体目标是:确保实现已经确定的"四翻番"目标,着力打造实力嵊州、品质嵊州、魅力嵊州,高水平全面建成小康社会。具体目标是:

——经济实力更强。经济保持中高速增长,产业迈向中高端水平,地区生产总值年均增长7.5%

以上,经济发展质量和效益稳步提升。

——城乡区域更协调。城南新区现代城市核心区形象显现,中心集镇向小城市方向发展,美丽乡村建设取得成效,城乡收入差距进一步缩小,全面消除绝对贫困现象。

——生态环境更优美。节能减排水平不断提高,基本清除违法建设,全面消灭Ⅲ类水质以下河道,成功创建国家森林城市、园林城市。

——文化特色更鲜明。百年越剧诞生地、千年剡溪唐诗路、万年文化小黄山成为嵊州历史文化金名片,越乡文化特色进一步显现,创建成为全国文明城市。

——人民生活更幸福。教育、文化、卫生等公共服务体系更加完善,社会保障体系更加健全,城乡居民收入和地方可用财力明显增长,人民幸福指数不断提升。

——治理体系更完善。平安嵊州建设、法治嵊州建设持续深入,社会治理法治化、制度化、规范化、程序化、信息化水平进一步提高。

(三)关于"十三五"时期的主要任务

《纲要(草案)》坚持以五大发展理念统领经济社会发展大局,全面部署了今后五年八个方面的主要任务。

一是加快转型升级,打造实力嵊州。继续坚持"工业强市、实干兴市"工作基调,重抓工业经济,以开发区"二次创业"、转型升级"七化"行动为主抓手,努力做大经济总量,力争实现新增规上企业400家。《纲要(草案)》还提出了加快经济结构调整和推动产业融合发展的具体举措,努力推进现代农业和现代服务业发展,使三次产业结构更加优化。

二是加快科技创新,提升发展动力。坚持"创新驱动"战略不动摇,立足嵊州实际,着力在创新平台建设、创新主体培养、创新人才引进和创新环境优化上下功夫,力争到2020年,全市培育国家级高新技术企业60家,省级科技型中小型企业超300家,建成企业研发中心240家,实现规上企业研发机构全覆盖,科技进步贡献率提高到60%以上。

三是全面扩大开放,激发区域活力。坚持"开放发展",积极参与义甬舟开放大通道建设,积极推进嵊新协同发展,谋划建设嵊新综合保税区。大力发展电子商务,做大跨境电商,提高领带服饰、电器厨具和机械电机等优势产业的影响力和话语权。坚持招商选资"一号工程",注重引智引技,大力引进世界500强、中国500强、跨国公司以及央企、军企等合作项目。

四是协调城乡发展,打造品质嵊州。突出"一路、一心、四个平台、五个中心镇"建设重点,依托义甬舟开放大通道,加快中心城区建设,着力推动经济开发区、城南新区、高新园区、温泉度假区和五大中心镇的发展,增强区域集聚辐射能力。推动中等集镇、山区乡镇和美丽乡村建设,形成多个美丽区块。加快交通建设,五年完成交通投入200亿元以上,初步形成"两铁、两环、三横、四纵"的大交通格局,实现所有行政村"半小时上高速"目标。加强城乡水网、电网、气网建设,做好甘霖水库谋划工作。

五是推进共享发展,创造美好生活。建立财政支持与社会保障的自然增长机制,各类养老保险总参保率达95%。实施更加积极的就业政策,实现"零就业"家庭动态归零,新增就业6万人以上。创建省级教育现代化县(市),义务教育学校标准化率达到95%,教育质量明显提高。健全城乡医疗服务体系和公共卫生体系,群众就医难、就医贵问题进一步缓解。全面建成居家、社区和机构为支撑的养老服务体系,基本形成"9643"的养老服务总体格局。

六是繁荣越乡文化,打造魅力嵊州。加快越剧事业传承与创新发展,推进越剧普及推介交流活动,建设越剧小镇,打造"中国越剧旅游目的地"。推进小黄山遗址、崇仁古镇建筑群、华堂古村等保护开发,增加越乡文化载体。创新文化产业发展模式,建成文化创意园,推动民营剧团和戏曲服装产业加快发展。推进公民文明素质提升、科学素质提升行动等专项行动,倡导社会主义核心价值观。

七是践行绿色发展,共建美丽家园。深入推进"五水共治""三改一拆""四边三化",城镇截污纳管和农村生活污水治理设施实现全覆盖,全市饮用水源水质达标率100%,空气质量良好以上天数保持在 87%以上，国省道公路两侧、主要河道两岸绿化率达到 98%，确保不把违法建筑、污泥浊水、脏乱差的环境带入全面小康。

八是全面深化改革，再创发展优势。以经济体制改革为重点全面深化改革，建立起更加科学合理的资源要素市场化配置机制、更加便民高效的行政审批制度、更加精准有力的社会治理体制，营造经济社会发展新优势。

各位代表，未来五年的新征程已经开启，目标令人振奋、使命十分光荣。我们坚信，在中共嵊州市委的正确领导下，在市人大、市政协的监督支持下，在全市人民的共同努力下，"十三五"规划的宏伟蓝图一定能够圆满实现！

三、2016 年政府工作安排

2016 年是"十三五"规划实施的第一年，做好政府工作，实现良好开局，对于顺利完成"十三五"规划提出的目标任务具有十分重要的意义。我们将深入贯彻落实党的十八大和十八届三中、四中、五中全会精神，按照市委十三届二十四次全体(扩大)会议的决策部署，脚踏实地，埋头苦干，确保全市经济社会平稳健康发展。

综合分析发展趋势、基础条件和工作导向，建议全市经济社会发展的主要预期目标为：地区生产总值增长 7.5%以上；公共财政预算收入增长 8%；固定资产投资增长 12%；社会消费品零售总额增长 12%；城镇、农村常住居民人均可支配收入分别增长 7.5%和 8.5%；节能减排完成上级下达任务。

围绕上述目标，我们将重点抓好以下六方面工作：

（一）重抓转型升级，努力做大经济总量

突出开发区"二次创业"，着力推进平台建设。强化开发区工业经济主战场地位，基本建成时尚产业园、浦口新兴产业园等市政配套设施，全年基础设施投资增长 50%；加强空间拓展，完成征地 3000亩，其中工业用地 1000 亩，新出让工业用地 500 亩以上；加快产业发展，组织实施一批具有发展带动能力的重大项目，规上工业总产值、工业税收、工业性投资均增长 15%以上。推进城北工业区改造提升，深化重污染行业整治，加快盘活存量土地，完成

污水管网修复和基础设施改造，推进昂利康等亿元以上技改项目，规上工业总产值、工业性投资、工业税收均增长 15%。加强高新园区开发建设，完善基础设施配套，加大项目引进力度，规上工业总产值和工业性投资均增长 15%。构建三江战略性新兴产业园区，实施智能机器人装备等亿元以上产业项目，规上工业总产值增长 10%，工业性投资增长15%。同时，加强乡镇工业功能区建设，引导村级个私集聚区规范化发展，提升工业经济承载能力。

突出招商选资"一号工程"，着力扩大有效投资。制定实施招商选资五年行动计划，突出重点产业招商，加大三大主导产业强链补链和高端装备、新材料、新能源、生物医药、信息技术等战略性新兴产业项目的引进。突出重点区域招商，向北京、上海、深圳、杭州、宁波等地长年派驻招商小分队进行蹲点招商。突出重点对象招商，紧盯世界 500 强、央企军企和上市企业开展精准招商。实现产业项目协议总投资 150 亿元以上，确保实到外资 8000 万美元，引进市外境内资金 20 亿元以上。坚持"境内境外都是商，市内市外都是商"的理念，做到招商选资和内部挖潜并重，继续扩大有效投资规模。重抓项目生成，全市新开工 5000 万元以上工业项目 40只，其中开发区要实施 20 只以上；重抓项目推进，制定实施 2000 万元以上项目跟踪服务和亿元以上项目全程代办制度，加快 50 只亿元以上工业项目建设，竣工投产 10 只以上，确保全市工业性投资增长 12%。

突出转型升级"七化"行动，着力提升发展质量。坚持以创新引领转型升级。推广领带服装个性化定制经营模式，引导企业开展私人定制业务。深入推进"浙江制造"试点和国家级厨具示范项目创建，进一步打响"集成灶·嵊州造"区域品牌，推动厨电产品智能化发展。实施电机产业提升工程，加快特种电机、永磁电机等高端产品开发，进一步扩大产品涵盖面。大力发展生物医药、智能装备等战略性新兴产业，技改投入增长 50%以上。加大工业设计研发投入，新建 2 家省级企业研发机构，与科研院所共建创新载体 10 家，培育国家级高新技术企

业7家,省级以上各类科技型企业70家,新增发明专利130个。加快推进新锐企业培育、"小升规"和股改上市工作,净增规上企业80家以上,新增省七大产业类小微企业250家,完成股份制改造20家、新三板挂牌5家、国内上市1家以上,新增股权融资5亿元。加强对外贸易扶持,建立外贸企业一对一联系帮扶制度,力争自营出口增长3%以上。实施建筑业走出去战略,全市实现建筑业总产值320亿元以上。深入推进省级跨境电商园区试点,筹建电商产业孵化基地(电商总部)和现代物流产业园,积极争取与阿里巴巴开展战略合作,电商网络零售额增长50%以上。

突出服务企业系列活动,着力提振发展信心。继续开展"走访企业,破解难题"百日攻坚活动,完善企业服务员制度,帮助企业破解一批遗留问题和发展难题。制定实施行业协会市领导联系制度,鼓励行业企业抱团发展,增强行业整体竞争力。发挥供电、金融、人力社保等职能部门作用,全力帮助企业降低生产经营成本。深入推进政银企对接,继续扩大企业转贷应急资金覆盖面,有效预防与处置企业风险。切实加强企业家队伍建设,关注新生代企业家培养,定期举办企业家论坛和培训活动。大力弘扬"四爱一守"企业家精神,营造"企业家为全社会创造财富,全社会尊重关爱企业家"的良好氛围。

(二)强化建设管理,努力提升城市品质

推进城南新区发展。继续加大城中村改造力度,确保全年拆除城中村50万平方米以上,其中城南核心区30万平方米、开发区20万平方米。坚持高起点规划城南核心区块,开展城南新区发展战略研究和重点区块城市设计。加大基础投入,启动城南新区幼儿园和小学建设,基本建成高级中学,启用新人民医院,积极引导金融业、商贸服务业、文化娱乐业等城市经济发展,切实完善新区配套功能。加快建设开发步伐,大力推进吾悦广场、剡江越园、文化综合体等城市项目建设,进一步加大商住项目引进力度,不断增强新区集聚功能。提升新区品质,精心打造沿江沿路绿化景观,完成甬金高速嵊州南互通及接线绿化工程,完成嵊新大道等地段亮化景观工程;谋划建设城南滨江公园,打造城南大桥至嵊州大桥沿江南岸"美妙三公里",凸显三江六岸亲水城市风貌。

推进交通道路建设。围绕"打通二三四、建设大交通"的目标,启动杭绍台高速公路和甬金铁路建设,积极争取杭绍台城际铁路立项。加快城市环线建设,进一步拓宽"内环",完成艇湖路、艇东路拓宽改造,加快环城南路改造工程;加快建设"中环",推进浦东大道至罗小线段、普田大道延伸段至浙锻路连接线工程,建成甬金高速嵊州南互通西接线工程,动建南六路延伸段工程和S312黄泽至浦口、鹿山至甘霖段工程;积极谋划"外环",争取蛟澄线工程立项报批。同时,立足东西部协同发展,积极开展甬金高速金庭互通、黄泽至新昌县山头里段、绍甘线马溪至崇仁段、甘霖独秀山庄至剡溪小学段、石璜至东湖段等项目建设前期工作。实施绍兴港嵊州港区中心作业区码头工程,启动清风四级船闸规划设计。继续推进山区道路边沟改造和县乡道大中修,实施山区部分公路拓宽和破损联村公路修缮。

推进城区提升优化。整治一批重点区域,推进城西、城北、城东入城口改造,加快农副产品物流中心建设和农批市场搬迁,完成嵊州大道禹溪至艇湖段沿线立面和绿化整治,实施嵊张线黄泽至城区段环境综合治理,加强城隍山保护,加快江滨市场等城区农贸市场整治。建设一批城市路网,建成城东至旧城区慢行桥工程和马桥慢行桥工程,打通南沿路、长宁路、剡溪路、明心岭路等断头路或卡脖子地段,完成环堤路、兴旺东街绿化美化。完善一批市政设施,新建城东、城南垃圾中转站,新建改建公共厕所50座,优化城市指路系统,完善交通标志标线,确保全年道路完好率85%以上,路灯亮灯率95%以上。改造一批老旧小区,加快城市危房治理,探索老城区、老街区开发建设,加强老旧小区水电路、消防设施等配套改造。增设一批商业设施,优化城市商业网点布局,打造以商业街、大型零售业、餐饮娱乐集聚区等为主体的城市商圈,培育壮大汽车4S店板块、生产性服务业等城市新业态,全年服务业有效投资增长15%以上。

推进城市高效能管理。坚持"以人为本",尊重城市发展规律,顺应城市工作新形势,不断提升城市管理水平。加强规划研究,综合考虑功能定位和文化特色,不断完善彰显嵊州特色的规划体系,强化规划执行刚性。创新城管体制,强化城管委职能,建设"智慧城市"信息化平台,实现项目审批、环境保洁、绿化管养、路灯亮化和城市管理"归口统一"。推进城市"四化",分区分块实施美化、绿化、亮化、洁化工程,打造一批城市示范区块。开展"五治"联动,在治脏、治乱、治尘、治噪、治水上下功夫,有效改善市容市貌。实施"城市品质提升六大专项行动",在违法建设、马路市场、占道经营、交通拥堵、城市扬尘和户外违章广告牌等六大方面开展专项整治,切实提升城市形象,提高城市品质。

(三)注重统筹兼顾,努力促进协调发展

加快中心集镇开发建设。完善中心镇规划,明确"一镇一平台一核心区"建设发展目标。优化中心镇发展扶持政策,以奖代补扶持一批"六个一"项目,对政府性项目融资实行贴息补助。甘霖镇要加快镇南工贸区和商贸区等平台建设,推进上高农民集中居住区二期等人口集聚项目;崇仁镇要完善下应、马仁、富四等平台功能,做好农民集中安置区建设工程前期工作;长乐镇要加快工业区基础设施建设,启动农房改造安置项目等一批商住项目;三界镇要依托省级高新园区,加大项目引进和投入,高标准建设嵊州北大门;黄泽镇要加快三王工业区提档升级,启动丰泽大道商贸核心区建设。五大中心镇要依托工业功能区,加快引进一批优质高效的产业项目,工业性投资增长15%,规上工业总产值增长12%以上。

加大美丽乡村建设力度。继续实施好山区发展项目,鼓励山区乡镇打造精品美丽乡镇。推进新农村建设,充分挖掘古镇、古村、古迹、古树等资源,打造特色村连点成线景观带,完成60个整治提升村、5个精品村、7个中心村、10个历史文化村落、8个民宿特色村的"五村共建"工程,建成30个村民中心、15个村庄森林公园、20个水域整治项目。加强农村环境治理,试行农村生活垃圾无害化和减量化处理,探索农村垃圾堆肥阳光房建设,开展"美丽庭院"创建工作,充分发挥党员干部、村民代表在村庄治理中的表率作用。保护青山绿水,加快发展民宿经济和农庄经济,推进温泉湖和西白山美丽区块建设,鼓励谷来、金庭、北漳、下王、贵门、里南、王院、竹溪等区块错位发展民宿乡村游、采摘休闲游。

加速绿色产业培育发展。围绕"高效、生态、优质、精品"的目标,大力发展现代农业。重视粮食安全,实施中心粮库二期和福全粮食储备库项目,新增高效节水灌溉面积3900亩。推进绿城现代农业综合体、飞翼有机农业园和中茶所等项目建设,推广榉稻套种、生态养殖、品种改良等新型生产方式。加强农资农机农技规范化服务,建成50个农产品质量安全追溯体系,打响安全放心农产品品牌,扩大"越乡龙井""嵊州香榧""羲之桃形李""白中王长毛兔""嵊州小笼包"和"嵊州花木"等品牌影响力。推进电子商务进万村工程,探索农产品线上线下一体化销售模式,继续做好网上庄稼医院工作。推动一二三产业融合发展,利用十大农业精品基地和周边景区建成两条休闲观光景观带;加强绍兴温泉城、狮子山旅游养生综合体、百丈飞瀑等项目招商,引进一批有实力的开发商,促进旅游业快速发展,全年游客接待数和旅游业收入增长15%以上。

加强生态环境综合治理。深入推进"五水共治",启动实施城乡供排水一体化管理体制和运行机制。加快大中型水库联网工程,抓紧谋划论证艇湖工业水厂,提高水资源使用效率。实施嵊新污水处理厂二期扩容工程和剡湖、鹿山等城郊接合部截污纳管工作,完成城区2个污水泵站建设,集镇污水处理厂运行负荷率超过60%,全面完成农村生活污水处理设施建设。开展湛头滞洪区建设,完成剡溪江、黄泽江、四明江综合治理,做好长乐江堤防加固和浦口沿山高排建设,建成一批城市排涝站。抓好污染防治,强化三级河长责任,做好砂资源规范管理、畜禽养殖场整治和病死动物无害化处理,确保36条主要河道、65个断面水质达标。继续加强"三改一拆",重抓"一户多宅"整治,盘活空心村存量资源,完成拆改200万平方米,争创省"无违建先进县(市)"。全力做好"四边三化",深化"两路两侧"整治,创建一批美丽乡村公路示范乡镇。大力整治"青山白化",加强生态公益林抚育和松材线虫病治理,有效防治水土流失和地质灾害,全面完成殡葬改革整治任务,严控新增违法坟墓。加大空气污染集中整治力度,系统治理工业废气、汽车尾气、餐饮油烟和秸秆焚烧,完成燃煤锅炉淘汰任务。

(四)深化改革创新,努力优化发展环境

创新产业扶持政策。设立首期5亿元的产业发展基金,重点扶持、培育战略性新兴产业、工业主导产业和科技型企业发展,鼓励企业开展兼并重组、股权投资和挂牌上市。深化实施专业人才创业基金和"科技券"制度,加快科创园三期和市"两创"园区建设,重视公共服务平台建设,鼓励乡镇建设小微企业创业平台,孵化培育一批成长型、科技型企业。加快特色小镇建设,领尚小镇完成投资10亿元,飞翼农业休闲小镇争创4A级景区,温泉养生小镇完成年度建设任务。全面推进农村"三权"确权改革,构建"三位一体"农民合作经济组织体系,加强农村"三资"管理,设立村级集体经济发展基金,鼓励盘活村级集体资产,强化贫困村、贫困户结对帮扶,增强经济薄弱村和低收入农户的"造血"功能。

创新要素配置机制。完善工业项目准入机制,深化"亩产论英雄"理念,用企业绩效指标引导资源配置。组建区域性要素交易综合平台,实施要素价格差别化管理,开展排污权电子竞价拍卖,依法处置"僵尸企业",盘活闲置低效用地1000亩。重视土地保护利用,推进低效用地二次开发,新增耕地5000亩,其中水田2500亩,实现供地2500亩。实施政府性存款竞争性存放制度,进一步盘活国有资产,理顺国资管理体制,实施地方债券、企业债券等融资新手段,拓宽融资渠道,改进融资方式,优化融资结构,降低融资成本,做大做强融资平台。加强人才引进和培育,尤其要吸引大学生回嵊创业创新,引进和吸纳各类人才4500人以上。

创新行政审批制度。深入实施行政审批制度改革,实行联审联办工作新机制,实现企业投资项目、政府投资项目80天高效审批。探索企业简单项目

和民生项目审批"即来即办"制度,有效提升项目审批效率。加快推进"四张清单一张网"建设,全面推进网上审批,促进网上政务服务平台向基层延伸。健全社会事业投资经营准入竞争机制,鼓励社会资本发展民生事业。加强中介机构规范管理,降低中介服务费用。继续推进简政放权,向主要平台及中心镇下放部分市级权限,开展宅基地"乡镇审批"试点。加强项目招投标市场管理,严厉打击围标串标、冒用资质等行为,探索村级小额工程招投标简易程序。

创新社会治理模式。逐步推进综合行政执法体制改革,提升行政执法水平。推广黄泽镇乡镇社会治理模式试点经验,建设权责一致、科学高效的乡镇管理制度。认真做好村级换届选举工作,强化村级自治管理,推动并村并账工作。重视意识形态领域管控,加强网络舆情监管,弘扬社会主义核心价值观。强化社会治安综合治理,严厉打击各类违法犯罪。重抓安全生产工作,确保不发生重特大安全事故。加强和改进信访维稳工作,深化市领导周一接访制度。加快"天网"工程建设,启用应急指挥中心,建立灵敏高效的应急联动体系。做好法制宣传、人民调解、社区矫正和法律服务工作,促进社会和谐稳定。加强国防动员和后备力量建设。支持工会、共青团、妇联开展工作。继续做好统计、档案、拥军优属、外事侨务、民族宗教、对台事务、关心下一代等各项工作。

(五)办好社会事业,努力改善人民生活

繁荣发展文化事业。积极创建越剧文化生态保护区,扎实推进越剧传承发展示范区创建,举办纪念越剧诞生110周年系列活动,开展越剧大家唱活动,承办好全国越剧赛事。加快公共文化服务体系均等化、标准化建设,启动博物馆、文化馆、档案馆建设,谋划马寅初纪念馆建设,新建20家农村文化礼堂,培育6个文化礼堂活动活跃村。

优先发展教体事业。加强教育事业投入,动建开发区小学和幼儿园、市职技校实训楼,加快乡镇校舍改造。加强学前教育规范化管理,加大中心村幼儿园建设力度。深化教育体制改革,探索普高办学新模式,高考上线率和一本上线人数实现新提

升。大力发展职业教育,探索技师院校联办模式,推进产教融合发展。完善教师激励机制,探索中小学教师"县管校聘"制度,加大名师、名校长培养力度。加快公共体育活动场所建设,举行市第七届全民运动会,推进学校体育场地向社会开放。

创新发展卫计事业。以浙江大学第一附属医院托管我市人民医院为契机,加快医疗资源整合提升,探索公立医院管理运行新机制,加大卫技人才引进和培养力度,提升医技水平。深化基层卫生综合改革,推进签约服务和分级诊疗制度,做好药品集中采购和定价机制试点工作。健全突发公共卫生事件联防联控机制,加强重大传染病防控工作,取缔城区活禽交易。积极稳妥推进生育政策调整,做好"普二孩"政策的宣传落实。全面推进餐桌安全治理三年行动,新建40家农村家宴服务中心。

健全城乡社保体系。加快完善社会保障体系,推进各类养老保险制度衔接,形成覆盖所有目标人群的基本养老、基本医疗制度,各类养老保险总参保率超过76%。实施住房公积金制度扩面,推进保障性住房建设和城乡危旧房改造。继续推进社会救助,扎实做好城乡低保和扶贫工作,全面建立残疾人生活、护理补贴制度,重视发挥红十字会的人道救助作用。高度重视养老事业,规范发展社会化养老服务体系。

切实办好民生实事。(1)教育发展方面。新建、扩建幼儿园10所,有效缓解"入托难、入园难"问题;设立学生伙食改善专项资金,改善学生伙食条件。(2)医疗服务方面。完成三江、鹿山社区卫生服务中心项目建设;加强流动卫生服务站建设,有效改善边远山区群众"看病难"问题;高血压等慢性病社区规范化管理率达到65%。(3)劳动就业方面。每周举办一次劳动力招聘会,城镇失业人员再就业4000人以上。(4)电力保障方面。完成220千伏雅致－浦口输电线路工程、110千伏黄泽输变电工程建设,实施城乡老旧低压线路改造。(5)城市保洁方面。新增环卫工人500名,实行市区14小时双班制无死角保洁。(6)交通治堵方面。稳步推进城乡公交一体化,新增城市停车泊位1000个,建成2个公交

枢纽站,开通嵊新公交线路。(7)社会保障救助方面。提高大病保险筹资标准和医疗救助比例;分配保障性住房100套以上,完成困难群众住房救助300户。(8)养老服务方面。推进阳光山庄二期建设,加快乡镇敬老院和养老院建设改造,谋划建设市老年活动中心。(9)文化惠民方面。继续抓好广场文化活动,全年送书下乡21000册、送电影5050场、送戏下乡150场。(10)城乡饮用水方面。提升改造农村安全饮用水工程,新增农村安全饮用水人口10.9万人。

(六)加强自身建设,努力提升政府形象

推进依法行政。坚持市委的领导核心,严格遵守市委"三重一大"决策制度,严格遵循行政决策程序。坚持"法定职责必须为、法无授权不可为"原则,进一步健全权力运行制约监督体系,自觉接受市人大及其常委会的法律监督、市政协的民主监督,虚心听取各民主党派、工商联、无党派人士和社会团体的意见,重视群众监督、舆论监督等社会监督。加强审计监督,开展乡镇、街道、国有企业资产的年度财政、审计联合检查工作。实行领导干部经济责任审计全覆盖。进一步完善学法用法制度,定期组织集体学法,有效发挥政府法律顾问作用。创新政务公开方式,不断提升政府工作的透明度。

提高办事效率。大力发扬城改精神,倡导比学赶超的工作热情,进一步提升干部队伍精神面貌。完善工作目标考核机制,健全工作函告单跟踪督查制度和容错免责机制,进一步优化干部干事创业环境。实行公开通报和红黄牌制度,确保工作责任到人、具体到事、进度到时、督查到位,重点治理庸政懒政,进一步提高机关工作效能。全面推行夜学夜办公制度,倡导"白加黑"、"5+2"的敬业精神,坚持问题导向,创新工作思路,在减环节、优流程、转作风、提效能、强服务等方面取得突破性进展,不断提升公共服务水平和群众满意度。

加强廉政建设。深入践行党的群众路线,强化党风廉政建设责任制,提升领导干部"一岗双责"意识,落实部门"一把手""五不直接分管"制度。认真执行财经纪律,强化预算约束,加强政府性投资项

目综合监管。严格落实中央"八项规定"精神,深入开展"三严三实"教育活动,坚决清除"四风"陈规陋习,继续保持惩治腐败的高压态势。深入推进节约型机关建设,加快公务消费制度改革,从严控制行政经费和一般性支出,出国(境)经费、公务接待经费继续下降,把有限的资金和资源更多地用在民生改善上。

各位代表!嵊州正处在跨越发展的关键时期。让我们在中共嵊州市委的坚强领导下,坚定信心,和衷共济,锐意进取,扎实工作,努力打造实力嵊州、品质嵊州和魅力嵊州,为高水平全面建成小康社会而努力奋斗!

2016 年嵊州市国民经济和社会发展统计公报

嵊州市统计局　　国家统计局嵊州调查队

2016 年是全面完成"十三五"规划的开局之年,在市委、市政府的坚强领导下,我市聚焦"三个嵊州"建设,深入贯彻落实五大发展理念,继续坚持以"工业强市、实干兴市"为工作基调,全力推动经济社会平稳健康发展,经济呈现稳中向好的态势,有效推进产业、城市、社会"三大升级",实现了"十三五"发展的良好开局。

一、综合

综合实力持续增强。据初步统计,我市实现地区生产总值 480.49 亿元,按可比价计算,同比增长 7.5%,超绍兴市平均水平 2 个百分点,增速列全绍兴市各区(县、市)第一位。按户籍人口计算,全市人均生产总值 65805 元,增长 7.7%,按年平均汇率(6.64 元)折算,人均生产总值 9907 美元。其中:第一产业实现增加值 40.52 亿元,同比增长 2%;第二产业实现增加值 234.56 亿元,同比增长 7.6%,其中工业增加值 214.65 亿元,同比增长 8%;第三产业实现增加值 205.41 亿元,同比增长 8.6%。三次产业对 GDP 增长的贡献率分别为 2.2%、49.7% 和 48%。产业结构进一步优化,三次产业结构调整为

8.4∶48.8∶42.8,其中三产(服务业)比重提高 0.8 个百分点。

二、农业

农业经济稳步增长。全市实现农林牧渔业总产值 57.61 亿元,按可比价计算增长 2.2%,其中农业产值 41.77 亿元,增长 2.8%;林业 5.17 亿元,增长 4.4%;牧业 9.77 亿元,增长 −1.5%;渔业 0.61 亿元,增长 3.6%。全市粮食播种面积 39.3 万亩,粮食总产量 16.1 万吨,亩产达 409 公斤。蔬菜种植面积 17.7 万亩,蔬菜产量 33.73 万吨;油菜种植面积 3.33 万亩,油菜籽产量 0.41 万吨;水产品总产量 0.47 万吨。全年生猪出栏 41.32 万头,家禽出栏 392.54 万羽,肉类总产量 3.68 万吨。

水利建设取得成效。围绕"五水共治",完成各类水利投资 9.1 亿元,完成水利融资 10.7 亿元。全面完成艇湖城市公园、诗画剡溪、黄泽江综合治理、浦口北部高排渠、长乐江等中小河流治理等重点项目年度建设任务。全年清淤疏浚 153.11 万立方米,如期完成"八库十塘"加固整治,新增高效节水灌溉面积 5050 亩,改善灌溉面积 2.9 万亩,治理水土流失面积 7.56 平方公里,完成稻鱼共生轮作 1050 亩、生态化改造 170 亩,渔业资源增殖放流 1000 万尾。全市水电站总装机增加到 60855 千瓦,安全发电量达 1.6 亿多千瓦时。按照"河岸同治"原则,开展全市水环境监管执法大行动,查处水事违法案件 85 起,拆除非法砂场 12 家,执法扣挖机 17 辆、铲车 11 辆台、运输车 5 辆,扎实巩固砂石资源规范管理的成效。完成 1 处堤防、3 座山塘、10 座小型水库、4 座电站、2 座水文测站的水利工程标准化管理示范创建,其中嵊州水文站被列为省级创标样本。剡溪江、澄潭江沿线断面水质全部为Ⅲ及以上,三界出境断面水质达到绍兴市年度考核目标。

三、工业和建筑业

工业经济稳中有进。全市实现工业总产值 848.84 亿元,其中规模以上工业产值 458.41 亿元,同比增长 10.5%,占全市工业总产值的 54.%。三大主导产业实现产值 341.5 亿元,同比增长 8.1%,占全部规上工业产值的 74.5%。其中领带服装产值 147.17 亿元,增长 5.5%;机械电机 101.82 亿元,增

长 7.7%;电器厨具 92.51 亿元,增长 12.9%。全市规上工业企业实现主营业务收入 430.86 亿元,增长 8.5%。实现利税总额 28.3 亿元,增长 28.9%,其中利润总额 13.3 亿元,增长 53.6%。

创新驱动成效显著。受加大研发投入、加大技改投入、重视新产品研发、淘汰落后产能等一系列转型升级措施影响,全市规模以上工业企业实现新产品产值 241.44 亿元,增长 9.9%,新产品产值率 52.7%。战略性新兴产业产值 125.05 亿元,同比增长 7.1%,占全市规上工业产值的 27.4%。高新技术产业产值 181.95 亿元,占全市规上工业产值的 39.7%。

建筑业发展势头强劲。全市建筑业总产值 321.14 亿元,同比增长 6.3%,其中省外产值 231 亿元,占建筑业总产值的 71.9%。办理施工许可 115 项,总建筑面积 292.6 万平方米,同比增长 249%;完成招标项目 91 项,总建筑面积 235.1 万平方米,同比增长 204%;办理节能审批项目 44 项,总面积 123.5 万平方米,同比增长 18%,项目总投资同比增长 99%。鼓励企业实施"走出去"战略,努力开拓发展空间,全市相关建筑企业在安徽、上海等省市共设驻外机构 34 个,施工点 47 个,形成年产值 10 亿规模以上区域 8 个。我市建筑业全面融入"一带一路"倡议,华汇建设集团在沙特阿拉伯、斯里兰卡洽谈新业务,在阿尔及利亚承接的 2 个住宅工程及 1 个军营工程(合同价造价折合人民币 17 亿元);宏嘉建设在老挝承接建筑工程项目一期工程,合同造价折合人民币 7000 万元。

四、固定资产投资

投资规模稳步扩大。加大项目推进力度,全年完成固定资产投资 269.12 亿元(含杭绍台),同比增长 19.5%。其中一产投资 6.76 亿元,同比增长 8.8%;工业性投资 133.65 亿元,同比增长 3.6%;三产投资 113.52 亿元,同比增长 29.2%。受政府投资项目拉动,基础设施投资 55.82 亿元,同比增长 32.1%,其中水利环境和公共设施管理、教育设施和体育设施分别增长 71.0%、81.7% 和 55.5%。

房地产投资增速突出。"城中村改造"引起的住宅刚性需求使得房地产项目的开发进度加快,全市完成房地产投资 58.54 亿元,增长 37.4%。全年商品房建筑施工面积 353.59 万平方米,增长 22.9%;其中本年新开工商品房施工面积 142.65 万平方米,增长 130.5%;商品房竣工面积 109.59 万平方米,增长 42.9%。全年商品房销售面积 84.84 万平方米,增长 78.1%;销售额 69.3 亿元,增长 67.3%。

五、城乡建设

城市建设积极推进。环城南路和城南大桥拓宽改造工程已完成南半幅主体工程建设并通车。马桥慢行桥已完成建设,城东至旧城慢行桥确保完成主体建设,进行装饰。城西路二期工程、艇东路拓宽改造工程已完成;南沿路(滨江小区至黄金水岸)二期工程正在进行土地预审;艇湖路东段提升改造工程完成路基平整;明心岭路提升改造工程已进场施工;长泰路(建设局至西桥站)抓紧开展前期工作;严坑至八里洋道路工程正在抓紧开展政策处理。完成了《嵊州市东桥及周边区域交通改善方案》的编制,并完成嵊州大道、一景路等 10 个路口的改造;全面整治规范道路路名牌和交通指示牌等道路标识标牌。已完成城区货车限行标牌安装工程。新增公共自行车 200 辆,加密服务网点 5 个。嵊新大道等地段亮化景观工程已完成。嵊州大道绿化提升工程全面完成。全力做好城区清淤工程,完成湿地公园、剡湖、官河暗渠等清淤近 13 万方。加强城隍山保护开发利用,完成保护设计方案。按照环境大整治的要求,加快推进 5 条示范道路和 3 条美丽示范街建设,截至目前,罗小线已完工,迪贝路、剡兴路、一景路、浦南大道正在抓紧建设。嵊州大道(剡城路—艇湖路)、剡兴路(东桥南段到假日门口)、管河南路(嵊州大桥—领带二路)3 条美丽示范路基本完工。城中村改造全面推进,完成 17 个区块,2293 户,152 万平方米的城中村改造。

新农村建设亮点纷呈。做好彩钢棚整治工作,完成整改 327 万平方米。完成城乡环境问题排查整改 8079 个,其中两路两侧环境累计销号 3540 个,城镇环境整治累计销号 442 个,村容村貌整治累计销号 2669 个,河路畅通整治累计销号 531 个,城乡垃圾资源化整治累计销号897个。制定了《嵊州市农村生活垃圾分类工作实施方案》等政策，完成238个行政村实行垃圾分类，完成了3个垃圾处置试点，已全面推广实施。农村生活污水维运已结合城乡供排水一体化工作落实到位，设施运维完成行政村323个，终端439个。加快推进城郊村和集镇村截污纳管，两年任务一年完成，84个村已全部开工建设。牵头抓好排涝水、抓节水、保供水、治污水截污纳管等各项工作。完成管网建设53公里，排涝水、抓节水、保供水等均已超额完成上级考核任务。完成危旧房改造300户，下发补助资金225万元。完成福全村、竹溪村、家园村等3个示范村建设工程，完成东王村、泉岗村、山王村、贵门村、华堂村2017年创建申报工作，为全市新农村建设起到示范作用。积极与绍兴燃气公司嵊州市昆仑燃气有限公司对接，加快重组进程，完成上虞至新昌段天然气管道铺设等重点政策处理及配合工作。

六、国内贸易

消费市场繁荣稳定。实现社会消费品零售总额257.23亿元，同比增长11.9%。城镇消费品零售额191.85亿元，增长11.3%；乡村消费品零售额65.39亿元，增长13.8%。从限额以上分类商品分析，比重占前五大类的商品中，呈"四增一降"态势，粮油食品饮料烟酒类同比增长21.4%；服装鞋帽针织类商品同比增长20.0%；中西药品类增长同比增长15.2%；汽车类商品同比增长15.5%；而金银珠宝类持续下降，同比下降10.3%。

商品市场交易活跃。着力打造城南新区新城市中心，中国领带城物流中心、信源国际商业城、嵊州市城南新区国贸商城等服务业重大项目相继竣工投入使用。计划总投资50亿元的商贸综合体项目（吾悦广场）正在抓紧建设。中国领带城、江滨市场和浙东农副产品批发市场三大亿元以上市场合计成交额62.66亿元，同比增长2.8%。其中中国领带城29.06亿元，成交额居首位，浙东农副产品批发市场和江滨市场分别实现成交额26.37亿元和7.23亿元。

七、对外经济

招商引资谋求实效。出台了《嵊州市蹲点招商

工作日常管理办法》，年中又进一步完善了蹲点招商轮换制度。蹲点招商成效明显，外出蹲点招商累计拜访企业1600余次，在谈项目89只，已签约25只（其中外资项目2只），特别是引进了一些大项目，如：投资60亿元的嵊州生态颐养基地项目、投资3亿的年产15000万件化妆品包装制造项目、投资5亿元的浙江定阳新材料弹性热塑体项目等。不断强化服务意识，实行一对一"店小二"帮办推进制度，健全项目建设的全方位服务体系，做好"一站式"精准服务，提高了项目的落户率，已落户项目达25只，总投资达150亿元，招商项目出让面积2818.74亩，创历史新高。开展亲情服务招商，落户乡贤项目达5只，总投资33.97亿元，已签订投资协议的项目7只，总投资达112亿元，亲情招商成效显著。新批1000万美元以上外资项目5只。全市实现产业项目总投资259.04亿元，其中5000万元以上项目44只，包括20亿元以上5只，50亿元以上2只。全市引进市外境内资金34.54亿元，全市外商实际投资9337万美元，合同利用外资9492万美元。

对外贸易降幅收窄。全市自营出口13.26亿美元，同比下降1.7%（折算成人民币87.6亿元，同比增长4.7%），进口6588万美元，同比下降24.8%。出口分地域看，出口美国2.56亿美元，同比下降24.1%；出口欧盟2.69亿美元，同比增长4.6%；出口日本7141万美元，同比增长4.9%。出口分商品看，全市领带服装产业出口6.45亿美元，同比下降11.8%，占全市出口总额的48.6%；电器厨具产业出口1.12亿美元，同比下降51.1%，占全市出口总额的8.4%；机械电机产业出口9073万美元，同比下降5.4%，占全市出口总额的6.9%。另外，新兴产业出口2353万美元，同比下降29.6%，占全市出口总额的1.8%；茶叶产业出口5415万美元，同比下降17.7%，占全市出口总额的4.1%。

八、交通和旅游

交通基础建设、运输业稳步发展。全市年末公路里程2409.9公里，其中国道111.17公里，省道74.49公里，县道489.14公里，乡道350.34公里，专用道0.59公里，村道1284.33公里。其中水

泥混凝土路面 2013.41 公里，沥青混凝土路面 365.86 公里，有铺装路面合计占全部公路里程的 98.7%。客运量 626.3 万人，客运周转量 43547 万人公里，同比增长 -9.9%；货运量 15767 万吨，同比增长 4.2%，货运周转量 128863 万吨公里，同比增长 8.2%。

旅游事业加快发展。全市总接待游客 1043.62 万人次，同比增长 18.9%，旅游总收入 85.83 亿元，增长 19.1%。其中接待国内游客 1035.71 万人次，国内旅游收入 84.38 亿元，分别增长 19% 和 19.2%；接待入境游客 7.91 万人次，增长 7.5%，旅游外汇收入 2193.94 万美元。全市共有星级饭店 5 家，其中四星级 1 家，三星级 4 家，星级饭店总床位数 1200 余张。平均床位出租率 53.8%。全市共有旅行社 16 家，其中四星级 2 家。

九、财政和金融

财政实力稳步增强。财政总收入 48.78 亿元，其中一般公共预算收入 32.01 亿元，分别同比增长 4.2% 和 9.6%。从主要税种看，增值税增长 78.5%，是总收入增速的主要动力；营业税增长 -54.3%；企业所得税增长 -23.2%；个人所得税增长 19.4%。一般公共预算支出 51.63 亿元，同比增长 25.3%。教育支出 12.7 亿元，全力保障学校基础设施建设和各阶段教育经费。小学、初中生均公用经费定额标准分别提高到 650 元和 850 元，职业学校生均公用经费标准提高到 2500 元；医疗卫生与计划生育支出 3.91 亿元，一步完善了以基本医疗保障为主体、覆盖城乡全体居民的医疗保障体系。推进国家基层卫生综合改革先行试点，完善基层医疗卫生机构财政投入和分配激励机制。突出财政支农资金保障重点，安排落实新农村建设和"一事一议"财政奖补资金，筹集农村生活污水治理资金，努力改善农村居住环境。

金融存贷较快增长。先后出台《金融支持经济发展考评办法》《深化金融改革创新、优化金融生态环境实施意见》《关于进一步强化金融支持实体经济发展的意见》等政策文件，引导激励各金融机构，积极应对复杂严峻的经济金融形势。加大对实体经济发展的支持力度，非金融企业及机关团体贷款 343.26 亿元，比年初增加 35.71 亿元。有效化解了企业风险，不断优化金融生态环境。全市金融机构存款余额 666.09 亿元，住户存款 392.61 亿元，贷款余额 519.48 亿元，分别同比增长 22.1%、15.4 和 13.1%。

十、科学技术和教育

科技事业硕果累累。全年研究与试验发展（R&D）经费支出 9.43 亿元，同比增长 25.8%。全年专利申请量 4364 件，授权量 2553 件，其中发明专利申请量和授权量分别为 654 件和 156 件。全年共引进创业企业 7 家（其中 3 家为绍兴市"330 海外英才计划"入选项目），领域涉及生物医药、3D 打印、无人机、非标设备定制等。引进 25 所高校科研单位、155 名指导员与我市 63 家企业结对，根据企业科技需求开展一对一或组团式指导服务。组织省科技开发中心、省火炬中心、杭州英杰会计师事务所、越星专利事务所等科技中介服务专业人员，举办科技统计、知识产权申报保护、国家高企培育申报等科技业务培训活动 10 场次，培训企业科技人员 300 多人次。

教育事业稳步发展。全年一般公共财政教育经费拨款达 12.7 亿元，占财政总支出的 24.6%，同比增长 9.5%。完成投资 2.81 亿元实施了 30 个 100 万元以上建设项目，包括整体新建学校（幼儿园）4 所，改扩建项目 11 个；新增学校建筑面积 2.1 万平方米，完成学校塑胶操场建设项目 17 个，公办中小学建成率达 93.4%；积极推进教育信息化，建成录播教室 9 个，新增创新实验室 5 个；新增绍兴市数字化示范学校 9 所，校本资源软件平台新增教育教学资源 2568 个。高考一本上线 615 人，比去年增加 13 人。一人获全省理科并列第 9 名，进入省文理前 100 名 2 人，前 200 名 6 人。被北大、清华录取 3 人。被普通高校录取 3676 人，录取率为 92.71%，比去年提高 0.62 个百分点。普高学科竞赛全国级获奖 55 人次，省级获奖 114 人次，其中省一等奖 37 人次。职校师生技能大赛全国级获奖 2 人次，省级获奖 34 人次，完成各类社会培训 11 万人次。截至年底，全市有小学 52 所，在校生 33559 人，专任教师 2185 人；初中 26 所（其中九年一贯制 12 所），在校生 18615 人，专任教师 1557 人；普高 7 所，职高 3 所，在校生合计 16807 人，专任教师 1383 人。

十一、文化、卫生和体育

越乡文化繁荣发展。承办"全国戏曲小梅花集体项目"大赛，着力打响嵊州越剧之乡品牌。群众越剧传承，以办节、普及、培育为抓手，使越剧根植民间土壤，更具百姓情结。嵊州·中国民间越剧节，已成为全国越剧一年一度的重要节会，"全国越剧票友擂台赛"年办年新。每月 27 日作为越剧惠民演出日和越剧艺校开放日。全市有越剧戏迷村 16 个，越剧戏迷角 50 多个。市区越剧博物馆已成为全国越剧文物收藏中心、专业研究和成果展示中心，馆内珍藏 26000 件越剧文物和史料。甘霖越剧小镇建设全面启动。越剧文化生态保护区经省文化厅批准挂牌。积极开展"送戏送电影送信息送图书送文艺"五下乡活动和文化"种"、"送"活动。通过市级图书馆、乡镇文化站和流通图书站开展图书配送，实现城乡图书信息资源的流通和共享。

卫生事业再创佳绩。2016 年年末，全市共有医疗卫生机构 405 个，其中：医院 11 家（二级及以上公立医院 4 家），社区卫生服务中心（站）134 家，卫生院 17 家，门诊部 8 家。全市共有卫生技术人员 4021 人，其中：执业医师和执业助理医师 1583 人，注册护士 1518 人。全市共有医疗卫生机构床位 3267 张，其中：医院 2457 张（二级及以上公立医院 1490 张），社区卫生服务中心 120 张，卫生院 550 张。全市医疗卫生机构门急诊总量 515.4 万人次，同比增长 4.1%。其中：二级及以上公立医院 167.62 万人次，同比增长 3.2%；基层医疗卫生机构（门诊部、社区卫生服务中心、社区卫生服务站、卫生院）门急诊量 256.68 万人次，同比增长 3.8%。已实施公立医院综合改革 1 个，取消药品加成 1 个，成立公立医院管理委员会 1 个，参加综合改革公立医院共计 4 家。

体育事业发展上新台阶。成功举办市第七届全民运动会；创建省体育强乡镇（街道）2 个、首批全国学校体育工作示范校 1 所、全国青少年校园足球特色学校 2 所、省青少年校园足球特色学校 3 所，新入围省体育产业发展资金项目库 2 个；向社会新开放学校体育场地 2 个，全市体育场地人均活动面积达到 1.7 平方米；在绍兴市级以上比赛中获得奖牌 357.5 枚，其中全国级以上奖牌 22 枚；组织开展了市中小学生田径运动会等 20 多项赛事，承办绍兴市级以上赛事 10 多次，"游泳进课堂"完成培训 2518 人；开展国民体质监测 5 次，完成抽样测试 1400 余人。

十二、环境和安全生产

环境保护力度加大。全年空气质量优良率达 84.4%，与上一年同期相比上升 2.6%；PM2.5 浓度为 46 微克/立方米，与上一年同期相比下降 7.2%；空气质量在绍兴市各县市中排名第 2 位。出境水考核断面——曹娥江章镇断面，三项考核指标均达到水质目标要求，与上一年同期相比变好；南山湖饮用水源水质继续保持优良，达标率为 100%。根据 2016 年生态环境质量公众满意度调查显示，我市的总满意率位于绍兴各县市区第 3 位，比 2015 年度前进 2 位，满意度增幅列绍兴市各县市区第一。

节能降耗常抓不懈。规上工业企业能源消耗总量为 36.07 万吨标准煤，同比增长 10.0%，单位产值能耗 0.0787 吨标准煤，同比下降 0.45%。全社会用电量 25.18 亿度，同比增长 12.9%。其中居民生活用电 5.26 亿千瓦时，同比增长 16%；工业用电量 16.62 亿千瓦时，增长 10.4%。

安全程度不断提高。2016 年，我市安全生产形势总体平稳，没有发生较大及以上事故。并实现了事故起数死亡人数双下降。1—12 月，全市共发生生产安全事故 56 起，死亡 51 人。其中，工矿企业生产安全事故 8 起，死亡 8 人；生产经营性道路交通事故 48 起，死亡 43 人。生产经营性消防安全事故 78 起，无死亡。

十三、人口、人民生活和社会保障

人口增长控制有效。据市公安局人口年报统计，年末全市总户数 25.7 万户，户籍总人口 72.99

万人。其中非农业人口 25.11 万人，占总人口的 34.4%；男性人口 37.41 万人，女性人口 35.58 万人，分别占总人口的 51.3% 和 48.7%。计划生育工作开展顺利，全年出生 6505 人，人口出生率为 8.91‰；死亡 5152 人，人口死亡率为 7.06‰，人口自然增长率为 1.85‰。出生人口中计划内 6318 人，全市计划生育率为 97.1%。

居民生活稳步提高。我市坚持富民导向，大力实施惠民政策，加快经济结构调整和推动居民就业创业，城镇和农村常住居民人均可支配收入呈现平稳增长的趋势。2016 年城镇常住居民人均可支配收入 48062 元，农村常住居民人均可支配收入 24521 元，分别同比增长 8.0% 和 8.4%，农村常住居民人均可支配收入增速高于城镇 0.4 个百分点，收入差距继续缩小。城镇居民人均消费性支出 22307 元，同比增长 2.9%；农村居民人均生活消费支出 14098 元，同比增长 4.2%；城镇居民现住房总建筑面积 54.3 平方米，农村人均居住住房面积 78.3 平方米。

人才队伍建设有序推进。引进人才总数 5396 人，完成 100.9%。其中本科及中级职称以上人才数 2013 人，完成 100.7%；硕士及副高职称以上人才数 265 人，完成 120.5%。引进高校毕业生 2571 人，完成 100.8%。引进博士后 2 人，完成 100%。申报国家级国外专家智力项目 2 只、省级 2 只、绍兴市级 11 只，引进国外专家 10 名，完成 100%。创建企业技术创新团队 9 只，新申报外国专家工作站、博士后工作站各 1 家。培养高技能人才 1962 人，完成 130.8%；培养新技师 158 人，完成 143.6%。

就业局势保持稳定。全市城镇新增就业人数 16320 人，完成 121.8%，其中失业人员再就业 5716 人，完成 125%，就业困难人员实现就业 1241 人，完成 132%。扶持农村电商创业 305 人，完成 105.2%，农村电商培训 980 人，完成 101.6%。城镇登记失业率 2.36%，较好控制在省、绍兴市要求的 3.2% 范围之内，"零就业家庭"动态归零。

社会保障持续发展。全市养老、医疗、失业、工伤、生育保险总参保人数分别达到 49.2 万人、71.7 万人、12 万人、22 万人、13.6 万人，养老、医疗保险总参保率分别达到 77.4% 和 98%。完成 2016 年退休职工基本养老金调整工作，其中企业退休人员平均增资 146.36 元 / 月。基层医疗机构报销 50%（提高 15%），其中签约服务对象报销 55%（提高 15%）。2017 年度城乡居民医疗保险筹资标准每人 1000 元（提高 150 元），其中参保人员个人缴纳 300 元（提高 40 元），参保总人数 47.52 万人。

社会福利继续发展。全市有在册低保 6876 户 9658 人，困难家庭 1868 户 4674 人，全年新增低保家庭 744 户 1029 人，退出低保 366 户 506 人。全市共有孤儿 58 人，其中集中供养 5 名，社会散居孤儿 53 名。办理结婚登记 5624 对，离婚登记 1976 对，补发结婚证 1705 对，补发离婚证 144 人。全市福利企业共 43 家，职工总数 3795 人，残疾职工 1313 人。

大 事 记

1月

5日,省"国乐乡村"启动仪式暨浙江省首个民乐村——嵊州市蒋家埠村授牌仪式在该村文化礼堂举行。

6日至8日,召开政协嵊州市第十四届委员会第五次会议。何国英代表政协嵊州市第十四届委员会常务委员会向大会作工作报告。

7日至9日,召开嵊州市第十五届人民代表大会第五次会议。听取审议代理市长陈玲芳作的政府工作报告,并审议了"十三五"规划纲要(草案)、国民经济和社会发展计划报告、财政预算报告及部门预算等报告。

8日,丁列明(嵊籍)和他的团队——浙江贝达药业股份有限公司以自主研发产品"小分子靶向抗癌药盐酸埃克替尼开发研究、产业化和推广应用"项目被授予2015年度国家科技进步一等奖。为省内和中国化学制药行业首获该奖的企业。

9日,市十五届人大五次会议举行第三次全体会议,选举陈玲芳为市人民政府市长。陈玲芳宣誓就职。

14日,市公安局出入境管理大队启用电子往来港澳通行证自助签注。

18日,浙江奥田电器股份有限公司举行奥田电器三十周年庆典暨中央电视台《品质》栏目开机仪式。特邀著名影星蒋雯丽和江苏卫视著名主持人孟非参加活动。

19日,市首批纯电动公交车正式投入1路公交线运营。

20日,公布嵊州市2015年度践行社会主义核心价值观基层"最美人物"10名获奖者名单:最美城市环卫工孙勇江;最美乡村保洁员丁仁娟;最美护河人下王镇村嫂志愿者服务队;最美医护人员竺湘江;最美司机沈无胜;最美城管姚星军;最美教师史钟飞;最美交警张峰;最美社工周菊珍;最美服务之星王大军。

26日,市食品药品检验检测中心成立。

28日,小舜江三合潭石段被评为绍兴市"最美河道(河段)",贵门乡玠溪江护河人郑宝兰、通源乡通源江护河人黄国伟和下王镇十八部江、四都江的护河人下王镇村嫂志愿服务队被评为绍兴市"最美护河人"。

同日,市人民医院、长乐镇中心卫生院医联体举行授牌仪式,标志着嵊州市医疗联合体建设进入实施阶段。

30日,黄泽镇湖头木雕城举行落成开业仪式。

31日,由市平安办、政法委、文明办、妇联和广电总台联合主办的"平安嵊州·越乡真声音"家庭方言电视大赛总决赛在市越剧艺术中心举行。

是月,黄泽镇列为省级文化强镇;甘霖镇施家岙村、甘霖镇黄箭坂村、崇仁镇赵马村、长乐镇上南庄村、长乐镇沃基村、三界镇南街村、黄泽镇前良村、三江街道仙湖社区、剡湖街道东浦社区、鹿山街道东南社区、三江街道桥里村和长乐镇开元四村等12个村(社区)列为省级文化示范村(社区)。

是月,全市最大屋顶光伏电站(安装于雅戈尔新兴产业科技园车间屋顶上,面积10万平方米)并网发电。

是月,市首个大学生文化传媒创业基地揭牌。

是月,浙江制造认证联盟向亿田电器有限公司颁发了4张"浙江制造"认证证书,成为嵊州乃至业内第一家通过"浙江制造"认证的企业。

2月

1日,新建普高校名命名为嵊州市高级中学。

同日,寻找"最美人物"暨"美丽村嫂"颁奖典礼在嵊州越剧艺术中心举行。

同日,省委常委、省军区政委王新海到北漳镇约和村慰问现役军级领导亲属。

14日,全市经济工作会议召开。会议总结了2015年经济工作取得的成绩,部署了2016年经济工作经济工作目标。会议表彰了各类先进,金耀荣获2015年度经济发展特别贡献奖(金牛)。

23日,来自市级各部门、鹿山街道和民兵预备役共130余人,在城西湿地公园内湖清淤现场,参加2016年绍兴市清淤1500万立方米暨嵊州市清淤100万方启动仪式。

同日,副省长孙景淼在嵊新两地调研综合交通工作。

24日,召开城中村改造工作领导小组(扩大)会议,部署2016年城中村改造任务,要求在6月底前完成8个区块50万平方米的拆除任务。

25日,市第十五届春兰展在嵊州国际会展中心开展。

同日,全市优化环境"八项行动"暨"三城同创"活动动员大会召开。

27日,全市首个"茶光互补"光伏电站——嵊州懿晖光伏19.8MWP茶光互补分布式光伏发电项

目于三界茶场开始电路管道预埋。

3月

1日,主城区开始实行活禽"定点屠宰、杀白上市"。

同日,全市武装工作暨国防动员委员会会议在市人武部召开。

2日,举行2016年第一季度重大项目集中开工仪式。该次集中开工涉及39个重大项目,总投资100亿元。其中,工业项目24个,基础设施项目15个。

3日,嵊州组团赴诸暨市考察城乡环境综合整治工作。

7日,由市文明办、市妇联主办,市文广新局、嵊州农村合作银行协办的2016年庆三八文艺风采展演暨和谐村嫂启程仪式在越剧艺术中心举行。

14日,古镇崇仁微信平台推出古镇线上游,可使用"全景"功能,720度"游览"古镇全景和众多老台门的内部实景。

15日至20日,嵊州市人民医院(浙大一院嵊州分院)整体搬迁至新医院城南新区丹桂路666号。16日,开通首条环线公交至新人民医院。

17日,市委、市政府召开全市五水共治工作会议暨城乡环境脏乱差百日整治大会战动员会。

18日,西白山美丽区块建设工作会议召开。

18日至20日,首届(2016)中国毛兔产业种业发展大会在嵊州举行,来自全国各地500余人参加会议。

19日,在中国长毛兔电动剪毛比赛及推介会上,石璜镇三八种兔场的张紫卿以4'51"的成绩夺冠。20日,在首届(2016)中国毛兔产业种业发展大会的一项活动——良种兔拍卖会上,黄泽镇养兔大户操黎滨2.8万元高价竞得冠军种兔。这只单次剪毛达1.791公斤的种兔再次刷新世界纪录。

26日,首届盆景技艺展示暨民间人才评鉴活动在市非遗中心举行。

27日,由省文化厅、绍兴市人民政府主办,嵊

州市人民政府、绍兴市文广新局承办的纪念越剧诞辰110周年活动暨首届全国越剧戏迷大会开幕式在中国越剧诞生地——东王村举行。省委常委、宣传部部长葛慧君宣布开幕，嵊州市委书记孙哲君致辞，省文化厅授牌"嵊州越剧文化生态区"。同时还授牌"越剧小镇建设指挥部"，大会宣读了《全国越剧戏迷联盟章程（草案）》。

29日，"相约越乡"全国民间越剧（社）团折子戏擂台赛总决赛暨颁奖晚会在嵊州剧院举行。

31日，嵊州市获2015年度"平安县（市）"称号。

同日，嵊新区域50路公交线开通。

是月，嵊州市永宇冲片股份有限公司在北京"新三板"挂牌上市。

4月

1日，在2016年全国静水皮划艇春季冠军赛中，嵊籍运动员周海赛与队友密切配合，勇夺男子200米双人皮艇金牌。

5日，在2016年全国游泳冠军赛暨里约奥运会选拔赛上，嵊籍运动员商科元在男子200米自由泳决赛中，以1分47秒94的成绩达到奥运A标，获得参加2016年巴西里约奥运会的参赛资格，成为全市历史上参加奥运会游泳比赛第一人。

8日，创建浙江省教育现代化市暨市第七届运动会动员大会召开。

10日，由浙江省书法家协会、长三角自驾游专家委员会、嵊州市人民政府联合主办的第十三届中国嵊州国际书法朝圣节在金庭王羲之故居旅游区举行。

13日，省人大常委会党组书记、副主任茅临生到嵊调研"五水共治"和大气污染防治工作。

17日，惠安寺迁建开放十五周年暨市宗教界"三城同创·同心同行"活动启动仪式和城隍殿全堂佛像开光法会在惠安寺举行。

同日，市首届微型山地马拉松休闲大会在下王镇覆卮山度假村和樟家田村举行。

20日，省委常委、组织部部长廖国勋到嵊调研

经济社会发展和党建工作。

同日，全市2016春耕支农惠农活动暨网上庄稼医院2.0上线启动仪式在绿城现代农业园区举行。

同日，金庭镇灵鹅村建成全市首家村史馆。

26日，在2016年全国赛艇冠军赛上嵊籍选手周炯和张燕华分别获得男子2000米八单金牌和女子2000米八单银牌。

29日，市"十佳森林休闲养生区"评选揭晓，里南小乌溪江森林休闲养生区、金庭羲之故里森林休闲养生区等10个养生区获此殊荣。

29日至5月1日，"李宁·红双喜杯"2016年中国乒乓球协会会员联赛—浙江嵊州永盛站比赛在市体育馆举行。

30日至5月2日，2016首届嵊州家博会在国际会展中心举办。

是月，省级文保单位绍兴会稽山古香榧种植园（嵊州市域）保护范围正式确定。包括谷来镇袁郭岭古香榧种植园、通源乡松明培古香榧种植园、通源乡白雁坑古香榧种植园、长乐镇小昆古香榧种植园和竹溪乡盛家坞古香榧种植园，面积达600多亩。

5月

4日，"万人护航G20平安志愿我先行"启动仪式在市文化广场举行。

5日，副省长梁黎明到嵊调研跨境电商工作。

同日，全市"无违建"创建工作会议暨违法建筑大整治行动现场推进会召开。

7日至8日，金庭镇灵鹅高跷表演队以绍兴市民间艺术团身份受邀到韩国大邱广域市进行表演。

8日，在首届浙江少儿戏曲小金桂奖暨第二十届中国少儿戏曲小梅花荟萃选拔赛上，嵊州选手5人荣获金奖，3人荣获银奖，2人荣获优秀奖。

10日，副省长黄旭明到嵊调研农业工作。

12日，市区及五大集镇试鸣防灾警报。

13日，全市茶叶生产"机器换人"现场会在黄泽镇明山茶场举行。

23日至24日，韩国庆山市代表团到嵊考察。

是月，嵊州市入围省产业集群跨境电子商务发展试点县市。

是月，嵊籍科学家、中国科学院国家天文台博士郑永春荣获美国天文学会行星科学分会学会2016年卡尔·萨根奖。成为获得此奖项的第一位华人科学家。

是月，飞翼现代生态农业园入选浙江"春意小镇"榜单。

是月，2016年市农村公路大中修工作启动。主要包括下双线、浦溪线在内的13条农村公路，合计里程73.51公里。

是月，绍兴市首条成衣免烫衬衣生产线在雅士林服装股份有限公司投产。

6月

1日，市长陈玲芳率10多家厨具企业组团参加第21届中国国际厨房卫浴设施展览会。

6日，绍兴首个茶光互补光伏电站在三界投运。

11日，被誉为"诗人外交家"的中国第九任外交部长、现任中国公共外交协会会长李肇星，受邀到访嵊州作主题演讲。

15日，城南新区美妙三公里滨江公园动建。

同日，越乡龙井荣获2016年浙江绿茶（西宁）博览会金奖。

20日，黄泽镇的双鸟锚链和高精锻压在北京举行新三板挂牌仪式。

24日，浙江新光药业股份有限公司登陆深圳证券交易所创业板，成为全市首家国内主板上市企业。

同日，市小笼包行业协会成立大会召开。

28日，市委、市政府召开全市工业经济发展大会，贯彻落实中央、省、绍兴市有关决策部署，对全市经济工作进行了动员和部署。

同日，浙江宏达制衣有限公司针织服装套口工刘佳玉、麦地郎集团有限公司设计开发部经理吕春燕荣获"全国纺织工业劳动模范"称号。

29日，以"嵊州，再出发"为主题的嵊州新型城市化发展论坛暨2016年度城市土地招商发布会召开，绿城、新城控股、碧桂园等57家全国知名开发商代表及多家银行、评估机构出席。

同日，浙江理工大学亿田创新与实践教育基地签约、授牌仪式在浙江亿田电器有限公司科技馆举行。

是月，第三批浙江省珍贵古籍（184部）名录公布，嵊州市图书馆共有5种古籍入选。

7月

7日，浙江嵊州农村商业银行股份有限公司挂牌。

8日，绍兴市"晒亮点、比业绩"首场考评嵊州。

12日，市委召开十三届三十一次全体（扩大）会议。审议通过了《中共嵊州市委关于补短板的若干意见》。

14日，台湾大学生"寻根之旅"夏令营成员到嵊州市参观考察。

19日，嵊州市和浙江蓝城建设管理有限公司、绿城理想小镇建设集团有限公司代表签署越剧小镇合作开发框架协议。

20日，副省长郑继伟到嵊调研教育文化卫生体育等社会事业发展情况。

21日，省委副书记王辉忠到嵊现场督查曹娥江流域"河长制"落实情况。

25日，浙锻路104国道以东主车道通车。浙锻路桥起连接嵊州经济开发区与104国道的作用。

28日，全市举行2016年第三季度重大工业投资项目和重大基础设施（服务业）项目集中开工仪式，涉及30个重大项目，总投资124.46亿元。其中，工业项目20个，基础设施项目4个，社会事业项目3个，服务业项目3个。

同日，位于嵊州城南核心区的碧桂园·江湾1号奠基仪式举行。

29日，浙江越盛集团有限公司董事长谢百军荣获"全国爱国拥军模范"称号。

30日，召开全市"无违建"创建工作会议暨全面整治非法"一户多宅"督查推进会,研究部署全面整治非法"一户多宅"和违法建筑大整治行动。

是月,下王镇前岗村入围省第五批历史文化名村。

是月,通源乡白雁坑村被授予2016年"全国生态文化村"称号。

8月

1日至9月10日,全市开展万人平安志愿者护航 G20 巡防活动。

8日,绍兴市 G20 峰会环境质量保障工作汇报会在嵊召开。

9日,召开市政府第六十三次常务会议,审议通过《嵊州市"十三五"人才发展规划》。

10日,嵊州市西格玛科技有限公司投资建设的全市首个屋顶光伏发电站并网发电。

同日,嵊州市为省农业生产全程社会化服务试点县市。

18日,艇湖城市公园(暂名)湛头滞洪区改造工程一号标——竹前堤坝改造工程举行动工仪式,这标志着艇湖城市公园正式开工兴建。

22日,市农民合作经济组织联合会成立。

23日,嵊州中学初中部改名为嵊州市初级中学,马寅初中学初中部改名为马寅初初级中学。

是月,全市推广农产品质量安全追溯体系。

是月,黄泽镇甲青村被评为省"十二五"十强电商村。

是月,特种电机、威力锻压、康力机械、东雄重工等公司四个产品入选2016年度"浙江制造精品"。

是月,通源乡白雁坑村被评为全国生态文化村成为绍兴市唯一入围这一榜单的村落。

是月,全省少儿围棋锦标赛在黄岩结束,嵊州市代表队获女子团体冠军,

9月

8日,市中医院开始搬迁至原嵊州市人民医院。

同日,在世界技能大赛管道与制暖项目全国选拔赛上,三界镇青年郑科获得第一名。

18日,2016年嵊州市公租房择房仪式在市体育中心举行,173人参与摇号抽签。

22日,国家质量监督检验检疫总局考察组赴嵊考察厨具产品质量提升国家级示范项目。

23日,2016年嵊州市房地产博览会在嵊州国际会展中心举行。

同日,市知识界无党派人士联谊会第二届第一次会员大会召开,并选举产生了新一届领导班子。

30日,杨港路东延(剡兴路一雅戈尔大道)工程开工建设。

是月,嵊州瑞丰村镇银行在第三届全国村镇银行综合业务发展情况暨全国百强村镇银行排名活动中,获"全国百强村镇银行"荣誉称号及"全国服务'三农'与小微企业优秀村镇银行"奖。

是月,在2016年全国游泳锦标赛上,嵊籍游泳运动员商科元与队员在男子4×200米自由泳接力决赛中夺冠。

10月

1日至5日,第二十届中国少儿戏曲小梅花荟萃活动在嵊举行。嵊州市少儿再摘6朵小梅花金花,分别是城南小学(全国小梅花基地)邢果、赵恩瑜、赵婕霓;剡山小学卢笑恬、乔艺沁;罗星幼儿园王书畅。此外,城南小学的《越韵古诗联唱》被评为"首届中国少儿戏曲小梅花集体节目荟萃"最佳集体节目。

9日,全市启动省级农产品质量安全放心县创建工作。

10日,国地税联合办税服务厅启用。

11日,第二届嵊州创客创新项目大赛评选在嵊报嵊网发布。

13日,越剧《袁雪芬》启动全国巡演。此剧目被列入省文化精品扶持工程项目。

14日至16日,由市商务局、市广电总台联合

主办的2016年嵊州秋季(第十三届)车博会在国际会展中心举行。

15日，新中港热电有限公司4台锅炉烟气超低排放技术通过验收，为全省首个。

16日，市第七届运动会开幕式暨《健康芬芳》大型文体表演在市体育馆举行。

17日，嵊州市省级精品示范路，即G104京福线省级精品示范创建路段通过省考核验收小组现场考评验收。

19日，亿田联合浙江理工大学成立集成灶行业首家发展研究所，在浙江理工大学举行授牌仪式。

21日，浙江优森软件股份有限公司与上海农富果品有限公司签订《企业合作备忘录》，共同打造"互联网十高端农产品"模式。

23日至11月6日，"梦想杯"首届嵊新篮球精英赛在市体育馆举行。

26日，嵊州市和上虞区在绍兴市电机产业协同发展暨新技术新装备推介会上签署电机产业协同发展战略合作备忘录，合力打造具有世界知名度和国际影响力的高端电机制造基地及区域品牌。

27日，来自浙江大学、浙江工业大学、中科院物理研究所等30多家高校和科研院所的100多名领导、专家和教授，莅临嵊州市开展"百名专家嵊州行"活动，并有30个项目集中签约。

27日至29日，2016年第九届中国（嵊州）电机·厨具展览会暨高新技术成果交易会在市国际会展中心开幕，全国310多家企业参展。

28日，以"跨境电商助力实体经济新发展"为主题的2016年绍兴市跨境电子商务服务资源对接会暨嵊州市跨境电子商务综合服务平台启动仪式在嵊举行。

是月，在全市范围内开展"戮力同心，清污夺鼎"全民护水月活动。

是月，在历时5个月的省第二届女子体育节中，嵊州市代表团勇夺15块金牌、16块银牌、9块铜牌，荣获总团体一等奖，同时被授予优秀单位及最佳组织奖、体育道德风尚奖。

是月，"嵊州香榧"获2016年浙江农博"十大区域公共品牌农产品"。

11月

1日，嵊州市获"2016年度全国重点产茶县"称号。

2日，527国道嵊州黄泽至甘霖段工程开工建设。

3日至4日，副省长梁黎明到嵊调研旅游和商务工作。

5日，通源乡成为第一批浙江省美丽乡村示范乡镇。

5日至8日，在昆明国际会展中心举行的第十四届中国国际农产品交易会暨第十二届昆明国际农业博览会上，"嵊州香榧"荣获金奖，成为绍兴市唯一一个金奖。

6日，市第二届文化礼堂村才艺比赛暨2016"三新"(新形势、新创作、新编排)成果大展演活动启动。

9日，崇仁镇崇仁六村、石璜镇楼家村、下王镇泉岗村被列入第四批中国传统村落名录。

16日，嵊州市与全国城市农贸中心联合会签署战略合作协议，共建冷链物流产业基地。

同日，中央电视台发现之旅"工匠精神"之《制冷行业的探索者》纪录片首映礼在富源制冷举行。

20日，2016年嵊州乡村旅游节暨全民登山活动在贵门乡举行。

26日，"唱在嵊州"越乡越情全国越迷唱游嵊州活动在市艺术中心启动。

29日，在"乐清艺雕小镇"杯浙江省首届木雕技能大赛上，嵊州市李青圣的作品《苗家风情》获大赛唯一的特等奖。

30 日,2016 年度嵊州香榧推荐品牌评选暨雅璜乡首届民情文化节在雅璜乡举行。

是月,"食在嵊州"国际美食嘉年华——台湾士林夜市环球美食节中国巡展在市国际会展中心举办,60 多家来自韩国、泰国、马来西亚、印度等国家以及台湾地区的近百种特色美食齐聚亮相。

是月,2016 年绍兴"名士之乡"人才峰会嵊州分会召开,7 个 2016 年新落户"330 海外英才计划"人才项目、17 个高校人才实习实践基地及首个海外人才工作站在会上集中签约。

12 月

1 日,全市取消农业和非农业户口划分,市民户口统一为居民户口。

5 日,全市第一艘"落舱机"式渡船在三界渡口运营。

6 日,"访云上人家·书榧石情缘"为主题的西白香榧节暨中国首届香榧诗歌节活动在通源乡白雁坑村举办。

7 日,在市杨港路东延(剡兴路—雅戈尔大道)工程施工时发现一处宋代古墓。经市文物管理处挖掘清理,确定为宋太常寺主簿周汝士墓。

10 日,江滨东路、医院路实行单向通行。

12 日, 越剧小镇奠基仪式在甘霖镇施家岙村——中国女子越剧诞生地举行。

同日,位于甘霖镇的蓝城农业开发启动蓝宴宅配服务。

13 日,在北京召开的 2016 年创新社会治理优秀城市发布仪式暨第二届全国创新社会治理经验交流会上,嵊州市被授予"2016 年全国创新社会治理优秀城市"荣誉称号。

同日,崇仁镇董郎岗村、黄泽镇家园村、北漳镇金兰村、通源乡白雁坑村入选为 2016 年度浙江省美丽乡村特色精品村。

15 日,2016 年嵊州小笼包制作大赛在文化广场举行。

同日,在全市范围内全面推开第三次全国农业普查入户调查。

16 日,"国乐乡村"建设优秀单位命名暨团队展演活动在嵊州经济开发区(浦口街道)蒋林头村蒋家埠文化礼堂开演,现场为获得 2016 浙江省"国乐乡村"建设优秀单位颁奖,嵊州经济开发区(浦口街道)蒋林头村、长乐镇获此殊荣。

17 日,"中国领带名城"杯第十二届国际丝品花型设计大赛总决赛在嵊州宾馆举行。

23 日,全市"创国卫·村嫂在行动"优秀志愿服务项目大赛在市爱德外国语学校举行。

28 日至 30 日,中国共产党嵊州市第十四次代表大会在嵊州宾馆举行。孙哲君代表中国共产党嵊州市十三届委员合作报告。

是月,嵊州盛泰色织科技有限公司和浙江巴贝纺织有限公司获得 2015—2016 年度中国纺织服装企业竞争力 500 强企业称号。

地　情

建置沿革

【夏至清时期】　大约在新石器时代早中期，就有人类在甘霖小黄山生息繁衍。新石器晚期遗址和遗存，具有代表性的有甘霖孙村和三界朱孟村遗址。相传大禹治水毕功于了溪（今剡溪）。古唐虞扬州地。夏、商、西周属夏少康封庶子无余之会稽国。春秋战国时期，先后属越国、秦国。秦始皇帝二十六年（前221），置会稽郡，为郡属地。秦始皇帝三十七年（前210），秦始皇东巡会稽，在剡山星子峰南侧掘土坑以泄王气，曰剡坑，并建县治民，县因以名，曰剡县。汉高祖六年（前201）为荆王刘贾封地。高祖十二年（前195）为吴王刘濞封地。新（莽）始建国元年（9），改剡县为尽忠县。东汉建武（25—56）初，复称剡县。永建四年（129），析剡县北乡及上虞南乡，置始宁县，县治设今三界镇地。初平、兴平年间（190—195），剡长贺齐从江（剡溪）东移县治于今址，即筑有城墙。三国吴、晋、南朝、隋时，先后属会稽郡、会稽国、邹稽国、吴州、越州。唐武德四年（621），剡县升置嵊州，并析置剡城县。贞观元年（627），一说武德八年（625），废嵊州及剡城县，复置剡县，属越州。唐时，县设乡、里，辖40乡。五代吴越国时，剡县属东府越州。后梁开平二年（908），吴越王钱镠析剡东南13乡置新昌县，剡县改称赡县，辖27乡。北宋太平兴国三年（978），复称剡县。熙宁三年（1070），行保甲法，置乡、里、都、保。元丰八年（1085），废除都、保。嘉泰《会稽志》载县辖27乡、133里。宣和三年（1121）七月，改剡县为嵊县，仍属越州。南宋绍兴元年（1131），属绍兴府。元至元十三年（1276），属绍兴路。元改乡、里为都、图。至正二十六年（1366），属浙江行中书省绍兴府。明万历十六年（1588），设东西两隅、51都、84图。清承明制，仍属绍兴府。宣统三年（1911），设县城和13乡、2镇。

【中华民国时期】　中华民国元年（1912），直属浙江省，推行区、村制，设22区。民国3年（1914），属会稽道。民国16年（1927），废除道，复属省。民国18年（1929），推行村里制，全县为506个村里。民国19年（1930），改设乡、镇、闾、邻。民国21年（1932），属省第三行政督察区，县辖6区、200乡、25镇、3985闾。民国23年（1934），实行乡、镇、保、甲制。次年，县辖37乡、6镇、1030保、10213甲。民国35年（1946）9月，撤区划并乡镇。民国37年（1948），属第二行政督察区。7月，县辖39乡、3镇。1949年5月22日嵊县解放后，属浙江省第二（宁波）专区，废除保甲制；6月下旬属第十（绍兴）专区。

【中华人民共和国时期】　1949年11月属绍兴专区。年底，县辖8区、40乡、3镇。1952年2月，随绍兴专区并入宁波专区。1956年年底，县辖10区、45乡、6镇。1958年9月，全县人民公社化，以区建社，乡改为农业生产大队；11 月，新昌县划归嵊县，全县设 19 个人民公社 130 个大队。1959 年 1 月，改大队为 113 个管理区。1961 年 7 月起，恢复 19 个区，管理区改为人民公社；10 月，新昌县恢复建制。1964 年 9 月，恢复绍兴专区，嵊县属绍兴专区。1968 年 5 月，绍兴专区改名为绍兴地区，嵊县属绍兴地区。1979 年年底，县辖城关镇和 10 个区、64 个人民公社。1983 年 3 月起，改人民公社为乡、村建制；7 月，撤销绍兴地区，改设省辖绍兴市，嵊县属绍兴市。1992 年 5 月，撤区扩镇并乡，撤销 11 个区公所，调整为 17 镇、11 乡。1995 年 12 月 6 日，嵊州市成立。2000 年 6 月，建立嵊州经济开发区管理委员会。2001 年 7 月，建立嵊州市百丈飞瀑风景旅游区管理委员会；12 月，进行行政区划调整，全市辖 11 镇、6 乡、4 街道。2004 年 8 月，建立嵊州市城南建设管理委员会。2007 年 9 月，调整行政村规模，从 1077 个调整为 463 个。2011 年 7 月，城南建管委更名为城南新区管委会，与三江街道合署办公，统称为城南新区管委会(三江街道)。同时成立温泉旅游度假区管委会，撤销百丈飞瀑景区管委会。2014 年 3 月，嵊州经济开发区管委会和浦口街道办事处合署办公，统称为嵊州经济开发区(浦口街道)管理委员会。2016 年 5 月，温泉旅游度假区管委会与市旅游局合署办公，托管的 10 个行政村划归原乡镇(街道)管理。

【市区建置】 位于市境中部偏南，嵊新盆地的中心，长乐江和澄潭江、新昌江、黄泽江在此汇合。老城区南临剡溪，西北傍鹿胎山，北枕剡山，金波山、艇湖山屏于东北，依山傍水，地理位置优越。上三高速公路、甬金高速公路在市区交会，104 国道穿境而过，是浙东陆上交通枢纽。东汉初平至兴平年间(190—195)剡长贺齐始迁为剡县县治。五代吴越国(907—978)中叶称赡都镇。宋初称剡镇。熙宁三年(1070)，县城内设坊。嘉泰元年(1201)有 10 坊。元代，县城设隅、坊，明、清沿用旧制。明成化年间(1465—1487)，分城东、城西隅。清宣统二年(1910)，设城区。民国 18 年(1929)，城区撤销，与游孝、雨钱区合并为第一区，改隅、坊为里。民国 21 年(1932)，城内分设 7 镇。民国 23 年(1934)，合并为城东、城西镇。民国 27 年(1938)，第一区复称城区。抗日战争胜利后，城东、城西镇合并，称鹿山镇。1949 年 5 月，鹿山镇改为城关镇，为嵊县人民政府驻地。1992 年 5 月，撤销临城区、新市乡、新明乡、中爱乡、城郊乡、新联乡、城溪乡，并入城关镇。1995 年撤县设市后，为嵊州市人民政府驻地。2001 年 12 月，撤销城关镇、浦口镇、三塘乡，设置剡湖、三江、鹿山、浦口街道，由市政府直管。2004 年 11 月，将三江街道新明片 14 个(2007 年调整为 8 个)行政村和中爱片上杨村委托经济开发区代为管理。2009 年 8 月，三江街道三塘片 6 个行政村委托开发区代为管理，城南建管委和三江街道实行"两块牌子，一套班子"的管理体制。2011 年 6 月，城南建管委和三江街道合二为一，更名为城南新区管委会(三江街道)。7 月，剡湖街道碑山村委托温泉旅游度假区代为管理。2014 年 3 月，嵊州经济开发区管委会和浦口街道办事处合署办公，统称为嵊州经济开发区(浦口街道)管理委员会。2016 年，市区面积 214.81 平方公里，81176 户，233739 人，28 个城市社区，1 个居民委员会，71 个行政村。市政府驻三江街道。

自然地理

【地理位置和面积】 嵊州市位于浙江省东部，曹娥江上游。地处北纬 29°19′45″至 29°49′55″、东经 120°27′23″至 121°06′55″。东西长 64.1 公里，南北宽 55.4 公里。1992 年土地详查面积为 1789.62 平方公里。东与奉化、余姚市相邻，西连诸暨市，南和新昌县、东阳市交界，北接上虞区、柯桥区。

【地质地貌】 地质属浙东华夏褶皱带构造，上虞至丽水深断裂带从境内穿过。境内出露的地层有前震旦系、侏罗系、白垩系、上第三系、第四系等。地势自西南向东北倾斜,地貌层次明显,类型多样,有"七山一水二分田"之说。地形属盆地低山。中部是溪江冲积而成的河谷平原,分布在沿江两岸,海拔10米至70米,面积404.7平方公里,占全市面积的22.7%;丘陵台地在东南部和北部,海拔70米至500米,面积575平方公里,占全市面积的32.2%;低山区分布在嵊新盆地四周,海拔500米至1000米,面积724.6平方公里,占全市面积的40.6%;中山区分布在西白山和四明山,面积80.2平方公里,占全市面积的4.5%,有8座山峰海拔在1000米至1100米之间,以西白山主峰1096米为最高。

【水系】　嵊州市属曹娥江水系,全市水域面积89.8平方公里。剡溪为曹娥江上游,是嵊州的主要河道,起自澄潭江与长乐江汇流口至三界镇下市头,全长32.2公里,其干流澄潭江和支流新昌江、长乐江、黄泽江在市区附近相继汇入。

自然资源

【土地资源】　市内低山和中山的成土母质主要是岩石风化的残积物和坡积物,以红壤为主,黄壤次之。台地丘陵的成土母质主要以红壤、岩性土为主。河谷平原的成土母质为不同时期的洪积物和冲积物,大部分是水稻土。土壤分红壤、黄壤、岩性土、潮土和水稻土5个土类12个亚类41个土属75个土种。红壤是境内分布最广的土类,面积96602公顷,占全市土壤面积的56.3%,主要分布在海拔500米以下的丘陵山地。黄壤面积16760公顷,占全市土壤面积的9.4%,主要分布在海拔500米以上的山地。岩性土面积9192公顷,占全市土壤面积的5.4%,主要分布在低丘台地。潮土面积2840公顷,占全市土壤面积的1.7%,主要分布在河流两侧及河漫滩阶地。水稻土面积46077公顷,占全市土壤面积的26.9%,主要分布在河谷平原。

【生物资源】　嵊州地处中亚热带常绿阔叶林植被带,自然植被以天然林木植被为主,有乔木、灌木、竹子、草类等。森林植被中还有许多有经济价值和药用的野生植物。人工植被包括农田作物和林园植物。农田作物有粮食类、油料类、纤维类、绿肥类、瓜菜类;林园植物有观赏花木、用材林及茶、桑、果等经济林。2016年,森林覆盖率64.6%。境内野生动物资源丰富,有兽类20余种,鸟类40多种,爬行类20种,两栖类6种。属于国家保护动物有兽类1种、鸟类3种。1991年,南山林场小溪坑林区被省林业局批准定为蛇类自然保护区。有野生动物驯养繁殖基地2家。2005年7月,在黄泽镇华丰村重新发现绝灭了半个世纪的国家二级保护动物东方蝾螈。2006年11月,位于剡湖街道张墅水库边的市河麂种源繁育基地列入省野生动植物保护项目。12月27日,国家林业局批准设立南山湖国家级森林公园。2011年,在四明山北麓发现国家二级重点保护野生植物小勾儿茶。

【水资源】　全市多年平均水资源总量为12.98亿立方米,其中地表水10.74亿立方米。另外,曹娥江水系过境水量13.44亿立方米。水力资源总蕴藏量6万千瓦,至2016年已开发6.09万千瓦。

【矿产资源】　境内有已知矿产15个矿种,55处产地,分能源、金属、非金属、建筑材料、泉水和矿泉水五类。其中,硅藻土、黄沙、萤石、花岗岩被称为嵊州矿产的"四宝"。硅藻土远景总储量为5亿吨,属特大矿藏,居全国首位。萤石储量130万吨,属大型矿藏。黄沙品质优良,沙源地带长21公里。花岗岩资源总储量达12亿立方米以上。能源矿产匮乏,金属矿短缺,非金属、建筑材料矿产丰富,其中硅藻土、饰面石材、麦饭石等矿种具有较大开发远景和较好经济效益。(市志办)

气候特征

【概况】　嵊州市2016年度气候特点:一是气温较常年偏高,雨量、雨日较常年偏多,日照较常年偏少。二是"世纪寒潮"。1月20夜里至23日上午全市普遍出现大到暴雪天气，23日中午起气温开始明显下降，并伴有6级至8级西北阵风，25日城隍山站最低气温 –9.7℃，为有记录以来历史第二位。三是4月至6月份降水量756毫米，较常年同期偏多287.1毫米（偏多61.2%）。全年没有直接影响全市的强台风，多以外围云系带来的降水天气为主。

【气温】　年平均气温18.0℃，比常年（16.8℃）偏高1.2℃。全年各月均不同程度的偏高。年极端最低气温为 –9.7℃，出现在1月25日；年极端最高气温为39.1℃，出现在7月28日。高温天气：≥35℃的高温天气共37天，其中≥37℃的有15天，≥38℃的有9天，≥39℃的有2天。

【降水】　全市年降水量为1457毫米，比常年（1325.3毫米）偏多131.7毫米。全年1月、4月、5月、6月、9月降水量多于常年，其余月份降水量均不同程度的少于常年。其中，6月为全年雨量最多的月份，为325.1毫米，比常年（222.3毫米）明显偏多102.8毫米（46.2%）。9月降水量234毫米，比常年（112.8毫米）明显偏多121.2毫米（常年1倍）。全市最大日降水量75.8毫米，出现在9月15日，为台风"莫兰蒂"带来的强降水。全年总雨日为177天，比常年平均（152.9天）偏多24.1天。

【日照】　年总日照时数为1547.9小时，比常年平均（1763.7小时）偏少215.8小时，各月分布不均匀，其中除2月、3月、8月比常年略偏多外，其余月份日照时数均较常年偏少。

【降雪冰冻和强冷空气过程】　1月20日至23日上午全市普遍出现大到暴雪天气，山区积雪普遍达10厘米至30厘米，局部40厘米及以上，平原周边地区无积雪。23日中午起气温开始明显下降，并伴有6至8级西北阵风，25日城隍山站最低气温 –9.7℃，为有记录以来历史第二位。此次天气给居民生活、农林业带来了严重影响。主要强冷空气过程有：2月12日至14日、3月8日至10日、10

月27日至29日、11月21日至23日、12月13日至15日，日平均气温过程降温幅度分别为14.8℃、10.3℃、8.5℃、14℃、7.8℃。

【强对流与强降水】　5月2日夜里出现强对流天气，全市部分站点出现8级及以上大风。6月15日至16日受梅雨带影响，全市普降大到暴雨，全市平均降水量46.7毫米，最大为雅璜村71.9毫米。6月24日傍晚至26日受梅雨带影响，全市平均降水量68.7毫米，最大为三单106毫米。6月28日傍晚至29日受梅雨带影响，全市普降暴雨，局地6级至8级雷雨大风，王院出现豌豆大小冰雹，全市平均降水量85.8毫米，23个站点达100毫米及以上，最大为竹溪145毫米。7月2日受副高边缘影响，长乐山口村12级阵风，王院村、大昆村8级大风。7月5日受副高边缘影响，苍岩出现9级大风。8月3日受副高边缘影响，全市平均降水量44毫米，最大为石苎村112.7毫米。9月14日夜里至16日受1614号台风"莫兰蒂"外围环流影响，全市普降暴雨，全市平均降水量97.6毫米，最大为金兰村站135.7毫米、北漳站132.2毫米、贵门站132.1毫米，14个站点达100毫米及以上。9月27日至29日受1617号台风"鲇鱼"外围云系影响，全市普降中到大雨，局部暴雨，全市平均降水量52.5毫米，城隍山站60.4毫米，最大为白岩97毫米。9月30日受强对流云系影响，部分地区出现短时强降水天气，全市平均降水量23.2毫米，最大为里南乡61.4毫米。城隍山站出现暴雨3次，即6月26日57.6毫米、6月29日62.8毫米、9月15日75.8毫米。

【梅雨】　全市入梅早、出梅早，梅雨形势不典型，梅中有伏，系统性大范围的强降水过程较少。6月11日入梅，较常年（6月14日）偏早3天，7月1日出梅，较常年（7月7日）偏早6天。梅雨期20天，比常年（23天）明显略偏短3天。全市累计降雨量224.2毫米，城隍山气象站209.5毫米，比常年（239.8毫米）偏少13%。最大为竹溪

288.8 毫米。

【台风影响】　全年共有 5 个台风影响。7月6日到 10 日，受 1601 台风"尼伯特"外围影响，全市出现短时强降水，平均雨量 26.2 毫米，最大为通源 82.2 毫米，6 个站点降水量达 50 毫米及以上，风力影响小，除王院 8 级以外，其余站点均无大风。9 月 14 日至 16 日，受 1614 号台风"莫兰蒂"外围影响，全市平均降水量 97.6 毫米，其中最大为金兰村站 135.7 毫米，14 个站点达 100 毫米及以上，最大雨区在西南和东部山区。9 月 27 日到 29 日，受 1617 号台风"鲇鱼"外围影响，全市平均降水量 52.5 毫米，城隍山站 60.4 毫米，最大为白岩村 97毫米。

【气象灾害情况】　1月 23 日到 25 日雨雪冰冻天气对农作物都产生了一定影响，损失较重。农林直接经济损失 950 万元。其中，成灾面积 1000亩，林业受灾面积 1.3 万亩。3 月 8 日至 12 日出现明显的降温降水天气，大部分地区遭受到中度到重度的茶叶霜冻害。4 月份降水明显偏少对春茶采摘造成一定影响，茶叶大面积开采推迟 10 天以上，致使茶芽过度生长而影响品质。7 月总体气温较高，尤其是下旬的气温异常偏高，农作物的生长受到较大影响。阶段性的高温不仅延缓了农作物的生长速度，更使得病虫害有所加重。（杜莹鹊）

行政区划

【概况】　2016 年，嵊州市行政区划为 4 个街道（鹿山街道、剡湖街道、三江街道、浦口街道）、11 个镇（甘霖镇、崇仁镇、长乐镇、三界镇、黄泽镇、石璜镇、仙岩镇、金庭镇、北漳镇、谷来镇、下王镇）、6 个乡（贵门乡、里南乡、雅璜乡、王院乡、通源乡、竹溪乡），另有经济开发区（与浦口街道合署办公）、城南新区管委会（与三江街道合署办公）、高新技术产业园区（与三界镇合署办公）。全市共 452 个行政村、28 个城市社区、14 个乡镇（街道）居委会。

【温泉度假区管委会体制调整】　根据中共嵊州市委办公室、嵊州市人民政府办公室《关于调整完善温泉度假区管委会和市旅游局体制机制的通知》要求，从 2016 年 5 月起，温泉度假区管委会与市旅游局合署办公，实行两块牌子、一套班子、统一管理。温泉度假区管委会托管的 10 个行政村建制划归原乡镇（街道）管理（崇仁镇的石门村、茶亭岗村、湖村桥村、董郎岗村、藏岗村、应桂岩村、地雅园村、宋家墩村、横岗村，剡湖街道的碑山村）。

【"柯嵊线"界线联检】　2月，嵊州市、柯桥区民政局联合成立了"柯嵊线"联检工作领导小组，制定了《嵊州柯桥两地行政区域界线联合检查工作实施方案》，建立了联席会议制度，共同开展联检工作。外业联检工作于 5 月全部结束，两地联合审查了联检记录和联检报告，并召开了联席会议，对联检成果进行总结验收和资料汇总，检查结果表明"柯嵊线"联检成果符合有关规定要求，联检工作富有成效。

【平安边界创建】　嵊州市与奉化市、余姚市、新昌县、东阳市、诸暨市、柯桥区、上虞区相邻，边界线长 372.1 公里，其中与东阳市界线约 72.4 公里，与奉化市界线约 22 公里，与余姚市界线约 31公里，与柯桥区界线约 62.1 公里，与诸暨市界线约47.3 公里，与上虞区界线约 59.9 公里，与新昌县界线约 77.4 公里。共埋设界桩 25 个（含三交点界桩 7个），涉及 13 个乡镇（街道）、24 个行政村。民政局按每个界桩 1000 元的标准下拨界桩管理经费，委托各有关乡镇、街道指定界桩管理员，明确界桩管理员职责，落实界线、界桩管理维护工作，推进平安边界建设活动。（沈荣华）

人口变迁

【年末实际人口】　2015 年末，嵊州市 21 个建制乡镇（街道）上报的人口总数为 730461 人，2016 年加减四项变动（出生、死亡、迁入、迁出）后，年末实际总人口数为 729887 人。

【全市人口及变动情况】　年末，全市共有

256951 户 729887 人，其中男性 374088 人、女性 355799 人，男女性别比例为 1:05，1 月 1 日至 11 月 30 日，全市出生 5732 人，其中男性 2958 人，女性 2774 人，出生率为 7.85‰；死亡 5152 人（其中男性 2898 人、女性 2254 人）死亡率为 7.06‰；自然增长率为 0.79‰。迁入 7028 人，其中省外迁入 1007 人，省内迁入 543 人；迁出 8173 人，其中迁往省外 851 人，迁往省内 1844 人。（沈宇鹏）

人口及其变动情况统计年报

表 1

地　区	年末总人口数			
	年末总户数（户）	年末人口数（人）	出生人口数（人）	
			男	女
嵊州市	256951	729887	2958	2774
剡湖街道	27758	77775	314	308
三江街道	21760	62422	379	349
鹿山街道	19816	57688	307	273
浦口街道	11842	35854	176	160
甘霖镇	30294	84359	311	265
长乐镇	25719	65415	238	224
崇仁镇	28635	79611	273	291
黄泽镇	15234	43996	167	204
三界镇	18092	59302	211	174
石璜镇	9281	25616	93	84
谷来镇	8300	25058	67	75
仙岩镇	5523	15358	54	53
金庭镇	8965	25993	93	86
北漳镇	6262	17014	56	54
下王镇	4558	13010	43	41
贵门乡	3709	9783	75	44
里南乡	4634	13120	45	37
竹溪乡	1338	4044	13	13
雅璜乡	1345	3614	14	14
王院乡	1915	5274	13	11
通源乡	1971	5581	16	14

农林牧渔业

综　述

【概况】　2016年,市农林局推进农业供给侧结构性改革,建设现代农业综合体和农业"两区"(粮食生产功能区和现代农业园区),做好农林产业转型升级文章,推进农村集体产权改革,全面开展畜禽污染综合整治,实施绿化工程和森林保护行动,继续全面实施山区发展项目,打造绿色精品农林大市、高效生态农林强市,各项工作扎实推进,促进了农业增效、农民增收和农村稳定。全市先后获得全国推进农业现代化优秀城市、全国重点产茶县称号,市农林局被评为浙江省国有林场工作先进集体、G20杭州峰会森林消防安保工作先进单位等荣誉。全年全市农业总产值(可比价)57.61亿元,增长2.2%;一产增加值(可比价)38.83亿元,增长2.0%。全市特色农业基地面积达95.3万亩,其中茶叶18万亩,花木18万亩,常年性蔬菜基地5万亩,肉猪年存栏20万头,长毛兔年饲养量60万只,水果11.8万亩,竹林面积30.2万亩,香榧12.3万亩。

【现代农业技术培训】　全市通过农民素质、阳光工程和农村实用人才培训,有效地提高了生产主体的技术素质。一是开展职业农民培训,完成2015级果树生产专业70名学员教育,使学员掌握理论知识和实际操作技能。完成2016年农广校蔬菜专业70名的招生工作,提高务农农民生产技能和经营水平。二是培育新型农业生产经营主体和新型职业农民。完成1000人次的农村实用技术培训。三是注重农技人员队伍培训教育。组织各乡镇街道及下属事业单位的农技人员参加2016年度基层农技人员知识更新培训,全年共组织15期68人到杭州、金华、宁波、丽水等各地培训。四是开展"进百村入千户,助农增收促致富"科技入户活动。全年共联系鹿山街道、长乐镇、石璜镇等140户科技示范户,推行"专家—责任农技师—科技示范户—辐射带动户"的农业科技进村入户服务模式,加快主导品种、主推技术的示范推广,为现代农业建设提供科技和服务支撑。五是组织开展农产品质量安全培训。组织召开嵊州市水果优质安全高效生产技术培训、全市农产品质量安全追溯体系建设培训班、乡镇农产品质量安全检测人员培训班、全市农业林业技术人员培训班、三品一标内部检查员培训班及乡镇农产品质量安全培训班等各类培训班10多期,参加培训人员1200多人次。提高了农产品生产主体和农资经营主体的业务素质、农产品质量安全意识、责任意识和诚信守法经营理念。

【农民信箱】　继续利用农民信箱、农业110等服务平台,开展专场农产品网络营销服务工作,充分发挥农民信箱农产品产销对接作用,提升网上农博会农产品推广与市场服务能力。组织农业企业、专业合作社等农业主体注册农民信箱,上网设摊展销农产品,全市常年设摊330多家,展销农产品1100多种。组织农业主体加入网上农博会电子商务平台,并开展农产品电子商务宣传推广活动,提高农业主体的电子商务应用能力,扩展农产品的销售渠道和范围。农民信箱通过几年来的推广应用,成效有了明显提升,特别是"每日一助"服务。

【农业面源污染治理】 农业面源污染整治有序推进。一是普及测土配方施肥,减少化肥用量。以两区建设为平台,强化农民专业合作社及大户实施测土配方施肥服务"千万工程",构建完善配方肥推广应用机制,个性化服务机制和主导产业作物施肥指标体系,测土配方进村入户,完善作物配方肥配方和推广模式,扩大配方肥应用面积。在推广测土配方施肥技术,实施有机肥、沼液替代基础上,继续推进秸秆还田、绿肥轮作、水肥一体化技术和新型肥料应用,减少化肥用量和肥料流失。实施测土配方施肥技术69万亩,推广商品有机肥0.9万吨,推广应用配方肥0.52万吨,减少不合理化肥使用479吨。二是推广病虫害绿色防治和统防统治技术。进一步推进病虫害绿色防控和高效农药替代,加大"两高"(高毒、高残留)农药替代力度,全面推广应用高效低毒低残留等环境友好型农药。鼓励农产品生产单位应用色板、性诱剂等绿色防控措施。推广病虫害统防统治11万亩,应用农药减量技术20万亩,农药减量27吨。

【农产品质量安全追溯体系建设】 启动农产品质量安全追溯县创建工作,建设农产品质量安

10月18日,在超级大酒店召开农产品质量安全追溯体系建设推进会

全追溯管理信息平台,完善追溯体系建设管理制度。全市已建成的37家农产品质量安全全程追溯建设单位运转良好,追溯体系的宣传和质量安全承诺效应较好。10月18日,在超级大酒店召开了全市农产品质量安全追溯体系建设推进会。计划新增追溯建设主体70至80家。同时,出台了嵊州市农产品质量安全追溯管理办法,制定了以追溯码为主要农产品准出形式的农产品准出机制,并积极与市场准入对接。

【农产品质量安全检查】 按照"严密排查、问题导向、标本兼治、铁腕治患"的总要求,3月1日至8月31日在全市范围内开展农产品质量安全隐患大抽检大排查大整治严打击专项行动。3月11日,市农林局农产品质量监督科协同市农业综合执法大队开展投入品执法大检查,重点检查了惠多利和植保服务站2家农资配送中心,同时抽查了黄泽镇1家农资经营商店。3月29日至31日开展了畜禽养殖场回头看突击检查,出动60余人,分22个检查小组,对全市畜禽养殖场全面进行突击检查;4月1日,联合市场监督管理局开展一次"三品一标"(无公害农产品、绿色食品、有机农产品和农产品地理标志)联合执法检查活动。

【"绿剑"夏季集中执法行动】 为加强农药等农业投入品的生产经营源头监管,依法打击农业投入品违规使用行为,排除安全隐患, 8月5日至9月15日组织开展"绿剑"夏季集中执法行动,同时抽调人员分成6个组,对各乡镇进行了巡查督查。对全市212家农资商店进行了地毯式的全面检查,发放了高毒农药、硝基类化肥禁售和入库封存告知书,对于在检查过程中发现的高毒农药、硝基类化肥进行了封存,共封存高毒农药3.8吨、硝基类化肥450吨。投入品质量抽检52批次,不合格产品8批次,查处有关案件19起。

【农产品质量监测】 做好监督抽查与风险监测的相互衔接,充分利用监测抽检结果,实施精准打击,强化"检打联动",及时查处不合格产品及生产经营主体,下发《2016年嵊州市农产品质量

安全监测方案》。围绕区域特色产品、风险产品和认证产品,以5月至10月风险隐患多发季节为重点监测时段,以草莓、生姜、葡萄、生鲜乳等风险产品,以桃形李、茶叶、竹笋、茭白等区域特色产品,以"三品一标"和追溯体系平台监管产品为重点监测对象,全面推行随机检测机制。全年完成省、绍兴市抽检任务325批,全市抽检任务完成820批,乡镇农产品质量安全快速检测室完成快速检测6300批次。

【"三品一标"认证】 按照"稍有不合,坚决不批;发现问题,坚决出局"的监管工作要求,于3月10日至6月20日在全市范围内开展"三品一标"规范提质百日专项行动。4月29日,组织全市80家无公害农产品和绿色食品质量安全内部检查员参加绍兴市"三品一标"培训班,认证积极性较高。各乡镇也加大了对"三品一标"认证工作的宣传,并积极引导和培育符合"三品一标"认证的生产主体开展认证。全年完成三品换证5家,完成绿色食品新认证16只,无公害新认证16只。市农林局自2015年下半年到2016年上半年为所有有效期内的70家无公害农产品和绿色食品认证生产主体统一制作了认证信息公示牌,并统一进行了安装。市农林局还统一为所有的农产品规模生产主体制定了嵊州市农产品质量安全管理制度牌和嵊州市基地农产品生产主体证照牌各110套,已于7月中旬完成了全部安装。同时,统一印制了农产品质量安全承诺书、投入品质量安全承诺书、国家禁限用农药清单、国家限用农药经营登记本、农产品生产主体培训记录本和投入品出库记录本、农产品质量安全追溯码使用记录本等相关资料。

【投入品市场准入制实施】 实行农资经营企业的网格化管理,推进农资监管和服务信息化建设;严格禁止禁用农兽药进入,实行投入品登记备案制,限用农药实名登记制,根据全市规模农产品、区域特色农产品区域布局,全面推行农药网格化管理模式,对限用农资实行区域性、差别化的限制销售政策;建立不合格农兽药产品黑名单制度。制定

商品有机肥推广方案,以粮食生产功能区、现代农业园区、标准农田质量提升区和生态循环农业示范区为实施区域。

【农业投入品专项整治】 保持高压态势,集中力量开展禁限用农药、兽用抗菌药、"瘦肉精"等农业投入品整治;开展农资打假,围绕春耕、三夏、秋冬种等重点农时,打击生产、经营、使用假劣农业投入品和农产品质量安全等违法行为;加大农资产品质量监督抽查力度,实现主要投入品种全覆盖;农药经营许可证发放率达到100%,推行兽药良好生产经营规范;构建放心农业投入品经营和配送网络,实施连锁、统购、配送等营销模式的农业投入品占农业投入品总量的70%以上;积极推进一些高效低毒农药的应用,研究确定了2016年农药差价补贴品种名单9个。

【农资网格化管理】 通过划定产业区域、全面经销准入农资、强化产业技术支撑、抓网格监管常态化、管控产业风险等措施,在全市范围内实施农资经营网格化管理,实施农业投入品的登记备案制和限用农药的实名登记制,从而全面精准地管控投入品的调入、销售和使用,为农产品质量安全水平的提升保驾护航。

种　植　业

【概况】 全市以转型发展为载体,落实粮食生产扶持政策,推进全市农业主导产业继续保持稳步发展,实现稳粮与增收的统一。全年全市粮食播种面积39.3万亩,粮食总产量16.1万吨,新增旱粮面积1万亩。蔬菜种植新建"菜篮子"基地100亩,改造提升200亩,基地"双低"(低毒、低残留)农药应用实现全覆盖。继续组织实施各类水稻高产优质示范方竞赛活动,推行测土配方施肥、沃土工程、水稻重大病虫害综合防治工程等项目;推广新品种、新技术、新农机和实施阳光工程培训等一系列致力于提高农民种植水平、效益和科技素质的活动,促进了农业增效和农民增收。

【粮食生产】 经过粮食生产功能区建设,种

粮大户补助政策落实等工作的实施,全年全市种植粮食面积为 39.3 万亩,粮食总产量 16.1 万吨,其中单季稻播种面积 20 万亩,播种连作晚稻 17000 亩。在甘霖镇、三界镇新建粮食功能区 24390 亩,全市已创建省级粮食生产功能区 3 个,认定粮食生产功能区面积 143310 亩,粮食生产功能区已建成机耕路 55 万米、灌排水渠 107.9 万米、机埠 419 座、农用线路 35.6 万米,建成烘干中心、育秧中心、农机服务中心 26 个。落实标准农田质量提升工作任务,开展粮食高产创建活动,新建绍兴市级旱粮基地 1 个。

【蔬菜生产】　　全年全市蔬菜播种面积 138700 亩, 总产量 29.2 万吨, 总产值为 77850 万元。蔬菜设施栽培面积 25000 亩,其中普通单栋钢管大棚 5125 亩,连栋大棚或玻璃温室 285 亩。全市共有千亩以上基地 6 个,并有年产 1000 吨杏鲍菇工厂化生产线 1 条。注册资本 8000 万元的浙江飞翼生态农业有限公司规划园区面积 10000 亩,计划总投资 10 亿元,已投入 5 亿多元,建成了全省单个主体面积最大的农业综合园区,成为集优质农产品生产、加工、销售、配送、观光、休闲、科普为一体的现代化农业基地。已投资 2 亿多元的绿城农业科研、观光综合体也已初具规模。全省试点的蔬菜全程社会化服务项目启动,将在产业做强、做优上有所创新。

【茶叶产业】　　全市现有茶园面积 180000 亩,其中无性系良种茶园 125000 亩,全面实现无公害化生产,外拓茶叶基地 500000 亩。黄泽明山茶场成为浙江省首个全国标准茶园创建园,崇仁民胜现代茶叶示范区为全省高产高效的典范,中茶所嵊州三界国家级茶叶实验基地是全国第一个院外独立的茶叶实验基地。嵊州市 3 次被评为省茶树良种化先进县,2 次被评为省初制茶厂优化改造先进县。全市有初制茶厂近 900 家,精制茶厂 64 家,其中国家级农业龙头企业 1 家,省级农业(林业)龙头 7 家,具有自营进出口权企业 8 家,专业合作社 126 家,其中省级优秀示范合作社 2 家,通过 QS 认证企业 66 家。全市 58000 户农户从事茶叶生产。全年

茶叶总产值约 23 亿元,总产量 19430 吨,其中名茶产量 5980 吨,产值 8.6 亿元。在 2016 中国茶叶区域公用品牌价值评估中, 越乡龙井品牌价值为 23.33 亿元,名列前茅。越乡龙井在 20 个省(直辖市)开设专卖店 180 多家,在大润发、欧尚等大中型超市设立越乡龙井专柜 400 家,打入百年老店上海湖心亭茶楼。

【兰花生产】　　至年底,养兰大户近 200 户,兰花合作社 2 个, 养兰户主要分布在鹿山街道、三江街道、剡湖街道和甘霖、长乐、石璜、崇仁、三界、里南等乡镇。嵊州市兰花协会有会员 345 人,在街道和乡镇分设 6 个工作片。

【水果产业】　　全市水果面积 118000 亩,其中葡萄、樱桃避雨栽培面积 2000 多亩;主要品种有桃、青梅、李、梨、柑桔、杨梅、葡萄、樱桃等,其中"羲之"桃形李为地方特色名果。全市从事水果产业农户 3 万多户,建立专业合作社、家庭农场 200 余个,其中省级示范性专业合作社 3 个;全年全市水果总产量 58000 吨,产值 5.5 亿元。

7 月 29 日, 在金庭镇举办第六届"羲之杯"桃形李擂台赛

【蓝城农业综合体项目】　　全年完成投资 6451 万元,累计完成投资 1.6 亿元,建设精品水果示范区、二期标准化种植区、院士专家工作站、梅园休闲区等。推进精品水果示范区、二期标准化种植区、院士专家工作站、梅园休闲区等工程建设,完成多样蔬菜产品绿色认证。

【现代新有机农业基地项目】　　全年完成投

资约 1.23 亿元,累计完成投资 5.1 亿元,玻璃温室大棚建成,计划引进花卉蔬菜,新建单体大棚、连栋大棚及配套的基础设施基本完成。政府挂牌转让土地后,动建度假酒店和高建山的民宿及木屋,水上木屋基础开始动建。阳光餐厅建设完成,有机肥场扩建基础部分完成,农业面源污染监测中心开始建设,沼液池等建设完成。

现代新有机农业基地项目全景图

【水稻产业提升项目】　全市建成稻谷烘干中心 3 个;建设烘干用房 2290 平方米;新建晒场 420 平方米;新增设农用线路 670 米。烘干中心建成后,新增年烘干能力 3000 吨;建成 2 个水稻育秧中心;建育秧用房 1135 平方米,新增育秧硬盘 4 万个,简易育秧棚 190 平方米等。新下达水稻产业提升项目建设计划 12 个。

【水稻高产创建】　为提高粮食生产单产,推广农作物新优品种,年初在崇仁赵马、长乐联塘等地落实水稻新优品种示范方。在崇仁镇创建了一个水稻万亩部级示范方;在甘霖等镇创建了 5 个千亩省级示范片。经测产,百亩高产示范方取得了单季稻亩产 733 公斤,连作晚稻 572 公斤的成绩,分别比面上平均值高出 120.8 公斤和 33 公斤。同时,开展了高产竞赛活动,出台竞赛规则和奖励办法,各乡镇街道的种粮能手积极性高涨,积极申报比赛。单季稻最高亩产达到 1005.5 公斤,双季稻最高亩产达到 700.1 公斤。

【测土配方施肥项目】　制订《2016 年嵊州市测土配方施肥补贴项目实施方案》,累计推广测土配方施肥技术面积 63 万亩。继续开展 5 个耕地地力监测定位监测点试验。新建立 33 个土壤污染监测点。实施商品有机肥推广项目,鼓励和引导大中型肥料企业为示范镇供应配方肥。在村民集中活动场所和肥料销售网点张贴测土配方信息、施肥指导方案、入户发放明白纸,让农民了解科学施肥知识,认识过量施肥的危害和测土配方施肥的好处。

【土壤培肥项目】　标准农田质量提升土壤培肥项目完成面积为 1.6 万亩。多次组织各项目区相关工作人员召开会议和座谈会,实地督查各项目区,督促项目实施进度。

【农作物病虫害情况】　农作物病虫害发生相对较轻,据初步分析,全市农作物(粮油蔬菜)生物灾害发生面积 240.9 万亩次,大多数病虫属轻至中等偏轻发生年份,经过广大种植农户的防治,生物灾害得到有效的控制,全市有害生物化学防治面积 336.1 万亩次,挽回粮食损失 1.6 万吨、油菜1400 吨、蔬菜 3.2 万吨。

【病虫害测报体系建设】　一是继续做好测报体系的更新,更换了崇仁病虫观察点,从绕溪村移至马仁村;二是开展病虫调查人员的技术培训,利用病虫测报会议机会,相继开展了 3 次植保技术培训及调查技术实践活动。三是做好田间调查。标准化观察场及各观察点调查人员相继开展了粘虫、螟虫、稻纵卷叶螟、稻飞虱的系统调查,测报灯的调查及典型农户农药使用情况调查及稻麦油菜其他病虫的观察和考查,其中黄泽普安点还开展了斜纹夜蛾性诱剂的诱测。另外,黄泽镇甲青芋苈基地为提高性诱剂的利用率,也进行了斜纹夜蛾性诱剂的诱测记载。四是组织病虫害交流。全年共组织病虫害交流会议 5 次,通过各地观察点的交流,及时了解各地病虫发生情况,分析病虫发展趋势,讨论病虫防控对策。五是印发病虫情报。根据病虫发生较轻的实际情况,减少了病虫情报的印发,全年印发病虫情报 1 期。

【植保工作】　开展绿色防控技术的示范工

作。全市在鹿山街道江夏茭白基地、三界镇飞翼蔬菜基地、黄泽镇甲青芋芳基地建立了三个示范区，针对各示范区病虫发生特点，开展了性诱剂、杀虫灯、防虫网、色板等绿色防控设备的应用示范。做好面上病虫防治工作指导。针对技术人员少、技术力量薄弱、技术设备缺乏的状况，全市植保工作者通过广电、网络、通信等手段，做好综合防治思想宣传、农民技术咨询、病虫害诊断、植保技术培训、关键时期病虫防治技术宣传等工作。开展植保无人机施药示范。在黄泽四明茶场、长乐镇联塘村开展了植保无人机展示及施药作业示范。

【农作物区域试验】　　全年共承试国家、省级鲜食甜糯玉米、鲜食春秋大豆、水稻三大类作物区域试验，生产试验32组314个品种。其中鲜食甜糯玉米11组123个品种；国家玉米联合体试验1组12个品种；鲜食春秋大豆4组25个品种；单季水稻、连作晚稻杂交籼粳试验、展示共16组154个品种。6月30日，由省种子管理总站组织的2016年国家级玉米区试品种现场考察和品尝会在农科所举行。专家们对国家级鲜食玉米区试的20个甜糯玉米品种进行了品尝，为今后鲜食玉米的品种审定提供理论依据。10月26日，省种子管理站组织全省水稻品种考察专业组对市农科所区试点参试展示品种进行了参观考察，并就2016年的水稻品种种植情况进行了现场交流。

10月26日，省种子管理站组织全省水稻品种考察专业组参观考察市农科所区试点参试展示品种

【农业综合开发科技培训项目】　　《嵊州市茭白新品种及配套技术示范与推广》《车湖畈农业综合开发土地治理项目科技工程》项目实施已完成。通过科技项目的实施，《嵊州市茭白新品种及配套技术示范与推广》项目区成功推广种植茭白新品种"浙茭6号"2055亩，二季茭白比浙茭2号亩增收2226.9元，共增产值457.63万元。

【车湖畈科技工程】　　项目区引进种植小西瓜、甜糯玉米、芥蓝、水果黄瓜、进口野菜等瓜果蔬菜新优品种，推广使用有机肥、物理灯光诱虫防治技术、生物农药防治技术等新技术，并通过培训，极大提升了项目区人员的从业素质。

【水稻果蔬新优品种推广示范项目】　　项目区引进种植的草莓、多彩小番茄、早熟白甜玉米等新品种试种成功，并通过网上销售和采摘游等获得了较高经济效益，更吸引了周边众多蔬果种植户前来参观取经，起到果蔬新品种推广示范作用。

【早熟儿菜高产栽培技术推广】　　早熟儿菜高产栽培技术完成并已通过市农林局组织的专家验收。通过设施避雨栽培技术、设施控温技术、穴盘基质育苗、喷滴灌水肥同施技术等现代设施栽培技术应用，加强了儿菜的抗逆性和抗病性，有效提高了儿菜的产量和质量，且能促进儿菜早熟提早上市，提高商品附加值，经济效益十分显著。4月，早熟儿菜高产栽培技术推广项目获绍兴市农业丰收奖三等奖。

【农业三新技术实验园区】　　园区以果品、蔬菜等无公害、标准化生产为重点，加强农产品质量管理，抓好施肥关、防虫关，做好生产档案记录，从源头做起，提高农产品质量安全水平。8月，嵊州市农业三新技术实验园区（市农科所）被评为2016年度绍兴市十佳农村科普示范基地。一是引进新品种。新引进白雪公主、桃熏、咖啡三只草莓新品种进行试种，长势良好。二是精品葡萄栽培技术日益成熟。通过多年的摸索，推广应用葡萄生产中的"避雨促成""石灰氮涂母枝""环割促早熟""节水灌溉""葡萄保果"等高产高效新技术，葡萄长势、坐果率比往年有了较大提高。三是开展农民培训。以理论培训、现场观摩、实践基地等方式，向农民们传授甜玉米、芦笋、葡萄等瓜果蔬菜高产高效栽培技术。全年园区共接待500多人次,促进了新品种、新技术、新模式的推广,使园区成为集科研—实践—参观—采摘为一体的科研示范园。

畜 牧 业

【概况】　全市未发生重大动物疫病。畜牧业生产继续保持健康、持续、协调发展的良好势头。全市生猪存栏19.8万头,比上年同期21.5万头减少8.10%;其中母猪存栏2万头,比上年同期2.12万头减少5.66%;牛存栏0.25万头,比上年同期减少23.44%;羊存栏1.3万只,比上年同期1.5万只减少11%;家禽存栏169.8万羽,比去年同期162.5万羽增加4.47%;兔存栏17万只,比去年同期18.5万只减少8.11%;肉类总产量31157.97吨,比去年同期36435吨减少14.48%;禽蛋产量3969.32吨。

畜牧生产情况

表　2

项　目	2016 年	2015 年	同比增减(%)
一、生猪存栏（万头）	19.76	21.5	-8.10
其中：母猪存栏	2.00	2.12	-5.66
生猪出栏	27.66	36.50	-24.21
二、牛存栏（万头）	0.25	0.32	-23.44
其中：良种乳牛	—	0.05	-100.00
牛出栏	0.07	0.09	-20.56
三、羊存栏（万头）	1.34	1.50	-11.00
羊出栏	1.60	1.70	-5.76
四、家禽存栏（万羽）	169.76	162.50	4.47
其中：鸡	145.00	133.20	8.86
蛋鸡	10.00	9.80	2.04
肉鸡	135.00	123.40	9.40
鸭	24.16	28.60	-15.52
蛋鸭	24.16	28.60	-15.52
鹅	0.60	0.70	-14.86
家禽出栏（万羽）	521.50	496.50	5.04
其中：鸡	495.20	465.10	6.47
肉鸡	490.00	460.00	6.52
鸭	25.61	30.60	-16.31
肉鸭	—	2.80	-100.00
鹅	0.68	0.80	-14.88
五、兔存栏（万只）	17.00	18.50	-8.11
兔出栏	20.00	21.60	-7.41
六、肉类总产量（吨）	31157.97	36435.00	-14.48

续表

项　目	2016 年	2015 年	同比增减(%)
其中：猪肉	22130.40	27800.00	-20.39
牛肉	101.20	150.00	-32.53
羊肉	240.30	255.00	-5.76
禽肉	8255.87	7800.00	5.84
兔肉	310.20	335.00	-7.40
七、禽蛋产量（吨）	3969.32	4550.00	-12.76
八、牛奶产量（吨）	1050.00	1590.00	-33.96

【长毛兔产业】　　全市有养兔户 3 万多户,饲养量达到 60 万只,年繁育仔兔 50 多万只,生产兔毛 1000 多吨,向全国 17 个省 60 多个县（市）推广供应良种 10 万只以上,占全国高产长毛兔种兔供应总量的 50%。建成崇仁镇、黄泽镇等 5 个万只以上生态规模养殖小区,有省级畜牧生态养殖示范小区 3 个。以浙江白中王绒业股份有限公司为第一培育单位培育的浙系长毛兔是全国第一个具有自主知识产权的国家级毛兔品种,也是全省解放以来第一个畜禽培育品种。3 月 19 日,首届（2016）中国毛兔产业种业发展大会在嵊州市召开,来自全国 17 个省（自治区、直辖市）的领导、业内专家、企业、养殖户代表共计 500 余人参加会议。

3 月 19 日,首届（2016）中国毛兔产业种业发展大会在嵊州市召开

【蜂产业】　　全市饲养意蜂 2.6 万箱,年产蜂蜜 1820 吨。年产蜂王浆 338 吨,年产花粉 260 吨。年产值 5200 万元。部分蜂农 3 月初出发外省采蜂蜜,9 月份陆陆续续回到本地。

【蚕产业】　　春期饲养蚁量 931 克,生产蚕种 28115 张,公斤茧制种平均 4.68 张。早秋饲养蚁量 826 克,生产蚕 20793 张,公斤茧制种平均 4.92 张。晚秋生产蚕种 627 张,公斤茧制种平均 15124 张。全年合计饲养蚁量 2384 克,生产蚕种 64032 张,公斤茧制种平均 4.79 张,产值约 300 万元。生产略大于销售。销售中新拓展客户中有 1 万张蚕种出口到中亚。做好蚕桑技术推广和新品种新技术引进试验工作,全年蚕桑技术培训达 1500 人次以上,由 9 名责任农技师负责联系 90 名科技示范户,影响覆盖 1000 户蚕桑生产农户。晚秋和农科院进行了浙凤 2 号的繁育试验,并取得了不错的成绩。

【养猪场清养关停】　　经过 2014 年和 2015 年的清养关停,全市共清养关停的养猪场共计 2241 家。为巩固清养关停成果,有效遏制复养反弹的苗头,于 2016 年 3 月 29 日至 31 日分 22 个小组,对全市畜禽养殖场的复养、新养情况进行地毯式突击检查。从检查情况看,大部分清养关停的生猪养殖场未发生复养、新养现象,不少养猪场利用原有房屋转办丝织、仿古木雕等家庭作坊,也有少数养猪场改养牛、羊和鸡鸭等。但也检查到 82 家养猪场存在复养、新养的现象。根据检查结果,市农林局向有关乡镇（街道、管委会）一一发出了问题清单。各乡镇（街道、管委会）迅速行动,全面清养关停出现复养、新养现象的 82 家养猪场,并拆除猪舍。

【畜禽养殖场污染治理】　　全市存留生猪养

殖场现共 408 家,已全面完成整治工作,并关停存栏规模在 200 头以上的生猪养殖场 6 家。6 月,完成全市所有存留猪场的验收工作。4 月 29 日,召开全市深化畜禽养殖场污染治理大会。会议组织观看了畜禽养殖污染治理《警示片》,宣读并签订了《畜禽养殖污染防治主体责任承诺书》,进一步深化了相关工作人员和养殖业主养殖场污染治理的意识。印发了《嵊州市畜禽养殖污染扩面整治实施方案》,在实地踏看存留水禽场和牛场后,制定了"一场一策"。治理水禽场 18 家、关停 4 家;治理牛场 5 家、关停 1 家。

4 月 29 日,在嵊州宾馆召开全市深化畜禽养殖场综合整治大会

【畜禽养殖污染整治网格化管控】　根据市委、市政府关于优化环境"八大行动"和进一步加强水环境监管执法工作的决策部署,按照"分级负责、条块结合、属地为主"的原则,出台《关于建立全市畜禽养殖污染整治三级网格化管控机制的通知》(嵊市委办传〔2016〕61 号),落实各方管理责任,规范巡查方式,建立"政府统一领导、部门协同管理、镇村日常巡查、养殖主体负责、社会监督支持"的村、乡镇(街道)、市三级网格化管理机制。全市共落实三级网格化巡查人员 363 人,村级巡查员每周每场巡查 1 次,乡镇(街道)巡查员每半月巡查 1 次,市级巡查员不定期进行督查。

【畜禽养殖场智能化监控】　市农林局于 10 月 9 日完成项目招投标,移动公司中标,将在全市存栏规模在 200 头以上的 408 个生猪养殖场建立适合全市实际的畜禽养殖智能监控系统,与省智慧畜牧业云平台、嵊州市农业应急指挥系统无缝对接。此项工作超前于省下达的 500 头以上建立监控系统任务,走在绍兴市前列,并得到了绍兴市局领导的肯定,被称赞为速度最快、费用最低、程序最规范。全面完成规模在 500 头以上的 74 家养殖场的监控系统建设。

【动物疫病强制免疫】　市动物疫病疫情防控指挥部 8 次下发文件、多次召开会议研究和部署重大动物疫病防控工作,通过组织开展春、秋二季集中免疫,夏季、冬季免疫加强周活动,结合各类检查、飞行检测、日常监测等工作,提高整体免疫密度和免疫质量。全市共使用牲畜口蹄疫高效苗 108.63 万毫升,免疫生猪 50.06 万头次;使用牛口蹄疫 O 型－亚洲 I 型双价苗疫苗 4.39 万毫升,A 型口蹄疫疫苗 0.38 万毫升,免疫牛 0.41 万头次,羊 3.1 万头次;使用高致病性禽流感疫苗 158.87 万毫升,免疫家禽 389 万羽次;使用猪瘟 126.98 万头份,免疫生猪 95 万头次;使用高致病性蓝耳病弱毒苗 24.37 万头份,灭活苗 16.97 万毫升,免疫生猪 30.7 万头次。小反刍兽疫疫苗 2.4 万毫升,免疫羊 1.7 万头。另外还组织了狂犬病、猪流行性乙型脑炎、伪狂犬病、猪丹毒、猪肺疫、链球菌病、新城疫、羊痘等的计划免疫工作。

【重大动物疫病免疫抗体监测】　全市共抽检畜禽血清样品 3205 份,主要检测猪瘟、口蹄疫、高致病性禽流感、H7N9 流感和新城疫五种主要动物疫病的免疫抗体以及 H7 流感检测。猪瘟测定样品 1203 份,合格 913 份,合格率 75.89%;口蹄疫测定样品 1133 份,合格 891 份,合格率 78.6%;高致病性禽流感 He-Re-6 抗体测定样品 921 份,合格 896 份,合格率 97.3%;高致病性禽流感 He-Re-7 抗体测定样品 1570 份,合格 1523 份,合格率 97.01%;新城疫测定样品 859 份,合格 707 份,合格率 82.31%;H7 检测 1366 份,未检出阳性样本;检测牛口蹄疫抗体 90 份,合格 88 份,合格率 98%;检测羊口蹄疫抗体 70 份,合格 59 份,合格率 84%。抗体指标全部达到绍兴市动物植物疫病疫情防控指挥部规定的合格标准，H7检测全部为阴性。

【人畜共患病监测】　　对浙江一景乳业股份有限公司进行了二次结核病和布鲁氏菌病检测，共检测奶牛894头次，经临床检查和血样实验室检测结果全部为阴性。12月，市畜牧兽医局对全市14个有螺乡镇（街道、管委会）的180头耕牛进行了血吸虫病监测，未检出阳性病例。完成了绍兴市下达的重大动物疫病和狂犬病采样任务。

【禽流感监测】　　不仅对列入日常监测和集中监测的家禽养殖场全部进行H7N9抗体检测，而且还根据流行重点季节和特别情况实施重点监测和紧急监测，共检测血清样品1570份。部分样品送市畜牧兽医局复检或进行病源学测定，共计202份。

【重大动物疫病防控】　　健全监测网络，及时发现疫情苗头。一是通过乡镇畜牧兽医站、动物防疫员及动物医疗门诊、药店加强对动物疫病的监测；二是通过实验室检测开展的抗体和病原检测及时掌握薄弱环节和病原动态。做到第一时间防范、第一时间发现、第一时间扑杀，确保不发生区域性重大动物疫情。至12月底，市动物疫病疫情防控指挥部接到乡镇和饲养户反映的疫情线索1起，经市畜牧兽医局派员至三界镇调查，在无法正确诊断但又可疑的情况下，为防止疫情扩散，避免给畜牧生产造成严重损失，对1起可疑疫情进行了预防性扑杀。

【免疫效果评价】　　市防治动物疫病指挥部分别在上下半年开展一次免疫效果评价，同时根据在检测过程中发现的情况提出合理化建议，如因为对高致病性蓝耳病认识不一致原因导致免疫密度低下的问题；关于H7N9流感的防控问题；小反刍兽疫的宣传和免疫等，供各乡镇（街道）和广大规模养殖户参考。

【产地检疫】　　坚持"把好源头、凭证屠宰、合格出证"的原则，加强动物卫生监督机构建设，全市共建动物申报点6个。完善检疫、检测、检验手段，落实到点、到场检疫制度，规范检疫操作程序，确保

动物产品质量安全。检疫部门加强了对入场生猪的检查，凡体重在80公斤以下的生猪作为重点检查对象，一经发现不仅拒绝入场，而且还要进行跟踪调查，防止病猪进入屠宰环节，经过整治收到了良好效果。

【兴奋剂检测】　　春秋两季各一次兴奋剂检测，对于存栏量500头以上的养殖场抽检100%，存栏量500以下的养殖场抽检50%，每场抽检3头，共抽检饲养户485户，检测尿样1510个，结果全部为阴性；加大对产地检疫环节的兴奋剂检测力度，凡调出县境检测生猪做到每车必检，每车抽检10%；严格屠宰环节抽检督检，定点屠宰场日常检测为屠宰总数的5%，小型屠宰点日常检测为屠宰总数的10%，全年屠宰环节共检测8147头，占总屠宰量的7.1%，检疫部门在屠宰企业自检基础上再进行监督抽检，确保肉品质量安全；落地检测主要为生猪和牛的落地检测，生猪每车抽检10%，牛每头检测。

【病死动物无害化处理】　　市病死动物无害化集中处理中心建成并投入运行，病死动物无害化处理长效机制正在建立。全年农林部门共组织750人次对800家养殖场进行检查。检查内容包括各养殖场是否按要求对病死猪100%无害化处理，养殖档案是否完整齐全，是否履行免疫义务，是否谎报、漏报、乱报相关数据及信息及是否使用违禁药物等。全市共无害化处理病死猪30474只。

【畜产品安全管理责任制】　　市防治动物疫病指挥部每年与乡镇（街道）签订动物防疫和畜产品安全目标管理责任书，落实主体责任，加强监督管理。乡镇（街道）再将责任落实到养殖场（户），通过加强对生产、防疫、档案、检疫各方面的监管，保障肉食品安全。指挥部成员单位根据各自工作职责也签订了相应的责任书，如对调运户、屠宰场等。

【动物卫生监督】　　多次组织开展了对农贸市场、屠宰场、兽药经营门店、养殖户、协检员的监督检查和对兴奋剂检测、台账记录、检疫出证情况检查，纠正了部分违规现象，督促建立相应的制度

并完善设施，全年共对 10 起动物卫生监督案件进行立案查处。根据农产品质量安全管理的要求，对养殖场、屠宰场的畜产品药物残留定量检测，共采样 156 份。

【定点屠宰】　从 3 月 1 日起在主城区正式实行家禽"定点屠宰、杀白上市"，经过 10 个月的运行，总体情况良好。截至 12 月，全市代加工家禽 459124 羽，杀白上市工作取得阶段性成效。实施过程中通过突击检查和日常巡查共查处违法经营活禽和禽类产品 55 批次，对没收的活禽和禽产品全部进行无害化处理，共处理鸡 85 羽、鸭 17 羽、鸽子 121 羽、鸡肉 290 公斤、鹅肉 34 公斤、鸭肉 25 公斤，有力地打击了私屠滥宰和违法经营行为，维护了杀白上市工作的正常秩序，保障了人民群众身体健康。全年共屠宰生猪 154957 头，其中市生猪定点屠宰有限公司 82605 头，小型生猪屠宰点 72352 头，未发生生猪产品安全事故。

【打击私屠滥宰】　继续开展"扫雷行动"，在经过摸排、调查基础上，加强了对重点区域、重点场所、重点人员的监督检查频次和力度，坚决取缔私屠滥宰，查处内脏注水和宰杀病猪行为。一是加强对城乡结合部、城市小巷疏菜经营门店、农村走村跑乡经营人员的检查。二是加强对小型生猪屠宰点内脏注水的管控。主要是对在拆肠过程中注入自来水的监管了，做到发现一起查处一起，保持高压态势，有效控制了此类现象的发生。三是加强进场把关，严控病猪进入屠宰环节。对体重在 75 公斤以下的猪只进入屠宰场须严格检查，一旦发现存在问题就予以扑杀。

水产养殖业

【概况】　2016 年，全市水产养殖面积 25380 亩，渔业总产量 4670 吨，同比增长 3.3%；渔业总产值 7430 万元，同比增长 3%。其中，养殖产量 3920 吨，捕捞产量 750 吨；名特优水产品产值 3800 万元，占总产值 51%；服务型休闲渔业经济产值 1680 万元，占总产值 23%。渔业总体向优质、生态、高效方向发展。

【现代渔业】　围绕全省"五水共治""渔业转型促治水"等行动，开展水产养殖塘生态化改造项目 170 亩，完成投资 132 万元；生态化改造养殖单位开展尾水处理池及进排水渠改造、池塘清淤等建设。稻鱼共生轮作减排共实施 1050 亩，由鹿山街道江夏茭白产销合作社等 5 家养殖单位实施，完成投资 89 万元。由市东泽渔业专业合作社承担的市泥鳅苗种培育生态化建设项目已完成，投资 114 万元，全面完成预期目标并通过省财政厅组织的绩效考评。"渔业转型促治水"各工程均产生了良好经济效益、社会效益和生态效益，达到保生态、保安全、促增效目标。

【水产品质量安全】　市水利水电局根据省、市统一部署，开展大抽查、大排查、大整治和严打击的"三大一严"专项行动，开展执法检查 25 次，出动执法人员 80 人次，检查无公害养殖基地及养殖大户近 50 家，提升养殖户水产品质量安全意识。完成省、市、县三级抽样监督抽检 58 批次，配合农业部监督抽检 2 批次，抽检合格率 100%。根据省统一部署开展水产品质量安全追溯体系建设 8 家，其中 3 家配备了快检设备，完成投资 16 万元，已投入使用。全市水产品质量安全呈现良好态势。

【渔业资源增殖放流】　市水利水电局持续开展渔业资源增殖放流，及时修复生态环境，保护渔业资源，促进渔业可持续发展，助推"五水共治"。在绍兴市渔政部门现场监督下，在剡溪及支流放流鲢、鳙夏花鱼种 1000 万尾。

【渔业行政执法】　市水利水电局组织渔业行政执法人员出动检查 65 次，查处各类违法案 20 起（其中，在禁渔期间以非法捕捞水产品罪移送 13 起，行政处罚 7 起）。收缴违禁渔具 7 套，清理地笼网 150 只，收缴非法捕捞网具 52 张，罚没款 2.8 万元。依法年审办理捕捞许可证 71 本，收缴渔业资源费 3.55 万元。抓好渔船安全生产，全年实现零事故。同时落实惠渔政策，完成年度渔业油价补助的发放。（裘启煊）

农村经济管理

【概况】 以全面推进农村土地确权登记颁证工作为重点,攻坚扫尾农村集体产权制度改革工作,进步强化农村"三资"管理(农村集体的资金、资产、资源)和农民减负工作,培育壮大农业经营主体,做好"改革活权、务实管理、有效服务"。

2015 年与 2016 年农经有关数据对比

表 3   单位:万元

指标名称	2016 年	2015 年	增减数	增减比例（%）
一、总收入（万元）	36355.00	33019.88	3335.11	10.10
1.经营收入	6054.07	5487.22	566.85	10.33
2.发包及上缴收入	8080.97	8559.80	-478.83	-5.59
3.投资收益	717.56	477.02	240.54	50.42
4.补助收入	17863.74	14853.68	3010.06	20.26
5.其他收入	3638.66	3642.15	-3.50	-0.10
二、总支出	17027.75	14960.74	2067.01	13.82
1.经营支出	2074.57	1922.05	152.52	7.94
2.管理费用	6744.13	6108.58	635.55	10.40
3.农业发展支出	5154.91	3763.81	1391.10	36.96
4.其他支出	3054.13	3166.30	-112.17	-3.54
三、本年收益	19327.25	18059.14	1268.11	7.02
四、年初未分配收益	248.47	49.24	199.23	404.64
五、其他转入	1764.76	1388.33	376.43	27.11
六、可分配收益	21340.48	19496.71	1843.77	9.46
1.提取公积金、公益金	11348.39	10107.55	1240.84	12.28
2.提取应付福利费	8739.73	8275.96	463.77	5.60
3.外来投资分利	—	—	—	—
4.农户分配	905.53	838.98	66.55	7.93
5.其他分配	346.83	25.75	321.08	1246.92
七、年末未分配收益	—	248.47	-248.47	-100.00
八、当年收入按村分组情况（个）				
1.1 万元以下的村数	—	—	—	—
2.1-5 万元的村数	—	—	—	—
3.5-10 万元的村数	—	58.00	-58.00	-100.00
4.10-30 万元的村数	171.00	129.00	42.00	32.56

续表

指标名称	2016 年	2015 年	增减数	增减比例（%）
5.30-50 万元的村数	95.00	94.00	1.00	1.06
6.50-100 万元的村数	103.00	100.00	3.00	3.00
7.100-500 万元的村数	96.00	85.00	11.00	12.94
8.500-1000 万元的村数	3.00	2.00	1.00	50.00
9.1000 万元以上的村数	2.00	2.00	—	—

【"三资"管理规章制度】　系统整合了浙江省、绍兴市及嵊州市历年出台的有关"三资"管理的规章制度、政策或者标准等，编印成册，发至乡镇村。并结合农村"三资"管理的实际和"三资"检查中反映出来的问题，在原来工作的基础上落实专人起草，重新制定出更为严格、更为详尽、更具有操作性的规章制度，以完善农村"三资"管理约束机制，更好地规范村级干部的权力运行，实现制度管人、规范管事之目的。

【"三资"互查互审制度】　为推进农村集体"三资"管理运行的规范性和高效性，及时抓好监督检查中存在问题的整改处理和管理水平提升，制订了《关于开展农村集体经济"三资"互审工作的通知》，全市按区域进行划分，由总站和乡镇农经站工作人员组建了 5 个农经工作片组，以片组为单位，已在 7 月完成了一次"三资"管理互查互审工作，并在 9 月安排开展了第二次互审工作。

【"三资"业务培训】　为进一步规范村级财务运作，深化农村党风廉政建设，全市分别于 3 月和 6 月组织开展了一期农村集体财会基础培训班和四期财政支农、"三资"管理培训班，并在 10 月开展了一次农村出纳员培训班。围绕财政支农政策、会计核算、资金管理、并村并账、省农村集体资产管理条例、廉政建设防控机制和责任追究、经济犯罪预防机制、农村集体"三资"管理等进行授课，丰富了培训内容，提升了培训质量。

【更新"三资"管理软件】　为加强对农村集体"三资"的网络监管，市农林局与杭州金安易软件有限公司进行对接，进行三资管理软件系统更换，对原来保存的新中大数据进行分析破解，确保数据转换成功。8 月组织乡镇(街道)三资服务中心人员召开农村"三资"管理软件操作培训班，邀请了金安易公司的教师对金安易"三资"软件系统进行讲解，并结合系统的合同管理模块，对加强合同系统的合同管理模块和加强合同管理作了要求。

【农村审计监督】　按照"三年一轮审"的要求，加大农村财务的审计力度，继续开展农村审计项目，针对财务管理混乱问题突出村实施行政监督审计，加大了清理整顿力度。对三分之一的行政村进行了以查代审，对重点村送达审计监督中心进行专项审计。同时对一事一议项目进行了审计，对于规划项目支出、改善"三资"管理有较大的提高。

【农村集体资产并村并账】　推进并村并账，不断查漏补缺。一是实地调查摸底，了解撤并现状。二是提高思想重视，加强动员工作。在调查的基础上，根据市委出台的《关于建立农村集体"三资"长效管理机制的通知》，明确了行政村"三资"管理"一

6 月 23 日，在嵊州宾馆召开全市行政村"并村并账"工作座谈会

本账、一支笔、一个盘子、一个口子"的工作要求。把并村并账工作列入了乡镇（街道）重点工作清单和考核内容。三是明确工作责任，落实奖惩结合机制。对各乡镇（街道）农经干部、代理中心人员和新村报账员等600余人多次进行了业务培训，将行政村并村并账工作列入重点工作清单和考核内容，明确工作责任，落实奖惩机制。全市完成率达到了100%。四是加强后续管理，消除"并村不并账"现象。

【农村集体产权制度改革】　　全市有应股改村470个，已全面落实农村股改。为确保股改成果利用，做好股改扫尾工作：一是做好发证工作，填发村股份经济股权证书，杜绝技术差错，以免带来不必要的矛盾；二是做好股改工作档案保管与总结完善，督促各乡镇（街道）对改革工作作出总结，村股份经济合作社董事会对改革过程中形成的有关文件、决议、人口排摸报表、实施方案、章程、股东名册等重要资料进行全面整理归档，装订成册上报乡镇和市农林局各一份，完成重要资料的三级建档工作（纸质＋电子档案），并适时组织股改档案检查和工作验收；三是建立电子化信息管理系统，与杭州金安易软件有限公司进行对接，将全市股权信息纳入管理系统，建立全市的股权信息管理系统。

【承包土地经营权抵押贷款】　　2016年，嵊州市被列为全国农村承包土地经营权抵押贷款试点县(市)，市人民银行和市农林局就经营权政策、抵押登记制度等跟进落实相关措施。一是建立组织完善制度。建立了领导小组，明确了各部门的职责与分工，并结合实际，制订和完善了《嵊州市推进农村承包土地经营权抵押贷款试点工作方案》《嵊州市农村承包土地的经营权抵押贷款试点暂行办法》等相关配套政策文件，为试点工作的顺利开展提供了制度保障。二是加强培训集中指导。6月就承包土地抵押贷款登记办理业务和农村产权流转交易平台等内容展开培训，乡镇及银行等相关办理人员80余人参加了此次培训，并到石璜镇和有关金融单位就抵押登记工作进行了实地指导。三是因地制宜灵活运作。根据《嵊州市农村承包土地的经营权抵押贷款试点暂行办法》规定，没有土地承包经营

权证就不能对农户个人发放试点贷款。但为了顺利推进试点工作，在特殊时期作变通处理，如依法签订的规范有效的农村土地承包（流转）合同可以用来贷款抵押，并给予办理登记。

【土地承包经营权确权颁证】　　开展业务培训，在全市开展了对业务骨干的技术指导和培训；开展以对全市村级报账员的业务培训。就政策情况、业务操作管理等问题进行了培训学习；对有关乡镇村领导、业务人员进行了培训。全年完成入户调查183250户，摸底录入率86.4%；完成测绘面积127020亩，完成34.4%。

7月20日，在市农林局会议室召开确权颁证培训会

【农民负担监督】　　对农民负担方面新出现的问题，加强部门沟通协作，把握政策界限，加大政策宣传，确保农民、新型农业经营主体和村级集体经济组织的合法利益不受侵害。健全农民负担监管机制。重点针对行业性农民负担、村级组织负担、一事一议筹资等重点领域，通过明查暗访、集中治理、督查督办、定期回访等方式，加大农民负担检查力度，提升监管效果。

【土地流转】　　加大农村土地流转工作力度，引导和鼓励农户以租赁、转让和股份制等形式，将承包土地经营权向农业企业、合作社和种植业大户流转，使土地资源优化配置，提高土地投入产出效益。据统计，全年家庭承包耕地流转面积新增5100亩，累计流转238151亩，流转率达到62.85%。

【农业经营主体培育】　　在农业经营主体培育方面，着重做好了以下两个方面：一是强化政策

学习。系统整合了有关农民专业合作社(家庭农场)的法律政策,编印成册,加强农民专业合作社、家庭农场等相关人员的政策学习,指导农民专业合作社、家庭农场开展规范化管理;二是强化项目扶持。组织 2015 合作社(家庭农场)省级财政补助项目验收,做好 2015 年度经营主体政策性资金兑现基础工作,同时制定了《关于做好 2016 年省财政支持农民专业合作社发展补助资金项目储备申报工作的通知》,对符合条件的示范性规范化农民专业合作社或联合社(联合会)、家庭农场分别安排最高不超过 15 万元的项目进行资金支持。截至 2016 年年底,全市共有农民专业合作社 1290 家,其中国家级示范性合作社 7 家,省示范性合作社 23 家,市级规范化合作社 173 家;有家庭农场 390 家,其中省级 16 家,市级 36 家。

【农经统计】　　为使农经统计工作更好地服务农村经济建设和领导决策,重点抓了两个方面:一是完成了 2015 年度农经统计年报及农民负担监测调查报表编制任务,撰写了农经统计分析;二是继续做好 5 个乡镇 5 个行政村 50 户农户农经观察点的业务指导,以确保农经观察点上报数据真实、详细;三是对 2015 年村级集体经济收入情况进行调查核实,进一步摸清底数,为指导农村集体经济发展和落实扶持政策提供依据。

农业机械化

【概况】　　坚持以实施农业领域"机器换人"推进行动计划为主线,以农机农艺融合、农机化与信息化融合为抓手,围绕农业两区建设的实际,通过推进农机购置补贴政策的阳光实施,"农机服务年"活动的开展,推进了农机化工作的提质提速发展。全市农机运行呈现较平稳的安全态势。

【农业生产机器换人】　　为加快全市农业生产领域机器换人步伐,加大了农机化新技术的推广、引进力度。一是以农机化促进项目为引领,引进四旋翼、标配、载重 10 千克小型农用无人机 2 台,自走式喷杆喷雾机 1 台,开展不同植保方式的对比试验,对全市范围内的茶、桑、果、粮食作物的病虫

防治进行推广,组建无人机植保服务专业服务队,开展契约化植保服务试点。二是以示范促带动,先后在市农场、市明山茶场举办全市新农机装备演示现场会及全市茶叶生产机械全程机械化现场会、智慧农机演示会,推广了机械,提升了广大农户对智慧农机的认识。三是以农机购机补贴政策为引领,结合主导产业发展,拓宽农机使用领域,结合畜牧业、茶叶、水果等特色产业的转型升级的要求,引进推广茶园生产管理机械、畜牧养殖机械、水果精品种养植机械,新引进 2 台小型履带式收割机进行山稻收割试验,提升主导产业机械化、设施化水平。

【早稻生产机械化作业现场会】　　4 月 22 日,在市良种繁育场举行早稻生产机械化作业现场会,吸引乡镇(街道)农机员、9 个产业乡镇的农科院、50 亩以上种粮大户代表等 150 余人前来参加。现场会上进行早稻机插、水稻直播机械、新型耕作机械、植保无人机、喷杆式喷雾机等农机作业演示和更新改造后的水稻播种机播种演示。

4 月 22 日,早稻生产机械化作业在市良种繁育场举行

【阳光购机活动】　　完善制度保障,为确保政策的严肃性,做到执行政策不走样,落实政策不变调。加强了对各类非法违规事件的源头管理,强化对农机购置补贴工作人员办事能力,服务质量、责任意识、防腐拒变教育。完善信息公开渠道、保障投诉畅通。建立了农机补贴信息专栏,做到严格把关、公开审批、接受监督,建立补贴机具的监管、产品质量投诉体系,对农民反映的问题及时进行调查处理,限时回复。开展"农机质量月"活动,做好农机使用情况跟踪调查,保证农机补贴政策的实施效果。全市新购置机具 3219 台,受益农户 2146 户,中央资金补贴 688.7 万元,省补资金 7.14 万元,市补资金

10.71 万元,新增各类茶机 2800 台,收割机 22 台,插秧机 14 台,烘干机 2 台,拖拉机 51 台,植保机 85 台.

【农机安全监管】 农机安全生产始终是重中之重的工作,在突出安全发展这一主题的前提下,不断创新管理手段,突出农机安全监管阵地建设。完善基层农机安全监管体系,以平安乡村建设为平台,定期为农民机手提供安全培训、咨询、维修和跨区作业信息服务,夯实农机安全生产工作基础。为营造一个良好农机安全运行氛围,加大农机安全执法力度,开展农机事故隐患排查治理以及农机打非治违等农机安全专项整治活动,先后开展了外省籍拖拉机专项治理及 G20 峰会期间上路车辆专项治理活动,提升了农机安全监管水平。全年已发送农机安全短信 5000 多人次,公安农机警务联络室上路巡查 250 余人次,检查车辆 350 余辆,查扣违章拖拉机 6 台。开展农机安全检测智能化升级改造工程,全面提升农机监管能力。

【高能耗拖拉机报废管理】 为确保农机的安全运行,探索建立农田场院等道路外的农机安全巡查机制,完善农机安全事故防范新体系。加强对高能耗拖拉机的报废更新工作管理,制订和出台了报废更新管理办法及实施方案,加强了对报废车辆的查处力度和政策的宣传力度,从源头上消除了安全隐患,已报废高能耗拖拉机 82 台。

新 能 源

【概况】 按照污染治理为重点,结合村庄整治项目和规模化畜禽场排泄物治理项目年初制定的目标计划,以农业增效、农民增收这个主题,加强全市农业面,推广畜禽养殖场排泄物沼气处理工程、农村生活污水净化沼气工程和太阳能利用等先进技术,结合村庄整治项目和规模化畜禽场排泄物治理项目年初制定的目标计划,农村新能源建设稳步推进。

【沼气推广】 争取省级资金支持,以沼气为纽带推广"养殖—沼气—种植"的生态循环模式,创建无公害农产品生产基地和标准化生产综合示范区为载体,探索农村循环经济发展之路,利用农业废弃物资源,降低农业污染的数量。利用新闻媒体、现代信息(嵊州农林网、农民信箱)等方式,宣传发展生态循环农业的重要意义;通过开展循环农业技术、模式、管理等培训,普及循环农业相关知识;通过加强对先进典型的总结和推广,调动农民群众参与的积极性,从而形成全社会共同关心、支持循环农业建设的良好氛围和强大合力。全年消纳利用沼液 33 万吨。

【农业废弃物回收治理】 在农资配送中心(江夏村)设立了回收处理站一个,在三界镇、甘霖镇、崇仁镇、长乐镇、黄泽镇、谷来镇、金庭镇、下王镇、贵门乡、雅璜乡等乡镇建立农业废弃物回收点,并正常运行。9 月,与华鑫环保科技有限公司签订农药废弃包装物处置合同,第一批废弃物 5 吨于 9 月下旬运输至华鑫公司,并提交绍兴市环保局审批。市农林局召开了推进农药废弃包装物回收和处置工作专题会议。全年共回收农业废弃包装物 79 吨,处置废弃包装物 72 吨,回收与处置率分别达 72.5%、94.3%。

【生态循环农业】 探索建立"五个一"生态循环农业示范区,即在农林特色产业中,确定一个主导产业、落实一位产业首席专家、联结一个种植业基地、消纳一个规模养殖场排泄物、推广一套可复制的种养结合生态循环农业模式。

【农村生活污水整治】 继续做好农村生活污水治理和推广沼气等清洁能源工作,根据市新农办制定的农村生活污水治理目标及列出的村庄,开展摸底调查,根据各村实际情况,拿出可行性方案,并监督实施好。全年整治 10 个行政村,受益农户达到 80% 以上。

【农村沼气安全生产】 对全市畜禽养殖场的所有沼气池开展设施检查,在检查中发现问题,及时解决。主要问题有:一是部分农户安全意识淡薄,存有麻痹侥幸心理,在认识上存在偏差;二是农户对沼气安全使用知识了解不够,缺乏安全防范和应急处理能力;三是部分用户沼气管线裸露,风吹雨淋造成老化,出现漏气现象;四是先期建池户,由于对沼气灶具缺乏保养,有的已不能正常使用,存在安全隐患;五是建后服务跟不上,管理不到位,致使沼气池不能正常产气。针对以上存在的问题，市农林局现场及时给予纠正，同时提出了整改要求。

农业产业化

【概况】 全市耕地实际保有量为67.59万亩，占土地总面积25.1%；基本农田面积56.33万亩，标准农田面积36.25万亩，水田面积37万亩；2016年家庭承包耕地流转面积新增5100亩，累计流转238151亩，流转率达到62.85%。全市有农林产品企业225家，资产总额为35.7亿元，联结基地58.6万亩，联系农户23.85万户，其中国家级重点农业龙头企业1家、省级13家、绍兴市级24家。农民专业合作社1290家，社员18126户；全市共有无公害农产品基地75个，国家级无公害农产品120个。通过认证的粮油、干鲜果、茶叶、蔬菜等基地面积14.8万亩。浙江省农业现代化发展水平综合评价得分83.26，全省排名第17位。

【规模农产品生产主体】 全市实际运营的规模农产品家数249家，不包括畜禽养殖业，其中生产型145家、流通型11家、服务和研究型6家、加工型87家。追溯体系已建立的有41家，计划建的96家，8家仍处于幼苗待建。从2008年到2015年省、市、县共评出示范性合作社、家庭农场和龙头企业230家生产型65家，其他122家。全面展开与规模生产主体和投入品生产经营主体签订承诺书工作，并发放农产品质量安全告知书。

【蔬菜产业全程社会化服务】 嵊州市蔬菜生产全程社会化服务工作列入财政部试点。3月，组建嵊州市普惠蔬菜专业合作社联合社，通过"秧苗共育、农资团购、产品联销"，加快蔬菜的新品种、新技术推广，调整优化蔬菜产业结构，提高了机械化程度，降低了生产成本，实现助农增收。一是蔬菜产业结构得到进一步优化。总结出了早芋芳和娃娃菜、生姜和娃娃菜、草莓和西瓜、蒲瓜和小辣椒、生姜和水稻等菜菜、菜稻轮作模式，种植的蔬菜结构更趋合理。二是菜农抵御自然灾害的能力得到进一步提升，种菜风险有效降低。4月，连绵的阴雨天气造成了崇仁镇塘天竺村高山蔬菜基地刚种植的300多亩小辣椒和四季豆等小苗发生了霉根烂苗现象，近40户菜农遭受到了毁灭性打击，每户农户单秧苗直接损失就达近千元。此时，联合社培育的55.4万株储备秧苗发挥了作用，将其中的36万株辣椒、茄子等小苗以成本价卖给菜农。普惠联合社为浦口街道蔬菜生产区的3880亩蔬菜基地和11260亩家庭性蔬菜种植户提供了急救秧苗。三是菜农收入得到进一步增加。10月底，普惠联合社与30家蔬菜专业合作社、110多户农户签订了统购统销产销合同，将菜农生产的茭白、蒲瓜、生姜等蔬菜供应给浙江供销超市、宁波三江超市、山东家家乐超市，为菜农平稳增收提供了保证。引进了一大批农业机械。菜农原本需自己出资购买机械到现在租赁使用机械，既节约了成本又提高了现代化种植水平，使全市蔬菜产业机械化程度提高到了45.6%，同时使菜农在种子种苗培育、种植管理、农产品流通等环节亩均节约了劳动力7.5工，节约成本1075元。农资农药统一采购配送服务，让蔬菜种植户节约了农资成本9.5%。推广和使用的高效低毒蔬菜生产用药，确保了蔬菜的质量安全。

【农产品品牌建设和宣传】 打响"越乡龙井""嵊州香榧"等嵊州农林特色品牌。越乡龙井获第十一届浙江绿茶（西宁）博览会金奖、浙江农博会金奖，在2016年中国茶叶区域公用品牌价值评估中，越乡龙井品牌价值为23.33亿元。嵊州香榧获全国农交会金奖、义乌森博会金奖、浙江农博会金奖、浙江农博"十大区域公共品牌农产品""2016全国果菜产业百强地标品牌"和"2016全国果菜产业十佳文化传承地标品牌"。另外一景酸牛奶、嵊玉茭白获浙江农博会金奖。开展了多形式、多渠道的品牌宣传。结合西白茶人节、博览会等活动，利用电视、报纸等媒体及时做好农林产品的宣传报道工作；在环城路保罗大酒店前的黄金地段设立越乡龙井、嵊州香榧灯箱广告20块，在日盛信息电视、嵊州信息港、嵊新出租车等平台投放越乡龙井、嵊州香榧、嵊州桃形李广告；通过新媒体如越乡龙井、点滴淘、茶迅等微信公众号平台发布文章、信息100多篇（条），单篇阅读量最高达近万人，品牌宣传针对性更强；为嵊州茶商设置了越乡龙井手机彩铃；积极做好越乡龙井、嵊州香榧等农林产品的评奖工作，提高了越乡龙井的品牌知名度、美誉度。

【西白茶人节】　　4月11日，涉及西白山区块的通源乡、长乐镇两地的共20名选手参加了龙井茶机械炒制和手工炒制比赛，同时还举办了茶叶品评、茶商洽谈、茶艺创作、茶村民宿、茶园观光等活动，这些活动的开展，传承了茶叶文明，传播了茶叶文化，展示了西白山区域优美独特的自然风光和淳朴自然的风土人情，扩大了西白山产区越乡龙井的知名度和影响力，推进美丽乡村建设和旅游休闲经济发展，把宝贵的生态自然资源转化为丰厚的生态财富。

4月11日，在通源乡举行"通源·西白茶人节"

【越乡龙井专场推介会】　　5月20日至23日，嵊州华越茶业有限公司、嵊州市里南山鸟岑茶业有限公司等5家企业参加了在青海西宁举办的第十一届浙江绿茶博览会，开展了越乡龙井品鉴会、越乡龙井展示展销、越乡龙井炒制技艺展示、金奖产品评选、茶产业（文化）图片展、茶艺茶道表演等活动，提升了越乡龙井品牌的影响力与美誉度，拓展了越乡龙井在西北市场的销售。

【参加各类博览会】　　11月5日至8日，组织香榧、茶叶企业参加了在昆明举办的全国农交会；11月25日至29日，组织香榧、茶叶、榨面等25家企业参展浙江农博会。展会期间，企业销售形势较好，尤其是香榧、榨面、糟货、茭白等嵊州特色农

产品销量较上年增长50%至200%。此外还组织企业参加了上海豫园国际茶文化艺术节、绍兴农产品展销会、嵊州市内举办的新春年货会等展会，不断扩大嵊州农林特产的影响力。

【茶叶知识培训】　　5月5日至6月5日，在嵊州市农民培训学校举办了一期茶叶电子商务培训班，共有来自茶叶企业、合作社、茶叶城经营户等48名学员参加培训。10月17日至21日，与浙江农业商贸职业学院联合举办了两期共118人的全市农村实用人才茶叶鉴评和检测培训班。

【品牌保护】　　7月，针对有单位恶意抢注辉白茶商标，嵊州市越乡名茶协会向国家商标局提出异议，商标局已受理。下一步将向商标局申请注册辉白商标，加强对传统名茶的保护。9月，注册了"嵊州香榧"文字证明商标。（徐菁菁）

林　业

【概况】　　全市林业用地面积180.4万亩，占总面积的67.2%，其中有林地146.2万亩，乔木林117.6万亩，竹林28.7万亩，活立木总蓄积量达380.8万立方米，森林覆盖率为64.6%。全市区划界定省级重点公益林面积90万亩，约占林业用地面积的50%。全市有森林公园5个，面积11.2万亩，其中国家级1个（南山湖森林公园），省级2个（鹿山森林公园、谷来香榧），绍兴市级2个，湿地公园1个；有自然保护小区22个，面积6万多亩，其中省级2个，绍兴市级20个。继续巩固"省森林城市"创建成果，启动国家森林城市创建工作，抓好生态建设，加大森林资源保护力度，实施山区发展扶持项目，发展生态林业、富民林业和人文林业。嵊州市获得全国推进农业现代化优秀城市、全国重点产茶县称号，农林局被评为浙江省国有林场工作先进集体、G20杭州峰会森林消防安保工作先进单位等荣誉。

【营林工作】　　超额完成平原绿化3200亩、新植珍贵树种34.5万株、山地造林700亩、木材战略储备林（珍贵树种基地）300亩；7月前完成2015年度（2015至2016年）的中央、省和嵊州市三级

森林抚育项目 9800 亩，并且通过了省林业厅的省级抽查验收。

【森林系列创建】　　开展森林系列创建活动，通源乡白雁坑村获得了国家级生态文化村荣誉。全年创建省级森林城镇 1 个、绍兴市级森林城镇 4 个；已创建省级森林村庄 3 个、绍兴市级森林村庄 9 个、嵊州市级森林村庄 60 个。

【现代林业园区建设】　　夯实林业基础，推进现代林业园区建设，完成林区道路建设 50 公里。全市已有 2 个省级现代农业综合区、28 个林业产业示范区（精品园）通过省级验收。

【砻糠覆盖技术】　　通过推广砻糠覆盖高效栽培、秋笋培育和无公害标准化栽培等技术，发展竹笋产业，形成"市场＋企业＋基地＋合作社"和林农紧密相连的产业化格局，利用了农作物秸秆资源，实现了生态化资源循环利用，也达成了"一亩万元山"的目标。其中，崇仁镇坑口村基地被命名为全省首批现代农业园区（示范区）、浙江省首批兴林富民示范村，三界雷笋、里南丰岭毛竹、高湖头毛竹为省级现代林业特色精品园，全年雷竹覆盖面积 7000 亩，亩产 1600 公斤，亩均产值 2.6 万元，最高亩产 4.6 万元。

【省生态文化基地】　　12 月 28 日，谷来镇吕岙村被省生态文化协会和省林业厅命名为浙江省生态文化基地。吕岙村位于柯桥区、诸暨市和嵊州市交界处，是会稽山古香榧群的核心区域，村内生态文化资源丰富，观光旅游类型多样，森林覆盖率达 95%以上，连绵起伏的绿色森林与村落遥相辉映，形成一道亮丽的风景线。

【具有潜在保护价值的农业生产系统】　　农业部在全国开展了农业文化遗产普查工作。经过中国重要农业遗产专家委员会论证分析，共确定了 408 项具有潜在保护价值的农业生产系统，嵊州茶文化系统被列入其中。

【首批省美丽乡村示范乡镇】　　11 月 5 日，通源乡获浙江省首批美丽乡村示范乡镇称号。通源乡是国家级生态乡，全球重要农业文化遗产——会稽山古香榧群的核心区。境内群峰峭立，树木葱郁，

森林覆盖率 94%，西白山主峰为市内最高峰。所辖白雁坑村是全国生态文化村。"千年香榧林，万年巨石阵"是省级地质遗迹。

【森林资源保护志愿者协会成立】　　9 月 19 日，嵊州市森林资源保护志愿者协会成立，来自全市农林、教育、企业等社会各界人士 60 多人成为首批会员。协会下设 4 个分会，分别是森林防火、野生动物保护、野生植物保护和生态文化分会。协会旨在定期、不定期组织开展志愿者活动，向公众宣传森林资源保护法律法规，宣传创建国家森林城市的意义和森林资源保护知识，及时向有关部门举报或制止非法破坏森林植被，非法猎捕、经营利用、运输、携带野生动物及其制品等破坏森林资源的违法行为，及时向森林资源管理部门反映发现的森林火灾等问题和社会各界对森林资源保护工作的意见、建议。

【森林消防三级响应演练】　　12 月 9 日，嵊州市森林消防三级响应演练在南山水库举行。演练模拟在预定地段设置火情，利用引水灭火新型工具和风力灭火机等传统灭火工具协同灭火，检验了灭火队伍的协同作战技术。同时，结合演练宣传了森林防火知识，为保护森林资源与生态环境，起到警示作用。

12 月 9 日，嵊州市森林消防三级响应演练在南山水库举行

【森林资源保护】　　全市部分山区受利益驱动，擅自开垦林地种植香榧、桃形李、花木等经济作物，致使水土流失，森林资源和生态环境遭到破坏。

市农林局采取有效措施加强森林资源保护：一是发出通告；向全社会发布《关于加强森林资源保护禁止毁林开垦的通告》；二是成立协会。成立嵊州市森林资源保护志愿者协会；三是开展行动。整合林政科、森林公安局、农业行政综合执法大队等科室力量，开展专项整治行动，解决违反林地管理法规和破坏森林资源的突出问题，严厉打击各类涉林违法犯罪行为。全年已办理破坏森林资源案件5起。

【十大休闲养生区】　　通过《今日嵊州》、嵊州电视台、微信、论坛投票及专家团现场踏看和评选等方式，评选出里南小乌溪江森林休闲养生区、贵门南山湖森林休闲养生区、金庭羲之故里森林休闲养生区、西白山森林休闲养生区、三界飞翼森林休闲养生区、黄泽红佛寺森林休闲养生区、温泉湖森林休闲养生区、谷来会稽山森林休闲养生区、下王镇覆卮山森林休闲养生区、三溪江百丈飞瀑森林休闲养生区等"十大休闲养生区"。通过十佳森林休闲养生区评选活动的开展，进一步提高了嵊州市森林休闲旅游的知名度和影响力，促进嵊州市林特产业提档升级。

【"森呼吸"指标发布】　　11月28日、29日，与浙江农林大学温国胜教授团队合作采用空气负离子测定仪、小型气象站、大气颗粒物浓度测定仪对嵊州市森林休闲养生区内的空气质量和负氧离子（空气中的"维生素"）进行测定，结果：三界飞翼森林休闲养生区负离子浓度达12000个/立方厘米，温泉湖森林休闲养生区负氧离子浓度达21000个/立方厘米，会稽山森林休闲养生区负氧离子浓度达11400个/立方厘米，三溪江百丈飞瀑森林休闲养生区负氧离子浓度达22000个/立方厘米，里南小乌溪江森林休闲养生区负氧离子浓度达12900个/立方厘米，金庭羲之故里森林休闲养生区负氧离子浓度达9460个/立方厘米，下王覆卮山森林休闲养生区负氧离子浓度达21900个/立方厘米，贵门南山湖森林休闲养生区负氧离子浓度达10021个/立方厘米，西白山森林休闲养生区负氧离子浓度达21800个/立方厘米，黄泽红佛寺森林休闲养生区负氧离子浓度达14900个/立方厘米。嵊州市森林休闲养生区内的空气负离子含量，最高达22000个/立方厘米，平均达10728个/立方厘米；PM2.5平均为67μg/立方米；测定时的平均温度12℃，平均相对湿度54%。测定数据表明，嵊州市森林休闲养生区内空气环境质量良好，空气中的负氧离子含量高，对人体的健康有益。

【全国重点产茶县】　　10月24日至27日安徽黄山举行的第十二届中国茶业经济年会上，嵊州市被中国茶叶流通协会评为"2016年度全国重点产茶县"，这是嵊州市连续第七年获得此项称号。

【大项目推进创森】　　市委、市政府把森林城市建设作为重要的基础设施来抓，全年整合落实近10亿元资金用于实施创森重点工程。甬金高速嵊州互通及接线两侧绿化工程已完工，工程包括一级公路3.4公里两侧绿化，累计完成色带种植123000平方米；累计完成草坪铺设约66040平方米；乔灌木补植完成；地面铺装全部完成；景观照明套管累计完成6200米，共投资18721万元。艇湖城市公园、温泉湖公园和甘霖镇亳岭森林公园已启动建设。剡溪江沿线综合整治工程（诗画剡溪）累计完成色带种植123000平方米；累计完成草坪铺设约66040平方米；乔灌木补植完成；地面铺装全部完成；景观照明套管累计完成6200米。加强剡溪江沿线治理工程扫尾管护，完成沿线绿道、生态护岸、绿化提升、通信线路上改下等工程，着重文化景观的细节优化，重现"剡溪蕴异秀，欲罢不能忘"的诗画剡溪。"美妙三公里"滨江公园嵊州城南，曹娥江南岸，该项目主体工程已经完工，马桥慢性桥春节前通行，游憩区滨江看台、滨江眺台、娱乐展示景观台之马道、景观平台二马道及剡溪大桥两侧破堤已完成，南岸景观区已初见雏形，种植了香樟、银杏、栾树、金橘、旱柳、乐昌含笑等苗木。嵊张线道路两侧绿化景观整治工程、投资1.7亿元的东线景观带工程，沿线串联黄泽百年桂花园、明山茶场、银杏基地和北漳镇红豆杉基地、金庭镇桃形李基地等特色农林基地已基本完工。投入1亿元,链接全市各乡镇道路建设的"四边三化"工程已经全面完成。

【第十五届春兰展】　2月25日,市第十五届春兰展在嵊州国际会展中心开展,该次展出的有来自全市各地兰协会员的300多盆精品兰花,迎候市民前往观赏闻香。该次兰花展共评出10个金奖、20个银奖、30个铜奖。每年一度的兰花展也是以兰聚友、广传兰艺、购销兰花、互通信息的好平台,已成为广大会员和兰花爱好者的兰花节日。

【义务植树】　3月12日上午,在第38个植树节到来之际,副市级以上领导和绿委会成员单位、民兵预备役、青年志愿者、属地街道干部共200余人来到甬金高速嵊州南互通出口沿线,参加义务植树活动。在现场,每个人都挥锄挖土、回填入坑,堆起围堰、培实新土。随着一道道工序一丝不苟地完成,原先荒芜的黄土地上已经种起了一片小树林,大家以实际行动为"魅力嵊州"再添新绿。

3月12日,全市义务植树活动现场

【涉林案件办理】　全年共受理各类森林案件36起,已查结35起,查处率98%。在已查结的案件中:滥伐林木7起,非法收购、经营加工木材2起,无证运输木材1起,毁坏林地或擅自改变林地用途6起,毁坏林木12起,非法野外用火4起,非法猎捕野生动物案3起。在所有办结的案件中刑事案件3起,依法侦破非法狩猎刑事案件2起,滥伐林木刑事案件1起。抓获和查处的各类违法犯罪人员43人次,其中取保候审8人次、依法移送起诉滥

伐林木案件2起3人次。行政处罚32人次。查获涉案木材118立方米、收缴野生动物100余只(条),为国家挽回经济损失30多万元。

【森林消防宣传】　充分利用森林消防宣传月(3月)、野生动物保护宣传月(4月)等时机,开展各种形式多样的林业法制宣传教育咨询活动,与教体局联系开展"上一堂森林防火知识课、出一期森林防火知识黑板报、写一篇森林消防为主题的作文、发一份有关森林消防的告家长书、挂一条森林消防标语"的五个一宣传教育活动和以"关注森林防火,建设森林嵊州"为主题的优秀征文评比活动,使广大师生、家长、干部、群众进一步了解、遵守森林消防等法律法规和政策。发放各类宣传资料8万多份,制作森林消防宣传展板12块,设立宣传牌125块,悬挂横幅285条,营造了保护森林资源的良好氛围。

【森林消防行政首长负责制】　建立由市森林防火指挥部直接指挥的森林消防预备大队,下设27个中队,包括各乡镇(街道)、国有林场、风景区以及人武部共约600名队员。同时,按照重点林区靠前布防的原则,在7个重点乡镇组建8支村级应急分队,队员200多名。在此基础上,重点组建了15支"引水灭火"队伍,其中市级队伍一支,建立乡镇级中队12支,在甘霖镇求杓湾村和崇仁镇富润村建立村级分队两支,队员总数达418人。每个队伍都添置了便携式高压水泵、传递式移动蓄水池、头盔、阻燃服等扑救装备设施,全市已经有高压水泵32台。为了检验预案的可行性和实用性,提高突出事故的应急处置能力,定期组织开展森林消防等各种类型的应急演练,提高了应急处置小组的组织指挥和综合协调能力。全年发生森林火情60次,其中较大森林火灾1起,森林火灾发生率和受害率远低于省、绍兴市指标,无重大森林火灾和人员伤亡事故发生。

【首届嵊州盆景技艺展示】　3月26日至31日,由市委宣传部、市委人才办、市农林局、市文联主办,市非遗中心、市民间工艺家协会承办,在市非

遗中心举行"首届嵊州盆景技艺展示"。该次活动了推进嵊州盆景技艺人才培养，使传统技艺为嵊州文化特色产业发展起到更好的作用。

3月26日至31日，"首届嵊州盆景技艺展示"在市非遗中心举行。

【花木产业】　　　全市有花木种植面积约18.2万亩，全年销售额在18亿元以上。全市从业农户3万户，从业人员8万多人，约占全市农村人口的16.7%。在各乡镇街道均有花卉苗木种植，其中万亩以上乡镇有8个，"浙江省十大花卉特色乡镇"1个，"浙江省十强花卉乡镇"2个，"浙江省花木之乡"2个。2016年，有资质的园林绿化企业24家，其中一级1家、二级3家、三级11家，省、绍兴市级龙头企业5家，省花卉三十佳企业2家。花木产业专业合作社100多家，其中省级林业专业示范性合作社3家。已有专业市场2个，季节性产地集散交易市场6个，其中嵊州花木交易中心是集苗木花卉种植、繁育、销售、集散于一体的产地市场。

【第九届精品水果擂台赛】　　　8月2日上午，由市农林局、剡溪果业协会、水果专业合作社等单位联合举办的2016年嵊州市第九届"剡溪杯"水果产品质量大赛暨优质水果推介会在丰尼山庄举行。姚鑫永种植的梨、姚汉江种植的锦绣黄桃双双荣获大赛金奖，张宗江种植的锦绣黄桃荣获银奖。

【林产品展示展销和市场推介】　　　11月1日至4日，市农林局组织全市林业企业参加第9届中国义乌国际森林产品博览会；11月5日至8日，组织香榧、茶叶企业参加了在昆明举办的全国农交会；11月25日至29日，组织参加浙江农博会；12月9日至12日，组织参加第八届全国优质农产品（北京）展销周；12月16日至20日，参加浙江（上海）农产品展销会等。市林产品在义乌森博会上获得2金6银1铜，嵊州香榧连续四届获中国国际农交会金奖。

12月9日至12日，嵊州香榧亮相第八届全国优质农产品（北京）展销周

【森林休闲旅游开发】　　　加大森林休闲旅游开发，推进城隍山植物园建设，开展森林休闲养生基地、森林古道、森林人家等建设，规划和实施森林休闲养生基地10个，已建成西白山森林游步道、红佛寺森林游步道、温泉森林游步道等100多公里，正在规划逐步建设另外35条森林游步道，逐步打造"进森林氧吧、赏森林美景、品森林美食"的林业生态产业。

【林业科技推广】　　　推进林业科技推广，促进科技成果转化，全年新发展香榧2000多亩，实施榧茶套种、榧稻套种等"一亩山万元钱"生态复合经营项目1211亩（其中榧稻套种500亩，推广毛竹砻糠覆盖120亩），实施香榧古树白蚁防治项目，防治香榧古树近4000株；实施林业科学研究与科技推广项目3项。

【山稻套种】　　　全年山稻的榧稻套种面积3000亩，其他种植面积7000多亩，合计1万多亩，种植面积是2015年的5倍。山稻套种种植的验收工作委托省林科院实施。由于受8月至9月早秋干旱气候影响，山稻产量受到较大影响。

崇仁镇泥塘村山稻种植情况

【农林产业协会集中办公】 9月起,嵊州市茶叶产业协会、香榧产业协会、花卉产业协会、剡溪果业协会、竹产业协会、蔬菜产业协会、养蜂行业协会、生猪养殖协会、粮食协会、兰花学会等10个产业协会在浙东农贸市场第5楼至6楼集中办公。

【第六届香榧文化节】 12月30日上午,浙江嵊州市第六届香榧文化节在竹溪乡盛家坞村举行,现场还举行了香榧炒制大赛,吸引了周边大量榧农前来观看。活动议程主要包括香榧炒制大赛、嵊州市香榧品牌推荐颁奖等。

【香榧产业】 全年香榧总产量1500多吨,产值4亿元。市农林局继续采用"嵊州香榧"证明商标+企业商标即"母子商标"的形式对全市香榧企业品牌进行整合,实行品牌、标准、包装、标识、宣传、监管"六统一"的行业管理,已有32家单位使用嵊州香榧统一包装,香榧品牌得到有效整合。 "嵊州香榧"连续四年(2013—2016)获全国农交会金奖、3次浙江农博会金奖,还获得2015年最具影响力的浙江农博品牌农产品,2016年浙江农博"十大区域公共品牌农产品"。有41只香榧企业品牌整合到"嵊州香榧"集群品牌之中,占全市香榧品牌数的3/4。已在宁波、绍兴、杭州开设嵊州香榧专卖店18家,在浙江、上海、山东等地的越乡龙井专卖店内设立嵊州香榧专柜49家。嵊州香榧销售市场已从长三角地区拓展到北京、山东等地。2016年获全国果菜产业百强地标品牌、十佳文化传承地标品牌、全国农交会金奖、首届中国智慧农业年度峰会暨"匠农杯"十佳优质农产品,浙江农博会金奖、浙江农博"十大区域公共品牌农产品"、评为浙江省著名商标。还荣获"2016全国果菜产业百强地标牌"和"2016全国果菜产业十佳文化传承地标品牌"国家级荣誉。

【林业病虫害防控】 对全市732633亩松林进行了普查,清理枯死松树54892株,对南山水库、市林场、温泉湖景区、浦口街道、黄泽镇、崇仁镇等重要地段的2000多株松木进行打孔注药共计7000瓶;挂放松褐天牛诱捕器300套;放置饵木300堆,实施噻虫啉喷粉防治松褐天牛2033亩。全面实现林业有害生物防治目标,其中成灾率<1.2‰、无公害防治率>99%、测报准确率>97%、种苗产地检疫率100%,均高于绍兴市林业局下达的目标管理指标;完成省松材线虫病防治年度任务,除治质量、疫木管理较好;未出现因处置质量、疫木管理等问题被通报批评的情况。

【"绿剑"检疫执法检查行动】 发放宣传资料100多份,签订38张规范使用松木承诺书。检查了涉松企业2家,抽查苗圃41个,检查涉木企业35家,重点物流和大型工程2处,检查木质光缆盘、电缆盘55个。与森林公安共同查处违法案件2件,没收木材3.99立方米(原木材积)。

【竹产业】 全市有竹林面积30万亩,其中毛竹25万亩,已建成毛竹笋用林4万亩,以雷竹为主的高效菜竹林4.8万亩。在崇仁镇高湖头村建立的毛竹"一竹三笋"示范基地是闻名全省特色林业精品园创建点。有竹材加工企业30家、竹笋加工企业4家,竹加工年总产值1.5亿元。

【观光林业】 全市发展集花卉苗木生产、生态观光、旅游度假为一体的农家乐、森林渡假区和休闲农庄30多个,其中千亩四明山红豆杉基地、万亩华石美国红枫基地、绍甘线富润到谷来两侧百里樱花长廊基地、黄泽百年桂花园、千亩银杏基地等5个集休闲观光基地投资达1000万元以上。(魏莎娜)

工　　业

综　述

【概况】　2016 年，全市工业经济面对全球经济运行下滑，国内经济形势严峻复杂的局面，市委、市政府坚定"工业强市"目标，攻难克艰，真抓实干，以领带服装、电器厨具和机械电机三大传统主导产业为重点，实施"领带服装定制化、厨具产品品牌化、机械电机高端化、土地利用集约化、科技成果产业化、企业资产资本化、产品销售多元化"等"七化"行动，全力做好产业转型、项目推进、企业培育和服务提升等各项工作，通过全市各部门、各行业的配合，全市工业经济实现平稳健康发展。全市实现规上企业总产值、增加值和用电量三项指标增速均列绍兴市第一位。规上企业实现工业总产值 468.74 亿元，其中领带、服装、针织、厨具、电子电声、机械、电机、汽摩配、医药、造纸等十大行业总产值达 372.19 亿元，同比增长 10.5%；完成工业性投资 133.65 亿元，同比增长 3.6%；完成技术改造投资 112.23 亿元，同比增长 2.5%；工业企业主营业务收入 430.86 亿元，同比增长 8.5%；完成自营出口 13.23 亿美元，同比增长 -1.9%；利润总额 13.3 亿元，同比增长 53.6%。

全市十大工业行业规上企业主要经济指标

表4　　　　　　　　　　　　　　　　　　　　　　　　　　　　　　　　　　　　单位：千元

行业名	企业家数	总产值		主营业务收入	税金总额	利润总额	资产总计	负债合计
		全年	同比增长(%)					
领带	62	5365245	0.26	5087001	175992	196596	6186828	3929825
服装	68	5936575	8.55	5725736	158566	162636	6072729	4460053
针织	44	3415477	9.23	3309498	95689	57602	3558891	2449821
厨具	32	3089199	23.03	2982056	125977	146679	2610321	1992153
电子电声	38	6161313	8.44	5674128	74915	4686	3638849	2986912
机械	100	6770582	9.45	6274782	179006	85663	7595822	5157006
电机	44	2832944	1.97	2593844	77338	117955	2314451	1289964
汽摩配件	13	578374	17.95	578227	25119	38503	568117	317646
医药	6	1834662	10.49	1542913	113773	228920	1984786	797752
造纸	9	1234668	15.24	1194878	159129	51248	746248	550033
合计	416	37219039	0.26	34963063	1185504	1090488	35277042	23931165

全市工业企业 30 强

表 5

序 号	企业名称	主要负责人
1	浙江昂利康制药股份有限公司	方南平
2	浙江越盛集团有限公司	谢百军
3	浙江巴贝领带有限公司	金 耀
4	嵊州盛泰色织科技有限公司	徐 磊
5	浙江帅丰电器有限公司	商若云
6	嵊州市恒丰纸业有限公司	裘笑铭
7	嵊州市宇信纸业有限公司	丁兴灿
8	浙江亿田电器有限公司	孙伟勇
9	浙江新光药业股份有限公司	王岳钧
10	嵊州市白云纸业股份有限公司	朱梅娟
11	加佳控股集团有限公司	楼钱坤
12	嵊州市宇丰纸业有限公司	鲍心钢
13	浙江迪贝电气股份有限公司	吴建荣
14	浙江中益机械有限公司	王以南
15	浙江特种电机股份有限公司	吕仲维
16	浙江森歌电器有限公司	范德忠
17	浙江好运来集团有限公司	胡士良
18	浙江震凯化工有限公司	吴明标
19	浙江双鸟机械有限公司	张文忠
20	嵊州达亿领带服饰有限公司	袁向东
21	嵊州市宏达时装有限公司	徐国生
22	嵊州市仟代领带织造有限公司	宓建栋
23	麦地郎集团有限公司	袁学军
24	浙江嵊州佰誉电子有限公司	卢丹宁
25	浙江莎美实业股份有限公司	裘仲南
26	浙江佰利领带服饰有限公司	周小江
27	浙江康牧药业有限公司	陈均建
28	浙江达成凯悦纺织服装有限公司	钱达军
29	浙江祥晖数码科技有限公司	商明菊
30	雅士林集团有限公司	裘如飞

全市成长型企业 30 优（22 家）

表 6

序 号	企业名称	主要负责人
1	嵊州市天宇纸业有限公司	鲍君才
2	绍兴凯森厨卫有限公司	钱秋连
3	嵊州市西鲍第五纸业有限公司	安德宝
4	绍兴欧米茄服装有限公司	吕 萍
5	嵊州市盈创纺织有限公司	袁海滨

续表

序　号	企业名称	主要负责人
6	浙江睿达电器有限公司	魏　根
7	嵊州市永利纸业有限公司	唐祥珍
8	嵊州市路通水泥制品有限公司	王建忠
9	浙江天盛机械有限公司	周仲良
10	浙江优联汽车轴承有限公司	张一民
11	嵊州市特种链轮有限公司	吴尧龙
12	浙江东雄重工有限公司	成荣栋
13	浙江永峰模具制造有限公司	范国良
14	嵊州市双港电器有限公司	施马康
15	浙江蓝威环保科技设备有限公司	倪永春
16	浙江北峰制冷设备有限公司	张国平
17	浙江皇中皇电器有限公司	张炳炎
18	嵊州市新起点焊接科技有限公司	李志炳
19	浙江乐丰机电科技有限公司	邱璐珊
20	浙江万能弹簧机械有限公司	金苗兴
21	嵊州泰锦服饰有限公司	黄健颖
22	浙江澳尔电器有限公司	何国庆

【重点项目集中开工仪式】　　2016年,市委、市政府分季度共举行4次全市重大项目集中开工仪式,共计98个重点项目开工,总投资412.66亿元。3月2日,第一季度集中开工涉及39个重大项目,总投资100亿元,其中工业项目24个,基础设施项目15个。重大工业投资项目集中开工仪式在高新园区浙江湃肽生物有限公司年产200kg多肽生物原料药GMP车间建设项目施工现场举行;重大基础设施项目集中开工仪式在开发区时尚产业园市政配套工程施工现场举行。第二季度集中开工涉及26个重大项目,总投资166亿元,26个重点项目中有工业项目16个,基础设施项目3个,社会事业项目4个,服务业项目3个。集中开工仪式暨万丰锦源高端装备园奠基仪式在城南新区(三江街道)举行。7月28日第三季度集中开工涉及30个重大项目,总投资124.46亿元,其中工业项目20个,基础设施项目4个,社会事业项目3个,服务业项目3个。工业投资重点项目集中开工仪式在嵊州经济开发区浙江省定阳新材料有限公司举行;基础设施(服务业)项目集中开工仪式在城南新区碧桂园·江湾1号施工现场举行。10月22日,全市"三改一拆"现场会暨重点项目集中开工仪式在新城香悦半岛举行,3个项目投资额为22.2亿元。

【重点工业项目】　　建立市领导专项负责推进机制,由市领导带队、多部门协同推进工业重点项目,每季度组织重大项目集中开工和现场督查会,全程跟进每个项目的推进进展情况。从主导产业转型升级重点项目的配套资金、土地等落实保障上着手,以组织召开银企洽谈会、向上争取资金等方式,全力抓好重点项目的跟踪、督查、服务和推进。2016年,全市新开工5000万元以上工业项目46个,50个亿元以上工业项目竣工投产13个。同时,开展"机器换人"项目试点,万丰智能机器人装备产业项目已于2015年5月份正式奠基动建,2016年建成投产。

【科技创新】　　坚持把科技创新作为推进转

型升级的重要手段来抓，提升产业自主创新水平。突破技术瓶颈，加大对产业关键共性技术的攻关力度，进一步加大"招院引所"工作力度，积极与浙江工业大学、香港理工大学等科研院所开展科技合作。同时，以厨具产业为试点，实施行业协会引领工程，进一步强化行业自律，推动产业转型升级。此外，通过各类优惠政策，进一步加强对高端技术人才、职业经理人、高等技术工人等人才的引进力度。

【淘汰落后产能】 按照上级的统一部署，结合自身产业实际，排定落后产能（设备）的淘汰计划。2016年，重点实施造纸、印染行业废水治理和中水回用工程，印染治理开展落后设备整治淘汰，提升项目备案及污染处理设施等改造工作。全年淘汰改造落后产能企业30家，关停、整治、提升"低、小、散"企业71家，完成全年节能减排任务。

【工业园区污染专项整治】 根据绍兴市整治工作的总体要求，市政府出台《嵊州市工业园区污染专项整治行动方案》，明确工作目标、整治范围、工作任务和工作要求。进行全面动员部署，相关单位均上报了整治方案。各园区上报问题28个。每周分片进行一次督查，并按照"一事一档"的要求，逐一跟踪整治至销号。通过全力攻坚，园区内乱堆乱放、环境脏乱差等20项问题已完成整治。

【亩产论英雄】 市政府成立推进"亩产论英雄"工作领导小组，出台《关于推进"亩产论英雄"工作的实施意见》，将亩均税收、单位电耗税收和亩均产值等指标作为衡量企业发展好坏的重要标准，在工业经济竞赛考核办法中增设单项专项考核内容。通过《今日嵊州》等媒体加强对先进事例宣传，树立先进典型，营造"亩产论英雄"的浓厚氛围。每季度在《今日嵊州》上公布全市各行业规模以上企业社会资源利用绩效考评结果，并公布用地、用能"红牌"企业及各乡镇（街道）、开发区企业用能、用地绩效排名。

【企业综合评价】 2016年，市委、市政策不断完善工业企业社会资源利用绩效评价体系，深化绩效考核应用，对所有规模以上企业，进行用能、用地、排放绩效考评，并与次年社会要素资源保障挂钩。按照2015年度各项考核指标数据，计算出各个企业的绩效综合评价得分。全市519家规模企业按十大行业进行排序，在行业中分A、B、C三类企业，共计A类企业209家，B类企业285家，C类企业25家。根据企业绩效，探索实施梯度电价、梯度水价、梯度用地税等倒逼措施，全面落实排污权市场化交易，加大闲置用地处置力度，倒逼企业提质增效。同时，进一步引导企业转变发展理念，走科学发展之路，加快推进全市产业结构调整和经济转型升级。

【"小升规"工作】 2016年，市委、市政府与相关部门共同抓好企业"小升规"工作。一是梳理分类培育库。二是分解落实责任。三是加大政策扶持。市政府出台《关于加快推进"小升规"工作实施意见的通知》对当年新进入规上企业行列的"小升规"企业，给予要素保障扶持。四是强化信息监控。根据基础调研掌握的第一手资料，完善数据库建设。五是优化企业服务。以"走进企业、破解难题"为主载体，理顺政企沟通机制，抽调专门人员成立3个工作小组，分别与属地乡镇（街道）培育库企业进行逐家走访。提供工业政策咨询，破解企业发展难题，并加大"小升规"宣传力度。

【企业风险防范】 2016年，市委、市政府健全完善企业风险处置解困工作联席会议制度，召开帮扶工作会议40多次、专题会议20多次，对大鹏茶业、浙锻集团、棉纺厂等风险企业进行风险解困，通过托盘、重组、调解、破产等多种方式进行化解。同时，出台《关于进一步加强企业帮扶促进经济持续健康发展的实施意见》《企业转贷应急资金管理办法》等一系列政策意见，加大企业帮扶和处置"僵尸"企业力度。截至9月底，帮助43家企业，转贷219笔，累计转贷总额26.9亿元。

列入省云工程和云服务项目情况

表7

序号	项目名称	承担单位	行业
1	S1 智能环保集成灶	浙江亿田电器有限公司	机械
2	空气能热泵冷热水机组	浙江北峰制冷设备有限公司	机械
3	多工位冷镦成型机	浙江东雄重工有限公司	机械
4	涤纶长丝缝纫线捻线机	嵊州市南丰机械有限公司	机械
5	智能电动车	浙江逗哈科技股份有限公司	机械
6	VFP 系列高速精密温热模锻机	浙江威力锻压机械有限公司	机械
7	金属线材弯曲成型模块化机器人	浙江万能弹簧机械有限公司	机械
8	TCP 系列多连杆式精密冲压机床	嵊州市康力机械有限公司	机械
9	MFR 纤维增强型玻镁复合风管	浙江天仁风管有限公司	建/冶/煤

领带服装业

【概况】　2016 年,全市有领带企业 1000 多家,规上企业 62 家,其中销售 1 亿元以上企业 13 家,2000 万元以上企业 45 家。拥有专业技术熟练的生产工人近 3 万人,年产领带 3 亿多条,产量占全国的 90%、全球的 60%,产值超 100 亿元。全年实现规上企业工业总产值 53.65 亿元,同比增长 26%。主营业务收入 50.87 亿元,同比增长 0.36%;利润总额 1.97 亿元,同比增长 1.22%;税金总额 1.76 亿元,同比增长 2.08%。全市有服装企业 1100余家,其中规上企业 100 家,职工人数 8 万余人,覆盖服装加工、印染、织造等行业。全年规上企业实现工业总产值 59.37 亿元,同比增长 8.5%;主营业务收入 57.26 亿元,同比增长 6.83%;利润总额 1.63亿元,同比增长 671.77%;税金总额 1.59 亿元,同比增长 4.09%。

【双面羊绒呢面料批量生产】　2016 年,绍兴瑞林羊绒研发的双面羊绒呢面料,不仅克服了传j统单面羊绒呢面料单薄、不挺括等缺点,并已发展了 13 种颜色。研发成型获得市场的认可,公司已成为全球首家批量生产双面羊绒呢面料的厂家。公司还推出了"玛落玛拉商城"微信公众号,这也是全球首家双面羊绒大衣和西装设计师集合平台,点击进入公众号,不仅公司最新设计的款式一览无余,还可以进行主端私人量身定制。通过打造线上平台,形成供与求、产与需的匹配关系,解决企业盲目生产、盲目推广、低效高耗的营销和成本问题,打通销售渠道、技术和服务环节,从而推动企业自身发展。

【免烫衬衣生产线投产】　5 月下旬,绍兴市首条成衣免烫衬衣生产线在雅士林服装股份有限公司正式投产。雅士林共投资 500 多万元引进的这条生产线,提升了产品档次,丰富了产品品种,将极大提高企业经济效益。

图为新引进的免烫衬衣生产线正在生产

【机器换人】　　2016 年，浙江白中王绒业股份有限公司对纺织车间实施"机器换人"。人力投入减少了一半，产能却提高了一倍，车间年均产值从原来的 300 多万元提高到近 500 万元。

【"阿米巴"经营系统】　　4 月初，雅士林集团成立了经营委员会，打造内部的阿米巴小组，所谓"阿米巴"，就是将企业划分为多个小团体，通过独立核算加以运作，不断培养具有经营意识的人才，实现全员参与。公司已建立三级共 15 个"巴"，其中生产部 9 个"巴"，销售部 6 个"巴"，并产生各自的"巴长"。通过推行"阿米巴"经营，企业员工个个成为"大当家"，经营情况良性发展。

【全国纺织劳模】　　6 月 28 日，全国纺织工业先进集体、劳动模范和先进工作者表彰大会在北京人民大会堂举行，表彰"十二五"时期涌现出来的纺织工业各项先进。嵊州市浙江宏达制衣有限公司针织服装套口工刘佳玉、麦地郎集团有限公司设计开发部经理吕春燕双双荣获"全国纺织工业劳动模范"称号。五年一次的全国纺织工业先进集体、劳动模范和先进工作者评选活动，由人社部、中国纺织工业联合会共同举办，代表国内纺织行业最高荣誉。

【丝品花型设计大赛总决赛】　　12 月 17 日，"中国领带名城"杯第十二届国际丝品花型设计大赛总决赛在嵊州宾馆举行。该次比赛共收到来自全国 26 个省、直辖市，97 所院校、30 多家服装服饰企业和设计工作室，以及日本、法国、意大利、加拿大等国院校学生及设计师参赛稿 2345 件，共初评出入围奖选手 60 名，优秀奖选手 38 名，来自麦地郎集团有限公司的设计师李国进的作品《生命之初》获得特等奖。

12 月 17 日，"中国领带名城"杯第十二届国际丝品花型设计大赛总决赛在嵊州宾馆举行

机械电机业

【概况】　　2016 年，全市机械业有规上企业 100 家，从业人员近万名，主要集中在机械零部件、起重机械、锻压机械、工业制冷机、粉碎机械、链轮机械等领域，部分企业已成为细分行业的领军者。实现规上企业工业总产值 67.71 亿元，同比增长 9.4%；主营业务收入 62.75 亿元，同比增长 11.38%；利润总额 8566 万元，同比增长 258.3%；税金总额 1.79 亿元，同比增长 19.15%。中益机械是国内机械链轮的出口基地，其产量占全国 60% 以上，为全球最大的链轮皮带轮生产基地。有电机企业 1000 余家，从业人员 3 万余人。规模以上企业 44 家，超亿元企业 8 家。主要产品有高效节能电机、特种电机等 100 多个系列，1000 多个品种。年产各类电机 8000 万台以上，其中冰箱压缩机电机约占全国的三成，吸油烟机电机约占全国的二成，2016 年实现规上企业工业总产值 28.33 亿元，同比增长 2%，主营业务 25.94 亿元，同比增长 1.29%；利润总额 1.18 亿元，同比增长 17.94%；税金总额 7734 万元，同比增长 2.66%。

【富源制冷新三板挂牌】　　4 月上旬，浙江富源制冷设备有限公司正式获准在新三板挂牌，成为嵊州市首个成功登陆新三板的机械企业。11 月 16 日，中央电视台发现之旅"工匠精神"之《制冷行业的探索者》纪录片首映式在"富源制冷"举行。《制冷行业的探索者》讲述了"富源制冷"从无到有的发展历程，体现了企业开拓进取、精益求精、打造卓越产品的"工匠精神"。

【威力一新产品研发成功并上市】　　6 月份，浙江威力锻压机械有限公司一款新型 VEP2000T 高速精密温热模锻机正式研发成功并上市，填补了嵊州市大吨位热模锻机的空白。威力锻压机械公司不断加大研发力度，几乎每半年就创新开发新产品，热模锻压机冲模能力从400吨到600吨到1000吨再到如今的2000吨，越做越大，越做越精密。高吨位热模锻压机广泛应用于手工具、汽车、机车、火车、航空等领域的锻造零件加工，是锻造企业的生产利器。

【一次展会获2000万元订单】　　10月21日至25日，2016年中国国际纺织机械展览会暨ITMA亚洲展在上海举行，共有来自28个国家和地区的1673家纺机企业参展，第一次参加展览会的浙江立成印染机械科技有限公司在展览会中推出独家创新的产品可移动式操作台，收获2000万元的订单。同时，该公司与俄罗斯、印度尼西亚、哈萨克斯坦和乌兹别克斯坦等7个国家的50多家企业签订了意向性合同。

图为立成印染机械生产现场

【冷链物流产业基地项目签约】　　11月16日，嵊州市与全国城市农贸中心联合会签署战略合作协议，双方有意在黄泽镇建设冷链物流产业基地，用地规模约400亩。

【组团参展义乌国际装备博览会】　　11月28日至21日，由省政府主办的2016中国义乌国际装备博览会在义乌国际博览中心举行，来自全国15个省以及11个国家和地区807家企业参展。市机械行业协会组织会员企业组团参展，分别展出高效智能设备、高端伺服压力机、数控加工中心等，集中展示了嵊州机械行业的最新成果，受到国内外采购商的高度关注。

厨具电器业

【概况】　　2016年，厨具企业及配套企业近450家，从业人员约3.5万人，其中规上企业32家，形成25个系列产品、100多个品种，年产吸油烟机350万台、燃气灶400万台、消毒柜150万台，占全国总量的30%以上。集成灶产销量45万台，占全国的65%以上，其中侧吸下排式集成灶占90%以上。实现规上产值30.89亿元，同比增长23%。主营业务收入29.82亿元，同比增长28.3%；利润总额1.47亿元，同比增长3941.9%；税金总额1.26亿元，同比增长60.43%。2016年全市电子电声企业250家（电子70家，电声180家），其中规上企业38家，亿元以上企业3家，代表性企业有天乐集团、科迪电子、宏鑫电子、佰音电子等。全年实现规上产值61.61亿，同比增长8.4%；主营业务56.74亿元，同比增长0.91%；利润总额464万元，同比增长90.83%，税金总额7492万元，同比增长32.53%。

【中国厨具之都复评】　　8月1日至3日，中国五金制品协会理事长等5位专家对嵊州"中国厨具之都"开展复评考察，并一致通过复评评审。嵊州市于2005年9月被正式授予"中国厨具之都"称号，2008年和2011年分别通过第一次、第二次复评，2016年为第三次通过复评。

【第九届电机·厨具展览会暨高新技术成果交易会】　　10月27日，为期3天的2016第九届中国（嵊州）电机·厨具展览会暨高新技术成果交易会在市国际会展中心开幕。电机·厨具展览会暨高新技术成果交易会由中国电子元件行业协会微特电机与组件分会、中国电器工业协会、中国机电产品进出口商会、中国五金制品协会油烟机分会、嵊州市人民政府联合主办。是以展览电机、厨具上下游产业产品为主的专业性展会。参展的有江苏、浙江、上海、广东、湖北、湖南、辽宁、山东、安徽、福建、台湾等全国11个省、市(地区)310多家机械、电机、电器、厨具生产企业，其中嵊州市外企业200多家，嵊州市内企业100多家。共设展位870多个，展出面积 20000 多平方米。展览会期间,举办了电机产业技术创新报告会、制造业自动化技术报告会、百名专家嵊州行活动暨科技合作项目集中签约仪式、第二届嵊州创客创新项目大赛颁奖仪式、家用厨房设备国家标准推介宣贯会、2016 嵊州厨具产品推介会、绍兴市跨境电子商务服务资源对接会、花木产业形势与种苗培育关键技术报告会等系列活动。

第九届中国(嵊州)电机·厨具展览会暨高新技术成果交易会在市国际会展中心开幕,图为开幕式现场

【"浙江制造"认证证书】 1 月中旬,浙江制造认证联盟向亿田电器有限公司颁发了 4 张"浙江制造"认证证书。亿田电器成为嵊州和业内第一家通过"浙江制造"认证的企业。亿田电器该次获颁的 4 张证书,包含了 N1、S1、F1、F2、F6、A2 6 个型号的集成灶产品。

【吸排油烟机发明专利证书】 3 月下旬,国家知识产权局向浙江科恩电器有限公司颁发发明专利证书,由科恩独创的吸排油烟机组合式吸风叶轮,成功将飞机涡轮增压技术引入吸排油烟机制造领域。这是迄今为止嵊州为数不多的吸排油烟机发明专利。

【电热水器上市发布会】 3 月下旬,绍兴市奥帅电器股份有限公司召开电热水器上市发布会暨经销商年会,介绍了新上线的电热水器项目。公司新项目上线后,填补了电热器核心技术上的空白,公司新上线的电热水器核心部件由企业自主研发,名称是"全自动单缝焊接内胆",这项技术在行业内也是极少。

【工厂直销店开业】 4 月中旬,位于信源国际的浙江奥田家居有限公司嵊州工厂直营店开业,这是奥田家居在国内的第 131 家直营店,也填补了嵊州市厨电一体化专卖店的空白。浙江奥田家居有限公司是浙江奥田电器股份有限公司下属的一家公司,位于黄泽镇工业园区,占地面积 85 亩。奥田家居项目正式投产后,企业就积极实施国内外市场并重的市场拓展战略。国内市场主要通过在一线城市设立专卖店的方式,在不到一年时间里,就把产品打入了北京、上海、天津、武汉等 10 多个一线城市。

【开启厂购与电视购物模式】 5 月 22 日,来自杭州市各县市地区的 400 多位消费者乘大马车来到亿田电器总部,参加亿田组织的工厂直购会。仅定金金额就达 180 万元。自 3 月开始,亿田电器开启了工厂直购模式,每月以 4 场工厂购的频次陆续在浙江、江苏、江西、福建、安徽等省区开展,5 月下旬止已经组织 10 场,亿田电器仅工厂直购销售就达到 1000 万元。在组织工厂直购的同时,亿田电器又开始试水电视直购模式。5 月 8 日 18:10 至 19:10,江西电视台风尚购物频道用 60 分钟时间,运用翔实的数据和现场的对比试验,向全国的消费者推荐亿田倡导的无烟无害健康厨房生活,并已经与东方购物、快乐购等近 10 个国内电视购物频道签署了合作意向,成为行业内第一家走向电视购物的品牌。

【组团参展国际厨房卫浴展览会】 6 月 1日,中国厨具之都 10 多家厨具企业组团参加第 21

第 21 届中国国际厨具卫浴设施展览会会场

届中国国际厨房卫浴设施展览会。企业的展位总面积超过 3000 平方米，其中亿田、帅丰、森歌、美多、威卡仕等 5 家企业，各自的展馆面积达到 341 平方米。新式集成灶抢滩"建博会"。7 月 8 日至 11 日，2016 年第 18 届中国（广州）国际建筑装饰博览会在广州市海珠区举行，浙江帅丰电器有限公司等 10 多家厨具企业组团参展，F16 蒸神器等系列集成灶具深受国内外采购商的青睐。

【集成灶行业首家发展研究所】 1 月 19 日，浙江理工大学—亿田集成灶发展研究所在浙理工大校园举行授牌仪式。这是一次深度的校企合作。

【万事兴厨房电器技术研发中心成立】 12 月 20 日，浙江工业大学万事兴厨房电器技术研究开发中心成立暨挂牌仪式在浙江万事兴电器有限公司举行。该中心的成立一方面能有效促进万事兴公司乃至嵊州厨具产业向高效、节能、环保、智能化转型发展，充分利用浙江工业大学的学科优势和浙江万事兴电器有限公司的市场信息、资金和产业化等优势，加快产学研的结合，另一方面能促进浙江工业大学化工机械设计研究所的科研和学科发展，加速实现过程装备及其再制造教育部工程研究中心与浙江工业大学工业化工机械设计研究所高新成果的转化与产业化。成立会上举行了《浙江工业大学万事兴厨房电器技术研究开发中心》签约仪式，并进行授牌。

【外观设计"红星奖"】 12 月 12 日，金帝电器有限公司生产的集成灶产品"A900 塔尔加"获得了 2016 中国设计红星奖。"红星奖"是中国设计领域的"奥斯卡"，地位不容置疑。此次红星奖在全球征集到 1657 家企业的 6250 件参评产品，包括家电、消费类电子、装备制造、轨道交通等多个品类，经过来自近 20 个国家的评委的评审，共有 312 件产品和作品获奖，金帝集成灶"A900 塔尔加"位列其中。

【烟气超低排放技术】 3 月下旬，嵊州市新中港热电有限公司 5 号锅炉环保设施通过 168 小时试运行，投产正常使用后，公司在全国热电行业率先实现全长超低排放。公司连续七年供电煤耗保持在 157 克 / 千瓦时左右。而全省热电企业平均供电煤耗为 293 克 / 千瓦时。发一度电，"新中港"只需全省同行一半的煤。10 月 15 日，在由绍兴市经信委、绍兴市环保局组织召开的新中港 4 台锅炉烟气超低排放技术审查会上，来自浙江大学、绍兴市环保科技服务中心等单位的专家验收组一致同意通过验收。这标志着浙江省首个烟气超低排放技术通过验收。新中港热电 4 台锅炉烟气超低排放改造项目，在浙江省中小机组中还是第一个，具有引导示范意义。

生物医药业

【概况】 2016 年，全市生物医药业有规上企业 6 家，实现工业总产值 18.34 亿元，同比增长 10.49%；主营业务收入 15.42 亿元，同比增长 5.53%；利润总额 2.29 亿元，同比负增长 4.28%；税金总额 1.14 亿元，同比增长 8.82%。

【医疗联合体建设】 1 月 28 日，市人民医院、长乐镇中心卫生院医联合体举行授牌仪式，标志着市医疗联合体建设进入实施阶段。市人民医院与长乐镇中心卫生院联合体成立之后，市人民医院将与长乐镇中心卫生院开展长期合作，通过为长乐镇中心卫生院提供技术、医疗质量管理以及设备、资金等支持，重点扶持长乐镇中心卫生院神经内科、呼吸内科和肛肠外科 3 个重点学科建设，从而全面提高长乐镇中心卫生院的医疗服务水平。全市首批成立的医联体主要有 4 个，市人民医院与长乐镇中心卫生院医联合体、市人民医院与剡湖街道社区卫生服务中心医联合体、市中医院与三江街道社区卫生服务中心医联合体、市中医院与浦口街道社区卫生服务中心医联合体。市人民医院、市中医院、市妇保院对已建立医疗联合体外的其余 17 家乡镇卫生院（街道社区卫生服务中心）将建立对口重点支援关系。市人民医院在建立 2 个医疗联合体的基础上，再对口支援 7 家基层医疗机构；市中医院在建立 2 个医疗联合体的基础上，再对口支援 6 家基层医疗机构；市妇保院对口支援 4 家基层医疗机构。

【新光药业上市深交所】　　6 月 3 日，证监会按法定程序核准浙江新光药业股份有限公司等 9 家企业首发申请。拿到上市批文的新光药业将成为嵊州首家境内上市企业。6 月 24 日上午 9 时半，随着开市宝钟的敲响，浙江新光药业股份有限公司登陆深圳证券交易所创业板，成为全市首家国内主板上市企业。新光药业（股票代码：300519）本次公开发行股票 2,000 万股，其中公开发行新股 2,000 万股，发行价格 12.20 元 / 股，发行后总股本 8,000 万股。募投项目将扩建产能，募集资金用于"年产 2.2 亿支黄芪生脉饮制剂生产线 GMP 建设项目""区域营销网络建设项目"和"研发质检中心建设项目"。

食 品 业

【概况】　　2016 年，全市有食品生产企业 127 家，食品流通经营主体 7505 家，餐饮服务单位 3183 家。一年来，市食品监管部门对全市的食品生产、加工环节、流通销售环节进行多次大检查，加强监督管理和整治，举办各类食品安全知识培训，重点抓好各学校食堂餐饮监管，确保全市食品安全。

【食药品检验检测中心揭牌】　　1 月 26 日，市食品药品检验检测中心正式成立并揭牌，该中心投资 2000 多万元的实验室已建成，拥有各类先进检测设备，可开展微生物、重金属、农药残留、食品添加剂等项目的检测，为全市食品药品安全监管提供有力的技术支撑。

【"越乡龙井"进入劳保品市场】　　6 月，市华越茶业有限公司的 10 万盒"越乡龙井"已陆续发入全国各地的 13 家大型国有企业，表明嵊州市名茶首次以"越乡龙井"的名义进军劳保品市场。从 5 月 9 日开始，华越茶业开始参与一些大型国有企业采购劳保品的招标会，华越茶业的"越乡龙井"得到了

13 家大型国有企业的肯定而中标。凭借优良的品质，"越乡龙井"从众多竞争对手中脱颖而出，从而为"越乡龙井"开拓了新的销售渠道。

【嵊州小笼包品牌连锁】　　6 月 20 日，"两头门"嵊州小笼包嵊州城南店揭牌开业，标志着嵊州小笼包进入品牌连锁时代。2015 年，沈红平成立了小笼包公司，注册了"两头门"商标，正式开始了品牌化、公司化运作。2016 年，沈红平又进行了股份制改造，成立两头门品牌管理公司运作嵊州小笼包连锁加盟，并在城南区域开出了第一家门店。公司将以"连锁加盟、一区一店"为模式，力争打造一家全球性的嵊州小笼包品牌餐饮集团。

图为位于城南的第一家"两头门"小笼包门店

【市小笼包行业协会成立】　　6 月 24 日，市小笼包行业协会成立大会召开，来自全国各地的 64 家嵊州小笼包经营户代表参会。嵊州小笼包起源于 20 世纪 30 年代，发展于改革开放后，已遍布全国各地。近年来，在美国唐人街、东南亚、中国港澳地区都出现了嵊州小笼包店的身影。截至 3 月，全市共有小笼包从业人员 4 万人，每年创造经济效益达 50 亿元。小笼包经济已成为嵊州市第三产业中的重要支柱。

【"飞翼生态"为杭州峰会直供新鲜蔬菜】　　浙江飞翼生态农业有限公司是省内规模最大的蔬菜生产基地之一。当 G20 峰会确定在杭州召开后，有关部门对全省范围内 300 多家生产种植基地进行严格筛选，最终确定 12 个点为定点食品供应点，飞翼生态公司被选中供应新鲜生菜，这是绍兴市唯一为峰会提供蔬菜的基地。从 8 月 27 日开始到 9 月 5 日，该公司在 10 天时间里，为 G20 杭州峰会提供

了 2050 公斤的绿叶、红叶生菜。

【"嵊州香榧"获金奖】　11月5日至8日，在昆明国际会展中心举行的第十四届中国国际农产品交易会暨第十二届昆明国际农业博览会上，"嵊州香榧"荣获金奖，成为绍兴市唯一一个金奖。在该届农交会上，来自36个国家的农产品齐聚昆明，嵊州市组织了嵊州香榧、越乡龙井参展。

【参加浙江农博会】　11月25日，为期5天的2016浙江农业博览会在杭州开幕。展会分设新农都、和平会展中心两大展销区，来自省内外共1200多家农业经营主体参加。嵊州市有25家企业参展，涉及香榧、杏鲍菇、炒货、榨面等24个展位，参展企业数量是2015年的1倍多。同时，嵊州市还开辟了香榧、竹编馆，对外展示香榧、竹编等农业文化遗产。

图为市香榧竹编馆吸引了大批客人观赏

【生态餐具进入国际市场】　2016年，浙江华发生态科技有限公司是国内首批具有万吨级全降解生物质生产能力的生物质材料和制品生产基地，公司除获得欧盟准入销售外，还是省内最大一家出口日本、加拿大等国家全降解生物质餐饮用具的研发企业。

造　纸　业

【概况】　2016年，全市造纸业有规上企业9家，实现工业总产值12.34亿元，同比增长15.24%；主营业务收入10.3亿元，同比增长15.93%；利润总额51248万元，同比增长54.77%；税金总额1.59亿元，同比增长60.51%。造纸行业共有11家企业做好白水回用，推进"抓节水"工作。主要措施有：一是采用白水回用设施建设，实现白水分类回用率高于90%的国家标准，达到95%以上。二是实行雨污分流，清污分流，不同性质废水经收集至相应处理装置，进行分质处理；烘干过程产生的蒸汽冷凝水经收集后回用于锅炉；项目制浆、造纸等生产过程中产生的白水循环回用于生产，企业综合废水重复利用率高于60%的国家标准，达到70%以上，使每吨纸的新鲜水使用量达到国内领先水平，即每吨纸新鲜水使用量6至7吨，节约用水率提高30%至40%。

建筑材料业

【概况】　2016年，市建管局注重绿色建筑、低碳建筑的发展，抓好民用建筑节能审查。办理节能审批项目44项，总面积123.5万平方米，同比增长18%，项目总投资3716.7万元，同比增长99%。一年来，全市新墙材生产数量较稳定，总量为6.5亿标砖，销售量6.2亿标砖，占总墙材生产总量的95%，使用率在90%以上。

【亚洲最大生产基地】　2015年年底，浙江省阿克斯建材科技股份有限公司投资9000多万元实施的年产420万平方米全憎水屋面、墙体A级防火保温硅酸钙板项目正式投产。新项目上马，公司硅酸钙产量从原来的5万立方米增加到13万立方米，成为亚洲最大的硅酸钙制品生产基地。同时，企业生产从压制到蒸养，再到烘干、包装，整个流程基本实现了自动化，如硅酸钙板码垛，原来需要6个人工操作，引进机械手后，一个人就能完成。

工艺美术业

【概况】　2016年，市工艺美术家协会共有会员企业6家，新增会员14名，会员数达135名，共评出国家级工艺美术大师1名，省高级工艺美术大师3名，绍兴市中级工艺美术师3名，年底止，协会拥有国家级大师2名、省级大师4名、省高级工艺美术师16人，绍兴市级工艺美术大师9人，绍兴市中级工艺美术师36人,嵊州市级大师25名。

【组团参展】 4月,市工艺美术家协会组团去杭州参加2016年浙江省经信委、省行业协会组织的《中国浙江工艺美术精品博览会》,共31位大师的89件作品参展,经专家评比,获金奖5人、银奖4人、铜奖10人。10月,协会组团去东阳参加全国轻工联合会,市经信委、省行业协会组织的《全国东阳木雕、竹编、工艺美术精品博览会》,共23位大师的51件作品参展,经专家评比获特别奖2人、金奖7人、银奖12人、铜奖2人,市行业协会被组委会评为组织优秀奖。5月,协会组团去杭州参加由省经信委、省行业协会举办的浙江省博物馆精品展暨浙江省全国大师示范基地授牌仪式。

【个人参展】 1月中旬,浙江文艺界五年成果展在杭州展出。成果展以年度大事记、展览展示、视频短片等形式,回顾呈现了过去五年浙江文

图为宓风光的泥塑作品《挖耳朵》

艺界的重大活动和辉煌成就。浙江省民间文艺家协会副主席、浙江省非遗传承人宓风光的泥塑作品《挖耳朵》入展。5月7日至12日,"浙江泥人宓"创始人宓风光受邀赴澳大利亚举办个人画展与慈善拍卖会。展览期间共展出宓风光的画作、木雕和泥塑艺术品,让外国友人感受中国当代的艺术气息。

【木雕城开业】 1月30日,黄泽镇湖头木雕城落成开业。黄泽镇湖头木雕城总投资5000万元、总面积12600平方米,内设木雕文化展示厅、电商网销平台、物流配送中心等功能区块,是集仿古木雕展示、销售、配送于一体的大型综合性专业市场。木雕城的开业,将开启黄泽仿古木雕"互联网+"和专业市场融合发展的销售经营新模式,也将成为黄泽文化产业一个重要的对外展示窗口。黄泽镇仿古木雕是江浙古典木雕家具的主要产地之一。全镇现有各类仿古木雕生产销售企业200余家,从业人员2000余人,年产值达10亿元,其中电商销售份额占50%以上。

【民间艺术亮相中国文博会】 4月27日至30日,第11届中国(义乌)文博会在义乌国际博览中心举行。共设32个展位,囊括竹编、根雕、紫砂、书画、仿古木雕等7个门类的民间艺术。与往年相比,该次文博会上,参展的作品更精致,类型更丰富,收获也更丰。竹编、根雕、古木镶嵌不仅在主题馆展出,还在省非遗精品馆亮相,吸引了中外客户。(经信局)

建 筑 业

综 述

【概况】　　2016 年，全市建筑业抓住推进新型城市化发展机遇，共建城乡发展绿色建筑平台、建筑工业化和市场发展平台，质量、安全、文明施工的建筑平安保障平台和工程建筑的服务平台，实现全市建筑经济稳定健康发展。全年实现建筑业总产值 321 亿元，同比增长 6.3%；市内新开工建筑面积万 292.6 万平方米，同比增 249%；建筑业上缴税收 2.9 亿元，同比增长 3.5%，占全市财政总收入的 5.9%。

建筑行业管理

【企业资质结构】　　2016 年，全市拥有各类资质企业 73 家，其中一级资质建筑企业 12 家，二级资质企业 27 家。

【建筑市场管理】　　一是完善管理制度，4 月 18 日市建管局出台《嵊州市建筑业企业和中介服务机构管理办法》，加强建筑市场管理和诚信体系建设，及时将建筑企业的信息及不良行为记录进行公开，维护建筑市场秩序。二是加强企业诚信检查，重点以市外进嵊备案企业、中介机构、施工企业等为检查对象，严厉查处企业在日常经营过程中的不良行为，确保在建工程质量和安全，全年累计抽查建筑企业 197 家，发出整改意见 103 条，对全市 97 家相关建筑企业进行诚信扣分，其中 1 家清退出我

市建筑市场。三是加强执法检查，全年立案调查违法违规案件 7 起，其中无证施工 2 起，未按图施工 1 起，违反强制标准 1 起，扬尘污染 3 起。

【建筑市场开拓】　　2016 年，市建管局鼓励企业实施"走出去"战略，努力开拓发展空间，全市相关建筑企业在安徽、上海等省(市)共设驻外机构 34 个，施工点 47 个，形成年产值 10 亿规模以上区域 8 个。境外市场拓展有新突破，全市建筑业全面融入"一带一路"倡议，华汇建设集团在沙特阿拉伯、斯里兰卡洽谈新业务，在阿尔及利亚承接的 2 个住宅工程及 1 个军营工程(合同价造价折合人民币 17 亿元)，至 2016 年年底已完成工程量的 50%；宏嘉建设在老挝承接建筑工程项目一期工程，合同造价折合人民币 7000 万元。加强与强企的合作，依托当地嵊州商会和建筑驻外办事机构，结合招商局的招商活动，加强嵊州建筑企业的推介活动，与国企、央企、上市企业、嵊籍在外开发商联姻，建立战略合作伙伴关系，不断扩大全市建筑市场范围。

【扬尘治理】　　2016 年，市建管局结合"五气合治"工作，联合公安、交通、城管等部门开展扬尘治理联合执法行动，全年共出动执法人员 300 余人次，执法车辆 60 余辆次，查处超载超限、抛洒滴漏案件 8 起；查处违法违规工地 27 个，其中要求在《今日嵊州》等媒体上公开道歉 10 个，停工整改 7 个，限期整改 10 个，合计罚款 8.17 万元。5 月 9 日，市政府出台《嵊州市工程渣土处置管理暂行办法》，在全市实行渣土运输企业化；8 月 9 日，市渣土办制定《嵊州市

工程渣土运输管理规定》,根据运输企业硬件设施和管理水平,成立6家一级企业,4家二级企业,4家三级企业,新购新型渣土运输车72辆。

【建筑节能科技】　2016年,市建管局大力发展绿色建筑、低碳建筑。抓好民用建筑节能审查关,办理节能审批项目44项,总面积123.5万平方米,同比增长18%,项目总投资3716.7万元,同比增长99%。鼓励建筑施工企业加快推进建筑产业化基地建设和建筑产业化技术的运用,给予符合条件的基地建设一次性补助30万元,给予采用建筑产业现代化方式建设的项目每1万平方米补助5万元。试点推进春风里、上岛名苑住宅小区项目装配式施工,总建筑面积17.1万平方米。指导和组织全市建筑企业参加建筑系统QC成果评比,获得绍兴市建筑系统QC成果一等奖3项,二等奖1项,浙江亿厦建设被认定

为绍兴市企业技术中心。

【建筑服务】　加强服务建筑企业,建立完善领导、科室负责人挂点联系企业制度,畅通建管局机关与企业联系渠道,帮助企业解决生产经营中遇到的问题和困难。加强服务重点工程,提前介入主动服务市重点项目建设,为市重点项目建设"零距离"提供"保姆式"服务,加快市重点项目的建设进度。加强对农民工的服务,3月28日,由市建管局牵头,联合市人力社保局出台《关于加强建筑业企业农民工工资支付保证金管理的实施意见》,要求一级、二级、三级资质的建筑施工企业,分别缴存农民工工资支付保证金80万元、60万元、50万元,注册地在绍兴市行政区域外的建筑施工业企业不低于120万元,确保农民工工资及时支付。全年共受理、解决农民工欠薪投诉案件44起,涉及金额约2000万元。

全市建筑企业名单

表8

序号	企业名称	资质登记
1	华汇建设集团有限公司	建筑工程一级
2	中利建设集团有限公司	建筑工程一级
3	浙江宏嘉建设工程有限公司	建筑工程一级
4	浙江中巨建设有限公司	建筑工程一级
5	浙江宝厦建设有限公司	建筑工程一级
6	浙江润宇建设有限公司	建筑工程一级
7	浙江富恒建设工程有限公司	建筑工程一级
8	浙江悦达建设有限公司	市政公用工程一级
9	浙江诚通市政建设有限公司	市政公用工程一级
10	浙江沁箭建设有限公司	市政公用工程一级
11	浙江环影装饰工程有限公司	建筑装饰装修一级
12	浙江国工装饰工程有限公司	建筑装饰装修一级
13	浙江亿厦建设股份有限公司	建筑工程二级
14	浙江天宇建设有限公司	建筑工程二级
15	嵊州市第二建筑工程有限公司	建筑工程二级
16	嵊州市第三建筑工程有限公司	建筑工程二级
17	嵊州市东浦建筑工程公司	建筑工程二级
18	浙江润都建筑工程有限公司	建筑工程二级

续表1

序号	企业名称	资质登记
19	浙江瑞德建设有限公司	建筑工程二级
20	浙江金益建设有限公司	建筑工程二级
21	浙江亿科建设有限公司	建筑工程二级
22	浙江通达路桥工程有限公司	公路工程二级
23	东方名源龙盛建设有限公司	水利水电二级
24	浙江东日土建设工程有限公司	市政公用工程二级
25	嵊州市海通建设有限公司	市政公用工程二级
26	浙江鼎旺环境建设有限公司	市政公用工程二级
27	嵊州市恒信市政建设养护有限公司	市政公用工程二级
28	绍兴市天华防保工程有限公司	消防设施二级
29	浙江嵊州白云装饰工程有限公司	建筑装饰装修二级
30	浙江北极星装饰工程有限公司	建筑装饰装修二级
31	嵊州市国安房屋拆迁有限公司	建筑装饰装修二级
32	嵊州市新富豪广告装潢有限公司	建筑装修装饰二级
33	嵊州市城建装潢有限公司	建筑装修装饰二级
34	嵊州市龙腾装饰工程有限公司	建筑装修装饰二级
35	浙江明页装饰有限公司	建筑装修装饰二级
36	浙江中林装饰工程有限公司	建筑装修装饰二级
37	嵊州市得润建设有限公司	建筑装修装饰二级
38	绍兴中建窗业有限公司	建筑幕墙二级
39	嵊州市鑫富幕墙装饰有限公司	建筑幕墙二级
40	嵊州市甘霖建筑工程有限公司	建筑工程三级
41	嵊州市盛金建筑工程有限公司	建筑工程三级
42	嵊州市长城工程建设有限公司	建筑工程三级
43	嵊州市德立建筑工程有限公司	建筑工程三级
44	嵊州市第四建筑工程有限公司	建筑工程三级
45	嵊州市石璜建筑工程有限公司	建筑工程三级
46	嵊州市浙东建筑工程有限公司	建筑工程三级
47	嵊州市住宅建筑工程有限公司	建筑工程三级
48	浙江嘉丰建设有限公司	建筑工程三级
49	绍兴中茂建设有限公司	建筑工程三级
50	浙江汉诚建设有限公司	建筑工程三级
51	嵊州市金厦建设有限公司	建筑工程三级
52	嵊州市汇业建设有限公司	建筑工程三级
53	绍兴九九环境建设有限公司	水利水电三级

续表1

续表 2

序号	企业名称	资质登记
54	浙江中利市政工程有限公司	市政公用工程三级
55	嵊州玫瑰生态建设工程有限公司	市政公用工程三级
56	浙江嵊州飞腾建设有限公司	市政公用工程三级
57	浙江省嵊州市机械施工有限公司	地基基础三级
58	嵊州市金都基础工程有限公司	地基基础三级
59	浙江中林勘察研究股份有限公司	地基基础三级
60	嵊州市永固商品混凝土有限公司	预拌混凝土
61	嵊州市路通水泥制品有限公司	预拌混凝土
62	嵊州市金龙混凝土有限公司	预拌混凝土
63	嵊州市三和混凝土有限公司	预拌混凝土
64	嵊州市阿斯克保温安装有限公司	建筑机电安装三级
65	嵊州市光宇实业有限公司	输变电三级
66	嵊州市君泰建筑劳务工程有限公司	模板脚手架及劳务分包
67	绍兴市安能劳务有限公司	模板脚手架及劳务分包
68	嵊州市盛禾劳务工程有限公司	模板脚手架及劳务分包
69	嵊州市城溪建筑工程公司	劳务分包
70	嵊州市润宇建筑劳务工程有限公司	劳务分包
71	嵊州市宏建劳务工程有限公司	劳务分包
72	嵊州市金竹建设工程有限公司	劳务分包
73	嵊州市鼎晟劳务工程有限公司	劳务分包

工程质量安全管理

【概况】　　2016 年,市建管局加强安全执法检查。邀请安全技术专家共同参与日常安全检查,使检查更具针对性,每月开展一次危险性较大部分分项工程专项检查,做到基础、底层承重支模架、主体结顶阶段必查,深基坑、脚手架、承重支模架、起重机械、施工用电等危险性较大部分工程必查,安全管理人员到岗到位、安全制度上墙、安全台账资料等内容必查,对每个工地施工现场安全隐患进行拉网式排查,确保工地施工安全,全年累计检查工地 130 个次,消除各类安全隐患 240 余处,对存在安全质量隐患的企业,共发出停工通知书 13 份,整改通知书 32 份,对停工整改的工地一律实行"回头看",及时消除在检查中发现的事故隐患,整改完成率达 100%。落实安全生产主体责任,年初与全市 40 多家建筑、装饰施工企业签订安全生产目标管理责任书;定期不定期召开安全生产会议,传达上级安全生产工作精神,通报安全生产情况,部署安全生产工作任务,落实安全生产主体责任。加快推进工地信息化建设,实行项目经理、安全员、总监等管理人员手机定位考勤制度,确保安全管理人员到岗到位,进一步提高安全监督效率,全年已对 19 个规模以上工地实行手机定位考勤制度;推广和运用远程视频监控系统实时监视建筑工地生产,及时掌握现场动态,有效遏制扬尘污染,主动防范安全事故,全年已对 18 个建筑工地运用远程视频监控系统。加强对建筑施工企业创优夺杯的指导,夺杯工作喜获丰收,创国优工程1项,实现了全市国优工程零的突破,"钱江杯"优质工程1项,"兰花杯"优质工程5项;获绍兴市"标化"工地7项,浙江省"标化"工地2项。

浙江宝厦建设有限公司承建嵊州市新人民医院(国优工程)

勘察设计管理

【概况】　　2016年,市建管局全面加强勘察设计行业管理,有效规范勘察设计市场秩序。一是完善管理制度,建立"公开、公平、公正"有序的市场环境,维护企业的合法权益,保障我市房屋建筑工程勘察设计质量。二是规范勘察设计企业准入条件,引进高水平、高质量的市外勘察设计企业参与我市勘察设计市场竞争,提高勘察设计水平,繁荣建筑设计创作思路。全年新备案进入嵊州市的市外设计企业8家,其中甲级企业7家,乙级企业1家。全市有设计企业42家,其中,市内企业2家,外地备案企业40家;甲级企业37家,乙级企业5家。全市有勘察企业7家,全部为甲级企业,其中,市内企业2家,市外企业5家。三是组织全市勘察设计单位参加优秀勘察设计评比活动,其中1项作品获得绍兴市"兰花杯"优秀勘察设计奖。四是全面开放施工图审查市场,优化施工图审查服务,全年完成施工图审查140项,其中工业73项,公建35项,住宅14项,其他18项,总建筑面积332.4万平方米。(叶正波)

由浙江宏嘉建设工程有限公司承建的正新·顶御华府商住小区(浙江省标化工地)

水利·电力

水利·水电

【汛情】　　2016年，全市受厄尔尼诺气候严重影响，梅雨形势不典型，梅中有伏，出梅后持续高温。台风"尼伯特""莫兰蒂""鲇鱼"外围云系影响较多。4月15日至10月15汛期中，平均降水量达1110.2毫米，最大甘霖上塘头村1352.8毫米；城隍山气象站1057.7毫米，比常年平均865.5毫米偏多22.2%。6月28日傍晚，王院出现豌豆大小冰雹。7月1日至8月31日，全市超过35℃天气为33天，其间累计降水量为126.3毫米，较历年同期的298.9毫米明显偏少，其中7月20日至8月2日出现连续高温天气，最高温度为7月28日39.1℃。全年最明显水情出现在6月29日，曹娥江嵊州站14时35分最高水位15.55米（85高程），15时10分实测最大流量1650立方米／秒；黄泽江黄泽站9时50分实测流量329立方米／秒，12时出现最高水位27.53米（85高程），超交界水位0.03米，相应流量350立方米／秒。由于立足"防大汛、抗大旱、抢大险、救大灾"，提前进入临战状态，抓细、抓实各项安全度汛工作，未发生大的灾情。

【两防指挥体系】　　4月25日，市委办公室下发《关于加强和完善防汛防台组织指挥体系的实施意见》，实行"一个指挥部＋三个分指挥部＋预警信息发布中心"的防汛防台组织指挥体系，整合全市防汛防台组织架构，落实集中指挥，细化各方责任，统一预警发布。

【基层两防体系规范化建设】　　11月8日，2016年度基层防汛防台体系建设通过绍兴市防指综合考核。11月17日，山洪灾害群测群防示范镇建设金庭镇，通过绍兴市乡镇"十个有"（有办事机构、工作制度、应急预案、值班人员、值班记录、信息系统、办公设备、抢险队伍、防汛物资和避灾场所）、行政村"十个一"（一张网络、一本预案、一套监测预警设备、一个避灾场所、一个物资储备点、一套宣传资料、一组警牌、一次宣传活动和一次培训和演练）防指综合考核。嵊州基层镇村的防汛防台体系完善，山洪灾害群测群防能力有效提升。

【水利投资】　　全年完成各类水利投资9.1亿元，到位上级各类补助资金近1.9亿元，完成水利融资10.7亿元，水利项目建设投资、补助资金争取量和融资量均创历史新高。

【诗画剡溪】　　2016年，曹娥江综合治理工程"诗画剡溪"项目完成主体建设，沿线生态系统修复形象明显。在绍兴市"晒亮点、评业绩"年终工作考核中，获绍兴市委市政府领导高度评价，成为人民群众休闲踏春的热点去处，迈出了"水利、旅游、景观、生态、文化"五位一体实施曹娥江综合治理的第一步。

【清淤疏浚】　　2016年，市水利水电局以"一蓄三江"(湛头滞洪区、剡溪江、黄泽江和长乐江)、"八库十塘"(树坞岭、龙塘湾、大董、七口、上高湾和东湾、里湾、下八庙等8个小水库以及里峰洞、苏大岙、里坞湾等10座山塘)等项目建设为载体,联合农办、建设、水务等部门整治城乡河塘沟渠等小型水系,摸排整治剡湖、湿地公园等淤泥集结水系,全力推进湖泊、河塘和沟渠清淤疏浚,全年清淤153.11万立方米,完成绍兴市下达任务的153.11%。

【小流域水土流失综合治理】　　至2016年年底,完成上庄、汉溪等6条小流域水土保持项目建设,治理水土流失面积7.56平方公里。启动劳玉山小流域水土流失综合治理项目,项目总投资299万元,争取上级资金160万元,主要通过截排水沟、沉沙池、护岸、村旁绿化、补植经济林、封禁治理等措施,治理水土流失面积7.75平方公里。

【中央小型农田水利项目县】　　推进中央小型农田水利项目县工程建设,完成2015年度项目建设,完成2016年度项目的80%工程量,新增高效节水灌溉面积5050亩,改善灌溉面积2.9万亩。

【农村水电建设】　　方潭等4座水电站增效扩容(报废重建)完成主体工程施工,完成上东水库、清潭坑等生态水电示范区建设。全市水电站123座,总装机为6.09万千瓦,安全发电1.6亿千瓦时。实现产值7550.05万元,上缴税收320.22万元。

【标准化建设】　　2016年,市水利水电局出台《嵊州市水利工程标准化管理实施方案》《嵊州市水利工程维修养护管理办法》和《嵊州市2016年创标水利工程范围划界实施方案》等标准化文件,全年完成1处堤防、3座山塘、10座小型水库、4座电站、2座水文测站的标准化管理示范创建,其中嵊州水文站被省水利厅列为省级创标样本。

【小型水库除险加固】　　全年完成汉溪湾、乌石坑、章格岙、猫狗岩、赵家岩、板坑、考坑湾、托潭坑、东湖等8座小型水库除险加固工程建设和完工检查。此外,全年完成上高湾、龙塘湾、大旗山等3座水库除险加固主体工程的施工。

【防汛培训和演练】　　1月28日,市水利水电局举办全市山洪灾害防御基础知识培训,全市各乡镇水利员、小(二)型以上水库巡查员参加。7月4日,邀请省防灾所专家,通过远程教育培训课堂对全市村级以上防汛人员进行山洪灾害防御知识培训。8月4日,以南山湖砩前村遭遇大暴雨、南山江发生大洪水为背景,在南山水库成功组织开展了2016年度山洪灾害暨突发暴雨防御演练,模拟设置预警预报、人员转移安置、群众救援、堤防及山塘等险情排除等科目展开,全市防指成员单位和各乡镇分管领导及水利员到场观摩。

【水政管理】　　按照"河岸同治"原则,严格实施一律依法实施强拆,不构成犯罪的,一律在规定的幅度内依法从重实施经济处罚;构成犯罪的,一律移交司法机关;涉及党员、干部的,一律移交纪检监督机关;一律媒体公开曝光的"五个一律",强化南山水库等主要水源地保护和取水口规范管理,在线监控年取水许可量在5万立方米以上的单位;全年查处水事违法案件85起,查获电鱼案13起,拆除涉水违章建筑3万多平方米,拆除非法砂场12家,扣押挖机17辆、铲车11辆(台)、运输车5辆。(赵岳正)

电　力

【概况】　　2016年,嵊州电网拥有供电区域1784平方公里,共有35千伏及以上公用变电所26座,其中500千伏变电站1座,220千伏变电站3座,110千伏变电站11座,35千伏变电站11座,10千伏线路241条。全年全社会用电量25.18亿千瓦时,同比增长12.91%;最高统调负荷54.24万千瓦,同比增加14.92%。

【"安全生产提升月"活动】　　1月,市供电公司全面开展"安全生产提升月"活动。通过理论贯彻落实周、违章分析反思周、安规学习考试周、安全提升总结周四周时间,集中对公司2015年系统内发生的事故通报进行学习反思,避免产生习惯性违章,帮助解决基层班组在安全工作中存在的难点问题,达到提高全员安全防范意识、夯实员工安全基础、落实安全责任到人的目标,实现员工从被动强制的"要我安全"到主动自觉的"我要安全、我会安全"的思想转变,为全年安全生产工作起好步。

【寒潮保电】　　1月,强寒潮和暴雪天气来袭,对嵊州山区电网安全稳定运行造成严重影响。市供电公司密切关注天气变化,合理安排电网运行方式,全体干部员工沉着应对,实施24小时故障抢修制度,第一时间解决用户用电问题,并配合上级部门成功实施了省首次跨区域220千伏线路直流融冰,有力保障了全市百姓正常用电。

【电子化电费账单服务】　　6月1日起,市供电公司根据上级节约型社会建设要求,取消纸质《电量电费通知单》发放,全面推行电子化账单服务,通过升级电力智能化平台,为客户定制多种途径免费获取电量电费信息,打造"互联网+"电力营销服务模式,为客户提供更加高效、便捷的电力服务。

【全省首座"茶光互补"电站并网投运】　　6月1日,全省首座"茶光互补"电站——嵊州懿晖光伏19.8MWp(兆瓦)茶光互补分布式发电项目正式成功并网发电。该电站位于三界茶场,投资2亿多元,占地面积约为580亩,总装机容量为19.8千瓦,年均发电量2100万千瓦时左右。其最大特色是融现代科技与传统农业为一体,在光伏板间隙种植茶树,提高土地利用率,形成茶树与发电设备共存的现代化景观,推动地区经济和环境可持续性发展。

【印发责任清单】　　7月20日,市供电公司印发机关部室党风廉政工作责任清单,以工作清单的形式对公司党风廉政建设各项任务予以整体部署、统筹安排,将反腐倡廉建设工作融入企业管理、嵌入业务流程、落实到重点岗位,引导公司广大干部员工明确自身业务范围内的廉政风险和防控重点,增强企业员工廉洁从业和风险防范意识,确保党风廉政责任制取得实效。

【G20峰会保电】　　落实G20峰会保电工作要求,根据备战、临战、实战、决战各阶段任务,发挥党员干部的先锋模范作用。落实工作责任,做好专项隐患排查,完善应急联动最小作战单元建设,开展联合反事故演习、无脚本反恐应急演练,确保G20峰会期间嵊州电网的安全稳定运行。并派出一支共计65人的专业队伍前往杭州进行现场保电,全面实现政治保电设备零故障、客户零闪动、工作零差错和服务零投诉的"四个零"工作目标。

【选拔赛获奖】　　11月21日,在中国质量协会组织的第五届全国质量信得过班组选拔赛中,市供电公司变电检修班与营业班,分别获得一等奖和二等奖。其中,变电检修班被评为2016年度全国质量信得过班组。

【精品台区建设】　　以美丽乡村建设为契机,严格按照"设备精良、指标精益、管理精细、服务精致、环境精美"的"五精"要求,实施白雁坑、浦新社区、小昆、寺西苑、上坞山、下中西6个村共10个台区的精品台区改造工程,提高区域供电质量,提升客户满意度。其中,3个台区被绍兴供电公司评为精品台区,3个台区被评为精品示范台区。浦新精品台区带被评为精品台区带。(袁少雷)

商　　业

商贸流通业

【概况】　2016 年,全市社会消费品零售总额 257.23 亿元,同比增长 11.9%,高于绍兴市增幅 0.6 个百分点,列绍兴市各县(市、区)第 1 位;限额以上社会消费品零售总额 46.75 亿元, 同比增长 17.4%。其中列入市商务局监测的 9 家重点零售企业实现销售额 13.13 亿元;3 家重点商品交易市场实现交易额 62.52 亿元;18 家汽车 4S 店实现营业

额 21.16 亿元;3 家重点娱乐休闲企业实现营业额 1860 万元;9 家重点电子商务企业实现销售额 5.39 亿元;5 家重点物流企业实现交易额 4.35 亿元;7 家重点住宿餐饮企业实现营业额 3.05 亿元;11 个重点商贸服务业建设项目完成投资 26.42 亿元。2016 年,获批绍兴老字号 2 家,分别是嵊州市越之霖餐饮品牌管理有限公司(两头门)、嵊州市香富制酱调味品(魏和);2016 年 6 月,嵊州市小笼包行业协会成立,拍摄嵊州小笼包的宣传片,并实现统一标识挂牌 200 家。

社会消费品零售总额

表9　　　　　　　　　　　　　　　　　　　　　　　　　　　　　　　　单位:万元

指标名称	1—12 月	同比%
社会消费品零售总额	2572346	11.9
限额以上社会消费品零售额	467543	17.4
其中：1.批发零售业	433563	17.9
2.住宿餐饮业	33980	11.1

重点零售企业销售额

表10　　　　　　　　　　　　　　　　　　　　　　　　　　　　　　　单位:万元

企业名称	12 月		1-12 月	
	实绩	同比（%）	实绩	同比（%）
嵊州市国商大厦有限公司	5005	24.8	62958	10.5
浙江三江购物有限公司嵊州分公司	1225	33.9	12030	0

续表

企业名称	12月		1-12月	
	实绩	同比（%）	实绩	同比（%）
嵊州世纪联华超市有限公司	850	—	10680	—
浙江省嵊州市医药药材总公司	1936	15.2	18404	1.2
嵊州市易心堂大药房有限公司	1966	11	15708	1
嵊州市机电设备有限公司	415	55.4	4773	27
嵊州市今日电器商场	228	-11.9	2492	-14.6
嵊州市广诚电器有限公司	127	48	1015	27
嵊州市汇聚商贸有限公司	317	—	3209	—
合　计	12069		131269	

重点商品市场交易额

表 11   单位：万元

企业名称	12月		1-12月	
	实绩	同比（%）	实绩	同比（%）
中国领带城	29355	3.3	290583	3.1
浙东农副产品批发市场	23747	-0.7	262297	0
江滨市场	6228	7.7	72278	6.2
合　计	59330		625158	

重点汽车销售企业销售额情况

表 12   单位：万元

企业名称	12月		1-12月	
	实绩	同比（%）	实绩	同比（%）
嵊州宝利德汽车有限公司（奔驰）	4308	66.0	44520	8.5
嵊州市宝诚汽车销售服务有限公司（宝马）	2130	-11.1	21743	5.3
嵊州奥泽汽车销售服务有限公司（奥迪）	2445	48.4	21090	238.7
嵊州市元通宏盛汽车销售服务有限公司（别克）	3028	-16.0	36876	36.1
嵊州元泽汽车有限公司（上海大众）	1621	17.3	13622	-12.0
嵊州浙东汽车销售服务有限公司（上海大众）	2155	—	15497	—
嵊州龙骏汽车销售服务有限公司（一汽大众）	1039	15.2	5731	-38.9
嵊州中升丰田汽车销售服务有限公司（一汽丰田）	1747	59.3	9711	12.9
嵊州兴福汽车有限公司（福特）	2458	13.3	17299	1.7
嵊州广成八达汽车销售有限公司（现代）	1777	38.4	14037	6.8

续表

企业名称	12 月		1-12 月	
	实绩	同比（%）	实绩	同比（%）
嵊州广成八达汽车有限公司（东风日产）	1755	65.0	11165	7.0
嵊州九华汽车销售服务有限公司（东南三菱）	748	91.2	3251	20.7
嵊州联通汽车销售服务有限公司（起亚）	708	—	4697	—
嵊州骏泰汽车销售有限公司（众泰）	850	—	4478	—
合　计	26769		223717	

重点休闲娱乐企业营业额

表 13　　　　　　　　　　　　　　　　　　　　　　　　　　　　　　　　　　　　　单位：万元

企业名称	12 月		1-12 月	
	实绩	同比（%）	实绩	同比（%）
嵊州市保罗国际会所	53	-14.5	640	-20.3
"嵊上会"娱乐有限公司	60	—	782	—
嵊州麦科斯影视传媒有限公司	32	—	438	—
合　计	145	—	1860	—

重点电子商务企业销售额

表 14　　　　　　　　　　　　　　　　　　　　　　　　　　　　　　　　　　　　　单位：万元

企业名称	12 月		1-12 月	
	实绩	环比（%）	实绩	同比（%）
浙江优森软件股份有限公司	179	77.2	1715	-14.7
浙江众智和讯网络科技有限公司	15	-72.7	282	-83.3
浙江嵊州云电商信息科技产业园有限公司	2919	0.2	33753	11.8
浙江亿田电器有限公司	326	45.5	1986	-61.8
嵊州帅丰元美电子商务有限公司	218	-89.2	3465	458.9
浙江米果网络股份有限公司	160	25	1753	51.6
嵊州市湖头木雕城	280	-33.3	9050	—
嵊州市国商大厦有限公司	6	—	61.2	-83.1
嵊州市欧恒电器有限公司	92	2.2	1860	-64.3
合　计	4195	-29.5	53925.2	—

重点物流配送企业交易额

表 15　　　　　　　　　　　　　　　　　　　　　　　　　　　　单位：万元

企业名称	12 月		1-12 月	
	实绩	同比%	实绩	同比%
嵊州市长运集团有限公司	2545	4.8	28838	-9.4
嵊州市盛泽配送有限公司	147	3.5	1808	-20.6
嵊州百乡缘农业开发有限公司	245	-14.9	2370	1.1
绍兴亿尔达控股有限公司	245	—	3317	—
嵊州市中联货物运输有限公司	924	44.0	7200	16.0
合　计	4106		43533	

重点住宿餐饮企业营业额

表 16　　　　　　　　　　　　　　　　　　　　　　　　　　　　单位：万元

企业名称	12 月		1-12 月	
	实绩	同比（%）	实绩	同比（%）
嵊州市柏星天悦酒店管理公司	884	7.9	11229	21.4
嵊州宾馆	746	-9.6	9399	3.3
嵊州市保罗大酒店	490	10.4	5191	7.7
嵊州市广厦大酒店	133	-5.0	1684	-3.0
嵊州市国际大酒店	116	—	1237	—
嵊州市城市酒店	81	—	639	0.1
嵊州市银河宾馆有限公司	78	9.7	1086	11.5
合　计	2528	—	30465	—

重点商贸服务业建设项目进度

表 17　　　　　　　　　　　　　　　　　　　　　　　　　　　　单位：万元

项目名称	总投资	今年计划投资	1-12 月累计投资	完成率（%）	排名	责任单位
嵊州市城东商贸综合体	100000	26000	20200	77.7	9	开发区（浦口街道）
科创中心建设工程（三期）	10080	6000	9770	162.8	1	
领尚小镇建设项目（文创园）	100000	10000	9445	94.5	6	文创园 指挥部
温泉养生小镇建设项目	520000	10000	12900	129.0	3	温泉度假区（旅游局）
农副产品物流中心建设项目	118000	10000	10000	100.0	5	市场公司
中国领带城物流中心项目	203000	22410	30600	136.5	2	
新城吾悦广场建设项目	500000	150000	132348	88.2	7	城南新区（三江街道）

续表

项目名称	总投资	今年计划投资	1-12月累计投资	完成率（%）	排名	责任单位
浙江飞翼农业休闲小镇	528000	20000	13002	65.0	10	三界镇、农林局
崇仁古镇开发项目	200000	8000	6550	81.9	8	崇仁镇
越剧特色小镇	50000	18000	6390	35.5	11	甘霖镇
嵊州市文化综合大厦	37000	13000	13010	100.1	4	文广新局
合　计	2366080	293410	264215	90.0	—	

【城乡商贸流通体系建设】　　实施省"万村千乡"工程和生鲜农产品放心柜建设试点工作,实现全市行政村连锁便利店全覆盖;实施商贸流通城乡统筹、农商联合发展,易心堂大药房等重点商贸企业开设社区便利店和农村直营店40家。

【服务业重点项目建设】　　2016年,全市11个重点商贸服务业建设项目年度计划投资20.84亿元,实际完成投资20.96亿元,完成年度计划的100.6%。浙江飞翼农业休闲小镇、嵊州新城吾悦广场建设项目和中国领带城物流中心分别完成年度计划投资额的244.0%、145.2%和103.1%。

【商贸促销活动】　　2016年,举办大型商贸促销活动5次,其中"新春年货展"实现交易额4500多万元,春秋2届家博会成交额约7000万元;春秋2届车博会成交金额2.34亿元,成交各类轿车1472辆。4次重大展会的成交额合计为3.49亿元。

2016秋季（第十三届）车博会盛况

【小笼包大赛】　　2016年12月15日,嵊州市小笼包制作大赛在文化广场举行,来自全市各地的24支代表队参加了比赛嵊州小笼包制作专家评委通过"质感""观感""味感"等三个层面对小笼包制作成品进行了打分,最后产生了一等奖1名,二等奖2名,三等奖3名。品牌嵊州小笼包"钱余昌"获得一等奖,"剡为面"获得二等奖。

12月15日,嵊州市小笼包制作大赛在文化广场举行

【电子商务】　　2016年,农村电商、产业集群电商、跨境电商发展齐头并进。新建农村电商网点160个,网点覆盖率92.7%。黄泽镇湖头村、黄泽镇桥对岸村、石璜镇寺新村、浦口街道多仁村被评为省级电商专业村,黄泽镇甲青村被列入省级"十二五"电商专业村十强名单。飞翼生态农业有限公司被评为省级农村电商龙头企业。新增规上企业开展电商应用142家。嵊州市被列为省级产业集群跨境电商试点县市和省级第三批电商示范县市。全市实现电子商务零售额69.01亿元,其中9家重点电商企业销售额5.39亿元,农村电商销售额

1888.96 万元。

【电商培训】 2016 年,注重电商人才培育,全年开展培训课堂 7 场,共计培训应用型人才 258 人,另开展电商沙龙、讲座 13 场,普及电商知识 3675 人次。

【电商发展论坛】 10 月 28 日,绍兴市跨境电子商务服务资源对接会暨嵊州市跨境电子商务综合服务平台启动仪式在嵊州宾馆隆重举行。(钱东海 袁利安 邢锋)

粮油业

【概况】 2016 年,围绕粮食安全总目标,抓住仓库建设重点,着力在安全、稳定、发展上落实措施,落实粮食安全市县长责任制考核各项措施,全面完成新增地方储备粮入库任务和各级储备粮油的轮换任务。完成市重点工程中心粮库二期工程建设任务并投入使用,市福全粮食储备库建设工作全面进场施工。开展粮食仓储规范化建设活动,加强储备粮油的储存管理,全面落实储备粮库存管理措施,市中心粮库经考核继续被评为"三星级粮库",甘霖粮库为"二星级粮库",全市实现"一符四无"粮仓。全市粮食市场平稳、有序、健康发展,保障了全市粮食的安全,较好地完成了各项粮食工作任务。

【粮食安全考核】 2016 年,根据绍兴市下达的粮食安全市县长责任制考核任务,在市粮食安全市县长责任制协调小组的统一领导下,做好牵头协调工作,协调林业、水利、国土、环保、统计、发改等部门做好各自工作,分解落实粮食安全市县长责任制考核的工作任务和措施,经绍兴市考核合格,为全市粮食安全打下了基础。

【社会粮食供需平衡调查】 2016 年,根据上级统一部署,为确保全市粮油供需平衡,从 1 月份开始,组织相关业务人员,历时 2 个多月,在全市范围内抽样调查 4 个乡镇街道、100 户农户、43 家粮食经营转化企业,通过数据收集、整理、分析和综合,开展了 2016 年度社会粮食、食用植物油及油料供需平衡调查工作,基本掌握了我市社会粮食产、留、购、销、存基本情况,为政府和上级决策提供了依据。

【粮食库存检查】 根据国家和省粮食局统一部署,2016 年 4 月至 5 月,集中人员、时间、精力,会同市财政、农发银行等相关部门,组织 30 多名工作人员,按照"有仓必到、有粮必查、有账必核、查必彻底"原则,对全市粮食库存进行了检查自查工作,5 月底省检查组到嵊州市进行了复查,从复查结果看,全市库存粮食账实相符、账账相符,粮食质量合格,储存粮食安全,储备粮轮换到位,政策性粮食补贴拨付使用足额到位。

【粮食订单】 2016 年,全市共与 102 户种粮大户签订早稻订单,签订数量 1516 吨,面积 3793.3 亩。下半年对有早稻粮食订单的农户按 100% 的比例签订晚秋粮订单,共与 86 户种粮大户签订晚秋粮订单,签订数量 1472 吨,面积 3689.9 亩。做好早稻、晚秋粮订单收购服务工作,早稻订单实际收购 1309 吨,订单履约率 86.35%;晚秋粮订单实际收购 1454 吨,订单履约率 98.78%。

【应急保障体系】 依法监管粮食市场,健全粮油市场监察、预警和应急保障体系,落实粮食应急保障措施,1 月份,与全市 35 家粮食应急供应网点和 4 家粮食应急加工厂续签粮食应急供应、应急加工协议,维护全市粮食应急供应体系,落实应急措施。

【星级粮库建设】 2016 年,规范储备粮油仓储管理制度,开展以"一符四无"粮仓为重点内容的"星级粮库"创建活动,推广应用科学保粮技术,深化科学保粮措施,确保储备粮油储存安全。经省粮食局和绍兴市发展改革委组织的复评,市中心粮库继续被评为"三星级粮库",甘霖粮库被评为"二星级粮库"。经局四次组织鉴定,全市实现全面"一符四无"粮仓。

【网上公开采购拍卖】 2016 年,进一步深化地方储备粮轮换粮源网上公开招标采购和储备粮轮出粮食公开拍卖方式,通过宁波、绍兴等网上粮食市场进行网上公开采购和拍卖。是年,网上公开招标采购粮食 2 万余吨。网上公开拍卖储备粮轮出粮食 1 万余吨，网上公开拍卖率 100%。

【中心粮库建成使用】 市中心粮库二期扩建工程是市政府重点建设工程，投资 2800 万元，扩建地上房式仓 9 座。是年，十分重视中心粮库二期扩建工程建设进度和质量，加强安全施工和质量监管，加快施工进度，到 7 月底全面竣工，经验收合格，完成了市政府下达的重点工程建设任务。至此，市中心粮库工程（粮食仓库部分）全面建成投入使用。

2016 年 7 月，市中心粮库二期扩建工程竣工，经验收合格，至此，市中心粮库（粮食仓库部分）全面建成，并投入使用。图为中心粮库全貌

【福全粮库建设】 2016 年，市福全粮食储备库项目总投资 1.47 亿元，用地面积 103.35 亩，总建筑面积约 23900 平方米，建设 13 幢地上房式仓和机械库、麻袋库、管理用房、消防水池等，仓容规模 50000 吨。该项目列入了国家粮食仓储设施建设项目，并下拨了国家财政补助资金。落实措施，打破常规，开展项目用地规划调整、仓库设计、环评、地质勘探、项目招投标等前期工作，加快"三通一平"工作，至 10 月份，项目施工单位进场施工，年底开始动建基础工程。

【国有资产监管】 2016 年，加强国有资产的监管，做好存量资产的租赁管理，组织对出租资产的安全生产检查和危旧房屋检查，加强安全监管。开展对已拍卖的坂田、新市等粮站资产的权证手续办理工作，通过公开拍卖，完成黄泽湖头粮站资产处置工作。

【公开拍租营业用房】 上半年对市粮油化验中心和市粮食结算中心城中路 7 宗营业用房，通过市公共资源交易中心，公开拍卖营业用房 3 年的租赁权，首次公开开展营业用房拍租工作。下半年，

对市粮油总公司北直街 8 宗营业用房进行公开拍租，探索了国有资产保值增值的途径。

【主要粮食品种购销价格】 2016 年，每 50 公斤（下同）主要粮食收购价：订单早籼谷 163 元（其中政府奖励 30 元），订单外早籼谷 133 元；订单晚籼谷 158 元（其中政府奖励 20 元），订单外 138 元；订单晚粳谷 175 元（其中政府奖励 20 元），订单外晚粳谷 155 元。市场零售中心价格：每公斤（下同）标一晚籼米 4.30 元，特一面粉 4.20 元，江苏晚粳米 4.56 元，东北米 5.47 元，色拉油 9 元。（叶孟霞）

供销合作商业

【概况】 2016 年，全市供销社系统商品销售总额 68.8 亿元，同比增长 21.22%。实现工业总产值 1.97 亿元，同比增长 14.13%。上缴税收 2153 万元，同比下降 1.4%；实现利润 455 万元，同比增长 25.7%。社会贡献总额 7095 万元，同比增长 12.7%。年末，全系统资产总额 106952 万元，负债总额 59448 万元；所有者权益 47504 万元，同比增长 1.74%。年末全系统职工总数 770 人，离休干部 11 人，退休干部职工 1765 人，精减职工 68 人，职工遗属 228 人。在全省供销系统 2016 年度综合业绩考核中位居第 23 位，获特等奖。在绍兴市供销系统 2016 年度综合业绩考核中位居第 2 位，获特等奖。

【"三位一体"农合联建设】 3 月，嵊州市在省农村改革试验区工作联席会议上被确定为"深化供销合作社改革 构建'三位一体'（生产合作、供销合作、信用合作）农民合作经济组织体系"20 个试点推进县市之一。5 月中旬，召开全市"三位一体"改革动员大会暨业务培训会，动员部署农民合作经济组织联合会（简称"农合联"）组建工作。7 月底，完成 13 家乡镇（街道）农合联组建，共吸纳专业合作社、家庭农场、涉农企事业单位等会员共 754 个。8 月中旬，市级农合联成立，共吸纳会员 158 个。组织成立后，生产、供销、信用合作有效开展。生产合作上，在农合联会员中加大智慧农资"益农宝"、网上庄稼医院的宣传推广力度，开展网上庄稼

医院、在线农技培训、掌上农资商城服务，共享农技、农资、气象等信息资源，提高为农服务实效。供销合作上，以浙江优森软件股份有限公司、嵊州市农产品展示展销中心、浙东农贸发展股份有限公司为依托，联合生生蔬菜专业合作社等农合联会员，加快发展农村电子商务，2016 年全系统电子商务销售额达 2.17 亿元。信用合作上，已与嵊州农村商业银行签订战略合作协议，发挥双方优势，服务"三农"。据统计，截至 2016 年年底，424 家农合联会员取得银行授信，总额达 2.8 亿元。"三位一体"合作组织体系日益完善，农合联农民合作基金、资产经营公司组建工作有序推进。基本完成黄泽供销社综合改造，形成"两新三有五好"为内容的"黄泽模式"。"两新"即办公场所新、标志标牌新；"三有"即有合作经济展示办事大厅、有庄稼医院为基础的服务网络、有管用有效的规章制度；"五好"即为农服务好、与属地政务对接好、"三位一体"改革氛围好、合作经济发展好、综合业绩好。

【农村日用消费品网络】　　2016 年，嵊州市盛泽配送有限公司加大对有 445 家加盟便利店的监管力度，全系统 2016 年日用品消费配送额达 3.17 亿元，比上年同期增加 6.66%。

【农民专业合作组织】　　2016 年，通过出资参股、业务指导、服务带动等方式，全市供销社新领办 118 家专业合作社。至年底已累计创办专业合作社 264 家，其中省级示范社 8 家，绍兴市级示范社 4 家，注册股本金 3.37 万元，社员户 5813 户，带动农户 5.6 万户，全年销售额达 13.1 亿元，比上年同期增加 22.89%。

【村级综合服务社】　　2016 年全系统新创办 11 家村级综合服务社，到年底，全系统累计创办村级综合服务社已达 90 家。全年综合服务社销售额达 4846 万元，比去年同期下降 18.58%。

【首届中国毛兔产业种业发展大会】　　3 月 18 日至 20 日，联合承办首届（2016）中国毛兔产业种业发展大会，吸引全国 17 个省、自治区、直辖市领导及业内专家、企业、养殖户代表共计 600 余人

3 月 18 日，中国毛兔产业种业发展大会开幕

参加会议。20 余位业内专家就浙江白中王绒业股份有限公司起草的长毛兔饲养管理国家标准进行修订，举行了长毛兔良种、兔产品现场展示、电动剪毛比赛、推介会以及毛兔产业种业发展高层论坛。种兔拍卖会上，单次剪毛量达 1.791 公斤的冠军种兔成交价为 28000 元。副省长黄旭明在浙江政务信息第 683 期专报上批示肯定："嵊州市发挥长毛兔特色种业优势，推进畜牧业转型升级的经验，值得向全省推广。"

【春耕支农惠农】　　4 月 20 日，嵊州市 2016 春耕支农惠农活动在绿城现代农业园举行。围绕"创新服务供给、助推现代农业"主题，开展"送政策、送科技、送信息、送农资、送资金"五送系列活动，为农户提供现场农业政策、农技知识咨询服务；农商银行与种粮大户现场签订 30 万元授信协议；向种粮大户和农户代表共赠送化肥 5 吨、山稻稻种 50 斤以及含网上庄稼医院 APP 的智能手机 15 台。绍兴市副市长冯建荣等相关领导出席，种粮大户、农户代表及周边村民近 300 人参与活动。

【网上庄稼医院升级】　　市供销社、中农在线、惠多利农资联手探索服务升级，网上庄稼医院 2.0 版本于 4 月份上线，功能更加强大，服务更加贴近嵊州实际。7 月 21 日，省供销社主任邵峰莅临嵊州调研时给予肯定。

【农资物资储备】　　为确保春备耕农资供应，嵊州市惠多利农资连锁有限公司组织入库化肥 6315.24 吨，其中尿素 5442.24 吨、碳铵 60 吨、复合

肥 570 吨,其它肥料 243 吨。农药库存 23.1 吨,其中杀虫剂 1.91 吨、杀菌剂 1.53 吨、除草剂 19.65 吨。防汛防台期间,全系统 21 个储备点储备编织袋 69200 只、畚箕 500 双、竹簟 10 块,并明确领导责任人和物资保管人,完善防汛防台预案,加强防汛期间的值班工作。

【农民职业技能培训】　5 月 19 日至 21 日,举行嵊州市 2016 农产品经纪人(电子商务)培训,全市有关农民专业合作社、基层供销社、农企等 89 名农产品经纪人受训。11 月 5 日至 6 日,举行嵊州市 2016 农产品经纪人(电子商务)第二期培训,全市从事长毛兔产业的 43 位农户受训。截至 2016 年年底,经市社培训并获国家职业技术资格证书的各类农村专业技术人员已达 1634 人。

【农贸市场规范管理】　浙东农批市场新老市场置换改造工作有序进行,完成土地公开转让,开始施工。项目位于鹿山街道周家村,总投资 5.5 亿元,建设用地 186 亩。同时,浙东农贸、城中市场以及下属相关单位全力配合嵊州市国家卫生城市创建,共投入资金 100 多万元进行环境卫生整改,新建停车收费系统,改建公厕,改造垃圾中转站,市场环境卫生大为改观。城中市场获评省“放心农贸市场”。(张娜)

烟草专卖

【概况】　2016 年,全市累计销售卷烟 2.93 万箱,同比下降 0.6%,低于地区平均 4.12 个百分点;卷烟批发销售额 13.5 亿元,同比增加 3.71%;利润 3.14 亿元,同比增长 11.22%;利税 3.86 亿元,同比增长 10.35%;种植烟叶 512.9 亩,收购烟叶 735.43 担 (36771.5 公斤),同比分别减少 18.61% 和增加 32.31%,烟叶收购总额为 151.16 万元,同比增加 46.12%。全年查获违法案件 239 起,同比减少 27.13%;查获卷烟 1.68 万条,同比增长 10.68%;累计案值 263.32 万元,同比减少 34.38%;上缴财政罚没款 27.4 万元,同比减少 14.95%。

【打假破网】　2016 年,市烟草专卖局创新打假思路,加强与公安、运管、市场监管等部门的合作,在源头打假、互联网等重点领域拓展成果,重点查获了“2016·5·25”互联网售假案,共逮捕 3 人,网上追捕 1 人,涉案单据金额 1000 多万元,确认涉案金额 150 余万元。

【市场监管】　2016 年,市烟草专卖局深化专销协同,扎实推进“利剑二号”“百日打私”和 G20 峰会后专项整治等行动,同时加强区域合作,把有效遏制真烟非法流通作为突出重点,严厉打击假私非烟,市场净化率持续保持在 97% 以上,有效维护了卷烟市场经营秩序,保障了国家利益和消费者合法权益。

【依法行政】　2016 年,市烟草专卖局以法制审查监督和法制宣传服务为抓手,不断强化“七五”普法推进落实,大力弘扬法治精神。同时,有效规范行政许可,提高审批效率,全年共新办许可证 130 本,延续 1428 本,变更 10 本,停业 9 本,注销 260 本。

【品牌培育】　2016 年,面对宏观、微观诸多不利因素,市烟草分公司通过分类目标管理,创新品牌营销方式,全面完成了 17 个梯次化品牌、细支烟、新品卷烟和专项品牌的培育目标,认真做好“乌镇之恋”、大前门(短支)和呼伦贝尔(金戈铁马)等新品培育。全年实现重点品牌累计销售 2.62 万箱,占总量比重 89.14%。实现单箱销售额 4.6 万元,位列全市第一,同比增长 4.33%。

【终端建设】　2016 年,市烟草分公司继续优化零售终端的软、硬件建设,全面提升本地卷烟零售终端的整体形象。截至年底,共建成现代终端店 573 家,占比 12.23%。推进网上配货工作,共发展网上配货客户 401 户,占比 8.38%。

【烟叶生产】　遵照绍兴市局(公司)“以销定产、适度调控、优化结构、提高质量”基本方针,落实全年种植计划,不断提升烟叶生产管控水平,烟叶等级结构比例进一步提升。全年收购烟叶 735.43 担 (36771.5 公斤),同比增加 32.31%,收购均价每公斤

41.11 元,同比提升了 10.45%。(夏小兵)

盐务业

【概况】 2016 年,嵊州盐业分公司健全物流、信息、终端,推动服务、产品、模式创新,突出品牌建设。确保食盐质量安全和供应安全。初步建立起适应盐改要求和企业可持续发展的体系。全年销售各类盐产品 6645 吨,其中小包装碘盐 3566 吨,同比增长 9%。

【机构变更】 经省盐业集团有限公司报省国资委批复,取消县级盐业公司法人资格,成为市级盐业公司分公司,即浙江省盐业集团绍兴市盐业有限公司嵊州分公司。嵊州市盐业有限公司同时解散、注销,由浙江省盐业集团绍兴市盐业有限公司对原公司的人员、资产、业务、债权债务等吸收合并。分公司营业执照、税务登记证等自 2016 年 1 月 1 日起启用。

【浙盐品牌战略】 2016 年,嵊州盐业分公司广泛发动,深入一线,扩大影响,开展品牌宣传,进一步强化消费者对浙盐企业品牌及"雪涛""鲜嫩美""蓝海星"等产品品牌的认同,培养客户对品牌的信任度。

【市场监管】 2016 年,嵊州盐业分公司加大巡查频次,提升巡查效率。做到既查流通领域、也查餐饮行业、更访居民农户;既查中心城区、也查重点乡镇、更走乡进村,把集贸市场、城乡结合部、边界地区作为重点区域,把腌制行业、食品加工业、餐饮行业、饮食摊点作为重点部位,做到反复查、查反复,始终保持严惩高压态势,增强了零售终端户和用盐户遵守盐业法规的自觉性,防止了工业盐、假冒伪劣食盐和含有有毒有害物质的盐产品流入食盐市场,确保食盐安全。(汪学红)

旅　游　业

综　述

【概况】　　2016年,嵊州旅游围绕打造旅游"百亿产业"和"中国越剧旅游目的地"总体目标,明确思路,整合资源,不断推进重点项目建设,并以节事活动为主线,以宣传推介为抓手,积极拓展旅游市场。市委、市政府十分重视旅游工作,及时给予政策倾斜,研究并出台了《关于2016年度加快旅游产业发展的若干政策意见》及《关于嵊州市旅游产业发展的指导意见》等旅游产业发展指导性文件。5月,又对温泉旅游度假区管委会(旅游局)体制机制进行了调整和完善,将管委会托管的10个行政村权责成建制划归原乡镇(街道)管理,嵊州市国有林场权责成建制划归市农林局管理,旅游职能进一步强化。同时组建成立旅游集团公司,将下属企业及景点划归到集团公司,既有利于统一管理,又可进行主体投资,发挥更大的推动力。为发挥规划引领作用,投资600多万元开展全域旅游总体规划、会稽山片区旅游总规和金庭羲之故里片区旅游控规的编制,现大纲已基本成型。政策支持,措施得力,党政主导、部门协作、社会参与的全域旅游新格局基本形成,全年累计接待游客总人数约1043.62万人次,同比增长18.90%;旅游总收入85.8亿元,同比增长19.11%。

【第十三届中国嵊州国际书法朝圣节】　　4月10日,第十三届中国嵊州国际书法朝圣节在金庭王羲之故居旅游区举行朝圣仪式。该次节会由浙江省书法家协会、长三角自驾游专家委员会、嵊州市人民政府联合主办,嵊州温泉旅游度假区管委会、嵊州市旅游局、金庭镇人民政府、嵊州市文学艺术界联合会、嵊州市书法家协会等协办,包括朝圣仪式、金庭笔会等活动。在举行庄严而肃穆的民间祭祖表演后,各界代表敬献花篮并向王羲之墓三鞠躬,向书圣表达敬仰和追思之情。随后中国书法家协会副主席宋华平为第十三届中国嵊州国际书法朝圣节开笔,其他书法家及小书法爱好者现场以长卷形式挥毫泼墨。一年一度的书法朝圣节弘扬了书圣文化,也有助于打响嵊州文化旅游品牌,提升嵊州旅游的知名度和影响力。

4月10日,第十三届中国嵊州国际书法朝圣节上小书法爱好者认真练习书法

【十一期间旅游市场】　　十一黄金周期间,全市共接待国内外游客50.78万人次,同比增长15.03%,其中过夜游客19.17万人次,一日游游客30.5万人次;实现旅游收入4.69亿元,同比增长14.91%,其中星级宾馆餐饮消费额达935.82万元。

黄金周期间旅游市场呈现以下特征：一是旅游市场全面繁荣。旅游消费持续增长，餐饮带动明显。城区内星级宾馆高峰期入住率达到100%，其他主要宾馆、酒店高峰期住宿接待火爆。二是旅游形式多元化发展。大量游客热衷于亲子游、家庭游，旅游目的除了传统的观光旅游和探亲访友外，休闲度假游、乡村旅游、文化旅游也逐渐成为热点。三是自驾游快速增长。自驾游成为大量游客的选择，散客化趋势更明显，客源以周边地区大中城市为主。四是旅游市场秩序安全平稳，没有重大（特大）旅游安全事故报告和旅游重大投诉事件。

资源开发

【飞翼生态农业园】　　6月28日至29日，按照AAAA级旅游景区申报创建程序，浙江省旅游区（点）质量等级评定委员会组织召开了"申报创建AAAA级旅游景区景观质量专家评审会"，对嵊州市申报创建AAAA级的浙江飞翼生态农业园的景观质量进行了专家评审。经汇总专家打分结果，浙江飞翼生态农业园的《景观质量评分细则》得分80.33分，达到申报创建AAAA级旅游景区景观质量的基本要求，将列入创建AAAA级旅游景区的预备名单。11月，在长三角41个旅游管理部门推荐和申报的147个酒店和项目中，浙江飞翼生态农业有限公司脱颖而出，被推荐为2016十大长三角亲子游项目。

【中翔绍兴温泉城】　　8月23日，丁巴弄酒店和度假型别墅建设开工仪式在中翔绍兴温泉城举行。丁巴弄酒店按照五星级酒店标准建造，由绍兴中翔旅游投资有限公司投资兴建。酒店位于温泉城的核心地带，占地面积39333平方米，建筑面积8307.2平方米，计划于2017年10月交付使用。截至年底，丁巴弄酒店项目开始动建，生态客房小木屋项目完成了6幢18间样板房并进行了装修，环湖2.5公里的健身游步道建设收尾。环湖的100幢度假型别墅建成后，将更加完善景区的综合性功能。

【越崖石林花海景区】　　景区位于崇仁镇的宋家墩村，规划将景区划分为房车营地主题体验区、野外拓展训练区、精品民宿区、休闲养生度假区、户外运动区等六大分区，将原生态地貌、人文景观、旅游文化有机结合，打造浙东最美现代休闲度假旅游目的地、国家AAA级旅游区。该项目计划总投资约2.6亿元，包括工程建设综合成本、基础设施配套费用，不包含土地取得费用。项目建设采用分期开发实施的策略，其中一期为2016年至2017年6月，投资金额约为0.25亿元，主要建设景区道路、崖壁景观和石林景观打造。2016年已投资200万元完成土地租赁、规划方案设计，完成650多亩土地流转工作及部分土地清理工作，正在开展区内道路施工和崖壁清理工作。

【全地域旅游资源整合】　　积极打造全域旅游。强化会稽山片区旅游区块（含温泉城、崇仁古镇、百丈飞瀑等景点）和金庭羲之故里旅游片区（含金庭观、华堂古村等景点）建设，把区域范围内的重要景观串点成线，连线成片，并结合节会活动和季节特征打造亮点纷呈的景观线路。加强西白山美丽区块建设，规范其民宿和农家乐的发展；鼓励和引导民间游乐项目提档升级，加大对旅游新业态的扶持力度，如星期八项目、覆卮山度假村、大唐娱乐项目等；完善旅游要素，实施"旅游+"融合发展。农业生态休闲旅游方面，重点是做好飞翼现代农业项目的AAAA级景区创建的服务工作和越剧小镇观光农业的指导工作。工业旅游方面，积极做好亿田科技馆的AAA级景区创建服务工作。文化旅游方面，重点是做好旅游与越剧要素、书法要素融合。

11月27日，小游客们在飞翼生态农业园的全自动大棚里体验蔬菜采摘的乐趣

【旅游规划】　投资600多万元开展全域旅游总体规划、会稽山片区旅游总规和金庭羲之故里片区旅游控规的编制，旅游规划大纲初稿已经出台。全域旅游总体规划初稿对全市旅游资源进行了分类和评价。经调查，嵊州市旅游资源共有8主类23亚类76种资源基本类型304个旅游资源单体。其中，自然类旅游资源单体为82处，人文类旅游资源单体为222处。旅游资源种类丰富，但缺乏高市场号召力的资源；旅游资源分布较为分散，未形成集中的旅游核心带；唐诗之路历史悠久，最能代表地方山水人文特色，但现存景源点缺乏；越剧发源地是具有唯一性的旅游资源，值得作为主打品牌推广。规划聚焦剡溪文化遗产休闲廊道，着力发展诗画剡溪和越剧嵊州，打造艇湖城市公园、越剧小镇和金庭书圣文化小镇，策划中国越剧节、国际书法朝圣节、嵊州美食节等节会活动，以旅游市场需求为产品设计导向，以互联网思维模式引爆区域旅游市场。

宣传促销

【2016绍兴(深圳)旅游推介会】　1月21日，市旅游局组织参加由绍兴市旅游委员会主办的"老绍兴，醉江南"2016绍兴(深圳)旅游推介会。此次交易会内容包括旅游形象宣传、旅游资源推介、旅游产品展示和贸易洽谈、旅游产品推广以及旅游企业对接等。嵊州百丈飞瀑风景旅游区负责人陈炳松参加了此次推介会，向到场嘉宾详细介绍了嵊州百丈飞瀑风景旅游区的相关情况并对到场嘉宾提出的问题作出了详细的解答。市旅游局利用本次旅交平台向深圳及周边地区展示了嵊州旅游风貌，有利于嵊州旅游品牌的传播。

【"春游嵊州·诗画剡溪"十大活动】　4月9日，"春游嵊州·诗画剡溪"十大活动暨"万车游嵊州"正式启动。此次春季乡村旅游盛会时间为3月上旬到5月下旬，活动以"踏古道、寻春色、品春茶、食春鲜"为主线，针对不同的群体设计不同的旅游线路，开展以"驴行、骑行、摄行、诗行、书行、绘行、善行、食行"为主题形式的系列活动。十大活动包括"春游嵊州·诗画剡溪"创作活动、环湖自行车赛、"春意·羲之故里"驴友节活动、下王"赏花"乡村节、"赏世遗榧林、寻舜耕文化"环北山骑行活动、"诗画贵门亲子行"活动、"游小乌溪江、踏千年古道"健身游活动、月亮湖环湖游活动、2016捷安特冲向雅璜山地自行车赛、"相约西白山·美丽通源行"。此次活动以春游为主题，全市乡村游为集结，整合全市乡村旅游资源，大力推荐嵊州"山花烂漫"这一独特旅游景观，全力打造春季旅游嵊州第一站的品牌地位，形成节庆效应，聚集人气，扩大商机，让更多的人关注嵊州、了解嵊州、投资嵊州，推动嵊州旅游产业的发展。

4月9日，"春游嵊州·诗画剡溪"十大活动之环湖自行车赛

【夏日嘉年华活动】　7月30日，"山水清凉地·乐游来嵊州"2016年嵊州夏日旅游嘉年华活动正式启动。活动以发现清凉旅游目的地为主线，整合"森林健步""泼水狂欢""激情漂流""飞瀑探秘""越剧寻根""星空露营""瓜果采摘""国学讲堂"八大主题项目，推出了全民参与的活动和两条特色线路。由FM93两位知名主持人以PK体验的形式带领各地车友自驾体验，主播KIKI带队游客欣赏折子戏表演、体验亲子家庭学越剧经典唱段，参加温泉水上乐园狂欢活动，穿汉服参加国学讲堂，体验科技夏令营活动及蔬果采摘和家庭农活趣味赛；主播平方带队游客体验激情漂流、星空露营、篝火晚会、漫步月亮湖，品尝嵊州美食、参与桃形李采摘等活动。登山爱好者通过徒步游的方式登古道，赏嵊州美景，同时，嵊州市旅游局利用互联网+旅游的

新营销手段,设计了微信抢红包、微信盖楼随手拍比赛及徒步寻福大赛等活动。此次活动充分展示了"生态嵊州、魅力嵊州"的旅游特色,丰富了夏季旅游产品,聚集了全市夏季旅游市场人气。

【旅游微官网正式上线】 9月至11月上旬,推进智慧旅游和旅游基础数据库建设,完成了旅游基础数据库的现场采集、录库、上地图工作,11月底前完成了旅游数据库的试运行。12月,嵊州旅游微官网正式上线。微官网在介绍景区同时,加强导航功能,热推周边食、住、行、购、娱特色。导览模块中不仅包含美景、美食、美宿、乡村、地图、周边等众多模块,而且每个具体模块内容中渗透有其他模块信息,有线路导航、看街景等链接,从细节处实现旅游途中贴心服务。这次微官网开发在突破原有传统思路基础上采用"基于游客逻辑展现信息"的组织模式,以旅游者的需求为主旨,强调信息化带给用户体验的提升,逐步完善智慧旅游的组成部分,助推嵊州市旅游产业快速发展。

【旅游文化月】 11月13日上午,"2016嵊州旅游文化月"活动在历史悠久的王羲之故居拉开了帷幕。开幕仪式中,越剧大咖们纷纷上台演绎越剧的独特魅力,国内外旅游大咖们参与学唱越剧互动体验活动。开幕式后亲子游家庭和旅游大咖们去金庭古镇华堂村参加了"乐在嵊州"古村寻味行

11月13日,国外旅游大咖参加"乐在嵊州"古村寻味行活动

活动。此次旅游文化月系列活动共分为5大版块:乐在嵊州、食在嵊州、游在嵊州、唱在嵊州、赛在嵊州,其中包括古村寻味行、国际美食嘉年华、玩转贵门全民登山节、越乡越情全国越迷唱游嵊州、2017《中国新歌声》海选专场比赛等活动。旨在以"全域旅游"为契机,通过"旅游+娱乐"的五大版块层层演绎形式,以点串线,将生态山水与古村古镇、民俗民风、越剧文化等进行深入融合,全面展示"魅力嵊州"的内涵,创新驱动嵊州旅游文化事业的发展。

行业管理

【平安旅游创建活动】 5月至12月,开展"平安护航G20"平安旅游创建活动。通过开展旅游特种设备的督查、组织景区最大承载量的督查、开展旅游防汛防台抗旱工作、落实旅游行业消防工作、做好假日旅游工作五方面工作,进一步提高各A级旅游景区、旅行社、星级饭店等相关单位的安全管理意识和应对旅游安全突发事件的能力,切实保障游客及旅游从业人员的生命财产安全,营造平安稳定的旅游环境。其间,组织全市旅游行业集中开展为期4个月的安全生产综合整治大行动,对全市A级旅游景区、星级饭店、旅行社进行了30多次检查。

【考察乡村旅游】 9月29日,市旅游局组织全市16家旅行社负责人及相关科室人员赴贵门实地考察乡村旅游,组织座谈会推广贵门旅游资源,研究策划推出贵门特色游线。

【嵊州宾馆通过四星复评】 11月17日至18日,由省旅游局星评专家组成的星评小组通过暗访、明查、听取汇报、现场提问、查阅资料等多种形式,对宾馆的设施设备、内部管理、服务质量、企业文化、经营绩效等方面进行了系统性的考核评审,嵊州宾馆以良好的成绩顺利通过四星级酒店复评。(童瑶)

商务服务与管理

法律管理与服务

【概况】　全市共有公证处 1 家，公证员 3 人。律师事务所 9 家，执业律师 92 人，其中今年新执业 6 人、外地转入 3 人，转到外地 1 人。基层法律服务所 8 家，基层法律服务工作者 42 人。全市律师共担任政府机关、企事业单位法律顾问 546 家，办理各类案件 5202 件，业务收费 4942.2 万元，同比去年增长 43.5%。全市基层法律服务工作者担任法律顾问 292 家，办理各类案件 920 件，业务收费 443 万元，同比增长 8.1%。市公证处累计办理公证 3790 件，业务收费 170.85 万元，同比增长 0.3%。全市律师和基层法律服务工作者共办理法律援助案件 635 件，参与政府信访接待等公益事业和社会活动 110 余人次。

【律师行业管理】　加强法律服务行业行风建设，健全规章制度。完善全市律师事务所和基层法律服务所考评办法；完善律师事务所管理职责的落实机制，明确律师事务所负责人、合伙人的管理职责，建立健全对律师事务所负责人谈话提醒制度和问责机制，督促律师事务所负责人加强对本所律师执业活动的日常管理监督。坚持以制度管人、依制度办事原则，进一步建立健全人事、财务、业务、收费、监督投诉查处以及公开公示、服务承诺、首问负责、限时办结、信访督办等各项制度。坚持例会制度，每季度召开律师所主任和法律服务所主任例

会。以打造"政治坚定、法律精通、维护正义、恪守诚信"的高素质律师队伍为目标，在全市律师队伍中开展不规范执业突出问题专项教育整治活动，切实提升律师事务所的管理能力。加强律师事务所内部管理，加强对律师、法律服务工作者执业行为的监督指导，形成正确的执业导向　全年共收到投诉 1 起，市司法局及时进行了调查答复。

【公共法律服务体系】　整合服务职能，优化资源配置，依托市公共法律服务中心，成立了市、镇、村三级公共法律服务平台，开通了嵊州市公共法律服务网，逐步实现线上线下的一体化。健全完善政府法律顾问、企业法律顾问和村(社区)法律顾问三位一体的法律顾问体系，为政府重大决策、企业转型升级、农村经济发展尽好力、谋好策。完善工作机制，提高服务质量，增强公共法律服务供给能力。

【法律服务】　发挥"三改一拆""五水共治"专业法律顾问团的作用，引导全市律师、公证员和基层法律服务工作者主动参与市委、市政府中心工作，为全市重点工作和重大项目提供法律评估、风险预警，为政府决策、依法管理当好参谋，协助政府和职能部门运用法治思维和法治方式推进工作。2016 年全市律师和法律服务工作者共解答群众"三改一拆"、"五水共治"法律咨询 570 余人次，发放宣传资料 960 余份，化解矛盾纠纷 30 余件。发挥律师在维护社会和谐稳定中的积极作用，完善律师

参与政府信访工作制度,引导律师积极参与处理突发性事件、群体性纠纷等热点、难点问题,发挥其依法疏导、化解各类社会矛盾的作用,促进平安嵊州建设。继续为保障和改善民生提供优质法律服务,引导法律服务工作者积极参与公益法律服务,做好就业、就医、就学等民生领域法律服务工作,引导律师参与送温暖献爱心、公益助学等公益性活动。开展送法进企业活动,5月联合市人力社保局专门举行"规范用工行为,防范用工风险"为主题的座谈会,安排律师就如何规范用工、防范用工风险作法律知识培训,全市较有影响力的50位企业家参加了培训。6月由市司法局领导带队专门组织律师到裕泰机械有限公司提供上门服务,为企业开展"法律体检",化解矛盾纠纷。(陈吉利 卜志民)

会计管理与服务

【会计管理】 一是会计从业资格管理。全市累计换发会计从业资格证书114本。制订《嵊州市会计从业资格证书"网上申请 快递送达"实施方案》,开展会计从业资格证书"网上申请 快递送达"工作。在市行政审批服务中心财政窗口增配外网电脑、扫描仪,方便现场演示推广,提高网上申请业务量。8月15日,正式开启会计从业资格证书"网上申请 快递送达"模式,至年底共办理从业资格证137本,其中网上申请117本,申请率达85%。二是会计专业技术资格考试管理。开展会计专业技术资格考试资格审查,对参加2016年度会计专业技术资格考试自动审核未通过人员,按规定进行现场资格审核。三是开展高级会计师组织申报。经审核汇总上报7人的评审材料,省财政厅浙财会发文公布上报的7人均具有高级会计师资格。四是开展会计监督检查。根据省财政厅《关于做好2016年度会计监督检查工作的通知》,协助省财政厅对全市2014至2015年度中央、省、市、县四级财政安排用于农村生活污水治理项目的专项资金管理使用情况进行重点检查。对浦口街道大屋村文化活动中心建设项目、浦口街道东郭村家政服务中心建设项目、石璜镇楼家村公共活动中心建设与改造项目进行会计监督检查。对检查中发现的问题,提出整改意见。

【会计服务】 一是组织开展全市行政事业单位内部控制建设业务培训。市财政局、审计局、人力资源和社会保障局联合举办以行政事业单位内部控制工作联络员为主要对象的全市行政事业单位内部控制建设业务培训会。对行政事业单位内部控制建设相关工作作出专门部署;邀请浙江工商大学教授就《浙江省行政事业单位内部控制工作基本指引》作专题辅导。二是组织会计人员继续教育。做好会计人员继续教育社会培训机构备案,根据有关会计人员继续教育培训机构备案的规定,在机构申报的基础上,经审核市世纪智峰电子信息有限公司、信元税务师事务所有限公司和大诚联合会计师事务所等3家机构符合联合从事会计人员继续教育相关要求,可以从事2016年度嵊州市会计人员继续教育培训工作。全年全市培训会计人员4960人次,其中:面授教育共举办24期累计培训3056人次。三是组织高级会计人员培训。分期分批组织高级会计师参加省会计人员服务中心在北京国家会计学院、上海国家会计学院、厦门国家会计学院和杭州之江饭店等地举办的高级会计人员继续教育培训班学习,有效提升了高级灰机人员业务素质。(黄小明)

广告管理

【概况】 2016年,全市共有广告经营单位113家,其中广告公司52家,兼营广告企业61家(广播电台、电视台等媒体3家,经营广告的网站3家)。按所有制划分,国有企业2家,国有事业单位2家,集体企业6家,个体经营户和民营企业103家。广告从业人员397人,广告经营额4300万元。广告投入较多的是房地产、家用电器、服装服饰、药品、保健食品等行业,占全市广告年经营额的53%。全年共立案查处广告违法案件17件,其中户外违法广告8件,印刷品违法广告1件,网络违法广告

8件,共计罚没款22.13万元。

【户外广告经营】 2016年,全市共有户外广告经营单位113家,经营额2000万元。户外广告媒体1600个,其中霓虹灯80个,路牌450个,电子显示屏(牌)180个,公交载体150个,立体模型20个,灯箱500个,其他220个。

【促销违法行为专项整治】 5月,市场监管局在全市范围内开展了一次针对讲座式商品促销中违法行为的专项整治行动。整治中,与各大中型酒店签订承诺书,要求凡在其单位开展以会议、讲座形式宣传和销售商品活动的,应督促举办方在举办前5个工作日内向辖区市场监管所报告且核审资料同意后方可开展。同时,重点整治利用"会议""讲座"等形式聚集群众,进行商品功能、疾病预防及治疗效果等虚假宣传手段,推销食品、保健器械、日用产品等其他违法行为。

5月,市场监管局执法人员在广厦大酒店宣传

【集中约谈】 7月26日,市场监管局联合市卫计局对市区医疗机构开展集中行政约谈,济德、仁爱、协和、康复、新世纪和拜博等6家医疗机构的负责人参加。约谈会上,两个部门针对创国家卫生城市、平安嵊州检查过程中发现的医疗广告发布情况进行了通报。要求与会医疗机构严格遵守法律法规的规定,做好自查自纠,自行整改违法发布的医疗广告,从源头上防范违法广告的发布。10月28日,市场监管局联合市公安局、综合执法局对市区20家开锁、疏通管道单位开展集中行政约谈。通报了年内开锁、疏通管道单位户外小广告主要存在的问题,要求清理本单位张贴、喷涂的各类非法小广告,包括主要街道两侧、商业区、公园、广场、医院、车站和公交车、公共自行车站、背街小巷、居民小区、城中村、城郊结合部等区域。并与上述单位签订了承诺书。禁止乱发乱贴非法小广告。

【督查项整治】 7月29日,绍兴市局来市场监管局督查违法广告专项整治工作。嵊州市局汇报了开展违法广告专项整治情况,包括投资理财类广告、涉及G20峰会广告及违背社会良好风尚、不良影响广告等整治情况。随后,督查组一行走访了市广播电视总台,了解电视、电台广告审查、发布及监测情况。

【网络广告用语规范宣传】 一是加强传统媒体宣传。通过《今日嵊州》、嵊州新闻网官方媒体宣传平台解读新《中华人民共和国广告法》内容以及经营户日常宣传中特别需要注意的地方、易犯的错误等。二是加强自媒体宣传。以"杭州最优秀的炒货"杭州方林富炒货店不规范使用广告宣传用语为案例,通过微信公众号俏生活、嵊州108社区等为载体进行宣传,提醒网店经营者规范广告用语。

商标监管与服务

【概况】 2016年,全市有效注册商标达10151件,其中商品商标9063件(农副产品商标1106件),服务商标1088件。新增注册商标1145件。地理标志证明商标2件,集体商标2件。行政认定驰名商标1件,浙江省著名商标40件,绍兴市著名商标93件。浙江省领带、厨具、电机专业商标品牌基地各1个,绍兴市厨具、茶叶、电机专业商标品牌基地各1个,浙江省商标品牌示范企业2家。

【省商标品牌示范企业与知名商号】 1月,浙江省工商行政管理局公布了2015年度浙江省商标品牌示范县(市、区)、示范乡镇(街道)和示范企业名单,浙江昂利康制药股份有限公司榜上有名,成为绍兴市获此殊荣的六家企业之一。同月,浙江省知名商号评审委员会评审,认定"图讯"等95件企业商号为浙江省知名商号,浙江万事兴电器有限公司的"万事兴"商号名列其中。

【商标评价申报】　8月,市场监管局通过对已被认定为驰名商标或省著名商标的有关企业进行调查走访和宣传,按照《浙江省商标品牌示范企业评价管理办法(试行)》规定的评价标准及申报程序,筛选,确定申报企业,并对申报企业做好服务指导,帮助企业整理申报材料准确填报申请表。浙江亿田电器有限公司已参加评价申报。同时,有9家企业参加浙江省著名商标的延续确认,相关材料已报绍兴市局审核。

【省专业商标品牌基地】　2016年,市场监管局在电机行业组织开展了省专业商标品牌基地创建活动。邀请绍兴市市场监管局商标处专家到电机行业协会进行走访、调查,实地了解申报进展情况和遇到的困难,健全品牌基地管理机构,开展有序的运作指导。指派专业人员现场办公,辅导申报材料的整理,点对点服务,全程帮助修改、完善各种申报材料。年底,市电机行业被省工商局授予省电机专业商标品牌基地。

【省著名商标】　2016年度,浙江森歌电器有限公司、浙江科恩电器有限公司、市香榧产业协会的商标被省工商局认定为浙江省著名商标。至年底,全市省著名商标数量新增至40件。

拍　　卖

【概况】　2016年,嵊州拍卖业分支机构的业务活动,继续处于拍卖业务集中由总公司直接办理的态势中,分公司实际接收的拍卖业务越来越少。全市10余家拍卖分支机构,除绍兴市拍卖中心有限公司尚的部分拍卖业务外,其余多家拍卖分支企业因无业务活动处于停业状态。绍兴市拍卖商行有限责任公司嵊州分公司积极配合嵊州市公共资源交易中心和委托单位做好拍卖活动的管理,使嵊州分公司拍卖工作保持良好局面。2016年经营业绩与2015年度相比,分公司经营状况得到提升,共受理并举行拍卖业务活动29场次,比2015年的

27场次增长7.4%;接受拍卖项目701项,完成拍卖成交671项类,成交率95.7%;实现成交总额1555.1275万元,比2015年的695.07万元增长123.07%。其中组织国有集体资产进市公共资源交易中心拍卖25场次,比2015年的20场次增长25%;实现成交额1340.1315万元,比2015年的644.97万元增长107.7%。既有效保证了国有集体资产的依法远东和有效公平进场交易,同时亦保障了分支机构的拍卖服务活动的正常开展和内部经济效益的提高。(潘珏)

中介信息服务

【概况】　2016年,全市社会中介组织继续以多种专业、多种形式、多种性质的业态健康发展,已成为推动经济社会发展的重要力量。至年底,全市有工商登记在册的348家,其中,会计、审计及税务服务类16家,工程技术类23家,其他中介组织309家。基本涵盖了会计、审计、评估、工程监理、造价咨询、各种代理、职业介绍等主要行业门类,组织形式上,包括有限责任公司、合伙制企业、个体经营户、公司办事处等多种形式。

企业担保

【概况】　2016年,全市共有登记在册的担保公司3家。其中融资性担保公司2家,非融资性担保公司1家。融资性担保公司分别为嵊州市三农投资担保有限公司,注册资本3000万元;浙江嵊州中资担保有限公司,注册资本10600万元。非融资性担保公司为嵊州市惠民非融资性担保有限公司,注册资本7000万元。嵊州市惠民非融资性担保有限公司是由市政府投资举办的非融资性担保公司,该公司自设立后一直未开展经营业务。嵊州市三农投资担保有限公司经营情况较为正常,为嵊州农户向银行申请小额贷款等发挥了较好的作用。浙江嵊州中资担保有限公司一直未正常经营。

【非法集资风险化解】　4月13日,市场监

管局会同市公安局、金融办、国税局等部门联合对中海微银和十鼎投资两家投融资咨询类公司进行检查。这两家公司以高额的收益来引诱市民

4月13日，市场监管局执法人员对十鼎投资拍照取证

投资，承诺收益甚至高达15%。按照相关规定，投资公司只能具有理财投资、商务信息咨询的功能，并没有吸收公众存款的功能，因此都属于违法行为。市公安局对中海微银进行立案调查。市场监管局对尚未开展业务的十鼎投资开展调查处理。

【信用公示指导】   3月上旬，市场监管局会同市金融办、市财政局、人行、银监办等部门，对市内5家小额贷款公司开展了监管评级的现场初审工作。在初审中，市场监管局逐家向小额贷款公司进行国家级的《企业信息公示暂行条例》的宣传，及时指导公司进行"企业年报信息"和"即日信息"的填报和公示工作。(陈华艳 吕红江)

市场及管理

江滨市场

【概况】　市江滨市场于 1994 年 1 月投入使用。一楼市场分为东、中、西 3 个区，设有固定摊位 500 个左右，东区为蔬菜、白鸡摊；中区为肉类、豆制品、酱菜、粮食制品、茶叶、禽蛋类；西区为水产品类。市场日均交易量 25 万公斤，日均上市人数约 3 至 5 万人次，2016 年成交额为 7.2 亿元。

【管理与建设】　2016 年，市场管理部门结合创建国家卫生城市要求，进一步完善市场硬件设施，实施硬件改造提升；加强环境保洁，及时清扫清运各种垃圾；加强市场日常管理，全面整治乱堆乱放、乱搭乱建、出摊经营等现象；取缔活禽交易区域，专门设立白鸡摊；加大除"四害"力度，清除"四害"孳生地；成功迁移江滨市场农民自产自销区和便民服务摊到江滨市场二楼西区，实施统一管理；拆除江滨市场外围剡溪路段脱毛房、卫生工用房等，有效改善周边道路环境；引进专业物业公司，实施长效保洁，彻底结束江滨市场常期以来脏乱差的现象。通过整治，市场服务设施更加完善，服务台、休息区、投诉室、水电服务、治安管理、广播室、垃圾中转站、修理行业便民服务点、停车卸货专区、公共厕所、电子显示屏等一应俱全。同时按照省政府"地不湿、无异味、菜安全、可追溯、价公道、计量准、可休息、讲诚信"的要求，在全面整顿市场环境卫生和经营秩序基础上，进一步完善商品准入制度，建立食品安全管理档案和商品进货索证索票纸质台帐，并对上市商品严格检测，确保食品安全。通过努力，江滨市场成功创建省级放心市场，整体经营环境明显提档升级。（袁浙英）

中国领带城

【概况】　中国领带城原名浙东服装城，于 1992 年 1 月动工兴建，同年 12 月 18 日正式开业，1993 年 10 月改名为浙东领带服装城，1995 年 5 月再度更名为中国领带城。中国领带城占地面积 3.5 万平方米，一期工程建筑面积为 2.6 万平方米，总投资 1500 余万元。拥有营业房 500 多间。1998 年被认定为"三星级文明规范市场"和"省重点市场"。二期工程"领带精品展销中心"大楼于 1999 年 12 月破土动工，2000 年 11 月竣工。建筑面积为 1.56 万平方米，总投资 3500 万元。一楼为领带精品展销区，2016 年设展位 46 个，有 32 家领带企业设摊展示。年总成交额 29.06 亿元，同比增 3.07%。

【创卫工作】　2016 年，市领带城管理办进一步明确责任，强化督察，广泛发动、完善设施、建章立制、加强创卫管理拆除 7 块户外广告。清洗外墙，清理领带城内污目广告及牛皮癣，改造厕所，新字号摊位复盖铁皮瓦，油漆领带城圆弧宣传广告字，给每户经营户配发垃圾桶、更换外围垃圾桶，对停车场进行重新漆划 260 个汽车停车位，投放药物灭四害。规范领带城摊位的柜台摆放等。同时做好

消防安全一周一次检查,一月一次大检查,全年更换了灭火器 95 只。(何汶珏)

中国领带城外景

中国领带城物流中心

【概况】 中国领带城物流中心是省重点建设项目、省现代服务业集聚示范区和嵊州市重点建设项目。项目位于城南新区,东至上三高速,西临官河南路,南抵甬金高速,北接锦绣嘉园,是嵊新城市组团的核心区块,规划总用地面积 713 亩,总建筑面积约 80 万平方米。项目由领带服饰家纺城、会展中心、信源商业城、汽车城、君悦新天地等多个项目组成,是集嵊州特色产品及原辅料产品交易、展示、批发、电子商务、休闲观光、办公、信息发布等功能于一体的专业市场集群。

【领带服饰家纺城与会展中心】 领带服饰家纺城及会展中心用地面积 121 亩,总建筑面积近 12 万平方米,其中,领带服饰家纺城用地面积 81 亩,建筑面积 7.7 万平方米,为 4 层钢筋砼框架结构;会展中心用地面积 40 亩,建筑面积 4.3 万平方米,为地下一层,地上三层钢筋砼框架结构,设有国际标准展位 750 个,另设室外临时展位约 250 个,能够满足承办省级会展的要求。会展中心于 2015 年 10 月 1 日正式建成启用,至 2016 年年底成功举办了电机厨具展览会、家博会、车博会、房博会等大小展会 20 余次。领带服饰家纺城已完工,正在进行项目整体招商。

【汽车城】 汽车城项目用地面积 85 亩,规划建筑面积约 5 万平方米,规划有 8 家汽车 4S 店,入驻汽车品牌有宝马、奥迪、一汽大众、上海大众、一汽丰田、长安福特、东南三菱、比亚迪,是迄今为止嵊州、新昌两地最大的汽车 4S 店集群。7 家 4S 店已营业,2016 年总营业收入 14 亿元。

【信源商业城】 信源商业城一期五金电子汽配城用地面积 65.54 亩,规划建筑面积 10.92 万平方米,主要经营五金电子、电线电缆、汽车配件、汽车装潢等,规划各类大小商铺近 4000 个。二期家居建材城用地面积 63.86 亩,规划建筑面积 15.40 万平方米,主要经营建筑陶瓷、卫浴、灯具、家具、建筑装潢材料等,规划各类大小商铺近 2000 个。一期、二期分别于 2014 年 7 月和 2015 年 9 月开业,2016 年总营业收入 9700 万元。

【君悦新天地】 该项目用地面积 98.93 亩,总建筑面积 29 万平方米,地上面积 23 万平方米,地下面积 6 万平方米。一期、二期住宅面积 18.5 万平方米,共 14 幢楼房;三期商业面积 4.5 万平方米,包括 5000 平方米的真丝原辅料及纺织服饰交易市场,以及 1 幢 19 层公寓。该项目是 2016 年绍兴市"晒亮点、比业绩"项目,项目进展较快,已完成投资总量的 30%。

【桥下停车场及北侧绿化景观工程】 桥下停车场位于城南新区,东至 104 国道(剡兴路),南临甬金高速公路,西至官河南路,北至南七路。土地面积约 3.9 万余平方米,其中停车场面积近 1.62 万平方米,管理用房面积 354 平方米,配套道路面积 8367 平方米,绿化面积约 1.49 万平方米,含小型汽车停车场位 84 个,中型货车停车场位 67 个,大型货车停车场位 49 个,特大型货车停车场位 16 个,2016 年年底已完工投入使用。(修莹)

商品市场

【概况】 2016 年,全市共有各类市场 54 家,其中消费品市场 45 家,(包括消费品综合市场、农贸市场、农副产品市场 38 家,工业消费品市场 7 家)生产资料市场 5 家;生产要素市场 3 家;网上市场1家。全市有市场经营管理单位54个,其中企业法人51个,社团法人3个。有市场经营户11282户。全市消费品市场成交额94.36亿元,同比增4.9%;几大类主要消费品成交额:粮食类2.39亿元,同比增4.9%;油脂料类12.78亿元,同比增4.5%;肉禽蛋类12.62亿元,同比增6.5%。年成交额超亿元市场3个,浙江(中国)领带城29.06亿元,浙东农副产品批发市场25.99亿元,江滨市场7.23亿元。

【省放心农贸市场】　2月,省商品交易市场及农贸市场提升发展工作领导小组下发《关于认定杭州检察院前农贸市场等241家市场为2015年度省放心农贸市场示范单位的通知》城中市场、东圃菜场等2家市场名列其中,至此全市已有4家农贸市场被认定为省"放心农贸市场"。

2月份改造后的城中市场

【农贸市场联合整治】　4月20日,市场监管局会同鹿山街道联合对小砩农贸市场开展专项整治。针对存在的摊外摊占道经营、车辆乱停乱放影响市场秩序、市场内垃圾遍地,周边乱贴小广告、熟食摊位未封闭或无三防措施等突出问题,检查组要求市场主办方:一是统筹协调,加大宣传,落实职责,抓住重点问题进行突破。二是多方联动,动态管理,将各项任务整改落实到位。三是整治为先,巩固为重,建立健全长效机制,营造规范有序的市场环境。

【省放心农贸市场创建督查】　7月20日,绍兴市创建工作督查组到嵊对省放心市场创建工作进行督查指导。督督查组一行听取了市农提办关于省"放心市场"创建工作的汇报。随后,督查组一行先后实地检查了江滨市场、城中市场、东圃菜场,对照《浙江省放心农贸市场评价细则》创建标准,调查了放心农贸市场硬件设施改造进度、食品安全检测制度执行情况和商品进货台账、食用农产品检测台账等有关资料。督查组充分肯定嵊州市"放心市场"创建工作,并对下阶段创建工作提出了三方面要求:一是加强宣传培训。二是坚持创建标准。三是建立长效机制。

【熟食摊改造提升】　7月29日,市场监管局到三界农贸市场指导熟食摊改造提升工作。现场发现,市场内熟食摊位普遍存在三防设施不到位、台账登记不全、熟食储存温度过高、熟食操作人员未佩戴清洁工作衣帽等问题。执法人员当场要求摊位负责人员及时整改,并提出了今后熟食摊统一改造升级的方案要求和建议。

7月29日,市场监管局工作人员对三界农贸市场熟食现场指导

【追溯体系建设检查】　7月,市场监管局对城区农贸市场开展食用农产品追溯体系建设与快速定性检测室建设的工作情况进行了检查。执法人员一行检查了城西、城中、城北、东圃、江滨市场等五家农贸市场。据查,这五家市场都按要求开展了食用农产品追溯工作,建立了一户一档,专人负责为市场经营户索证索票进行登记。市场内的检测室按照市场摊位总数8%的数量批次开展检测工作,每日最少抽检15批次以上,并做好了相应台账的检测登记,检测结果能够做到及时公布,并在显示屏上滚动播出。执法人员在检查中发现了索证索票

制度执行不规范，索取的供货发票上没有供货商的名称、地址以及联系方式；缺少食用农产品的合格证明文件；追溯体系没有全覆盖，索证索票制度并未落到实处；检测台账登记不全等问题，要求市场管理者立即进行整改。

【专业市场消防安全整治督查】　8月3日，绍兴市专业市场消防安全整治工作督查组到嵊检查。督查组先后到信源家居建材生活广场、信源国际商业城和中国领带城，主要检查是否成立消防队伍、消防通道是否畅通、消防设施设备是否完好及是否存在消防隐患等。督查总体情况较好，专业市场内防火门、消防栓、灭火器、喷淋等消防设施齐全，消防通道畅通。（陈华艳　吕红江）

土地交易市场

【土地一级市场】　科学制定土地利用年度计划，合理安排2016年国有建设用地供应总量、结构、布局、时序和方式，有效地推动了土地市场的健康发展。严格执行用地政策，加大对战略性新兴产业的供地力度，努力保障重大项目用地，严格控制对限制类项目供地，执行经营性用地、工业用地出让制度。同时，对用地项目进行提前介入，加快供地速度。全年完成各类供地4707亩，土地出让金为54.0792亿元。各类供地面积完成了供地任务2500亩的188.2 %。同时，2016年划拨转出让补办出让审批1379户，补缴出让金824.44万元；预审303宗，面积4182亩。

【土地二级市场】　严格贯彻执行国家不动产登记法律法规，认真做好全市土地、房屋、林地及草地等不动产登记工作。完善各项制度，规范土地交易行为，确保土地二级市场交易工作正常进行。8月31日正式实施不动产登记以来，共办理土地使用权转让91件，面积2.45万余平方米。土地使用权抵押67件，面积85.82万平方米，抵押金额22.87亿元。商品房分割转让2119件，面积15.59万平方米。

【国有土地收储】　全年共收储土地6宗，面积17.84万亩，收储补偿金1.96亿元，优化了用地结构。（葛荧）

房地产市场

【概况】　2016年，全市共成交新建商品住宅7502套，建筑面积89.33万平方米，成交额73.85亿元，分别比上年增长70.3%、76.8%。截至12月底，全年共有商品住宅存量7180套，建筑面积90万平方米，库存量去化周期为11.6个月。

【房地产市场调研】　2月至3月，市建设局组织专门力量，走访调研全市所有在建楼盘及房地产开发企业，了解各个楼盘开发销售情况，听取房地产企业负责人对全市房地产市场的意见和建议，及时、准确掌握全市房地产市场基本现状，为管控全市房地产发展提供切实支撑。另外，市建设局每月组织一次全市住宅市场调研，为市政府领导提供决策参考。

【土地招商发布会】　6月29日，市政府举办"嵊州再出发——嵊州新型城市化发展论坛暨2016年城市土地招商发布会"。会上共推出地块15宗，1450亩，有57家客商参会，其中外地客商47家，本地客商10家，与会人员级别均在投资总监以上。另有4家新闻单位、7家建筑企业参加，到会人员共175人。

【房地产博览会】　9月23至25日，由市政府主办、市住房和城乡建设局、市新闻传媒中心承办的2016嵊州房地产博览会在市国际会展中心举行。博览会主题为"品质嵊州、宜居家园"，共有20家房地产企业精品楼盘参展，展区面积达5000平方米。为嵊州市历年来规模最大、档次最高的一次房地产展示交易盛会。参会的楼盘有：2015年刚进入嵊州市场的新城控股集团携吾悦华府和香悦半岛，作为千亿房企碧桂园在嵊州的首个作品——江湾1号，绿城集团作品剡江越园，以及香溪茗苑、春风里、君悦新天地、上岛名苑、阳光龙庭、文化综合楼、和悦时代广场等品牌楼盘，"高、大、上"为此次房博会项目的显著特色。房博会期间，前往看房、购

房市民近万人次，共达成购房意向 1393 组，成交 62 套。（李泽峰、竹元政）

人力资源市场

【概况】　全年引进人才总数 5396 人，完成 100.9%。其中本科及中级职称以上人才数 2013 人，完成 100.7%；硕士及副高职称以上人才数 265 人，完成 120.5%。引进高校毕业生 2571 人，完成 100.8%。引进博士后 2 人，完成 100%。申报国家级国外专家智力项目 2 只、省级 2 只、绍兴市级 11 只，引进国外专家 10 名，完成 100%。创建企业技术创新团队 9 个，申报外国专家工作站、博士后工作站各 1 家。培养高技能人才 1962 人，完成 130.8%；培养新技师 158 人，完成 143.6%。

【人才引进】　围绕产业特点和企业需求，组织企业赴武汉、南京、合肥、哈尔滨、太原、上海、杭州、温州等地开展高校招聘 28 场次，累计参与企业 600 余家，推出岗位 9969 个。组织事业单位面向全国公开招聘高层次人才活动 2 次，共计招聘硕士生 22 名。嵊州市人力资源市场完成搬迁正式启用，举办新春人才交流会、夏季毕业生招聘会、迎国庆人才招聘会、"周二人力资源超市"等当地人才交流会 15 场次。认定 36 家高校毕业生见习基地企业，推出见习岗位 1000 余个。

招聘会现场

【人才集聚平台】　加快嵊州人才网改版及网上人才市场建设，推出嵊州人力资源市场微信公众平台。创设企业与人才项目对接活动载体，举办嵊州市高层次人才对接洽谈会暨签约仪式、2016

年度浙江省突出贡献中青年专家服务企业服务基层活动。与河海大学、武汉理工大学、电子科技大学、绍兴文理学院等 14 家高校合作建设 18 个大学生实习实践基地，就大学生就业实践、人才培养引进、技术创新服务等方面达成协议。联合举办嵊州市第二届创客创业项目大赛，组织选手参加绍兴市第七届大学生创业大赛，创建 1 家大学生创业基地、6 个大学生创业示范点。

【人才扶持】　对《关于进一步促进普通高校毕业生创业就业的意见》《关于优秀人才引进培养的若干政策意见》等现行主要人才政策进行评估分析，在此基础上起草制订了《关于进一步加强高层次人才队伍建设加快推进创新驱动发展的意见》。建立完善高校毕业生信息数据库，完成 2016 年度未就业高校毕业生帮扶工作，全年共发放大学生创业就业奖励、安家津贴、"两站"补助等合计 317.6 万元，发放大学生创业基金贷款近 120 万元。推出"人才公寓"160 套，首批 80 套（已公示 68 套）。

【人才培养】　完成全市规模以上企业技能人才现状及需求情况调查，在 345 家企业中建立技能人才自主评价体系，完成 116.2%。承办绍兴市服装制作技能邀请赛，举办"丝路刺秀"杯丝品花型设计大赛，组织技术能手参加绍兴市农民职业技能比武、绍兴市职业技能精英赛等各类技能竞赛，选送"金蓝领"高技能人才出国培训 2 人，新增省级技能大师工作室 1 家，1 人获绍兴市 2016 年突出贡献高技能人才称号。（黄云飞）

农副产品批发专业市场

【概况】　全市共有农副产品批发专业市场 10 个，分别是嵊州市浙东农副产品批发市场、嵊州市中国茶叶城、嵊州市花木市场、嵊州市茭白批发市场、嵊州市茶亭岗名茶市场、嵊州市北漳镇名茶市场、嵊州市玠溪名茶市场、甘霖苍岩桃子市场、嵊州市大昆名茶市场、金庭华堂桃形李市场等。各农副产品批发专业市场坚持全面为经营户服务的宗旨，采取全天候交通组人员值班制度，及时疏通车堵情况；利用市场仓储区的高低温分体式冷库和仓储用房，开展与交易区配套的农副产品冷藏保鲜和仓储服务，延长农副产品附加价值。全市农副产品批发专业市场总占地 182.65 亩，总固定资产 9172 万元，拥有 1500 吨的冷库规模，总摊位数 1833 个，联结基地 23.6 万亩(万头、万羽)，联系农户 10 万户。

茶叶市场

【概况】　　2016 年，嵊州(中国)茶叶城年茶叶成交量 3500 吨，交易额 6.28 亿元，其中龙井茶交易量 3150 吨，交易额 6.0 亿元；在全国 20 多个省、直辖市设立越乡龙井专卖店 180 家，在网上设立"越乡龙井"专卖店 60 多家，打进百年老店——上海湖心亭茶楼，并在东南大宗商品交易所上市。越乡龙井主销杭州、上海、山东等地，并远销日本、德国、美国等 10 多个国家和地区。

花木物流交易中心

【概况】　　嵊州市花木物流交易中心是嵊州市政府重点建设工程，总投资 18658 万元，是一个及花木、古玩、字画于一体的综合性交易市场。总用地面积 21768 平方米，总建筑面积 25686 平方米，交易物流中心有商铺出租者 110 多户。(魏莎娜)

对外及对中国港澳台地区经济贸易

【概况】　2016 年,全市自营进出口 13.92 万美元,同比下降 3.1%,其中出口 13.26 亿美元,同比下降 1.7%,进口 6588 万美元,同比下降 24.8%;通过"浙江一达通"出口 1361 万美元, 同比增长 13.9%。全市新批外资项目 3 只,增资项目 3 只,增加合同利用外资 9492 万美元,同比减少 48.5%,实际利用外资 9337 万美元,同比增长 23.7%。全市新批境外投资企业 5 家,总投资 1653 万美元,其中中方投资额 1653 万美元,同比增长 106.6%;完成境外承包工程营业额 10063 万美元, 同比增长 170.1%。全市服务外包企业 4 家,离岸合同额 438.9 万美元, 同比增长 20.7%, 离岸执行额 408.6 万美元,同比增长 126.7%。

全市自营进出口情况

表 18　　　　　　　　　　　　　　　　　　　　　　　　　　　　　　　单位:万美元

名称	进出口总额	同比（%）	出口额	同比（%）	进口额	同比（%）
全市	139195	-3.1	132608	-1.7	6588	-24.8
内资企业	86525	25.1	84038	26.1	2487	-1.4
三资企业	52491	-29.3	48391	-28.8	4101	-34.3
个体工商户	179	-28.6	179	-28.6	—	—

全市利用外资情况

表 19　　　　　　　　　　　　　　　　　　　　　　　　　　　　　　　单位:万美元

名　称	数　量	同比（%）	历年累计
企业家数	3	50.0	764
总 投 资	12900	-54.6	395590
合同外资	9492	-48.5	223923
实到外资	9337	23.7	107998

全市境外投资情况

表20　　　　　　　　　　　　　　　　　　　　　　　　　　　　　　　　　　　　　　单位:万美元

企业家数	总投资	中方投资	同比（%）	历年累计企业家数	历年累计总投资	历年累计中方投资
5	1653	1653	106.6	68	7791	6678

【跨境电子商务】　2016年,嵊州市把发展跨境电子商务作为外贸转型升级的突破口,获评"浙江省(领带)产业集群跨境电子商务发展试点县市"。

【出口商品展销会】　2016年,组织参加境内外出口商品展销会155次,参展企业360家,其中境外参展95次,参展企业202家,新拓展出口市场38个。(郑浩　邢锋)

进出口贸易

【概况】　2016年,全市新登记备案企业106家,历年累计获进出口经营权企业1043家;有出口实绩企业521家（包括三资企业）,比上年增加16家。全市出口额132608万美元,同比下降1.7%,其中内资企业出口84038万美元,同比增长26.1%;三资企业出口48391万美元,同比下降28.8%;个体工商户出口179万美元,同比下降28.6%。在全市出口贸易中,一般贸易出口125171万美元,同比增长6.6%;加工贸易出口7412万美元,同比下降54.7%。全市出口商品涉及16大类,销往179个国家和地区。全市进口额6588万美元,同比下降24.8%,其中一般贸易进口2424万美元,同比下降21.4%,加工贸易进口4112万美元,同比下降26.9%。

【主要出口商品】　2016年,全市主要产业商品出口额90180万美元,占全市出口总额的68.0%。分别为:领带服装出口64518万美元,同比下降11.8%,占全市出口总额的48.7%;电器厨具出口11174万美元,同比下降51.1%,占全市出口总额的8.4%;机械电子出口9073万美元,同比下降5.4%,占全市出口总额的6.8%;茶叶出口5415万美元,同比下降17.7%,占全市出口总额的4.1%。

【高新技术产品出口】　2016年,全市高新技术产品出口额4804万美元,同比下降68%,其中浙江天乐数码电器有限公司出口4031万美元,同比下降71.2%,占全市高新技术产品出口额的83.9%。

【出口规模企业】　2016年,全市出口500万美元以上企业54家,共计出口额88807万美元,同比增长12.5%,占全市出口总额的67%。其中出口1000万美元以上企业27家,出口额69745万美元,同比增长17.2%,占全市出口总额的52.6%。

出口1000万美元以上企业情况

表21　　　　　　　　　　　　　　　　　　　　　　　　　　　　　　　　　　　　　　单位:万美元

企业名称	出口额（万美元）	同比（%）	占比（%）
嵊州盛泰色织科技有限公司	7315	-31.1	—
嵊州市天芽进出口有限公司	5216	—	—
嵊州市巨蟹进出口有限公司	5065	—	—
嵊州市蝶苑进出口有限公司	4981	—	—
嵊州市妍臻进出口有限公司	4730	—	—

续表

企业名称	出口额（万美元）	同比（%）	占比（%）
浙江天乐数码电器有限公司	4033	-71.2	—
嵊州市伟多进出口有限公司	3438	—	—
浙江维新纺织有限公司	3240	-12.8	—
嵊州盛泰针织有限公司	2905	27.9	—
浙江华发茶业有限公司	2847	-13.6	—
浙江巴贝领带有限公司	2561	-21.2	—
浙江佰誉电子有限公司	2498	4.3	—
嵊州市宏达时装有限公司	2086	-4.9	—
绍兴悦龙领带服饰有限公司	1808	-13.8	—
嵊州市仟代进出口有限公司	1776	-7.6	—
浙江中益机械有限公司	1730	3.4	—
嵊州市永多进出口有限公司	1575	—	—
浙江雅士林领带服饰有限公司	1503	3.8	—
浙江嵊州鑫嵋服装有限公司	1267	-39.3	—
浙江达成凯悦纺织服装有限公司	1254	-12.0	—
嵊州市龙威工贸有限公司	1247	25.3	—
嵊州市厚土茶业有限公司	1225	-10.6	—
嵊州沃尔特斯领带服饰有限公司	1152	-13.5	—
浙江恩雷纺织有限公司	1140	-29.0	—
嵊州市嘉澜服装服饰有限公司	1114	21.9	—
浙江致威进出口有限公司	1030	—	—
浙江麦地郎领带织造有限公司	1009	13.3	—
嵊州盛泰色织科技有限公司	7315	-31.1	—

【内资企业出口】　2016年,有出口实绩的内资企业428家,出口额84038万美元,同比增长26.1%,占全市出口总额的63.4%。其中出口500万美元以上企业32家,出口额49350万美元,同比增长111.1%,占全市出口总额的37.2%;出口超1000万美元企业13家,出口额35974万美元,占全市出口总额的27.1%。

【三资企业出口】　2016年,有出口实绩三资企业90家,出口额48391万美元,同比下降28.8%,占全市出口总额的36.5%。其中出口500万美元以上企业22家,出口额39457万美元,占全市出口总额的29.8%;出口超1000万美元企业14家,出口额33772万美元,占全市出口总额的

25.5%。

【绍兴市出口前列企业】　2016年,在绍兴市(不含市区)前20位出口三资企业中,嵊州有1家:嵊州盛泰色织科技有限公司出口7315万美元,列第十一位。在绍兴市(不含市区)前50位出口内资企业中,嵊州有4家:嵊州市天芽进出口有限公司出口5216万美元,列第二十四位;嵊州市巨蟹进出口有限公司出口5065万美元,列第二十八位;嵊州市蝶苑进出口有限公司出口4981万美元,列第二十九位;嵊州市妍臻进出口有限公司出口4730万美元,列第三十六位。

【出口市场分布】　2016年,嵊州市产品销往145个国家和地区,出口额132608万美元,同比

下降 1.7%。分布在：亚洲 41 个，出口额 47367 万美元，同比下降 0.4%，占全市出口总额的 35.1%；非洲 45 个，出口额 11598 万美元，同比增长 49.6%，占全市出口总额的 8.7%；欧洲 38 个，出口额 34592 万美元，同比增长 5.3%，占全市出口总额的 26.1%，其中对欧盟国家出口 26912 万美元，同比增长 4.6%，占全市出口总额的请 20.3%；拉丁美洲 29 个，出口额 6895 万美元，同比下降 12.2%，占全市出口总额的 5.2%；北美洲 2 个，出口额 27383 万美元，同比下降 22.9%，占全市出口总额的 20.6%；大

洋洲 8 个，出口额 2109 万美元，同比下降 40.2%。占全市出口总额的 1.6%。

【主要出口市场】　2016 年，全市 500 万美元以上出口市场 45 个，同比增加 2 个，共计出口额 119876 万美元，同比下降 4.6%，占全市出口总额的 90.4%。其中 1000 万美元以上出口市场 32 个，同比增加 2 个，共计出口额 110606 万美元，同比下降 5.3%，占全市出口总额的 83.4%。美国、越南、日本、韩国、英国、德国是嵊州最大出口市场，共计出口额 58498 万美元，占全市出口总额的 44.1%。

出口 500 万美元以上国家地区情况

表 22　　　　　　　　　　　　　　　　　　　　　　　　　　单位：万美元

位次	国家地区	出口额	同比（%）	位次	国家地区	出口额	同比（%）
1	美　国	25565	-24.1	23	香　港	1422	-27.1
2	越　南	7679	-12.8	24	智　利	1342	59.8
3	日　本	7141	4.9	25	伊　朗	1271	11.5
4	韩　国	6654	131.6	26	巴　西	1246	-45.5
5	英　国	5732	-2.0	27	波　兰	1230	21.1
6	德　国	5727	-6.0	28	立陶宛	1102	-48.8
7	意大利	4320	-0.9	29	伊拉克	1100	102.7
8	斯里兰卡	3461	-2.6	30	波　兰	1016	-14.3
9	印　度	3353	35.6	31	马来西亚	1078	38.4
10	摩洛哥	3247	-1.1	32	孟加拉国	1055	-22.0
11	阿联酋	3167	-39.0	33	埃　及	1042	66.7
12	荷　兰	3093	37.7	34	台　湾	895	-31.2
13	法　国	3042	-4.7	35	中　国	859	-45.1
14	俄罗斯	2889	45.2	36	未命名	842	-31.2
15	印度尼西亚	2274	44.8	37	土耳其	800	25.4
16	西班牙	1945	51.7	38	加　纳	767	105.4
17	加拿大	1818	0.1	39	菲律宾	750	-4.5
18	澳大利亚	1636	-47.7	40	丹　麦	728	46.2
19	墨西哥	1578	-4.6	41	巴基斯坦	725	85.1
20	尼日利亚	1497	266.6	42	阿尔及利亚	706	50.6
21	泰　国	1452	-14.7	43	哥伦比亚	1078	38.4
22	沙特阿拉伯	1447	49.7		马来西亚		

【对中国港澳台地区贸易】　2016 年，全市对中国港澳台进出口贸易额 4224 万美元，同比下降 24.6%。其中出口 2318 万美元，同比下降 28.9%，进口 1906 万美元，同比下降 18.7%。

对中国港澳台地区贸易情况

表23　　　　　　　　　　　　　　　　　　　　　　　　　　　　　　　　　　　　　　单位:万美元

名称	出口额	上年同期	同比（%）	进口额	上年同期	同比（%）
中国香港	1422	1951	-27.1	34	23	43.8
中国澳门	1	—	—	—	—	—
中国台湾	895	1308	-31.2	1872	2321	-19.4

【进口贸易】　　2016 年,全市有进口实绩企业 175 家,其中进口 100 万美元以上企业 10 家,合计进口额 5743 万美元,占全市进口总额的 87.2%。全市从 47 个国家和地区进口商品,进口额 6588 万美元,同比下降 24.8%。分布在:亚洲 20 个,进口额 7635 万美元,同比增长 5.1%;非洲 2 个,进口额 1 万美元,同比下降 48.3%;欧洲 16 个,进口额 752 万美元,同比下降 20.3%;拉丁美洲 4 个,进口额 57 万美元,同比下降 22.5%;北美洲 2 个,进口额 43 万美元,同比增长 67.7%;大洋洲 3 个,进口额 54 万美元,同比下降 34.6%。进口 100 万美元以上国家和地区 8 个,合计进口额 5924 万美元,占全市进口总额的 89.9%。

进口 100 万美元以上企业情况

表24　　　　　　　　　　　　　　　　　　　　　　　　　　　　　　　　　　　　　　单位:万美元

企业名称	进口额	同比（%）
浙江天乐数码电器有限公司	2564	-31.1
浙江天乐微电科技股份有限公司	1452	14.8
浙江佰誉电子有限公司	321	23.4
嵊州盛泰色织科技有限公司	320	-68.5
绍兴瑞思特环保科技有限公司	277	-14.8
嵊州市德利经编网业有限公司	221	10.2
嵊州盛泰针织有限公司	206	-54.6
浙江普田电器有限公司	155	4.2
浙江迪贝电气股份有限公司	124	8636.2
浙江双鸟机械有限公司	104	-34.8

进口 100 万美元以上国家地区情况

表25　　　　　　　　　　　　　　　　　　　　　　　　　　　　　　　　　　　　　　单位:万美元

企业名称	进口额	同比（%）
中国台湾	1872	-19.4
中　国	1687	8.5
韩　国	1072	-33.5
日　本	306	85.6
意大利	286	-10.8
越　南	275	-78.1

续表

企业名称	进口额	同比（%）
德　国	253	-5.4
印　度	173	-54.0

注：中国进口一栏为复进口。

【主要进口商品】　2016年，全市进口商品涉及17大类，主要进口商品有：塑料及其制品进口额986万美元，同比下降3.5%；纺织原料及制品进口额686万美元，同比下降66.9%；机电产品进口额684万美元，同比下降7.7%；光学、医疗等仪器进口额3932万美元，同比下降16.6%，其中液晶显示板进口额3893万美元，同比下降15.0%。四类商品合计进口额6288万美元，占全市进口总额的95.4%。

【加工贸易】　2016年，全市有加工贸易实绩企业32家，完成加工贸易进出口总额11524万美元，同比下降50.0%，其中加工贸易出口额7412万美元，同比下降57.4%；加工贸易进口额4112万美元，同比下降26.9%。加工贸易主要出口商品有：棉布、服装等纺织原料及纺织制品出口额831万美元，液晶电视机、扬声器等机电产品出口额13629万美元，液晶显示板等光学、医疗仪器出口1648万美元，塑料袋等塑料制品出口额101万美元。加工贸易主要进口商品有：塑料及其制品进口额398万美元，纺织原料及纺织制品进口额234万美元，光学、医疗仪器进口额3351万美元，其中液晶显示板进口额3321万美元。（郑浩　邢锋）

进出口贸易方式情况

表26　　　　　　　　　　　　　　　　　　　　　　　　　　　　　　单位：万美元

贸易方式	出口额	同比（%）	占比（%）	进口额	同比（%）	占比（%）
合计	132608	-1.7	100.0	6588	-24.8	100.0
1.一般贸易	125171	6.6	94.4	2424	-21.4	36.8
2.加工贸易	7412	-57.4	5.6	4112	-26.9	62.4
来料加工	379	-37.5	0.3	189	-10.2	2.9
进料加工	7033	-58.1	5.3	3924	-27.6	59.6
3.其他贸易	25	1254.2	—	52	-0.8	0.8

外商和中国港澳台地区商人投资

【概况】　2016年，全市新批外商投资企业3家，增资企业3家，合同利用外资9492万美元，同比减少48.5%，实际利用外资9337万美元，同比增长23.7%。

外商投资企业分类型情况

表27　　　　　　　　　　　　　　　　　　　　　　　　　　　　　　单位：万美元

企业类型	项目数	合同外资	同比（%）	占比（%）	实到外资	同比（%）	占比（%）
合计	3	9492	-48.5	100.0	9337	23.7	100.0
合资	—	—	—	—	788	-47.5	8.4
独资	3	9492	-40.0	100.0	8549	41.3	91.6

【利用港资】　　2016年,全市合同利用港资9410万美元,同比减少43.2%,占全市利用合同外资的99.1%;实际利用港资9425万美元,同比增长25.1%,占全市实际利用外资的100.0%。

外商和中国港澳台投资分国别(地区)情况

表28　　　　　　　　　　　　　　　　　　　　　　　　　单位:万美元

国别地区		项目数(个)	合同外资	同比(%)	实到外资	同比(%)
亚洲		3	9410	-48.7	9440	25.3
	中国香港	3	9410	-43.2	9425	25.1
	日　本	—	—	—	15	—
非洲		—	—	—	42	180.0
	毛里求斯	—	—	—	42	180.0
欧洲		—	50	—	-177	—
	意大利	—	—	—	-227	—
	瑞　典	—	50	—	50	—
南美洲		—	32	—	32	—
	开曼群岛	—	32	—	32	—

【企业投资规模】　　2016年,新批(含增资)总投资500万美元以上项目4个,合计总投资12800万美元。

总投资500万美元以上新批(含增资)项目情况

表29　　　　　　　　　　　　　　　　　　　　　　　　　单位:万美元

企业名称	企业性质	国别(地区)	总投资	合同外资
浙江富立轴承钢管有限公司	合资	中国香港	3000	—
浙江绍兴慧绎科技有限公司	独资	中国香港	1000	1000
嵊州市凯和电器有限公司	独资	中国香港	7700	7700
嵊州新京港科技有限公司	独资	中国香港	1100	710

【开发区利用外资】　　2016年,嵊州经济开发区新批外资项目3个,合同利用外资9460万美元,同比减少48.7%;实际利用外资9306万美元,同比增长23.3%。

【企业联合年报】　　2016年6月至8月,市商务局联合财政、税务、统计等部门开展全市外商投资企业2015年度投资经营信息联合报告和外商投资存量调查工作。2015年度全市应参加联合申报的外商投资企业共282家,实际参报企业261家,未参报企业21家,参检率为92.6%,其中已确认260家,通过率为99.6%。

【注销企业】　　2016年,全市外商投资企业注销8家。其中嵊州市优胜汽车配件有限公司等5家企业为提前终止,绍兴冠中织造有限公司等3家企业为到期终止。(相静　邢锋)

对外经济技术合作

【概况】　　2016年,全市新批境外投资企业5

家,总投资 1653 万美元,其中中方投资额 1653 万美元,同比下降 106.6%。境外投资企业历年累计 68 家,总投资 7791 万美元,其中中方投资 6678 万美元。全市完成境外工程承包营业额 10063 万美元,同比增长 170.1%。(谢金晶　邢锋)

新批境外投资企业情况

表 30　　　　　　　　　　　　　　　　　　　　　　　　　　　　　　　　单位:万美元

中方企业	境外企业名称	国别地区	总投资	中方投资额	企业性质
浙江天乐集团有限公司	乐声科技有限公司	香港	50	50	贸易性
浙江双鸟数码机床有限公司	万能数控机床有限公司	香港	750	750	贸易性

境外工程承包情况

表 31　　　　　　　　　　　　　　　　　　　　　　　　　　　　　　　　单位:万美元

企业名称	国别地区	新签合同额	完成营业额	同比（%）
华汇建设集团有限公司	阿尔及利亚	—	3726	28.3

服务外包

【概况】　全市服务外包企业 4 家,离岸合同额 438.9 万美元,同比增长 20.7%,离岸执行额 408.6 万美元,同比增长 126.7%;服务外包从业人员 2663 人。(郑浩　邢锋)

服务外包业务情况

表 32　　　　　　　　　　　　　　　　　　　　　　　　　　　　　　　　单位:万美元

企业名称	离岸执行额	同比（%）
浙江双鸟机械有限公司	24.1	-9.4
浙江巴贝领带有限公司	138.2	68.1
浙江昂立康制药有限公司	149.5	—
浙江雅士林领带服饰有限公司	96.8	35.6

城乡建设与管理

城乡规划

【规划编制与研究】　2016年,市建设局完成城乡规划编制与规划研究的内容有:完成市域总体规划编修纲要方案;完成城西新区C街区控制性详细规划修编;编制中心城区控制性详细规划图集(2016版);完成城区体育设施专项规划;开展城南新区核心区总体设计的国际招标方案征集并完成规划成果;编制城南新区桥南—下南田区块城市设计和中心城区南部区域空间战略研究;编制完成嵊州大道(艇湖塔—黄泥桥段)街景立面规划研究;编制嵊新区块协同发展经济合作区(暂名)概念方案研究方案;启动"划行归市"规划研究编制;完成《浙江通志·名镇名村卷》(嵊州)和市历史建筑名录普查及第一批共40处历史建筑公布工作;完成56宗出让土地的规划条件编制。

【规划编制服务指导】　一是指导和审查规划编制共10项:城乡给排水一体化规划,通信基站布点专项规划,北漳镇总体规划,领尚小镇控制性详细规划,崇仁镇等22个小城镇环境综合整治规划等。二是配合做好甬金铁路、杭绍台铁路、G527国道(黄泽至甘霖段)等重大交通建设项目,上虞—新昌天然气管线工程,规划展示馆、市档案馆、建筑垃圾消纳场、市人才公寓等项目的选址和研究工作。

【建设项目规划审批】　2016年,市建设局组织局规划会审42次,会审项目423个;召开市规审委会议23次,审查项目255个。全年共核发选址意见函295份,选址意见书128份;用地规划许可证551份;工程规划许可证331份;乡村建设规划许可证607份;工程规划核实确认书89份。另外,审批户外店面招牌683份。

【村庄规划修编和村庄设计】　2016年,市建设局修改完善市农居设计通用图集,宣传、推进浙派新农房设计落地工作。完成50个行政村的村庄建设规划、村庄设计及40个行政村规划调整审批等工作。

人民防空

【人防应急应战演练】　6月,市人防办组织中石油昆仑燃气公司嵊州公司、鹿胎山水厂等重要经济目标点,开展防空袭疏散演练,同时联合城隍坊社区等老居民小区进行空袭来临时群众室内外的应对措施演练,完成各项演练任务。此次演练是绍兴市人防办组织的"绍兴金盾——16"综合性人防演习的组成部分,市人防办做了充分准备工作。一是制定人民防空应急应战演习方案及编写导播文书;二是派技术人员赴绍兴市人防办学习有关故障排查处理业务;三是对2801人防指挥信息系统进行全方位检修与硬件维护;四是聘请专业团队对演练进行指导与视频资料采集,并制作临战疏散VCR。

6月,市人防办组织中石油昆燃气嵊州分公司员工进行防空袭疏散演习

【预警警报系统建设和警报试鸣】 5月12日10:00至10:14,全市统一鸣放防空防灾警报及解除警报,利用音响、电视、广播等方式,城区、甘霖镇、崇仁镇、长乐镇、三界镇、黄泽镇的警报同步报警,警报试鸣率为100%。市人防办提前1个月对全市31只警报器逐一进行检修测试,并在试鸣警报前5天,通过市电视、广播、报纸告知全市群众,提高了警报试鸣效果。

【人防宣传教育】 一是人防宣传进校园。全市12所中学初中部开设人防教育课,并以爱德外国语学校为试点,逐步向小学和高中拓展。市人防教育基地全年接待学生一万余人。结合"5·12"防灾警报试鸣,联合市教体局组织全市中小学生进行疏散演练。二是人防宣传进社区。5月12日,联合城隍坊社区在文化广场附近组织居民应急疏散演练,有序快速进入红武山坑道内,并就地进行医疗防护和心理防护演练。三是人防宣传进广场。在3月1日"国际民防日"和5月12日"防灾减灾日",在市文化广场开展主题为"减少灾害风险,建设安全城市"的防灾减灾知识宣传。四是人防宣传进企业。以市中石油昆仑燃气有限公司和市自来水公司为试点,开展人防宣传教育"进企业"工作,探索企业人防组织机构设立、人防专业队建设、应急预案制度和宣传教育工作方面的新思路。9月下旬至10月中旬,联系市公共资源交易中心开展为期1个月的人防宣传活动,将人防宣传活动扩展到参加政府采购的各行各业。五是人防宣传进媒体。与市新闻传媒中心合作,在嵊州新闻微信平台进行防护知识宣传。六是人防宣传进党校。10月18日,市人防办在市委党校当年度公务员更新知识脱产培训班开展宣教活动,邀请省民防学院教授作《中日国防战略与安全形势分析》报告。

测 绘

【概况】 2016年,市建设局进一步完善基础测绘管理机制,丰富基础地理信息资源,实施科技创新驱动战略,构建新型基础测绘体系和地理空间数据交换共享机制,加强地理信息公共服务能力,完成了年初确定的目标任务。"数字嵊州地理空间框架建设项目"获2016中国地理信息产业优秀工程银奖。市测绘和地理信息局被绍兴市测绘和地理信息局评为2016年度先进测绘和地理信息主管局。

【地理国情监测】 2016年,市建设局按照省测绘与地理信息局的要求,开展城市建成区、绿地率和绿化覆盖率的监测,与2015年12月31日第一次地理国情普查结束时点的结果比较,城市建成区增加0.6平方公里,绿地率和绿化覆盖率分别增加0.84%、0.86%。同时,全面完成第一次地理国情普查年度工作:完成省级"一区两率"调查和绍兴市增加项目调查、数据质检、成果汇交、发布和统计分析,以及协助省普查办完成国家层面普查数据收集等工作。

【基础测绘编制及数据入库】 一、完成38.2平方千米1:500基础地形图野外采编和地名地址兴趣点采集及数据入库处理。二、基础测绘成果坐标转换(一期):完成1:500数字线划地形图和1:2000数字地形图(编绘)各131.4平方千米、0.5米卫星正射影像图(2012年版、2014版、2015版)5367平方千米、0.05米航摄正射影像图40平方千米、高等级测量控制点140个。三、完成中心城区地图、全市融资土地分布图、艇湖公园区块卫星影像图、中心城区卫星(航空)影像图及全市矢量地图等专题地图编制。四、完成嵊州市历史上第一本《社区地图册》编制。五、三维地图更新:完成国际会展中心、状元名苑、正大新城、鹿山广场等计建筑面积60万平方米。六、完成市水务集团供水管网、市中石油昆仑燃气公司供气管网、市政处雨污(排水)及路灯线路、市供电公司地下电缆等4单位的地下管线数据收集入库。

【地理信息工作】　　2016年,市建设局投入约80万元资金,完成数字嵊州地理空间框架的坐标系统转换至绍兴坐标系、系统维护、数据更新、天地图融合等年度更新工作,为推广应用、促进地理信息资源共享打下良好基础。同时安排专业技术人员到22个政府部门现场讲解、演示"数字嵊州"地理信息公共服务平台,并收集各部门的专题数据充实到"数字嵊州"平台,累计发布36项专题地理信息。全年新增推广市气象局人工影响天气作业系统、市山洪预警平台和市供水管网地理信息系统等5个应用系统。完成全市15大类103小类约5000条政务地理信息的核准上报工作。

【测绘成果的管理和共享】　　2016年,市建设局完成16个测绘资质单位353个测绘项目备案,测绘成果提取审批14项。联合上级测绘地理信息主管部门开展年度测绘资质单位测绘产品质量年度监督检查工作,抽查市城乡建设测量队、市经纬房产测绘有限公司和市永辉房产测绘有限公司3家单位,总体情况符合有关要求。同时为市农林局、国土资源局、交通运输局、谷来镇、水务集团等16个部门、乡镇(街道)、企事业单位提供了1:500数字线划地形图360平方千米、1:2000数字线划地形图1640平方千米,节约财政资金3500万元。

【测绘服务】　　一是为城南美妙三公里工程、上虞至新昌天然气管道工程、G104国道嵊州段绿化工程、桥南笆弄宓家区块基础设施规划建设工程、省级园林城市复验等市级重点工作任务提供测绘服务。二是及时完成社会各界委托的工程地形图测绘项目64只、竣工地形图测绘项目53只、放样定线项目50只、土方测量项目17只,创收576万元,完成全年目标任务的151.5%。

【测绘服务能力提升】　　2016年,市城乡建设测量队(地理信息服务中心)投入约15万元完成涉密存储器扩容及网络升级改造,既解决测量队(地理中心)与专用机房间传输速度慢的问题,又可满足未来3至5年基础测绘成果数据的存储需要,达到"万兆进楼宇、千兆上桌面"的目标。同时市城乡建设测量队(地理信息服务中心)挖掘单位内部潜力,申报地下管线测量业务范围,并获得上级测绘地理信息主管部门的批准;整合单位各类资源,向省测绘与地理信息局申报乙级测绘资质中的"专题地图编制和三维地图制作"业务子项,并获得批准,得以提升单位服务能力。

【测绘地理信息宣传】　　一是市建设局测绘与地理信息管理科、市城乡建设测量队(地理信息服务中心)积极撰写各类测绘地理信息工作报道,宣传测绘地理信息工作动态、经验及做法,扩大测绘地理信息工作的影响面,被"浙江测绘网"录用5篇。二是做好"8·29测绘法宣传日"活动。从8月初开始,各测绘单位踊跃参加国家测绘地理信息局举办的版图知识网络赛,并选报1名在校大学生参加"美丽中国"版图知识电视赛,主动联系市教体局将"美丽中国"版图知识网络赛和少儿手绘地图大赛作为中小学生的暑期作业之一。联系《今日嵊州》报社、《嵊州发布》编辑部,制作以"贯彻地图管理条例,更好服务国计民生"为主题的宣传专版、专题公众微信推送,向广大公众宣传地图知识、取得的成果及测绘地理信息在服务国计民生中所发挥的作用等。订购和制作宣传地球仪、宣传地图、宣传折页及宣传板等,在中小学生中发放,让更多中小学生懂得地图知识、地图文化及国家版图知识。

城市建设

【城市桥梁】　　环城南路和城南大桥拓宽改造工程在2015年完成前期工作基础上,2016年完成南半幅主体工程建设并通车;马桥慢行桥梁已建成;城东至旧城区慢行桥梁完成主体建设,进入装饰施工。

12月，嵊州马桥慢行桥建成

【城市路网】 一是完成城西路二期工程、艇湖路拓宽改造工程；二是艇湖路东段提升改造工程完成路基平整、明心岭路提升改造工程进场施工；三是完成滨江小区至黄金水岸市政配套工程，南沿路二期完成房屋拆迁等政策处理工作；四是长泰路(市建设局至西桥公交车站)拓延工程进入前期工作，严坑至八里洋道路工程投入政策处理工作。

【交通治堵】 一是全年市区新增停车泊位1200个，分别分布在改造后的湖滨新村旧小区和马寅初中学对面旧小区，城南新区（南田大桥桥下）、鹿山街道(剡溪大桥北侧桥下)、南桥北侧桥下以及漆画四海路、剡溪路等地的停车场。二是完成芷湘路、双塔路2个公交枢纽站建设，并已移交交通部门投入使用。三是在4月份完成《嵊州市东桥及周边区域交通改善方案》编制后，年底完成了嵊州大道、剡兴路、一景路等10个路口的改造。四是全面整治规范道路路名牌和交通指示牌等道路标识标牌。五是完成城区货车限行标牌安装工程，自8月1日起，对城区货车实行禁限行管理。六是新增公共自行车200辆，加密服务网点5个。

【城区提升改造】 一是完成嵊州大道、官河南路、剡兴路"美丽示范街"亮化景观工程、绿化提升工程、人行道提升改造，完成立面提升改造工程设计。二是投资2600余万元，完成罗小线（城西至新光药厂）、迪贝路、剡兴路、一景路、浦南大道"美丽示范路"改造。三是城区清淤。5月完成剡湖清淤泥2000立方米；6月完成湿地公园清淤泥10万立方米；内官河疏通管道1092米，清

淤1564立方米；沿江排污渠清淤，疏通管道1700米，清淤900立方米；城区11个养护片组对养护范围内进行一次全面清淤疏通，累计清淤泥457立方米。

【"三改"工作】 全年完成520.5万平方米"三改"任务，其中旧住宅小区169.1万平方米，城中村改造310.2万平方米，旧厂区改造41.2万平方米，完成绍兴市下达年度目标任务的650.6%。投资2000余万元，完成119平安小区、东南路219小区、城西一苑、城西二苑等4个小区改造工程，达到雨污分流、立面美观、绿化提档、停车规范、管线入地、设施配套、相对封闭。受益户数2300多户，受益面积17万平方米。

市政公共设施

【城区道路管养】 各维修养护片组均有专人负责市政设施的维修养护。全年共计外运垃圾213立方米；修补沥青路面836处；更换补充各式盖板879套；疏通道路地下管道135处1787米；改造砼路面3.96万平方米；改造管道1185米；整修人行道块2.77万余平方米；城区道路零星清淤914立方米；投资200万元，更换硬隔离栏800米，漆划标线2.5万平方米。

【路灯维修更换】 全年维修路灯5320盏，其中更换灯泡3860只、镇流器600多只、触发器350只，更换电缆1.13万米，更换旧路灯控制箱18套，更换旧灯罩45只。路灯设施完好率98%以上，路灯设施运行正常。此外，配合文明城市创建工作，长乐江两岸堤坝灯更换光源521盏，领带园区更换电缆2100米，对全市景观灯进行全面修理，对全市路灯杆进行污目广告大清除。

【城市排水】 一是根据防洪抢险预案，成立应急抢险小组，做好人员、车辆及应急物资等各项准备；二是对城区各排涝站以及长泰排涝站、沿江排污渠清淤泥510立方米。

【整治江滨市场及周边环境】 一是与多部门和街道联动，拆除44间违章建房，南桥北引桥

下的违章建筑得到全部拆除并完成垃圾清运,解决 20 多年的历史遗留问题;二是完成江滨西路至剡溪路道路贯通工程,8 月 12 日投入使用;三是完成南桥北引桥下停车场建设,新增停车位 82 个;四是完成江滨市场便民服务点和 83 只大型户外广告整治。

24 项市政工程完成情况

表 33

序号	工程名称	施工进度
1	环城南路城南大桥拓宽改造及接线工程	南半幅 12 月 25 日通车
2	剡溪路贯通工程	完成
3	城西路改造(二期)	完成
4	东桥周边治堵道路拓宽工程(嵊州大道、剡兴路、一景路等区域)	完成 70%
5	南桥北引桥下违建房拆除和停车场改建	完成
6	湿地公园清淤	清淤 10 万立方米
7	上虞——新昌天然气管线嵊州段中心桩放样	完成
8	芷湘路、双塔路 2 个公交枢纽站建设	完成
9	经环东路、经环北路、浦东三路路面修复工程	完成(4400 平方米)
10	浙锻路、浦南一路、浦南二路、三博路路面修复工程	完成(4200 平方米)
11	滨江城市花园至黄金水岸市政配套雨、污管道安装	完成
12	内官河、沿江排污渠清淤工程	完成疏通管道 2792 米、清淤 2500 平方米
13	艇东路拓宽改造工程	完成管道埋设 370 米 完成路面改造 600 米
14	双塔大桥两侧人行道栏杆修复工程	完成
15	嵊新大道景观亮化提升工程	完成
16	长乐江堤慢行系统一期剡溪路路灯改造工程	完成
17	滨江花园至黄金水岸市政配套路灯工程	完成
18	滨江花园至黄金水岸市政配套停车场亮化工程	完成
19	拆除东南路、长春路、八里洋、东桥、剡兴路等高架广告及拆除江滨市场边便民服务点、越秀路便民服务点	完成
20	东浦社区安装墙壁灯 200 余套	完成
21	经济开发区 12 条道路路灯亮化工程	完成
22	内环道路修建工程,艇湖东路沥青路面改造	完成 6456.6 平方米
23	嵊州大道与一景路灯改造工程	完成
24	城南大桥改造及接线照明工程	进行道路管线铺设

【桥梁检测】 2016 年,市建设局相关部门完成东桥拼宽部分桥梁、东桥主桥桥梁和禹溪立交桥的检测;同时完成南桥主桥、引桥及西桥的特殊检测。(李泽峰 竹元政)

水的生产与供应

【概况】 2016 年,市城市自来水有限公司供水总量为 3526.12 万吨,比上年增加 183.46 万吨。全年售水量为 3181.82 万吨,比上年增加 136.73 万吨。全年出厂水、管网水水质综合合格率均达 100%。供水区域面积达 95 平方公里左右,用水人口 31.42 万人。新增供水管道 66.09 公里,供水管道总长度达 1332.41 公里。

【管网建设与改造】 3 月,市城市自来水公司出台了《嵊州市中心城区给水专项规划

(2015-2020)》。继续实施中心城区给水改建(一期)工程，完成新建及改建管道约59公里，嵊州大道(东桥——超级门口)、澄潭江下穿管等老旧管道的改建；完成城西一苑、城西二苑、东南路219号以及119小区等老小区管网的改造。继续推进自来水的一户一表建设，累计新建改造一户一表近1.16万户。完成赞成雍景园二期等9处新建小区的入户供水；完成忠铨等4个村和现代家园、三江花苑等小区的一户一表改造。

【水厂建设】　2016年，市城市自来水公司启动第二水厂技改工程。艇湖工业水厂建设工程，完成施工图的设计以及地块的拆迁平整。

【农村饮用水安全工程】　2016年，市水务集团完成长乐、金庭两自来水厂的收购，成立嵊州丰泉水务、上东自来水公司两家乡镇水务公司。完成长乐老水厂部分设施的改造。启动长乐新水厂建设工程，完成水厂的选址和设计招标。完成北漳土块、金兰的供水主管网建设。完成嵊张线以南供水工程主管网建设，共计铺设管网33公里，入户80%以上。全年共计完成356个自然村的农村安全饮用水工程，解决了17.6万人的饮用水安全问题。

【抗击极端冰冻灾害】　1月23日(腊月十四)，嵊州突遇1969年以来近零下10℃的最低气

1月27日，水务集团工作人员在湖都花苑进行抗冰冻保供水抢修

温，严重冰冻导致用水设施大面积受损，城市供水基本上处于瘫痪状态。1月25日气温快速回升，受损供水设施开始渗漏喷洒。市水务集团全面实施抗冰冻保供水抢修工作。此次冰冻灾害影响用水户1.1万余户，累计受理报障电话及现场接访1.5万余起，更换受损水表6500余只，修理受损水管1.22万余起，出动各类抢修人员2500余人次(包括向社会募集的抢修人员)，通过近13天的日夜抢修，春节前基本恢复正常供水。冰冻灾害应急抢险后，公司总结经验教训，重新制定完善了"户表"的施工安装方案，严格规范，有效提高了全市用水设施的抗冰冻能力。(鲍卫民)

环境卫生

【污水收集泵投运】　剡湖、仙湖两处污水收集泵站均于9月下旬试运行，10月上旬全面完工正式投运。剡湖泵站位于龙盛路与上三高速交叉处东北侧，用地面积2002.33平方米，设计规模10万立方米/天，投资1375万元；仙湖泵位于城南仙湖路与领带园一路交叉处东北侧，用地面积2000平方米，设计规模0.4万立方米/天，投资873万元。

【公厕升级改造】　4月开始，投资890余万元，对城区91座公厕进行升级改造。其中，86座公厕墙地面贴砖，内部所有设施设备更新改造，5月份全部完工；罗星公园等5座进行翻建升级，5月中旬开始施工，8月全部完工。投资66万元，在玉皇寺边、排水公司边、双塔桥西、水文站东、长泰路排涝站边，分别安装新购置的移动公厕共6座。另外，购置2座单体式移动公厕，在重要节日或活动期间应急备用。2016年，除移动式公厕外，城区有水冲式公厕108座，其中一类4座、二类及准二类36座、三类及准三类68座。

【垃圾不落地收集】　投资410万元，对全市456座垃圾收集房进行拆除并设桶改造。其中，410座拆后设棚，棚内放置垃圾桶，46座拆后设桶。所有垃圾收集点全部实施桶式对接清运。同时，投资116万元，分批购置分类垃圾桶7000多个，放置于

各垃圾收集点,以适应新垃圾清运模式。投资 158 万元,购置各类翻桶式电动垃圾清运车 55 辆;投资 303 万元,购置各类压缩式垃圾清运车 9 辆;投资 66 万元,购置汽油八桶车 7 辆,大大提高垃圾不落地收集和清运时效。

【规范废弃箱设置】 2016 年,市建设局相关部门在全面摸排城区垃圾箱、果壳箱设置情况基础上,对照创国家卫生城市标准,投资 52 万元,购置果壳箱 1500 个, 在城区共新增、更新垃圾桶 5000 余个、果壳箱 1300 多个。组织专业清洗队伍,对果壳箱、垃圾桶进行天天擦洗及定期内外擦洗,保持整洁卫生。

【环卫机械化作业】 2016 年,市建设局投资 716 万元,分批购置道路清扫车 7 辆、洒水车 8 辆、垃圾中转车 1 辆,并投入运行,有效提升保洁水平和垃圾转运能力, 道路机械化保洁率提升至 56%。实施机械车辆全日制作业,增加每条道路机械化清扫次数。同时增加环卫工人清扫点,加强人行道保洁和卫生死角清除,不留任何保洁盲点,道路整体洁净度明显提升。另外,投资 60 万元,引进新型电动快速保洁车 60 辆,53 辆已投运, 车辆能及时发现道路上、绿化带内的零星白色污染物、塑料瓶等垃圾,并捡拾处理。

【清理卫生死角】 2016 年,在全市上下创建国家卫生城市热潮中,环卫工人加班加点,全面排查清理卫生死角,大力整治道路、绿化带卫生,清除所有主要道路及小区绿化带内多年积存垃圾。5 月份始,全市各部门单位的卫生死角清理工作广泛深度展开,市环卫处投入大量财力、人力、精力,不论份内份外,无条件清除一切可见垃圾及破烂堆积物,从居民家庭到社区、单位甚至房地产开发项目,卫生大整治活动全面铺开。5 月初至 6 月 13 日大整治期间,全市垃圾日清运量达 2000 多吨,共运垃圾 5.4 万余吨, 比上年同期增长 178%;9 月 7 日至 10 月 14 日迎检期间,清运城区垃圾 2.8 万多吨,比上年同期增长 92%。4 至 10 月,城区垃圾清运量为 17.2 万多吨,比上年同期增长 74%。

【保洁质量提升】 4 月 1 日起,根据市政府印发的《嵊州市城市市政、园林、环卫、亮化一体化管理实施意见》要求,市环卫处接管原交通局、水利局、园林管理处等保洁的共计 267.24 万平方米道路、堤坝、绿化带的保洁工作, 保洁面积扩大至 897.24 万平方米。城区新增环卫工人 500 人,除堤坝一日 2 扫外, 道路全面实行 14 小时保洁制。同时,进一步细化和完善考核制度及评分标准,实行区块、道路两级网络化管理,定人定时定责任区域督查考核。9 月 1 日起,实行"管理员、环卫所、环卫处"三级督查制度,根据清扫、清运、清卫《百分制考核细则》,不定时对作业公司负责区域进行分别考核,每日公布考核情况。做到督查范围全覆盖,督查台账规范,整改及时到位,提升城市卫生精细化、精准化管理水平。

【垃圾清运】 全面改造城区垃圾收集房,配套购置垃圾清运车,实施全日制多频次垃圾不落地收集清运,加强"垃圾入室"及全封闭运输考核管理。卫生死角清理工作纳入日常作业范围,发现一处,清除一次。同时,加强日常全面性巡查,做到早发现、早落实、早整改,杜绝城市垃圾裸露现象。2016 年无害化清运处理垃圾 43.24 万吨,比上年同期增加 62.7%。

【公厕全日保洁】 实行全日制巡回保洁,定岗、定人、定责,定期消杀,保持清洁方便的如厕环境。新接管芷汀路加油站、黄金水岸等公厕。建立健全城区化粪池管理台账,以巡回式主动清粪为主要作业方式,加强日常巡查,及时处理,进一步减少市民对粪池满溢的投诉。1 月至 12 月,城区无害化清运及处理粪便近 1.12 万吨。

【垃圾填埋场二期工程投运】 3 月,垃圾填埋场二期工程投入试运行,渗滤液处理厂开始污水处理调试工作,运营正常。同时,填埋场一期调节池至二期污水管道连接工作全部完工。垃圾填埋场二期工程日均进场填埋垃圾 1100 余吨,渗滤液处理厂日处理渗滤液 300 余吨。

【城乡环境整治】 一是市建设局牵头推进

全市城乡环境大整治行动,全年完成彩钢棚整治整改 327 万平方米;完成城乡环境问题排查整改 8079 个,其中两路两侧环境销号 3540 个,城镇环境整治销号 442 个,村容村貌整治销号 2669 个,河路畅通整治销号 531 个,城乡垃圾资源化整治销号 897 个,完成市政府下达年度的考核任务。二是农村生活垃圾分类处置和城郊村、集镇村污水整治。制定《嵊州市农村生活垃圾分类工作实施方案》;238 个行政村实施垃圾分类、3 个行政村进行垃圾处置试点。垃圾分类工作在全市全面推广实施。三是农村生活污水工程维护运行工作,结合城乡供排水一体化工作落实到位,设施运维完成行政村 323 个、终端 439 个。完成 84 个城郊村和集镇村截污纳管建设。四是"五水共治"。牵头抓好排涝水、抓节水、保供水工作,超额完成上级考核任务。五是着手开展小城镇环境综合整治。制定《嵊州市小城镇环境综合整治实施方案》,成立工作领导小组,设立专职办公室,开展实体化运作;指导各乡镇制定三年行动计划和规划设计任务书。

【公园环境整治】　　全年投入 500 多人次,对湿地公园、剡湖公园、儿童乐园、鹿山公园进行公园环境大整治行动,拆除铁皮棚 5 间;改造儿童公园、鹿山公园内的公厕 2 只;清运公园垃圾及枯枝落叶 500 余车。维修、油漆文化广场、湿地公园等处破旧座椅 80 条;更换城区公园、广场破损果壳箱 34 只、座椅 55 条、木花桶 9 只,安装隔离栏杆 1200 米。公园、广场等场所公共园林设施保持完好整洁。

房地产业

【概况】　　2016 年,市建设局完成房地产企业资质审批、变更 28 件,核发商品房预售许可证 16 件。

【物业维修金保修金招投标】　　2 月 23 日,市建设局在浙江信元工程咨询公司举行市物业保修金及物业专项维修金存放公开招投标工作。市农村合作银行中标取得存放权,成为绍兴市第一个通过招投标确定该两项资金存放的银行。2016

年,共归集专项维修金 5700 万元,物业保修金 1500 万元,完成 3 亿维修金和保修金的银行竞争性存放工作。

【房地产政策扶持】　　4 月 6 日,市政府出台关于继续施行《嵊州市人民政府关于促进房地产市场平稳健康发展的意见》的通知,适当放宽新出让地块地价款支付期限,降低土地增值税预缴额和新出让地块竞买保证金,缓缴人防易地建设费、城市基础设施配套费、商品房物业保修金和物业专项维修金,降低物业保修金和物业专项维修金缴纳标准,减轻房地产企业资金压力。

【房地产业发展】　　2016 年,市政府和市房地产管理部门,加大对房地产监管扶持力度。5 月 20 日,市政府出台《嵊州市商品房预售资金监管实施细则》,10 月 9 日,又印发《关于进一步加强房地产开发管理的意见》,以加大对房地产监管扶持;举办城市土地招商会和 2016 金秋房地产博览会。全年共成交新建商品住宅 7502 套,成交面积 89.33 万平方米,同比增长 70.3%;成交金额 73.85 亿元,同比增长 76.8%。截至 12 月底,全市共有商品房存量 7180 套,面积 90 万平方米,库存去化(除)周期 11.6 个月。根据房地产业发展新形势需要,5 月 19 日,恢复成立"嵊州市房地产行业协会";完成部署全市所有房地产企业"营改增"及加强预售资金监管工作;完成房屋征收企业资质备案 10 家,并在建设局网站进行公示。

【住房保障】　　7 月 15 日,出台《嵊州市公共租赁住房实施细则》,完善公租房保障政策,加快落实企业建设公共租赁住房替换项目,做好艇湖公寓产权工作,完成艇湖公寓 1498 本房产证办理(其中办理经济适用住房产权证 128 本)。同时,做好公租房申请和公租房保障对象的资料申请、年审工作。公共租赁住房审核结果,于 7 月 13 日、11 月 3 日、12 月 2 日分 3 批共 196 户家庭在《今日嵊州》专版等专栏进行公示。艇湖公寓公租房完成分配 579 套(包括人才公寓 160 套)。2013 年前开工的保障房项目分配率达 94.4%。

【危旧房治理】　　2016 年,全市有丙类城镇危旧住宅房屋 8 幢,于 6 月 28 日前全部完成腾空,完成上级考核任务,印发《嵊州市城镇危旧房安全事故应急预案》《嵊州市危旧房日常巡查排查制度》;上报《嵊州市城镇危旧住宅房屋治理改造工作三年行动专项规划》。起草《嵊州市危旧直管公房综合整治实施意见》,妥善处理名都苑住宅小区北侧车库的安全隐患问题。10 月 11 至 25 日,市建设局开展全市集体土地危险房屋排查工作,共排查房屋 11.62 万余幢,涉及居民 32.15 万人,发现存在安全隐患房屋 2234 幢,均采取相应措施。

【非住宅公房招租】　制定出台《嵊州市市直公房(非住宅)管理办法(试行)》等政策,所有公房一律进台账管理,到期的一律进行公开招租,拒不配合的采用法律手段。至年底,分 11 批共 128 处非住宅公房进行公开招租,收缴租金 660 万元。

【住宅小区物业管理】　2016 年,开展全市物业管理工作调查摸底。全市共有物业管理企业 40 家,物业管理面积 450 万平方米。9 月 12 日,召开全市物业企业座谈会,学习相关法律法规,交流物业管理工作情况以及经验做法,提出做好物业工作保洁、保亮、保安、保绿、秩序、保修"六保"。10 月下旬,会同绍兴市建设局对玉兰花园进行"四优小区"考评。

城市绿化

【社区绿化环境改造】　配合居民社区创"国卫"工作,市园林管理处主动深入老城区、城南新区、开发委辖区内 10 多个社区,了解并尽力解决居民反映的环境热点难点问题,分批实施绿化改造工作,全年计绿化社区面积 8 万多平方米。在整治、绿化社区环境同时,发动居民开展除蚊虫、苍蝇、老鼠、蟑螂等四害工作,进一步改善绿地卫生环境。

【重点绿化工程建设】　一是对嵊州大道(剡城路—艇湖路)、剡兴路(东桥南段—假日大酒店)等路段实施"美丽示范街"建设;对迪贝路、剡兴路等路段实施"美丽示范路"改造。迪贝路、剡兴路等路段提升改造工程完工;嵊州大道绿化景观

提升改造工程于 11 月完成招投标,年底开工建设。二是结合交通治堵项目(超级大酒店—东桥)和艇湖路—剡城路示范街建设,分段实施街道两侧绿化提升工程。(李泽峰　竹元政)

城市管理

【概况】　2016 年,市综合执法局围绕全市经济社会发展大局,按照规范执法、严查严管、狠抓落实的工作基调,全面履行城市管理行政执法职能,开展优化环境大整治,推动了国家卫生城市和省无违建县市创建。全年共办理行政执法案件 1290 只,同比增长 1.5 倍以上。其中,有一只案件获评全省建设系统"十佳行政处罚案件",另一只案卷获评嵊州市优秀行政处罚案卷。

【管理机制调整】　从调整勤务模式入手,发挥行政执法最大效能。一是落实局领导轮流带班督查制度。局领导带头,参与街面督查,职能科室强化每日巡查督导,第一时间发现问题并督促整改。二是组建机动执法中队,将工作时间延长至 24 小时,重点加大市区范围涉及的夜宵市场、占道经营、流动设摊、违章停车等市容乱象的打击力度,与各辖区中队日常管理形成无缝对接。三是加强属地中队网格化管理。各中队对辖区管理网格进行进一步细化,落实网格内定人定责,提高管理效率。

【江滨市场整治】　会同公安、建设、市场公司、市场监管等职能部门,齐抓共管。取消了市场周边的老国商南侧、江滨西路 80 号、剡溪路等 3 处存在多年的马路市场,落实了市场周边市容常态化管理制度。在市场二楼开辟自产自销区域。对环市场周边的所有沿街店铺进行严格的执法管理,沿街店主的规范经营意识得到较大提升,经营户基本能做到齐门经营。同时,全面拆除南桥北引桥下、江滨西路 80 号楼附属楼和市场外围的违章建筑。

【马路市场整顿】　开展城管、交警联合执法,机动与属地无缝对接统一执法,并落实专人定点定岗巡查管理,全面取缔各个主干道路、交通节点的马路市场,以及里坂、沿宅、阮庙、小砩、四海

路、黄泽东直街等各个农贸市场周边的13处马路市场。规范越秀路夜宵专业街,拆除四海路棚摊一条街;全面取缔江滨西路、富豪路、一景路等市区范围内的室外夜宵摊,全市共118家室外夜宵摊关停转行或租店经营,56家烧烤摊全部入室经营,夜间的脏乱差市容面貌得到了极大改观。

【门前三包】 以落实门前三包为目标,全面开展沿街占道经营整治。实行片区中队属地管理和机动中队巡查执法机制,与各主次街道沿街商户签订"门前三包"责任书5780 份,整改上移空调外机2547只,扣押占道物品3190起,清除乱吊挂、乱晾晒1600起,拆除遮阳棚、灶台、水槽等乱搭乱建3070起,拆除沿街水龙头1886只,没收灯箱广告2900余只。以四海路、官河路为先行试点,在主干道路探索实行"门前三包"评星挂牌工作,已挂牌2903户,对不符合要求的275户商家降星摘牌。沿街商户齐门经营的规矩意识有很大提升,各主干街面的门前三包得到有效推进,为文明秩序示范街创建打下了坚实基础。

7月,市综合执法局在四海路创新启动"门前三包"评星挂牌活动

【犬类管理】 9月1日起,正式成立犬类管理办公室,牵头协调各街道犬只登记办公室和有关部门,启动城区限养区内犬只登记办证、检查、考核等工作。10月1日开始,开展犬类常态化管理和集中整治。全年共走访社区15个,分发宣传资料8000余份,犬类上牌发证3115只,捕捉收容流浪犬共409只,规范了市区限养区内的养犬、放犬秩序。

【整治户外广告】 根据《嵊州市区户外广告规范整治实施方案》,启动户外广告专项整治工作,对摸排出来的1027只违规户外广告,由属地街道组织力量,综合执法全力配合,开展集中拆除行动。同时,综合执法局组织精干力量,共拆除未经审批的建筑屋顶广告186只,建筑立面广告732只,道路广告1836只,其他广告设施4348只。至年底,城区内的高架、立柱、刀旗杆等广告和鹿山街道和经济开发区范围内的存量广告已基本拆除。

【违法违建处理】 配合交通治堵工作,24小时严查严管主要路段违停车辆,会同交警部门开展仙湖路、四海路、江滨西路、开发区等主干道路违章停车联合整治,全年共查处人行道违停4万起,拖离僵尸车28辆,强制拖离人行道乱停放电瓶车421辆,清理占道路障600余起。做好关于"规范工业企业用地国有划拨或集体使用转出让、合法用地上的未批先建厂房"的查处工作;跟进处置"雅致村综合楼"违法建设问题;走访调查"宝利皮革厂擅自拆除围墙开设店面"相关情况;落实"锦绣嘉园擅自拆除围墙"的整改。(王醒)

新农村建设

【概况】 2016年,市新农村建设贯彻落实省委、省政府"五水共治"重要决策和"两美浙江"战略有关部署,围绕市委、市政府建设"实力嵊州、品质嵊州、魅力嵊州"的总目标,以美丽乡村提档升级建设为工作重点,以提升农民生活品质为根本,以深化农村改革发展为动力,实施农村环境综合整治、农村人居建设、农村经济发展、农村文化培育等四大行动,推动现代农业提升发展、农民收入较快增长、农村民生全面提升、生态环境明显改善、农村社会和谐稳定,城乡一体化发展步伐加快,全市新农村建设成效显著。

【污水治理】 2016年,市农办通过抓进度、抓质量、抓运维管护、抓示范和指导等措施。高标准完成68个行政村的农村生活污水治理,全市治理村达376个,实现农村生活污水治理行政村100%全覆盖,三年累计新增受益农户12万户左右,超额完成省下达的三年治污任务。

【美丽乡村建设】 2016年,市农办按照"补一轮、拎一批、连一片"的思路,致力美丽乡村提档升级。实施60个整治提升村、5个精品村、7个中心村、10个省级历史文化村落、9个民宿特色村的"五村共建"工程,超额完成20万方村内池塘清淤任务。重点推进崇仁六村、竹溪村等2个省级历史文化村落保护和利用重点村建设,打造崇仁镇木马峧、长乐镇小昆、鹿山街道上碧溪、仙岩镇王树、通源乡白雁坑等5个绍兴市级精品村,按照"一村一品、一村一韵"的要求,打造环境优美、内涵丰厚、可品可游的精品村点。实施石璜、金庭等8个乡镇的美丽示范路建设,整治乱搭乱建、乱堆乱放现象,实施绿化彩化、立面改造、景观节点等美化工程,扮靓美丽乡村连接线。全面启动10条美丽乡村风景线建设,重点打造书圣故里、忘忧西白2条风景线。风景线沿线村庄按照景区化标准安排项目,对重大项目进行专业设计后再实施,对白雁坑(分水岗)、蓬珥(留王)等重要村点进行整村打造。加快风景线内基础设施建设,忘忧西白风景线完成西三村(茶培)至白雁坑(分水岗)、小昆至寺西苑(白术园)交通道路建设。注重文化挖掘和植入,举办艺术家西白山美丽区块采风、"羲之故

书圣故里风景线重要节点金庭镇华堂村

里"登山节等活动。注重风景线整体风貌营造,按景区标准配置标识标牌和交通指示牌。注重特色产业发展,培育民宿乡村游,鼓励发展现代农业、农村电商等新兴业态。

【农村环境整治】 2016年,市农办以面上整洁为目标,全域开展农村环境综合整治,加快补齐全市农村环境"脏乱差"的短板。按照"有科学规划,有乡土气息,有完善设施,有良好环境,有管护机制,有和谐村风;无重大信访,无乱搭乱建,无乱堆乱放,无乱种乱养,无乱贴乱画,无污水横流"的"六有六无"创建要求,完成首批108个行政村(社区)环境整治示范村(社区)创建。发挥示范带动作用,每月一次由市委书记主持召开环境整治现场会,每次竞争性选择2个乡镇的4至5个村作为参观点。加强督查考核,成立四个市级联合督查考核组,分大集镇、街道、中等镇、小乡镇四个层面,由市领导带队每月进行考核排名,排名结果向全社会公布。落实村容村貌美化整治行动,针对村容村貌中存在的"四乱"问题,以乡镇自查和市级督查相结合的方式,对452个行政村进行全面摸排,梳理出问题5669个,形成"问题清单"。根据"问题清单",逐项制定整改方案,确定并公示"责任清单"。通过明查暗访,加强问题跟踪管理,根据完成情况落实"整改清单"。6月份前,全市5669处"问题清单"全部完成整改。

石璜镇向阳村(环境整治示范村)

【扶贫奔小康工程】 推进经济薄弱村和低收入农户奔小康工程,围绕经济薄弱村发展和低收入农户增收,创新工作机制,开展精准扶贫。市委市

政府制定出台《嵊州市村级集体经济发展基金管理办法》，成立村级集体经济发展基金。首期基金规模2280万元，基金投放于政府融资平台，融资平台按8.5%的年利率向基金支付利息，完成谷来镇电站改造二期项目建设，增强经济薄弱村的"造血"功能，提升经济薄弱村自我发展能力，项目总投资706万元，由8个经济薄弱村参股经营，项目运作后，每村每年可获分红不少于5万元。2016年，全市所有行政村村级集体经济总收入均达到10万元以上，低收入农户人均可支配收入达到10640元，同比增长18.7%，全市未出现"4600元以下"绝对贫困现象。

【农村改革亮点】　"三位一体"方面，完成市级农合联组建，共吸纳会员158个，其中单位会员149个，个人会员9个；完成13个乡镇农合联组建，实现乡镇农合联全覆盖，共吸纳专业合作社、家庭农场、涉农企事业单位等集体会员及个人会员共754名。农村承包土地经营权抵押贷款试点方面，累计发放农村承包土地经营权抵押贷款1.68亿元，余额达到1.51亿元，新增1.48亿元，增量位居省10个农村承包土地经营权抵押贷款试点县(市、区)首位，得到省委和省政府分管领导的批示肯定。

【农家乐休闲旅游】　2016年，市农办完成市农家乐休闲旅游促进会换届选举，并严格规范各级协会运作。规范民宿管理，邀请民宿专家等到实地指导，对民宿提档升级提出指导方案。布局上，试行区块散点并行，继续培育西白山、温泉湖、覆卮山等发展势头较好、较为成熟的民宿区块，完成西白山区块的白雁坑、蓬瑚、葛英、油竹潭等村、温泉湖区块的董郎岗村，覆卮山区块的樟家田、泉岗村等20余家民宿建设。鼓励谷来、金庭等9个乡镇错位发展民宿乡村游、采摘休闲游，确定9个民宿培育村，形成相辅相成的发展格局。提质上，学习周边县市的先进经验，着力建设忘忧西白风景线的白雁坑、西三小昆、蓬瑚等区域，培育精品民宿。

【农村指导员工作】　完善农村工作指导员制度，发挥农村工作指导员作用。建立"随机督查制度"，对指导员到岗到位情况进行督查，督查情况作为指导员年度考核重要依据。建立互学互帮机制，定期组织召开指导员工作例会。坚持客观公正原则，做好省级优秀指导员推荐上报、绍兴市派指导员年度考核、民主测评等工作。建立责任追究机制，对工作不到位的农村工作指导员，当年度不参与评先评优，情节严重的予以问责。(卢亮)

三改一拆

【概况】　2016年，市委、市政府将"三改一拆"和"无违建"创建作为全市的中心工作来抓，坚持以拆促改、边拆边改、拆改互动，取得了阶段性成效。全年累计拆违面积286.4万平方米，完成绍兴市下达120万任务的239%，拆违绝对值和完成率分别排绍兴市第3位；完成"三改"面积520.5万平方米，完成绍兴市下达年度目标任务的651%，完成率排名绍兴市第1位。雅璜乡、王院乡、通源乡、竹溪乡被绍兴市人民政府评为"无违建"乡镇，谷来镇、北漳镇、下王镇、贵门乡、里南乡被绍兴市人民政府评为"基本无违建"乡镇，开发区(浦口街道)、城南新区(三江街道)、高新园区(三界镇)、甘霖镇、崇仁镇、长乐镇、黄泽镇、剡湖街道、石璜镇、仙岩镇、金庭镇被绍兴市政府评为"先进无违建"乡镇。

【动员部署】　一年中，市委市政府分别于2月24日和3月4日召开了城中村改造和无违建先进县市创建动员大会，专项部署"三改一拆"工作。各乡镇(街道)、村(社区)也分别召开相关会议进行动员部署，做到横向到边、纵向到底。举全市之力推进城中村改造。在乡镇一级层面上，按照属地管理原则，明确乡镇(街道)为　"无违建"创建工作责任主体，组织实施所属区域内的"无违建"创建工作。国土、建设、交通、水利、城管等为执法主体，分别负责各自执法范围内违法建设的查处工作，与乡镇(街道)实现无缝隙对接，不留死角。其他部门加强对联系乡镇(街道)的帮扶，实施捆绑考核，形成工作合力。

【拆违专项行动】　一是沿线整治优环境。针对道路沿线乱搭乱建较多的实际，全市确定29条全长112千米的"美丽示范路"进行重点突破,通过"拆、改、建、埋、清、管"六管齐下,拆除各类乱搭乱建20多万平方米,清理乱堆乱放6000多处。二是干部带头促整治。市委市政府专门出台《关于严肃整治农村党员干部非法"一户多宅"的通知》《整治农村党员干部非法"一户多宅"十个一律》等规定,党员干部结合"两学一做"教育活动,亮明身份、榜样示范,开展自查承诺,带头拆除违建。4月份,全市923名农村主职干部在媒体公示;5月份,全市29914名农村党员干部签订了自查承诺表。6月15日前,要求党员干部自行拆除非法"一户多宅",如在规定时间内未自查申报和整治到位的,一律予以责任追究。通过党员干部带头整治,全市共有1809名党员干部自拆1653宅,累计整治非法"一户多宅"1.12万余户。三是重拳拆违零容忍。年初,确定全市150万平方米的拆违任务,下半年大会战中又提升到220万平方米。集中力量,重拳出击,动真碰硬,开展了多次典型违建的集中拆除工作,成功拆除绍甘线甘霖段成片违建、黄泽镇大唐度假村等一批硬骨头违建。在存量违建的拆除中,对列入缓拆的违建进行专项清理整治,严把"缓拆"关,坚决避免出现"以缓代拆"现象。四是营造氛围督违建。市委宣传部、新闻传媒中心、广电总台等新闻媒体加大对拆违新闻的监督行动力度,积极发挥《今日关注》等栏目作用,增加典型违建的曝光频率和深度,印发政策宣传小册子、新小区入住告知书、短信提示等方式以提高政策透明度、知晓率,赢得群众对

城中村改造区域拆违

拆违工作的支持。畅通信访举报渠道,做到有报必查,及时回复,提高群众对"无违建"创建工作的参与度。已拆除《今日聚焦》曝光的大有烟花仓库违建,完成处置花园山庄违建,以及长乐镇山口违建别墅。

【机制保障】 实行领导督查、专项督导、排名通报"三位一体"督查制度,把"三改一拆"项目列入市领导2016年攻坚克难"八个一"联系工作的重要内容。一年来,市委"一把手"坚持每半月一次督查"无违建"创建工作;市政府主要领导定期或不定期进行调研督查;分管市领导召开工作例会10次,确保一抓到底,抓出成效。开展专项督导,把城中村改造和违法建筑大整治列入纪检监察的重点内容,市纪委11个纪检组定期对城中村改造和违法建筑大整治进展情况进行专项督查;市"三改一拆"办落实专人对拆违数据实行现场核实,确保数据的真实性。建立健全排名通报制度,对违法建筑大整治进展情况进行综合排名,连续两次排名同层面末位的进行通报批评,未按期完成创建任务的予以红黄牌警示督办。全年已对连续两次排名末位的8个乡镇街道进行了通报批评,对10个未按期完成创建任务的乡镇街道予以黄牌警示督办。

【网格化控违】 疏堵结合抓控违。建立市、乡镇(街道)、村(社区)三级网格化的违法建筑防控体系,落实"责任网、发现网、查处网和监督网"等网格化管理体系,做到责任、执行和追究三到位。创新举措,对涉违房采取不予房产登记、不予提供贷款、不予登记发证、不予提供服务的"四不予"措施,严厉威慑违建行为。从源头进行疏导,完成农房审批权限下放乡镇工作,出台市区建房审批办法,减少审批环节,加快审批速度。

【拆改结合】 一是强势推进旧住宅区和旧厂区"两旧"改造。通过旧住宅区改造,有效改善小区环境。2016年重点对东南路219小区、119平安小区、城西一苑、城西二苑等实施改造,达到雨污分流、立面美观、绿化提档、停车规范、管线入地、设施配套、相对封闭,打造旧住宅区改造的亮点。全年已

完成旧住宅区改造 169.1 万平方米。同时推进旧厂区改造，有效盘整、释放存量土地，拓展企业的发展空间，推动了企业转型升级，全年已完成旧厂区改造项目 39 个，建筑面积 41.2 万平方米。二是强势推进拆后利用。积极利用拆后土地引进优质项目，城南马桥区块引进总投资 50 亿元、58 万方大型商业综合体新城吾悦广场项目已全面建设，建成后将成为嵊州城市建设的新亮点、新名片；已启动建设城南上王区块的"春风里"项目，碧桂园等品牌房企业进驻桥南地块以及投资近 3 亿元的实验小学、中心幼儿园、"美妙三公里"景观公园等民生项目；甬金高速特大桥下停车场已建成投用。农村拆后土地重点用于建设家宴中心、文化礼堂、村庄道路、休闲公园等民生实事工程，以及安排住房困难户的宅基地，既解决村民建房难问题，也大大改善了农村生活环境。（王斌）

五水共治

【概况】　2016 年，全市围绕绍兴市委、市政府提出的"勠力同心、清污夺鼎"的工作要求，推进"五水共治"各项工作。全年完成"五水共治"投资 17.5 亿，完成投资年度计划的 123.2%。其中治污水投资完成 120.2%，防洪水投资完成 106.8%，排涝水投资完成 134.8%，保供水投资完成 329.8%，抓节水投资完成 210.3%。36 条市级河道 65 个断面，98.5% 的断面水质达到或优于Ⅲ类水。31 个乡镇交接断面全部达到或优于Ⅲ类水。220 个村居断面中 218 个断面水质达到或优于Ⅲ类水，其中Ⅰ类水以上断面 42 个，Ⅱ类以上断面 175 个。市出境断面（曹娥江章镇）水质考核为优秀。南山湖饮用水源水质继续保持优良，达标率为 100%。

【河湖清淤】　2016 年，市政府组织河湖清淤大会战活动，全面推进河道、湖泊和农村池塘的清淤工作。全市累计完成清淤 153.12 万立方米，完成年度任务的 153.12%。全面摸排每条河道入河排污（水）口的数量、位置、排放方式、入河方式，共排查出入河排污（水）口 4458 个，坚持分类处置原则，

按照"一口一策"要求，采取保留、立即封堵或限期封堵、综合治理等措施，依法依规进行清理、整治、规范，完成了标识牌的制作。针对省"五水共治"27 督查组和省治水办暗访组发现的 4 个问题和绍兴市水城办暗访发现的 28 个问题，全市各级领导高度重视，深入查找根源，立即组织整改，同时举一反三，以点带面，补齐短板，实现全面提升。

【截污纳管工程】　截至 9 月底，完成了当年 68 个农村生活污水治理任务，全市 374 个行政村实现了全覆盖，受益农户达 12 万户，超出省里下达的任务。同时加快推进 84 个城郊村和集镇村的生活污水治理工作，至年底，37 个村已基本完成治理。全年完成城镇排污管网建设 72.87 公里，完成绍兴市下达任务 53.92 公里的 135.14%。

【治理工业企业和农业面源污染】　工业企业污染方面：开展工业园区整治提升，通过兼并、关停、重组等措施，推进重污染行业整治，对 20 家印染企业全部实现在线监测和刷卡排污。加快"低、小、散"落后产能的整治提升及燃煤锅炉的淘汰，全年共淘汰落后产能企业 31 家，整治"低小散"71 家，完成年度目标的 136.5%；淘汰燃煤锅炉 512 台，完成年度目标的 101.8%，燃煤锅炉淘汰数居绍兴市首位。农业面源污染方面：在前几年关停 2241 家养猪场的基础上，建立了三级网格化管控机制，有效遏制了复养、新养、扩养势头。对留存的 409 家养猪场实行专项治理，于 6 月底全面完成治理验收工作。

【涉水环境执法】　深入开展"零点行动""2016 越剑系列行动"等联合执法行动，重拳治污，保持"零容忍"高压态势，坚决破除"低小散"产能的温床，堵死治污反弹的"后路"。全年累计出动执法人员数 1.43 万余人次，检查企业 5364 家，限期整改企业 200 家，取缔企业 54 家，立案 111 家，处罚 87 家，刑事拘留 9 人，行政拘留 16 人。

【两轮大整治】　3 月份起，全市组织开展城乡环境"脏乱差"百日整治大会战和城乡环境整治提升夏季大决战。严格考核督查机制，实行"一月一

考评、一月一通报"。由市委副书记牵头,4名副市长带队组建综合考核组进行专项督考;召开8次由市委书记、副书记、副市长参加的城乡环境整治提升现场会,对全市17个乡镇的美丽乡村建设、美丽示范带建设进行逐镇验收。要求相关部门主要领导及各乡镇(街道)党委书记参加,以现场会的形式倒逼工作标准提升、工作责任压实、工作成效"比学赶超",有效激发环境整治的内生力。

【水利工程治理】　弘扬工匠精神,以精益求精的要求全力抓好治水项目的谋划、推动和落实。完成金固等5座小型水库除险加固和10座重要山塘整治,动建东风、里湾及下八亩等3座水库,推动黄泽江、长乐江综合治理工程施工。投资16亿元推进湛头滞洪区(艇湖城市公园)、"诗画剡溪"综合治理、江滨美妙三公里、嵊张线美丽景观带建设等重点项目,让群众充分享受治水成果。

【河长巡查机制】　实行市级河长半月一巡查,乡镇级河长一周一巡查,村级河长一周二巡查。加强河长履职信息化建设。6月份,建立"五水共治"微信公众平台,将河道"一河一策"治理方案、水质状况、举报平台等内容在微信公众平台上公开。8月起全面启用河长制APP移动巡查终端系统,实现河长巡查轨迹、内容电子化管理,有文字、图片或视频等巡查记录和资料。以乡镇为单位对镇村两级河长APP巡河完成率实行每周排名通报。

【指标分析和通报机制】　对"五水共治"重点任务和重大项目每月召开分析推进会,逐项分析、查找短板、查漏补缺,在上半年排名靠后的情况下,迎头追赶。至11月底,全部完成绍兴市17项"五水共治"重点任务和重大项目,对清淤工作、APP巡河、集镇村和城郊村截污纳管等实行每周排名通报,全年发出各类通报49期。

【治水考核机制】　修订完善"五水共治"考核办法,对10个治水牵头部门的"五水共治"年终考核与绍兴市年度考核排名挂钩,第一名到第四名分别得8分、5分、3分、1分,第五名倒扣1分,第六名倒扣3分,拉开距离,加大奖惩力度。其他市级部门"五水共治"考核与联系乡镇(街道)捆绑考核,分值为5分。对于各乡镇(街道)的"五水共治"考核分值为8分,是单项工作分值最大的一项。为进一步提升河道断面水质,还对各乡镇(街道)实行交接断面水质考核,满分3分,进行单独考核。

【督办问责机制】　根据年度工作目标,制定两张责任清单。市级层面和乡镇部门层面执行"一提醒、二通报、三督办、四问责"的督办问责方式,对工作不力和责任不落实情况严肃追责。对12个乡镇(街道)进行了通报批评,发出黄牌警示督办2张,有12人因治水工作不力被追责。

【全民治水机制】　常态化开展"全民护水月""小手拉大手""五水共治·村嫂加力""青春治水,美丽嵊州"等活动,全面激发机关干部、党团员、河道保洁员、村嫂等参与治水的热情。继续开展"最美护河人"评选活动,通过乡镇推荐、媒体公示、公众投票、综合评价等方式,评选出年度10位"最美护河人",营造和强化全民治水的氛围。(邱晓军)

城中村改造

【概况】　2016年,是全市城中村改造工作全面推进之年。上半年,全面完成了年初确定的60万平方米的房屋拆除任务,整体征迁了下南田南、高村、爱湖头、隔水大沙墩、三板桥、上杨小山、黄塘桥和谢慕8个区块;下半年自加压力,提前实施2017年拆迁任务,整体征迁了西港、隔水、上杨、湛头、桃花渡、中南田和艇湖7个区块,完成拆除约90万平方米,全年累计拆除15个区块、150万平方米。

【组织机构】　2016年,市委、市政府调整了城中村改造工作领导小组,由市委、市政府主要领导任组长,分管副市长任常务副组长,11位市级领导任副组长,32个成员单位共同参与,专门设立了正科级的城中村改造指挥部。抽调具体业务骨干集中办公。城中村改造指挥部负责全市城中村改造的组织、协调、指导、监督等工作。在城南新区(三江街道）、开发区(浦口街道)、鹿山街道和剡湖街道充分发挥属地主体作用的同时，继续实行大兵团作战，26位挂帅市领导深入一线，靠前指挥，全年共抽调了全市62个局办和17个乡镇的干部，累计组成了200余个工作组，形成了全市"同心同德、众志成城"的工作氛围，为城中村改造的顺利推进打下了坚实的组织指挥基础。

【房屋征收】　城中村改造房屋征收坚持"集中规划、联片征收、统一政策、合理补偿、程序正当、公开公平"的原则，原则上实行货币(含房票)安置与实物安置相结合的安置方式，以货币(含房票)安置为主。并按照《嵊州市城中村房屋征收补偿安置实施办法》，对被征收人给予妥善安置和补偿。

【三公告三公示制度】　2016年，市城中村改造继续实施"三公告、三公示"工作程序。三公告：一是在改造村(社区)发布实施城中村改造公告，自公告之日起暂停改造村(社区)范围内的户口迁入。二是在改造村(社区)发布城中村改造方案公告：公告内容包括安置方式、安置地点、政策补偿标准等内容。三是补偿安置协议签约数达到总户数的一定比例时公告，明确搬迁腾空期限。三公示：一是调查结果公示：公示内容包括待征收房屋的产权状况、使用性质、实际用途；待征收人的人口状况等相关情况。二是认定结果公示：公示内容包括待征收房屋产权、使用性质、实际用途、安置户、安置人口、安置面积及补偿补助方案等相关情况。三是补偿安置结果公示。

【房票安置】　截至12月31日，全市共签发房票2483户，房票金额47.8亿元，被拆迁人使用房票累计5469次，在36家房地产企业使用房票购置商品住宅3053套，金额33.3亿元，房产公司申请结算支付房票金额16.5亿元。规定在本市范围内的房地产开发商自愿参与城中村改造房票安置的，可以向市建设局和城中村改造指挥部申请，如其开发的楼盘已有预售许可证等要件，符合房票安置条件的，由房地产企业签订安置承诺书，在房屋质量、售价优惠等方面作出承诺，经批准同意后列入政府安置房源，并实行动态监管。2016年全年全市共有48个楼盘7000余套进入安置房源。

【城改效果】　一是安置房源几乎涵盖所有新建楼盘，增加了被拆迁人安置房选择余地，也缩短了原来的实物安置时间。二是改善了拆迁户的生活和居住质量，改变了原来"城外现代化，城内脏乱差"的环境。三是促进了房地产市场的健康发展，全市全年共成交新建商品住宅7502套，同比增长70.3%。四是改善了城市形象，在拆迁区域，新城控股、绿城、碧桂园、金昌、勤业等知名房企通过招商已经陆续进驻嵊州，与浙一合作的新人民医院已建成并投入使用，博物馆、档案馆、规划展示馆、美妙三公里滨江公园、高级中学、实验小学、中心幼儿园等一大批公建项目已经动建，城南新区作为嵊州未来的政治、经济、文化、商贸和居住中心的雏形已经显现，山水生活体验区正在快速从规划的蓝图变成现实的图景。(潘烽)

生态环境

【概况】　　2016 年，全市环境保护工作以改善环境质量为核心，以治气、治水、治废为重点，加强环境监测，强化污染治理，严厉打击环境违法行为，全面打响环境保护攻坚战，与公安部门联动执法机制得到了环保部的肯定。全年无重大环境污染、生态破坏和因环境问题引起重大群体性或群访事件发生。根据生态环境质量公众满意度调查显示，嵊州的总满意率位于绍兴各县（市区）第 3 位，满意度增幅列绍兴市各县(市区)第 1。被绍兴市委、市政府评为美丽绍兴建设考核优秀县市。甘霖镇桂山村、崇仁镇迎联村、长乐镇开元三村、三界镇任枫村等 27 个村被命名为绍兴市级生态村；甘霖镇上沙地村、崇仁镇岭头山村、长乐镇三阳村等

22 个村被命名为嵊州市级生态村；长乐中学、黄泽镇中学被命名为省级绿色学校；五爱幼教集团新兴园区、五爱幼教集团乐优西区、甘霖镇蛟镇小学、甘霖镇白泥墩小学、崇仁镇春联小学、崇仁镇广利学校、剡城中学教育集团被命名为嵊州市级绿色学校。

【大气环境质量】　　2016 年，全市大气环境质量按照《环境空气质量标准》(GB3095—2012)评价，质量指标达到二级及以上的达标率为 84.4%。降水酸雨监测结果，全年 6、7、8、9、10 月份为非酸雨区，2、3、11 月份为轻酸雨区，5、12 月份为中酸雨区，1、4 月份为重酸雨区。降水 pH 年平均值 4.86，酸雨率 50.5%。

酸雨监测评价结果

表 34

月份	pH 月均	酸雨频率%	质量等级	质量状况
1	4.45	93.8	III级	重酸雨区
2	5.44	51.5	I级	轻酸雨区
3	5.07	74.9	I级	轻酸雨区
4	4.39	100.0	III级	重酸雨区
5	4.68	100.0	II级	中酸雨区
6	7.12	0		非酸雨区
7	5.95	70.2		非酸雨区
8	6.84	0		非酸雨区
9	8.07	0		非酸雨区
10	5.73	37.8		非酸雨区
11	5.12	75.1	I级	轻酸雨区
12	4.93	70.1	II级	中酸雨区

注：以 pH 值是否低于 5.6 为划分酸雨的界限。

空气环境质量状况

表35

月份	监测天数（天）	空气质量级别分类（天）						空气质量达标率（%）	主要污染物
		一级	二级	三级	四级	五级	六级		
1	31	2	17	8	2	2	0	61.3	PM2.5
2	29	3	16	9	0	0	1	65.5	PM2.5
3	31	2	22	5	0	2	0	77.4	PM2.5
4	30	8	21	1	0	0	0	96.7	PM2.5
5	31	6	24	1	0	0	0	96.8	PM2.5
6	30	9	20	1	0	0	0	96.7	O3
7	31	16	15	0	0	0	0	100.0	
8	31	14	11	6	0	0	0	80.6	O3
9	30	7	23	0	0	0	0	100.0	
10	31	3	28	0	0	0	0	100.0	
11	30	4	21	5	0	0	0	83.3	PM2.5
12	31	0	17	12	2	0	0	54.8	PM2.5
全年合计	366	74	235	48	4	4	1	84.4	PM2.5

【地表水环境质量】 2016年,全市地表水水质监测:南山水库为Ⅱ类水质,属优良水质;曹娥江屠家埠、长乐江环城公路桥、新昌江黄泥桥断面达到Ⅲ类水质;曹娥江章镇、长乐江珏芝桥、澄潭江新市桥、黄泽江全化桥断面达到或好于Ⅲ水质;曹娥江三界断面5月份总磷超标为Ⅳ类水质,其他月份为Ⅲ类水质;剡湖老东桥断面水质五日生化需氧量超标,为Ⅳ类水质。2016年新增:绿溪江水竹桥、上东江金兰、黄泽江黄泽大桥、新昌江上岛、曹娥江新东桥5个监测断面,为每单月监测。其中绿溪江水竹桥、上东江金兰断面达到Ⅱ类水质;黄泽江黄泽大桥断面达到或好于Ⅲ水质;新昌江上岛、曹娥江新东桥达到Ⅲ类水质。

地表水水质监测评价结果

表36

监测断面	执行标准	1月	2月	3月	4月	5月	6月	7月	8月	9月	10月	11月	12月
南山水库	Ⅱ	Ⅱ	Ⅱ	Ⅱ	Ⅱ	Ⅱ	Ⅱ	Ⅱ	Ⅱ	Ⅱ	Ⅱ	Ⅱ	Ⅱ
长乐江珏芝桥	Ⅲ	Ⅱ	Ⅱ	Ⅱ	Ⅱ	Ⅱ	Ⅲ	Ⅲ	Ⅲ	Ⅲ	Ⅲ	Ⅱ	Ⅱ
长乐江环城公路桥	Ⅲ	Ⅱ	Ⅲ	Ⅲ	Ⅲ	Ⅲ	Ⅲ	Ⅱ	Ⅲ	Ⅲ	Ⅲ	Ⅱ	Ⅲ
曹娥江屠家埠桥	Ⅲ	Ⅲ	Ⅱ	Ⅲ	Ⅲ	Ⅲ	Ⅲ	Ⅲ	Ⅲ	Ⅲ	Ⅲ	Ⅲ	Ⅲ
曹娥江三界	Ⅲ	Ⅲ	Ⅲ	Ⅲ	Ⅲ	Ⅳ	Ⅲ	Ⅲ	Ⅲ	Ⅲ	Ⅲ	Ⅲ	Ⅲ
	超标项目					总磷							
曹娥江章镇	Ⅲ	Ⅲ	Ⅲ	Ⅲ	Ⅲ	Ⅲ	Ⅲ	Ⅱ	Ⅲ	Ⅲ	Ⅱ	Ⅱ	Ⅲ
澄潭江新市桥	Ⅲ	Ⅱ	Ⅱ	Ⅲ	Ⅱ	Ⅱ	Ⅲ	Ⅱ	Ⅲ	Ⅲ	Ⅱ	Ⅱ	Ⅲ
新昌江黄泥桥	Ⅲ	Ⅲ	Ⅲ	Ⅲ	Ⅲ	Ⅲ	Ⅲ	Ⅲ	Ⅲ	Ⅲ	Ⅱ	Ⅲ	Ⅲ
黄泽江全化桥	Ⅲ	Ⅱ	Ⅱ	Ⅲ	Ⅲ	Ⅱ	Ⅲ	Ⅲ	Ⅲ	Ⅲ	Ⅱ	Ⅱ	Ⅲ
剡湖老东桥	Ⅲ	Ⅲ	Ⅳ	Ⅲ	Ⅳ	Ⅲ	Ⅳ	Ⅲ	Ⅲ	Ⅲ	Ⅳ	Ⅲ	Ⅲ
	超标项目		氨氮		BOD5		BOD5				BOD5		
绿溪江水竹桥	Ⅱ		Ⅱ		Ⅱ		Ⅱ		Ⅱ		Ⅱ		Ⅱ
上东江金兰	Ⅱ		Ⅱ		Ⅱ		Ⅱ		Ⅱ		Ⅱ		Ⅱ
黄泽江黄泽大桥	Ⅱ		Ⅱ		Ⅱ		Ⅱ		Ⅲ		Ⅱ		Ⅱ
新昌江上岛	Ⅲ		Ⅲ		Ⅲ		Ⅲ		Ⅲ		Ⅲ		Ⅲ
曹娥江新东桥	Ⅲ		Ⅲ		Ⅲ		Ⅲ		Ⅱ		Ⅲ		Ⅲ

注：BOD5：五日生化需氧量。

【声环境质量】   2016 年，城区交通噪声监测，共设监测点 37 个，监测道路总长 81.28 千米，平均路宽 37.6 米，平均车流量每小时 1403 辆，等效声级加权平均值 66.8 分贝，在 70 分贝的控制值之内。城区区域环境噪声监测，全市设监测点 108 个，采用 500 米×500 米的网格，测得其等效声级平均值 54.4 分贝，低于 60 分贝的国家标准。各种噪声中，交通噪声占 31.5%，工业噪声占 30.5%，建筑施工噪声占 2.8%，生活噪声占 35.2%。

污染治理和环境保护

【减排工作】   2016 年，全市完成了上级下达的年度水、气污染物减排任务：一是新中港热电有限公司实施超低排放改造；二是嵊新污水厂两市县新增生活污水截污纳管处理；三是黄洋东猪场完成农业减排。

【"一证式"管理试点】   2016 年，市环保局对 15 家省控以上、22 家绍兴市控以上及 20 家列入环统企业完成了基本数据的录入和完善。通过管理平台录入和审核，建立了电子版的环保"一厂一档"，实现了对排污企业生产的全过程管理，既厘清企业和环保部门的职责，也推动企业落实治污主体责任。

【环保培训】   3 月 2 日，市环保局组织召开了全市印染企业环保工作会议暨全市省控以上企业"一证式"管理培训会议。会议要求各企业环保手续必须全部合法，生产规模布局必须符合环评审批，杜绝企业擅自增加生产设备，并防止周边落后产能向嵊州市转移。3 月 23 日，市环保局特邀浙江农林大学教授对市属有关部门负责人、市环保局干部职工、各乡镇（街道）环保所负责人及有关企业负责人进行了《中华人民共和国大气污染防治法》集中培训，推进全面深入宣传贯彻和实施新的《大气污染防治法》。

【环评审批管理与服务】   以改善环境质量为核心，加强环评审批管理，严格实施空间、总量、项目"三位一体"的环境准入制度，同时进一步加强环评中介机构环评质量管理和考核。3 月 9 日，市环保局组织召开了环评中介机构工作会议，在嵊开展从事环评中介服务的 17 家环评机构的相关负责人参加了会议。会议对规范全市环评市场、提高环评为经济发展的服务质量和服务效率起到促进作用，也推进《嵊州市环境影响评价机构诚信考核评级、黄牌警示、红牌淘汰制度》《嵊州市建设项目环境影响评价机构考核实施细则》的落实。全年共审批建设项目 120 个，项目总投资 1.18 亿元，其中包括报告书 9 份，报告表 61 份，登记表 50 份（无重污染敏感性项目）；建设项目备案 55 个，否决建设项目 2 个。环保窗口被市行政审批中心评为 2016 年度优胜窗口。

【大气污染防治】   2016 年，市环保局在原来两个空气自动监测点的基础上，扩大对全市空气质量监测的范围，在经济开发区、高新园区、鹿山街道、长乐镇、崇仁镇新建空气监测站（点）5 个，并投入运行。实施了挥发性有机废气治理，完成全市 6 家企业的 VOCs 整治任务。完成了上级下达的黄标车淘汰任务。

3 月 23 日，举行新《中华人民共和国大气污染防治法》培训

【污染行业整治】   4 月 11 日和 5 月 25 日，市环保局分别组织召开了全市印染企业规范整治会议和全市电镀及化工行业环保专项执法检查工作会议。要求各企业认清形势，达成共识，强化落

实主体责任,做好环保治理设施运行、设备隐患治理、环保内部管理等各项工作任务,对存在的问题进行自查自纠,确保整改到位。3月1日,市环保局出台《关于进一步加强印染行业环保管理工作的实施意见》,10月18日,市委、市政府美丽嵊州建设领导小组办公室制定《嵊州市2016年度废铅蓄电池相关行业专项整治行动的工作方案》等文件。

【推进"河长制"】 对照年初制订实施的《2016年度长乐江"河长制"管理"一河一策"方案》,对2016年度长乐江水环境治理推进情况实行一月一通报。

【监测工作】 2016年,市环保局围绕"五水共治",对全市重要水质断面监测实现全覆盖。在做好常规监测工作和每季度36条河流65个断面监测的基础上,增加了31个乡镇(街道)交接断面监测,并对220个重要村(居)河流断面水质进行监测。同时,创新了乡镇交接断面水质考核机制,设立奖补资金,倒逼水质提升工作。

【饮用水水源地保护】 2016年,市环保局按照上级要求开展饮用水水源保护工作,对南山水库等重点饮用水源保护地进行安全隐患排查。落实南山水库"一湖一策",监督南山水库管理部门完成视频监控联网工作和饮用水源保护的环境综合整治工作。

【最严执法专项行动】 在加强日常监管的基础上,市环保局开展了由局班子成员带队的非工作时间"一周一查"制度,加大了巡查频率,加强了在线监控、刷卡排污的监督力度,对环境违法行为实施顶格处罚。全年累计出动执法检查1.43万余人次,检查企业5364家,取缔企业54家,限期整改企业200家,对符合立案条件的111家企业进行立案处理,其中行政处罚87家,刑事拘留9人,行政拘留16人。

【科技监管】 市环保局牵头对仙岩镇造纸厂进行了"一企一管"的改造,加强了对排污企业的末端管理,杜绝企业躲避自动监控系统实时监管;完成市控以上企业自动监控系统计量认证,使自动监控数据能够真正用于执法。全年通过刷卡排污系统远程对7家企业进行了关阀限排;通过自动监控数据发送预警短信675条,对23家次企业超标排放进行了立案处理。

【环境污染应急处置】 2016年,市环保局妥善处置了甬金高速长乐段盐酸槽罐车侧翻导致的盐酸泄漏事故、嵊新污水处理厂软启动故障导致的污水处理系统停工事件、城北工业园区污水管网污水满溢事件、通达化工材料厂少数原料泄漏事件等突发性事件,这些事件均没有对自然环境造成重大污染。

【环境执法联动机制】 5月10日,市环境保护监察大队、法规科与市公安局法制大队就环境执法问题开展了业务交流活动。活动中,市公安局法制大队就近年环保局移送的行政拘留案件进行了认真分析,就案卷材料、查处重点提出了意见建议,并就调查询问笔录、现场取证环节、采样规范等方面与市环保局执法人员进行了交流,进一步加强与公安机关的联动,建立、健全案件移送机制,促进案件查办程序化、办案能力专业化,实现打击环境污染犯罪更专业、更精准、更高效。

【排污费征收】 2016年度,全市共计征收排污费450.5万元,共计收缴排污权使用费901.3万元。

生态建设

【G20杭州峰会环境质量保障】 峰会期间,市环保质量得到了较好的保障,做到了"三个确保"的目标。一是统筹协调,严格履行牵头职责。先后组织召开了市级检查组组长单位工作落实会商会,动员部署会。从8月24日起,组织环境质量日会商会,共开展本级环保会商会13次。同时成立了四个市级环境质量保障督查组,每天坚持深入乡镇(街道)督查指导工作。8月24日至9月6日,全市共出动检查8252人次,检查点位 6560 个,发现各类问题 345 处,已全部整改到位。二是加强督查通报。G20 杭州峰会环境质量保障指挥部办公室每日及时将督查通报发至各乡镇(街道),要求各乡镇(街道)加强巡查与防范,并发动社区、村民委员会对露天焚烧等污染空气的行为做好劝导、阻止工作,杜绝此类情况现象发生。其间共发出督查通报 37件,每件都能以最快速度整改到位。三是加强信访调处。峰会期间共处理环境信访 27 件,做到快速反应、处置得当,全市未发生因环境问题引发的群体性事件。

【生态村和绿色学校】 12 月 21 日,绍兴市生态办发文公布,甘霖镇桂山村、崇仁镇迎联村、长乐镇开元三村等 27 个村为绍兴市级生态村。12月 8 日,市生态办公布 2016 年度嵊州市级生态村名单。甘霖镇上沙地村、崇仁镇岭头山村、长乐镇三阳村等 22 个村上榜。12 月 22 日,长乐中学、黄泽镇中学被省教育厅、环保厅联合命名为省级绿色学校。

【环境整治】 2016 年,全市完成市域内沿线环境美化整治问题点 4549 个、省级重点问题整治点 31 个、自查自纠整治点 176 个。先后拆除遮阳棚、灶台、水槽等乱搭乱建 3070 起,整改上移空调外机 2547 只,拆除沿街水龙头 1886 只,没收灯箱广告 2900 只,整治集镇主干街道 19 条,规范占道经营户 875 户,取缔主干道两侧马路市场 10 处,规范流动摊疏导区 12 处,清理嵊义线、绍甘线、嵊张线、长乐镇东街、黄泽镇东直街等道路两侧堆放物1021 起,拆除雨棚、乱搭建等 630 起,收缴灯箱、广告牌、横幅等 1300 余起,发放温馨提示 1000 份,取缔了 13 处大大小小的马路市场,签订主干道路"门前三包"承诺书 5780 份,扣押占道物品 3190 起。

【手拉手护环境】 3 月 3 日,市环保局会同

3 月 3 日,市环保局等单位在剡湖街道中心学校举办"手拉手·护环境"活动

市思源教育、绍兴晚报等单位在剡湖街道中心学校举行了"手拉小记者,携手做环保"活动。活动现场,市环保局围绕"为什么要保护环境、怎样保护环境、我们能为保护环境做些什么"三方面作了生动的讲解,并倡导大家积极参与到环境保护中来,共同打造"美丽嵊州"。

【生态环保宣传】 一方面,不断加强新闻宣传报道。全年共有数十篇信息刊登在各类媒体上,不断提高公众对环保工作的认知度。其中《中国环境报》刊登 1 篇、《浙江日报》刊登 1 篇、《绍兴日报》刊登 2 篇、《今日嵊州》栏目刊登了《用大数据构建"互联网+"环保体系》等各类报道 10余篇。此外,利用报纸、网络等媒体平台,曝光了一批移送公安的环境违法案件。通过典型案件曝光,发挥执法震慑力,传播执法正能量。另一方面,积极开展各类宣传活动。出台了《2016 年嵊州市生态环境质量公众满意度提升宣传活动实施方案》,通过开展"环保好人物""环保好故事""环保好新闻"评选、骑自行车绿色出行、分发宣传资料、悬挂宣传横幅等一系列活动,努力营造全社会人人关注、支持、参与生态环境保护的浓厚氛围。(喻浙燕)

交 通 运 输

综　述

【概况】　2016年，交通工程共融入资金16.33亿元、自筹还本2.55亿元，强势推进重大交通工程建设。甬金高速嵊州互通西接线年底通车。"落舱机"渡船在嵊州港正式营运；完成三界渡渡船更新和渡埠改造。杭绍台高速公路嵊州段各标段等多个工程动建，其中有2个工程分别完成总工程量的66%和70.68%。新增公交车6辆，更新出租车64辆，新建农村客运站3个、公交站亭35只、公交枢纽站2个；调整公交线路6条，新增公交里程22.6公里，开通50路嵊新公交，完成收购嵊州至新昌经老104国道12辆城际班车。对5条重点路线实施公路边"三化"、"两路两侧"整治。全年共清理整治公路、河路沿线环境问题1261处，拆违6452平方米，清理堆积物3176立方米，拆除嵊州境内高速沿线所有高架广告。104国道K1581+500M—K1595+100M通过省级验收，嵊张线10K+000M—20K+000M被绍兴市评为市级美丽示范路段。建成10条美丽公路示范路，农村公路提升改造65公里，路面大中修73.481公里、边沟改造76.24公里、联网公路27.7公里、安保工程105.2公里；完成改造黄泽新桥、东溪桥等5座危桥；建成S310省道嵊州超限运输检测站。104国道三聚潭段第一批非现场执法装置投入

使用。全年共查获超限车辆287辆。稽查车辆1426辆次，查办违章案件587件，罚没款129.9万元。全年巡航60次，里程480公里，出动检查人员183人次，共检验船舶17艘，总吨2429，功率1603千瓦。城市公交、农村班车、长途班车全部实现GPS动态监控，3月起实施货运站场安全验视和实名制登记，圆满完成杭州G20峰会、互联网大会等安保维稳和行政机关公务用车改革工作。荣获绍兴市G20峰会工作先进集体，3位同志被评为G20峰会工作省级、绍兴市级先进个人。出色完成了嵊州市委市政府和绍兴市交通运输局下达的各项年度目标和任务，在嵊州市政府职能部门年度考核中获得五连优。

交通基础设施建设

【甬金高速嵊州互通西接线工程】　该工程是主城区连接甬金高速的主要通道。起点位于嵊州

7月16日，西接线澄潭江大桥最后一块梁板架设

城西大道剡溪小学附近,向东南方向展线与S310嵊义线、小蛟线正交后,在中益机械有限公司南面跨越澄潭江,向东延伸至甬金高速嵊州互通出口处,与南田大桥相接。线路全长3.48公里(含澄潭江大桥563米),总投资3.47亿元。工程的澄潭江大桥桥梁梁板于7月中旬全部架设完成,9月30日全线贯通,完成预期目标,12月31日全线通车。

【普田大道延伸段至浙锻路连接线工程】 该工程于2015年9月25日动工建设,2016年6月30日浙锻路桥104国道以东主车道贯通,7月25日浙锻路桥104国道以东主车道通车,全线计划于2017年6月底完工通车。工程由普田大道延伸段和浙锻路连接线两部分组成,线路全长约4.046公里,估算总投资4.75亿元,道路等级为城市主干路。项目建成后,对完善该市城市快速路网体系,增强城市各片区之间联系,改善区块交通"瓶颈"现状,全力推动开发区二次创业具有十分重要的意义。

7月25日,快速通道浙锻路桥104国道以东主车道通车

【浦东大道至罗小线段公路工程】 工程起点位于茹家村南侧浦东大道与规划西一路(三博路)交叉口,与已建浦东大道顺接,设浦口半菱形互通接104国道,向西跨越104国道、黄泽江、曹娥江、上三高速,终点位于剡湖街道何家村罗小线与嵊州大道平交口,与罗小线顺接,路线全长约3.01公里,其中桥梁工程约1968.05米(两座)。路基宽为24.5米,为双向四车道一级公路,总投资为近5.92亿元。工程的动建,有利于打通东西方向交通瓶颈,

增强城市各片区之间联系,改善经济开发区(浦口街道)投资环境,它是直接联系经济开发区(浦口街道)、城北的一条高等级交通干道。2015年9月28日动工建设,2016年7月8日浦罗线工程首片预制梁板架设完成,9月12日浦口互通区桩基全部完成。

【杭绍台高速公路嵊州段】 杭绍台高速公路是2015年度浙江省重点工程,同时也是我省交通"十二五"规划中单体投资最大的工程项目,是新建和预备建设高速公路中里程最长的高速公路,总投资约为384.3亿元,全长约162.3公里,全线设计速度100公里/小时,预计2020年建成通车。杭绍台高速公路途径谷来镇、崇仁镇、甘霖镇,嵊州市段全长约为39.63公里,连接线10.05公里。其中,谷来段11.97公里,连接线6.7公里;崇仁段11.9公里,连接线2.35公里;甘霖段15.76公里,连接线1公里。规划设置谷来、崇仁、甘霖东湖塘3个互通,按双向4车道高速公路标准设计,路基宽26米,投资估算为69亿元。3月26日,杭绍台高速公路嵊州市段开展现场杆线踏勘工作,迁移工作与工程进度同步进行;4月20日,完成沿线2403穴坟墓迁移;10月底前完成全部苗木迁移;6月底,沿线五标、六标、七标相继进行施工;10月底,完成沿线交地工作;年底前完成沿线房屋拆迁,基本完成征迁工作。

6月13日,杭绍台高速公路崇仁王家市清表

【黄泽新桥完成改造恢复通车】 4月8日,黄泽新桥经过3个月的维修改造,完成桥梁主体工

程的建设，恢复正常通车。黄泽新桥建立于1995年，位于嵊张线上，起着连接市区通往嵊州东面的关键作用，日车流量约为1.9万余辆次。2013年12月检测发现黄泽新桥出现桥面开裂、破损等现象，评定为4类桥梁，耐久性能和承载能力大大削弱，存在较大安全隐患，需要进行大修或改造处理。该桥于1月7日起开始维修改造，预计工期4个月，提前1个月完成，投资总费用1157万元。

【问越路工程】　　7月25日，双燕村至施家岙村公路提升改造工程——问越路一期工程正式开工建设。本项目为原有农村公路提升改造工程，路线起点位于在建甬金高速嵊州互通西接线工程与双燕村村道交叉口，沿双燕村村道向南布线，在该村北部偏向西南方向后沿现有澄潭江堤坝，途径碧溪村甬金高速，沿古岩村、下岙村现有村道至终点施家岙村，路线全长约4.5公里，采用四级公路标准，路基宽8米，路面宽6米。项目估算总投资约4600万元。

【杨港路东延工程】　　9月30日，杨港路东延（剡兴路－雅戈尔大道）工程动工建设。12月4日，桥梁起点1号墩首桩开钻，标志着杨港路东延工程上三高速跨线特大桥这一重要节点的建设正式拉开序幕。12月14日，工程施工安全总体风险评估通过评审。该项目东至雅戈尔大道，全长2983米，用地面积17.78万平方米，途中设上跨上三高速与甬金高速枢纽跨线桥一座，设亭山隧道一座。

9月30日，杨港路东延（剡兴路－雅戈尔大道）工程动工建设

道路等级为一级公路标准兼顾城市主干路功能，双向四车道，设计时速60km/h，路幅标准宽35米。总投资约48852万元，建设工期28个月。该工程项目的建设，将减轻环城南路的交通压力，对优化城市功能格局，促进各片区的联通融合，发挥集群效应具有重要作用。

【527国道嵊州黄泽至甘霖段工程】　　4月初，经省交通运输厅、省公路管理局批准，在确保路线线位、投资估算、土地面积均不变的情况下，宁海至嵊州公路嵊州黄泽至甘霖段工程升格为527国道嵊州黄泽至甘霖段工程。该项目可行性研究报告于7月27日获省发改委批复，通过了初步设计审查。9月27日被省发改委、省重点建设领导小组列入2016年第一批省重点建设增补项目，于9月18日通过施工图设计评审，10月14日完成施工、监理招标，11月2日动工建设。该项目起点位于嵊州市黄泽镇嵊张公路和甬金高速黄泽互通接线交叉口，经浦口，跨G104、黄泽江、曹娥江、上三高速后，与嵊州大道相交并利用罗小线约6.4公里至雅致村，经浦桥村、江田村，终点位于甘霖镇桂山村附近，与32省道相交，主线长约26.2公里。项目主线采用四车道一级公路标准设计，总投资估算约17.67亿元。

11月2日，527国道嵊州段动工建设

【甬金高速嵊州南互通绿化工程】　　甬金高速嵊州互通及接线两侧绿化工程位于甬金高速嵊州互通入城口道路（丽湖大道、府前大道）两侧，主要建设内容包括绿化、园路铺装、管线、停车场及亮

化等,总建筑面积 18.08 万平方米,概算总投资近 1.82 亿元,建设工期 300 天,9 月底完成。

甬金高速嵊州南互通两侧绿化工程实景

【甬金高速黄泽互通绿化工程】　7 月 17 日,甬金高速嵊州段黄泽互通出入口两侧绿化提升工程完工。此次绿化工程提升主要包括绿化栽植工程、土方工程和景观工程,总建设面积近 2.48 万平方米,于 5 月 5 日开工,工期 3 个月,投资 983 万元。

【嵊张线绿化工程】　工程位于嵊张线 4K+800-10K+100(原仙黄公路至新旧嵊张线交界段)。主要建设内容分为景观绿化和路基路面整治两部分,包括道路中分带及机非隔离带绿化提升、道路两侧 15—30 米绿化新建、破损水泥板块修复、非机动车道拼宽、新建自行车绿道、港湾式公交车停靠站等。工程 10 月初进入施工,12 月底完成 A 段(黄泽高速出口至老仙黄公路)全部工程,圆满完成绍兴市"晒亮点,比业绩"工作考核任务,B 段(黄泽高速出口至丰泽大道)正在施工。整个工程总投资超 1.7 亿元,成为嵊州近年来最大规模的公路绿化整治工程,计划整治里程 5.3 公里。至年底,累计回填土方 25 万立方米,完成乔木种植 1 万株,草皮铺设近 12 万平方米,灌木种植 4 万多平方米,建港湾式公交车停靠站 6 个。

【农村公路大中修】　5 月 12 日,市公路部门开始对下双线长桥村段进行沥青摊铺工作,农村公路大中修工作正式启动,此次工程较以往提前开始近 3 个月。农村公路大中修包括下双线、浦溪线

在内的 13 条农村公路,合计里程 73.51 公里,主要涉及沥青路面加铺、逐段补强、破碎水泥板块修复等项目,需修复水泥混凝土路面 5.3 万余平方米,沥青混凝土加铺 8.3 万平方米,工程总投资约 2191 万元,项目建设期约 6 个月。

【桥梁工程加固维修】　7 月,S310 嵊义线嵊州段年度养护大中修工程(甘四村桥、上芦坊桥)桥梁工程开始加固维修,加固维修主要包括凿除桥面,拆除梁板,重新更换梁板、浇筑桥面等。首先对嵊义线 K12+748 上的甘四村桥开始加固维修,工程总投资约 157.36 万元,工期 4 个月,11 月中旬完工。104 国道高洋山桥、黄泽江大桥缺陷修复工作于年底前全部完工。

公路运输

【春节运输】　2016 年春运期间,全市共投入营运客车 482 辆,总座位 1.45 万余座,出租车 251 辆,发放加班、包车牌共计 431 块。班线客运共发送旅客 73.38 万人,周转量 5502.64 万人公里,同比往年分别下降 9.2% 和 12.7%;城市公交运输旅客 157.25 万人,周转量 550.37 万人公里,同比往年分别下降 3.9% 和 3.87%。春运期间,运管部门对重点道路运输企业开展安全检查,督促企业落实无关人员、无关车辆及易燃易爆易腐蚀等危险品不进站;客车超载、天气恶劣不宜出行、安全例检不合格、驾驶员资格不符、客车证件不齐、出站登记未经审核签字以及乘客、驾驶员未系安全带和驾驶员不作安全承诺不出站的"三不进站、六不出站"的规定,严格执行营运客车安全例检制度、危险品查堵制度和道路客运安全告知等制度,同时,开展春运客运市场专项整治活动,出动执法人员 186 人次,检查车辆 362 辆次,纠正违章车辆 9 辆次,收到投诉电话 88 次,其中出租车违章投诉案件 12 件,比往年有所下降。

【城乡客运建设】　2016 年,市交通运输局

共新建农村公路港湾候车亭 15 座,新建、改建城市公交站点 10 个、港湾式停靠站 10 个,建成 3 个农村客运站,更新各类客运车辆 84 辆(其中客运班车 14 辆、油气两用出租车 64 辆,新增纯电动公交车 6 辆)。收购嵊州至下王班车 9 辆,已按企业公车公营模式运营,全市全年城乡客运发展水平评分为 838 分,达到 4A 级标准。完成 380 辆重载普通货车卫星定位装置安装工作,实现安装率达到 95%;284 辆客运车辆和 29 辆校车安装视频监控,并实行专人监控。

【联合治超】　　8 月 16 日,成立嵊州市公路治超联合执法大队。投资 430 多万元,在 104 国道三聚潭段建设完成第一批非现场执法装置,并于 12 月 24 日投入使用,嵊州大治超工作逐步实现智慧化执法。至年底,嵊州"四路共管"的大治超工作格局逐渐清晰,道路、领域、区域、内容等"四个全覆盖"工作中心逐步完善,治超长效管理机制初步形成。投资 800 多万元建设 S310 省道嵊州超限运输检测站,5 月初动建,年底完成全部项目。10 月 11 日凌晨,公路治超联合执法大队查获一辆车牌为皖 F80099 的水泥罐装车,该车属严重超限,车货总重 120.9 吨,超限 71.9 吨,超限率达 146.7%。根据新规

8 月 16 日,市公路治超执法大队成立

处罚标准,处罚人民币 3 万元(达到上限),该车也是治超大队成立以来最重超限车。全年共计查获超限车辆 281 辆,治超大队成立后查获超限车辆 179 辆,消除违法行为完成率 100%,超限查处力同比提升约 260%。

【路域整治】　　全年共计排查到高速"无违建"点位 93 处,"河路畅通"点位 436 处,"沿线环境整治"点位 556 处,自查自纠点位 176 处,合计 1261 处,其中省级重点问题点位 31 处。年内已全部完成 1261 个点位的整治工作,完成率 100%。共计拆除违章建筑 6452 平方米,清理各类堆积 3176 立方米,拆除各类非公路标志牌 210 块,并圆满拆除嵊州境内高速沿线所有高架广告。104 国道京福线 K1581+500M—K1595+100M 通过省级验收,参评省级精品示范路;嵊张线 10K+000M—20K+000M 被绍兴市定为市级美丽示范路段,上报省交通厅审批。

水路运输

【安全监管】　　2016 年,市航管部门共巡航 60 次,巡航里程 480 公里,出动检查人员 183 人次,共检验船舶 17 艘,总吨 2429,功率 1603 千瓦,船检费 3.08 万余元。开展平安船舶专项行动 1 次、"八大行动"隐患排查治理专项行动 1 次、休眠船清查 1 次、AIS 使用情况检查 2 次。G20 峰会期间,为仙岩镇东鲍渡和三界镇三界渡的 2 艘客渡船安装了 AIS 系统。

【船舶运力】　　2016 年,全市在册营运船舶 37 艘,运力 7975 载重吨同比去年增加 1522 载重吨,提高 23.6%,平均吨位 215 吨同比去年增加 36 吨,提高 20.1%。完成水路运量 25.55 万吨,周转量 4959.92 万吨 / 公里,港口吞吐量 5.55 万吨。全年核发行政许可 7 例,企业经营资质检查 2 家。

【五水共治】　　2016 年,根据五水共治工作要求,安排航道养护专员,加强航道巡查工作,对清风大桥至三界 8 公里航道进行保洁,共处理各类水体污染物 9 处,清除了大量水面杂草、树枝、塑料瓶

等漂浮物;推进小型、老旧船舶淘汰工作,申请拆解2艘次;全面启动"挂桨机式"渡船改"落舱机式"渡船改造工作,向环保、节能迈进,12月3日,绍兴首艘"落舱机"渡船在嵊州港正式营运。

12月5日　嵊州第一艘"落舱机"式渡船投入营运

【三界港航码头及站房建设】　该两个建设项目位置位于三界镇,地处曹娥江的航道上游,距离上游三界大桥约1800米。港航管理码头新建管理泊位3个(水工结构按500吨级设计),新建码头平台1座,平台尺寸51米×10米,新建引桥一座,平面尺寸36米×6米,投资估算460万元,至年底,已完成主体工程,等待上级部门验收;三界港航管理用房目前正在逐步办理手续,将按港航标准化站房建设,预计投资约200万元。

【曹娥江航运综合开发项目】　年内,嵊州已启动了曹娥江竹前至三界20公里航道整治改造工程,该工程包括新建清风闸和20公里航道整治,该工程已完成预可行性研究报告。

公共交通

【公交线路优化调整】　3月16日,公共管理部门调整13路公交线路,解决了南田村、上东潭村、双燕村公交出行问题;11月1日,延伸27路公交到苍岩村,同时,新增加运力和班次,解决27路沿线市民经常乘不上公交的难点问题;因医院路、江滨东路实行单行线,12月10日,相应调整3A路、5路、7-8路、7-9路、16-17路、101路、103路等7条公交线路,从原来的医院路通行改为由江滨东路环湖绕行;为给市民去新人民医院看病就医提

供更便捷的服务,3月16日,调整3A、3B、28路、夜间公交101路、102路等5条公交线路,3A路、3B路为嵊州市首条环线公交,该条环线公交是3路公交的延伸,全程13.3公里,运行时间为40分钟左右;因线路重合原因,原先的20路取消。2016年,全市共拥有公交线路29条,营运线路总长度309公里,日发780个班次,公交站点551个。

【嵊新区域50路公交线路开通】　3月31日,嵊新区域50路公交线正式开通。该线路全段19.5公里,途经嵊州市国商大厦、吾悦广场、国商购物广场、新昌世贸广场、新昌大佛寺等多个主要商圈和景点,运营时间从6:20至17:40,班次间隔约15分钟1班,全程3元一票制,普通IC卡、老年卡等均可正常使用,极大地方便了新嵊两地市民出行往来。

3月31日,嵊新区域50路公交线路正式开通

【公共交通设施建设】　12月份,新增6辆宇通牌纯电动公交车,主要投入到28路公交线路上运营。为保障电动公交车的日常充电需求,新人

12月,6辆纯电动公交车上路营运　民医院公交枢纽站

建设充电桩 3 台,西站的充电桩正在建设,将由 3 台扩充到 8 台。抓好站路设施和车厢服务设施建设,新建站亭 20 座,创卫工作中共修复站亭 102 个,站牌 87 块。

【公交服务】 2016 年,嵊州市公交公司共受理投诉建议 38 起,其中有责投诉 16 起,所有投诉都已经处理完毕,投诉回复率、市民满意率均为 100%。为进一步提升公交服务质量、提高社会满意度,根据《嵊州市公交车驾驶员管理制度》,四措并举,有效降低投诉率。一是加强对驾驶员的培训,规范服务。培训内容包括站点停靠、车内服务、投币、刷卡及不按线路行驶等方面。二是开展星级驾驶员评定、服务质量考核等活动,通过教育与处罚相结合的方式,从源头上管理从业人员,规范从业人员的行为,提高服务质量。三是加强沟通,业务、机务、安全三管齐下,对驾驶员的生理、心理、家庭、工作等方面进行面对面、个对个、点对点全方位沟通交流。四是强化智能管理,充分利用智能调度系统和 3G 视频监控平台,为各类投诉收集依据,方便调查取证。(黄位娟)

邮 政·电 信

邮　政

【概况】　2016年,嵊州市分公司围绕年初制定的工作目标,为社会提供现代邮政服务,坚持实证创新,有序推进企业转型发展,完成业务总收入,同比增长15.28%。

【E邮柜和信报箱建设】　2016年,嵊州市邮政分公司在全市居民小区、行政机关、重点学校、商务楼宇等新建"E邮柜"站点30个,全市90个站点已全部投入使用。为在全市形成"配送高效、投递安全、收件便捷"的电子商务邮件服务体系,营造放心、舒心、安心的电子商务购物环境打下了基础,一年中,市邮政分公司按照"确保增量、推进存量"的原则,分期分批为全市新建成的18个住宅小区共5905户配备了信报箱,提升了邮政普遍服务水平,也为广大住户带来方便。

国资大楼E邮柜

【农村电商和村邮站运营】　2016年,市邮政分公司积极拓展新常态下的农村电商市场,推广邮掌柜系统,并对村邮乐购示范点进行统一建设改造,提升品牌效益。全年累计发展商超275家,实现代购1.45万笔,累计代购金额58.7万元。全年信息化村邮站办理助农取款10.6万笔, 累计金额8203.5万元;提供代缴水、电、通信费等便民服务55.69万笔,累计金额6012.5万元。交易量和交易金额呈良好趋势发展。全年投送报刊约73万件,信函43.8万件。(汪冬媛)

电　信

【概况】　2016年,中国电信嵊州分公司充分发挥自身网络优势和业务优势,积极夯实通信设施建设,开发行业应用解决方案,以4G网络、光网络和天翼手机为平台,有效整合社会资源,提升信息化水平,助推全市开创经济和文化发展新局面。

【信息化建设】　促成绍兴电信与市政府签订《加快"十三五"信息化建设战略合作协议》。在"十三五"新一轮发展规划中,信息经济受到空前重视,"互联网+"已成为推动创业创新和转型升级的新引擎和新动力。协议的签订意味着双方将在新形势下进一步深化合作,推动固定宽带互联网、移动互联网、云计算、大数据等互联网技术和资源在各领域的全面应用,加快提升"互联网+"应用水平,促进全市信息经济的繁荣和发展。2016年,嵊州电信已先后建设完成村级监控、流动人口管理、远程会商、政务热线、污水监控等信息化项目,项目的建成和应用有力推动了嵊州智慧城市建设的进程。

【光网通信建设】　嵊州电信始终将宽带网络作为信息化设施建设的重要组成部分,近年来大力发展光网通信。自启动"光网城市"建设以来,已实现嵊州城区光网全覆盖,农村90%行政村光网覆盖。至年底,95%以上的宽带用户已接入光宽带,30%以上的宽带用户已接入100M光宽带。宽带接入由此迈入百兆新时代,进一步满足了全社会信息网络的需求,全面提高社会信息化水平。

【保障通信畅通】　2016年,嵊州电信为全市的通信需求提供有力的服务和保障,发挥通信行业主力军的作用。在完成常规通信维稳工作基础上,更加注重在特殊天气、重大活动和事件、节假日的通信保障工作。在G20期间,嵊州电信成立专项工作小组,安排人员通宵值班,布置落实应急措施,全面保障通信安全畅通。在汛台期,制订应急预案,加大巡检力度,投入大量人力物力,确保在险情发生时迅速抢通电路和线路,确保汛台期水利、气象、交通、水库等重要部门的设备和线路安全畅通,保障全市的通信网络安全和稳定。

【优质服务】　一是做好营业服务。优化营业厅环境,以客户为中心,区隔营业厅功能,创造舒适的业务办理环境;按省公司标准,规范营业员仪容仪表和文明用语;开展一系列营业评优活动,提升员工服务意识,树立良好的服务形象。二是拓宽服务渠道。至年底,已累计建成29家全网通门店,为全市广大用户提供电信服务。三是提升宽带装维服务。嵊州电信聚焦"升光提速"等工作重点,推行宽带放心、安心、舒心等"五心"服务,不断提升客户感知,提高客户满意度。四是加强投诉管理。重视客户意见反馈,畅通投诉咨询渠道,进一步建设电子平台和10000号客服平台,全年客户投诉咨询各项指标完成情况良好,投诉处理及时率保持100%。

【4G精品网络工程】　2016年,嵊州电信在4G网络的覆盖和建设上尽心尽职,全力以赴,用户4G的体验满意度显著提高。至年底,嵊州电信按计划完成全年建设任务,新增4G站点200多个,另有116个正在建设中,天翼4G信号已全面覆盖市区、主要道路和重要的乡镇,并延伸覆盖到一些偏僻乡镇。在新建的同时,收集客户意见和市场需求,不断对网络进行优化,拓展4G网络广度和深度,打造优质高效的4G精品网络。(王圣瑜)

移　　动

【概况】　2016年,中国移动嵊州分公司围绕"发展创优、转型创先"的目标要求,将信息化发展作为突破口,加强信息基础设施建设和民生服务,推进信息技术的广泛应用。公司全面完成年度主要经营目标,运营业绩保持平稳增长;全年实现运营收入3.11亿元;完成通信基础设施投资7000万元;移动通信用户突破50万户,4G用户31.2万,有线宽带客户9.2万户。

【网络建设】　2016年,分公司累计开通4G站点960个,实现全市4个街道、17个乡镇和2条高速公路的全覆盖,行政村覆盖率达到100%。通过3/4G共模优化、高倒流栅格整治、MR弱覆盖整治等多项举措并施,4G驻留能力显著提升;4G流量分流比达到99.6%,4G时长驻留比达到99.2%。4G高速通信网络的大规模建设为全市经济转型升级、发展现代服务业提供坚实保障。

【城乡信息化建设】　推进各类行业信息化应用,在全省率先完成嵊州视联网83个点位的施工和验收工作,实现所有局办网络覆盖;作为省内唯一试点地市,完成嵊州电动车卫士产品的推广,发展防盗物联卡2万张;此外还完成检务通、警务通、气罐溯源等各类信息化项目。贯彻落实"宽带中国"战略,推进"中国移动光宽带"建设,做深、做广宽带覆盖,提升光纤到户接入能力。全年完成农村宽带新建覆盖3万户,增强了农村光宽带接入能力,提升了农村用户宽带速率。全业务网络方面,坚持市场导向,提升全业务市场支撑能力;驻地网累计覆盖用户30万户,户籍覆盖率125%,累计宽带用户数9.2万户;加快宽带投诉响应速度,进一步提升家庭有线宽带维护服务质量,宽带装机满意度99.68%,宽带投诉满意度98.73%,投诉解决率99.93%,城区宽带2小时修障及时率达92%。

【通信基础设施】　加强与铁塔公司协同,制定与铁塔公司的对接流程,开展基站建设全周期进度跟踪。2016 年,新建基站数 63 个,室分基站 24 个,小微站 137 个,有效提高通信基础设施利用率,促进行业持续健康发展。加强行业内的接洽,推动居民小区驻地网、基站和新建小区的共建共享,推动地方信息化发展,实现优势互补、多方共赢。

【满意服务及专项整治】　定期开展"总经理客户接待日""3·15 消费者广场服务"和"客户服务满意度短信测评"等满意服务活动,持续改善服务品质,客户满意度达 98% 以上。严格落实各项业务推广、服务宣传专项整治工作。加快推进实名制工作,新入网用户 100% 达到实名要求,存量用户实名比例达到 99.5%。

【G20 峰会通信保障】　嵊州分公司根据市政府统一安排,提早部署、细化措施,排除隐患,加大巡查。共出动维护人员 30 人次,出动车辆 30 辆次,油机 15 台,通信应急油机车 1 辆,对整个嵊州区域进行全方位的通信保障,同时对涉及核心机房和汇聚机房等重要场所进行现场值守,为 G20 峰会期间的通信工作提供扎实的保障服务。

【中标全省首例畜牧养殖智能监控系统项目】　10 月,嵊州分公司成功中标全省首例畜牧养殖智能监控系统项目,为全市 400 个生猪养殖场提供视频监控系统建设,为 70 个大规模养殖场提供视频监控及沼液监测系统建设,并涉及其他物联网监控系统的集成建设、维护、业务开通、业务调整等,充分利用了物联网、移动互联网、大数据等信息化手段,完善畜禽安全、污染治理监管机制,助力构建一个安全、环保、有序、循环的畜禽生态监管系统,促进全市现代畜牧业持续、稳定、安全、高效发展。(杜洁霞)

联　通

【概况】　2016 年,中国联合网络通信有限公司嵊州市分公司,已有固网用户 2.2 万余户,同比增长 2.9%。移动用户 7.3 万余户,同比增长 7.3%。新增 3G/4G 基站 102 个,同比增长 10.8%。总数达 481 个,网络建设基本设施市区和主要乡镇全覆盖、高话务区域的立体覆盖及主要交通干道无缝覆盖。3G 网络全市各乡镇基本覆盖,4G 网络基本覆盖市区和五大集镇;继续保持网络速率领先优势。

【明星产品】　2016 年,嵊州联通继 iPhone 系列明星终端推行以来,又推出全网通智能机系列,如:oppoR9、vivoX7、金立金钢、金立 M6 等,联手国内外知名品牌手机,搭乘 4G 的高速网络,打造联通"WO"的时代。

【业务建设】　2016 年,嵊州联通加快 3/4G、固网宽带等重点业务发展,推广 3/4G+ 固网融合业务,收入实现快速增长。移动业务用户与收入结构进一步改善,3/4G 用户对移动用户渗透率达到 60%,同比提高 40 个百分点;3/4G 收入对移动收入的贡献达到 75.3%。固网业务已完成了 2/3 小区光改。并全面推广融合宽带、沃 TV 等业务。并在各大集镇和大厂区等地新建无线宽带基站,为宽带到家提供了更便利的服务。继续实施宽带升级提速,着力提升宽带服务体验。固网宽带用户全年累计同比增长 12%,宽带累计续费率 68.5%,固网收入同比增长 15%。让嵊州市民以实惠的价格享受高质量的网络,受到了嵊州市民的好评。

【渠道建设】　经过努力,嵊州联通的渠道建设结构已比较合理,逐步形成了核心商圈以连锁渠道为主,专业商圈和次商圈以嵊州连锁为主的渠道模式,为来年的销售发展打下了基础。同时继续推行由代理商进驻负责终端号卡的销售,公司提供营业员帮助系统及后台操作的全新模式,有效地拓展了市场。

【人性化服务】　坚持就服务的原则,与用户在选择联通产品的同时建立对应的服务关系,通过电话、邮件、上门等方式为用户解决在使用中的问题,即时提供账单,并为用户办理其他相关的业务,确保用户对产品稳定使用。加强培训指导,优化人员结构。在营销活动中,抓好业务检查和练兵,提升不同专业线人员的业务素质。保证服务优质。(嵊州联通)

金　　融

【概况】　　全市金融业顺应经济社会发展对金融资源的需求，大力培育和引进各类金融组织，构建了比较完善的金融产业发展体系。至 2016 年年末，全市共有 17 家银行、5 家小额贷款公司、31 家保险公司、4 家证券公司、1 家融资担保公司、2 家行业转贷基金和 3 家金融服务公司，逐步形成了以银行为主体、其他金融组织为补充的金融保障体系。全年全市金融机构存款余额 666.09 亿元，同比增长 22.1%，贷款余额 519.48 亿元，同比增长 13.1%，存贷款增幅均居绍兴市首位。全市实现国内上市企业 1 家，实现零的突破，场外市场挂牌 14 家(其中新三板 8 家)，完成股改企业 22 家，新三板待审企业 1 家。实现股权融资 17.67 亿元，创历史之最，为地方经济注入了新的活力。

【金融保障】　　一是加大政策激励力度。市政府出台《2016 年度金融支持经济发展考评办法》《进一步强化金融支持实体经济发展的意见》等政策文件，引导激励各金融机构，加大对实体经济和重点建设项目的支持力度，不断提升金融保障水平。二是开展政银企对接，实施精准服务。1 月，召开了银行业金融机构座谈会，3 月，召开了绍兴市农业银行和嵊州市政府对接签约仪式，授信 50 亿

元，5 月，召开银企对接交流座谈会，授信 5.39 亿元，8 月，召开了银行业金融机构工作交流座谈会，进一步推动银企合作、互利共赢。三是创新金融服务模式。实施深化改革三大项目：全国农村土地承包经营权抵押贷款试点工作成效显著，全年累计发放抵押贷款 106 笔，累计金额 16777 万元，期末余额 15057 万元。农村合作银行股份制改造顺利完成，7 月，农商行正式挂牌营业。"三位一体"农民合作经济组织体系得到初步构建，13 个乡镇级农合联已组建完成。

【推动企业上市】　　通过实施政策扶持、培训引导、协调服务，督查考核等工作措施，使企业股改挂牌上市工作得到较快推进。2016 年 6 月 24 日，新光药业在深交所创业板成功上市，全市终迎

6 月 24 日，新光药业上市的钟声在深交所敲响

第一家国内上市企业,实现零的突破;迪贝电气通过整改已重新报会;实现场外市场挂牌14家,其中新三板8家;完成股改22家,实现股权融资17.67亿元。同时,摸排筛选重点企业,及时更新后备资源库,有效夯实持续推进挂牌上市的基础;加强培训引导,组织6次专题培训,进一步营造良好氛围;健全"一季一通报"工作督查倒逼机制,加快股改进程。

【化解企业风险】　一是发挥企业转贷基金作用。2016年,企业转贷应急专项资金共帮助53家企业转贷244笔,累计转贷资金29.19亿元。在此基础上,根据企业对转贷资金的需求,参与制定《嵊州市产业发展转贷基金试行办法》,进一步解决企业转贷难题。二是做好金融支持经济分析。对各银行支持实体经济、政府重点项目、不良贷款核销、抽贷压贷情况,每月一次汇总分析,并及时上报市政府,为政府性存款匹配调整提供依据。三是参与重点企业帮扶协调。对重点企业实行"一周一会商",专题研究风险企业解困事宜,协调金融机构做到不抽贷、不压贷,不增加转贷条件,帮助企业度过

难关。已有效化解加佳领带、银河铝业、威普电器、天乐集团等企业的经营风险,基本实现风险不蔓延、矛盾不上交、社会不波动。四是开展投融资公司"百日整治"和互联网金融整治专项行动。会同公安、市场监管、国税、人行、银监等部门和属地乡镇街道,根据"疏堵结合、打教并举"的原则,对全市196家投融资公司和互联网金融开展分类整治,现场查封2家,立案侦查11家,约谈机构5家,对26人采取强制措施,追回并清退投资款6000余万元,规范了金融秩序,净化了金融环境,此项工作走在了绍兴市的前列。

【打击非法集资】　加强创新型金融组织的日常监管指导。通过现场指导、年度监管评级等方式,对小贷公司、行业转贷基金和金融服务公司等创新型金融组织,开展风险防控专项检查,确保依法规范操作,平稳健康运行。会同公安等职能部门,依法打击以非法集资、"逃废债"、资金"掮客"为重点的金融领域内的违法犯罪活动,坚决守住不发生区域性金融风险的底线,确保全市金融秩序平稳与社会稳定。(阮春娜)

各金融机构本外币存贷款情况

表37　　　　　　　　　　　　　　　　　　　　　　　　　　　　　单位:万元

项目		月末余额	比上月增减		比年初增减		同比增长（%）
			2016年	2015年	2016年	2015年	
各项存款	工商银行	615441	23950	54816	5118	11069	0.8
	农业银行	747140	-12635	9560	101775	53828	15.8
	中国银行	409231	-17493	-14288	-4981	-15831	-1.2
	建设银行	507895	19489	-40502	167650	-32572	49.3
	交通银行	251344	-11198	10605	9975	8892	4.1
	农发银行	70674	-16477	-3051	27775	11308	64.7
	农商银行	2059040	-79010	-4807	294151	176805	16.7
	邮储银行	516393	174	-2143	138736	43705	36.7
	绍兴银行	378704	12645	6015	139160	18221	58.1
	村镇银行	167826	-1597	10344	20986	698	14.3
	招商银行	68575	4780	-155	-119	-4561	-0.2

续表1

项目		月末余额	比上月增减		比年初增减		同比增长（%）
			2016 年	2015 年	2016 年	2015 年	
各项存款	中信银行	180356	−52254	38323	−6476	51879	−3.5
	浦发银行	269492	6006	−13138	64196	11734	31.3
	华夏银行	52090	5423	3435	14655	−23932	39.1
	浙商银行	144564	5041	−202	90587	45940	167.8
	民生银行	104286	6144	1873	55454	39530	113.6
	宁波银行	53367	24221	—	53367	—	—
	财政性存款	64490	−8463	−14603	31973	−10293	98.3
	存款合计	6660908	−91256	42082	1203984	386421	22.1
个人存款	工商银行	316581	−14831	22584	35898	18873	12.8
	农业银行	547571	−857	4065	78649	59037	16.8
	中国银行	287302	−3563	−2471	25507	21241	9.7
	建设银行	209222	2042	3090	30352	9008	17.0
	交通银行	91787	−5002	501	324	2301	0.4
	农商银行	1577516	−13179	2006	198751	134368	14.4
	邮储银行	489054	7518	2365	148688	43925	43.7
	绍兴银行	67245	−1298	−4613	−62967	−22583	−48.4
	村镇银行	139306	−343	6701	30024	1155	27.5
	招商银行	15376	−477	−1425	−2780	−1591	−15.3
	中信银行	46507	329	−1962	15624	4393	50.6
	浦发银行	54239	1443	−282	−10211	−1325	−15.8
	华夏银行	3742	−389	−889	−9374	−9318	−71.5
	浙商银行	25592	−561	591	22904	2294	851.9
	民生银行	43020	−1479	1840	10193	30500	31.1
	宁波银行	12030	3129	—	12030	—	—
	个人存款合计	3926091	−27517	32102	523610	292280	15.4
各项贷款	工商银行	537761	596	4103	6133	4317	1.2
	农业银行	627041	37855	65491	89485	91509	16.6
	中国银行	365518	−5691	−2437	−38095	−20488	−9.4
	建设银行	336117	−9611	−5228	4034	9547	1.2
	交通银行	257630	−9386	−272	−2984	6348	−1.1
	农发银行	411989	16295	32807	193985	134673	89.0
	农商银行	1184124	20082	7325	52068	60984	4.6
	邮储银行	185413	−3693	−5875	70604	10796	61.5
	绍兴银行	257641	12455	11833	33528	45618	15.0
	村镇银行	152138	−44	−1411	975	5429	0.6
	招商银行	99256	−8302	11148	−27352	−9140	−21.6

续表2

项目		月末余额	比上月增减		比年初增减		同比增长（%）
			2016 年	2015 年	2016 年	2015 年	
各项贷款	中信银行	194191	-4771	8285	13414	16468	7.4
	浦发银行	185209	1852	-13648	6482	24476	3.6
	华夏银行	72346	23181	-341	27380	-11806	60.9
	浙商银行	135294	-710	-2136	59580	56952	78.7
	民生银行	183408	810	-27722	104297	79111	131.8
	宁波银行	9758	2922	—	9758	—	—
	贷款合计	5194832	73840	81922	603291	504794	13.1

金融监管

【概况】　　2016 年,嵊州银监办面对辖内银行金融机构信用风险持续显现、监管难度不断加大等困难,围绕"一三三"(即一个核心,三大任务,三项助推工程。一个核心是指以党建为核心; 三大任务是控风险、强任务、促转升;三项助推工程是抓好改革创新、依法监管、提升监管效能)重点工作,坚持上下联动,充分履职,发挥了银行监管的前哨作用,促进了辖内银行业保持平稳健康发展。截至2016 年年末,辖内市级银行机构共 17 家,各项存款余额 666.09 亿元,各项贷款余额 519.48 亿元,不良率 1.58%,全市金融运行总体平稳。

【转型升级】　　一是推进"立杆定向、进位升级"活动。嵊州农商行、嵊州瑞丰村镇银行结合本行实际,分别以东阳农商行、浙江三门银座村镇银行为标杆行,旨在提高各项业务指标,提升监管评级等级,增强综合竞争力。二是指导嵊州农村合作银行完成股份制改革。按照股改试点总体方案,全程指导该行有序推进股改工作。督促该行整改落实好省局、分局提出的审核意见,完成净资产处置工作,并配合分局完成清产核资、资产评估的验收工作。2016 年 6 月 22 日,嵊州农村合作银行召开嵊州农商行创立大会,标志着该行筹集工作基本完成。

【风险防控】　　一是加强信用风险预警监测,督促县域银行机构"清淤活水"。督促地方法人银行根据活动方案要求,制定专项行动方案,贯彻落实。按月统计并上报嵊州市信用风险监测月报表,通过月度监测及时了解县域机构及地方企业风险、化解情况;按季撰写嵊州市季度信用风险防控报告,做好分局风险监测前哨。二是做好不良贷款压降督导工作,推进企业帮扶协调。银监办把握"风险防控"底线,及时传导风险防控压力,督促各银行机构多措并举化解不良。以债权人委员会为依托,参与解困企业协调。2016 年,银监办参与对银河铝业、威普电器债权人委员会的组建工作,多次参与市政府金融支持工作协调会, 要求与会相关银行按照政府确定的两链风险化解方案, 对基本面良好、生产经营正常,符合国家产业政策但暂时出险的企业,在信贷配置、利率优惠、手续简化等方面继续给予支持。

【创新服务】　　一是配合做好农村承包土地经营权抵押贷款试点工作。办事处鼓励银行机构积极推进承包土地经营权贷款相关工作。截至2016 年 12 月末, 辖内银行业金融机构共发放农村承包土地经营权抵押贷款 106 笔,累计发放贷款 16777 万元,余额 15057 万元。二是创新银行服务模式。引导银行业金融机构,继续深化助保贷、续贷通、中小企业专项信用贷款等业务,落实排污权抵押、房地产顺位抵押等政策,探索"循环"贷款、年审制贷款等还款方式, 有效破解企业担保难、融资难问题。

2016年度，嵊州两家地方法人机构共为325户办理还款方式创新业务，涉及金额148117万元，为客户节约资金成本119万元。

【法人监管】　　一是以各类现场检查为抓手，规范地方法人稳健经营。督促法人银行认真组织开展自查工作，要求对照检查内容逐项开展摸排，排查隐性风险。二是非现场监管工作常抓不懈，进一步巩固监管基础。及时收集农商行、村镇银行报送的各类报表，综合评价其经营状况，上报经营分析报告和风险评估报告，并在完成对辖内法人机构的监管评级的基础上，撰写年度监管意见书，并组织法人银行开展三方会谈及审慎会谈。要求两家银行抓好队伍管理，完善绩效考核机制。

【维护金融秩序】　　一是配合开展投融资咨询类公司"百日整治"专项行动。根据绍兴市统一部署，对全市186家投融资公司，按照"疏堵结合、打教并举"的原则，开展分类整治，起到规范金融秩序、净化金融环境的作用。二是参照分局督导检查方案，开展辖内银行机构"专区双录"建设情况和"行为准则"实施情况的集中督导检查。抽调辖内银行机构共组成5个督导组，对辖内15家不同类型银行机构抽查39个网点，督查覆盖率均超30%，推进了辖内银行机构理财业务专区"双录"工作。（陈彦）

银　行

【为农服务】　　人民银行嵊州市支行推进农村承包土地经营权抵押贷款全国试点工作。出台《嵊州市农村承包土地的经营权抵押贷款试点管理办法》等6个政策文件，为试点贷款提供了完善的制度保障。建立了土地流转交易平台、风险补偿机制、督查机制和激励机制。截至12月底，已发放农村承包土地经营权抵押贷款106笔，新增贷款14757万元，贷款增量位居浙江省10个试点县（市）首位，得到了副省长孙景淼的批示肯定和省委副书记袁家军的批示重视。

【信贷政策】　　人民银行嵊州市支行加强对法人金融机构的政策沟通与窗口指导，引导平稳发放贷款，优化信贷投向结构。做好对法人机构贷款投放的监测工作，及时了解信贷投放需求变化情况。对法人机构开展年度合格审慎评估和季度宏观审慎评估（MPA）、定价行为评估。开展农业贷款风险补偿审核工作和小微企业贷款风险补偿工作。引导金融机构把信贷资金更多投向实体经济，积极支持市重点项目、重点企业的发展，支持小微企业、"三农"发展的资金需求。

【金融稳定】　　人民银行嵊州市支行拓展企业信用体系建设平台信息内容，提升平台防范金融风险的功能。开展银行业金融机构综合评价。做好存款保险制度实施工作。推进中小企业信用体系建设，成功创建省级征信服务示范点，推动小贷公司接入征信系统。组织开展企业和个人异常查询核对工作，并抽样开展现场核查。深化反洗钱工作，有重点地打击犯罪，防控洗钱风险。组织开展反洗钱征文及优秀宣传短片评选、《中华人民共和国反洗钱法》实施十周年宣传。

【外汇管理】　　人民银行嵊州市支行一是落实"扩流入、控流出"举措。注重政策传导，召开政策通气会，银行落实便利和规范外汇收支的各项举措。对境外投资企业进行政策辅导，缓解购付汇压力。二是维护外汇市场秩序。开展流出项下外汇业务、出口不收汇、货物贸易、个人和服务贸易、国际收支统计申报等检查。对银行开展现场核查、全面检查，开展执行外汇管理情况总体评价。三是提升服务水平。开展外汇政策和"诚信兴商"宣传，举办服务实体经济发展专题讲座，邀请专家解读最新外汇政策，指导汇率避险。为全市70余家新进名录企业举办货物贸易外汇管理业务培训班，提升企业操作能力。

【金融服务】　　人民银行嵊州市支行一是推进农村电子支付业务。开展电子支付应用示范镇、村创建工作，做好当地农村居民的业务宣传。加强银行卡助农服务点的管理工作，对助农服务点进行走访排查，做好风险管控。二是维护支付结算秩序。

加强人民币银行结算账户管理工作,规范账户开立和使用。开展防范电信网络新型违法犯罪工作,组织各银行开展形式多样的宣传活动。三是提高国库服务效能。健全国库资金风险防控体系,强化国库会计岗位风险管理。支持国税"营改增"扩面三方协议签订工作,简化协议签约流程,为纳税人提供了优质高效的服务。做好国地税金税三期系统上线工作,确保库款及时安全入库。四是加强货币发行和人民币管理。预测现金投放回笼形势,完成嵊州、新昌两市县发行基金收付任务。开展反假宣传,普及反假货币知识及相应的法律法规,组织培训考核,开展业务检查。确保小面额零辅币的供应,提高市场流通人民币的整洁度。

10月10日,人行嵊州支行组织反假货培训班

【工行支持政府重点项目建设】　　工商银行嵊州支行为嵊州地方经济发展提供强有力的资金保障。2016年嵊州支行贷款余额53.78亿元,其中项目贷款余额12.5亿元,比年初增长9.65亿元,较好地支持了嵊州市政府重点项目的建设。一是建立营销项目储备库。支行围绕嵊州市"十三五"发展规划,抓住嵊州交通、水利、城建等领域大发展的机遇,在获取2016年嵊州市政府重大建设项目方案后,筛选确定重大项目目标客户,建立支行项目目标库。对接城南拆迁项目、开发区时尚产业园、昌洲污水项目等重点项目,排查摸底、深挖潜力,做强优质项目贷款。全年共完成四个政府项目审批授信25.5亿元,创嵊州工行历史新高。二是突

出项目营销效率。全面构建项目营销全链条服务,通过前中后台联动,与省及市分行的上下沟通,及时跟踪流程进度,解决了项目营销中遇到的难题,实现项目贷款尽早投放到位,提升项目营销精准度和服务效率。三是创新金融服务方案。支行通过创新融资渠道,保证重大项目资金需求。"嵊州市湛头滞洪区改造工程项目",多次与项目承接部门沟通,确定以银团方式介入,以政府购买服务收入为偿债资金,加快了业务营销及拓展进度,此项目9.5亿元银团成为嵊州工行单笔额度最大的标准银团,也是嵊州地区金融同业的首笔标准银团合作项目。另外,以嵊州市农业发展银行牵头,工行参贷的"嵊州市城南新区城中村拆迁改造工程项目"17亿元银团也成为嵊州当地金融同业与政策性银行合作的首笔业务。

【农行支持地方实体经济发展】　　2016年,中国农业银行嵊州市支行积开展金融支持经济系列活动,从加大信贷资源投入、创新服务"三农"模式、化解金融风险等方面做了一些有益的工作,取得了一定的成效。在2016年银行支持经济发展考核中位居同业第一,连续三年荣获"金融机构支持经济发展突出贡献奖"。一是支持地方经济求实效。年末本外币各项贷款余额达62.7亿元,当年净增8.95亿元。二是服务"三农"出实招。加大"三农"信贷投放,年末农户贷款余额4.3亿元,比年初增加1.62亿元,增幅60.45%。全年共支持专业大户240户,贷款余额8836万元。向花木、香榧、茶叶等涉农产业投放贷款近2亿元。新发放农村土地承包经营权抵押贷款11笔金额1565万元。在全省首次推出"蔬菜贷"。全年共发放惠农网贷62笔金额820万元,建立农户信贷档案16946户。三是帮扶企业谋实策。实施"一户一策"帮扶计划,通过还旧借新、贷款展期等方式,帮助企业走出困境。加快呆账核销,全年累计核销贷款本金2564.17万元。

【中行为企业提供金融保障】　　中国银行嵊州支行做好金融保障,服务地方经济。一是依托产品组合,拓展金融市场。打造网点专业特色,主推福

农分期、汽车分期、爱家分期、卡户分期、厨具区域性项目、农户贷＋农村承包土地经营权抵押贷款等个贷业务,同时切入农村市场,扩大农村客户群。运用上下分层联动,摸排嵊州市行业动态,加强与地方政府、行业协会的合作,做农机、粮食、花卉、茶叶、果业、民间工艺、养猪、竹产业、汽车等行业协会项目,并分行业建立微信群强化日常联络机制;为解决无固定资产产权抵押经营者的资金需求,在嵊州市率先投放全省首笔试点县的农村承包土地经营权抵押贷款。二是依托产品创新,发挥金融特色。先后创新供应链融资业务、政企搭台科技信用贷款、税务通宝和结算通宝、A类企业出口待核查账户网银快捷结汇业务等金融特色产品。三是依托产品优势,提升金融服务。为企业定向设计产品,提供高效率个性化、全方位的金融服务。如为集团企业专门打造以集团为核心的国内证业务;为相应企业叙做国内福费廷业务;为企业专属建立应收账款池业务,既加快了企业应收款回笼周期,又减轻了企业应收款收汇风险;为企业建立包装设计跨境结汇,包括即期与远期,帮助企业锁定远期收益,提升即期汇率,实现银企互利共赢。

【建行支持重点项目】　　建设银行嵊州支行围绕当地经济发展中心,大力营销交通主要项目开户基本落户建行,重点抓好G527国道等贷款项目的营销。着力拓展民政、民宗客户领域,积极营销民政局基建账户、福利中心二期基建等项目。加强教育领域的合作,积极拓展公办学校的非税账号、民办学校账户的营销。围绕全市重点项目加大信贷支持力度,向嵊州市黄泽江水利综合整治有限公司、嵊州市水利水电发展有限公司成功发放固定资产贷款共计3.5亿元,向浙江大学第一附属医院嵊州分院发放贷款5000万元。高度重视城中村拆迁营销活动,共营销成功拆迁户1041户,累计进账约9亿元。至年底个人住房贷款余额达11.7亿元,较上年新增3.1亿元。

【交行重大招商引资项目信贷投放】　　交通银行嵊州支行根对水务集团发放7年期项目贷款1亿元,对新城吾悦华府与省分行一起投放联合贷款2亿元(为绍兴交行首单联合贷款业务),有力地促进了市政府重大基础设施和重大房地产开发项目工程的建设。面对宏观经济持续下行、上级行授信政策调整等不利局面,加强对企业的实地走访调研和上级行的沟通解释,尽最大努力满足企业的资金需求。强化金融创新。利用好"资产池"这一表外业务产品,增加信贷投放,拓宽融资渠道,有力支持了地方重大基础设施建设。在省及市二级分行的大力支持下,新发行资产池业务0.732亿元,有力地支持了黄泽江综合整治等重大基础设施建设。嵊州市排水管理有限公司金额2亿元的资产池项目通过省分行投审会,为下阶段嵊州市中心城区污水收集工程项目的顺利建设做好了资金保障工作。支行利用交行总行与国开行总行双方签订的全面战略合作协议及"彩虹桥"业务合作项目,协助政府做好拆迁补偿款的支付工作。成为国开行浙江省分行嵊州城南城中村改造项目的资金监管行,全面负责该项目14亿元拆迁资金的监管支付。成功代理支付农户拆迁款和房票600多笔,兑付资金累计达11亿元。全年利用转贷资金18笔,累计金额1.32亿元。

【农发行确保粮食收购资金】　　2016年,中国农业发展银行嵊州市支行做好政策性粮食收购资金供应和管理工作,确保粮食收购资金不打白条。累计发放贷款7268万元,支持收购粮食3160万公斤,收回贷款4233.3万元,轮出粮食1790万公斤。支持嵊州市储备粮管理有限公司夏粮、秋粮收购,保障全市粮价稳定、粮食供应充足。同时做好财政补贴管理工作,加强与财政部门的沟通,督促财政补贴资金按时、足额筹措到位。

【绍兴银行创新种子基金信用贷款】　　绍兴银行针对目前市场对企业科技创新链前端支持的"缺位"与"失灵"的现状,加大对企业技术创新的信贷支持力度,加快培育一批高新技术企业发展壮大,推出了种子基金信用贷款,采用科技局、产业基金、银行和保险公司共同参与、市场化运作、风险分担的运作机制,确保该项措施能直接落到实处取得实效。专项制定该贷款品种的管理办法、操作流程,疏通各环节。嵊州市中森电子有限公司是绍兴银行嵊州支行首笔发放科技贷的支持对象,有力支持了企业的发展。至2016年年底支行已与多家科技型企业达成授信意向,预计3年内投放2亿元科技创新种子基金信用贷款。

【招商银行业务创新出成效】 招商银行嵊州支行开展付款代理业务。对核心企业构建产业链生态,支持核心企业上下游合作方共同发展,提供结算+融资一体化的金融解决方案。为上游供应商和下游经销商提供便捷的低成本融资渠道,扶持了上下游合作伙伴的发展,巩固了供应链整体生态。对上游供应商可获得明确的、较长的应付款账期,降低资金成本,对下游经销商可以及时获得销售回款,扩大销售,促进自身的发展。围绕企业贸易链进行融资服务,改善核心企业融资结构和上下游客群的融资环境,扶持了供应链中的中小企业发展,防范企业的过度融资和信贷资金挪用的情况,增加了信贷资金的安全性,回避了地区担保圈风险。推出有人脸识别功能的ATM机。通过机器屏幕上方的摄像机,对在此设备上操作的人员进行头部图像采集,然后通过与银行、公安等系统联网进行身份识别和比对。在实际使用时,取款人在ATM机上进行取款,若设备所采集到的人脸图像与公安系统采集的身份证登记图像或银行登记照片不符,即使输入最多的信息也无法完成取款操作,可以尽可能保障持卡人的资金安全。

【中信银行发行25亿元债券】 金融产品对生产经营正常、具有持续经营能力、资产负债水平合理、财务状况良好、具有还款能力与还款意愿的存量客户,可在贷款到期后,继续为其重新发放贷款用于归还部分或全部原贷款,有效解决小微企业"转贷"问题,缓解小微企业贷款到期"先还后贷"压力。同时为进一步降低小微企业融资成本,该产品还实现了利率可调整功能。截至年末,年审制授信客户59户,金额为1.1亿元,占小企业条线全部贷款户数的38.3%,占全部小企业贷款金额的31.3%。转变传统定位于有"证"才能贷、有"物"才敢贷的信贷思维,推出服务法人小微企业和个体经营户的小额保证贷产品,最高可达200万元的纯担保流动资金贷款,支持小微实体经济正常经营资金所需。该产品对借款人的准入从形式性审查提升到实质性调查,丰富了可接受的保证人类型,有效缓解小微实体经济抵押少、融资难的问题。

【浦发银行加大信贷有效投放】 浦发银行绍兴嵊州支行多渠道整合内外部资源,充分利用新产品来满足客户信贷需求。如利用国内信用证买方代付、商票贴现、出口保理等信贷产品来置换常规的人民币贷款业务,既解决了信贷规模紧的问题,也较好地解决了企业融资难的问题,同时还降低了企业运营成本。支持规上企业发展。结合总行的信贷政策导向,围绕总行对公客户视图目标,深化与"五大类客户"的合作,因地制宜加快合意资产项目落地。通过进一步加大上市公司的合作范围、对拟上市公司和新三板企业做好授信的新增以及授信的支用、对政府类平台的企业与项目的合作,拓展合意资产客户有十多户,新增投放近3亿。用心服务小微企业,深化与优质的、成长性较好的中小企业的合作与培育,积极优化小微专营客户经营模式,聚焦强抵押担保、供应链融资产品,依托房抵快贷、股权质押贷款、和利贷等交易背景真实、还款期限较长的产品,保持小微贷款规模适度增长和结构优化调整。中小企业(中小、小、微)授信客户数达到81户,占比53.3%;小企业信贷敞口余额6.1亿,占比36%。小微企业贷款余额6.1亿元,较上年新增7352万元。

【华夏银行打造小企业特色支行】 华夏银行绍兴嵊州支行贯彻总行"中小企业金融服务商"战略定位,着力打造小企业特色支行,重点支持嵊州中小企业发展。一是加大小微企业信贷投入,实现小微企业"三个不低于"目标。重点服务500万元以下小微企业客户和批量平台客户;截止年末,中小企业贷款余额6.8亿元,占全部贷款的57.6%,

中小企业贷款客户数达到 169 户，其中 500 万元以下小企业贷款客户 139 户，占全部中小企业贷款户数的 82.2%。二是落实普惠金融，量身打造小微企业金融产品。对生产经营正常、具有持续经营能力、资产负债水平合理、财务状况良好、具有还款能力与还款意愿的存量客户，可在贷款到期后，继续为其重新发放贷款用于归还部分或全部原贷款，有效解决小微企业"转贷"问题，缓解小微企业贷款到期"先还后贷"压力。同时为进一步降低小微企业融资成本，该产品还实现了利率可调整功能。截至年末，年审制授信客户 59 户，金额为 1.1 亿元，占小企业条线全部贷款户数的 38.3%，占全部小企业贷款金额的 31.3%。转变传统定位于有"证"才能贷、有"物"才敢贷的信贷思维，推出服务法人小微企业和个体经营户的小额保证贷产品，最高可达 200 万元的纯担保流动资金贷款，支持小微实体经济正常经营资金所需。该产品对借款人的准入从形式性审查提升到实质性调查，丰富了可接受的保证人类型，有效缓解小微实体经济抵押少、融资难的问题。

【浙商银行持续产品创新】　　浙商银行嵊州支行为有效解决企业流动性难题，致力打造"企业流动性服务银行"，融合贯彻互联网思维，推广"涌金"系列池化融资平台，即"资产池、票据池、出口池"。"资产池"通过将企业各类型资产和银行各种融资服务"打包盘活"，帮助企业减轻融资负担、提升资产流动性；"出口池"产品将"互联网+"和"池融资"业务推广到出口领域，致力于服务广大出口企业，解决企业的出口应收账款流动性难题。为响应央行推广电票的要求，"涌金票据池"不断升级，在帮助企业盘活流动性资产、为核心企业上下游打造线上支付与融资平台、全面提升电子商务金融服务能力等方面具有更强大功能。这是浙商银行服务实体经济的重要举措，也是帮助企业降杠杆、降成本的有效方法。"至臻贷"则是近期发布的又一款对公贷款产品"利器"。凭借"在线办理+自主定制+灵活定价+额度循环"等特点受到广大客户的青

睐，开启了公司贷款个性定制的新时代。围绕着企业融资需求，对贷款的金额、期限、利率等基本要素进行了全面优化，并通过灵活组合为企业"量体裁衣"，帮助企业增强流动性管理，从而真正降低其整体融资成本，可谓"真金白银，看得见的节约"。支持小微企业发展，针对提款、还款、续贷等"痛点"，推出三年贷、随易贷等特色产品。对于新兴的创业企业，针对不同阶段的创业群体推出三款"双创"系列产品，为创业创新小微企业提供覆盖成长各阶段的个性化、全过程融资服务。在此基础上更是推出"一日贷"（当天受理、当天审批、当天放款），为客户提供更高效、更便捷、更实用的金融服务。

【民生银行贷款规模和风险管理并举】　　民生银行嵊州支行以国有企业、基础设施建设项目为贷款投放重点，完善小微企业担保方式，支持小额消费信贷，向嵊州市的重点项目进行投放，贷款规模得到了快速增长。到年底政府重点项目贷款余额达 9.925 亿元，占贷款总余额的 54%，主要投向人民医院迁建项目、市场公司国际展览馆、城南新区旧城改造项目等。同时，坚持对小微企业的贷款投放，调整了小微企业的贷款担保方式，退出原有的小微企业互助基金模式，以抵押、保证等为小微企业贷款担保主要方式，到年末，小微企业贷款 262 户，贷款余额 3.31 亿元，占比 18%。在"大小兼顾"的同时，充分挖掘消费贷款资源，继续发挥民生银行存贷合一卡这一业内领先产品作用，截至年底，存贷合一卡余额达 3700 万元。在发展贷款规模的同时，也继续推动不良贷款清收工作。对不良贷款逐一进行分类，逐户见面，摸清底子，能清收的清收，能保全的保全，保障信贷资金安全。

【宁波分行推进特色经营之路】　　宁波银行绍兴嵊州支行针对嵊州地区实际特点，推进白领通、贷易通等个人类产品以及快审快贷、捷算卡等企业类产品，提供便捷、优质的金融服务。针对嵊州地区加工类和机械制造类企业数量众多的现状，主推个人版贷易融及快审快贷，辅推企业快审快贷、贷易融，以及高收益资产，通过引入"云估价"智能

系统,实现自动评估,并每月动态监测市场交易价格,以此持续增强小微金融服务的便利性。发挥宁波银行特色的国际业务产品、票据贴现业务、等多方位服务产品,为嵊州的贸易类企业提供配套金融服务。主推白领通、白领融个人信用类产品。白领通在嵊州地区的市场覆盖率已超过40%。此外,个人和企业两条线联动,共同推出薪福宝产品,为授信企业提供代发工资服务的同时,为企业职工提供便捷的财富配置方案。

【邮储银行精耕细作践普惠】　邮储银行嵊州市支行主动承担"普之城乡、惠之于民"的普惠金融责任,特别是在"三农"和小微金融服务方面,一是加大资金扶持力度。二是完善产品服务体系。推出了小额循环贷、农民专业合作社贷款、小额保证保险贷款、家庭农场(专业大户)贷款、农村土地承包经营权抵押贷款等涉农新产品,基本实现了对涉农经营主体的全覆盖;推出了增信贷、展期贷、保证保险贷款、供应链贷款、电商贷、流水贷、医院贷、小水电贷、光伏贷等新产品,形成了"强抵押"、"弱担保""纯信用"相结合的全产品体系;三是延伸"最后一公里"。做好20多项民生类代发代扣项目和14万张社保卡激活和代扣工作,投入全市市民卡发放和全市流动人口的居住证卡发放工作。协助开展"两电互动服务三农"电子支付应用示范镇创建活动。做好存量助农取款点维护,在此基础上跟邮政联合,叠加物流、电商、代缴费、贷款申请等金融服

邮储银行嵊州市支行"送国债下乡"拓宽"三农"群体理财渠道

务,试点打造农村综合金融服务站。开展"文艺走基层　村嫂助乡邻"活动,通过"台上文艺表演、台下设金融点、村嫂帮宣传"的方式送金融知识下乡、送金融服务上门,支行营业部被浙江省总工会授予"工人先锋号"称号。

【农商银行创立农村商业银行】　7月7日,嵊州农村商业银行正式挂牌开业。改制成功后,不忘初心,保持定力,扎根嵊州,倾力服务地方经济,继续发挥好新形势下金融主力军作用,全力助推"三个嵊州"战略发展,做到"改制不改根,换牌不换心"。对接地方改革试点工作,落实人民银行嵊州市支行关于土地承包经营权抵押贷款相关工作要求,将经营效益好、发展前景好的种养大户、新型农业经营主体纳入农村承包土地经营权抵押贷款目标储备库,建立目标客户名录,实行"名单制"管理。同时为推进农村承包土地的经营权抵押贷款试点工作,将此项工作列为重点工作,强化落实,明确职责分工,在年度各类先进评比中实行"一票否决制"。相关经验做法获副省长孙景淼批示肯定。至年末,共计发放农村承包土地经营权抵押贷款5671万元,涉及的农村承包土地经营权面积已超10000亩。在推广"续贷通"、"一日转贷"制等无缝式"转贷"模式的基础上,设立"应急资金"和"转贷基金"帮助小微企业缓解转贷难题,其中转贷基金是该行与当地产业发展投资有限公司合作推出,采中内部封闭式操作,具有"使用便捷、费用低"等特点,借款企业一般当天就能完成"转贷"。至年末,累计为232户企业提供近11亿元转贷资金,为客户节省了财务成本90%以上。在全辖区推行"小微专车"授信模式,主要面向小微企业主及小微企业,整合创新信息采集、综合评价、业务审批等流程,自动分析客户数据信息,测算客户信用等级、授信额度,在有效提高风险识别的同时,真正形成让客户"最多跑一次"的强劲服务力。至年末,已经通过"小微专车"系统授信977户、11.26亿元。

【瑞丰银行深化做小做散】　嵊州市瑞丰村镇银行开展支农支小工作,把小微企业、"三农"金

融业务放在更加突出的位置，培育新的信贷增长点，挖掘有效信贷需求，确保信贷总量增长与嵊州经济发展需求相适应、投放节奏与实体经济运行规律相衔接。推出"扶贫贷""养老贷""安居贷""商户贷""信用贷""新家园贷"和"村镇小微贷"等多种综合金融解决方案，并形成了"祥瑞·丰收"系列贷款产品组合。组建微贷业务团队，为符合条件、但以前无法或较难从金融机构获得充足资金的微小企业提供金额小额贷款金融服务。发放农村承包土地经营权抵押贷款和"扶贫贷"，贯彻落实绍兴银监分局金融支农"5+1"专项行动和普惠共享金融"一三五"工程推进要求。

小　贷

【概况】　　2016 年，全市共有小额贷款股份有限公司 5 家，合计注册资本 8.5 亿元。各小贷公司围绕地方经济发展，坚持服务"三农"和服务中小企业的经营宗旨，树立"以人为本，客户第一""合规经营、稳健发展""高效快捷、灵活优质"的服务理念，实现了信贷的良性循环和较好的经营业绩。至年末，贷款余额 8.37 亿元，贷款笔数 566 笔，其中种养殖业及 100 万元以下余额 5.11 亿元，贷款笔数 464 笔。全年实现营业收入 0.9 亿元，实缴税收 0.13 亿元。

全市小贷公司运行情况

表 38　　　　　　　　　　　　　　　　　　　　　　　　　　　　　　　　　　　　　　　单位:万元

单　位	注册资本	贷款累放金额	贷款累放笔数	种养殖业及100 万元以下余额	种养殖业及100 万元以下笔数	实缴税收	实现净利润
嵊州市恒丰小额贷款股份有限公司	30000	12058.0	75	20073.46	136	-266.47	-489.30
嵊州国银小额贷款股份有限公司	10000	25000.0	198	5755.00	138	265.00	-320.00
嵊州市泰鑫小额贷款股份有限公司	20000	85849.0	230	10442.00	79	165.32	385.96
嵊州市汇银小额贷款股份有限公司	15000	23085.0	117	15605.00	94	71.30	-2002.00
嵊州市诚信小额贷款股份有限公司	10000	17695.8	89	6280.90	46	782.50	1022.60

【服务"三农"和小企业】　　恒丰小贷全年累计发放贷款 75 笔，发放金额 12058 万元；年末贷款笔数 169 笔，贷款余额 28822.81 万元。其中，全年累计发放 50 万元(含)以下微型贷款 23 笔，占发放总笔数的 6.51%。其中，单户 100 万元(含)以下小额贷款及纯农业（种养殖业）贷款年末余额 20073.46 万元，占余额比例 69.64%，年度内季末平均占比为 67.98%。全年累计发放农户贷款 14 笔、贷款金额 1335 万元，年末贷款余额 5316.65 万元，占比 25.11%；累计发放个体工商户(含城镇居民)贷款 5 笔、贷款金额 758 万元，年末贷款余额 1208 万元，占比 62.75%；累计发放小企业(含合作社及其他经济组织)贷款 13 笔、贷款金额 3560 万元，年末贷款余额 8152.34 万元，占比 43.67%。

【扶持实体经济】　　恒丰小贷全年累放农业类贷款 6715 万元、年末余额 17282.33 万元；累放工业类贷款 1375 万元、年末余额 5167.95 万元；累放服务业类贷款 1083 万元、年末余额 1203 万元；累放其他类贷款 2885 万元、年末余额 5169.52 万元。贷款投放的用途情况与当地经济结构和现状基本相符,体现了嵊州市工业强县的特色,反映了本地中小型工业企业较强的资金需求情况,已成为小额贷款公司对实体经济扶持的首要选择。各类贷款结构为:全年信用贷款累放0万元、年末余额0万元;抵押贷款累放995万元、年末余额2475万元;保证贷款累放11063万元、年末余额26347.81万元。(蔡军江)

【强化风险防控】　为控制信贷风险,国银小贷公司审慎发放新增贷款,对存量不良贷款加大处置力度,建立长效贷后监控体制,切实增强风险防患和内部控制。一是不断修订和完善各种合同文本、协议等涉及贷款业务相关的法律要件内容,避免出现借贷双方的合同纠纷;二是对贷款额度上限进行调整,对担保类贷款额度下调为50万元以下,抵押类贷款单笔额度控制在注册资本的5%以内;三是是加快存量贷款结构的调整,对有风险隐患的贷款和金融办监管检查发现的问题类贷款,尤其是大额贷款进行风险排查,做好回降、清收和加固担保,尽量降低风险;四是要求各岗位员工必须按照操作流程责任明确,在贷款发放前的源头就建立有效的防范,每笔贷款必须由信贷部负责人及客户经理实地查访,提供征信信息;五是加强贷后管理,要求客户经理对欠息一个月以上贷款客户必须上门催收,完成贷后监控报告、风险监查名单、逾期催收记录等规定流程。(刘丽平)

【实施稳健信贷规模】　泰鑫小贷公司严格控制每笔贷款,以达到小额、分散的原则,支持"三农",支持小微企业,扶持弱势群体。公司累计发放贷款85849万元,贷款笔数230笔;贷款余额13917万元,贷款笔数90笔,已形成比较稳定的客户群体;逾期率低,风险拨备充分,贷款稳定性良好,当年上缴各项税费165.32万元。

【严格规范信贷政策】　泰鑫小贷科学管理,加强管理制度和审查制度。公司成立初制定和明确了各项业务操作办法及相关的部门和岗位职责,做到业务运行有章可循;并坚持通过制度来规范各项业务运行,严格贷款"三查"的业务流程和操作规范,实行贷款逐户评审的操作制度,对客户提交的报表只作为参考。坚持双人调查、双人核签、双人核保制度,实现贷款业务安全规范运行。在客户签字过程中,通过拍照等方式记录贷款签字过程,并打印后存档。一方面要求规避风险,另一方面还要促进业务的发展,优化客户群体,盘活存量,化解不良拓展优质诚信客户。

【强化文本意识】　泰鑫小贷公司强化"文本意识",以管理文化提升效益。对员工进行了多元化的培训,提升团队的综合素质和公司的企业价值;实行了"以岗定薪,按绩取酬",对业务人员制定了新的考核制度,与发展新客户及每个月收息方面挂钩,旨在从根本上激发客户经理工作的主观能动性,建立与客户之间相互信赖、协同合作的业务关系。(王方喻)

【实现信贷良性循环】　2016年,汇银小贷实现营业收入2183万元,本年度公司累计发生业务117笔,累计发放贷款23085万元;期末贷款96笔,贷款余额12315万元。在控制贷款风险的同时,信贷资金实现了良性循环,在工作中严格按照上级文件执行,按贷款操作规程办理业务。把公司建成一个运行管理规范、内部控制严格、资产质量良好,具有较强的竞争力的公司。(张育新)

【优化信贷结构】　2016年,诚信小贷公司全年累计发放贷款62笔,发放金18195.8额为万元,年末贷款64笔,户数为55户,贷款余额10854.9万元,年日均贷款余额为16497万元。其中全年累计发放50万元(含)以下微型贷款32笔,占发放总笔数53.2%。贷款余额在100万元(含)以下有33户,余额为1330.9万元;100万元以上的纯农业贷款为8户,贷款余额为4950万元,两项合计占比为57.8%。全年累放农林牧渔业贷款7500万元,年末余额为5030万元;累放工业类贷款4792万元,年末余额为4435.9万元;累放服务业贷款3016.2万元,年末余额为550万元;累放其他类贷款2887.6万元,年末余额839万元。全年有保证贷款7997万元,有抵押贷款2858万元,抵押率为

26.33%;按贷款余额分,有最小额度贷款 5000 元,自 10 月份注册资金减至 10000 万元,将最大额度贷款限定在 500 万元以内,最大额没有超过资本金 5%以上的新增贷款;按贷款期限分,有最短 1 个月,最长 12 个月,3 个月以上的经营性贷款占比达 90%以上。

【实施风险防范机制】　诚信小贷迫于经济形势的压力,公司进行了一系列降低风险的政策:一是报请绍兴市金融办批准,在 11 月下旬完成了减资工作,注册资金由原先的 1.5 亿元减少为 1 亿元;根据单户贷款余额不超过资本净额 5%的要求,公司最高限额应变为 500 万元。二是严把新增贷款的发放,重点把好风险关,对原有的到期贷款积极催收,争取按时归还,减少不良贷款的产生。三是对已逾期的贷款,积极与借款人沟通解决办法,尽可能不通过法律途径解决。(蒋素珍)

保　　险

【概况】　2016 年,全市 30 家保险机构(其中财产险 17 家,人寿险 13 家),围绕市委市府关于建设创新型金融机构,加大经济社会发展的支持力度,促进经济转型升级的要求,对标市场,做好服务经济社会发展的风险保障,较好地完成了各项工作任务,全年总保费收入 12.23 亿元,其中财产险保费 5.41 亿元,同比增长 6.62%。人寿险保费 6.82 亿元,同比增长 4.92%。

主要财险公司业务数据

表 39　　　　　　　　　　　　　　　　　　　　　　　　　　　　　　单位:万元

保险机构	保费收入		赔款支出		赔付率（%）	市场份额（%）
	总收入	其中：车险	总支出	其中：车险		
人保财险	16968.87	13457.70	10449.31	8576.83	61.58	31.38
太保产险	6460.70	5615.64	3722.73	3403.82	57.62	11.95
平安财险	8492.72	7699.76	4082.56	3891.26	48.07	15.71
中华联合	2011.75	1558.34	1154.64	1038.19	57.39	3.72
国寿财险	2463.79	2205.42	1613.05	1564.26	65.47	4.56
安邦财险	2097.38	2079.60	1592.71	1592.71	75.93	3.88
浙商保险	3351.06	2197.47	1841.77	1500.05	54.96	6.19
其他机构	12221.12	11037.84	7050.35	6844.32	57.69	22.61
合　计	54067.39	45851.77	31507.12	28411.44	58.27	100

主要人寿保险公司业务数据

表 40　　　　　　　　　　　　　　　　　　　　　　　　　　　　　　单位:万元

保险机构	保费收入		赔款支出	赔付率（%）	保险给付	市场份额（%）
	总收入	其中：个人营销				
中国人寿	17254.73	11450.42	711.72	41.44	3681.95	25.30
太保寿险	9944.50	7860	737.10	37.12	—	14.58
平安寿险	8807.09	8352.60	7.53	32.16	931.15	12.91
新华人寿	5621.68	4496.77	37.38	—	2145.21	8.24
人保人寿	3510.75	1317.92	190.87	0.64	1181.95	5.15

续表

保险机构	保费收入		赔款支出	赔付率（%）	保险给付	市场份额（%）
	总收入	其中：个人营销				
阳光人寿	2888.87	1665.49	0.67	—	165.18	4.23
泰康人寿	10011.95	9849.56	44.34	—	795.85	14.68
其他机构	10166.13	4527.74	3.32	—	360.26	14.91
合　计	68205.70	49520.5	1732.93	38.5	9261.55	100

【财产保险】 从全市财险公司的发展情况来看，各家公司市场份额小有变动，但基本趋于稳步发展。2016 年，是中国保监会全面实施商业车险条款费率管理制度改革的第一年，国家对商业车险的监管，从 3 家保险公司制订 3 个保险条款（费率），由各家保险公司选定一个使用方式，转变为中国保险行业协会制订示范条款(费率)，由各家保险公司顶层设计，保监会监管执行。商业车险业务的市场化改革，充分体现保险公司把改革和发展的"红利"，让利于民，使投保人更省钱，车险市场不当竞争有所减少，以优质、合规服务取胜的经营思想得到真正显现。

【寿险个人销售】 个人营销保险业务仍然是寿险公司业务发展的主渠道，2016 年业务同比增长 18.25%，高出整个寿险业务增长速度 11.43 个百分点。寿险市场个人销售业绩大幅提升，标志着寿险公司仰仗自身以优质服务取胜的经营方式，取得了主导性成果。从业务总量分析：中国人寿业务达到 1.15 亿元，居全市全市寿险公司之首，同比增长 29.92%；从增长速度分析，前三位依次是：太保人寿 52.94%，新华人寿 45.3%，平安人寿 35.33%。中国人寿开展农村小额人身保险工作，共为 91 个村，44014 位(户)农村居民提供保障。

【保险赔付】 2016 年，全市保险总赔付金额达到 3.32 亿元，同比增加 0.27 亿元，其中财产保险赔款 3.15 亿元，人寿保险赔款 0.17 亿元。人寿保险业各类保险给付金 0.93 亿元，同比增加 62.68%。人保财险嵊州支公司承保的嵊州环兴污泥处理有限公司和嵊州市白云纸业股份有限公司，分别于 5 月 2 日和 9 月 24 日发生特大火灾，共支付保险赔款 700 余万元，其中污泥处理有限公司赔款 500 余万元，为嵊州保险业有史以来最大的一宗保险赔案。

9 月 24 日，嵊州环兴污泥处理有限公司发生火灾。图为保险工作人员在事故现场查勘

【村嫂保险】 围绕嵊州市委、市政府打造"实力嵊州、品质嵊州、魅力嵊州"的总体目标，各公司积极参与创建"国家卫生城市"活动。中国人寿积极参与全市对 2015 年度"最美村嫂"评选活动，为嵊州 3244 位村嫂提供 1.62 亿元的意外风险保障。（叶德荣）

资本市场

【概况】 2016 年，全市共有证券公司 4 家，实现证券成交金额 1728.74 亿元，开户数 22844户。是年，各证券公司全面实行流程精细化管理，注重提升全员服务水平及专业技能，注重开展投资者教育讲座，拓展证券交易创新产品，致力打造提升客户满意度的优质平台，取得了较好的经营业绩。

全市证券公司运行情况

表41　　　　　　　　　　　　　　　　　　　　　　　　　　　　　　　　　　单位:万元

单　　位	交易金额	开户数	实缴税收
中信证券	4740000	2701	911.63
海通证券	9480274	10556	1020
国信证券	2574800	7303	134.63
财通证券	492369	2284	27.56

【业务稳健发展】　　中信证券嵊州营业部各项业务稳健发展,至2016年年底,客户2.9万余户,各类客户资产67亿元,实现股票基金交易量474亿元,实缴各类税收共计911.63万元。主要业务有:代理上海深圳证券交易所A股、B股、债券、开放式基金、封闭式基金、港股通、融资融券、IB期货、股票期权等各类交易品种和业务;代办股份转让业务,代理销售各类公募基金、私募基金和各类理财产品。(金晓杰)

【发挥创新产品优势】　　海通证券嵊州营业部可开展的业务包括期权、融资融券、快融宝、沪港通、期货、贵金属、基金、债券、约定购回、股票质押、股票托管、产品定制和保本型理财业务、国债正回购、国债逆回购等。其中,股票质押融资和保本型理财都比银行同类产品有相当大的优势,在券商间也处于领先水平。2016年,营业部共开展投资者教育30次,其中包括证券交易规则讲解、期

中信证券嵊州营业部不定期组织各类客户活动。

权交易规则讲解、证券监管条例、融资融券规则、各类证券法律法规、反洗钱义务以及特色股评等。营业部积极开拓创新业务,发挥创新产品优势,取得了显著成绩。是年,新增开户10556户;完成股基交易量948亿元。(邹宁)

【提升客户服务质量】　　2016年,国信证券嵊州兴盛街营业部新增开户7303户,完成证券交易量257亿元,实缴地方税收134.63万元。营业部共开展投资者教育专场授课及户外拓展约50场,提升了客户的服务体验,提高了投资者的理财意识和投资水平。12月进行了反洗钱打非宣传月的推广,牵手海通证券、中信证券、财通证券举办了"远离非法证券"大型广场宣传咨询活动,均获得了投资者的一致好评。同时,营业部已经完全实现了"足不出户,办理业务"的全面电子化业务办理体系,在基础证券账户及期货账户实现了手机开户、远程电脑端开户的基础上,还实现了多种业务非现场办理。(陈婷婷)

【获突出贡献奖】　　2016年,财通证券嵊州东南路营业部新增客户2284户,完成股基交易量49.24亿元,实缴地方税收27.56万元,获得嵊州市人民政府颁发的"2016年度金融支持经济发展突出贡献奖"。营业部可开展的业务包括证券经纪、证券投资咨询、证券投资基金代销、融资融券、代销金融产品等。全年共开展投资者教育讲座15次,其中包括证券交易规则、证券监管机制、融资融券规则、创业板规则、反洗钱义务等。(骆征科)

经济管理

经济体制改革

【中心镇培育建设】　　2016年，全市中心镇培育工作围绕加快推进新型城镇化的总体目标，主动适应经济社会发展新常态，以"加快人口集中、注重素质提升、加速产业集聚、突出结构优化、促进功能集成、增强承载能力、强化要素集约、提高产出效率"为培育着力点，注重规划引领，加强基础配套，突出项目建设，强化要素保障，大力推进中心镇"六个一"项目工程，努力推动中心镇经济社会发展实现新跨越。是年，5个中心镇共实现一般公共预算收入3.52亿元，同比增长0.04%；规上工业产值95.6亿元，同比增长11.86%；规上工业增加值15.2亿元，同比增长7.8%；固定资产投资74.7亿元，同比增长11.17%；工业性投资60.8亿元，同比增长8.22%。中心镇"六个一"(指一个提升集镇品位项目、一个农民集中居住区项目、一个商贸综合体项目、一个较大体量的房地产项目、一个较大规模的"三改一拆"项目和一个工业功能区提质扩面项目)计划项目30项，完成投资8.27亿元，占年度投资计划的87.65%。(俞迪敏)

【特色小镇创建】　　一是加强政策保障。起草出台《嵊州市关于加快特色小镇培育建设的实施意见》，市委市政府下发《关于明确领尚小镇建设管理体制的通知》和《关于明确越剧小镇建设管理体制的通知》等文件。对领尚小镇、越剧小镇在理清工作职责、加大财政支持、提升融资能力、创新融资方式上作了进一步明确，保障特色小镇土地、资金、人员等资源要素的落实。二是加快项目推进。对照市委市政府关于《全市"八大会战"专项行动工作方案》工作要求，制定了《特色小镇攻坚行动工作方案》，四个特色小镇全年完成投资近20亿元。三是加强统计监测。按照《关于开展特色小镇规划建设统计监测工作的通知》精神，会同统计局落实了统计制度，并做好对各特色小镇的统计业务培训指导。组织特色小镇相关人员参加省、绍兴市的统计培训学习以及到新昌县考察学习，建立特色小镇统计工作机制。到目前止，领尚小镇列入省级特色小镇培育名单；领尚小镇、越剧小镇、飞翼农业休闲小镇、温泉养生小镇等4个小镇列入绍兴市级特色小镇创建对象。

【社会诚信体系建设】　　一是召开信用嵊州建设工作专题会议，建立信用建设联络员制度，完善工作网路，明确运作方式。二是进一步开放"信用浙江"数据库应用客户端，开通查询客户端单位已达50个，完成了政府组成部门全覆盖。三是"信用嵊州"公共信用信息平台正式建成运行，向公众提供信用信息查询和应用，充分发挥信用体系的应用。四是督促各成员单位建立失信黑名单制度建设，构建相应领域的信用体系。(邱琳)

发展计划管理

【发展计划编制】　　编制完成《关于嵊州市2015年国民经济和社会发展计划执行情况、2016年国民经济和社会发展计划草案的报告》，在市十五届人代会第五次会议上通过。在充分对接有关部门相应指标基础上，提出2016年经济社会发展主要指标安排建议和分解计划，经市政府发文下达到各乡镇(街道)和有关部门，并以年度计划为目标，有序推进各项指标的落实。

【重大项目建设】　　2016年，省重点建设项目完成投资46.67亿元，完成年度计划的129.9%；省"411"项目完成投资29.74亿元，完成年度计划的147.2%；绍兴市基础设施重点项目完成投资100.4亿元，完成年度计划的140.1%；59项实施性重点建设项目完成投资147.73亿元，完成年度计划的107.4%；

【要素资源争取】　　嵊州市湛头滞洪区改造工程和嵊新污水处理厂(二期)扩建工程分别争取到2016年中央专项建设基金1.2亿元和1000万元；嵊新污水处理厂(二期)扩建工程还列入了城镇污水垃圾处理设施及污水管网工程项目2016年中央预算内投资计划，争取到中央资金400万元。

【浙(嵊)商回归】　　2016年，通过深入实施市领导联系重大项目和联系嵊商工作制度、实地走访浙(嵊)商在外投资企业、举办"2016嵊商回归新春茶话会"等有力举措，促进了一大批项目回归。是年，全市回归引进省外资金25.05亿元，完成绍兴下达21亿元年度目标任务的119.3%，其中，项目回归21.03亿元（目标任务17亿元），资本回归4.02亿元(目标任务4亿元)，分别完成年度目标任务的123.7%和100.5%。

【国内合作交流】　　组织有关企业参加"西洽会""渝洽会""西博会"等国内大型洽谈会及其他重大展会活动，推进山海协作对话对接，完成绍兴市下达的对口支援年度目标任务。落实支援青田县山海协作资金150万元，重庆涪陵地区珍溪镇对口支援资金20万元。

【两农保险】　　2016年，全市政策性农村住房保险工作已全面完成，全市共有207088户农户参保，共收保费207.1万元，参保率为99.97%。政策性农业保险工作按照"大稳定、小调整"的原则，对水稻、大小麦等险种保险金额、费率和保费补贴进行了适度调整。共有水稻、林木、蔬菜大棚等869户种植大户参保，共收保费173.6万元，大户综合参保率90.7%。(邱琳)

价格管理

【行政事业性收费验审统计】　　2016年3月初起，通过自查的方式对全市61家收费单位2015年度收费执行情况进行验审统计，验审总金额为25727.24万元，比2014年度增加了6005.72万元，同比增长130.45%，其中行政性收费为11111.92万元，事业性收费为14615.32万元，分别占收费总额的43.19%和56.81%。年审合格单位61家，年审合格率达到100%

【收费审核】　　2016年核定的收费项目有：黄泽中学、嵊州中学初中部、嵊州市高级中学的学费；剡城中学教育集团城东校区住所费；嵊州市人民医院(浙大一院嵊州分院)、浦口街道社区卫生服务中心的普通病房床位价格；嵊州市人民医院、嵊州市中医院、嵊州市客运西站停车收费。

【价格监测制度】　　2016年，全市设立商品价格监测点6个，其中3个超市监测点，1个集市监测点，1个农贸监测点，1个药品监测点，监测的品种分11大类200多种商品价格，价格监测和信息发布每月逢5日采集上报，每月三次。同时，加强对市场价格变动情况和趋势的分析，每月发布一次价格形势预测分析报告，突发情况及时作出分析汇报。

【成本监审】　　2016年，开展上年度的城市供水成本、污水处理成本、污水收集成本的定期监审,分别核减了城市供水成本 1328.26 万元、污水处理成本 613.17 万元、污水收集成本 9.44 万元。对黄泽中学、嵊州市高级中学、嵊州中学初中部的生均培养成本进行了定调价监审,在监审过程中,严格执行成本监审的一般技术规范和监审办法的有关规定。

【农本调查与监审】　　2016 年,对长乐镇孔岭村 6 户农户进行了白术、茶叶的农本调查,另外对烟草局确定的 6 户香料烟进行调查。涉及调价的项目都依法开展成本监审,同时数据录入全国农产品成本数据库管理系统,力求成本数据的准确性。

【物业服务收费等级审核】　　2016 年,共审核确定了玉兰花园、君悦新天地等 15 家普通住宅小区的前期物业服务收费等级。其中,黄泽丰泽园、长乐六村商住楼 2 家住宅小区确定为二级,物业服务收费标准为多层 0.6 元 / 平方米,高层为 1 元 / 平方米;富民大厦、秀山花苑、文化大厦 3 家住宅小区确定为一级,物业服务收费标准为多层 0.70 元 / 平方米,高层为 1.2 元 / 平方米;吾悦广场、阳光龙庭、香悦半岛等 6 家住宅小区确定为特级,物业服务收费标准为多层 0.8 元 / 平方米,高层为 1.5 元 / 平方米;玉兰花园、君悦新天地等 3 家住宅小区实行优质优价,玉兰花园物业服务收费标准为 1.8 元 / 平方米,君悦新天地物业服务收费标准为 1.8 元 / 平方米,碧桂园江湾一号物业服务收费标准为 2 元 / 平方米。

【调整有线数字电视基本收视维护费标准】在成本监审的基础上,研究制定了数字电视视维费标准听证方案,于 2016 年 5 月 4 日召开了数字电视视维费标准听证会,在听取听证代表意见后,数字电视视维费标准确定为:主终端的基本收视维护费 21 元 / 终端.月,第 2、3 终端免费,第 4 及以上终端收费标准由公司自行确定。

【调整居民污水处理费标准】　　根据国家发展改革委、财政部、住房城乡建设部《关于制定和调整污水处理收费标准等有关问题》的通知》和浙江省委全面深化改革领导小组印发《2016 年浙江省重大改革项目督察工作计划》明确规定,2016 年底前,设市城市污水处理收费标准原则上每吨应调整至居民不低于 0.95 元。市发改局于 2016 年 11 月 22 日组织召开了调整居民污水处理收费标准座谈会,听取各方面对居民污水处理费标准调整的意见和建议后报市政府审核同意,确定嵊州市居民污水处理费标准由原来的 0.6 元 / 吨调整为 0.95 元 / 吨。

【调整天然气销售价格】　　根据《浙江省物价局关于降低企业用气价格的通知》和《关于建立和完善居民生活天然气阶梯价格制度和天然气价格上下游联动机制的通知》精神,确定我市居民生活用天然气阶梯一级为 3.10 元 / 立方米,阶梯二级为 3.72 元 / 立方米,阶梯三级为 4.35 元 / 立方米;非居民天然气基本价格调整为 3.40 元 / 立方米。

【电站上网电价审核申报】　　2016 年,审核申报了 10 家水电站报废更新后的上网电价。其中白塔湾电站、山口电站、镇基山电站、坂头水库执行峰谷电价,峰电价 0.595 元 / 千瓦时,谷电价 0.238 元 / 千瓦时;大坂田电站、泄下电站、黄百坂电站、牛头颈电站、石砩电站、强口电站执行平均电价 0.48 元千瓦时。　(冯蔚)

【价格和收费政策宣传】　　2016 年,检查所通过参加"3·15"、"12·4"等活动发放资料,对《价格法》《浙江省价格条例》《关于商品和服务实行明码标价的规定》等价格法律政策工作内容进行宣传介绍,耐心细致地为群众答疑解惑。通过与消费者面对面的交流,对价格法律条款进行了详细的解读,重点讲解了商品明码标价的知识、价格欺诈表现形式,进一步提高了消费者的自我保护意识。

【旅游行业价格专项检查】　　2016 年,为构建良好的旅游市场环境,促进旅游业健康发展,市发改局对全市旅游行业开展了价格行为专项检查,共出动检查人次 20 人次。要求旅行社做到明码标价,景区在门口显要位置公布收费项目、服务内容、优惠措施等,杜绝价格欺诈行为。

【节日市场价格监督检查】　　2016 年,对市区各大超市、农贸市场、服务行业进行价格巡查,共计出动 70 人次。关注粮油、蔬菜、猪肉等重要商品供应情况、价格走势;加强服务收费监管,规范交通、宾馆、餐饮、商场明码标价和价费公示行为;加强春节期间长运集团汽车票价的检查;加强对理发、美容、洗车行业明码标价的检查。

【职业价格举报办理】　　2016 年,物价检查所共受理职业举报人举报投诉件 31 件,较 2015 年职业举报件数增幅达到 6 倍以上,职业举报人的案件多为电子商务,近年嵊州的电子商务蓬勃发展,企业分散,联系和宣传难度大。检查所克服人力限制,全力办理办结时效内的举报投诉,无一超期,无一行政复议和行政诉讼。

【医疗保险定点医药机构集中检查】　　2016 年,协同专家小组成员共检查药店 16 家,该次检查涉及发改、财政、人力社保、卫计等部门合作,同时聘请杭州专家和相邻县市社保人员协同,检查强度、力度都是前所未有的,检查所工作人员密切配合、联系沟通到位,使检查工作顺利开展。

【涉农涉企收费检查】　　2016 年,市发改局采取实地检查、查验相关资料等多种方式,对涉农涉企收费政策执行情况进行检查。重点检查涉企收费目录清单落实情况、中介服务收费、涉农收费等方面。被检查执收单位都严格执行新的收费政策,在规定期限内停止征收各类暂停的收费项目。

【医疗卫生收费检查】　　2016 年,市发改局对乡镇卫生院、市区内药品商店实施专项检查,共检查单位 30 家,出动检查人员 60 余人次。检查的重点包括:乡镇医疗机构药品"零差率"政策执行情况,医疗收费政策执行情况,进一步规范医疗机构的收费和药品价格行为,积极促进医药卫生行业健康发展。

【教育收费专项检查】　　2016 年,发改局采取抽查方式,对民办学校专项检查,共检查学校 6 所。重点对各学校的收费项目、收费标准及收费公示等执行情况进行了检查。从检查情况看,各学校对新学期所收项目都能做到事前公示,收费秩序良好。(金欣)

国有资产监督管理

【行政事业单位国有资产管理】　　一是开展全市行政事业单位资产清查。根据上级部署,2016 年市财政局开展全市行政事业单位资产清查工作,5 月 4 日,市财政局出台《关于开展全市行政事业单位资产清查工作的通知》,组织全市 244 家行政事业单位开展资产清查业务培训,由各行政事业单位按照要求开展全面自查,形成申报文件、资产清查报表、专项审计报告和资产清查工作报告,市财政局对报送资料进行核实、整改、汇总。二是开展全市行政事业单位公房整改落实工作。对全市的行政事业单位公房进行专项核查,闲置的公房面积约 2.53 万平方米,对此部分公房进行分类,并提出了相应的整改办法,属于危房的拆除一批;属于条件好的公房,进行公开招租;属于地区偏远、利用效率低的,改作为仓库或者进行转让。同时,对全市的出租公房进行了专项检查。全市行政事业单位上报出租房产共计面积 12.92 万余平方米,其中出租房产共计面积 11.03 万余平方米,暂时闲置房产共计面积 1.35 万平方米,其中房管委因公房收回尚未拍租而闲置 8520 平方米。经过整改,房管委已公开拍租大部分公房。

【企业国有资产管理】　　一是开展国有企业资金账户开设情况专项清理,规范管理全市国有企业资金账户开设。对全市 85 家国有企业的银行账户开设情况进行专项清理,出台《嵊州市国有企业银行账户管理办法》和《关于进一步规范市国有及国有控股企业资金存放等财务事项管理的意见》等文件进行规范管理,涉及 22 家企业共注销不符合规定的银行账户 82 个。清理后因工作需要新开设的账号,严格按照文件精神审批后再开设。二是开展国有企业劳动用工管理。在全市国有企业范围开展劳动用工清查,规范管理。通过清查,全市范围内国有企业共有 86 家,劳动用工 1319 人,按照文件要求对有关人员进行了清退、削减、转岗处理,全市国有企业共清退 115 人,削减 59 人,转岗 11 人。并出台《嵊州市国有企业劳动用工管理实施细则(试行)的通知》《关于要求报送国有企业员工薪酬方案的通知》等文件,进一步开展国有企业劳动用工规范管理工作。(黄小明)

财政监管

【财政监督】 一是开展全市违规发放津贴补贴清退整改。2016 年,根据省委巡视组反馈意见和市委市府关于违规发放津贴补贴整改工作的部署,共追缴入库违规发放津贴补贴 1554 万元。并建立长效管理机制,出台《关于进一步加强全市机关事业单位津贴补贴和有关福利待遇管理的通知》,于 4 月 27 日由两办以文件形式下发执行。二是组织开展全市财经纪律执行情况专项检查。2 月 22 日至 3 月 23 日,市财政局和审计局联合组织开展全市财经纪律执行情况专项检查。两单位共抽调 16 名业务骨干组成 4 个重点检查组,对全市 22 个乡镇(街道、管委会)和市发改局等 28 个部门(单位)及其下属单位进行现场重点检查。检查发现乡镇(街道)存在违规发放津贴补贴、部分单位财政资金收支管理不够规范、内部财务管理存在较大风险隐患、"三公"经费管理不规范、未按财政批复意见及时清理往来款项挂账、公务车辆配置和使用管理不规范、政府采购制度执行不到位、固定资产管理薄弱、乡镇(街道)超标准发放临聘人员工薪等 9 大问题,要求有关单位限期整改。

【绩效管理】 一是全面推进预算绩效管理改革。健全预算绩效管理机制,将绩效理念有机嵌入预算编制、执行、监督全过程,逐步将绩效管理范围覆盖到所有财政资金和预算部门,建立"预算编制有目标、绩效执行有监控、预算完成有评价、评价结果有应用"的预算绩效管理新机制。二是组织开展省联动重点项目绩效评价和各部门绩效自评。根据省财政厅统一部署,对全市 2011 至 2015

年食品药品安全监管专项资金和 2013 至 2015 年度就业专项政策实施情况进行绩效评价。三是开展行政事业单位公款竞争性存放专项检查。对市级行政事业单位 2016 年公款竞争性存放情况进行专项检查,通报未按规定实施公款竞争性存放的单位,并要求及时整改,进一步规范公款竞争性存放招投标制度,规范公款竞争性存放工作。四是建立局内部控制制度体系。构建内部控制组织管理架构,成立局内部控制委员会,制定《内部控制委员会议事规则》、建立《内部控制基本制度》、专项内部控制办法和内部操作规程的"1+8+X"三级内控制度体系,即一个内部控制基本制度;法律风险、政策制定风险、预算编制风险、预算执行风险、公共关系风险、机关运转风险、信息系统管理风险和岗位利益冲突风险等八个重点防控的内部控制办法;X 个各单位内部控制操作规程。(黄小明)

国土资源管理

【用地保障】 2016 年,上级下达嵊州市的计划新增建设用地指标,与全市经济社会发展的用地需求存在很大差距,争取新增建设用地指标成为今年保障发展工作的重中之重。为调动积极性,市政府出台了关于争取用地指标的相关政策意见,明确相关部门的工作职责和奖励政策。通过包装重大产业项目和重点项目等多途径争取奖励指标。6 月份,因国土资源局 2015 年度变更调查工作获全省第一名,省国土资源厅奖励嵊州市用地指标 30 亩。全年完成新增建设用地报批 6133 亩,其中杭绍台高速公路项目报批用地面积 4137 亩,城市分批次用地报批 1996 亩。另外,527 国道嵊州黄泽至甘霖段工程(面积 1210 亩)上报省国土资源厅审核,钱塘江治理工程嵊州市曹娥江治理项目(面积 1048 亩)报国土资源部审批,基本满足了当年全市经济社会发展的用地需求。

【节约集约用地】 严格执行国家产业政策和有关节约、集约用地控制标准;切实加强源头管理,严格执行"净地"出让制度,完善工业用地供地机制,落实反制措施,以市场机制、土地成本倒逼企业增强惜地意识,防止产生土地新的闲置浪费。对嵊州1999年至2015年期间已经批准农用地转用但未实施供地的土地,结合《浙江省建设用地供应动态监管系统》已供项目清单和农转用批次,进行逐一清理,重新核实,查清每一批次中未供土地的位置、分布、面积、规划用途和未供原因,完善批而未供用地台账。2016年全市批而未供面积3164亩,超额完成绍兴市局下达的任务。强化建设用地供后监管,采取限期建设、有偿收回及依法无偿收回等措施盘活闲置土地的处置力度, 促进城镇低效用地再开发,盘活存量土地1543亩,完成考核任务的154.3%。

【耕地保护】　　切实保护好耕地特别是永久基本农田。进一步完善党委领导、政府负责、部门协同、公众参与、上下联动的耕地保护共同责任机制,在总结耕地保护补偿试点工作的基础上,根据《省国土资源厅省农业厅省财政厅关于全面建立耕地保护补偿机制的通知》《浙江省财政厅浙江省农业厅关于印发浙江省农业三项补贴政策综合改革试点方案的通知》等有关规定,全面建立耕地保护补偿机制及实施办法,并组织开展2016年度耕地保护补偿工作。新的耕地保护补偿机制及实施办法中,耕地保护补偿范围为土地利用总体规划确定的永久基本农田和其它一般耕地,并继续将补偿资金的发放与补偿对象区域内是否发生违法用地或其他破坏耕地行为相挂钩。

【土地整治】　　2016年,共计完成土地开发项目立项89个,规划新增耕地面积6270亩(其中"旱改水"项目立项32个, 规划改造水田面积为3320亩)。全年共完成验收项目115个,面积5876亩,超额完成了市委市政府下达5000亩的考核任务,保障了G527国道嵊州段等一批交通重点项目及城市批次用地的报批。全年共保障了15个批次(包括1个独立选址项目) 报批的补充耕地指标

2000亩(其中水田指标893亩、旱地693亩、旱改水指标414亩)。农村土地综合整治工作稳步推进,全年共有8个项目已通过省厅复验,归还周转指标88.368亩,另有17个项目已完成单项验收,面积645亩。

【高标准基本农田建设】　　嵊州市""十三五"期间高标准基本农田建设任务为19万亩,其中2016年高标准基本农田建设任务为4万亩。全年共立项高标准基本农田提升类和建设类面积2.27万亩,认定高标准基本农田2.64万亩。

【执法监察】　　2016年,市国土资源局加强国土资源执法监察队伍建设,加大执法装备和人员投入,整合基层国土所执法力量,加强对土地违法重点突出地区的巡查,增加巡查人员,提高巡查频率,有力震慑了违法建设行为的发生。同时加强制度建设,完善《嵊州市国土资源执法监察动态巡查责任追究制度(试行)》,确保执法履职到位,控制新增违法建设行为的发生, 把违法用地行为遏制在萌芽状态,并严厉查处违法违规用地行为。截至12月底,共组织执法巡查2397次,制止违章24起,整治违章84起,拆除面积2.35万平方米。对该立案查处的坚决依法立案查处, 该申请法院强制执行的及时申请,该移送纪检、监察、公安部门追责的及时移送, 全年已累计立案查处各类国土资源违法案件345件, 作出行政处罚决定书345份,已移送法院申请强制执行案件286件,移送党纪政纪处分建议31件31人次。2015年度嵊州共在土地卫片执法监督检查信息系统录入新增加建设用地面积2654.23亩,耕地2076.44亩;违法用地144宗,涉及面积192.23亩, 其中耕地76.53亩。扣除按照省厅政策可以比计入违法比例的违法用地后, 全市违法占用耕地面积占新增建设用地占用耕地面积比例为1.78%。

【涉土信访】　　坚持"属地管理、分级负责"的原则,从抓人头、抓苗头、抓源头、抓重头入手,完善信访工作考核机制和信访责任倒查机制。采取部门

协同、综合治理，努力解决群众的合理诉求，把问题解决在基层，把矛盾化解在源头，切实有效降低了涉土"三访"发生率，维护了群众利益和社会稳定。到年底，共受理涉土信访 254 件，办结率在 99%以上，总量比上年的 344 件下降了 35.4%。

【依法征地】　　2016 年，市国土资源局深入开展征地拆迁阳光工程建设，打造"阳光国土"，做好信息公开和公告工作，在门户网站创建征地"阳光工程"专栏，起草包括征地法律法规政策、补偿安置文件、工作流程、操作程序、责任部门、工作职责、联系方式等内容的"阳光征地工作台一张图"，实施"阳光征地一张图"上墙工程。维护好被征地农民的知情权、参与权、监督权和申诉权，及时足额支付征地补偿费。配合相关部门，妥善解决被征地农民就业和社会保障，确保被征地农民生活水平不降低、长远生机有保障。全年征地签约 6258.76 亩，其中5462.84 亩已批准，安置人口 4105 人。

【地质灾害防治】　　市国土资源局制定《嵊州市 2016 年地质灾害防治方案》，市政府与各乡镇街道及有关部门签订了地质灾害防治责任状。推进应急体系与应急能力建设，完善地质灾害群测群防体系，开展地质灾害隐患排查，及时发现险情并迅速处置，抓好地质灾害危房户的避险安置和工程治理，推进地质灾害防治各项工作。全年，共接报灾险情 74 起，其中灾情 14 起，造成直接经济损失 29.5 万元，由于处置及时，未发生人员伤亡事故。完成地质灾害勘查治理项目 2 个，应急排险项目 46 个，搬迁避让 3 处 3 户 12 人，共消除隐患点9 处，减少受威胁人数 233 人，总计投入专项资金约 558.71 万元。

【矿山管理】　　强化矿山整治，进一步规范矿山开采秩序。有效保护与合理开发利用矿产资源，加强对采矿权人开发利用矿产资源的监督管理，以储量动态监测报告为依据，开展矿业权年检年报工作。全市有矿山总数 15 家，在绍兴市局下达的控制任务数以内。进一步规范采矿权交易行为，统一到绍兴公共资源交易平台招投标。加强采矿权管理，严格按照省厅要求控制全年采矿权总量和萤石矿等矿产开采总量。完成"十三五"矿产资源规划，进一步优化矿山布局，完善矿山监管责任制度，实行"一人一矿"，将矿山储量动态监管的职能下延。同时，规范矿产资源补偿费征收管理工作，到年底，共计征收 53.87 万元。开展 2 座废弃矿山生态环境恢复治理，全年创建 1 个绿色矿山，4 座露天矿山的粉尘检测结果均已达标。

【不动产登记】　　开展 2015 年度土地利用现状变更调查，按时保质保量完成各项任务，经省国土厅综合考评，该项工作全省第一名，获 30 亩用地指标奖励，嵊州变更调查工作连续第二年排名全省前 5 名，也是全省唯一两年进前 5 名的县市。根据《不动产登记暂行条例》等精神，开展不动产统一登记工作，2 月份完成人员划转工作，4月份完成资料移交工作，并制定《嵊州市不动产登记实施计划》。根据实施计划倒排时间，从职责机构整合、资料场地准备、制度规范制定、信息平台开发、数据整合建库及其他相关准备等 6 大方面 22个小项进行逐项落实，严格按照省厅实施前评估的各项要求做好相关工作，于 8 月 31 日发放了嵊州市历史上的第一本不动产权证，系统上线后总体运行情况良好，截至 12 月 31 日，全市共受理不动产登记事项 1.16 万件，查档 7423 件，缮证 6826件。共计复核验收 46 宗土地，复核土地面积142.32 万平方米，其中商业用地 6 宗，住宅用地 6宗，商住用地 17 宗，工业用地 17 宗。针对划拨住宅土地不能交易、"房地不一致"等历史遗留问题，4 月，国土资源局牵头起草了《关于我市国有划拨住宅土地实行有偿使用的请示》(送审稿) 报市政府。6 月经市政府常务会议讨论原则同意提交审议的请示，经有关部门修改完善后提交市委常委会审定，最终形成《关于嵊州市国有划拨住宅土地实行有偿使用的若干补充意见》并获得通过，意见明确了房改房、集资房、商品房、安置房、自建房等五种

类型国有划拨住宅允许实行有偿使用。(葛荧)

工商行政管理

【概况】　2016 年，全市新发展个体工商户 5224 户，累计 38884 户，比去年同期增长 15.52%，新发展私营企业 1683 户，累计达到 12201 户，比去年同期增长 16.00%；新发展内资企业(包括分支机构)49 家，累计达到 1281 家，比去年同期增长 1.10%；新发展农民专业合作社 78 家，累计达到 1260 家，比去年同期增长 6.15%；新发展外资企业 4 家，累计达到 330 家。个体户注销 1372 户，私营企业注销 339 家，内资企业注销 27 家。3 家企业被认定为国家级"守合同重信用"公示企业；7 家企业被认定(延续认定)为 AAA 级"守合同重信用"公示企业，13 家企业被认定(延续认定)为 AA 级"守合同重信用"公示企业；6 家企业被认定(延续认定)为 A 级"守合同重信用"公示企业。拍卖备案 64 次，委托金额 4.1 亿元，拍卖确认书 122 份，拍卖成交金额 3243 万元。查办各类案件数 494 件，大要案 79 件，罚没款 1007.98 万元，移送案件 22 件 43 人。12315 举报投诉中心和市消协共处理消费者投诉 853 件，调解率达 100%，为消费者挽回经济损失 24.63 万元。

【年货采购节食品安全监管】　1 月 15 日至 26 日，市场监管局对市第五届新春特色农产品暨年货采购节开展食品安全大检查，为广大市民群众营造和谐健康消费环境。一是掌握展销会举办方的基本信息，了解落实展销会入场经营者户数和备案情况。二是详细检查经营者索证索票制的落实情况，要求其在显著位置悬挂营业执照、食品经营者悬挂食品流通许可证并佩戴有效健康证，同时检查操作环境、卫生状况、食品原料及相关产品的进货查验记录等，重点检查无证无照经营、虚假广告、销售假冒伪劣商品和不正当竞争等违法行为，确保商品质量安全。三是对检查中发现的问题经营户及时进行了现场指导并要求立即整改，如保健类食品广

告宣传存在虚假夸大产品功效，产品包装中用繁体书写、名称标明"台湾红枣"字样、标识标签不规范等问题。四是督促展销会举办方设立现场消费者申诉平台，及时将消费纠纷解决在萌芽状态，做好消费纠纷的处理工作。

1 月 15 日至 26 日，市第五届新春特色农产品暨年货采购节现场

【禽流感防控】　2 月，市场建管局采取多种措施，做好禽流感防控。一是加强巡查，严格督促。落实专人巡查，做好巡查记录，严防死守，并与市场举办方签订了《承诺书》，落实市场举办者主体责任，严禁活禽交易，严格执行活禽交易市场的卫生、消毒、休市、无害化处理等管理制度，督促市场举办单位做好休市、清洗、消毒和无害化处理工作。二是加强宣传，正确引导。组织全市 28 家农贸市场的负责人和管理人员共 50 多人，举行禽流感防控工作培训会。通过宣传栏、宣传标语、电子屏幕和各种资料，强化宣传预防"禽流感"的知识，增强市场主办方、禽类经营户、消费者对于禽流感的认知度和防范意识。三是加强协作，联防联控。联合卫生、农林、城管等部门对江滨市场等农贸市场禽流感防控工作进行实地检查和联防联控。

【快递企业集中约谈】　3 月，市场监管局对登记在册的快递公司进行了集中约谈。要求快递企业切实整改快递行业普遍存在的实名登记不规范问题，加强实际经营与登记信息的规范，同时，还对快递企业经营中存在的问题，进行了行政指导。

【"3·15"广场大型宣传咨询服务】　3 月 15 日，围绕中消协"新消费、我做主"年主题，市场监

管局与市消保委联合在市中心广场开展"3·15"大型宣传咨询服务活动。活动邀请市卫计局、质监局、环保局、发改局等10多个职能部门及4家公共服务单位参加。活动中共计向消费者免费发放各类宣传资料1.3万余份(册),"新消费、我做主"年主题宣传环保袋2000个,现场摆放各类宣传展板37块,受理消费者申诉11件,接待消费者咨询116人次。

【红盾护农】　3月,市场监管局部署开展2016年度"红盾护农"行动,扎好春耕农资消费安全网。一是加大宣传力度,增强农民自我保护意识。开展法律法规宣传,面对面向农民宣传农资商品质量知识,提高农民假劣农资的防范能力。二是引导商户诚信经营,促进企业自律。督促农资经营者完善进销货台账,建立农资商品质量信誉卡、农资商品质量责任书制度,促使其自觉把好进货关,促进企业自治、行业自律。三是开展行政执法加大打击力度。以农药、化肥、种子、农膜等为重点,开展定期和不定期农资商品质量抽检,严厉查处生产经营掺杂掺假、以假充真、以次充好、失效变质等坑农损农害农违法行为。四是畅通消费投诉渠道,维护消费权益。在群众中普及农资质量基本知识,畅通农民投诉渠道,加大维权力度,提高农民的维权能力,完善农资商品消费纠纷解决机制,及时解决消费纠纷。

【首本台湾居民营业执照】　4月5日,市行政审批中心市场监管局窗口向来自台北的徐志恩发放了个体户营业执照。这是市内第一本台湾居民个体营业执照。6月11日,该窗口又向同一人发放了食品经营许可证。这也是市内颁发的第一本台湾居民食品经营许可证。为鼓励台湾同胞到大陆投资创业,市局设立台湾居民办证"绿色通道":引入"容缺"登记制度,即资料不齐全的先予以受理,等领证时再补全;同时与辖区监管所沟通交流,对其厨房改造等开展行政指导;并在通过核查的第一时间,为其打印食品经营许可证,方便其及早开展合法经营。

【浙江省信用管理示范企业】　4月,经省企业信用促进会专家组考核测评,并报主管部门同意,华汇建设集团有限公司及浙江宝厦建设有限公司这两家企业被同意续展为2015年度"浙江省信用管理示范企业",为期3年。至年底,全市累计有"浙江省信用管理示范企业"3家。

【农家乐治安管理专项行动】　5月,市内多部门联合开展农家乐、农庄、民宿治安管理专项行动。通过摸排及与公安数据比对,全市农家乐家中从事民宿业务的有49家,其中有36家农家乐营业执照的经营范围没有住宿的经营范围。对前期摸排中超范围经营住宿的农家乐逐一督促办理经营范围变更登记,36家超范围经营的民宿除1家办理歇业注销外,其余35家全部规范登记到位,并依法实施"双告知"工作。

【食品经营许可登记】　2016年,市场监管局实施食品经营许可登记。一是网上代办制。针对食品经营许可网上申报流程较为复杂,而办事群众多为年纪偏大、文化程度不高等问题,实行网上代办制。即不具备网上申报条件的食品经营户,工作人员主动无偿为其将申请资料录入电脑系统。二是容缺受理制。对于未带营业执照复印件等非关键性资料缺失问题,该局引入"容缺受理",即其他关键性资料齐全、符合法定形式的先予以受理,再一次性告知需补正的资料,等到资料齐全并通过核查的再予以发证,以此减少办事群众往返次数,提升一次性办结率。

【首张小作坊生产许可证】　6月12日,鹿山市场监督管理所执法人员为鹿山街道小砩年糕加工点送上了小作坊"准生证"。这是嵊州发放的第一张食品生产加工小作坊生产许可证。自2016年起,市场监管局积极引导辖区小作坊对照食品生产加工小作坊许可的各项规定和操作程序,建立和完善与其生产经营品种、数量相适应的食品安全保障条件,经验收合格后,颁发小作坊生产许可证,促进小作坊行业健康有序发展,实现长效监管。

图为发放生产许可证现场

【便民联系卡】　　6月，市场监管局印制了《便民联系卡》，发放给前来办事的群众。《便民联系卡》内容翔实且图文并茂，不仅注明了辖区所的详细地址、联系电话、简易地图，还有微信号、便民邮箱、QQ、二维码等内容。通过《便民联系卡》，办事群众寻找相关辖区更加简便，还可以足不出户咨询相关业务，受到了办事群众的普遍好评。

便民联系卡

【成品油市场专项整治行政约谈】　　7月3日，市场监管局对中石化、中石油、中石化碧辟公司、中石化省零售公司等成品油经营单位进行政约谈。要求各成品油经营单位：一是加强宣传教育，增强经营单位是生产经营安全管理第一责任人的意识；二是强化管理，开展自查自纠，及时发现安全隐患，落实整改到位；三是建立和完善安全生产管理制度，定期开展安全隐患大排查，消除安全隐患；严禁以假充真、以次充好、以不合格油品冒充合格油品，诚实守信，合法经营。并与各成品油经营单位签订了《承诺书》。

【首张全程电子化登记营业执照】　　7月14日，市场监管局向浦金工程渣土运输有限公司的法定代表人颁发了全市第一张全程电子化登记的营业执照。当事人只要在浙江工商电子化企业登记(特色小镇试行版)及名称申报系统注册账号后登录，就可以进行企业名称申请，待申报的名称通过审核后再进行企业设立申请。全程都是网上填写电子表单，由系统自动生成标准化电子表格、文书，无须扫描上传纸质文件，实现全流程网上申请、网上审核。通过网上审核后，当事人拿打印出来的资料到窗口领取"五证合一、一照一码"的营业执照。

【射钉枪(弹)排查】　　7月上旬，市场监管局会同质监、安监、公安组成联合执法组，对全市范围内射钉枪(弹)销售点进行拉网式排查。在检查过程中，执法人员基本摸清了射钉枪(弹)销售单位数量、分布情况，并对销售单位进行了统一登记造册。同时向负责人讲授安全知识，要求负责人严格做好射钉枪(弹)的实名登记购买，认真完善射钉枪(弹)安全管理相关台账，落实射钉枪(弹)安全管理责任，严防利用射钉弹进行违法犯罪活动的发生。

7月上旬，市场监管局工作人员在市区一射钉枪销售店检查

【督查打传】　　7月20日，省打传办督查组到嵊督查打传工作情况。观看了2016年来嵊州在打击传销工作上的相关新闻视频资料。听取在打击传销工作方面的主要情况汇报。2016年，全市共取缔涉传窝点9个，教育遣返涉传人员125人，立案6件，移送公安5人，刑拘5人。督查组充分肯定了嵊州市在打击传销中取得的成果，并要求维持对传

销的打击力度，继续建立健全打击防范一体化，保持巩固长效机制建设。

7月20日，省督查组在嵊州宾馆会议室听取情况汇报

【伏休期渔获物联合执法】　7月26日，市场监管局与水利局渔政科开展联合督查执法。对江滨菜场、城南农批市场、新东方渔港等规模较大的市场和海鲜餐馆进行检查，查看水产品的进货票据、供货商资质等，共检查4家市场和2家餐饮单位，未发现相关违法行为。

7月26日，市场监管人员在江滨市场检查水产情况

【网店经营者信息核查】　7月，市场监管局完成辖区内淘宝、天猫、苏宁易购3家平台上的324个网店信息核查任务并已上报结果。网店信息核查主要内容是将工商总局下发的数据与已掌握的市场主体信用信息、平台提供的数据信息等进行关联比对。对网店的企业名称(经营者姓名)、注册号、联系电话、企业状态、异常名录状况以及行政处罚信息等进行核对;同时对网店状况、开店时间、是否公开营业执照、以及登载信息是否真实准确等内容进行核查。

【取缔无证幼儿园】　7月底，市教育体育局发函市场监管局:卧龙绿都小区门口有一家无证经营的幼儿园以工商登记注册妇婴用品店为由，拒绝市教体局人员现场检查，要求派人员协同调查、处理。8月18日，市场监管局会同市教体局联合执法，依法对地处卧龙绿都小区幼儿园经营场所进行检查。发现无中文标签奶粉36罐，当事人的行为涉嫌违法《食品安全法》，执法人员对36罐奶粉进行了扣押，并依法取缔该无证幼儿园。

【突击检查快递行业】　8月4日，市场监管局联合公安局、市综治办、绍兴市邮政管理局突击联合检查市内快递企业。检查中发现，位于剡湖街道剡城路76、78号的圆速快递有限公司嵊州城北分公司未严格执行"三个100%制度"，在收快递件时对寄件人未实名登记，绍兴市邮政管理局当场对其作出停业整顿的行政处罚，下发责令改正通知书。

【经营性养老机构登记】　8月23日，甘霖镇金湾养老院在甘霖市场监督管理所完成市金湾养老服务有限公司注册登记。至此，市场监管局已全部完成对市民政局函告的6家养老院规范登记。这是市场监管部门首次对经营性养老机构开展登记工作。

【农家乐安全知识培训】　8月23日，市场监管局与农办、消防大队等部门联合进行了消防、食品安全知识培训，全市各乡镇(街道、管委会)农家乐休闲旅游业务负责人、农家乐(民宿)业主共63人参加。培训会上，局餐饮服务监督管理科围绕《中华人民共和国食品安全法》《餐饮服务操作规范》等内容重点讲解食品原料采购、索证索票台账管理、从业人员健康管理、加工场所环境要求、餐饮具消毒保洁等环节需要注意的事项，普及食物中毒的常见种类、预防措施、应急处置等知识，要求农家乐(民宿)业主树立食品安全第一责任人意识，对现有存在的食品安全问题立即着手整改，切实落实食品安全管理责任;同时，分发《食品安全法》培训本60余本。

【电动车抽检】　8月24日，市场监管局分别抽检丰运等 5 家电动车店。重点检查电动车销售单位进货渠道和相关票据、电动车的标识以及产品生产许可证、合格证等质量证明材料等是否齐全，并督促经营者强化产品质量意识，建立并健全进货查验制度，为消费者提供合格、安全的商品。

8 月 24 日，市场监管局对市丰运电动车店抽样品

【检查社会教育培训机构】　　8 月 25 日，市场监管局会同教体局、消防大队等部门对甘霖、长

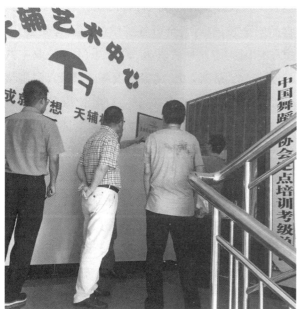

8 月 25 日，市场监管局等局部联合对甘霖镇一舞蹈培训中心进行检查

乐辖区内的社会教育培训机构开展专项检查。检查组先后来到甘霖镇中心区等地的 6 家培训机构，查看机构教学设施、消防安全和食品卫生等方面情况，检查中发现各无证培训机构大部分办学场地简陋，消防安全存在隐患，存在虚假招生宣传情况，检查组要求相关培训机构尽快整改到位。

【瓶装燃气专项检查】　　8 月，市场监管局会同公安、安监、城管执法、质监、商务等部门专项检查全市瓶装燃气经营单位的安全和安保情况。从检查情况看，各瓶装企业的安全和安保意识有明显提高，充装、存储、设施运行、管理维护等方面总体良好，各瓶装企业在安全、安保方面做了大量工作，提高了安全、安保系数。也发现下元塘储配站防火间距、消防通道不符要求；有的送气工存在新瓶未及时贴二维码、违规在室内存放气瓶等问题。检查组要求有关企业立即进行整改。

【成品油抽检】　　8 月，市场监管局组织开展成品油专项抽检行动。共抽检 12 家加油站(点)、19 多个批次成品油进行了抽检。并检查了加油站的进销台账和各种票证的管理情况、各项规章制度的建立及进油渠道等。督促各加油站严格规范操作流程，执行散装成品油购销监管制度，确保成品油市场经营安全稳定。

8 月 15 日，市场监管局工作人员在城西加油站抽检

【散装白酒抽检】　　8 月，市场监管局突击检查市区销售散装白酒的经营单位。共抽检 10 家经营单位 24 批次散装白酒，重点排查甲醇、氰化物、塑化剂等项目，未发现较大问题。

【红盾网剑行动】 8月，市场监管局联合公安局开展红盾网剑专项行动。以网络交易平台、大型购物网站和团购网站为重点整治目标，以电子产品、儿童用品、家居商品、汽车配件、服装、化妆品和农资等为重点监管商品，共检查网店10家，关闭违法网站4个。

【定向抽查危化品经营企业】 8月初开始，市场监管局对省局抽到的29家危险化学品经营企业的行政许可信息公示情况开展了定向抽查。经过近一个月的工作，全部完成抽查信息的录入公示工作。抽查表明，16家企业已在规定时间内完成行政许可信息公示。发现企业的许可证已到期的有5家，对企业逐一下发责令改正通知书，要求立即停止经营活动，在60日内变更经营范围，或者依法重新申领有关专项审批许可证并到工商行政管理部门办理相关变更手续，或者依法办理企业注销手续。

【排查干洗店】 8月，市场监管局对全市登记在册的70家干洗店逐一排查，并将有关要求以书面形式告知各经营单位。全市共有敞开式干洗作业场所11家。对已经认定的敞开式干洗作业场所，相关所分别建立停业保障清单，定人定岗落实责任人跟踪监督，对发现不落实停业措施的经营者及时抄告环保部门依法查处。

【督查寄递行业整改情况】 9月2日，绍兴市局会同绍兴市邮政管理局到嵊实地检查寄递行业代收寄问题整改情况。督查组首先到位于三界镇上官岭顶个私集聚区和三界镇茶园头村2家寄递业店检查，现场未发现代收寄件。随后督查组到位于三江街道兴旺街28号的绍兴市快快物流有限公司检查经营情况，对该公司在经营中存在的相关问题进行现场指正，并对其进行行政约谈。

【实施"一照一码"】 9月底，市内市场主体共成功换领"一照一码"执照8261户，其中新设2054户，变更换照6207户；市场主体换照率达55.91%，全面实行"五证合一、一照一码"改革创新取得显著成效。

【核发外资企业营业执照】 10月1日起，外商投资企业若不涉及《负面清单》的，办理设立和变更登记前可享国民待遇，即可由市场监管部门直接受理，商务部门的备案证明不再是企业进行工商登记的前置条件。10月8日，市市场监督局向绍兴新冠中服装服饰有限公司颁发第一本备案制外资企业营业执照。10月1日起，市场监管局共进行备案制外资企业工商登记58起。

【年报抽查】 10月9日到10日，受绍兴市局委托，绍兴平准会计师事务所有限公司到嵊州与市场监管局共同核查绍兴市局登记的年报抽查企业。检查组先后到浙江新光药业股份有限公司、绍兴艾利特服饰有限公司等绍兴市场登记的10家股份公司和外商投资企业进行相关资料的现场核查。

9月2日，绍兴市局工作人员在三界镇茶园头村检查寄递行业代收等情况

10月9日，绍兴兴平准会计师事务所的有关人员在绍兴艾利特领带服装有限公司检查

事务所对核查情况出具专项审计报告,并根据核查综合情况将核查结果录入企业信用信息公示系统。

【国家级"守合同重信用"公示企业】　11月23日,市场监管局走访辖区内被认定为2014至2015年度国家级的"守合同重信用"的公示企业,向获国家级"守重"公示企业授牌,并对企业诚信经营合同行为作行政指导。被国家工商总局认定为2014至2015年"守合同重信用"公示的3家企业分别是:浙江天乐集团有限公司、加佳控股集团有限公司、浙江亿厦股份建设有限公司。

【个体户"两证整合"营业执照】　12月1日,市场监管局向涨潮海鲜门市部等个体户颁发"两证整合"的营业执照。这是市内第一批领到营业执照和税务登记证"两证整合"、加载法人和其他组织统一社会信用代码的个体户。为确保个体户"两证整合"工作的顺利开展,市场监管局采取向社会宣传告知,提高公众知晓度;与部门沟通交流,减少流转摩擦力;对自身严加要求,提高一次办结率等三项措施。

图为窗口工作人员向个体户颁发营业执照

【股份经济合作社登记】　12月7日,市场监管局向鹿山街道捣臼爿股份经济合作社法定代表人颁发营业执照。这是市农村股份合作制改造后颁发的首本股份经济合作社营业执照。市场监管局通过宣传引导、横向沟通、绿色通道等方式,切实方便股份经济合作社登记。

【网络交易监测】　11月至12月,市场监管局组织开展网络交易监测专项行动,累计监测本地网店1368个、非当地活跃网店24个、监测独立网站25个,发现网络违法线索34条,固证网络违法线索33条,删除违法商品信息4条,立案查处案件4件。(陈华艳　吕红江)

质量技术监督管理

【概况】　2016年,市质量技术监督局努力履行计量强制检定和质量监督检验的职能。共受理600余家企、事业单位的9186台件的计量器具进行依法计量检定和校验,完成对390余家1800台件的安全阀的强制检验,和对各级政府部门下达的346批次的监督检验任务,各类委托检验1020批次。加大设备改造和实验室开放力度,投入38万元设备资金,加强省级领带服饰产品质量检验中心、省级小功率电机检测中心的建设。并充分发挥两个省级中心检验检测平台和计量基础保障的优势,开放实验100余场次,为企业的"产、学、研、检"提供技术服务平台。

【国家级厨具产品质量提升示范项目】　建立"嵊州市厨具产品质量提升技术帮扶中心",开展"助力双创,服务企业"技术专家面对面系列入企帮扶,总结质量缺陷并编写《厨具产品常见质量缺陷纠错手册》。实施"集中培训、分批指导、继续教育、实践操作"等素质提升工程。邀请省、市各级技术专家对全市厨具企业负责人、质量管理员、检验检测人员开展送技术活动,全年共开展专题培训15场次,培训人员达1789人次,受益企业达150余家。在全省率先实行网络销售厨具产品监管,通过开展线下企业排查、线上店铺抽样监测相结合的监管方式,实施网络销售厨具产品溯源监管。向社会征集招录"产品质量百姓买样团",在绍兴市范围内率先开展网上买样抽检活动。与阿里巴巴合作,推出"中国质造·嵊州厨具",探索为传统企业打通消费需求直达生产制造的快速反应的C2M模式,帮助企业做好"互联网+"。引进市场运作机制,推行质量责任保险,企业参保率达62.7%,保额超8400万元,投保产值达5亿多元。11月顺利通过国家质检总局验收,并得到朱从玖副省长的批示肯定,并以政务信息专刊形式刊印,在全省推广。

【浙江制造】　出台"浙江制造"嵊州市质监局 2016—2018 三年规划,确定 5 家培育主要目标企业,邀请专家对照《浙江制造评价规范》,根据企业基础、意愿,量身定制服务套餐,帮助企业找准差距,明确质量提升空间和方向。获得 2 张"浙江制造"认证证书,为主制定 2 项浙江制造标准,已发布实施。其中,1 家企业成为全省首家获得"集成灶"浙江制造认证证书的企业,1 家企业成为"浙江制造"品牌促进会理事单位。

【强市战略】　一是推进"标准强市"战略。2016 年,全市企业产品标准自我声明公开企业数达到 656 家,标准数 1062 个。规上企业主导产品采标率达到 69.3%。开展"标准贡献奖"评选工作,鼓励企业参加各类标准化组织,参与各类标准的制订,为主制定国家标准 1 项,参与制定国际标准 1 个,国家标准 6 个,行业标准 4 只。二是推进"质量强市"战略。做好先进质量管理、政府质量奖、首席质量官、质量损失率分析统计等工作。全年厨具企业新导入卓越绩效管理模式 5 家、47 家厨具企业通过 ISO9000 质量管理体系认证、11 家厨具企业通过 ISO14000 环境管理体系认证、5 家厨具企业通过 GB/T 体系认证,厨具行业持有效 CCC 证书 1956 张,规模以上厨具企业有效导入质量管理方法比率达到 100%。3 家企业被评为市长质量奖,获得绍兴市优秀 QC 成果一等奖 4 个、二等奖 4 个、三等奖 3 个。三是推进"品牌强市"战略。落实"一对一"的帮扶措施,新增浙江名牌 4 只,绍兴名牌产品 6 只。

【安全监管】　一是特种设备安全监管,开展了物流行业场内机动车、锅炉、电梯、游乐设施、印染行业压力容器等 6 项专项整治和检查工作。严厉查处严重违法生产、使用特种设备的行为 20 余起。开展重点保障单位集体约谈、签约,促进企业有效落实安全主体责任。专门成立"G20 峰会安全保障 QQ 群",落实值勤、信息日报制度。开展公众场所、危化企业 2 次规模应急演练。通过网络、电视、广播、报刊及发放宣传资料、培训安全管理人员等各种途径,强化特种设备安全工作宣传引导,培训、考核人数已超 1300 人次,发证 450 人。推行标准化工作,15 家单位单位达到标准化管理要求,并实行分类管理。二是产品质量安全监管。结合区域块状产业,开展蓝剑系列专项执法行动,开展产品质量隐患大排查大整治、监督抽查不合格企业后处理工作、双随机监督抽查活动等系列活动,强化日常监督抽查,全年抽查 350 批次,合格 349 批次,批次合格率为 99.7%。

【计量惠民】　结合"民生计量入万家"和"5·20 世界计量日"等活动,开展社区、乡镇医疗机构、学校、集贸市场计量器具免费检定活动,免费检定医用计量器具 900 余台 / 件,电子计价秤 3000 余台 / 件,免费为群众提供了血压计、人体秤等计量器具的检定、校准 500 余人次。(李良校)

劳动保障监察

【概况】　巡查用人单位 2355 家,接待劳动保障来访投诉 728 起。劳动保障监察结案 382 件,涉及人数 2145 人,涉及金额 2854 万元,其中调解结案 367 件;处理群体性和突发案件 37 件,涉及人数 1867 人,涉及金额 2546 万元。作出劳动保障行政处罚 21 件,处罚金额 6.09 万元。完成 2015 年度企业劳动保障书面审查共计 6707 家,审定劳动保障信用 5A 级单位 67 家。共受理劳动争议案件 379 件,涉及劳动者人数 1131 人,其中 10 人以上集体劳动争议案件 27 件,涉及劳动者人数 752 人。2016 年度结案 370 件,结案率 97.63%,其中调解结案 261 件,调解率 73.24%;仲裁裁决 99 件,其他方式结案(撤销、撤诉)10 件。

【欠薪联动执法】　3 月,与市人民法院达成欠薪应急周转金联合处置意见,出台《欠薪应急周转金管理暂行办法》,经法院执行的 202.46 万元欠薪应急周转金回收到位。与公检法等部门联合下发拒不支付劳动报酬案件移送和查处工作实施办法,与市公安局建立恶意欠薪联动执法协作机制，成立市公安局驻人力社保局警务联络室，加大欠薪事件的源头防控与应急处置。有效治理工程建设领域欠薪问题。与市建管局完善"两金一卡"制度，联合出台《关于加强工程建设市场管理有效治理拖欠农民工工资问题的意见》，明确行业主管部门的监管职能和责任，强调推行银行代发工资模式，加强建筑市场的农民工实名制管理，工程建设行业劳资纠纷同比下降32%。

【用工管理】　　研究起草了嵊州市国有企业用工管理、公车改革司勤人员安置、机关事业单位编外用工管理等办法。完成机关事业编外人员薪酬情况调查、34家企业2015年度薪酬情况调查，制订"双爱"活动综合试验区方案。

【信访及12333咨询服务】　　办理绍兴市、嵊州市市长专线、市长信箱、网上信访、来信来访、上级交办等信访件共计261件，承办绍兴市转办件、12345交办件满意率均为100%，接待5人以上群体性上访27批次计372人次，化解信访案件29件，直接为群众提供人事、社保等相关政策咨询1125余次，局领导接访或约访15次144人次。组织开展12333广场咨询服务活动，处理12333来电50691只，接待前台咨询54116人次，答复网上咨询4152件次。（黄云飞）

安全生产管理

【概况】　　2016年全市安全生产形势总体平稳，并实现了事故起数死亡人数双下降。全市共发生生产安全事故56起，死亡51人。其中，工矿企业生产安全事故8起，死亡8人；生产经营性道路交通事故48起，死亡43人。生产经营性消防安全事故78起，无死亡。

【安全生产监管责任】　　按照《浙江省安全生产条例》规定以及"党政同责、一岗双责、齐抓共管"的要求，落实镇街党委政府在本辖区的监管责任，明确镇街安全生产网格员网格管理责任。全市共分为21个大网格、446个小网格，已落实网格管理员584人。根据《国务院安全生产委员会成员单位安全生产工作职责分工》文件精神以及管行业必须管安全、管业务必须管安全、管生产经营必须管安全的要求，落实了各部门安全生产的监管责任。履行安委会及其办公室对安全生产管理牵头抓总，指导协调职能。11月28日，市成立专业安全生产委员会，安委会下设6个专业安委会，加强了安全生产专业监管、细化了责任落实。2016年，全市各乡镇（街道）共签订安全生产目标管理责任书29867份。

【安全隐患治理销号】　　开展全市安全隐患大排查专项行动。在专项行动中共排查发现各类安全隐患1422个，责令现场整改1241个，责令限期整改181个，停产整改企业2个。抓好重点行业、重点领域专项整治行动。检查危险化学品生产经营单位412家次、烟花爆竹经营单位118家次、矿山企业79家次。对2016年绍兴市级和嵊州市级挂牌的安全隐患进行跟踪督办。2016年公布的2批共28处以及2015年公布的4处挂牌隐患，督促责任单位按整改方案按时完成，8月底已全部完成整改并销号。推进绍兴市安全生产隐患排查治理信息系统的应用工作。全市已有2940家企业的基础数据录入系统，企业底数全部摸清。系统已记录镇街检查（复查）企业675家1284次，出动检查人员3532人次，排查出并上报隐患618个，记录网格检查2928家11518次，网格员巡查率100%。全市各类生产企业开展隐患自查自报12582家次，其中规上企业、标准化达标企业隐患自查自报率100%。

【重点行业严控敏感物资】　　对辖区内的危化品经营单位进行了"地毯式"的安全检查。关停、注销危化品经营单位12家。处理涉及敏感物资案件40起。其中，35起涉及油漆、松香水、压缩气体、醇基燃料等危险化学品，5起涉及烟花爆竹。共转移油漆、醇基燃料等危险化学品约48.1吨，责令停止经营危险化学品单位10家、停止经营烟花爆竹单位2家，取缔11个违规储存危险化学品点。查获两处储存大量危险化学品仓库，当场转移面漆、底漆、稀释剂、固化剂等危险化学品40吨，并予以查封、扣押。

【规范执法】　　年初制定了安全生产"行政执

法规范建设年"活动实施方案及年度执法检查工作计划。计划执法检查企业 38 家,11 月已全部完成执法检查任务。修订完善了《安全生产行政处罚案件集体讨论制度》《自由裁量实施办法》《错案追究制度》等共 11 项行政执法制度。配备了执法记录仪及移动执法设备,全市安全生产执法文书、笔录均采用电子文稿形式,规范了执法文书,有效地提升了执法效率。1 月中旬组织执法人员参与了绍兴市安监局组织的第一期安全生产观摩式联合执法。4 月 28 日组织开展了安全生产执法检查观摩暨岗位练兵活动,邀请专家与各乡镇(街道)安监站负责人共 3 个检查组,对企业进行体检式执法检查。5 月下旬参与绍兴安监局组织的安全生产交叉式执法检查活动,检查组对嵊州市 1 家矿山企业、1 家化工企业、2 家机械企业进行了执法检查,责令企业限期整改,已全部完成整改。7 月下旬组织执法人员参加全市安全生产执法技能比武活动,荣获二等奖。加大执法巡查、检查和处罚力度,始终保持对安全生产违法行为的高压态势。累计检查企业 617 家次,下达各类文书 530 份;责令 6 家企业停产停业进行整改;共办理违法案件 64 件,申请人民法院强制执行 1 件,移送公安 1 件;罚没款 399.63 万元。

【应急演练】　修订完善应急救援预案。根据《嵊州市突发公共事件总体应急预案》,建立完善了包括总体应急预案、重点应急预案、专项预案、部门预案、乡镇(街道)预案等在内的应急预案体系。开展生产安全事故应急演练,进一步增强了应急队伍的战斗力。市"平安企业"志愿服务中队组织开展危险化学品液氯泄漏专项应急救援演练、火灾事故救援演练、反恐应急演练等共计 5 次,直接参与演练人员 102 人次,危化生产经营、印染等企业主要负责人、安全员共计 145 人次参加观摩。督促危化生产、烟花批发、矿山、涉燃爆粉尘、金属冶炼等重点企业开展事故应急演练 76 家次。

【事故报告和调查处理】　严格按照《生产安全事故报告和调查处理条例》《浙江省生产安全事故报告和调查处理规定》等有关要求,及时准确上报生产安全事故情况,并迅速展开事故调查,查明事故原因及责任人。对于生产安全事故中的死亡事故,严格按照"事故原因未查清不放过、责任人员未处理不放过、整改措施未落实不放过、有关人员未受到教育不放过"四不放过原则处置到位。全年共处理生产安全事故 11 起,处理事故责任单位 11 家,处理事故责任人 11 人。

【职业病防治】　开展《中华人民共和国职业病防治法》宣传周活动,印制职业健康知识资料,进到各乡镇(街道)分发;结合"百名干部进千企走访谈心促安全"活动,走访全市 519 家规上企业,深入宣传《中华人民共和国新安全生产法》《中华人民共和国职业病防治法》等安全生产知识,并指导 40 家重点企业加快推进职业病防治评估工作。督促全市造纸、印染、化工、家具、矿山等行业用人单位的主要负责人和职业卫生管理人员共计 112 人参加了职业健康管理知识培训;督促 51 家企业完成职业病危害项目申报;督促 107 家企业进行职业健康检查 2796 人次。

【安全生产宣传教育培训】　市委组织部和安监局联合组织了乡镇(街道)主职领导 21 人参加绍兴市安全生产培训、全市各乡镇(街道)和市级有关部门的安全生产分管领导、联络员以及安监局中层以上干部共 45 人赴杭州集中开展安全监管业务知识培训。分四批组织全市共 584 名乡镇(街道)安全生产网格员参加业务培训。继续推进企业负责人、安全员和特种作业人员的安全生产培训工作。

6 月 28 日,嵊州市安全生产专题培训班在市委党校开班。图为培训班现场

共举办各类安全生产知识培训班 27 期,培训 2283 人次。同时,对 148 家企业的 11600 名员工进行了送教上门服务。加强社会公共安全宣传。每月两次定期在《今日嵊州》发布安全生产法律法规,运用网站、微信发布典型事故案例和安全常识等内容。开展安全生产月公益宣传和咨询日、知识竞赛等活动,营造浓厚的安全生产宣传氛围。

【护航 G20 杭州峰会】　　强化隐患排查,狠抓安全隐患治理销号。结合绍兴市优化环境"八大行动",开展以危险化学品、剧毒物品、易燃易爆物品、矿山行业为重点的安全隐患大排查大整治专项行动,对排查出来的安全隐患,严格执行销号管理。加强巡查检查,严管重点行业严控敏感物资。对涉及盐酸、硝酸、硫酸、硫磺、铝粉、松香水、高锰酸钾等敏感物资经营的 90 家经营单位进行高密度的巡查检查。决战阶段暂停一切敏感物资销售,实现了每日零销售;暂停 13 家危化品生产企业、52 家烟花经营企业、1 家金属冶炼企业、5 家矿山企业的生产经营;对 122 家危化品经营企业、11 家涉可燃爆粉尘企业落实严查严管措施;牵头落实全市所有企业停止电焊、气割等动火作业。加大执法巡查、检查和处罚力度,护航 G20 大会战期间,发出责令限期整改指令书 56 份、现场处理措施决定书 41 份、整改复查意见书 84 份;责令 6 家企业停产停业进行整改;共办理违法案件 42 件,处理违法当事人 43 个,罚没款 234.01 万元。

【安全生产企业主体责任】　　推进"企业主体责任落实年"活动。促进企业安全生产标准化创建工作。全市有危险化学品生产企业、烟花批发企业和矿山 22 家,标准化已全部达标;全市规上企业已完成标准化创建 319 家,其中二级标准 4 家、三级标准 315 家;500 万元以上的规下企业标准化达标 112 家;此外,道路交通行业达到国家一级标准化企业 2 家。开展安全生产社会化服务工作。通过政府奖补,引导企业聘请社会上安全生产管理服务机构帮助企业进行安全生产规范化管理,特别是帮助小微企业来进行管理。已有 421 家企业与社会化安全管理服务机构签订了合同,占全市

工业企业数的 4.2%。通过对企业的生产经营场所进行排查巡查督查等手段,督促其履行主体责任。全年共督促企业整改生产设备设施场所安全隐患 849 处;督促 189 个企业健全完善安全生产规章制度及安全操作规程;督促企业落实现场安全管理人员 153 人。通过督促整改,使企业真正承担起主体责任,落实安全生产防控措施,提高企业自身安全防控能力。

【岁末年初安全生产大检查行动】　　根据中央、省、市关于开展岁末年初安全生产大检查工作的通知以及国务院安委会国务院安委办二次视频紧急会议精神,11 月 27 日下午,市政府组织召开安全生产大检查动员部署会,专题部署岁末年初安全生产大检查工作。市政府立即成立了以市长为组长的安全生产大检查领导小组。截至 12 月,全市共检查企业家 3391 家,其中涉及重点行业领域企业 234 家,排查隐患 2829 处,完成整改 2571 处,整改率 90.88%。实施行政处罚 13 家。(赵琴)

食品药品监管

【概况】　　2016 年年底,全市有食品生产企业 127 家,食品流通经营主体 7505 家,餐饮服务单位 3183 家,药品医疗器械生产单位 11 家、经营使用单位 655 家,注册保健品、化妆品生产经营使用单位 1288 家。

【医疗器械生产企业检查】　　1 月 21 日,绍兴市局督查嵊州 3 家三类医疗器械生产企业。要求企业组织开展好新修订的《医疗器械生产质量管理规范》及相关配套法规的学习和培训,做好原材料的采购验收和检验,要求各种记录完整,有迹可循,严格按照《医疗器械生产质量管理规范》组织生产。

【市检测中心揭牌】　　1 月 26 日,市食品药品检验检测中心举行揭牌仪式。市委常委、常务副市长俞仲兴出席并讲话。市府办、农林局、卫计局、质监局分管领导及联络员,市场监管局全体班子成员及相关职能科室主要负责人参加揭牌仪式。

1月26日，市食品药品检验检测中心揭牌仪式现场

【检查春节食品和医疗器械市场】　　1月28日，绍兴市局检查组集中检查嵊州市的春节食品和医疗器械市场。检查组分3个小组分别检查世纪联华兴盛店、浙东农副产品批发市场等7个重点企业。通过进市场、进超市、进厨房、进药房的方式对经营环节、生产环节、消费环节等实地查看各经营单位的主体经营状况以及货物的进货查验存储、索证索票和台账管理制度的执行等情况，重点检查大型超市和农批市场的酒类、干货农产品、冷藏品等节前热销食品的包装标识、保质期、临保食品和过期食品处置情况；餐饮单位的阳光厨房、五常管理、餐具保洁消毒、从业人员健康证明以及年夜饭承办的登记备案等情况；保健品生产经营单位的进货来源、资质审查、产品标签说明书规范等情况；医疗器械生产经营企业的安全生产、危化品管理等情况。检查组充分肯定了嵊州在确保食品安全和医疗器械安全方面所做的工作。对检查中提出的问题，市

1月28日，绍兴市检查组在仟代大酒店检查春季食品

场监管局已通过集中约谈，回访检查等形式，督促企业整改落实到位。

【肉制品和炒货食品节前检查】　　2月7日，市场监管局开展节前肉制品生产企业和炒货食品生产企业安全专项检查。分别对市栩艺食品有限公司等2家肉制品生产企业及2家炒货生产企业，重点检查生产企业是否做好原料采购台账，是否严格按照生产工艺流程操作，是否做好生产车间内外环境整洁等情况。检查过程中发现，生产企业整体情况良好，生产操作规范，但个别企业存在内外环境不够整洁，原辅材料未按规定地点存放，成品外包装仓库与成品仓库混合使用等问题。检查人员现场开具4份监督意见书，要求生产企业限期整改。

【食品生产许可证评审】　　2月27日，省食药监局组织评审组到嵊，就下放部分食品生产许可权限后的依法许可情况进行专项监督评审。省局评审专家到位于黄泽老鸭馆实地查看生产场地，重点检查原料冷库、生产车间、包装车间、成品库和化验室等设施设备及卫生情况，详细查看有关采购、销售、生产、检验、原料配制等管理制度和台账记录，总体情况良好，但也存在一些不足，评审组对此提出了整改建议。

【市场食品药品安全监管】　　2月份，市场监管局抽调人员，加强食品药品安全检查工作。全市范围内的中型规模以上超市、酒店、农贸市场及其周边经营户均被纳为专项检查的重点对象。在食品流通领域的专项检查中，执法人员对乳制品、粮食制品、肉制品、食用油、酒、饮料等节日热销产品做到每店必查，严格监督食品经营户落实进（销）货台账、索证索票等工作。对经营不符合安全标准食品的违法行为做到严肃查处。在餐饮领域的专项检查中，执法人员重点检查店内环境卫生、食品原料的进货来源、生食海产品加工情况及饮料酒水的储存情况等。同时执法人员还检查辖区内农贸市场，重点针对假冒、过期失效的药品，发现部分药店存在少量药品摆放不符合分类要求的问题，执法人员当场指出并督促药店进行整改。共检查食品流通经营户655家，生产环节45家次，药

品流通环节 55 家次,餐饮营业户 219 家,保健品领域市场主体 32 家次。

【进口食品专项整治】　　2 月,市场监管局开展了一次地毯式的进口食品专项整治行动,重点检查进口食品的安全问题。共计检查 185 户经营单位和 23 家批发市场、集贸市场等各类市场。检查的进口食品主要涉及酒类、饮料、饼干等。重点是进口食品经营者主体资格是否合法、销售有无中文标识、中文说明书、入境检验检疫合格证明,以及假冒进口食品的违法行为,检查结果为优。

【学校食堂食品安全抽检】　　2 月,市场监管局对剡溪小学、逸夫小学、职业技术教育中心等六所学校食堂开展食品安全抽检工作。此次抽样抽取餐饮样品 15 个批次,检查结果合格。

2 月 10 日,市场监管局工作人员在逸夫小学食堂检查抽样

【"食安一号"整治行动】　　3 月 12 日,市场监管局部署开展"食安绍兴"一号行动,即全市商贸综合体等餐饮单位集聚区清源溯源专项行动。分两个检查组,全力清查鹿山广场、国贸商城等商贸综合体餐饮服务单位的食品原料、索证索票等制度落实情况。对象是以商贸综合体等餐饮单位集聚区为重点区域的中餐店、烧烤店、西餐厅、火锅店、自助餐厅、快餐等。重点检查其食品原料及进货渠道中,是否使用来源不明、超过保质期限、未经检验检疫、假冒伪劣的禽、畜、兽、水产动物肉类或无中文标识的产品。当日共检查餐饮服务单位 20 家,查处违法行为 5 起,警告 5 起,抽检食品及食品原辅料 28 个批次。

【药品质量专项监督检查】　　3 月中旬,市场监管局组织开展药品质量专项监督检查工作。一是通过暗查暗访等形式针对药品经营企业的药品质量、药师在职在岗和药学服务等展开。二是开展法律法规、真假药品识别,安全合理用药等广场宣传服务活动,提高公众自我保护意识和维权意识。三是组织药品经营企业和使用单位开展清理家庭小药箱活动,帮助老百姓回收过期失效药品。四是协助做好药品质量投诉举报调查处理,关注"3·15"国际消费者权益日期间舆情,协助相关科室做好药品应急事件处置。

【中药饮片抽样检查】　　3 月 16 日,市场监管局配合绍兴市局抽检绍兴市众泰医药药材有限公司,嵊州市医药药材总公司中药饮片厂的中药饮片。对象主要是市场用量大、存在基原混乱、染色增重、伪品多、非药用部位比例过高、杂质超标、易霉变虫蛀、含量不合格率高的中药材及饮片。抽取了山慈姑、白及、九香虫、化橘红、蒲公英、降香等 12 个品种的 19 个批次中药饮片,结果为全部合格。

【越剧节食品安全保障】　　3 月 26 日至 28 日,"纪念越剧诞辰 110 周年暨首届全国戏迷大会"在嵊州市举行。为保障活动期间的餐饮服务食品安全,预防食物中毒事故的发生,市场监管局对大中型餐饮单位、特色小吃店、农家乐等进行大检查,重点检查食品及原辅料采购是否新鲜、从业人员健康证明是否齐全、餐具是否消毒、是否使用过期食品及滥用食品添加剂等行为,并要求就餐餐饮单位做好供餐食品的留样工作等。活动期间,还对嵊州宾馆等来宾就餐餐饮单位进行了驻点监管保障。

【排查不合格面膜类化妆品】　　3 月,市场监管局根据上级有关不合格化妆品通报,在全市范围内拉网式排查不合格面膜类化妆品,督促辖区内化妆品经营企业、使用单位对照通告进行检查,要求不合格产品立即下架停止销售,就地下架封存。检查中重点对通告中生产企业、产品名称、规格、批号、生产日期、许可证号等情况逐一核实,确保不遗漏一个品种,结果令人满意。

【农产品销售监管】 4月5日,市场监管局对国商、世纪联华、三江超市内的鲜活农产品食品安全状况进行专项检查。内容主要针对鲜活农产品进货渠道、供货商农产品快速定性检测情况以及商场超市快速定性检测的运行情况。从现场检查情况来看,3家大型商场超市都能够做到严把进货关,确保每一批次都有快速定性检测报告,商场超市内的检测室也能按照要求进行比对检测,杜绝不合格的农产品流入超市销售。

【现场制售食品监管】 4月7日,市场监管局对市区国商、三江、世纪联华等大型商超的食品现场制售情况开展专项检查,主要针对原材料购销使用情况、进货台账、加工成品台账、食品添加剂台账管理制度和不合格及过期食品的处理台账与加工环境等方面。从检查反馈的情况来看,3家大型商超的大多数食品经营者都能够按照加工规范进行操作,原材料进货台帐记录较全,食品添加剂使用符合规范,不合格及过期食品处理台帐较全,对相关处理的影像资料也留存备查。但检查中也发现个别经营者改变加工流程、不同加工岗位混岗使用、原材保存管理不够严格、透明公示损坏没有及时修复等问题。对于存在的问题,执法人员督促经营者进行现场整改,并要求对不符合规范的食品加工间进行改造,确保设计合理、管理科学,尽早符合规范要求。

【乳制品安全监管】 4月13日,市场监管局对绍兴市一景乳业有限公司开展乳制品质量安全执法检查,先后到一景生态牧场和一景乳业有限公司,从源头到产品,进行了一次全过程检查,落实全过程监管。要求企业建立乳制品质量安全信息追溯系统,记录生产过程中的乳制品质量安全信息,实现乳制品的质量安全信息追溯。加强奶源监管,通过对牧场养殖生产情况进行检查,包括奶牛饲料、用药情况;挤奶操作、生乳冷藏运输情况等,确保生乳的安全和新鲜。同时要求企业建立起严谨的生产工艺文件和操作规程,对牛奶的各项质量指标进行全程的跟踪检测。对上市的成品实施定期的监督抽查和风险监测,并对成品冷链配送环节进行管控,实施从奶源到成品的全程监管,确保消费者喝上"放心奶"。

【惠安寺餐饮食品安全监督】 为确保4月17日"惠安寺"移建15周年——城隍殿开光典礼的餐饮食品安全,市场监管局实行"关口前移,重在预防,全程介入,严格监管"的原则,采取多项措施,确保惠安寺及定点接待宾馆约3500人的就餐安全。一是安排餐饮服务执法人员对定点接待嵊州宾馆、国际大酒店加工制作专间布局、各项规章制度的落实、从业人员卫生健康状况等方面加强监督指导和规范。二是组织定点接待宾馆餐饮服务负责人和从业人员,进行餐饮服务食品安全操作规范和餐饮食品安全知识培训,设立专职食品安全管理员,加强餐饮加工制作食品安全巡查检查。三是定点接待宾馆所需食品原料实行定点供应、定点采购,严格落实索证索票和进货查验制度,确保原料可追溯。对原材料购进、食谱审查、清洗消毒、加工制作、成品留样等环节进行全程监控。

【问题牛肉排查】 4月,市场监管局组织开展问题牛肉专项排查行动。严查是否有从内蒙古、河北深州市等地调入的问题牛肉。排查共涉及全市菜牛经营户4户。基本查明相关经营户菜牛的进货渠道和销售途径,且所售菜牛均有检验检疫合格证明及完整的进销台账。畜牧部门对菜牛经营户的存栏菜牛共检测24批次,均合格。

【保健食品生产企业飞行检查】 5月4日,绍兴市局检查组对浙江新光药业股份有限公司、浙江九烽食品有限公司等保健食品生产企业开展飞行检查,重点检查涉及生产企业的合法性、《保健食品良好生产规范》执行情况以及保健食品标签标识情况以及协助检查企业安全生产,检查结果为良。

【餐饮示范街创建】 5月4日,市场监管局检查示范街鹿山街道富豪路、长安路的20家餐饮单位。执法人员主要以富豪路沿街餐饮经营户为整治创建对象,逐门逐户对餐饮单位进行检查,重点对厨房布局改造、消毒设施配备、"三防"设施和油烟净化装置安装等方面提出了意见,并对存在的问题提出具体整改要求,对已落实整改的餐饮示范点进行进一步的规范指导,确保示范街、示范点各项工作落实到位。

【创卫重点区域集中整治】　5月12日,市场监管局联合三江街道、城管执法局等单位对四海北路、锦绣家园小区周边等重点区域的小餐饮小食品店进行创卫集中联合整治。针对小餐饮店的证照、前灶后店或厨房封闭、三防设施、健康证、台账、餐具消毒保洁、经营场所环境以及小食品店的证照、健康证、台账、经营场所环境等方面的整改情况再次进行检查;并要求所有沿街店面齐门经营,占道违法搭建和户外违法广告牌被逐一清理。

5月12日,检查人员在四海北路某餐饮小店现场抽查

【A级厨房复评】　5月17日,由绍兴市场监管局和绍兴市餐饮协会组成的评审组对银河宾馆的A级厨房进行现场复评。评审组一行重点检查餐饮企业的许可管理、从业人员健康证管理、场所卫生状况、设施设备、采购储存、加工制作、餐具清洗消毒、食品添加剂的管理等,复评过程按照浙江省餐饮食品安全量化等级标准严格进行,对存在的问题进行了反馈,要求限期整改。

【"食安绍兴"2号行动】　5月,市场监管局组织人员地摊式检查全市冷库,严格审查经营者的经营资格。供货方的相关合法资质证明是否一致,冷冻肉食品的购进渠道是否合法,是否超过保质期;预包装肉食品标签标明的事项是否符合法律、标准的规定,进口肉食品有无中文标识,散装肉食品在贮存位置、容器、外包装上是否标明食品的名称、生产日期、保质期、生产经营者名称及联系方式等;查验了冷冻肉产品的来源地是否具有相应的检疫、检验合格证明;是否存在掺假售假、销售病死、毒死、死因不明的冷冻肉及其制品等违法违规行为。执法人员还针对经营户存在的冷库冷冻肉品来源不明、食品安全管理制度执行不到位等情况,当场指出并责令整改。共抽检13批次冷冻肉品,检查12个冷库经营单位。

【中高考食品安全保障】　5月27日至6月17日期间,市场监管局开展中高考期间食品安全保障工作,该次行动共检查学校食堂19家,学校食品店32家,考点和监考工作人员就餐点16个,学校和考生食宿点周边餐饮店79家,学校和考生食宿点周边食品店42家。检查中未发现违规行为。

5月17日,绍兴市评审组人员在银河宾馆进行现场复评

5月29日,市场监管局工作人员在长乐中学食堂做食品安全

【化妆品生产企业飞行检查】 6月16日至17日,省食药监局药化审评中心专家带队,对市内化妆品生产企业的合法性、人员管理、质量管理、原料及仓储管理和生产许可条件保持状况等情况进行飞行检查,结果正常。检查组要求相关生产企业要牢固树立企业是第一责任人意识,把好源头关,加强质量管理;要进一步健全制度,落实工作责任,规范生产行为;要加强从业人员的培训力度,增强生产人员的质量意识。

【省级餐饮服务食品安检】 6月22日至6月27日,结合全市餐饮服务食品安全经营情况,分别开展风险监测抽样和省级餐饮服务食品安全抽样。风险监测抽样主要针对小麦粉制品及包子肉馅中可能添加含铝膨松剂隐患问题,重点对早餐店开展抽样工作,共抽检9家餐饮服务单位30批次样品;省级餐饮服务食品安全抽检工作主要针对现榨果蔬汁、五谷杂粮饮料(自制)2个食品细类开展,覆盖面包店、奶茶店、宾馆、西餐厅等重点餐饮经营单位,共抽检6家餐饮服务单位15批次样品。检验结果较满意,对个别存在问题要求按照工作流程,进行一系列后续处置。

【诊断试剂经营使用法规培训】 7月6日,市场监管局召开了全市诊断试剂经营使用单位法规培训及业务工作会议,共80多人参加。主要内容:一是详细解读2月1日起施行的《医疗器械使用质量监督管理办法》;二是强调诊断试剂的冷链管理要求,做到采购、验收、储存的整个冷链过程合规合法;三是通报专项检查中发现的突出问题。

【药品批发飞行检查】 7月11日至7月15日,绍兴市局抽调专业人员组成检查组对嵊州市医药药材总公司、众泰医药药材有限公司开展药品流通领域违法经营行为专项整治飞行检查。结果中未发现违法行为。检查人员要求严格督促企业按新修订药品GSP标准及附录要求开展日常经营活动。

【餐具未消毒行为处罚】 7月,市场监管局对鹿山街道一餐饮店老板马某开出行政处罚决定书,因未按规定对待使用的餐具进行消毒,罚款6000元。这是新食品安全法实施以来,该局开出的首张因未对待使用的餐具进行消毒的罚单。

【食品安全知识培训】 8月19日,市场监管局联合市民政局举办养老机构食品安全专题培训,全市52家养老机构共计55人参加。针对性地讲解《中华人民共和国食品安全法》《餐饮服务食品安全操作规范》等法律法规以及预防食物中毒等知识。还对现阶段养老机构食堂存在的持证率低、部分从业人员未持有效健康证上岗、食堂布局不合理、餐具未消毒等食品安全问题提出整改意见。9月28日,市场监管局对鹿山广场商贸综合体内的餐饮服务单位开展国庆长假前食品安全知识培训,27家门店37名店长、厨师长参加培训。培训内容包括食品原材料的采购、从业人员食品安全操作规范、餐厨废弃物的处理、食物中毒案例分析及预防、食品安全相关法律法规等方面。

【督查餐饮单位】 8月27日,绍兴市局督查嵊州大型以上餐饮单位。先后检查仟代超级大酒店和嵊州宾馆,重点检查餐饮单位管理制度制定和执行、原料采购索证索票、食品原料贮存、食品加工操作、食品留样、餐具消毒保洁、凉菜等专间的食品安全操作规范等情况。督查组当场向每个检查单位反馈了检查情况,对检查结果表示充分肯定,并指出存在的问题和需要改进的事项,下达监督意见书要求加强整改。

8月27日,绍兴市工作人员对仟代超级大酒店进行餐饮检查

【校园食品配送企业检查】 8月底,市场监管局全面检查全市的学校配送企业。内容为配送企业的证照是否齐全,食品安全制度是否完善与落实,仓储是否符合食品的储存条件,库存商品是否

过期,检测室是否能够正常开展检测,配送企业的员工是否进行食品安全岗前培训,员工的健康证明是否齐全等等方面。在检查中发现有配送企业的配送场地油污严重,仓储中分类摆放不整齐,散装食品标签不规范,没有建立企业的食品安全培训制度等问题。要求配送企业切实加以整改,做好校园食品的配送工作。

【检查学校周边餐饮改造情况】   9月2日,市场监管局检查和指导三界镇熟食摊位及三界学校周边餐饮改造情况。三界市场熟食摊位,设有健全的三防设施、空调、灭蝇灯,但仍然有商户将自己的熟食放在过道处占道经营并违背三防要求,部分商户为了节电也没有开空调控温。检查人员要求进行整改。

【督查桶装水】   9月8日,绍兴市局督查黄泽辖区内两家桶装水生产企业。主要针对源水储存、生产环境、配套设备、消毒手段等进行,并要求企业落实原辅料采购验收、生产过程关键点控制、操作人员卫生管理、产品出厂检验等食品安全管理制度,确保桶装饮用水质量安全;同时,执法人员还重点检查桶装水桶口、桶体标签上的生产日期、产地、生产许可证号、商标等标识标签是符合相关标准。从检查情况看,桶装水生产企业取用水等情况基本正常。

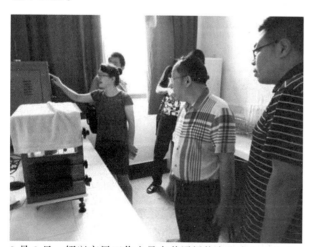

9月8日,绍兴市局工作人员在黄泽桶装水生产企业督查

【高速服务区食品安全检查】   9月28日,市场监管局监督检查三界辖区内的嵊州高速服务区的食品安全。重点检查服务区内餐饮单位是否

9月28日,市场监管局工作人员对三界辖区内的嵊州高速服务区进行食品安全检查

取得《食品经营许可证》,许可证是否过期,是否存在超范围经营、餐饮加工操作规范、从业人员健康管理、索证索票台账制度、餐饮具消毒保洁、环境卫生状况及"三防设施"安装情况以及超市食品流通环节的索证索票进货查验、标签管理、临期食品管理等方面。从检查结果来看,服务区总体情况较好,但也发现部分餐饮单位索证索票制度不够完善、三防设施不到位等问题,执法人员已当场提出整改意见。

【食用植物油塑化剂风险点排查】   9月30日,市场监管局会同嵊州市质检所,对黄泽辖区内

9月30日,市场监管局工作人员在浙江佰帆农业开发有限公司检查

食用植物油生产企业开展塑化剂风险排查。重点检查使用有生产企业的管道、设备、容器以及包装材料，包括瓶盖、垫片等是否使用含塑化剂的食品接触材料。同时检查食用植物油生产企业是否落实食品原料进货查验制度，对原料(油料、毛油、成品油)中塑化剂污染是否采取有效的措施。对检查存在的问题要求及时整改。

【月饼生产经营企业飞行检查】　　9月，市场监管局飞行检查月饼生产经营企业，防控食品安全风险隐患。共出动执法人员近400人次，检查月饼生产企业20家，流通企业137家，餐饮单位47家，未发现回收食品生产月饼和销售超过保质期的月饼。

【学考选考期间食品安全保障】　　10月14日至16日，省新高考第三次学考选考开考，市场监管局承担全市7个学考选考考点及周边食品经营单位、4家校园食品配送企业食品安全保障任务，成功保障7062名考生考试期间的食品安全，未发生一起食品安全事故。

10月14日，市场监管局工作人员在马寅实中学检查指导

【校园食品配送企业监管】　　10月20日，市场监管局对校园食材配送企业——嵊州百缘农业开发有限进行现场检查和指导。主要有配送食品的进货查验制度的落实与否、配送企业的检测室运行、食品从业人员的健康证持有以及仓储定期整理与散装食品的标识等情况，并在3家配送企业的食品配送现场各抽检10种农产品，10种副食品，结果为基本合格。

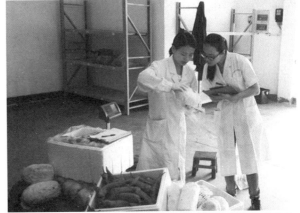
11月20日，市场监管局工作人员对百缘农业开发有限公司检查校园的配送食品

【抽查食用农产品】　　10月，省农科院到嵊州商场超市、农贸市场开展食用农产品质量省级第四季度的风险监测抽样。抽样人员在江滨市场随机抽取猪肉、禽蛋等7个批次畜禽产品，在三江购物嵊州商场随机抽取茄子、莜麦菜等4个批次蔬菜，抽检结果情况为较好。

【市场和药店地理信息资源采集】　　10月，市场监管局按照《浙江政务服务网嵊州平台政务地理信息资源采集共享工作实施方案》的要求，完成了市场和药店的地理信息采集工作。共采集38家市场和149家药店的地理信息。主要内容为单位的地理属性、地址、邮政编码、公开电话、网址、电子邮箱、工作时间、照片和地理坐标的拾取等。

【化妆品专项整治】　　10月，市场监管局专项整治化妆品，并取得了明显成效。经摸排，全市有经营使用化妆品的单位共1322家，其中经营单位约959家，使用单位约363家。专项整治中，与317家化妆品经营使用单位签订了责任承诺书，与38家企业负责人进行约谈。检查化妆品经营使用单位365家，对4家美容美发单位、6家经营单位共21个产品重点抽检。并对两家化妆品经营单位销售标签不符合规范的行为进行责令整改，对其23瓶化妆品下架处理。对1家美容美发单位经营过期化妆品立案处罚，罚没款2000元。

【散装白酒监管】　　10月，市场监管局专项整治散装白酒。整治中，对于票证与白酒品种不相符的散装白酒,责令下柜;停止销售 15 批次;督促经营户在散装白酒的容器外,标上具有食品名称、生产日期等项目的规范的散装食品标签;自制的中药保健酒下柜 8 批次;拆除 4 家具有防病治病的保健酒广告 6 块。共抽取 40 批次的散装白酒送检测机构检测,其中批次 3 不合格,均立案查处。

【餐饮环节国抽省抽】　　至 11 月 9 日,市场监管局会同浙江公正检验中心有限公司、省质量检测科学研究院和省检验检疫技术研究院工作人员对全市大、中、小餐饮单位随机抽取,完成 2016 年餐饮环节国抽、省抽 48 个批次任务。本年度抽检共涉及小麦粉制品(自制)、预制肉制品、复用餐饮具、自制饮料 4 个食品品种 5 个食品细类,共抽检 23 家餐饮单位 48 个批次样品,结果较为满意。

【药品质量安全检查】　　11 月 15 日,绍兴市局对嵊社会办医疗机构开展药品质量安全检查,随机选取天华中医门诊部和沈氏眼科医院进行检查。检查组抽取,检查药品购进、验收、储存、使用、库存等。从检查情况看,两家医疗机构的药品均从合法供应商购进,有购进票据,验收、养护、储存基本符合规范,药品使用合理,未发现从非法渠道购进药品、使用过期药品等违法违规行为。检查中发现库房药品陈列混乱、防虫防鼠设施不到位、药品随货同行单未按规定留存、中药煎药房未与药库隔离等问题,要求被检查单位立即整改。

11 月 15 日,绍兴市局工作人员在沈氏眼科医院检查药品质量

【考核验收"阳光厨房"】　　11 月 16 日,绍兴市局会同绍兴市民政局组成考核组,对嵊州市阳光山庄、国泰养老中心、三界镇养老中心 3 家养老机构食堂的"阳光厨房"创建工程考核验收。实地查看各单位在原料清洗、切配、烹饪、专间、餐具消毒等环节的视频探头安装位置,并观看视频展示情况,对各单位的许可证、餐饮等级、食品安全承诺、食品添加剂使用情况进行检查。有针对性地进行现场指导和督促整改,要求养老机构加强食品安全管理,落实食品安全主体责任。

【眼镜店换证检查】　　11 月,市场监管局对需换发《医疗器械经营企业许可证》的 8 家眼镜店集中检查。从检查的情况来看,企业基本的人员、设施、采购、验收、验配、出库、回访等流程能符合《规范》的要求,但仍有个别企业管理制度沿用旧的版本。当场要求眼镜店进行整改。

【瘦肉精专项整治】　　11 月,市场监管局专项整治含"瘦肉精"的牛羊肉违法经营行为,检查农贸市场 23 家,牛羊肉经营户 67 户,检查各类超市、食用农产品经营户 38 家,餐饮经营户 18 家。一是摸清底数,严格规范牛羊肉经营者的主体资格。建立牛羊肉经营者名册 105 户。二是落实进货查验制度,确保牛羊肉食品质量。以农贸市场、大型商场超市、餐饮单位、食用农产品经营户为检查重点,督促牛羊肉经营者建立并严格执行进货查验制度。要求所采购的牛羊肉必须有检疫、检验合格证明,禁止采购使用来路不明、无检疫证明或检验不合格的牛羊肉。三是加强部门协作,强化技术监管。市局与畜牧部门协作,对进入市内销售的肉牛进行"瘦肉精"落地检测,一年中共定性检测肉牛 "瘦牛精"1808 批次,总体情况正常。

【验收餐饮管理】　　12 月 7 日,绍兴市局餐饮处与绍兴市餐饮行业协会组成现场评审组,对嵊州初评上报的 5 家餐饮量化分级管理 A 级单位和 3 家复评整改 A 级单位开展验收工作。评审组严格按照省餐饮食品安全量化等级标准,对 7 家 A 级学校食堂和 1 家机关企事业单位食堂现场评审,重点检查餐饮单位的设施设备、加工流程以及采购验货、索证索票、储存加工、食品留样、清洗消毒、环境卫生等环节，详细查看食品安全管理组织、食品安全应急预案及晨检、留样等日常工作记录。评审组充分肯定嵊州市学校食堂、单位食堂在 A 级单位创建工作中的成绩，同时也指出存在的问题，要求立即整改。

【检测中心资质认定】 12 月，市场监管局检测中心取得省质量技术监督局颁发的检验检测机构资质认定证书，和浙江省农业厅颁发的农产品质量安全检测机构考核合格证书。此次批准的计量认证项目共四大类 290 项参数。其中，农产品 85 项（包含重金属、农药残留、兽药残留），食品 168 项（包含水分、蛋白质、亚硝酸盐、苯甲酸、脱氢乙酸、甲醛、日落黄、微生物等），包装饮用水 36 项（包含浊度、氯化物、氟化物、硝酸盐、硫酸盐、铜绿假单胞菌等），餐（饮）具 1 项（大肠菌群）。至此，市检测中心已具备国家有关法律、行政法规规定的条件，具备向政府和社会承接资质认定范围内的检测工作的能力，可以向社会出具具有证明作用的数据和结果。

【生湿面制品专项检查】 12 月，市场监管局专项检查生湿面制品。以农贸市场、小食杂店、生鲜超市等为重点场所，以饺子皮、混沌皮、生湿面条等面粉制品为重点检查品种，共计生湿面制品经营者 96 家。主要检查生湿面经营户添加剂的进货查验制度落实情况，查看添加剂的使用情况，查看生湿面制品标签。通过检查指导和督促生湿面经营者落实主体责任，规范生湿面制品经营者的经营行为。畅通"12345"投诉举报渠道，鼓励公众积极参与食品安全监督，推动食品安全的社会共治。

【医疗器械经营许可备案登记】 2016 年，市场监管局从事前宣传引导、事中服务跟进、事后加强监管 3 个环节入手，确保医疗器械合法依规经营。一年中共受理三类医疗器械许可 16 家，二类医疗器械备案 100 家。首先做好事前宣传引导。在服务窗口、微信公众号、QQ 群等平台宣传《医疗器械经营质量管理规范》等相关法律法规政策精神，耐心向前来咨询的经营者解读相关条款。其次事中服务跟进。通过一次性告知制、AB 岗工作制、

预约服务、上门服务、延时服务等方式，优化办事流程，提高办事效率。加强事后监管。检查内容包括制度完善、储存条件、台账建立、人员到位等。对不符合条件的不予许可或责令整改，全年有 4 家未通过实地检查。

【《中国药典》执行情况检查】 11 月，绍兴市局集中检查嵊州市的 4 家药品生产企业。重点是企业新版药典配备、勘误、更新及培训情况；质量标准、检测方法及相关文件的增修订情况；实施新版药典的生产和检验条件配备、分析方法对比研究和方法学验证工作开展情况。检查共发现风险点 19 个，已责令企业限期整改。

【早餐食品安全抽检】 11 月，市场监管局专项抽检"早餐食品安全"。一是以车站、学校、农贸市场周边早餐店等作为重点场所，以面制品为重点产品，督促企业严格落实食品安全主体责任；二是结合食品监督抽检监测计划，加强面制品中食品添加剂使用情况的抽检监测工作，严厉打击面制品加工经营过程中非法添加非食用物质，以及超限量、超范围使用食品添加剂等违法行为；三是加强宣传教育，及时调查处置群众举报、消费投诉，引导消费者到经营场所内外环境好、食品安全量化分级等级高的地方消费。

【公猪肉当野猪肉卖被判刑】 8 月，市人民法院经过审理，对当事人郑某强和郑某灿公猪肉充当野猪肉进行销售，从而赚取巨额利润，作出一审判决，以销售伪劣产品罪，判处郑某强有期徒刑 6 个月，并处罚金人民币 6 万元；判处郑某灿拘役 5 个月，缓刑 6 个月，处罚金人民币 3.2 万元。经查，2 月 21 日至 29 日期间，郑某强从浙江天台等地购进公猪数头，运至屠宰场宰杀后，以每公斤 23 元的价格销售给被告人郑某灿等人用于冒充野猪肉贩卖，销售金额计人民币 5.4 万余元，其中郑某灿参与销售金额人民币 1.1 万余元。4 月 19 日至 22 日期间，郑某灿负责出资，两人从陕西购进公猪 21 头，其中 11 头公猪以每公斤 25 元的价格销售给他人冒充野猪肉在浙江东阳、义乌及嵊州等地贩卖，销售金额计人民币 4.9 万余元。

【农村家宴服务中心建设】　2016年,市场监管局继续稳步推进农村家宴服务中心建设。到年底,共新建家宴中心40家。一是统筹规划布局。通过各乡镇(街道)统筹规划,鼓励各行政村(社区)利用公共服务中心、旧校舍、厂房、祠堂、文化礼堂等现有场所资源进行改造,建设农村家宴服务中心。二是指导服务。对各乡镇街道申报的家宴中心拟建点,进行上门实地踏勘,提出厨房设计指导意见,同时追踪建设进度,减少不必要的损失。三是严格标准验收。11月30日前,根据家宴中心的建设标准,对已完成建设的家宴中心严格验收,对不符合标准的,责令整改后再验收。(陈华艳　吕红江)

审　计

【概况】　2016年,市审计局完成审计项目27个,审计查出主要问题金额7.75亿元,审计处理处罚金额1585万元。审计项目移送案件11件,上报《审计要情专报》5期,获市委市政府领导批示39篇次。获得省优秀审计项目1只,绍兴市优秀审计项目3只、表彰项目1只,被省、绍兴市审计机关评为考核先进单位,被市委市政府表彰为先进集体,市政府投资项目审计中心获市长奖。

【财政审计】　全年实施预算执行审计项目11只,以新《预算法》执行和落实情况为切点,持续关注全口径预算体系建设和推进情况,关注预算管理科学性、财政资金安全性和财政支出真实性,揭示了政府性基金支出、残疾人就业保障金征缴、农林及旅游财政专项资金使用管理规范性和效益性等方面存在的问题,促进完善预算审批和调整、决算编报、专项资金分配、存量资金管理等方面管理制度,规范财政管理,提高财政资金使用绩效。开展重点"上会"部门预算执行审计,促进规范和细化部门预算,进一步推进财政和部门预决算公开。开展市公共自行车服务中心有限公司运行情况专项审计调查,推动公共交通服务体系的建立和完善。开展全市财经纪律执行情况专项检查,对全市22个乡镇(街道、管委会)和28个部门(单位)及其下属

单位进行了重点检查,清退违规发放津补贴1554万元,上缴财政非税收入951.83万元,调账处理金额731.69万元,归还原渠道资金11.6万元。连续第三年组织实施了公务支出公款消费专项审计,实现了对全市一级预算单位的审计监督全覆盖,审计结果反映3年来全市143个预算单位2015年度"三公"经费实际支出比2012年下降58.39%,其中公务接待费下降78.84%。

【跟踪审计】　2016年,市审计局开展了嵊州市学前教育政策落实情况专项审计调查,摸清全市学前教育情况,为补齐学前教育短板提供参谋。派出由8人组成的审计组赴绍兴市柯桥区开展2015年度保障性安居工程交叉跟踪审计,派出3人审计组赴舟山市岱山县开展"浙商回归"政策落实情况交叉跟踪审计,推动柯桥区等县市出台了《柯桥区社会力量投资建设公共租赁住房实施意见》等制度。开展市医疗废弃物管理情况和饮用水水源保护管理情况专项审计调查,推动市卫计局出台《加强医疗废弃物管理的意见》,建立卫计、环保协作机制。

【经济责任审计】　全年实施经济责任审计项目12只,审计领导干部13人,覆盖党群部门、政府部门、乡镇街道、人民团体和部分二级单位,扫除监督盲区,稳步推进领导干部经济责任审计全覆盖。制定经济责任审计中长期规划,按照领导干部岗位性质、经济责任重要程度和任职时间等因素,分类确定重点审计对象和审计周期。完成41位领导干部离任经济事项交接和105个单位领导干部年度报告的收集整理分析,建立向组织部门面对面交流汇报制度。连续3年开展自然资源资产离任审计试点,相关做法在绍兴市经济责任审计工作会议上进行经验交流。

【政府投资审计】　全年完成政府投资审计项目462只,累计完成投资审计金额52.55亿元,核减及节约资金4.55亿元,提出审计意见和建议602条。开展市综合治理工程甩项处置费用审计,送审金额9882.9万元,审定金额5672.4万元,净核

减了 4210.5 万元。开展项目预算造价指标分析,对全市 304 个招标控制价审核项目进行系统分析,按照建筑工程、市政道路等 7 个类别分别确定预算造价指标,为全市规范限额设计提供依据。创新采用入户评估同步开展,报审资料同步审核、审核意见同步签证、未抽审户同步参照和事先统一标准,事后统一调整的"四同步两统一"工作方法,按照城中村改造民房抽审 10%和企业全部审核的要求,审核完成城南城中村改造涉及的民房 123 户和企业拆迁审核 11 户,审核完成城南新区智能装备项目拆迁审核项目 3 个以及土地收回审核项目 5 个,完成拆迁审计项目金额 15.86 亿元,核减征收拆迁资金 6397 万元,促成《嵊州市人民政府办公室关于确定 2016 年嵊州市房屋重置价评定标准的批复》等 4 个政策文件的出台完善。

【审计整改】　　2016 年,市审计局制订《开展"审计整改落实年"活动实施方案》,提出了"开展整改事项评估,加强整改事前控制""运用信息化手段,规范审计整改工作""落实整改责任,推助整改落实"等加强审计整改 8 项具体措施。推动市委市政府出台《嵊州市审计整改工作联席会议制度》《嵊州市审计整改督查工作制度》,建立由 9 个部门组成的审计整改工作联席会议,对审计整改督查工作进行细化规定,要求实行审计整改督办制、审计整改联合督查制、审计整改督查报告制、审计整改督查结果公开制和审计整改工作目标考核制。修订完善《嵊州市审计局审计整改督查工作制度》,进一步规范和细化审计整改督查工作,强化审计整改成果运用。全面运用 OA 整改督查系统开展审计问题挂销号,运用信息化技术开展审计整改。加强审计成果运用,审计推动市委市政府政策废改立 21 件项,推动行业系统废改立 10 项;推动市委市政府完善体制机制 4 项,推动"老大难"问题解决 10 项。加大审计项目公告力度,落实审计结果和审计整改情况的"双公告"制度,对 11 只审计项目的审计结果和审计整改情况进行公告,以公告推动审计整改。发挥审计部门优势,协调相关部门和乡镇(街道)开展审计整改,整改结果得到省审计厅的肯定。(章学俊)

统　计

【概况】　　2016 年,市统计局深化统计改革创新,提升统计服务效能,提供统计保障。全年共印发各类月度、季度、年度统计调研分析 120 多篇,《统计专报》5 期,获得绍兴和嵊州市委、市政府主要领导批示肯定 8 个。《建立健全预警机制　全面实现应统尽统——嵊州市统计局创建统计数据预警分析机制主要做法及成效》统计专报被《绍兴政务信息》第 59 期采用,绍兴市统计局还将专报以经验介绍形式下发给下属各区、县(市)统计局。在"小升规"工作中,推动全市新增规上工业企业 112 家,被市委、市政府授予 2016 年度嵊州市市长奖。

【统计服务】　　2016 年,市统计局全面加强统计监测手段,建立和完善区域经济发展统计监测体系,做好主要经济数据的月度、季度、年度监测和发布。发挥统计监测预警功能,适时对全市经济运行情况作分析研究,剖析其中存在的问题,撰写统计调研分析和预警专报,让各级领导干部在第一时间了解掌握发展动态,把握宏观走势,增强对经济运行的前瞻性和主动性。定期做好统计监测数据的整理汇编和发布,包括《嵊州市国民经济和社会发展统计公报》《嵊州统计年鉴》《统计月报》和《嵊州统计信息》等。提供及时、高效的统计咨询服务,利用政府网站发布、设置数据咨询专线电话等方式为社会各界提供真实、准确的统计信息。

【统计制度建设】　　2016 年,市统计局深化统计工作制度改革,以"预防为主、防治结合"为原则,探索工作重心前移、变事后统计为事前预警等一系列工作规范,建立健全统计数据预警分析机制。一是转化内部约束机制,增强工作规范。出台《关于加强经济运行监测预警分析工作的通知》,实施"专项月报""分析快报""警示通报""信息预报"和"重点专报"等统计报告制度规范各专业。二是优化外部对接机制,增进工作协调。由市政府办公室名义下发《关于建立健全统计主要指标预警分析、交办和重要问题研判机制的实施意见》用于协调各职能部门,通过实行 "每月一建议,每月一小结,每季一分析"工作制度和"重要指标预警机制""重点工作交办机制"及"重大问题研判机制"对接机制,共同促进工作协调,推动主要指标稳健向好发展。三是深化统计运行机制,增加工作举措。建立和健全"联席会议制"和"联系函告制"两联制,实现了部门与部门、部门与乡镇(街道)之间工作的无缝对接,共同抓好工作落实。

【统计调查】 一是开展各项常规统计调查工作。坚持以提高统计数据质量为核心,以应统尽统为目标,严格执行国家各项统计调查制度,全面、

准确、及时地完成各项常规统计报表工作。二是全面做好三农普查准备工作。认真谋划、精心组织、规范实施全市三农普查各阶段工作,按照上级农普办进度要求, 全面完成2017年普查登记前的各项准备工作。三是组织实施工业企业"提质增效、转型升级"综合经济效益排序评价调查工作,撰写监测报告送市主职领导参阅。(张忠良)

民营经济管理

【概况】 2016年,全市市场监管系统以推动转型升级为指向, 建立民营经济发展的助推机制。全市新发展个体工商户5224户, 累计38884户,比去年同期增长15.52%,新发展私营企业1683户,累计达到12201户,比去年同期增长16.00%。

个体工商户和私营企业情况

表42

| 项目 | 个体工商户 | | | 私营企业 | | | | | 投资者人数（人） | 雇工人数（人） | 注册资金（万元） |
	户数（户）	从业人员（人）	注册资金（万元）	户数（人）合计	独资	合伙	有限责任公司				
合计	38884	68491	335483	12201	1922	115	10051		22224	108295	3296231
农林牧渔业	1281	3028	73613	261	50	1	210		497	1492	87487
采矿业	5	24	318	20	15	—	5		28	113	5952
制造业	6907	19636	76449	6132	1311	43	4778		11350	69551	1448013
电力、燃气及水的生产和供应业	20	31	310	37	5		32		78	522	37802
建筑业	130	557	5788	685	7	—	670		868	6190	413974
交通运输、仓储和邮政业	5127	4900	10280	151	3	—	148		184	765	19859
信息传输、计算机服务和软件业	111	156	441	256	111	1	144		385	1169	42402
批发和零售业	18069	24699	113637	2765	293	4	2422		4926	16309	392645
住宿和餐饮业	3456	7277	26008	83	23	3	57		125	1589	19052
房地产业	102	168	491	240	2	1	237		543	1555	213254
租赁和商务服务业	346	612	3875	795	30	52	711		2013	4667	389500
居民服务和其他服务业	2998	5608	20279	306	42	3	260		519	1681	46513
卫生、社会保障和社会福利业	42	63	622	20	2	—	18		27	127	6774
文化、体育和娱乐业	200	1581	2849	74	21	2	51		131	530	12855
其他行业	5	9	22	—	—	—	—		—	—	—

个体私营经济统计指标

表 43

	指 标	单 位	2015 年	2016 年	+—%
个体工商户	户数	户	33660	38884	+15.52
	从业人员	人	57332	68491	+19.46
	注册资金	万元	267561	335483	+25.39
私营企业	户数	户	10518	12201	+16.00
	投资者	人	19964	22224	+11.32
	雇工	人	98588	108295	+9.85
	注册资金	万元	2589798	3296231	+27.28

【"就业再就业服务周"活动】　3月1日至7日，市民个协联合锦程人才市场开展第十四次"就业再就业服务周"活动。共有220家企业进场招聘，提供就业岗位1500多个，接待应聘人员5000多人，达成初步就业意向近2500人。

3月2日在锦程人才市场举办招聘会现场

【"学雷锋为民服务"活动】　3月3日至6日，市民个协组织各基层分会八个志愿服务小分

3月5日，市民个协在文化广场举办为民服务现场

队，走进所在辖区的街道、社区、养老院等地开展"学雷锋为民服务"活动。志愿者们利用自己的一技之长为市民现场提供形式多样、内容丰富的服务项目，有法律、食品、药品咨询，以及修伞、理发、打扫卫生等深入市民生活的方方面面，共计服务群众1500余人次。

【创业创新对接行】　4月22日，市民个协组织优禁软件、众智和讯、古枫木艺等31家电子商务企业赴杭州海创基地、云栖小镇、梦想小镇实地考察调研，学习先进地区科技创业发展经验，现场感受我省互联网村的高起点规划、全方位服务及先进的发展理念和模式。

【志愿服务周活动】　6月24日至30日，市民个协发动各个协分会党支部、志愿服务小分队、党员个体户代表在全市开展为期一周的志愿服务活动。服务周期间，党员个体户代表走上街头开展清理卫生死角、美化生活环境整治；剡湖分会党员志愿者到市阳光山庄养老院为老人送去洗衣机、日常洗漱用品等慰问品；崇仁、三界、黄泽分会走访慰问老党员、困难党员，帮助他们办实事、解难题；甘霖分会还组织党员个体工商户提供修车、理发、小家电维修、量血压、测血糖等免费服务。全市协会系统共计在各乡镇开展志愿服务活动10余场次，组织发动志愿服务人员200余人次。

【银企对接】　7月22日，市民个协联合中国银行嵊州支行在黄泽木雕城举办以"银企对接、合作

7月22日，市民个协联合嵊州支行在黄泽木雕城进行银企对接

共赢"为主题的对接活动。共组织35家木雕企业参加，中国银行嵊州支行信贷部负责人推介了两款新型货币产品，详细介绍了产品特色、利率计算、便捷措施、授信额度、还款方式等内容。市民个协还与中国银行嵊州支行签订了《支持银企发展战略合作三年计划》意向书。有5家企业现场签约，共计发放贷款60万元，26家企业现场授信，授信额度达300万元。

【参加中博会】　　10月14日，第十三届中国国际中小企业博览会在广州闭幕。展会期间，市民个协组织3企业参加浙江馆展览。展览会现场签订成交合同5份，成交金额230万元，其中国外订单3份。展会期间达成意向12份，分发宣传资料250份。

【"小微企业三年成长计划"督查】　　11月4日，绍兴市督查组督查嵊州市2016年"小微企业三年成长计划"落实工作，市场监管局、市府办、经

11月14日，绍兴市督察组在嵊州宾馆听取工作汇报

信局、商务局等部门参加汇报会。考核组对嵊州市2016年以来围绕《2016年绍兴市小微企业三年成长计划及市场主体升级工作考核办法》各项目标任务完成情况，在组织实施"小微企业三年成长计划"、持续深化市场主体升级工作的特色做法；特色小镇服务创业创新示范点建设情况进行了督查。并到领尚小镇实地察看特色小镇服务创业创新示范点建设情况。督查组充分肯定嵊州"小微企业三年成长计划"所取得的成绩，并要求嵊州对照绍兴市下达的工作任务，查找短板，破解难题，有效推动落实，确保全面完成"小微企业三年成长计划"的当年任务。

【农特产品创客通】　　12月19日，"嵊州市农特产品创客通"对接签约活动在浙江瑞丰农业发展有限公司内举行。活动由市市场监督管理局、民营企业协会、电子商务行业协会共同承办。邀请市重点电子商务企业浙江优森软件股份有限公司和云电商产业园及20余家农业龙头企业、农民专业合作社参加。采用论坛＋对接、现场路演、专家问诊、现场互动等方式进行。到会企业就目前各自产品现状、销售渠道、实行网上销售存在问题等进行了深入探讨。市云电商产业园与市葛仙翁甘薯合作社等15家涉农企业就产品电商销售开展了对接签约活动。

【"三亮三创"】　　2016年，市民个协会联合市电子商务行业协会在全体网商党员中开展"三亮三创"活动。"三亮"即：亮身份：党员经营户在店铺内统一标注党徽标识、党员姓名、照片等，引导党员主动亮明身份，增强党性意识，强化自我约束；亮职责：党员经营户除亮明电子营业执照外，增加信用信息、投诉信息、社会评价等内容，亮明党员岗位职责，接受群众监督；亮承诺：党员经营户结合自身实际，就服务群众、遵纪守法、作用发挥等方面作出具体承诺并公示，激发党员创先争优的积极性。"三创"即：一创党员诚信岗：在经营活动中努力营造文明诚信、公平竞争的市场环境，带动市场内各商户诚信经营，不制售假冒伪劣商品，实现经济效益与

社会效益双赢;二创党员示范岗:在经营活动中积极发挥党员示范带头作用,以群众满意为标准,大力推行阳光服务、微笑服务、诚信服务,提升党员服务质量,带动其他商户的积极性和自律性;三创党员先锋岗:树立先进典型,积极引导党员商户当标兵、树榜样、做表率,加强业务学习和党性修养,以一流的业绩彰显党员先锋模范作用。

【高层次人才创业】 2016年,市场监管局通过宣传政策红利、优化服务环境、加强行政指导等方式,助推高层次人才创业,服务苏桑等多名高层次人才创办嵊州奇妙智学网络科技有限公司等多家企业。一是宣传政策红利。通过宣传注册资本认缴制等商事登记制度改革和省市级有关文件政策规定,鼓励高层次人才在嵊创业。二是优化服务环境。放宽准入条件,如海外高层次人才取冠省名不设最低资本注册资本(金)限额,同时企业变更名称不受一年的期限限制等。另外,设立高层次人才办证绿色通道,提供预约服务、上门服务、容缺受理等多种服务方式,方便高层次人才办理证照。三是加强行政指导。设立海外高层次人才创办企业名单,加强行政指导,并在省知名商号、省著名商标的认定评选中和申报驰名商标等方面尽可能提供相应的方便。

【市民个协党建工作】 2016年,市民个协推进党组织规范化、制度化建设,提升党建工作整体水平。一是根据工作需要和党员人数,合理设置党的基层组织。全市个体工商户中共有党员经营户1040名,已建立党组织14个;有商品交易市场党员经营户230名,已建立党组织2个,实现党的组织和工作在协会社团组织中的"双覆盖"。二是严格开展"三会一课",要求每个支部党员大会每季度召开一次,党小组会每月召开一次,平时通过党员QQ群、党员微信群等平台组织党员学习讨论交流心得,切实增强党员的党性观念和政治觉悟,使党的组织生活规范化、制度化。三是通过"组织找党员,党员找组织""双找"活动,将由于各种原因游离于

组织之外,没有纳入党组织管理的党员重新回归党的组织。通过党员星级评定、党员示范岗、党三亮活动、党员志愿服务等,更好地发挥党员先锋模范作用和党支部战斗堡垒作用。四是通过一市场一分会一商场的规范化创建,设立非公党建工作示范点,在每个专业市场、每个分会设立党员活动室,配备党务工作者或党务联络员,每年在协会会费中安排1万元专项活动经费用于基层分会支部开展党员活动。五是做好个体工商户的党员发展工作,全面推行发展党员全程公示制度,接受党员、群众的监督,严把党员入口关,规范党员发展工作,每年发展新党员3名至4名。

【促进"个转企"】 一是政策先行,因势利导,鼓励转型。针对部分个体户因扩大经营范围、开拓网络销售平台、打标放贷等要求,帮助指出相关条款对企业类型的限制规定,因势利导鼓励其转型升级成为企业。二是一企一策,因地制宜,"量身定做"。根据企业规模、财务管理、运行成本、经营风险等方面情况,权衡个体户、个人独资企业、有限公司、合伙企业等类型的利弊,从而选择适合自身发展的模式。三是服务跟上,无偿代办+无缝对接。开通"个转企绿色通道",一次性告知所需资料、并提供格式版本;对非关键性资料缺失或有误的,实行"容缺受理",提高一次性办结率。同时组建由相关所和工商银行工作人员组成的免费代办军团,为有需要的企业提供无偿代办营业执照服务。

【助企融资】 2016年,全市共办理动产抵押登记52件、股权出质设立登记15件,分别比去年同期增长26.83%、50%;担保主债权金额达7.45亿元。

【诚信评选】 2016年,市民个协联合市委宣传部、市市场监督管理局在全市开展2015至2016年度嵊州市级"诚信企业"和"诚信工商户"评选活动。活动面向全市从事生产经营活动两年以上的企业和个体工商户,采取企业、个体工商户自愿申报,各分会审核报送,市考评组按照公开、公平、公正的原则,根据各地实际情况通过实地审核,确定评选结果,已报相关部门核实认定。(陈华艳 吕红江)

出入境检验检疫

【概况】　2016 年,绍兴检验检疫局嵊新办事处共受理进出口货物报检 4183 批,货值约 2.43 亿美元, 批次和货值同比分别增长 8.59% 和 2.53%。其中,出境货物 4021 批,货值约 2.33 亿美元,批次和货值同比增长 10.38% 和 4.95%;检出出境不合格货物 117 批, 不合格检出率为 2.91%;入境货物 162 批,货值约 973 万美元,检出入境不合格货物 13 批,不合格检出率为 8.02%;共签发各类原产地证书 11866 份, 签证金额 3.72 亿美元,份数同比增长 29.37%,金额同比下降 2.46%。其中,自贸区原产地证 4594 份, 签证金额 1.29 亿美元,按照平均关税 5% 计算, 可为企业减免进口国关税 645 万美元。

【小微企业扶持政策】　2016 年,办事处先后完成竹木草制品、切枝切花等出口农产品企业的模式改革,基本达到了监管有效、方便快捷的目的;加强进出口食品隐患排查,对欧盟农残进行重点监控, 对 5 家备案进口食品国内收货人开展监督检查,对 17 个出口茶叶备案基地用药进行摸底调查,完成出口食品备案企业年度现场检查;完成国家局和省局出口食品风险监测抽样及数据录入等工作,共计 207 批次,其中国抽 66 批,省抽 141 批;强化出口美国水果罐头的加严监管措施,保持出口美国水果罐头国外零通报的纪录。

【进口机电医疗器械检验监管】　共检出不合格 13 批,245.3 万美元,3 个不合格案例由省局发布警示通报,其中进口机床和呼吸机存在防护安全隐患 2 个案例由国家局发布警示通报。

【目录外抽查及出口重点产品行业普查】　开展辖区进口消费品目录外抽查工作,共抽查 3 批目录外商品,主要涉及卫生湿巾和童鞋等商品,抽检结果均合格。涉及辖区重点产品主要为服装,共监测抽查 11 批。开展进口汽车缺陷召回后续调查监管,多次赴进口汽车 4S 店调查缺陷车型的召回情况,加强进口汽车召回公告宣传,保障消费者权益。

【检验检疫一体化】　在全面推行无纸化报检的基础上,推进原产地证申领无纸化,缩短审核、签证放行时间,实现随报随签,实现了辖区进出口企业无纸化报检、通关的全覆盖;340 家企业开展产地证无纸化申办;推进浙沪、浙甬出口直放和进口直放,深化窗口标准化建设,实行“一站式”服务。

【检验检疫知识宣传】　运用“奋战 5 个月、合力促外贸”、“商贸服务月”以及“创建食品安全县市”等有效载体,利用会议、培训、调查和走访等时机进行检验检疫政策法规以及国外相关要求、标准的宣贯,引导企业利用好检验检疫优惠政策,有效应对国外技术贸易壁垒, 降低企业产品质量风险;贯彻落实质检总局关于免收出口商品检验检疫费和原产地证签证费政策,全年共计减免出口货物检验检疫费、签证费约 155 万元;多举措力促辖区茶叶出口欧盟, 截至 12 月, 共出口欧盟茶叶 82 批,1078.6 吨,446.2 万美元,同比增幅均在 45% 以上。

【原产地证业务管理】　宣传引导企业用好优惠证书。一是加强对空白证书的管理,做到领用、使用、核销有记录;二是开展原产地证无纸化申报工作,进一步方便申报企业;三是开展各类产地证调查工作。全年共完成国外退证调查 16 批次,例行签证调查 25 批次。（王运）

财政·税务

财 政

【概况】　2016 年，全市实现生产总值480.49 亿元，比上年增长 7.5%。其中，第一产业增加值 40.52 亿元，增长 2%；第二产业增加值 234.56亿元，增长 7.6%；第三产业增加值 205.41 亿元，增长 8.6%，三次产业对 GDP 增长的贡献率分别为2.2%、49.7% 和 48%，三次产业结构为 8.4:48.8:42.8。按户籍人口计算，全市人均生产总值 65805元，增长 7.7%。全市财政总收入 48.78 亿元，增长4.2%，其中一般公共财政预算收入 32.01 亿元，增长 9.6%。全年公共财政预算支出 51.63 亿元，比上年增长 25.3%。全年财政收支平衡，略有节余。

【财政收入】　2016 年，市财政局坚持依法征收，应收尽收，不收过头税。以国家税务总局"金税三期优化工程"上线为契机，组织数据比对应用，夯实征管基础。加强对重点税种、重点行业、重点企业的税收风险监控，探索税源专业化管理。完善国地税合作联席会议、重大案件联合稽查等制度，深化国地税合作，提升征管质量和纳税服务水平。全面开展"营改增"试点，全市新纳入"营改增"试点纳税人 7174 户，其中企业 1883 户、个体工商户 5291户。开展清缴欠税和"积案"清理百日专项行动，落实税收违法"黑名单"制度，打击涉税违法行为，打造公平公正的执法环境。全年地税部门组织各项收入 47 亿元，同比增长 8.6%；其中税收收入 20.6 亿元，社保基金入库 24.3 亿元。全年完成非税收入52.78 亿元，同比增长 40.3%。其中，纳入公共财政预算管理的非税收入 5.03 亿元，同比增长 69.4%。

【服务经济发展资金】　促进经济转型升级。梳理完善产业发展政策，强化资金供给和服务供给，激发市场主体活力。全年兑现工业、建筑业、服务业等扶持奖补资金 1.5 亿元。其中，兑现"四换三名"4716 万元，兑现人才工作、科技创新资金 2000万元，兑现股改上市 1390 万元，兑现重点总部型企业培育专项资金 1770 万元。坚持减税降费，减轻企业负担。落实企业研发费加计扣除 1.08 亿元，落实残疾人员工资加计扣除 4082 万元，落实失业保险费、工伤保险费等社保费优惠 3800 万元，减免高新技术企业所得税 3228 万元，减免小微企业所得税1897 万元。创新财政支持发展方式。加快产业基金运作，将政府产业基金规模从 5 亿元扩大到 10 亿元，通过与社会资本合作，成功吸引万丰科技智能化装备和零部件产业化项目落户嵊州，推进土地开发、科技创新等项目建设。完善政府与社会资本合作(PPP)配套机制，推动嵊新污水处理厂二期工程PPP 项目落地。

【城乡统筹发展资金】　2016 年，市财政局紧抓嵊(嵊州)新(新昌)区域大融合、交通大发展、城中村改造和特色小镇培育等机遇，发挥财政职能作用，助力经济社会协调发展。安排财政资金 3.5亿元，支持"五水共治""三改一拆""四边三化""五气合治"等专项行动,改善城乡面貌和生态环境。安排保障性安居工程建设资金 1.23 亿元,改善居住条件。安排中心镇培育资金 5000 万元,促进新型城镇化建设。安排新农村建设和"一事一议"财政奖补资金 7800 万元,筹集农村生活污水治理资金 1.32 亿元,改善农村居住环境。落实山区发展资金 2000 万元,促进低收入群体致富。投入 1200 万元,开展蔬菜生产全程社会化服务试点,探索适应现代化农业发展的经营新机制。拨付资金 550 万元,持续提升"越乡龙井""嵊州香榧"等一批农业品牌含金量。整合农村资源优势,打造美丽乡村升级版。

【民生支出】　　全年投入民生事业资金 38.15 亿元,同比增长 12.4%,占财政支出的比重达到 82.4%。支持教育和文化卫生事业发展。全年教育支出安排预算 13.8 亿元,保障学校基础设施建设和各阶段教育经费。小学、初中生人均公用经费定额标准分别提高到 650 元、850 元,职业学校生人均公用经费标准提高到 2500 元。支持越剧事业发展,安排越剧繁荣工程专项资金 663 万元,打响越剧文化品牌。完善基层医疗卫生机构财政投入和分配激励机制,实现市级医疗资源下沉全覆盖。建立乡村医生签约服务医保、财政补助等配套政策,全年签约服务对象达到 20 万人。建立专项补助与付费购买相结合、资金补偿与服务绩效相挂钩的财政补偿新机制,提高基层积极性。支持社会保障事业发展。完善社会保障政策,企业退休人员、机关事业单位退休人员基本养老金分别提高到每人 1990 元／月、5326 元／月。落实最低生活保障金待遇,城镇低保提高到 673 元／月,农村低保提高到 543 元／月。健全社会救助体系,提高医疗救助比例和救助限额。

【财政改革】　　深化预算编制改革。统筹编制涵盖公共财政预算、政府性基金预算、社会保险基金、国有资本经营的"全口径"预算。推进政府财政预决算、部门预算和"三公"经费信息公开,上报人代会的 63 家部门预算和"三公"经费预算向全社会公开。积极试点预算项目库管理,进一步增强政府整合资源、统筹财力的调控能力。建立专项资金管理清单,以清单的方式管权、管钱、管事。推进乡镇财政建设。全市乡镇非财政拨款收入全部使用非税收入征管软件,实现以票管钱。完善乡镇财政体制结算和各项考核工作,兑现 2015 年度超收分成和转移支付资金 3038 万元。

【财政监管】　　2016 年,市财政局组织开展全市财经纪律执行情况、行政事业单位公款竞争性存放、会计监督等专项检查,严肃财经纪律。落实省委巡视组反馈意见,清理、收回违规津补贴 1554 万元。加强政府投资项目信息系统一体化监管工作,强化政府投资项目预结算管理。全面清理部门单位的结转结余资金,盘活资金 1.29 亿元。出台《嵊州市市级行政事业单位公款竞争性存放管理暂行办法》,组织实施市本级财政资金竞争性存放 4.26 亿元,增加银行存款利息 330 万元,获得银行支持工业企业新增贷款承诺额 17.73 亿元。争取到省新增债券资金 9.8 亿元,置换存量债务 21.73 亿元。严格执行八项规定和"六个严禁"要求,全市"三公"经费同比下降 25.2%,其中,因公出国（境）费下降 46.1%,公务接待费支出下降 32.4%,公务用车购置和运行费下降 18.2%。（黄小明）

国　税

【概况】　　2016 年,市国税局共组织税收收入 25.35 亿元,同比增长 14.12%,高于全绍兴市增幅 1.64 个百分点。组织地方公共预算收入 9.49 亿元,同比增长 65.92%,营业税平移口径同比增长 8.5%。

【税收态势】　　税种结构方面:全年征收增值税入库 21.44 亿元,同比增长 26.09%,占总收入的 84.55%;企业所得税入库 2.38 亿元,同比下降 27.37%,占总收入的 9.37%;征收消费 449 万元,同比下降 14.15%;征收车辆购置税 1.5 亿元,同比下降 20.91%。产业结构方面:第二产业税收 18.22 亿元,同比增长 9.7%,占国税收入总额的 71.85%;第三产业税收 6.98 亿元,同比增长 24.7%,占国税收入总额的 27.54%。行业分布方面:房地产业、建筑业、金融业及生活服务业新扩围营改增税收拉动作用显著,四大行业完成收入 3.55 亿元。厨具、电机等传统行业发展态势稳健,全市规模以上厨具、电机企业入库税收分别为 1.14 亿元、8024 万元,分别同比增长 39%、2.63%。

【税收优惠】 2016 年,市国税局共办理各项退税 9.7 亿元,占全市税收收入的 38.26%。其中,出口退税 7.3 亿元,同比下降 18.8%。其他各类退税 2.4 亿元,主要涉及企业安置残疾人福利退税、资源综合利用企业退税、超税负企业退税、所得税汇算清缴退税等类型。全年总计有 446 户次享受出口退税 7.3 亿元,有 676 户次享受其他各类退税 2.4 亿元。个体工商户、小微企业等由于起征点提高、优惠面扩围等利好,全市累计减免税额 6185 万元,受惠面达 95% 以上。技术转让、自主创新、投资创业等鼓励高新技术减免税 2351 万元。资源综合利用、环境保护等节能环保减免税额 7662 万元。

【税收重点】 一是全面完成营改增试点任务。成立营改增工作领导小组,加强与财政地税沟通协调,先后攻克"开好票、申报好、分析好、改进好"四个难关。税制转换期间增设办税窗口 8 个,增加办税设备 17 台,分期培训营改增纳税人完成 7174 户营改增纳税人的数据确认、一般纳税人登记、票种核定等工作,有效应对申报和开票高峰,顺利实现全市建筑、房地产、金融、生活服务四大行业的税制转换。二是金税三期顺利上线。10 月 8 日,金税三期系统成功正式单轨上线,上线首周共入库税款 3798.68 万元,首月纳税申报率 99.46%,金税三期系统运行步入正轨。

【税收征管】 一是推进"小升规"工作。采取全面摸底、辅导培育、预警约谈、评估稽查等措施,累计对规下企业纳税评估 55 户、稽查 32 户,查补税款 609.84 万元,加强了规下企业的税收征管。全年上规企业净增 112 家,"下升上"63 家,超额完成

目标任务。二是深化国地税合作。定期召开国地税联席会议强化征管合力,优化资源整合,共同推进 40 项纳税服务、征管、稽查、营改增、金三上线等重点工作的合作项目,提升国地税合作项目的深度和广度,共同提高税收治理能力。三是深化纳税信用等级管理。通过对纳税人信用历史信息、税务内部信息以及外部信息的采集,联合地税部门按照就地原则评定出 2015 年度 A 级纳税人 960 户,B 级 2438 户,C 级 1920 户,D 级 373 户。落实 A、B 类纳税信用等级纳税人认证取消政策,3 家纳税信用良好的小微企业,利用"税易贷"获得 125 万元贷款。联合惩戒违规失信企业,限供或停供 125 家企业发票,向公安机关移交应阻止出境 56 户次。四是做好出口企业分类和退税管理。结合 2015 年企业净资产、出口退税额、纳税信用等级和内部风险控制等因素,对全市 858 户出口企业进行重新评定,按时将结果进行备案,并在 9 月 1 日正式按新的评定结果实施。优化出口退税管理,应用出口退税无纸化申报自动接单系统,实现出口退税申报、审核、退库全程无纸化,累计通过无纸化方式申报的出口退(免)税单证共计 5361 批次,办理出口免抵退税 11.53 亿元。五是加强各税种管理。推行增值税发票系统升级版、增值税电子普通发票,落实企业所得税汇算清缴及后续审核工作。加强大企业和国际税收管理,联合地税局、商务局建立"走出去"企业清册,累计扣缴入库非居民企业税收 510 万元。

【税收执法】 一是夯实制度基础。全面落实税收执法责任制,完善专家咨询制度、公职律师制度、法律顾问制度,已有 1 名干部成为单位公职律师。对税收规范性文件进行再审核、再清理,废止 30 个规范性文件,统一国地税行政处罚裁量标准,对行政审批事项目录清单、权力运行流程图和行政处罚信息按规定进行公示。二是全面推进税收风险管理。对税源风险实施扎口管理,围绕总局下发的 15 大类 52 项明细重点风险事项开展应对和归集,共推送风险纳税人 1321 户,其中风险提示企业 1182 户,补缴税金 2794.16 万元。评估企业 70 户,补缴

税金 337.93 万元。稽查企业 69 户，其中举报 18 件，百万元以上大要案 2 件，移送司法机关 12 件，累计查补入库 1862.7 万元。成立打击出口骗税专案组，税警联合检查 6 家企业，已刑拘 6 人，有力地打击出口骗税犯罪行为。

【纳税服务】　　一是优化和扩容服务资源。延伸自助申报网点，开放地税部门到申报平台 IP 地址 10 个，在地税 5 大乡镇分局和直属分局、个体所共设置 7 个点自助申报区域布置，大大方便纳税人自助申报。挂牌启用国地税联合办税服务厅，设置 8 个窗口，提供增值税普通发票代开和涉税咨询等服务，实现"进一家门，办两家事"。二是推进"互联网+"办税模式。梳理 156 项办税事项，推行二维码一次性告知措施。推广浙江国税 APP，实现通知公告、税收法规、预约办税、涉税查询全覆盖，提升纳税人办税体验。定期维护嵊州国税官方微信，提供政策解读服务，主动回应纳税人关注。初步落实 203 项涉税事项全省通办工作，消除属地管理办税屏障，减轻纳税人负担。三是开展政策业务培训。制订纳税人学堂年度计划，以免费举办、自愿参加、课程实用、教学相长为原则，针对纳税人不同政策需求，组织开展营改增、开票申报、苗木企业政策解读、小微企业税收优惠政策宣传、2015 年度企业所得税汇算清缴、出口退税分类管理等不同类别政策培训，不断提高纳税人办税能力和税法遵从度。（沈盈舟）

国地税收入 1000 万元以上企业

表 44　　　　　　　　　　　　　　　　　　　　　　　　　　　　　　　单位：万元

行次	税务登记证号	纳税人名称	法定代表人	合计	国地税收入				附列资料	
					国税税收	国税		地税收入	出口退税	销售收入
						国税入库	调库			
1	91330683146384641Y	浙江嵊州农村商业银行股份有限公司	吴智晖	13780.72	11046.12	11046.12		2734.60		50171.11
2	91330683350166203P	嵊州绿城房地产开发有限公司	李永前	12999.32	2730.89	2730.89		10268.43		
3	913306003364640281	嵊州新城禧盛房地产发展有限公司	梁志诚	11111.96	2217.06	2217.06		8894.90		
4	9133068314633306XP	国网浙江嵊州市供电公司	谢成荣	11102.69	9663.65	9663.65		1439.04		175362.06
5	913306007570687283	浙江巴贝领带有限公司（集团）	金耀	11020.47	9449.72	4646.24	4803.48	1570.75	-3942.99	157066.53
6	913306006617396382	嵊州盛泰色织科技有限公司（集团）	徐磊	8147.05	6286.35	475.68	5810.67	1860.70	-7103.13	128502.15
7	91330683146377388M	浙江天乐集团有限公司（集团）	葛锦明	8011.38	6136.57	4735.47	1401.10	1874.81	-4997.04	197879.68
8	91330600146342118G	浙江昂利康制药股份有限公司（集团）	方南平	7561.37	5111.71	4559.42	552.29	2449.66	-1.36	72491.68
9	91330683704477704R	浙江越盛集团有限公司（集团）	谢百军	7325.25	6265.88	6265.88		1059.37		46344.83
10	91330683146330627U	绍兴市烟草公司嵊州分公司	唐建	6937.79	6075.21	6075.21		862.58		116175.41
11	913306000829175327	嵊州中领置业股份有限公司	金耀	6770.70	2939.28	2939.28		3831.42		
12	913300001463546966	浙江新光药业股份有限公司	王岳钧	5850.14	3214.80	3214.80		2635.34		30896.15
13	913306835586093252	嵊州市德贝置业有限公司	赵卫东	4953.34	1192.16	1192.16		3761.18		15105.67

续表1　　　　　　　　　　　　　　　　　　　　　　　　　　　　　　　　单位：万元

行次	税务登记证号	纳税人名称	法定代表人	合计	国地税收入				附列资料	
					国税税收	国税		地税收入	出口退税	销售收入
						国税入库	调库			
14	91330683146335321C	华汇建设集团有限公司（集团）	徐积广	4286.16	1151.50	1151.50		3134.66		57001.68
15	913306835623704920	嵊州市正大国际新城开发有限公司（集团）	袁远	3808.11	484.60	484.60		3323.51		3856.25
16	913306837045254701	浙江帅丰电器有限公司（集团）	商若云	3365.57	2408.42	2283.79	124.63	957.15	-33.79	35291.69
17	91330683704522958E	浙江迪贝电气股份有限公司（集团）	吴建荣	3078.55	2728.31	1956.78	771.53	350.24	-364.04	53530.13
18	330683609684203	浙江亿田电器有限公司（集团）	孙伟勇	3009.16	2678.81	2265.31	413.50	330.35	-7.15	32895.38
19	91330683146337036A	浙江特种电机有限公司（集团）	吕仲维	2865.92	1393.9	878.37	515.53	1472.02		33846.15
20	91330683704525139P	嵊州市鹿山房地产开发有限公司	吴建刚	2798.66	47.19	47.19		2751.47		2553.98
21	91330683582682338Q	嵊州市赞成房地产开发有限公司	陆利江	2659.58	629.72	629.72		2029.86		12519.03
22	913306835705672601	嵊州市锦成房产有限公司	高国龙	2602.32	1164.19	1164.19		1438.13		20035.35
23	913306830740209872	嵊州和悦文峰置业有限公司	楼小明	2442.84	371.15	371.15		2071.69		
24	91330683704524216T	浙江双鸟机械有限公司（集团）	张文忠	2416.11	1761.14	677.03	1084.11	654.97	-273.67	31431.64
25	91330600742943411X	加佳控股集团有限公司（集团）	韦小华	2258.92	1882.70	1845.57	37.13	376.22	-31.19	37829.24
26	91330683146341270K	浙江中益机械有限公司	王以南	2223.15	1082.62		1082.62	1140.53	-694.23	35286.05
27	913306837045245661	嵊州市交通发展有限公司	童丹娜	2110.65	9.52	9.52		2101.13		
28	91330683146391489J	麦地郎集团有限公司（集团）	袁孝炳	2048.85	1770.88	909.68	861.20	277.97	-1668.24	30024.63
29	91330683146333668Q	浙江震凯化工有限公司（集团）	吴明标	1987.84	1272.45	1272.45		715.39		15067.19
30	91330683MA288ETX4F	嵊州碧恒置业有限公司	杨文杰	1984.42	1500	1500		484.42		
31	913306837284646761	嵊州市吉祥房地产开发有限公司	周志英	1975.48	341.09	341.09		1634.39		6748.57
32	91330683146376879W	嵊州市国商大厦有限公司	田建钢	1935.02	979.2	979.2		955.82		55079.02
33	913306831146397337X8	嵊州市光宇实业有限公司	邢志锋	1907.61	471.56	471.56		1436.05		14798.29
34	913306837045221306	中国工商银行股份有限公司嵊州支行	董晓江	1728.94	691.26	691.26		1037.68		5078.37
35	91330683787722022X	嵊州市投资控股有限公司	茹万红	1724.38	0			1724.38		
36	913306007360193611	嵊州市宏达时装有限公司（集团）	徐国生	1723.01	1425.3	462.08	963.22	297.71	-1511.12	16648.7
37	913306007664009051	浙江莫尼厨具有限公司（集团）	贺滨	1693.95	1429.95	1418.7	11.25	264		25163.1
38	91330683054223939R	嵊州市乐润置业有限公司	傅建红	1687.26	234.65	234.65		1452.61		3843.54

续表2　　　　　　　　　　　　　　　　　　　　　　　　　　　　　　　　　　单位：万元

行次	税务登记证号	纳税人名称	法定代表人	合计	国地税收入				附列资料	
					国税税收	国税		地税收入	出口退税	销售收入
						国税入库	调库			
39	330683774367965	绍兴市嵊新首创污水处理有限公司	韩刚	1667.51	308.62	308.62		1358.89		9994.5
40	913306836936472013	嵊州泓宇房地产开发有限公司	黄金瓯	1613.27	106.03	106.03		1507.24		1522.95
41	913330683776477287R	绍兴中翔旅游投资有限公司	郭献斌	1610.14	0.58	0.58		1609.56		
42	913306837731040 8XC	雅士林集团有限公司（集团）	范茂林	1594.56	1238.96	554.56	684.4	355.60	-1162.81	28052.55
43	913306007590703890	浙江佰利领带服饰有限公司（集团）	周小江	1564.17	1163.53	310.58	852.95	400.64	-614.6	21438.86
44	913306837434904778	嵊州达亿领带服饰有限公司（集团）	袁向东	1509.48	1229.57	668.02	561.55	279.91	-1346.68	35912.88
45	91330683679582544T	绍兴银行股份有限公司嵊州支行	倪永	1485.30	717.38	717.38		767.92		6844.26
46	91330600740513899P	浙江冠东印染服饰有限公司（集团）	李园	1443.12	1249.63	980.89	268.74	193.49	-22.61	30353.53
47	330683759051022	嵊州市仟代领带织造有限公司（集团）	宓建栋	1438.16	1057.92	1057.92		380.24	-1969.24	42963.44
48	913306836716387260	嵊州市天水置业有限公司	王关水	1387.44	131.78	131.78		1255.66		2637.22
49	913306837818366512	台州市台信房地产开发有限公司嵊州分公司	朱敏捷	1326.91	116.84	116.84		1210.07		2336.86
50	913306837477113453	嵊州市剡湖房地产有限公司	徐立新	1309.04	185.42	185.42		1123.62		
51	91330683676179186C	嵊州市远景房地产开发有限公司	胡传林	1297.23	284.68	284.68		1012.55		5355.56
52	913306007696192 24Q	浙江森歌电器有限公司	范德忠	1261.21	1110	758.77	351.23	151.21	-29.09	20256.4
53	91330600782922631W	浙江嵊州佰誉电子有限公司	卢丹宁	1248.44	1136.85	80.71	1056.14	111.59	-1478.23	17541.29
54	91330000739216889B	浙江莎美实业股份有限公司（集团）	裘仲南	1227.98	954.34	426.97	527.37	273.64	-437.89	20246.73
55	330683609681010	浙江达成凯悦纺织服装有限公司（集团）	钱达军	1218.04	1043.33	127.15	916.18	174.71	-1189.04	33264.77
56	91330683755939761K	浙江好运来集团有限公司（集团）	胡士良	1182.75	872.02	807.29	64.73	310.73	-186.40	71420.15
57	91330683720064643Q	嵊州市恒丰纸业有限公司	裘笑铭	1138.29	1002.92	1002.92		135.37		19072.49
58	91330683704524742X	嵊州市水利水电发展有限公司	俞大兴	1128.39	243.64	243.64		884.75		8121.27
59	913306835777228689	浙江绍兴嵊新高速公路有限公司	沈洪	1117.52	585.40	585.40		532.12		21301
60	91330683056860579C	嵊州市宇信纸业有限公司	丁兴灿	1115.74	994.41	994.41		121.33		19997.29
61	913306831463719475	嵊州市宇丰纸业有限公司	鲍心钢	1095.62	956.05	956.05		139.57		19265.48
62	91330600704524515H	浙江亿厦建设股份有限公司	朱樟良	1081.29	217.13	217.13		864.16		7070.43

续表3　　　　　　　　　　　　　　　　　　　　　　　　　　　　　　　　　　单位:万元

行次	税务登记证号	纳税人名称	法定代表人	合计	国地税收入				附列资料	
					国税税收	国税		地税收入	出口退税	销售收入
						国税入库	调库			
63	91330683746333119E	浙江康牧药业有限公司（集团）	陈均建	1069.30	881.64	605.58	276.06	187.66	-221.68	40988.34
64	913306837245445211	嵊州市恒润房地产有限公司	周君英	1043.21	285.93	285.93		757.28		5717.07
65	330683735286193	嵊州市四明电力设备制造有限公司	周建新	1034.54	967.55	967.55		66.99		7933.38
66	330623771120032	城关个体税务所	章黎明	1027.68				1027.68		9652.30
67	91330600698279356G	浙江祥晖数码科技有限公司（集团）	商明菊	1013.41	874.77	73.05	801.72	138.64	-914.63	24274.89
68	9133068314639 3054P	浙江润宇建设有限公司	毛仁宗	1010.83	117.05	117.05		893.78		12756.03
69	91330683846347905E	中国农业银行股份有限公司嵊州市支行	张锋云	1003.70	611.17	611.17		392.53		6611.95
70	91330683146387 4391	鑫利达集团有限公司（集团）	史荷凤	999.63	802.69	269.12	533.57	196.94	-1045	21239.11
71	9133068377570293XP	浙江华发茶业有限公司（集团）	尹晓民	996.01	872.10	6.14	865.96	123.91	-1870.34	27936.65

（黄小明）

地　税

【税收收入】　2016年,全市地税部门共组织各项收入47.07亿元,同比增长8.6%。其中,税收收入20.6亿元,同比负增长12.7%;非税收入26.47亿元,同比增长34%。营业税入库3.07亿元,同比负增长48.4%,减收幅度最大。5月1日起,房地产业、建筑业、金融业和生活服务业四大行业营改增改革全面铺开。30强工业企业税收稳中有升,全年入库税收1.95亿元,同比增长0.5%。地方税比重略有下降,地方税比重为72.9%,同比下降2.8个百分点。地方税中企业所得税负增长19.2%,个人所得税增长19.4%,资源税、耕占税大幅增收,其他税种均有不同程度的增减差异。

【税费减免】　2016年,市地税部门坚持减税降费,减轻企业负担。落实企业研发费加计扣除1.08亿元,落实残疾人员工资加计扣除4082万元,落实失业保险费、工伤保险费等社保费优惠3800万元,减免高新技术企业所得税3228万元,减免小微企业所得税1897万元,落实契税优惠4000万元;实施差别化城镇土地使用税政策,减免税收3400万元。对211家"小升规"企业集中减征社保费896万元,其中养老保险550万元,医疗保险346万元;对符合产业转型升级发展方向的企业,临时性下浮职工基本医疗保险费缴费比例,减征医疗保险费969.14万元,惠及495家企业。首次上规模的116家企业减免地方水利建设基金160万元,不折不扣落实各类税收减免优惠政策,助推企业实现转型升级。

【税源培育】　实行税源精细化管理,与培育对象结对挂钩实现"点对点"对接,全程跟踪辅导,分门别类强化税源培植。充分依托《税友龙版》和金税三期大集中数据,建立完善优质税源培育对象税费数据统计分析机制,掌握培育对象的生产、经营、资金运营、税收入库和税源变化情况,了解监控经营变化趋势。优质税源企业浙江新光药业股份有限公司成为嵊州首家登陆A股市场的企业。建立"一对一"台账,进行数据动态分析和预测,指定专人提供更具针对性、切实性的税务管理、纳税辅导和咨询服务,不断提高纳税遵从度。强化对传统产业的税源培育力度,帮助企业规范财务核算,规避税收风险,夯实企业发展基础。

【税收法治】　一是完善后续监管。做好权力清单"瘦身"、责任清单"强身",加强执法风险的事前防范和事后处置,完善税收执法案卷评查的长效管理机制。二是健全联动机制。与法院建立破产企业、担保财产拍卖企业涉税案件执行联动机制,行使税费优先权受偿权,一年中通过法院协助执行8家企业入库税费165.14万元,其中税收157.6万元。在办破产案件共8件,合计向企业破产管理人申报债权3000.05万元,其中税费2135.97万元、滞纳金864.07万元,当年已分配入库31.99万元。三是统一税务行政处罚裁量权基准。通过重新梳理行政审批事项,规范行政权力审批流程和自由裁量权,严格实行依法行政。四是强化执法督察。充分运用信息化手段开展案头分析,清理未办结案件,全面自查自纠;对企业所得税、独立合伙企业个人所得税核定征收和稽查长期未结案情况开展专项督察。五是加大法制宣传。开展有关税务方面的丰富多样的普法宣传,推进"七五"普法工作。

【征收管理】　一是全面推开营改增改革。2016年全市新纳入营改增试点纳税人7174户,其

4月23日,市地税局直属分局工作人员在营业厅测试营改增开票程序

中企业1883户、个体工商户5291户;配合国税做好纳税人确认、管户交接、资料转送;分行业分项目进行梳理、归集,扎实开展清票清税工作。二是全力备战"金税三期"上线。拉网式清理各项疑点数据,在《税友龙版》修正、补录存在不规范、错误、重复数据126项,下发清理任务9批次,累计清理数据15.6万余条;开展2次人海压力测试,打好上线攻坚战。三是强化欠税清缴力度。开展逐户摸底排查,分类制定清欠方案,大力开展专项清理活动,努力挖潜增收。四是加强国地税深度融合。与国税建立涉税信息共享交换机制,实现信息全面、实时、动态传递,堵塞征收漏洞。五是加强风险应对管理。扎实推进风险应对、推送,强化税源专业化管理改革,加强数据风险防范。

【信息化管理】　一是加快信息管税。开通国地税联合电子税务局网上申报系统,大力推广线上智能办税,打造新时期数据平台,提高电子数据应用安全可靠性与法律效力。二是夯实数据基础。着重开展后台清理,涉及数据14.5万余条,确保数据准确无误;加强数据信息比对验证,强化税收风险分析监控。三是强化部门合力。加强与国税涉税数据的实时对接,提高数据管理应用水平。通过与社保部门协调沟通,调整社保费到账规则,确保金三上线后双方数据的顺利交互。四是保障信息安全。严格实行物理隔离,实现计算机涉税数据、办公系统和硬件设备安全,强化专网管理。定期开展网络与信息安全应急演练,不断提高系统应急保障能力,确保信息系统安全畅通。

【规费征收】　完善征缴机制,加强欠费动态信息管理,核查清理异常企业,"征、管、查"同步进行。全力抓好欠费清缴,实施多轮清欠,强化痕迹管理,深化重点费源监控,进一步清陈控新。落实减负降本,从11月1日起暂停征收地方水利建设基金。推进金税三期规费征收管理,依托网络新媒体,多方位加强政策宣传。平稳开展机关事业单位基本养老费和职业年金征缴工作。全年共组织五项社会保险费24.3亿元,同比增长38.2%。

其中养老保险费16.31亿元,同比增长59.4%;医疗保险费6.61亿元,同比增长12.2%;失业保险费4992.6万元,同比负增长13.7%;工伤保险费4424.49万元,同比负增长4.3%;生育保险费3420.66万元,同比增长8.2%。开展工会经费代征,代收1142家企事业单位和其他社会组织工会经费,至年底,共入库1519.77万元。

【纳税服务】　深化行政审批制度改革。全面落实国家、省各项收费清理规范政策,取消印花税代售许可等行政许可审批事项;推行会计证申请网上受理业务,方便群众办理;从10月份起,房产交易业务取消发放契证,减轻纳税人办税负担。积极开展"便民春风办税行动"。结合纳税服务满意度调查,建立专项联系制度,组建专业化管理团队,实地访税情、问税需、解税忧,开展"个性化"辅导和"一对一"服务,印发宣传资料3.5万份。提升优化绿色服务质效。推行自助办税,活化"嵊州财税"微信公众平台、税企QQ群沟通平台的应用,保持与纳税人的双向沟通交流。开启"5+2""白+黑"模式,通过国地税联合办公、网上预约等多元化服务,进一步落实首问负责、提醒服务、导税服务、延时服务,积极搭建政策宣传与纳税服务、税务援助的长效桥梁。

【税务稽查】　2016年,市地税部门积极推进税务稽查"积案"清理百日专项行动,分户梳理排查摸底,清理案件13件,执行入库税费、滞纳金、罚款共617.92万元。全面落实税收违法"黑名单"制度,开展联合惩戒,充分发挥以查促收、以查促管、以查促查作用,有效震慑涉税违法犯罪行为,促进纳税遵从。加强与公安、国税等多部门协作,根据第三方数据共享,科学选案并实施直接重点检查12户,部门移送案件3件。全年共检查纳税人89户,其中责成自查25户,自查转重点检查10户,其他重点检查54户。查补税款2278万元,费、基金14万元,加收滞纳金481万元,处罚款692万元。查处发票违法企业7户,非法发票20份,涉及金额88万元,查补税款、滞纳金、罚款13万元。(章健)

4月20日,市地税局工作人员在办税大厅清理营改增纳税人数据

市　委

综　述

【概况】　2016 年,中共嵊州市委面对复杂严峻的宏观形势,在省委和绍兴市委的正确领导下,团结带领全市广大干部群众,自觉践行"创新、协调、绿色、开放、共享"五大发展理念,攻坚克难、真抓实干、全力以赴,稳增长、调结构、促改革、惠民生、防风险,全市经济社会保持平稳健康发展的良好态势。实现地区生产总值 480 亿元,同比增长 7.5%;财政总收入 48.78 亿元,其中一般公共预算收入 32 亿元,分别增长 4.2% 和 9.6%;规上工业总产值 458.4 亿元,同比增长 10.5%;完成固定资产投资 269 亿元,其中工业性投资 134 亿元,分别增长 19.5% 和 3.6%;工业用电量 16.6 亿千瓦时,同比增长 10.4%;社会消费品零售总额 256 亿元,同比增长 11.5%;城乡居民人均可支配收入分别达到 47621 元和 24538 元,同比增长 7.5% 和 8%;金融机构存款余额 666.1 亿元,贷款余额 519.5 亿元,分别增长 22.1% 和 13.1%。认真学习领会中共中央总书记习近平系列重要讲话精神,深入贯彻中共十八届五中、六中全会精神以及省、绍兴有关会议精神,坚决贯彻落实中共省委和绍兴市委决策部署,切实做好结合文章,及时完善发展思路和工作举措。市委十三届三十一次全会针对嵊州发展重点难点问题,把补短板作为关键之策,研究提出补齐科技创新等十块短板,进一步明确了全市的发展方向和工作导向。

【从严治党】　通过开展党的群众路线教育实践活动、"三严三实"专题教育活动、"两学一做"学习教育,大力推进从严治党,为全市经济社会发展提供了坚强保障。加强干部队伍建设,坚持以实绩论英雄,突出重点工作用重兵,实施红黄牌警示督办制度,激励和倒逼干部抓落实。夯实基层基础,不断加强农村基层组织建设和"两新"组织建设,抓好软弱落后基层党组织整转提升。创新"民情微群"载体,开展"走村不漏户、户户见干部"活动,更加紧密联系群众。落实党风廉政建设主体责任,刚性执行中央八项规定精神,扎实开展巡视巡察反馈意见整改落实,建立健全了一批标本兼治的制度机制。加强履职约谈、签字背书、谈话提醒等制度执行,拓展责任清单,坚持有案必查,一案双查,强化派驻纪检组建设,推动"两个责任"有效落实。开展农村基层作风巡查,加强领导干部经济责任审计,全面整治"四风"问题。健全政府投资项目一体化监管体系,实施村级"零招待"制度,进一步扎紧制度笼子。深入推进纪律检查体制改革,始终保持惩治腐败高压态势,不断净化政治生态。

【加强组织建设】　一是精心组织,周密安排,严肃纪律,顺利完成市委班子和乡镇班子换届,市人大、市政府、市政协换届工作有序推进。把换届作为擂台,坚持换届不换挡、干出精气神,选出忠诚、干净、担当的好干部,配合结构优、功能强的好班子,换出心齐、气顺、劲足的好面貌,为新一轮发展提供了坚强的政治保障、组织保障。二是从严推进干部队伍建设。坚持"干部下基层、基层出干部"用人导向，加强在重点工作、基层一线培养干部。以"党建+"推进重点工作，市领导领办"八个一"攻坚克难重点工作，坚持夜间带班值班制度。深化红黄牌警示督办制度，多个乡镇部门因工作推进不力被通报批评，多个单位被黄牌警示督办。三是着力夯实基层基础。实施基层党建"乡乡过硬、村村晋位"，对标创建行动和"美丽村干部+精致党建"创建活动，推动镇村两级开展对标提升。加大后进整转补短板，倒排软弱落后村党组织名单，落实市领导挂钩联系和机关部门结对帮扶，选派"第一书记"开展集中整转。完善村干部上班值班、民情分析会、月度工作任务清单、村干部考核管理和述职评议等制度，常态化进行交叉式、推磨式专项检查。

【治理水平显著提高】　市委带领全市广大党员干部锐意改革创新，全面提升社会治理能力。平安建设扎实推进，严格落实意识形态管理、维稳信访、社会治安、安全生产等工作责任，营造和谐稳定社会环境，顺利完成G20杭州峰会、世界互联网大会等维稳安保工作，信访秩序不断规范，信访积案有效化解，实现"平安县市"七连冠。行政效能显著提升，政府机构改革、"四张清单一张网"改革、行政审批"三集中三到位"、司法体制改革、机构编制瘦身强体等工作扎实推进，政府法治水平、管理能力和服务效能不断提升。基层治理创新稳步推进，积极开展乡镇社会治理模式创新，获评全国创新社会治理优秀城市。持续开展易风易俗倡新风活动，推进村嫂志愿服务，着力匡正社会风气。要素保障力度不断提升，完善体制机制，着力破解资金、土地、人才等瓶颈制约。

【发扬民主凝聚合力】　市委常委会总揽全局、协调各方，严格执行民主集中制，严守党的纪律规矩，与人大、政府、政协班子坦诚相待，支持政府在依法行政中创新作为，支持人大、政协在共谋发展中积极履职。爱国统一战线发展壮大，工会、共青团、妇联等人民团体桥梁纽带作用充分发挥，编制、外侨、档案、老干部、红十字、关心下一代等

各项工作得到加强，国防动员和后备力量建设取得新成效。

全体会议

【十三届二十五次全体会议】　1月21日，市委召开十三届委员会第二十五次全体会议。主要内容：推荐领导干部。

【十三届二十六次全体会议】　1月27日，市委召开十三届委员会第二十六次全体会议。主要内容：票决有关人事。

【十三届二十七次全体会议】　3月9日，市委召开十三届委员会第二十七次全体会议。主要内容：票决有关人事。

【十三届二十八次全体会议】　3月31日，市委召开十三届委员会第二十八次全体会议。主要内容：推荐领导干部。

【十三届二十九次全体会议】　4月6日，市委召开十三届委员会第二十九次全体会议。主要内容：票决有关人事。

【十三届三十次全体会议】　7月5日，市委召开十三届委员会第三十次全体会议。主要内容：票决有关人事。

【十三届三十一次全体（扩大）会议】　7月12日，市委召开十三届委员会第三十一次全体（扩大）会议。认真贯彻落实省委十三届九次全会、绍兴市委七届十一次全会等有关会议精神，总结上半年工作，研究部署下半年任务，审议通过《中共嵊州市委关于补短板的若干意见》，动员全市各级党组织和广大党员干部，进一步提振信心、攻坚克难、真抓实干，为确保"十三五"开局之年开好局、起好步，扎实推进"实力嵊州、品质嵊州、魅力嵊州"建设而努力奋斗。

【十三届三十二次全体会议】　7月15日，市委召开十三届委员会第三十二次全体会议。听取有关案件处理情况汇报，并进行表决。

【十三届三十三次全体会议】　10月21日，市委召开十三届委员会第三十三次全体会议。市委常委、组织部部长赵文中宣读《中国共产党嵊州市

第十三届委员会第三十三次全体会议关于召开中国共产党嵊州市第十四次代表大会的决议（草案)》，并就决议草案作出说明；全体委员酝酿讨论和表决《决议(草案)》。

【十三届三十四次全体会议】   11月5日，市委召开十三届委员会第三十四次全体会议。主要内容：票决有关人事。

【十三届三十五次全体会议】   12月3日，市委召开十三届委员会第三十五次全体会议。主要内容：票决有关人事。

【十三届三十六次全体会议】   12月23日，市委召开十三届委员会第三十六次全体会议。审议通过市委、市纪委向市第十四次党代会的工作报告(审议稿)；讨论决定中共十九大、省第十四次党代会代表候选人推荐人选；通报十四届市委委员、候补委员和市纪委委员候选人预备人选建议名单。

市委常委会议

【概况】   2016年，中共嵊州市委十三届委员会召开常委会议22次。传达学习上级有关会议、文件、讲话精神，听取有关乡镇（街道）和部门（单位）的工作汇报，商讨研究制定嵊州市的一些政策法规，研究决定全市经济社会发展、党的组织建设、思想文化建设等重大事项。

【1月27日会议】   召开十三届第70次常委会议。讨论审议并通过2016年城中村改造工作组组建方案、房屋征收补偿安置实施办法、工作计划和市场标准价的请示；要求有关单位根据会议精神予以修改完善，确保政策科学公平、合法合规。研究讨论市委常委会民主生活会班子对照检查材料；传达学习全省宣传思想工作会议主要精神，中纪委、省纪委、绍兴市纪委全会精神；讨论研究并同意市纪委全会建议方案、报告和讲话，要求根据会议精神进一步修改完善纪委全会报告和讲话，并做好全会的各项准备工作。审议并通过关于2015年软环境指数管理工作评议结果。会议还研究了有关人事问题。

【2月4日会议】   召开十三届第71次常委会议。传达学习习近平和王岐山书在中纪委六次全会上的讲话和报告精神，中央、省委政法工作会议和全省农村工作会议精神、全省组织部长会议精神；听取中央、省市统战工作会议精神贯彻落实情况的汇报，会议明确将适时召开全市统战工作会议；审议并通过关于评选市劳动模范工作的请示，要求根据会议精神对劳模评选方法进行修改完善；审议并通过2015年度金融支持经济发展考评结果；2015年度重点工程"三比"竞赛及优化服务考核结果；市政府投资项目考核结果；中心镇建设项目建设考核结果；2015年度组织系统各类先进名单；2015年度市级先进工作者人员名单；关于2015年度市长奖评选结果；2015年度工业企业30强、成长型企业30优、新锐企业、经济发展特别贡献奖、经济发展功臣和纳税20强评比结果；讨论研究考核有关事项和党政正职领导干部2015年度考核优秀等次确定建议名单。会议还研究了有关人事问题。

【2月26日会议】   召开十三届第72次常委会议。讨论研究高新园区、湛头滞洪区、领尚小镇、越剧小镇四个平台项目的管理体制。会议决定，成立嵊州省级高新园区工作领导小组，由市政府主要领导担任组长，分管市领导担任副组长，相关职能部门、乡镇为成员单位，协调解决高新园区建设中的重大问题。成立特色小镇建设领导小组，加强对领尚小镇、飞翼农业小镇、温泉小镇和越剧小镇规划建设工作的领导，由市委、市政府主要领导担任组长，相关领导任副组长，相关单位为成员单位，领导小组下设建设指挥部，指挥部从相关单位抽调人员实行集中办公、统一管理。成立艇湖城市公园(暂名)(湛头滞洪区改造工程)建设领导小组，由市政府主要领导任组长，市政府分管领导任副组长，相关单位为成员单位，领导小组下设指挥部，与原黄泽江整治工程指挥部合署办公，工作人员在整合黄泽江整治工程指挥部现有人员基础上，再从成员单位抽调精干组成，实行集中办公、统一管理。听取关于绍兴市委巡查组反馈意见整改落实情况的汇报，会议原则同意该报告，要求根据会议精神修改

完善后及时报送绍兴市委巡查办和巡查组。讨论研究省委巡视组反馈意见整改方案,会议要求根据会议精神对整改方案进行修改完善,并切实加强与省委巡视办和巡视组的联系沟通,按要求及时报送整改方案和整改清单。

【3月9日会议】　召开十三届第73次常委会议。传达学习《中共中央、国务院关于给予中共天津市委、天津市人民政府通报批评的通知》《省信访工作联席会议关于认真贯彻落实中央领导和省委领导人重要指示精神的通知》。审议《黄泽江综合治理工程BT项目(宕头分流堰至河口段)工程甩项处置回购兑现的请示》,会议原则同意该请示,要求按照回购方案,在处置过程中严格把好关。审议《加强楼宇用地管理促进楼宇经济发展的实施意见》会议原则同意该意见,要求根据会议精神,对照有关法律法规再进行评估,修改完善后下发实施。听取关于省管领导干部经济责任审计报告整改落实情况的汇报。审议《纪念越剧诞辰110周年暨首届全国越剧戏迷大会活动方案》和《在文化综合大厦回购文化馆部分建筑面积的请示》。会议指出,做好越剧诞辰110周年纪念活动,是传承发展越剧事业、建设魅力嵊州的重要内容,回购文化馆部分建筑面积是加强市文化硬件设施建设的迫切需要,要积极沟通协调,合理规划设计,推动项目尽快落地建设,会议同意该方案和请示。审议《市产业基金投入万丰越商产业并购基金的投资方案》,会议原则同意该方案。要求在实施过程中严格把好关,加强风险控制,确保资金安全,确保万丰装备项目如期推进,发挥基金和投资项目的最大效益。审议《嵊州市农村集体经济发展基金管理办法（试行)》《嵊州市国有企业用工管理办法(试行)》,会议原则同意两办法,要求根据会议精神,修改完善后下发实施。听取有关干部职级晋升工作的汇报并同意提交审议的干部职级晋升名单。会议还研究了有关人事问题。

【4月6日会议】　召开十三届第74次常委会议。传达学习习近平在党的新闻舆论工作座谈会上和在全国政协民建工商联界别委员联组会上的重要讲话精神,中发电〔2016〕5号文件精神。审议《2016年乡镇部门年度工作考核实施意见》《2016年促进农业现代化发展政策意见》《加快发展战略性新兴产业推动工业经济转型升级的政策意见》《加快发展服务业的若干政策意见》和《加快旅游业发展的若干政策意见》。听取关于调整完善温泉度假区(旅游局)管理体制机制情况的汇报,会议明确,成立市旅游工作领导小组,定期不定期召开联席会议,协商解决旅游热点难点问题;重新明确旅游局和度假区管委会职责,实行两块牌子、一套班子,合署办公,并明确分工;将原由度假区管委会委托代管的行政村分别归还崇仁镇、剡湖街道管理,市林场归还市农林局管理;以现有旅游投资开发企业为基础,组建市旅游发展集团有限公司(暂名)。审议市劳动模范评选结果,要求进一步加强把关审核,并按要求做好登报公示等后续工作。讨论研究绍兴市纪委对嵊州市委落实党风廉政建设主体责任报告评议意见的整改落实工作。审议《2016年落实党风廉政建设责任制考核办法》《关于开展2016年度软环境指数管理工作的通知》《关于加强市纪委派驻机构建设实施意见》《市直机关"五型"基层党组织星级评定和先进创评实施意见》。听取关于乡镇换届领导职数设置和试点工作方案的汇报。会议同意上述各项审议内容并对有关内容要求根据会议精神修改完善后实施。会议还研究了有关人事问题。

【4月18日会议】　召开十三届第75次常委会议。传达学习习近平等中央领导关于"两学一做"学习教育活动的重要讲话精神。审议《中共嵊州市委关于加强对市人大常委会工作领导的若干意见》《关于激励干部干事创业治理为官不为的若干意见》,会议原则同意以上意见,要求根据会议精神修改完善后下发实施。会议还研究了有关人事问题。

【4月28日会议】　召开十三届第76次常委会议。听取关于建立2016年度新开工重点产业项目市领导专项负责推进机制的汇报。审议关于在全市党员中开展"两学一做"学习教育的实施方案。听取关于落实省委巡视组反馈意见整改情况报告

的汇报,会议原则同意上述内容并要求根据会议精神修改完善。审议关于年度信访积案化解工作市领导包案方案,会议要求在11月底前基本完成全市所有信访积案的清理化解,市信访工作联席会议办公室要督促责任单位及早化解、及时整改,并对结果进行通报。会议还研究了有关人事问题。

【5月24日会议】　　召开十三届第77次常委会议。传达学习习近平在全国宗教工作会议上重要讲话精神,省委十三届九次全会精神、省委城市工作会议精神、夏宝龙书记在衢州调研时的讲话精神、省委办公厅关于深入学习贯彻《中国共产党地方委员会工作条例》的通知精神、绍兴市委关于换届纪律的有关要求精神。讨论审议并通过2016年绍兴市挂钩考核办法,市督考委员会运行机制。讨论审议关于开展"对标看齐、有为担当"作风建设专项行动的意见,会议原则同意该意见,要求根据会议精神修改完善后下发实施;2016年党风廉政建设和反腐败工作组织领导与责任分工,有关人员纪律处分情况,要求根据吸取教训,举一反三,切实落实好两个责任,进一步推进全市党风廉政和反腐败工作取得新成效。听取关于G20杭州峰会维稳安保"找盲点、补短板、去隐患"情况的汇报,会议原则同意有关实施方案。审议城南新区核心区总体设计推荐中标方案的请示,会议原则同意由英国JT-PCina作为城南新区核心区总体设计的中标单位。讨论审议并通过老人民医院处置及中医院改造搬迁方案,要求确保中医院8月底前搬入。审议通过市小额工程建设服务类项目打包采购管理办法,要求根据会议精神修改完善后下发试行。听取关于全市财经纪律执行情况专项检查的汇报。会议还研究了有关人事问题。

【6月17日会议】　　召开十三届第78次常委会议。讨论审议并通过法院、检察院司法体制改革试点工作实施方案;嵊新污水处理厂二期扩建工程PPP实施方案。听取并通过关于城乡供排水一体化实施意见的汇报,并要求明确各具体项目推进的时间节点,抓好督查推进。审议并通过2016年度全市"五水共治"考核办法和乡镇交接断面水质考

核办法;关于国有划拨住宅土地实行有偿使用的请示,明确名义上是国有划拨土地、实际上作为宅基地安置使用的,不得实行有偿使用;浙江天乐集团有限公司和嵊州市水泥厂国有工地收回补偿方案;关于进一步降低企业成本推进实体经济健康发展的若干意见;总部型企业培育政策,绍兴市嵊商产业投资基金投资方案以及与和君资本合作框架协议;听取有关招商项目的汇报,关于鼓励民间资本进入社会事业领域的若干意见;会议要求对上述内容根据会议精神修改完善后下发实施。

【7月5日会议】　　召开十三届第79次常委会议。学习贯彻习近平在庆祝中国共产党成立95年周年大会上的重要讲话精神。讨论审议并通过市委十三届三十一次全体(扩大)会议方案及报告主要内容,要求根据会议精神对报告进行修改完善,并认真做好全委会各项准备工作;市委关于补短板的若干意见,要求根据会议精神修改完善后提交全委会审议;绍兴市上半年"晒亮点、比业绩"活动工作方案;关于进一步完善国有土地使用权出让收入分配管理机制意见,要求根据会议精神进行修改完善后下发实施;听取关于领尚小镇有关招商项目的汇报,要求积极做好联系服务工作,推动项目尽快落地建设。会议还研究了有关立案案件情况和有关乡镇换届等人事问题。

【7月15日会议】　　召开十三届第80次常委会议。传达省委维稳办《关于贯彻落实习近平总书记等中央领导同志重要指示精神强化群体性事件防范处置工作的通知》精神。讨论研究全市信访维稳工作,会议强调,要重视积案化解,进一步落实领导包案化解制度,加大力度化解红色积案,要重视初信初访,确保第一时间处置、第一时间化解。审议并通过2016年度城市管理工作的实施意见;关于城中村改造涉及裁执分离或罚没建(构)筑物处置方案;湛头滞洪区工程相关政策处理意见;关于"无违建"创建违法建筑处置若干补充意见,会议强调,要按照从严原则,做到能拆则拆。要进一步完善政策,做到精细准确。要依法依规,符合规定予以补办手续,不符合规定的予以拆除;要求对上述内容

根据会议精神进行修改完善后下发实施。审议关于开发区雅戈尔大道工程概算调整审核意见,要求相关单位吸取教训,举一反三,引以为戒,切实加强工程建设领域监管;听取并通过关于新政府办公大楼装饰工程相关费用的汇报;审议并通过关于进一步加强工业强市培育扶持发展的若干意见,关于旅游产业发展的指导意见,关于支持大众创业促进就业的实施意见,2016年人才政策及人才工作责任清单,要求对上述内容根据会议精神进行修改完善后下发实施。会议还研究了有关案件处理情况和有关人事问题。

【7月29日会议】 召开十三届第81次常委会议。学习传达绍兴市委常委扩大会议、常委会及彭佳学书记有关讲话精神。讨论研究半年度全市经济运行和社会稳定工作情况。讨论审议并通过市委常委、副市长G20峰会维稳安保、平安建设重点工作任务清单。讨论审议半年度工作目标责任制考核情况,要求根据会议精神进行修改完善后下发。讨论研究全市"五水共治"工作有关情况,讨论审议并通过下半年城中村改造计划,要求根据会议精神进行修改后着手实施、统筹推进。讨论审议并通过越剧小镇合作开发协议框架,要确保8月中旬完成设计方案,10月份项目正式动工;问越路、澄潭江综合治理工程、施家岙村庄改造等配套工程加快建设。要强化保障。讨论审议并通过对党员干部开展谈话提醒实施办法(试行),要求根据会议精神进行修改完善后下发实施。

【8月18日会议】 召开十三届第84次常委会议。学习贯彻落实《中国共产党问责条例》。传达学习贯彻夏宝龙书记在全省防汛防洪抗高温和安全生产工作会议上的讲话精神。讨论研究经济工作责任督查考核(10大主要经济指标和6个方面补短板工作)情况;市领导信访包案落实情况;通报有关失密情况;今年计划安排重点建设项目开工情况。讨论审议并通过北航投项目投资协议,会议强调,要加快进度,抓紧出让,领尚小镇项目区块争取8月底挂牌、年度开工建设。要求根据会议精神与投资方加强沟通,推动项目尽快落地;审议并通过

加强社会组织党建工作实施方案,市"十三五"人才发展规划,要求根据会议精神修改完善后下发实施。会议还审议通过了新增加市纪委常委考察建议人选名单。

【9月15日会议】 召开十三届第85次常委会议。传达学习省委专题学习会议精神;《中共中央关于辽宁拉票贿选案查处情况及其教训警示的通报》精神。讨论审议并通过市、乡(镇)两级人民代表大会换届选举工作意见和市选举委员会组成人员名单,要求根据会议精神修改完善后下发实施。听取关于维稳安保工作有关事项的汇报,会议同意G20峰会维稳安保工作省级先进单位和先进个人推荐名单。讨论审议并通过整改督查反馈意见落实情况报告,要求根据会议精神修改完善后上报省审计厅。讨论审议并通过公务用车制度改革实施方案,要求等绍兴正式批复之后下发实施;积极稳妥推进户籍制度改革实施意见;绍兴市出入境检验检疫局嵊新办事处综合业务用户工程概算调整审核意见;城西农业副产品物流中心土地公开转让及浙东农副产品批发市场收购方案,会议要求对两个方案进行深化完善后提交下一次常委会再作审议;全市砂资源集中开发经营项目方案,要求水利局根据会议精神修改完善后抓紧实施,并会同国资办加强对经营公司的业务指导,确保顺利起步、正常运行;省"五水共治"工作考核内容及职责分工责任清单和乡镇交接断面水质考核奖补办法,要求治水办进一步征求各职能部门和乡镇、街道的意见,并根据会议精神修改完善后下发实施。市第二输水管线项目投资合作补充协议;"嵊州市模范老师""嵊州市模范班主任"荣誉称号名单,关于加快发展乡村旅游产业的若干意见,要求根据会议精神修改完善后下发实施。

【10月4日会议】 召开十三届第86次常委会议。讨论研究10月份市四套班子工作安排。传达学习全省党委系统办公室工作会议精神。讨论审议并通过城西农副产品物流中心土地公开转让及浙东农副产品批发市场收购方案;关于进一步健全房地产开发管理的意见,对上述方案和意见要求根

据会议精神修改完善后下发实施。讨论审议丝织厂地块周边危旧房屋连片征收改建方案，要求根据会议精神修改完善后，提交市人大常委会审议。讨论审议并通过甬金铁路、杭绍台铁路土地综合开发框架协议，要求根据会议精神修改完善后，由市政府与项目方签约。审议并通过市公务员考核实施办法(试行)；2017年城乡居民医保政策调整完善方案；加快推进残疾人全面小康进程的实施意见；关于调整市城乡最低生活保障标准的通知，明确从10月1日起，全市城镇居民最低生活保障标准由每人每月611元调整为673元，农村居民最低生活保障标准由每人每月493元调整为543元。

【10月21日会议】 召开十三届第87次常委会议。听取关于三季度主要经济指标完成情况和关于国家卫生城市创建工作情况的汇报。讨论审议并通过市小城镇环境综合整治实施方案，要求根据会议精神修改完善后下发实施。讨论研究鹿山路二期遗留问题处置工作。听取关于筹备召开中国共产党嵊州市第十四次代表大会有关情况的汇报，会议明确，市第十四次党代会于2016年12月下旬在嵊州市区召开。

【11月15日会议】 召开十三届第88次会议。传达学习中共十八届六中全会精神。学习讨论《中国共产党地方委员会工作条例》。讨论研究11月份市四套班子工作安排。审议并通过做好第十五届市政协人事安排工作的意见，要求根据会议精神修改完善后发给各单位党委(党组)及各民主党派执行。审议并通过市人才公寓申请遴选暂行办法。会议还研究了有关人事问题。

【11月24日会议】 召开十三届第89次会议。讨论审议并通过关于开展落实中央八项规定精神"回头看"工作的通知，《胡锦涛文选》学习计划；听取关于全市党费收缴工作专项检查情况的汇报。讨论审议并通过进一步简化政府投资项目审批手续的有关意见；进一步加强城市规划建设管理的实施意见；听取关于涉及城中村改造舆情应对情况的汇报。讨论审议并通过加快建筑业发展的若干政策意见；市印染行业提升改造按排污纳税绩效审批实

施办法；市深化医药卫生体制改革综合试点实施方案，会议原则同意方案，对上述意见办法和方案要求根据会议精神修改完善后下发实施。讨论审议并通过嵊州生态颐养基础项目投资协议书，要求抓紧做好跟踪服务工作，推动项目尽快落地；关于做好市领导在人大换届选举工作中包选区工作的通知；市十六届人代会代表候选人初步建议人选、领导干部参选人大代表安排建议意见和市第十四次党代会"两委会"人事安排原则意见。

【12月3日会议】 召开十三届第90次会议。学习传达贯彻落实省委十三届十次全会精神。讨论研究12月份市四套班子工作安排。听取关于上市工作情况的汇报。听取关于有关人员严重违纪问题处理情况的汇报，会议同意该处理意见。会议还讨论了有关人事问题。

【12月9日会议】 召开十三届第91次会议，讨论决定绍兴市第八次党代会代表候选人初步人选名单，会议同意该候选人初步人选名单。

【12月19日会议】 召开十三届第92次会议。研究审定并通过市第十四次党代会日程安排(草案)，要求根据会议精神进行修改完善；嵊州市出席绍兴市第八次党代会代表候选人预备人选建议名单。研究审定提交党代会审议的市委、纪委工作报告(征求意见稿)，会议原则同意两个报告(征求意见稿)，要求根据会议精神加以修改完善，使市委工作报告集中各方智慧、凝聚全市共识，成为引领全市经济社会发展的纲领性文件。研究审定并通过市第十四次党代会各类建议名单，市第十四次党代会选举办法(草案)；市委委员和纪委委员候选人预备人选建议名单。

【12月23日会议】 召开十三届第93次会议。研究遴选中共十九大、省第十四次党代会代表候选人推荐人选，并同意将圈选结果提交市委会审定。研究审定市委、市纪委向市第十四次党代会的工作报告(审议稿)，会议原则同意两个报告，要求根据会议精神进行修改完善，并提交市委全会审定。听取关于绍兴市年终"晒亮点、比业绩"活动准备情况的汇报。听取关于2017年一季度重大项目

集中开工仪式准备情况的汇报,会议要求根据会议精神修改完善后实施。听取关于全市安全生产隐患大排查、大整治工作情况的汇报。审议并通过关于在全市行政事业人员中开展廉政法规季考的实施办法。审议有关干部违纪问题的处理意见,会议强调,要解剖麻雀、吸取教训、举一反三,进一步加强对党员干部的纪律教育,强化"两个责任"落实,避免再次发生类似案件。

专题协调会议

【省"两会"、春节期间维稳专题会议】 1月20日,召开做好省"两会"、春节期间维护社会稳定专题分析研究会议。会议要求:一是要梳理工作,总结经验,增强工作信心。二是要突出重点,精准发力,分类处置。三是要固化机制,明确责任,主动作为。四是要定期督查,合成分析,及时通报。

【项目实施专题会议】 3月6日,召开项目实施专题会议。听取开发区、城南新区、建设局、交通运输局、水利局等单位关于项目前期工作进展情况的汇报,会议明确:1.市中心幼儿园和实验小学建设,确保在5月15日前正式动工。2.湛头滞洪区建设要尽快完成机构组建,并要按照"水利、旅游、景观、生态、文化"五结合的要求,确保6月底前完成设计方案,年底前正式动工。3.供排水一体化建设,水务集团要通过收购整合镇、村中小型水厂和推广金庭、北漳模式,大力推进农民饮用水提质扩面工作;工业水厂要年底前完成施工图设计方案;加快筹建利用新昌水源的第三水厂;污水处理厂二期扩建工程要注重规范化建设,属地乡镇街道要尽快完成政策处理,确保项目6月底前正式动工;相关集镇要加大集污纳管力度,确保镇级污水处理厂正常运转。4.创建全国森林城市。农林基地和旅游观光相结合的2条景观线建设、甬金高速南互通和黄泽互通绿化美化工程、104国道东郭段绿化美化工程、上三高速禹溪出口至艇湖沿线综合整治、"美妙三公里"建设等项目要细化设计方案和工作实施方案,能够在上半年完成的要尽量在上半年完成,要按照"建一片,成一片,成一片风景"的理念,强化

对苗木、造型等方面的品质把控。5.桥南区域市政道路配套建设,要严格按照3月底前动工的时间节点开展各项工作。6.城市精细化管理。要加快理顺小区管理、交通秩序管理、街头设摊整治、户外广告整治、违法建设管控及精品示范区建设等一系列工作内容。相关职能部门和属地街道要及时完成人、财、物和职能的移交。7.甬金高速嵊州南互通东接线延伸工程、S312省道全线动工要尽快确定正式方案,相关属地乡镇街道要在8月底前完成政策处理工作,确保项目在9月底前正式动工。甬金高速金庭互通确保年内列入省重点工程。

【环境整治专题会议】 3月6日,召开乡镇环境整治行动专题会议。会议强调:一、要真抓实干。各单位要高度重视环境整治行动,主要领导要亲自抓、重点抓。二、要拆改结合。乡镇要注重拆迁和拆违相结合,通过空间布局调整,为整体环境提升提供硬件保障。三、要确保资金。职能部门要加大对相关项目的资金奖补力度,配合各乡镇向上争取资金;属地乡镇要确保资金的高效利用,好钢要花在刀刃上。四、要加快速度。按照"优化环境"八大行动的主体部署,进一步优化规划方案和工作实施方案,抓紧启动。五、要造势鼓劲。充分发动广大干部群众参与到环境整治的热潮中来,营造全民参与的良好的氛围。六、要加强考核。建立奖惩一致的考核监督机制,将环境整治工作的考核成绩纳入乡镇干部、村干部的年度考核中。

【违法建筑处置专题会议】 3月16日,召开新104国道沿线在建违法建筑处置工作专题协调会议。会议听取了开发区(浦口街道)、城南新区(三江街道)关于新104国道沿线在建违法建筑情况的汇报。会议明确:一、要高度重视。二、要立即处置。三、要查清原因。四、要全面排查。

【国家卫生城市创建工作专题会议】 3月25日,召开国家卫生城市创建工作会议。会议先后听取了市创卫办(卫计局)、建设局、市场监管局、城管执法局关于创建工作推进情况的汇报。会议要求,国家卫生城市创建工作时间紧,任务重,要有背水一战的决心,破釜沉舟的勇气,来推动这项工作。

会议明确:一、要突出创建重点。二、要注重统筹推进。三、要加强部门联动。四、要加大宣传引导。五、要强化督查检查。

【棉纺厂职工信访处置专题会议】 3月29日,召开棉纺厂职工信访处置专题工作会议。会议听取了信访局关于5名棉纺厂职工到京违规上访的情况通报;棉纺厂企业风险处置工作小组关于前期信访处置工作、存在问题及下步安排情况汇报。会议明确:1.调整充实棉纺厂企业风险处置工作领导小组力量,领导小组下设综合协调组、信访信息组、应急维稳组、违法侦查组、破产清偿组、职工处置组。2.工作小组要负责综合协调、信访维稳、打击犯罪、破产清偿、职工处置等工作。要在4月8日前提出棉纺厂处置工作方案,争取在6月底前完成有关处置工作。3.经信局要切实承担稳控处置工作主体责任。4.开发区等属地乡镇(街道)要按照"六个一"要求,切实承担属地稳控责任。5.法院、检察院、公安局要整合力量、协同作战。6.法院要加快棉纺厂企业破产进程。7.处置工作领导小组要把处置工作进展情况、存在问题及时向市委市政府主要领导汇报,做到决策科学,落实及时。8.要按照上级要求,对3月28日5名棉纺厂职工到京违规上访有关责任单位,由市"两办"发文通报批评。

【拆违工作专题会议】 3月28日,召开拆违工作专题会议。会议先后听取了城管执法局(创建办)等相关局、街道、乡镇关于"无违建"创建和违法建筑大整治行动开展情况汇报。会议认为,"无违建"创建和违法建筑大整治行动是落实省委"决不把脏乱差、污泥浊水、违章建筑带入全面小康"要求的基础性工作,各级各部门一定要强化责任担当,切实抓好落实。会议明确:一是思想要再重视。二是精神要再振奋。三是力度要再加大。四是结合要再紧密。五是氛围要再营造。六是督查要再加强。

【清淤和剡溪江沿线综合整治专题座谈会】 3月29日,召开清淤和剡溪江沿线综合整治专题座谈会。会议先后听取了市治水办、水利局、农办、环保局、建设局、水务集团、开发区(浦口街道)、鹿山街道和仙岩镇关于清淤工作和剡溪江沿线综合整治工程推进情况的汇报。关于清淤工作,会议明确:一要全面行动起来。二要突出清淤重点。三要加快进度争取领先。四要科学分类处置淤泥。五要落实工作责任。六要加强督查考核通报。七要营造清淤舆论氛围。关于剡溪江沿线综合整治工程,会议明确:一要加快政策处理。二要加快工程进度。三要确保工程质量。四要及时协调问题。五要提升总体环境。

【领尚小镇与越剧小镇规划设计专题会议】 3月31日,召开领尚小镇、越剧小镇规划设计方案汇报专题会。会议先后听取了有关设计单位对两个特色小镇规划设计方案的汇报,领尚小镇建设指挥部和越剧小镇建设指挥部汇报了前阶段的工作和下一步的计划。会议明确了领尚小镇和越剧小镇下一步的工作计划和目标。

【重点乡镇环境整治督查专题会议】 4月6日,召开重点乡镇环境整治进展情况督查专题会。会议先后听取了崇仁镇等乡镇关于环境整治进展情况的汇报。会议强调,要加快推进环境整治。要进一步造浓氛围。会议明确,甬金高速嵊州南互通出口和黄泽互通出口的堆土工作由交通运输局负责,加快推进;上三高速沿线市区段两侧环境整治,由交通运输局牵头制定综合整治方案;新104国道东侧开发区段,由开发区(浦口街道)负责制定具体规划,及时整治到位,切实改变脏乱差现状。

【创卫督查暨江滨市场整治专题会议】 4月11日,召开督查创卫工作暨江滨市场专项整治推进会。会议先后听取了创卫办(卫计局)关于国家卫生城市创建工作推进情况和整治办(城管执法局)关于江滨市场及周边环境专项整治工作方案的汇报。会议明确:一要迅速行动。二要集中攻坚。三要营造声势。四要建立长效机制。五要加强面上工作。

【清淤防汛专题会议】 4月15日,召开清淤防汛专题会议。会议先后听取市治水办和水利局关于清淤工作情况的汇报。关于全市清淤工作,会议明确:一要突出重点。二要集中力量。三要加快进度。四淤泥要科学处置,无害化利用。五要建立工作台账。六要形成合力氛围。关于防汛工作,会议明确：一要强化汛期意识。二要确保质量加快推进。三要加强协调检查。四要落实工作职责。

【"无违建"创建和违法建筑大整治专题会议】
4月19日，召开"无违建"创建和违法建筑大整治专题会议。会议先后听取全市面上和各乡镇（街道）有关违法建筑大整治行动开展情况的汇报。会议明确：一、重点要再突出。二、进度要再加快。三、政策要再重申。四、拆后利用要更及时。五、督查通报要再加强。六、既要拆存量，更要控新违建。

【"诗画剡溪"工程专题会议】　4月22日，召开"诗画剡溪"工程优化设计工作方案专题汇报会。会议先后听取市水利局和华东设计院关于"诗画剡溪"工程优化设计方案的汇报。会议明确：1.同意实施沿线热力管线美化工程，要求有关部门根据改造施工可行性，进一步优化设计方案。2.同意实施里东江湿地科普公园及漫步花滩公园提升工程。3.同意实施"诗画剡溪"工程重要精品节点区域的电力线路上改下工程。4.同意实施西鲍村威力锻压厂和白云纸业外立面改造及绿道穿行工程。5.同意实施嵊新污水处理厂排污管改造及溪沟美化工程。6.开发区（浦口街道）污水管线改造工程由属地负责实施。7.涉及三界镇大毛湾村部分农居立面改造由水利局会同华东设计院提出设计方案，并与该区域拆迁方案进行比对论证后，再行确定具体处置方案。8.同意沿线热力管线美化工程。9.沿线乡镇（街道）要及时做好工程的相应政策处理，加快推进违建拆除、立面改造、门前三包等工作。10.调整完善的"诗画剡溪"工程设计方案提交规审会审查，概算调整总额不超过3500万元并提交政府常务会议审议确定。

【鹿山路二期拆迁安置后续问题处置工作专题会议】　3月24日，召开鹿山路二期拆迁安置后续问题处置工作会议。会议听取了业务调查处理、信访维稳、监督执纪三个专项工作组前期工作汇报。会议明确：一、要明确整改工作路径。二、要分头履行工作职责。三、要严守工作纪律。四、要明确时间节点。

【鹿山路二期拆迁安置后续问题督查推进专题会议】　4月14日，召开鹿山路二期拆迁安置后续问题督查推进会议。会议听取了各专项工作组关于3月24日鹿山路二期拆迁安置后续问题处置工作会议要求落实进展情况的汇报。会议明确：1.要采取综合措施向拆迁公司做工作，促使其配合整改工作并履行其自身的整改责任。2.要紧抓主要矛盾。3.对多补偿的房产和金额，由建设局督促拆迁公司限期追回，无法追回的通过司法途径强制执行。4.业务调查处理组要在4月25日前形成整改报告。5.监督执纪组要积极参加调查处理工作，督促业务调查组推进整改。6.信访维稳组要着力做好矛盾化解。

【督查环境专项整治推进会议】　4月30日，召开督查江滨市场及周边环境专项整治推进会议。会议先后听取了整治办（城管执法局）关于江滨市场及周边环境专项整治工作进展情况的汇报，各责任单位分别汇报了专项整治工作推进情况及下一步工作安排。会议明确：一、要加大江滨市场整治力度。二、要加快推进面上创卫工作。三、要营造更大的创建声势。四、要强化责任担当。

【环境整治专题会议】　5月6日，召开四海路上杨段及周边环境整治工作专题会议。会议听取了开发区（浦口街道）、城南新区（三江街道）关于四海路上杨段及周边环境存在问题和整治措施等情况的汇报。会议明确：一、认清重要意义。二明确整治目标即整治内容、整治路段、整治时间和管辖范围。三、落实整治责任：①属地负责，②部门参与，③依法追偿，④协调督查。

【"无违建"创建和违建大整治专题督查会议】
5月19日，召开"无违建"创建和违法建筑大整治行动专题督查会议。会议听取了全市面上和各乡镇（街道）有关违法建筑大整治行动开展情况汇报和市纪委、组织部对《关于严肃整治农村党员干部非法"一户多宅"的通知》的有关说明。会议明确：一、要极端重视。二、要突出重点。三、要抓人促事。四、要强化联动。五、要确保稳定。

【"五水共治"专题会议】　5月24日，召开"五水共治"重点任务及项目推进工作会议。会议听取了治水办关于1—4月份"五水共治"重点任务及项目进展绍兴市排名情况的汇报。与会各单位分别汇报了各自牵头任务的推进情况。会议明确:一、要极端重视工作排名。二、要极其讲究工作方法。三、要极力推动工作实效。会议还研究了推进工作的具体路径和时间节点,确定了各牵头部门负责的17项排名项目1—5月份的争取目标。

【农村生活污水治理专题会议】　5月25日,召开全市农村生活污水治理工作会议。会议先后听取了农办关于全市农村生活污水治理进展情况的汇报,与会乡镇、街道关于农村生活污水治理工作推进情况、滞后原因及下一步工作安排的汇报。会议明确:一要加强督查抓进度。二要加强衔接强保障。三要加强纪律严问责。

【违法改变土地使用整治协调会议】　5月24日,召开宝利皮革厂违法改变土地使用性质整治工作协调会议。会议听取了开发区(浦口街道)、城南新区(三江街道)关于四海路上杨段及周边整治工作汇报和城管执法局关于宝利皮革厂违章整治情况的汇报。会议明确:一、明确任务,恢复宝利皮革厂南侧围墙原状。二、明确时间,要求宝利皮革厂6月底前自行完成整改;若未完成,则7月15日启动强制执行程序,确保7月底前整改到位。三、分别落实城管执法局、市场监督局、国土局、纪委、城南新区(三江街道)、公安局的责任。

【"无违建"创建协调会议】　5月25日,召开"无违建"创建有关问题协调会议。会议听取了城管执法局(创建办)关于"无违建"创建有关问题汇报。会议明确:1.各乡镇(街道)要进一步加大对违法建筑的查处力度,发现新的违法建筑,应及时告知供电、供水部门,供电、供水部门不得供电、供水。2.供电、供水等部门在办理新装用电、用水等服务时,若当事人无房产证、土地证等产权证明,则必须需乡镇(街道)、村委两级部门的产权合法证明,方可予以办理。3.各乡镇(街道)如需要对原已供电、供水的用房采取断电、断水措施,原则上应提前1个月依法告知供电、供水部门,供电、供水部门应及时收取电费、水费。4.供电、供水等部门接到执法部门断电、断水告知函后应立即向违法建筑当事人出

具停电、停水通知单,并配合相关单位立即组织实施。5.断电、断水措施实施时涉及供电、供水费用拖欠的,暂时无法收回的可由乡镇(街道)或有关部门先行垫付,但供电、供水部门应依法追偿,并及时归还乡镇(街道)或有关部门。

【领尚小镇征迁协调会议】　6月16日,召开领尚小镇征迁工作协调会。会议听取了领尚小镇建设指挥部关于领尚小镇前期规划拟征用土地范围和下一步计划安排的汇报。会议明确:一、领尚小镇建设指挥部会同交通运输局确定好征迁范围红线,属地街道负责做好管控,国土局会同属地街道在6月底前完成用地红线放样、土地测绘工作。二、政策处理和土地征用工作由属地街道负责,要求在7月底前完成。三、涉及开发区范围的土地征迁资金由开发区(浦口街道)负责落实。四、杨港路东延段与甬金高速间的土地视情一并征收,具体以交通运输局红线和甬金高速的红线为准,由指挥部负责落实。

【"五水共治"推进专题会议】　6月28日,召开"五水共治"重点任务和重大项目分析推进会。会议听取了治水办关于1—5月"五水共治"重点任务及项目进展在绍兴市排名情况的汇报。与会各单位分别汇报了各自牵头任务的推进情况。会议明确:一要正视问题,补齐短板。二要明确目标,奋力赶超。三要保持优势,毫不懈怠。四要严肃纪律,奖优罚劣。

【有关地块复绿和水利工程推进专题会议】　7月5日,召开开发区有关地块复绿和水利工程推进专题会议。会议先后听取了开发区、建设局、水利局、国土局、公管办等单位关于谢慕城中村改造地块和上三高速东侧下元塘地块复绿方案,以及四明江水利工程进展情况的汇报,对工作推进过程中存在的问题、解决举措和下步打算作了专题研究。会议关于对开发区谢慕城中村改造地块和上三高速东侧下元塘地块的复绿工作和四明江水利工程的推进工作作了具体明确。

【环境提升工程专题会议】　7月14日,召开嵊张线(黄泽高速出口至城区)两侧环境提升工

程专题会议。会议对工程推进、时间节点、责任落实等作了专题研究。一、推进项目改造提升，重点做好规、拆、改、征或租和建的实施。二、明确分前期工作、招标投标和具体施工三个阶段进行的时间节点。三、落实领导、部门、属地工作责任。

【环境提升工程工作会议】 8月3日，召开嵊张线（黄泽高速出口至城区）两侧环境提升工程工作会议。会议先后听取了开发区、城南新区、黄泽镇、发改局、建设局、交通运输局、城管执法局、公管办等单位关于前阶段工作情况的汇报，并就加快工作进程、提升工作标准作了专题研究。会议明确：1.要加快进度。2.要积极配合。3.要提高标准。

【"无违建"创建专题督查会】 8月12日，召开"无违建"创建工作专题督查会议。会议听取了全市面上和各乡镇（街道）"无违建"创建工作情况和下一步工作措施的汇报。会议明确：一、要彻底摸清违建底数。二、要严格按照时间节点要求，倒排工作计划，抓紧落实确权、确违。三、要加大督查追责力度。

【环境提升工程专题会议】 8月30日，召开专题会议听取嵊张线（黄泽高速出口至城区）两侧环境提升工程情况汇报。会议明确：1.对爱湖头北侧乐芙等地块进行围挡建设和立面改造，并拆除地块内全部违章建筑。2.黄泽B段工程（黄泽道口至丰泽大道），保持现有路面，按统一标准完成两侧租地，并进行简易绿化。3.大鹏茶叶、美多电器地块按照规划设计方案进行征地拆迁，在兼顾企业正常生产经营的基础上确保工程建设一步到位。4.嵊张线两侧的违章建筑由属地负责，尽快拆除。5.工程施工设计按照规划设计方案，增加管线入地和夜景灯光内容。

【"无违建"创建专题督查会】 9月17日，召开"无违建"创建工作专题督查会议。会议听取了各乡镇（街道）和有关部门"无违建"创建工作情况的汇报。会议明确：一、要把思想之弦绷紧，断绝一切后路，二、要把力度加到最大，实施专项攻坚，三、要把举措做到最实，不留任何疏漏，四、要把责任压到最实，层层履职尽责。

【"无违建"创建专题督查会】 11月22日，召开"无违建"创建工作专题督查会议。会议听取了各乡镇（街道）和有关部门"无违建"创建工作情况的汇报。会议明确：一、正视问题，抓紧抓细抓好落实，二、查漏补缺，攻坚克难确保创建成功，三、注重结合，积极谋划明年"三改一拆"工作。

【绍兴市年终"晒亮点、比业绩"活动协调会议】 12月13日，召开绍兴市年终"晒亮点、比业绩"活动协调会议。会议听取了市委办（政研室）关于绍兴市活动要求和嵊州市工作安排的通报，对做好活动准备工作作了具体部署。会议强调，要强化组织保障，成立专门工作小组，负责做好具体工作。要严格考核，奖惩分明，出台专项考核办法，成绩计入全年目标责任制考核中。各责任单位要根据任务分工，抓紧做好各项工作，在具体实施过程中要集中精力，急事急办，确保准备工作按时完成。

办公室工作

【概况】 2016年，中共嵊州市委办公室围绕市委各项决策部署和中心工作，严谨、周密、细致服务领导的公务活动，有效保障领导能够集中精力抓工作。注重服务部门、乡镇（街道）工作，加强上传下达，确保各项工作推动有序。加强信息搜集，对苗头性、倾向性和群众反映的热点难点问题，及时反馈领导；高质量做好信息专报，对紧急性、突发性信息做到不迟报、不漏报、不错报。深入研究不同阶段的工作重点，科学安排领导督查活动，对平安建设、"五水共治"、农业农村、群团、法治嵊州、深化改革等工作，深入研究，帮助职能部门制订工作要点，设计工作载体和方法，并加强相关部门间的对接，有效推动各项工作一抓到底、抓出成效，为推动全市经济社会发展发挥了积极作用。

【信息工作】 全年上报信息被中共中央办公厅录用2篇，中共浙江省办公厅《工作情况交流》录用1篇、《每日汇报》12篇、《上报中办专件》2篇；在绍兴市委办《工作情况交流》中录用3篇，获绍兴市委主要领导批示2次。市委办被评为2016年度绍兴市党委系统信息工作先进单位。其中，《嵊州市培育"三型"新农民促进农业增效农民增收》《嵊州市贯彻落实习近平指示精神秉承百年越剧"大众情怀"全力打造国家级越剧传承发展示范区的探索与实践》分别被省委办《浙江信息·工作情况交流》和《浙江信息·上报中办专件》录用。围绕调查研究做文章。定期编报上一阶段国民经济各项指标运行情况、招商引资情况、重点工程进展以及经济运行过程中存在的问题，分析主客观原因，提出相关对策建议，为领导决策提供新鲜"信息食材"。全市依托"大信息"格局，在报省和报中办信息过程中注重深层次挖掘，同步开发大稿信息和小稿信息，既"报喜"，也"报忧"，全年已被上级采用经济转型升级、农业"两区"建设、社会管理创新等工作宣传类信息180余篇，以及金融风险、债务风险、社会意识形态等问题建议类信息50余篇，体现出信息服务决策、参谋辅政的作用。

【办会办文】　市委办秘书职能部门围绕领导公务活动，尽心尽责地做好上级重大会议(活动)在嵊的承办工作以及市委、市委办公室各种会务的组织安排，全年组织安排各类大小会议219场。同时全力做好办文工作。严格按照流程认真办文，把好文字关、格式关、法规关、保密关、流程关，确保了大量文件资料快速有序流转，做到了文件的及时收发、传阅、送签、送阅、归档、保管及查阅。全年共处理各类文件上级来文750件，本级自发文788件。做好文件备案工作和总值班室工作。及时做好市领导每周工作小结的撰写和上报工作；按照有关部门要求，做好各类报表、资料的报送及领导交办的其他工作。

【调研工作】　市委办调研职能部门着眼服务领导决策，当好参谋助手。做好材料的起草撰写工作。先后起草市第十四次党代会报告、市委十四届二次全会报告、中共嵊州市委常委会2016年工作要点等重要文稿360余篇；负责撰写的《关于加强城市规划建设管理的实践与探索》获得绍兴市领导干部优秀调研课题二等奖。

【政策研究】　一是开展政策调研，起草高新园区、越剧小镇体制等重要文件。撰写了嵊新协同发展等方面的多篇调研文章，为制定政策提供参考。组织开展市领导调研活动，并上报绍兴市。二是抓好全面深化改革各项工作。起草2016年改革工作要点，确定重点突破项目。承担市委全面深化改革领导小组办公室的日常工作，按照争取上级试点目标、着眼改革任务、立足嵊州实际，积极稳妥地实施了乡镇治理模式创新等一大批改革试点行动。同时牵头做好市委财政工作领导小组日常工作。

【机要密码工作】　市委办的密码工作严格按照上级有关要求，紧紧围绕市委工作大局，忠诚履职，开拓创新，实现了密码基础管理更加规范，密码通信更加高效、信息化密码保障更加有力、基础设施建设更加完善、干部业务技能得到明显提升的工作目标，较好地发挥了生命线、保障线和指挥线的重要作用。截至12月，机要保密局共接收办理各类电报2000余份，在一年来的电报办理中未出现任何差错，确保了全市密码通信的安全和畅通。

【督查工作】　上级领导对嵊州市转发批示件31件。接到督查任务后，市委督查室按照批示件处理流程认真有序的处理各个批示件，及时反馈。在反馈准备材料的过程中坚持查实情、摸实底、说实话、出实招，材料中体现了督查反馈的翔实性和可信性，做到了客观、真实、准确。一年来共办理领导批示件138件，办结率100%。开展决策督查8次，开展专项工作督查50多次，包含机关效能、群众来信、网上舆论、违章建筑、会议落实、领导要求等内容。

【后勤工作】　办公室后勤部门努力做好后勤服务工作。协助办公室领导安排市委领导的各项活动和上下左右来往的联系，全年接待各级领导73批次。同时做好日常性事务。做好上级下达的《中办通讯》《秘书工作》等7类杂志征订；及时做好各类办公用品、日常用品的采购、发放；搞好上下、左右协调，配合其他科室做好各项工作，推动办公室工作的顺利开展；按照有关部门要求，做好各类报表、资料的报送及会议记录交办等其他工作。

【对台工作】　一是加强党对对台工作的领

导。调整市委对台工作领导小组,由市委书记担任组长。市台办做到守土有责,指导和管理好在嵊台商,确保守法律、讲规矩、不出事、不添乱。认真贯彻执行各项惠及台胞的政策措施,依法做好来嵊台胞台商的服务接待、排忧解难工作,联络台湾上层人士和保护台胞在嵊的合法权益。二是开展嵊州市台商联谊会第二届理事会换届活动。5月15日,市台商联谊会选举产生第二届台商联谊会班子并举行了第二届理事会换届典礼。三是重视和服务好台资企业。1月至12月,市台办会同相关乡镇(街道)开展"上门拜访、帮困解忧、服务台商"主题走访活动。共走访6次13家企业,协调帮助解决困难问题2个。同时推动嵊台经贸合作,开展台资企业招商活动。四是加强交流、联络和帮扶工作。文化交流方面,编排取材台湾花莲的越剧《蚬公主》,5月15日,在嵊州剧院举行第三届嵊州·浙江百诚戏曲文化节上献演。联络联谊方面,1月26日,热情接待台湾南投县埔里镇社区干部参访团一行19人到嵊参访,实地考察经济社会发展及社区建设情况。7月14日,接待台湾大学生"寻根之旅"夏令营成员28人到嵊参观考察。另外,还重点接待了台北市嵊县同乡会总干事裘怿渊。2016年,嵊州市应邀赴台交流商务团组1批1人次。帮扶工作方面,做好陆生赴台读书工作。在原有10人的基础上,2016年新添3人。对13个陆生,均建立了相关档案资料,并建立陆生QQ群,寒暑假期间认真组织开展了大陆学生回访工作。五是做好对台宣传工作。利用好台北浙江同乡《浙江月刊》和浙江省旅台湾同乡联谊总会的《台浙天地》,宣传、推介嵊州,支持岛内新闻媒体到嵊采访拍摄。

【史志工作】　4月,市机构编制委员会下发嵊编〔2016〕8号文件,明确中共嵊州市委党史研究室(嵊州市地方志办公室)升格为正科级机构。一年中,完成《嵊州年鉴》(2016)的编校发行工作,加强对部门和乡镇街道修志和年鉴编写的业务指导。做好续修《绍兴市志》嵊州卷编写稿的修订。重印《嵊县道光志》200册。刊印内部刊物《嵊州春秋》2期。与市档案馆合作,聘用专人完成《嵊州市小水电建设记事》的汇编工作。(市委办)

纪检监察

【概况】　2016年,市纪检监察部门,坚定不移推进党风廉政建设和反腐败工作。保持政治定力,聚焦监督执纪问责,持之以恒推进纪律建设、作风建设,始终保持反腐败高压态势,不断深化纪律检查体制改革,党风廉政建设和反腐败工作取得了新成效。

【市纪委全体会议】　2月2日,召开中共嵊州市第十三届纪律检查委员会第六次全体会议,回顾总结2015年全市党风廉政建设和反腐败工作,研究部署2016年工作任务。市委书记孙哲君作重要讲话。市委常委、纪委书记徐凯盛在会上作题为《坚持挺纪在前,全面从严治党,深入推进党风廉政建设和反腐败工作》的工作报告。会议强调,要坚定信心,锐意进取,不断开创全市党风廉政建设和反腐败工作新局面。12月29日,召开中共嵊州市第十四届纪律检查委员会第一次全体会议,选举产生纪律检查委员会常委、副书记和书记。

2月2日,市第十三届纪委第六次全会在嵊州宾馆召开

【落实主体责任】　强化压力传导,抓实抓严主体责任报告,在书面报告全覆盖的基础上,不断完善面对面报告制度。在评议对象上,探索实行党风廉政建设责任制年度考核"前三名免评、末三名扩评"的办法,对排名末三名的单位不仅要评主要负责人,还要让其他班子成员面对面接受评议;在报告内容上,要求乡镇(街道)、部门党组织负责人在报告主体责任时,增加汇报在本地区(本单位)党

风廉政建设和作风建设上存在的一些突出问题,并要求落实到具体人、具体事,以检验党组织负责人履职真假情况;在评议人员组成上,除了以往的市纪委委员外,在部门党组织报告主体责任时,让纪检组长参与点评,主要检验纪检组长对驻在部门党风廉政建设情况了解程度。制定出台两个责任清单,把抽象的责任概念细化为具体的任务要求,形成可量化、可操作的"硬杠子"。制定《嵊州市党风廉政建设"一案双查"实施细则》,对"一案双查"的对象、方式、程序以及责任的区分等,都作了明确的规定,实现"一案双查"由原来的粗线条向现在的规范化转变。

【作风建设】 抓牢重要时间节点,紧盯"酒局""牌局"、公车私用等突出问题,做到"经常抓,抓经常"。全年共开展明查暗访 30 次,问责处理 86 人。深入推进"对标看齐、有为担当"专项行动,专门采取"倒查法",以不落实的事倒查不落实的人,从严整治干部队伍中存在的担当精神不够、执行力不强、慢作为、不作为、乱作为等问题,共追究相关责任人 38 人。部署开展落实中央八项规定精神"回头看"和坚决整治"四风"活动。针对披上隐身衣的"四风"问题,及时转变工作思路一方面通过采取"小分队、多批次"轮动,"不定人、不定时、不定点"突击的形式,开展上对下、下对上,以及横向交叉检查,密织监督检查网络,提高检查实效性;另一方面充分发挥"群众＋科技"的作用,利用市纪委官方微信公众号平台,鼓励群众对"四风"问题"随拍随报",营造无处不在的监督氛围。进一步督促各单位落实作风建设主体责任,以作风建设量化评价管理为抓手,推动各单位常态化开展作风建设自查自纠,一年中,共有 39 个单位在自查自纠中查处 135 人次。

【监督检查】 立足"监督的再监督、检查的再检查",注重因案施策,切实提升监督的实效性。在对农村党员干部非法"一户多宅"整治的监督中,注重"四种形态"的科学运用,专门出台整治农村党员干部非法"一户多宅""十个一律",把纪律和规矩放在前面,同时运用谈话提醒、组织处理和纪律处分等多种手段,真正把纪律和规矩立起来、严起来。在短短一个多月的时间里,完成非法"一户多宅"整治 1650 宅(户),涉及党员干部 1806 人,整治率和拆除率分别达 99.16%和 85.28%,有效推进了全市"无违建"创建工作。在对 G20 峰会维稳安保工作落实情况的监督中,注重即查即改,在峰会前夕,专门抽调人员组成 20 个小组,综合运用实地检查、重点抽查,以及随机暗访、"杀回马枪"等手段进行拉网式检查,发现并现场纠改问题 98 个,约谈相关责任人 112 人次。在对创国卫和城中村改造的监督中,注重多番轮动,先后开展 7 轮次的监督检查,出动人员 165 人次,发出通报和问题清单 5 期,约谈干部 35 人,为嵊州市低起点通过创国家卫生城市初评和城改的加速度提供强有力的纪律保障。在对换届风气的监督中,注重压实责任,制定出台《嵊州市纪委关于开展换届风气监督工作的方案》,将由市纪委负责落实的 7 项工作进行细化分解,明确 11 项工作任务,并根据各室工作职责,建立责任清单,将工作任务落实到人,积极营造风清气正的换届环境。

【执纪审查】 充分发挥反腐败协调小组的作用,健全查办案件协作机制,打好线索共享、资源互补的组合拳,有效提高了线索移送、情况通报和协作办案的效率。全市立案查处各类违纪违法案件 422 件,立案数同比增长 86.7%。坚持抓早抓小,健全早预防、早发现、早提醒、早查处的工作机制。制定出台《关于对党员干部开展谈话提醒的实施办法》,突出抓好"第一种形态"的运用,筑牢全面从严治党的第一道防线。该办法出台以来,已推动各级领导干部开展谈话提醒 178 人次。严格审查管理,牢固树立安全至上的理念,层层签订办案安全责任书。规范核实性谈话工作,在清理乡镇(街道)纪(工)委谈话室基础上,建成 8 间高标准核实性谈话室。加强信访举报,深入开展去省赴京上访和重信重访专项治理工作,确定 30 件去省赴京重点件,由委局机关班子成员进行包案化解,并且每月召开专门会议听取包案件的进展情况;另外还梳理出 85 件重信重访件,加大交办督办力度,力促息信息访。

严肃追究信访调处不力责任，全年问责处理8人，其中副科级干部3人。

【党风宣教】　高度重视廉政文化建设，做深做精家规家训文章，"羲之家训"入编省纪委《浙江传统家规读本》；同时拍摄制作"羲之家训"专题片上报中央纪委网站，打造"羲之家训"廉政文化精品。举办"越乡正道"全省廉政故事创作大赛，营造崇廉尚洁的良好氛围。开通"越乡清风"微信公众号，着力把微信公众号打造成权威发布平台、宣传教育平台、工作展示平台、互动交流平台，为党风廉政建设和反腐败工作提供舆论支持和宣传服务，年底止微信订阅量已超1.3万人，共推送官方微信36期。加强警示教育，重视用身边事教育身边人，从近年来嵊州查处的各类违纪违法案件中，遴选出相关典型案例，专门编发侵害群众利益的不正之风和腐败问题、违反中央八项规定精神、"为官不为"等典型案例通报，起到了很好的震慑作用。做好"案后半篇文章"，特别是针对市查办的迄今为止涉案金额最大的违纪违法案件——市直机关党工委原书记林克严重违纪违法案件，深度剖析该案的特点和发案的原因，组织召开交通、水利、建设系统400人大会，推动惩治成果向预防成果转化。持续开展反腐倡廉宣讲活动，共有3500多名党员干部接受了教育。加强对外宣传，注重与各级媒体的沟通联系，一年中已刊发各类报道200多篇，其中省级及以上媒体75篇。

【纪检队伍】　强化看齐意识，从委局领导班子做起，带头开展"两学一做"学习教育，组织开展"亮目标、亮重点、亮承诺"活动，并将目标承诺书制成卡面，放置在每位机关党员的办公桌上；带头开展履职约谈，一级抓一级、层层抓落实，并督促各派驻机构和乡镇（街道）纪（工）委建立健全责任认领、风险防控、廉政约谈等内部管理制度。健全完善委局机关片区联系工作制度，把20个派驻机构和21个乡镇（街道）划分为10个片区，每位委局班子成员领衔相关职能室联系若干工作片区，给任务、定职责、明要求，下沉一级指导工作。

贯彻落实"八个不要"和"五个纪检"的要求，制定出台《嵊州市纪检监察干部"十个绝不允许"》，列出十条底线规范纪检监察干部行为。分乡镇（街道）纪（工）委和派驻机构两个层面建立QQ工作交流群，要求每天在群里"晒"工作动态，加强对基层纪检干部的动态监管。（周江峰）

组织工作

【概况】　2016年，全市组织工作全面加强干部、党建和人才工作，取得了新进展、新成效，为推进"三个嵊州"建设提供了坚强的组织保证。至年底，全市有基层党组织2052个，其中党（工）委94个，党总支151个，党支部1807个，党员54426人，其中女党员12758人。

【"两学一做"学习教育】　建立健全了每月工作例会、督查通报、情况专报等工作机制，并以《工作建议函》提醒每周工作。将学习贯彻中共十八届六中全会精神与严肃党内政治生活相结合。全年组织中心组学习8次，邀请专家讲座5次，开展全体党员市领导下基层讲党课48次，乡镇（街道）部门党员领导干部上党课678次，"我是党员，我承诺做合格党员"线上承诺接力活动3万余人次，组织48名正科级以上领导干部赴河南兰考接受党性教育。开展"查问题补短板"活动，引导党员对照"四讲四有"合格党员标准，查找问题，补齐短板。编发《"两学一做"精粹100句》《负面言行警示200句》《先锋力量——党建身边好典型》等资料，丰富党员学习教材。坚持"越乡先锋"微信公众号一日一推送，组织网络评选优秀"微党课"，组织党员参加"两学一做"应知应会测试。

【换届工作】　2016年，市委组织部高标准做好乡镇党委换届工作。在绍兴各县（市、区）中率先完成乡镇换届人事调整。成立代表候选人联审工作小组，从源头上抓实党代表整体质量，事先谈话劝退不符合资格条件108人，处置初步人选54人，确保了诸如政治上有问题，严重损害国家和人民利益的等"16种情形人员"零当选。通过引导年龄偏大的礼让给年轻党员,不符合资格条件的党员退出竞选,女党员积极参与推选,党员干部减少参与推选,事先和相关党支部书记沟通好代表结构比例的"四引导一沟通"确保党员干部、妇女、45周岁以下人员等三类代表在乡镇党代表中的合适结构比例。全市1236名乡镇党代表中,党员干部代表占44%,女代表占23%,45周岁以下代表占50%。在"两代表一委员"推选中,严把代表委员人选质量关,建立健全联审机制,共提出不宜担任市党代表人选43名,不宜担任市人大代表人选53名,不宜担任乡镇人大代表人选155名,确保了涉纪涉法涉罪人员"零当选"。

【干部队伍建设】 确立"注重基层、注重实绩"用人导向,运用换届考察、届期考核、公开遴选、全委会推荐等渠道扩大选人用人视野。完善干部能上能下机制,全年共调整干部321人次,其中在乡镇换届中,因实绩明显提任中层干部35名,转任重要岗位24名,因工作表现一般、担当能力不强被免职降职9名,所有乡镇至少配备一名以上乡镇事业编制人员,优秀村干部,大学生村官身份的"三类人员"。加强年轻干部选拔培养,结合乡镇换届、部门届期考察建立了800余人的85后年轻干部库,推出7个市管副科级职位面向大学生村官、党外干部、年轻干部、专业性干部开展竞争性选拔,全年先后选派170余名干部到城改、"五水共治"、无违建创建等重点岗位压担磨炼,6名干部到绍兴市级部

6月,在嵊州宾馆开展竞争性选拔领导干部微课堂比选,图为比选现场

门挂职锻炼。加强年轻干部选拔培养的做法获得绍兴市委常委、组织部部长徐晓光的批示肯定。

【干部监督管理】 4月,市委组织部出台《关于激励干部干事创业治理为官不为的若干意见》,通过加强红黄牌警示督办等举措,不断完善领导班子和领导干部定期综合分析研判。加强中层干部选任工作监督,重新编印《嵊州市中层干部选拔任用工作规程》,全年审核中层干部选拔方案65个。加强领导干部日常监督,按照"凡提必核"要求做好领导干部个人事项核查,完成2016年度个人有关事项集中报告,实际报告人数572名,。做好因私出国(境)管理,出国(境)休假由一年一次变为三年一次。采用时间、地点、人员和资料"四集中集体交接"方式提高交接效率,全年共为41位主要领导办理离任交接手续。做好信访查核工作,核查上级交办信访件17件,在绍兴市委组织部赴嵊州市干部考察期间,协同市纪委查核办理信访件17件。在领导干部提任或转任公示期间,受理了28批35人次涉及16名干部的群众来信来访。做好换届风气监督,全面落实对拟提拔或进一步使用人选的干部档案必审、个人有关事项报告必核、纪检监督机关必听、线索具体的信访举报必查的"凡提四必"要求,制订《换届风气监督工作责任清单》和《换届纪律负面清单》,组建21个工作督导组,加强对各地换届工作的督查指导。

【干部教育培训】 落实主体班次教育,突出党性教育与业务培训,举办中共十八届六中全会精神轮训和党性教育专题班等,坚定领导干部的理想信念。全年举办城建规划与管理等主体班次12期,培训各级干部475人次,提高了领导干部履职能力。首次举行集中开班仪式,市委书记孙哲君作动员讲话并开讲第一课。配合上级做好学员选调工作,共配合省委组织部、绍兴市委组织部选调学员100余人次,其中副处级领导干部47人次。指导其他市级机关部门开展业务培训,举办各类备案班次31期,培训学员4300余人。严格考核网络学院学习,修订出台《嵊州市干部教育网络学院学分考核办法》,新增学员账号30余个,网络学院学习覆盖

全市所有副科(局)级及以上领导干部,首次探索举办了一期线上线下结合的"智能制造与两化融合"网络学习班。

【人事制度管理】　　2016年,市委组织部贯彻公务员职务和职级并行制度的相关政策文件精神,完成两批次共361人职级晋升。做好公务员考录工作,全年全市各级机关共计招考101名,其中考试录用公务员94名,选调生村官5名,专职人民武装干部学员2名。严格执行《嵊州市干部人事档案专项审核工作实施方案》,重点审核干部的"两历""三龄"及"四情"。全年审核完成2667卷干部人事档案,其中组织部负责审核1410卷。

【基层党建】　　对照"浙江二十条"和"绍兴八十条"工作标准,建立市镇村三级党组织书记抓党建责任清单制度,落实基层党建述职评议制度,实施基层党建"乡乡过硬、村村晋位"行动,推动镇村两级开展对标提升。对排查出的村(社区)563个问题短板完成整改销号。全年创建党建示范点100个,整转提升软弱落后村党支部28个。引导认领党员"五个一"责任30条,推动党员争创一流。实施"美丽村部+精致党建"创建活动,以党建地图"一册一图一单"为抓手,创建了一批党建示范带,营造了党建新特色。编发了《而今迈步从头越——整转村微实例》专题,提升了后进村整转水平。全年新建党组织26个,变更党组织22个,全市共有非公企业党组织517个,社会组织党组织50个,非公企业党组织覆盖率达100%,社会组织党组织覆盖率达

2016年度全市基层党建、人才工作述职评议会在嵊州宾馆召开

92%,工作覆盖均达100%。完成全市非公企业党组织换届工作。加大党建阵地覆盖力度,在2015年建成5个"红立方"党群服务中心的基础上,新建2个"红立方"党群服务中心,实现五大集镇全覆盖,其中开发区(浦口街道)"红立方"党群服务中心建成省级示范点。加大新业态新领域的党建工作,以优森股份党支部为试点,探索农村电商领域的党建工作,相关经验在绍兴建党95周年表彰大会上作典型发言。

【"党建+"工作模式】　　一是做好"党建+城改",全年完成152万平方米拆迁任务。二是做好"党建+创卫",开展创国卫契约化共建,组织部门党员干部利用休息时间开展"六个一"活动,顺利通过创国卫检查组的暗访明查。三是做好"党建+美丽乡村建设",组织全市党员投身城乡环境"脏乱差"百日整治大会战,全市共组建志愿服务队687支,开展义务劳动88.9万人次。四是做好"党建+无违建创建",强势推进农村党员违建违排自查自纠和非法"一户多宅整治",涉及农村党员干部1796人,其中村主职干部56人,累计处理党员干部58名。党员带头开展"一户多宅"整治受到绍兴市委书记彭佳学的批示肯定。

【农村党员管理】　　完成农村党员先锋指数考评,全年累计评定警示型党员478名,占农村党员总数1.65‰,警示党员组织关系全部转入所在乡镇(街道)教育帮扶支部。评定不合格党员70名。开展农村党员集中点验活动,健全党费管理、党员组织关系管理、流动党员管理等制度,共排查出失联党员174名,重新纳入组织管理140人,占80.5%,排查出受到刑罚或行政处罚党员566名,累计补缴党费479万元。严格每月20日党员的固定活动日制度,增进党员的归属感和身份感。

【村干部考核】　　实施村主职干部上班制度,对没有认真执行制度的3名村支部书记予以免职处理。落实村级民情分析会制度,村级重大事项决策贯彻以党员群众建议,村党组织提议,村务联集会议商议,党员大会审议,村民(代表)会议决议,表决结果公开,实施情况公开的"五议两公开"制度,

规范村级党务村务公开栏。建立村主职干部月度工作任务清单。出台《关于进一步加强村党组织书记和村委会主任考核管理的意见》《关于进一步加强村非主职干部考核管理的意见》等办法,加强村干部上班纪律督查,加强村干部队伍管理。

【人才扶持】　2016年,市委组织部构建以"十三五"人才发展规划为龙头、"人才新政"与人才工作责任清单为两翼的人才政策新格局。召开首次全市人才新政新闻发布会,市委人才工作领导小组相关成员单位就有关人才问题向社会各界人士作了说明阐释。建立市委人才工作领导小组成员和乡镇(街道)党委(党工委)书记抓人才工作年度专项述职评议制度,分解落实2016年绍兴市重点人才工作考核指标,首次将海外引才目标任务分解落实到第一层面各乡镇(街道)。推进人才政策兑现,审核兑现2015年度人才专项资金补助950万元。建立"店小二式"人才服务机制,全年召开专题会议16次,协商解决人才问题20余个。首次制定《嵊州市人才公寓申请遴选暂行办法》,落实人才公寓160套。在全省人才发展体制机制改革满意度调查中,嵊州满意度为94.34%,全省领先,列绍兴各县(市、区)第一。

8月,在市新闻传媒中心召开首次人才新政新闻发布会

【高层次人才引进培育】　开展"访百企、优服务、促引才"活动,全年走访规模以上企业、人才重点企业300余家。探索中介引才、以才引才等方式,在美国硅谷建立嵊州市首个海外人才工作站,全年共申报各类高层次人才项目78个,列绍兴各县(市、区)第一,入围"国家级4人计划""省级4人计划"答辩项目5个,落户绍兴"330海外英才"项目13个,为过去3年总和,海外引才创嵊州市历史最高水平。首次通过《浙江日报》等省级媒体发布招才公告,11家事业单位共招聘高层次紧缺人才14名。深入实施"专业技术人才队伍能力提升"工程,推荐入选省级技能大师工作室1家,绍兴市突出贡献高技能人才1家,绍兴市企业人才工作示范点1家,选拔市第八批拔尖人才53名,推荐5名高层次人才赴国(境)内外进修深造。

【民间人才"万人计划"】　举办首届嵊州盆景技艺展示暨民间人才评鉴活动,评出四星级民间人才22人。指导各乡镇(街道)成立镇级民间人才协会促进会,把镇村两级各类民间人才社会组织以分会形式,纳入到协会促进会统筹管理,会员覆盖全市总人口70%以上。在全市开展"绍兴市十佳民间人才社会组织"推荐活动,下王镇村嫂志愿服务协会入选"绍兴市十佳民间人才社会组织"。

【大学生村官管理】　完成2016年大学生村官选聘工作,新选聘大学生村官2名。完成2010届大学生村官有序流动工作,2名聘期满大学生村官,1人流转到了乡镇社保平台,1人选择了自主创业。做好上级选调培训,共选调20名大学生村官参加中央、省、绍兴市培训,提升了大学生村官素质能力。进一步明确管理责任主体和大学生村官在村工作纪律,完善考核抽查制度,加强对大学生村官的日常管理。

【远程教育】　结合"两查两提高"专项行动,对村(社区)终端站点硬件设备进行集中更新,累计投入100余万元,共更新大屏幕电视机315台,电脑40台。组建22支"远教站点网络服务队",解决各类软硬件问题400余个。实行重点课件定期推荐制度,每月月初将"时代先锋网"的必学课件、选学课件下发给各远教站点。通过"越乡先锋网",对基层站点开设"直播课堂",已播出150期。下半年起每月对各乡镇(街道)远教工作进行实地抽查,将检查结果计入各乡镇(街道)基层党建月度考核。开展

电教片制作,拍摄电教片 20 部,绍兴市级以上媒体已录用并播出节目 12 个。(王刚梁)

宣传与精神文明建设

【概况】　　2016 年,全市宣传思想战线学习贯彻中共十八大和十八届三中、四中、五中、六中全会精神,发挥"思想部"作用,强化主心、贴近中心、紧扣重心,为"三个嵊州"建设提供有力的思想保证、舆论支持、精神动力和道德滋养。

【意识形态工作责任制】　　3 月,市委宣传部出台《党委(党组)意识形态工作责任制实施细则》和工作清单,建立各级党委(党组)负总责、党委(党组)书记是第一责任人、分管领导是直接责任人、其他班子成员履行"一岗双责"的责任体系。把做好意识形态工作作为重点项目纳入年度工作目标考核,纳入党建责任制、平安嵊州建设的重要内容和执行党的纪律监督的检查范围。围绕建设"三个嵊州""两学一做"和护航 G20 等中心工作和重大任务,深化理论和舆论"两论"、推进文化和文明"两文"、抓好网管和网宣"两网",加强核心价值引领,弘扬社会正能量。2016 年,市委宣传部被绍兴市委市政府评为 G20 维稳安保工作先进集体。

【学习教育】　　抓理论学习,深入学习贯彻中共十八大以来党中央治国理政新理念新思想新战略,深化党委中心组集体学习和周一夜学活动,举办"新常态下宏观经济形势分析""心身健康与压力管理"等专题报告会;结合"两学一做"学习教育,引导党员干部学党章、学条规,并分批对 20 多个乡镇(街道)和重点部门进行学习检查和旁听督查。开展政策业务大轮讲活动,"建设三个嵊州　我的责任在哪里"专题讨论,重点部署城中村改造指挥部、发改局等 10 个部门的政策业务学习。深化全民读书月活动,每季度向乡镇(街道)、部门党委中心组推荐自学书籍 10 种;举办"万种新书大家选、千种好书现场荐"广场活动和全民阅读空中课堂等系列活动,大兴学习之风。

【理论宣讲】　　充实市委业余讲师团,举办"十八大以来党中央治国理政新理念新思想新战略"主题宣讲培训班。探索开展"农民讲师"宣讲行动,在各乡镇(街道)选拔 100 多名能说、会做的"土专家"组成"农民讲师"队伍,用群众自己的语言宣讲重大形势、传授实用技术。开展"嵊州好故事"宣讲活动,宣传一批躬身践行党的宗旨、理论的好干部、好事例,以先进典型力量鼓舞人、引导人。

【新闻舆论引导】　　强化主题宣传,圆满完成全市经济工作会议、"两会"、党代会、市委全委会等重要会议报道任务,开设"回眸十二五、展望十三五""建设三个嵊州、实现良好开局""深入开展八大行动、扎实推进三城同创"等专题专栏,加大主题报道力度深度;聚焦工业经济,开设专栏,刊播相关报道 800 多篇,营造浓厚发展氛围。做好重点宣传,开设创建国家卫生城市专题专栏,加大新闻宣传力度和公益广告投放力度,共刊播相关报道 600 多篇;做好"两学一做"学习教育的舆论引导工作,推动学习教育不断深入;开展创建"无违建市"宣传,注重动态报道与新闻评论相结合、正面报道和典型曝光相结合,抓好引导,共刊播相关报道 300 多篇。

【构建大宣传格局】　　建立重大主题宣传主流媒体与社会网站"联动"、乡镇部门与全媒协同推进机制,抓好全方位、立体式宣传。制定《关于建立全市"外宣、内宣、网宣"联动工作机制的通知》,确立联系人制度、重大新闻报道联动制度、舆情研判和联动处置例会制度,全年各乡镇(街道)、部门上报新闻线索 1000 余条。

【舆论监督】　　全年,共推出《今日关注》139 期,重点对城乡环境整治、"四边三化"、违法建筑、"五水共治"等工作中存在问题和薄弱环节进行集中曝光,并做好跟踪反馈,充分发挥舆论监督节目对维护公共利益、抓好中心工作的助推作用。

【对外宣传】　　做好与上级党媒和各网络新媒的深度合作与联系沟通,围绕五水共治、三改一拆、基层治理改革等市委市政府重点工作和越剧诞辰 110 周年、嵊州村嫂等特色亮点开展主题外宣活动,组织多媒联动采访 15 次,外宣报道在质和量上实现较大突破。

9月27日,"嵊州村嫂"故事集中采风出征仪式在三界镇南街村文化礼堂举行

【信息发布】 制定《新闻发布工作实施办法》,启动市、乡镇(部门)两级新闻发布会,举办市级新闻发布会6场,指导召开乡镇部门级新闻发布会3场。出台《"嵊州发布"网络平台工作实施方案》,4月29日正式上线开通嵊州发布"两微一端"平台,5月至12月共发布信息4791条,其中《今日头条》1410条、微博2316条、微信1065条,3天内点击量过万的27条。嵊州发布"今日头条"平台获评2016年度全国"最具区域影响力政务头条号(县区)",获5月第2周政务类发布类排名全国亚军。

【网络舆情管控】 出台《嵊州市"民情在线"平台实施意见》,搭建"民情在线"网络平台,开展"民情在线"操作培训,规范网上舆情处置工作流程;落实24小时值班制度,全天候监测梳理网上舆情,编写《每日网摘》263期供市领导参阅。深化网络清朗行动,重点整治"招聘网站严重违规失信"行为;召开属地重点自媒体负责人座谈会,开展走访约谈,强化教育管理;加强网军队伍建设,完善网评员量化考核制度。围绕创建国家卫生城市、护航G20峰会等重点工作,主动设置议题,引领舆论导向,强化舆论管控,规范传播秩序,营造良好的网上舆论氛围。完善突发舆情应对机制,制定《嵊州市突发公共事件和热点问题引导工作手册》《嵊州市防汛防台防地质灾害宣传报道与舆情应对工作预案》等规范性文件,确保有章可循、有效应对。

【培育践行核心价值观】 深化社会主义核心价值观30个重点项目,围绕"三个倡导"24个字分步分类推进培育践行。推进"讲文明树新风"公益广告宣传常态化、规范化运行,营造道德生态环境。深化好家风建设,金庭镇在全省好家风建设现场会上作为唯一的乡镇层面代表作交流发言。做好村嫂志愿服务扩面提质工作,累计建立村嫂队伍340余支,五一节前后"嵊州村嫂"分别亮相央视戏曲频道和新闻频道;举办第二届"嵊州市最美村嫂颁奖晚会"。

【浙江好人榜】 通过网络平台、新闻热线等开辟常态化推荐渠道,不断完善群众参与评选机制,挖掘身边"善行义举",营造"最美风尚"倡导"好人好报",做好浙江好人榜、中国好人榜常态化推荐工作,裘平飞等7人上榜"浙江好人"。获得2016年浙江省宣传思想工作创新奖,2016年全国"四个100最佳志愿服务组织"称号。

【精神文明创建】 开设"文明嵊州"微信公众号,加大文明礼仪传播力度。深化"做文明有礼嵊州人"教育实践活动,以党政机关干部、城区居民、农村居民、中小学生、企业商家、服务窗口等为对象,针对性开展政务文明、公共道德、家庭美德、思想品德、诚信经营和发展环境等教育活动;重点针对乱穿斑马线、乱扔垃圾、党员干部参与酒局牌局等不文明突出现象开展礼让斑马线、"垃圾不落地"、远离"两局"倡新风等活动,全市4万余名党员干部参与"助力三城同创,文明从我做起"签名承诺活动。开展文明窗口、文明集镇创建、文明示范小区等系列竞赛活动,形成"以评促比、以比促建、以建促改"的文明创建新格局。以"百村万户赛文明"为抓手,做好新一轮文明村镇创建,开展文明诚信市场创建。继续深化乡风评议活动。在金庭镇、贵门乡试点探索成立乡亲文化促进会。

【农村文化礼堂】 继续高质量、高标准推进新一轮农村文化礼堂建设,全年新建25家,累计建成108家,走在绍兴市各县市前列。开展文化礼堂星级评定,重点培育4至6个文化活动活跃村即五星级文化礼堂。

【未成年人思想道德建设】　　开展"春泥关爱一线行""春泥护花大行动"等活动,继续开展"金榜题名时　文化礼堂行"主题活动,做好"春泥计划"巩固提升工作。开展"小手大手齐参与,三城同创共助力"主题活动,创设"一书一袋一习惯"等特色载体,加强未成年人道德养成教育。

【繁荣群众文化】　　以"文化礼堂欢乐行,相约礼堂一家亲""我们的节日"新形势、新创作、新编排"三新成果大展演"等活动为载体,深入推进文化惠民"五进礼堂",全年开展文化惠民、文化下乡活动140余次。

11月1日,"三新成果大展演"活动在市越剧艺术中心举行

【首届全国越剧戏迷大会】　　在越剧诞辰110周年之际,组织开展纪念越剧诞辰110周年活动。3月27日举办首届全国越剧戏迷大会,推出"约吗? 越剧110嘉年华"全国戏迷召集令,吸引15个省市、20个地区的400多名越剧戏迷前来参加;制订"全国越剧戏迷联盟章程",发出"嵊州倡议";举办"相约越乡"全国民间越剧(社)团折子戏擂台赛,共有24个折子戏100多名选手进入决赛,在全国戏剧界产生了较大影响。相关做法得到省委常委、宣传部长葛慧君批示肯定。

【越剧文化生态区】　　3月27日省文化厅向嵊州授牌"嵊州越剧文化生态区",以此作为越剧传承发展的大平台,推动越剧繁荣起来、传承下去。市委市政府向"越剧小镇建设指挥部"授牌,推进越剧小镇建设,规划约3.68平方公里,将其作为传承创新发展越剧的基地和平台。

【省文化精品扶持工程】　　8月30日,由市越剧团创作演出的现代戏《袁雪芬》,入选浙江省文化精品扶持工程第十一批扶持项目,这是继2010年原创历史剧《大漠骊歌》入选之后又一次获得此项荣誉。《袁雪芬》是新中国成立以来越剧界第一部以越剧大师级人物为创作对象的剧目,由著名剧作家姜朝皋担纲剧本创作,讲述越剧十姐妹之一的袁雪芬,如何从一个嵊州山村的小姑娘,成为越剧改革旗手的励志故事。

【领尚小镇建设】　　成立领尚小镇建设指挥部,设立综合协调、规划建设、融资保障、产业招商等四个工作组;领尚小镇控制性详规通过论证。深入开展项目招商,与北航投资有限公司已签订投资意向协议,全国网页游戏三强之一的浙江盛和网络科技有限公司已入驻,领尚学院、时尚创意设计中心、巴贝丝梦园等项目正在洽谈。启动小镇征迁工作,完成谢幕、上杨小山两个村城中村改造项目共计18万平方米的拆迁工作,共投入资金12.07亿元;基本完成小镇一期1180亩土地的征迁及政策处理工作;小镇道路配套工程一期道路项目完成立项;领尚路环城路以北段建设工程完成公开招标工作。推进文创园建设工作,至年底,完成固定资产投资9445万元,累计完成投资6.44亿元;产业园一期、二期已交付,小镇客厅(文化交流中心)完成主体建筑结顶,陈列布展工程概念设计方案已修改完善。开展新增规上文化企业摸排工作和"十三五"期间文化产业重点项目调查摸底,共摸排出重点文化产业项目26只。(俞丽姣)

统战工作

【概况】　　2016年,市统战工作贯彻落实中共中央、省委、绍兴市委和嵊州市委统战工作会议及全国、全省宗教工作会议精神,通过准确把握新形势下全市统战工作的新特点、新规律,坚持问题导向,树牢法治理念,倡导担当精神,抓重点、强服务、重创新,各领域工作更上层楼,取得良好成效。

【大统战工作格局】　　2月19日,市委召开市委统战工作会议,成立市委统战工作领导小组和市民族宗教工作协调小组,印发《统一战线工作责任清单》，并对全市乡镇(街道)和 17 个相关部门集中开展了一次市委统一战线工作落实情况专题调研。逐步形成了党委统战一领导、统战部牵头协调、有关方面各负其责的大统战工作格局。

【党派(团体)换届】 2016 年，市委统战部参与指导民建、农工党、知联会的换届工作，帮助做好材料起草、会议筹备、会务安排，通过协助把关换届前、中、后各个环节程序，确保实现了"政治坚定、结构合理、团结合作、工作高效"的目标。

【履职"回头看"活动】 对全市 258 名现任政协委员进行届期履职考评，按照自我鉴定、综合预审、走访了解、汇总审定等各个环节进行。重点对非公有制经济代表人士进行综合评价和委员是否违纪涉法涉罪等行为联合审查，考评结果作为是否继续提名的重要依据。

【提名推荐政协委员】 根据政协换届工作要求，细化明确委员人选的资格条件，建立健全委员人选的酝酿提名、推荐考察和审查机制。加强换届工作纪律宣传，规范提名程序，严明纪律规矩，严把委员人选的政治关和素质关，属于上级规定诸如政治上有问题的、严重损害国家和人民利益的等"十二种情形"的涉法涉罪人员一律不得推荐或继续提名，确保换届工作风清气正。按照中央凡进必评，把综合评价作为确定组织考察人选的前置环节要求，对人大代表候选人、政协委员新提名人选中非公经济代表人士进行综合评价，为集中换届打好基础、做好准备。

【调整储备人才】 2016 年，市委统战部对全市乡镇(街道)、部门机关现任中层的党外干部进行调查排底，经梳理汇总，共有 33 个单位的 76 名党外干部。通过走访了解党外干部现实表现，掌握其个体素质和廉政建设情况，为调整党外代表人士储备人才打好基础。

【搭建非公经济服务平台】 与 180 家企业建立长期人才服务关系，除节假日开展相对集中的人才招聘活动外，每年都在年初、年中、年末如期组织春季大型人才招聘会、大中专毕业生人才招聘会和辞旧迎新大型人才招聘会。一年来参加招聘的企业 293 家，提供就业岗位 1321 个，招聘人数 7500 人，接待人数 1.06 万人，登记人数 8300 人，达成就业意向 3700 人。做好业务培训和讲座论坛等服务，开展企业会计业务培训和城市发展论坛活动，邀请嘉宾外交部原部长李肇星、市委书记孙哲君等领导及企业界人士共计 740 多人参加。

【海内外联络联谊新平台建立】 重视在港留学生工作，成立嵊州旅港留学生联谊会。实施海外凝心工程，新成立美国南部地区(休斯敦)海外同乡联络站。加强基层侨务组织建设，新建剡湖街道侨联南片四社区分会和崇仁镇侨联 2 个基层侨联组织。

【市新生代企业家联谊会】 7 月 22 日，市委统战部、工商联等联合召开新生代企业家联谊会成立大会，华汇建设集团有限公司总经理周健当选为会长。大会选举产生了市新生代企业家联谊会第一届理事会理事 38 名。(邢燕君)

机构编制工作

【综合行政执法改革】 2016 年，市编办根据《浙江省人民政府关于深化行政执法体制改革全面推进综合行政执法的意见》，全面推进城乡统筹的跨部门、跨领域综合行政执法。5 月，市综合行政执法工作实施方案通过省政府批准。10 月，经绍兴市编办批准，市城市管理行政执法局更名为市综合行政执法局，挂市综合行政执法大队牌子。12 月，市综合行政执法局正式挂牌运行。

【权力清单责任清单】 2016 年，市编办继续以深化政府部门权力清单、责任清单、企业投资负面清单和财政专项资金管理清单以及浙江政务服务网为内容的"四张清单一张网"改革为抓手，推进简政放权放管结合，加快政府职能转变。完成全市权力清单与省、市、县三级目录比对规范工作。开展乡镇(街道)权力清单和责任清单编制工作，推动权力清单、责任清单和政务服务网向基层延伸，实现全面覆盖。3 月，乡镇(街道)权力清单和责任清单均在浙江政务服务网全面公布。21 个乡镇 (街道)共梳理各类权力事项 1863 项;同时完成责任清单编制,其中主要职责 187 项、具体工作事项 738 项、职责边界事项 174 项(次)、公共服务事项 215 项,建立事中事后监督管理制度 179 项。

【政务咨询投诉举报平台】　　5 月,市府办出台《嵊州市建设统一政务咨询投诉举报分平台实施方案》,完成绍兴市统一政务咨询投诉举报平台嵊州分平台建设。一是整合热线载体。除 110、120、119 等紧急类热线以外,将市场监管、医疗卫生、人力社保等 15 个部门 20 个非紧急类政务服务热线统一整合,实行"双号并存、统一接听"。原部门的受理平台不再保留,统一由绍兴市统一政务咨询投诉举报平台受理后,转交嵊州市分平台,由分平台按照职责交相关部门办理。二是整合相关职责。梳理各职能部门处理投诉举报流程中涉及的接收、办理、督办、评价、反馈等职责,其中督办、评价职责由信访局承担;各职能部门继续保留具体办理和反馈的职责。市信访局为建设统一政务咨询投诉举报分平台的责任部门,具体负责分平台的整合和建设运行。三是整合各类资源。依托市长专线电话受理中心现有人员队伍和网络资源,通过整合各类政务热线平台涉及的机构编制和人、财、物等资源,组建市政务热线服务中心,为信访局下属事业单位,确保工作顺利开展。

【基层治理模式改革】　　2016 年,市编办在黄泽镇开展基层治理模式改革创新试点的基础上,在全市中心镇推广基层治理模式创新工作,推进乡镇综治工作、市场监管、综合执法、便民服务"四个平台"建设,提升基层治理水平。4 月,市委办下发《关于深化和推广黄泽镇基层治理模式改革创新试点的通知》,要求有条件实施基层治理模式改革的中心镇,结合自身实际,提出切实可行的改革方案。5 月,市委全面深化改革领导小组第六次会议审议通过《甘霖镇基层治理模式改革创新工作方案》,甘霖镇为第一个申报改革的中心镇组织实施基层治理模式改革。

【控编减编】　　按照总量严控、合理整合、瘦身强身的原则,通过撤销、合并、核减,做好事业单位机构编制精简工作。全年共撤销事业单位 6 家,核减事业编制 51 名。

【机构编制调整】　　围绕全市重点工作和有关部门工作需要,积极做好机构设置、编制配备和动态调整工作,为全市经济社会发展提供机构编制保障。根据市委办、市府办《关于调整完善温泉度假区管委会和市旅游局体制机制的通知》精神,重新明确温泉旅游度假区管委会、市旅游局"三定"方案。市委党史研究室由相似副科级事业单位调整为相似正科级事业单位。调整渔业工作职责及相关机构编制,市农林局的渔业工作职责划入市水利水电局;市社会管理综合治理委员会办公室更名为市社会治安综合治理委员会办公室;市行政服务中心增挂市行政审批管理办公室牌子;组建市农林技术推广中心,原市农业技术推广中心、市林业技术推广中心不再单独设置。建立市铁路建设办公室,与市公路管理局合署办公。全年共召开编委会 3 次。

【用编计划审核审批】　　建立健全编制使用和核准制度,从严控制编制使用。各用人单位统一通过省机构编制实名制管理系统申报用编计划,并由编委办审核后统一提交编委会审批,做到总量控制、进出平衡。全市机关事业单位共申请招考(调动)用编 1054 名,核准用编 704 名。开设高层次人才引进绿色通道,单独安排高层次人才招聘用编计划 20 名,保障重点部门和平台的人才需求。

【机构编制实名制管理】　　以全省机构编制实名制管理平台为依托,及时更新机构编制实名制管理系统数据,健全机构和人员信息台账,确保实名制系统信息准确有效。全年共办理入编 1526 人次,办理出编 1487 人次;共审核人员变更信息 1.3 万条。

【统一社会信用代码赋码】　　按照国务院、中央编办和省编办有关部署要求,2016 年正式启动机关和群众团体统一社会信用代码赋码发证工作。此次机关和群团采用的统一社会信用代码共 18 位数字,由登记管理部门代码、机构类别代码、登记管理机关行政区划码、组织机构代码、校验码5个部分组成,具有唯一性、兼容性、稳定性和全覆盖等特性。全年共受理发放统一社会信用代码证书64件,其中机关60件、群团类4件。

【事业单位登记管理】　　完成2015年度事业单位年度公示和新版证书换发工作。全市共有登记在册且2015年度正常运作的事业单位370家,其中应公示302家;不需要公示的事业单位60家;其他需注销未公示事业单位8家。81家事业单位178条登记事项进行变更,做到"证实相符,及时更新";注销登记2家,设立登记5家。

【国有企业定编】　　2016年,经各主管部门申报,市国资办审核,市编办首次对市场发展有限公司等第一批共36家国有企业的职工员额、内设机构和领导职数进行了核定。牵头起草国有企业员工实名制管理实施办法,并开展国有企业员工实名制管理工作。(赵国庆)

老干部工作

【概况】　　至2016年年底,全市共有离休干部131人,其中安置外地5人,易地安置到嵊7人。男117人,女14人。抗日战争时期入伍21人,解放战争时期入伍110人。行政事业单位77人(其中垂直部门8人),企业单位47人(其中垂直部门6人)。享受地(专)级待遇3人,享受副处(县)级待遇51人,病故12人。离休干部已进入高龄期,90周岁以上的54人,平均年龄88.5岁。设离休干部学习活动小组14个,暂住外地的、安置外地的各设1个组。

【老干部政治与生活待遇】　　一是建立健全联席会议制度。发挥老干部局牵头抓总的作用,召集与老干部工作相关的部门街道和离休干部人数较多的部门,组成联席会议,每年一次定期通报情况,交流信息,协调工作,落实政策。二是建立五必到制度。做到有困难必到、有要求必到、生病必到、住院必到、死亡必到。三是大走访制度。每年分类型、分区域对所有的离休干部进行走访,通过走访,

增进交流,加强沟通,切实为离休干部解决实际问题。四是结对联系学习小组制度。每位局机关干部结对联系2至3个学习小组,为他们提供学习资料,参加每月8日、18日、28日的常规学习,并定期反馈需求与建议,开展亲情化、个性化和多样化服务。五是社会联动机制。以联席会议成员单位为依托,加强服务管理的联动联系和密切协作。加强与卫生局、各大医院的联系,开辟绿色通道,为离休干部生病住院提供方便。加强与民政局、各大养老机构的联系,将离休干部纳入全市社会化养老服务一盘棋大格局中,为离休干部社会化养老提供便利,创造条件。加强与街道社区的联系,为离休干部的生活起居、健康医疗、养生保健提供服务。

【老干部活动】　　一是组织老领导开展"走、看、促"活动。4月12日,组织市咨询委17人对桐乡乌镇、嘉善西塘、秀洲南湖等特色古镇建设,进行学习考察,并形成特色古镇建设考察报告。6月7日,专门组织12位担任过实职副处以上的老领导,开展"走、看、促"活动。老领导们既走访供销社,听取农合经济组织"三位一体"改革的情况汇报,又走访嵊州市农业龙头企业——浙江白中王绒业股份有限公司,听取公司经营运作的情况介绍,6月30日,组织14位老领导赴贵门乡开展"走、看、促"活动,踏看上坞山千亩有机茶园基地,察看鹿门书院、更楼等文化古迹保护,听取乡党委政府经济社会发展情况汇报,并开展互动交流,提出许多宝贵的意见建议。二是积极助力"G20·文明护航夕阳行"活动。1、组织老年大学开展志愿行动。2、组织关工委讲师团开展宣讲活动。3、组织银色人才开展社会实践活动。

信访工作

【概况】　　2016年,全市信访工作按照"法治信访、阳光信访、精准信访"总要求,围绕"事要解决、规范办理"两个重点工作,畅通信访渠道,规范信访秩序,加强源头防控,推进积案化解,社会保持和谐稳定。全年共接待来访群众1985批7173人

次,同比下降 26.3%、12.5%;群众来信及网上信访等合计 633 件,同比上升 11.6%

【信访渠道】 坚持市主要领导公开接访制度及市级领导周一定点接访和下访约访制度,市领导共接访约访 751 批 1309 人次。推行乡镇(部门)主职领导每月一次公开接访制度,完善落实乡镇(部门)周一领导坐班接访、联系干部定期回访及驻村干部周三到村走访等制度,从源头上解决一些矛盾纠纷,减少群众信访上行。建立嵊州市统一政务咨询投诉举报平台,作为绍兴市统一政务咨询投诉举报平台的分平台,实现来信、来访、来电、网络等各种渠道的政务咨询投诉举报事项统一接入、统一判重、统一流转等功能。

【信访工作责任制】 贯彻中共中央办公厅、国务院办公厅《信访工作责任制实施办法》、执行《关于进一步落实信访调处责任和加强失责追究的意见》,按照"属地管理、分级负责,谁主管、谁负责"原则,进一步压实事权单位责任,做到信访调处职责到岗,任务到人,责任倒查。明确主要领导肩负信访工作第一责任,分管领导肩负信访工作协调、指导和监督责任,信访问题发生领域的分管领导肩负信访工作领导责任,具体负责信访问题处理的工作人员承担信访工作直接责任。

【简易信访事项办结制度】 根据新修订的《浙江省信访条例》和《浙江省统一政务咨询投诉举报平台信访事项处理工作规则》等文件精神,建立"简易信访马上办、一般信访精准办、疑难信访合力办"工作机制,推行简易信访事项 15 日办结工作制,督促责任单位规范办理信访事项,做到按期处理、规范答复。信访事项的受理、转送、交办期限从 15 日缩短为 5 个工作日;对当场能够答复的事项,立即予以办理;一般事项的办理期限从 60 日缩短为 30 日;对情况复杂或取证困难,依据不明确的事项,可延长办理期限,但延长期限不得超过 60 日。

【化解信访积案】 对 2016 年尚未完成化解的积案及新增的未化解信访件,市信访局进行全面排查评估,实行"红、黄、橙"三色管理,建立分色分类、信息齐全的信访积案库。市常委会先后三次专题

研究部署,市委、市政府主要领导 5 次组织积案化解专题督查会,全市四套班子领导带头包案并积极督促指导责任单位清理化解信访积案工作。市联席办组建 6 个信访督查组,每月 2 次分片督查积案化解进度,并联同纪委、政法、卫生等部门组成积案化解清理审核小组,对复杂信访积案进行协调处置。通过上下联动,群策群力,圆满完成积案化解工作任务,集中化解绍兴市级积案 93 件,化解率为 84.5%。

【信访宣传】 加大对新修订《浙江省信访条例》的宣传力度,在接访大厅和各联合接访室统一进行宣传设置,将有关信访条例、法制教育等制度挂牌上墙,并有针对性的制作信访程序漫画和信访工作政策视频等在接访大厅滚动播放。通过嵊州电视台、广播电台、《今日嵊州》等媒体开设《信访之窗》专栏,宣传信访条例及典型案例,引导群众以理性合法方式逐级表达诉求,自觉遵守信访条例规定,努力形成依法、文明、有序的良好信访秩序。(杨萍影)

机关党建工作

【概况】 2016 年,嵊州市机关党工委,认真贯彻市委十三届二十四次全体(扩大)会议精神,以落实全面建成小康社会、全面深化改革、全面依法治国和全面从严治党"四个全面"战略布局为目标,围绕打造实力嵊州、品质嵊州、魅力嵊州工作重心和"服务中心、建设队伍"两条主线,深入开展"两学一做"学习教育活动,机关党建各项工作跃上了新台阶,取得新突破和新成果。

【机关党组织的基础工作】 严格执行党的基本组织生活制度。规范机关基层党组织的"三会一课"制度,及时把《党支部工作记录簿》下发到每个基层党组织,加强对各机关党组织的督促检查,提高机关基层党组织的组织生活质量。落实《中国共产党发展党员工作细则》要求,严控发展党员数量,提升发展党员质量,根据 2015 年年底入党积极分子、发展对象的基数,科学安排发展党员计划,指导并检查相关单位的党员发展工作。全年市直机关

共发展党员 40 名。开展党员组织关系集中排查工作。通过开展集中排查，全面核查党员身份信息，摸清流动党员底数，理顺党员组织关系，规范完善党员档案，妥善处置失联党员，从源头上治理流动党员、失联党员、"口袋"党员等问题，做到每名党员都纳入党组织有效管理之中。全年共清退不合格党员 2 名。完善和规范基层党组织信息库建设、组织关系接转等基础性服务工作。按规定做好党费收缴工作，上半共收缴党费 105.68 万余元；做好党费收缴工作专项检查工作，按时发放党费证，及时记录党费收缴情况，增强党员意识，引导党员自觉、按时、足额缴纳党费。市直机关共补交阶段性党费 249.32 万余元。做好七一期间全市优秀共产党员的表彰推荐工作。市直机关共有 33 名共产党员、6 名党务工作者和 6 个基层党组织受到市委的表彰，同时有 5 名共产党员、2 名党务工作者和 1 个基层党组织受到绍兴市委的表彰。做好市直机关市党代表、市人大代表的选举工作。选举产生市直机关出席中国共产党嵊州市第十四次代表大会代表 50 名、嵊州市第十六届人民代表大会代表 17 名。

【"夜学讲坛"活动】　　以在全党开展的"学系列讲话、学党章党规，做合格党员"学习教育活动为重要抓手，邀请绍兴市委党校等教授、专家举办 4 次"夜学讲坛"活动。全年市直机关 250 个党组织的 2500 余人次机关党员参加授课。活动中，抓好对《中国共产党廉洁自律准则》和《中国共产党纪律处分条例》的学习宣传，提高党员干部思想理论素养和科学发展观水平，把机关党员干部的思想统一到五中全会精神上来，为深化改革提供思想保障。

【落实党建主体责任】　　贯彻《中国共产党和国家机关基层组织工作条例》和《中国共产党党组工作条例》，理清机关党建责任清单和任务清单。出台《关于建立"三级书记"抓市直机关党建工作责任清单并实行三级联述联评联考的制度(试行)》和《市直机关"五型"基层党组织星级评定和先进创评实施意见(试行)》，明确职责和要求，健全落实各项党建工作制度，把"三级书记"抓机关党建责任具体

化、标准化、过程化，落实"书记抓、抓书记"的机关党建工作机制，推动机关党建更好地履行"服务中心，建设队伍"的基本任务。健全学习型、服务型、民主型机关党组织建设工作机制，确保市委《关于贯彻〈中国共产党党和国家机关基层组织工作条例〉的实施办法》全面贯彻落实。按照《"三型"机关党组织建设星级评定标准》，开展创先争优考核工作；深入机关党组织了解情况，指导督促推进"三型"机关党组织建设，创出党建工作特色亮点，促进各级基层党组织规范化科学化建设。

【共产党员"先锋工程"】　　2016 年，市级机关各部门(单位)以窗口单位、服务行业和机关处室为重点，争创"党员先锋岗"；以市直机关全体共产党员为对象，争当"改革先锋""服务先锋"和"志愿先锋"等"先锋标兵"。七一前夕，共对全市 60 个"先锋标兵"和 20 个"党员先锋岗"完成审核考评工作，并发文表彰。同时，加强对"党员先锋岗"和"先锋标兵"的日常指导与检查，及时做好先进事迹、经验做法的总结、提炼和宣传，营造培育先进、学习先进、赶超先进的良好氛围。

【志愿服务活动】　　一是开展机关干部文明劝导活动。开展"守法斑马线　文明在路上"主题教育实践活动，组织机关党员干部到市区主要路口开展文明劝导，全年共参加守法斑马线活动 192 人次，红绿灯劝导 928 人次。二是开展"五水共治"义务劳动。4 月 16 日、17 日、10 月 20 日，分 3 次共组织 5000 多人次机关党员干部职工到联系乡镇、联系村和联系河道，进行集中义务劳动，清扫村庄、河道各类垃圾 400 多吨，走访农村家庭 4.4 万余户。三是开展"创国卫"志愿服务活动。建立"魅力嵊州·创卫地图"平台，组织市级机关各部门(单位)的所有党员、干部和职工到共建社区、认领的"街长"道路开展"义务清扫日"活动，时长 3 个多月。

【机关文化建设】　　一是组织开展市第七届运动会男子篮球赛暨"中林红杯"2016 年机关干部篮球联赛，从 4 月到 7 月下旬共进行 105 场比赛，共有 12 个乡镇(街道)和 45 个部门(单位)的 20 个

代表队和 300 多名机关干部职工参加。二是组织市级机关综合代表团参加市第七届全运会。共有 33 个部门的 74 名运动员参加棋球类、游泳、体质健康大赛。三是举办 "助力'八大行动'、共筑美好明天"微宣讲大赛。围绕"三城同创"和"八大行动",联合市委组织部等 5 个部门举办微宣讲大赛,来自全市各乡镇(街道)、部门的 77 名党员干部参加比赛,最终决出前 5 名选手参加绍兴市总决赛。四是举办"农商银行杯" 市机关干部羽毛球联赛。9 月下旬至 11 月中旬,共有 48 个部门、17 个乡镇街道的 17 支代表队 250 名机关干部职工参加, 共进行 79 场精彩比赛。(楼洪波)

4 月 13 日在嵊州宾馆举办微宣讲大赛现场

党校工作

【概况】　　　2016 年,市委党校以贯彻落实十八大以来党的重大会议精神和习近平重要讲话精神为主线,围绕嵊州市委、市政府的工作大局,结合开展"两学一做"学习教育,全体干部教师齐心努力,顺利完成年初确定的工作目标。

【新党校建设】　　　一是完成新党校一期的教学设施用房及配套建设,投资 3297 万元,建筑面积 6495 平方米。至年底,工程已完成质监和消防验收。二是推进二期的后勤设施用房及配套建设,投资 3000 万元,建筑面积 6390 平方米。已完成场外工程政策处理和主体工程施工招标,10 月底进场,已动建 2 个月。

【干部教育培训】　　　贯彻落实《2016 年全市干部教育培训工作要点》,组织实施好教育培训工作。开展《干部教育培训工作条例》和《中国共产党统一战线工作条例(试行)》专题培训班、党中央治国理政新理念新思想新战略主题宣讲工作培训班等主体班次 13 个,培训干部 1545 人次。

【社会宣讲】　　　重点围绕提高党员干部党性修养、理论水平、嵊州特色和亮点开展宣讲,共 50 多场次,受听 4000 多人次。宣讲主题有"学党章,强党性,做合格党员""四个全面的关键是全面从严治党"等 7 个方面。

【科研成果】　　　开展"走进基层,走进一线、走进兄弟党校"的三个走进教研活动,实施 3 次专项集中调研交流活动,通过请进来辅导,走出去调研,相互间交流,切实提高教师职工的科研能力与水平。全年共确立调研课题 30 个,其中省委党校十八批立项 1 个、绍兴市社科联立项 1 个。在科研获奖上, 省委党校理论研讨会上报 7 篇,4 篇入围,1 篇二等奖,1 篇三等奖。全年发表文章 5 篇,其中公开发表 2 篇,绍兴蓝皮书 1 篇;刊出《咨询参阅》4 期,2 篇受到市领导批示肯定。

【社会培训】　　　一是做好函授教育相关工作。做好杭电 2016 级新生招生报名,利用党校平台多招生, 争取生源的最大化和办学成本的最小化,共招收本专科新生 58 人。做好学籍管理、日常教学辅导、学士学位报名考试、期末考试、毕业论文指导与答辩等函授教学管理工作, 输送大专以上毕业生 137 人。二是开展社会培训工作。全年,配合市委组织部、市人社局等多个部门,协助或联合举办培训班 8 期,培训总人数达到 2346 人。(胡精伟)

档案工作

【概况】　　　至 2016 年年底,市档案馆保管文书档案 284 个全宗 116974 卷 123374 件, 资料 13052 册,照片档案 4471 张,录音录像档案 19 盘,底图 210 张。

【数字化档案馆】　　　数字档案馆建设项目经市政府批准正式列入 2016 年市政府投资项目。项目总投资 3000 万元,4 月份动建。4 月至 7 月完成项目建议书、可行性研究报告、初步设计的编制和审批工作。9月底完成数字档案馆硬件平台建设(一期)和馆藏500万页档案扫描的招标并实施,10月底完成软件平台建设(一期)的招标并实施。至年底已按照年初制定的进度计划完成数字档案馆建设项目25%的目标任务。

【档案行政监督】　2016年,市档案局积极履行档案行政执法职能,抓好档案法制宣传。一是深化权力清单、责任清单工作。做好浙江政务服务网权力清单、行政处罚事项的责任清单及信息公开并完善有关数据,让档案法制工作走向大众、走向阳光。二是配合市教体局对黄泽镇所属完小进行一次学校档案的执法检查,并督促落实整改措施。三是落实"平安浙江"各项考核工作,完善相关考核内容,做好档案外包服务安全保密的监督和管理。

【基层档案】　一是开展档案工作大调研活动。由局领导带队从年初开始通过2个月时间对全市各机关部门和乡镇(街道)进行档案工作调研,通过摸排建立工作台账,并形成档案工作调研报告,为今后有针对性地开展档案业务指导提供依据。二是开展档案室规范化创建。创新档案工作机制,专门和市财政局对接落实7万元建设经费,帮助2家市级机关和1所学校完成市级档案工作目标管理认定,2个乡镇完成省级认定,并支持3个乡镇完

7月11日,市档案局在市委党校举办重点建设项目档案专题培训班

成省级示范数字档案室创建。三是抓好重点建设项目档案管理。完成对天乐集团、公路段、初级中学等9个政府投资项目档案的专项验收,并专题举办一期重点建设项目档案专题业务培训班。四是开展档案文化建设工作。与市教体局联合征集全市各级各类学校历届毕业生照片档案,与市委宣传部联合开展农村文化礼堂建档工作,让档案文化建设有据可依,有章可循。

【档案接收】　做好档案资料的接收及征集。全年接收市委办、市府办、妇保院等单位文书档案、婚姻档案、出生证档案共计170卷7.4万余件,征集到市组织史资料(第五卷)、五水共治系列资料汇编、《古剡尹氏宗谱》等资料154册。

【档案查阅】　全年共接待查阅利用3659人次,提供档案5473卷(册)次,复印5806页,出具有效证明3313份。重点查阅内容是婚姻、户籍、土地房产、工资名册、支农支宁、复退军人、农村主职干部任免及政策法规等,为落实政策、编史修志、解决历史遗留问题发挥重要作用。

【档案抢救保护】　完成重点档案的(四期)抢救保护工作,对民国嵊县地方法院档案进行整理、破损修复、卷皮更换等抢救措施,并完成8万多页的数字化扫描保存。

【档案编研】　2016年,市档案局注重创新工作机制,合理借助外力,特别聘用有经验的退休老档案工作者或具有丰富编研工作经验的老干部帮助开展编研工作,并取得一定的成效。一是配合特聘馆员完成《嵊州小水电建设纪事》的汇编出版工作,并启动《花鸟画大家商敬诚》的编纂工作;二是配合省档案局完成抗战档案的调查摸底工作,为今后开展馆藏重点档案抢救保护打下基础;三是配合绍兴市档案局做好《记忆绍兴》的出版工作,全面征集2015年度全市重点工作的各种档案资料。(汪伟民)

市 人 大

综　述

【概况】　2016年,市人大常委会在市委的领导下,以服务发展大局、推进依法治市、促进民生改善为己任,履行宪法和法律赋予的职责,发挥地方国家权力机关作用,全年共举行常委会会议6次,听取和审议"一府两院"专项工作报告14个,作出决定、决议15项,任免国家机关工作人员73人次;组织专题询问1次、视察4次;召开主任会议12次,听取工作汇报11项;督促办理代表建议93件。

【市十五届人大五次会议】　市十五届人民代表大会第五次会议于1月6日至9日在嵊州宾馆举行。出席会议的正式代表269名,列席代表148名,特邀代表20名。会议听取和审查市人民政府工作报告,市人民代表大会常务委员会工作报告,市人民法院工作报告和市人民检察院工作报告;审查和批准市国民经济和社会发展第十三个五年规划纲要,市2015年国民经济和社会发展计划执行情况的报告及2016年国民经济和社会发展计划,市2015年财政预算执行情况的报告及2016年财政预算;选举市人民政府市长,市第十五届人民代表大会常务委员会委员1名;通过相关各项决议。会议期间,共举行全体会议四次,主席团会议五次。大会收到代表建议90件。按照《嵊州市第十五届人民代表大会代表建议、批评和意见办理规定》,将其中10件建议作为重点建议,交市府办研究处理,将其他80件建议分别交有关部门和乡镇(街

道)研究处理。

常委会会议

【概况】　2016年,市十五届人大常委会共举行6次会议,听取和审议"一府两院"专项工作报告14个,作出决定、决议15项,任免国家机关工作人员73人次。

【第二十八次会议】　3月29日在嵊州宾馆多功能厅举行。听取和审议市政府《关于全市食品安全工作情况的报告》;办理有关人事任免事项;举行宪法宣誓仪式。

【第二十九次会议】　6月20日在嵊州宾馆多功能厅举行。听取和审议市政府《关于嵊州市规划编制和执行的情况报告》、《关于嵊州市新医院建设管理及市区医疗资源整合工作情况的报告》;办理有关辞职事项、有关人事任免事项和有关许可事项;举行宪法宣誓仪式。

【第三十次会议】　7月28日在嵊州宾馆多功能厅举行。听取和审议市政府《关于嵊州市2015年度财政收支决算(草案)的报告》及《关于2015年度市本级财政预算执行和其他财政收支的审计工作报告》;审查和批准2015年度市本级财政收支决算;听取和审议市政府《关于2016年上半年嵊州市国民经济和社会发展计划执行情况的报告》及《关于嵊州市2016年上半年财政预算执行情况的报告》;审查和批准《嵊州市2016年度地方债务限额和新增地方债券使用方案》;办理有关人事任免事

项、有关解除撤职处分事项和有关许可事项;举行宪法宣誓仪式。

【第三十一次会议】　9月28日在国资大楼四楼会议室举行。听取和审议市政府《关于市十五届人大五次会议代表建议办理情况的报告》;审议通过市人大常委会《关于市乡(镇)两级人民代表大会换届选举的决定》;办理有关人事任免事项。

【第三十二次会议】　11月15日在国资大楼四楼会议室举行。听取和审议市政府《关于全市农村饮用水安全工作情况的报告》;审查和批准市政府《关于要求市人大常委会对艇湖城市公园项目和越剧小镇项目建设作出决定的报告》及《关于提请审议城北原丝织厂周边地块进行旧城区改建列入2016年国民经济和社会发展计划的报告》;办理有关人事任免事项;举行宪法宣誓仪式。

【第三十三次会议】　12月22日在国资大楼四楼会议室举行。审查和批准市政府《关于调整2016年度财政收支预算的报告》;审议通过《市人大常委会关于进一步推动人民法院执行工作的决定》;办理有关人事任免事项;举行宪法宣誓仪式。

主任会议

【概况】　2016年,市十五届人大常委会共召开主任会议12次,听取市政府、市人民法院、市人民检察院11项工作汇报。

【四十五次会议】　1月29日,召开第四十五次主任会议。研究市人大常委会2016年工作要点及主要工作安排;安排2月份主要工作。

【四十六次会议】　2月26日,召开第四十六次主任会议。听取公检法司机关关于落实市人大常委会司(执)法监督意见整改情况的汇报;安排3月份主要工作。

【四十七次会议】　3月18日,召开第四十七次主任会议。听取网络建设运行情况的汇报;研究有关人事任免事项;研究市十五届人大常委会第二十八次会议有关事项;安排4月份主要工作。

【四十八次会议】　4月28日,召开第四十八次主任会议。听取市政府关于推进投资审批服务改革、优化经济发展环境的汇报;安排5月份主要工作。

【四十九次会议】　5月19日,召开第四十九次主任会议。听取市政府关于工业经济和平台建设情况的汇报;研究有关人事任免事项、有关许可事项和市十五届人大常委会第二十九次会议有关事项;安排6月份主要工作。

【五十次会议】　6月15日,召开第五十次主任会议,研究有关辞职事项、有关人事任免事项和市十五届人大常委会第二十九次会议有关事项;安排7月份主要工作。

【五十一次会议】　7月19日,召开第五十一次主任会议。听取全市民族宗教工作情况的汇报、市政府关于代表重点建议办理情况的汇报;研究有关人事任免事项、有关许可事项和解除撤职处分有关事项;传达全省县乡两级人大换届选举工作学习会精神;研究市十五届人大常委会第三十次会议有关事项;安排8月份主要工作。

【五十二次会议】　8月18日,召开第五十二次主任会议。听取市政府关于城市管理工作专题询问会代表询问问题研究落实情况的汇报;研究县乡两级人大换届选举工作有关事项;学习贯彻夏宝龙在全省各级人大常委会主任读书会上的讲话精神;安排9月份主要工作。

【五十三次会议】　9月19日,召开第五十三次主任会议。听取市政府关于土地整治工作审议意见落实情况的汇报;研究市、乡(镇)两级人民代表大会换届选举工作的有关事项;研究市十五届人大常委会第三十一次会议有关事项;安排10月份主要工作。

【五十四次会议】　10月28日,召开第五十四次主任会议。听取市政府关于提请审议城北原丝织厂周边地块旧住宅区改造房屋征收方案的报告、市政府关于将艇湖城市公园项目和越剧小镇项目列入政府重大投资项目的报告;研究市、乡(镇)两级人民代表大会换届选举工作的有关事项;研究市十五届人大常委会第三十二次会议有关事项;安排11月份主要工作。

【五十五次会议】　11月25日,召开第五十五次主任会议。研究市政府关于调整 2016 年度财政收支预算的报告；总结 2016 年度工作及市十五届人大常委会的主要工作，提出对新一届市人大常委会的工作建议；安排 12 月份主要工作。

【五十六次会议】　12 月 15 日，召开第五十六次主任会议。研究有关人事任免事项、《市人大常委会关于进一步推动人民法院执行工作的决定(草案)》市、乡(镇)两级人大换届选举工作有关事项和市十五届人大常委会第三十三次会议有关事项；安排 2017 年 1 月份主要工作。

专题视察

【视察市区体育设施建设情况】　3 月 11 日，市人大常委会视察市区体育设施建设情况，实地察看爱德外国语学校、天乐集团网球中心和剡湖街道北郊社区蘑菇亭健身区，听取市政府工作汇报。视察认为，市政府从市区实际出发、回应市民呼声，制定体育设施专项规划，加大财政专项资金投入，推动体育健身市场蓬勃发展，使市区体育设施实现量的提升和质的改善。经过多年的投入和建设，市区体育设施总量不断提升，设施辐射区域不断扩大，体育组织网络不断完善，体育健身产业不断发展，群众满意度不断提高。但与市民群众日益增长的体育健身需求相比，仍然存在明显差距，主要有以下几方面问题：思想重视不够到位，建设规划不够到位，科学管理不够到位，资金保障不够到位，等等。建议加强以下几方面工作：提升体育设施建设理念，保障体育设施规划执行到位，厘清体育设施建设管理权责，加大体育设施建设投入，引导体育健身产业良性发展。

【视察美丽乡村建设情况】　4 月 22 日，市人大常委会视察美丽乡村建设情况，实地察看董郎岗村和八何洋村，听取市政府工作汇报。视察认为，近年来，市政府以"和美越乡"为主题，积极推进美丽乡村建设，农村文化礼堂、家宴中心等村庄建设日趋完善，农村环境卫生综合整治、农村生活污水治理、古镇古村保护等工作扎实推进，美丽宜居示范村、民宿特色村等示范效应显现，"温泉湖美丽区

块"建设初见成效"西白山美丽区块"建设稳步推进，阶段性成果显著，连续几年获得省级先进和优胜，成绩值得充分肯定。但对照省委、省政府"四美三宜两园"的总体要求和省内示范县市的建设水准，还有一定的差距，主要是在有效整合与合理利用资源、农村环境卫生整治与生活污水治理、资金投入效益与基础设施配套等方面有所不足，美丽乡村的美丽度和出彩度还不够。视察强调，应在巩固和提升既定成效的基础上，注重"美"的体现，做到资源保护与开发利用并举；打造"美"的精品，做到美丽乡村与强村富民同行；营造"美"的环境，做到集中整治和长效治理并行。

【视察城市大交通建设情况】　8 月 31 日，市人大常委会视察城市大交通建设情况，实地察看新医院公交枢纽站、甬金高速嵊州南互通西接线工程、普田大道延伸段至浙锻路连接线工程以及新客运中心附属工程，听取市政府工作汇报。视察认为，近几年来，市政府紧紧抓住全省深入推进现代交通"5411"战略的机遇，积极融入浙江全域交通变革和义甬舟开放大通道，突出"大交通谋篇、大路网布局、大项目突破"，狠抓交通基础设施建设，重点优化市域内部交通网络；"十三五"又规划了大交通、城市环线、美丽城镇公路、城市公交设施、水运振兴和嵊新融合等 6 大类近 30 项重大交通项目建设，绘就了"二二三四"宏伟蓝图。视察指出，针对目前存在的要素保障力度仍显不足、中心城区道路仍然比较拥堵等问题，现阶段，要重点做好以下几方面工作：围绕宏伟蓝图，加快交通建设大投入、大保障、大提升；完善规划布局，着力构建综合交通枢纽；加强交通管理，着力解决交通拥堵问题；挖掘内在潜力，着力打造物流优势。

【视察政府重大投资项目进展情况】　10 月 25 日，市人大常委会视察市本级政府重大投资项目进展情况，实地察看市高级中学、万丰锦源高端装备园、开发区新兴产业园基础设施项目、艇湖城市公园，以及 527 国道的建设现场，听取市政府工作汇报。视察认为，2016 年，市政府和有关部门、乡镇(街道)牢牢把握"十三五"大建设、大发展这个关键时期，以及大交通建设的重大历史机遇，努力破

解各种困难和不利因素,持续增强政府重大投资项目建设力度,全市重点项目呈现出前瞻性和带动力强,数量多、规模大、进度快的特点。市政府在重点投资项目推进上谋划到位、政策到位、考核督查到位、要素保障到位、职责人员到位,各部门和乡镇(街道)协同作战、齐心合力,有效发挥项目建设在完善社会公共服务及城市功能、推进城市化进程、改善人居生活环境、构筑产业平台、促进经济社会发展等方面的积极作用。视察指出,在全市所有重点项目中,工业类项目投资占比明显偏低,少数重点项目由于前期准备工作不足导致项目进展缓慢,项目过度设计和超概算现象仍然存在,近年来又出现概算偏高、投资成本控制不到位的问题。要求政府强化保障、增强合力,确保重点工程如期完工;强化扶持、优化结构,提高项目建设整体效应;精雕细琢、强化管理,严把项目资金关质量关。

主要工作

【依法行使重大事项决定权】　　市人大常委会积极推动实现市十五届人大五次会议确定的年度经济社会发展目标。听取和审议了《关于2015年度市本级财政预算执行和其他财政收支的审计工作报告》《关于2016年上半年嵊州市国民经济和社会发展计划执行情况的报告》,以及《关于嵊州市2016年上半年财政预算执行情况的报告》。针对经济社会发展过程中存在的问题,指出要找准切入点和突破口,增强工作的针对性和有效性,突出重点环节,补齐关键短板,努力完成全年目标任务。市人大常委会注重通过依法行使重大事项决定权推动全市经济发展和城乡建设。在深入调研的基础上,作出《关于批准市人民政府将艇湖城市公园(暂名)项目列入2016年度嵊州市政府重大投资项目的决定》《关于批准市人民政府将越剧小镇项目列入2016年度嵊州市重大投资项目的决定》。

【关注经济发展】　　市人大常委会高度重视有效投资对经济发展的拉动作用。专门听取市政府关于推进投资审批服务改革、优化经济发展环境的汇报,要求市政府进一步解放思想,锐意改革,努力

推动简政放权向纵深发展,大力破除制约政府转型、经济发展的体制机制障碍,积极创造投资审批服务改革的良好氛围;视察市本级政府重大投资项目进展情况,要求市政府加强对投资形势的研究和分析,根据"十三五"规划总体要求和全市经济社会发展的现实需求,精准谋划、科学安排2017年的政府重大投资项目,保质保量推进重点工程建设,推动全市经济社会持续健康发展;听取市政府关于工业经济和平台建设情况的汇报,提出要进一步营造工业强市氛围,加快推进平台建设,重视资本运作,力推股改上市,注入经济发展动力。

【聚焦网络建设】　　通过专题调研和座谈会等形式深入了解全市网络建设情况,专门听取政府相关工作汇报。要求将网络建设摆上更加重要的位置来谋划和推进,进一步加大引导和扶持力度,积极创造网络建设和运行的良好环境,促进全市网络建设跨上新的台阶。

【聚焦规划建设】　　注重发挥规划的龙头作用。听取和审议了市政府《关于嵊州市规划编制和执行情况的报告》,审议了《关于城南新区建设情况的报告》,就规划衔接、规划执法、人才培养等方面提出了意见建议,强调要注重发挥地方优势,突出城南新区规划建设的品质。

【聚焦交通建设】　　积极回应人民群众对治理交通拥堵的强烈呼声,专题视察全市大交通建设情况。支持政府抢抓交通建设的重大机遇期,构建内联外达、快速便捷、高效安全的综合交通体系;并就加强要素保障、完善规划布局、加强交通管理、打造物流优势等方面提出了意见建议。

【聚焦乡村建设】　　听取市政府关于土地整治工作审议意见落实情况的汇报。要求市政府完善占补制度,加强后续管护,挖掘土地整治后备资源潜力,为嵊州发展提供有力的基础性保障。视察市美丽乡村建设情况,就资源保护与开发利用、强村富民、农村环境卫生整治等方面提出意见建议,强调要切实提高美丽乡村的美丽度和出彩度,建设"和美越乡"。

【关注饮食安全】　　听取并审议了市政府《关于全市食品安全工作情况的报告》。要求市政府加

强监管网络、检测体系和预警应急系统建设,加大教育引导和执法打击力度,积极提升食品安全工作成效;听取和审议了市政府《关于全市农村饮用水安全工作情况的报告》,要求市政府进一步加强领导,提升标准,强化担当,加大工作力度,真正按城乡供水一体化的要求,让全市农村居民喝上安全水、放心水。

【关注医疗卫生体育事业】　专题听取并审议了市政府《关于新医院建设管理及市区医疗资源整合工作情况的报告》。要求市政府加大财政保障力度,积极改革人事制度,优化医疗资源配置,持续改进内部管理,强化基础医疗卫生服务能力建设,加速全市医疗技术服务水平的整体提升。组织视察市区体育设施建设情况,要求市政府进一步提升体育设施建设理念,保障规划执行到位,厘清建设管理权责,加大建设投入,引导体育建设产业良性发展。

【关注民族宗教】　听取市政府关于市民族宗教工作情况的汇报,肯定民族宗教"保稳定、整队伍、强管理、重引导、抓帮扶"等一系列工作措施。并就宗教中国化、法治化建设,帮扶少数民族群众,提高民族宗教规范化管理水平,促进全市的和谐、安全与稳定等方面提出意见建议。

【深化司法监督】　听取市公检法司机关关于落实市人大常委会司(执)法监督意见整改情况的汇报。要求公检法司机关进一步提高思想认识,落实整改措施,健全工作机制,不断提升规范司(执)法水平,为推进依法治市进程作出积极的贡献。

【强化建议督办】　市十五届人大五次会议及闭会期间共收到代表建议93件,其中10件确定为代表重点建议。常委会切实抓好建议交办环节,加强对办理工作的督查,健全由常委会领导带头分线督办代表重点建议的制度,完善联合督办机制,实施代表建议办理进度通报督查制度。在主任会议专题研究代表重点建议办理情况的基础上,常委会专题听取和审议代表建议整体办理情况的报告,力促建议办理工作取得实效。代表提出的关于城中村改造、

越剧小镇建设、犬类管理等一批建议得到落实。

【保障代表依法履职】　不断创新代表履职形式,在全市所有乡镇、街道建立代表联络站,探索网上代表联络站建设,组织代表进站接待群众。组织部分在嵊的省、绍兴市、嵊州市人大代表参加半年度经济社会发展报告会,保障代表知情知政,促进人大代表依法履职。组织代表开展查找"短板"活动,配合省人大常委会开展大气污染防治执法检查和"五水共治"专项监督活动,开展对各级人大干部和人大代表担任河长及"河长制"落实情况的督查,组织代表评议"美丽示范路"建设情况,积极发挥代表履职一线作为,为改善全市城乡环境卫生面貌献智献力。

【组织指导换届选举】　认真贯彻县乡人大换届选举的新要求,强化对新情况新问题的分析研判,形成指导意见,报请市委批转实施。在市委的统一领导下,明确政治责任和工作责任,加强对选举委员会的领导,强化督促检查和指导,保证市、乡镇两级人大换届选举工作依法平稳有序进行。严明换届选举纪律规矩,协同党委组织部门把好代表人选"入口关",推荐履职优秀的人大代表参加连选连任。对各地、各选举单位开展选举提供业务指导,指导乡镇开好新一届一次人代会。新一届市、乡镇两级人大代表依法选举产生,代表结构得到进一步优化,工人农民妇女代表、专业技术人员代表占比有较大提高。(吕颖)

11月8日,全市人大换届选举工作会议在嵊州宾馆召开

市 政 府

综　述

【概况】　　2016 年，全市实现地区生产总值480 亿元，同比增长 7.5%；财政总收入 48.78 亿元，其中，一般公共预算收入 32 亿元，分别同比增长 4.2% 和 9.6%；完成固定资产投资 269 亿元，同比增长 19.5%；社会消费品零售总额 256 亿元，同比增长 11.5%；城乡居民人均可支配收入分别达到 48062 元和 24521 元，同比增长 7.5% 和 8%。

【工业经济】　　坚持创新引领转型，扎实推动"四换三名"、股改上市、小升规等工作，促进产业发展和企业成长。三大主导产业、四大战略性新兴产业平稳增长；新光药业登陆创业板，1 家报会上交所，8 家企业在新三板挂牌，22 家企业完成股改；新增规上工业企业 112 家、国家高新技术企业 15 家，R&D 经费支出同比增长 12% 左右，完成"个转企" 230 家，获得"浙江制造"认证证书 6 张，省级重点企业研究院实现零突破。被省商务厅列入省（领带）产业集群跨境电子商务发展试点县市，网上销售额 65 亿元，同比增长 45%。建筑业总产值 321 亿元，同比增长 6.3%。大力推进开发区"二次创业"，坚持"先配套、后开发"理念，突出经济发展主业，加大基础设施投入和项目引进力度。高新园区、城北工业区、三江工业园区等平台发展不断推进。万丰锦源高端装备园、定阳新材料、巴贝工厂化养蚕等一批新兴产业项目相继开工建设。

【现代农业和服务业】　　大力发展现代农业，加强特色农业、规模化种植养殖业和农业质量体系建设，农业粮食功能区和现代农业园区"两区"建设和农林产品品牌建设深入推进，构建生产、供销、和信用的"三位一体"农民合作经济组织体系，农业总产值达到 60.5 亿元。加快推进服务业发展，吾悦广场、和悦时代广场、君悦新天地等项目快速推进，服务业投资增长 29%。实现旅游业总收入 82.9 亿元，同比增长 15%。

【要素保障】　　建立新开工重点产业项目组团服务机制，对 104 个项目点对点开展精准服务。实施投资项目高效审批制度，重点项目审批时间缩短到 50 天内。有效利用土地资源，累计出让经营性土地 1670 亩，土地出让金达到 50.65 亿元、净到位 42 亿元。政府融资总量适度扩大，贷款平均利率下降到 6.1% 左右。产业发展基金规模扩大到 10 亿元，撬动社会资本 35 亿元。加强企业风险防控和处置，银行不良贷款率下降到 1.58%。

【招商选资】　　引进万丰锦源高端装备园、定阳新材料、苏珀曼割草机器人、靓文彩印包装、艾迈化妆品、盛和网络、湃肽生物、维他惜保健品、越剧小镇、颐养小镇等新兴产业项目。全年实到外资 9337 万美元，引进市外境内资金 34.53 亿元。

【城市建设】　　持续发扬城改精神，完善"货币＋房票"的拆迁安置政策，市领导挂帅领衔、部门乡镇全力支持、攻坚小组挂图作战，集中连片拆除

16 个区块近 150 万平方米，原定城南 7.8 平方公里核心区内的五年拆迁计划，到年底已基本完成，腾出发展空间 4500 亩，为城市长足发展奠定了基础。城市建成区形象初显，恒大、碧桂园、金昌等一批知名房企相继落户。房地产销售持续火热，成交面积 89.33 万平方米，成交金额 73.85 亿元，同比分别上涨 70.3% 和 76.8%。以国家卫生城市创建为载体，集中力量推进城区环境整治和城乡环境大整治专项行动，成功通过"国卫"的省级检查和国家暗访，3 年创建计划半年完成。

【基础设施配套】 市政配套设施不断完善，绿化美化亮化力度加大，艇湖城市公园、诗画剡溪、美妙三公里、嵊张线沿线整治、城南入城口改造等项目快速推进。大交通建设开局良好，杭绍台高铁、甬金铁路前期工作快速推进。杭绍台高速完成政策处理并进展顺利，527 国道全线动建，开发区快速通道、甬金高速嵊州南互通西接线、杨港路东延、城南大桥改建等市内交通主干道建设快速推进。

【城乡环境综合整治】 开展"五水共治""三改一拆""五气合治"，全市环境质量明显改善。在全市各级的共同努力下，累计完成清淤 153 万立方米，65 个水质断面和 31 个交接断面 98.9% 的水质达到 III 类以上。拆除违章建筑 286.4 万平方米，整治非法"一户多宅"1.2 万多宅，完成"三改"554.9 万平方米；全年空气优良天数达到 309 天，比 2015 年增加 10 天，高于全省、全国平均水平。

【保障和改善民生】 全年民生支出 38.15 亿元，同比增长 12.4%，占新增财力的 90% 以上。新增各类养老保险参保人数 3 万人，城乡低保标准分别提高 10%。新医院投入使用，并由浙大一院全面托管，人民群众在家门口就能享受到省级医院的医疗服务。文化综合大厦、高级中学、实验小学、中心幼儿园等民生重点项目加快推进，经济发展对民生普惠的力度不断增强。

【文化供给】 文化供给不断增强。越剧诞辰 110 周年纪念活动影响广泛，现代越剧《袁雪芬》被省文化厅列入省文化精品扶持工程。新建农村文化礼堂 25 家，文化综合大厦、文化创意产业园等项目有力推进。培育践行社会主义核心价值观，营造良好社会风尚，推广提升"嵊州村嫂"志愿服务品牌，获省委宣传部颁发的省宣传思想文化工作创新奖。

【社会治理】 全力以赴打赢 G20 杭州峰会和第三届世界互联网大会维稳安保攻坚战，建立健全意识形态、维稳信访、社会治安、安全生产等领域长效机制，加大平安嵊州建设力度，有效保障社会大局稳定。推进乡镇基层治理模式改革创新，在中心镇逐步推广，被中央综治委评为全国创新社会治理优秀城市。

【政府行政效能】 学习贯彻治国理政新理念，加快政府职能转变，狠抓效能建设和廉政建设，政府形象不断改进。自觉接受市人大及其常委会法律监督和市政协民主监督，定期向市人大报告工作、向市政协通报情况，办好人大代表建议和政协委员提案。全面落实中央八项规定精神，"三公"经费同比下降 27% 以上。加快"四张清单一张网"建设，深化行政审批制度改革，严格工程项目招投标管理，完成公务用车改革，推进综合执法体制和财税体制改革，实行公款竞争性存放，实施机关事业单位"瘦身强体"，政府行政效率不断提升。

全体会议

【十五届九次全体会议】 1 月 21 日，市政府召开第十五届九次全体会议。总结 2015 年政府工作，部署落实 2016 年工作任务。会议围绕"重抓转型升级，做大经济总量""强化建设管理，努力提升城市品质""注重统筹兼顾，努力促进协调发展""深化改革创新，努力优化发展环境""办好社会事业，努力改善人民生活"等五大方面共计 225 项具体工作进行专项部署。会议要求各级各部门要凝聚发展共识，提振发展信心，强化责任担当，转变工作作风，不断推进工业经济转型升级，强化城市建设管理，促进城乡协调发展，围绕建设"实力嵊州、品质嵊州、魅力嵊州"的战略目标，实现"十三五"良好开局。

【十五届十次全体会议】　7月20日,市政府召开第十五届十次全体会议。根据市委总体要求,会议重点就转型升级、项目攻坚、平台提升、国卫创建、城中村改造、无违建创建、治水夺鼎和G20维稳安保"八大会战"专项行动作部署落实,会议强调,全市上下要紧紧围绕市委的决策部署,对照年初确定的目标任务,奋发有为,扎实推进"八大会战"取得全面胜利,确保实现经济社会发展"全年红"。会议要求,围绕上述工作任务,各级各部门要强化责任,全力推动各项工作落到实处,各级干部要尽快进入状态,尽早落实责任,做到立说立行、雷厉风行,牢牢把握工作主动权。

常务会议

【第53次常务会议】　1月7日,市政府召开第53次常务会议。会议研究了《关于开展城市市政、园林、环卫、亮化一体化管理的实施方案(草案)》,并指出为深入开展城市高效能管理,巩固省示范文明城市创建成果,全面提升城市管理水平,从4月1日起,将改变城区市政设施维护修养、园林绿化养护、环境卫生保洁、路灯亮化等工作多头管理现状,实行由建设部门统一管理的新机制。会议审议并原则通过《关于进一步规范政府投资项目管理的意见》,要求各级各部门严格执行新的管理办法,不断提升政府投资项目的建设管理水平;要结合政府职能转变,不断优化项目审批流程,提高审批效率,为项目建设提供优良的外部环境。会议还研究了2015年度嵊州市科学技术奖评审结果等其他事项。

【第54次常务会议】　2月3日,市政府召开第54次常务会议。会议研究了《关于推进教师"县管校聘"工作的实施意见》,要求稳步推进中小学、幼儿园在编公办教职工"县管校聘"人事管理制度改革试点工作,在市区市属普职高、初中、小学先行试点,适时在全市面上推行;要坚持规范操作,科学制定考评办法和实施细则,切实维护教师的合法权益。会议审议《关于加快构建现代公共文化服务体系的实施方案》,明确要加快构建与经济社会发展相适应的、具有嵊州特色的现代公共文化服务体系。会议还听取2015年度工业企业30强、成长型企业30优、新锐企业、企业纳税20强、金融支持经济发展等评比结果的汇报。

【第55次常务会议】　3月2日,市政府召开第55次常务会议。会议研究了纪念越剧诞辰110周年暨首届全国越剧戏迷大会的活动方案,要求有关部门高度重视,精心谋划,科学组织,既要办出特色、办出效果,也要节俭办会,提高绩效。会议听取关于市第十五届人民代表大会第五次会议代表建议和政协第十四届委员会第五次会议提案拟办情况的汇报,要求各分管市领导和承办单位要迅速安排部署,细化分解任务,全力抓好办理工作,确保事事有交代、件件有回复,并加强与人大代表和政协委员的沟通,及时通报办理的进度与情况,自觉接受代表、委员和人民群众的监督,提高办理质量。会议还研究了农村集体经济发展基金管理办法(试行)草案等其他有关事项。

【第56次常务(扩大)会议】　3月21日,市政府召开第56次常务会议。会议专题审议《关于城乡环境"脏乱差"百日整治大会战行动方案》,要求每个乡镇(街道、平台)都要建好一条"美丽示范路","美丽示范路"建设要以省道、县道等主干道为重点,4月15日前完成沿线违章建筑拆除等"四乱"整治,6月底前完成美化绿化等建设任务,以全面改善和提升主干道环境面貌。会议号召,全市上下要以此次百日整治大会战为契机,综合推进"五水共治""三改一拆"和城乡环境整治,努力建设整洁优美、宜居和谐的城乡环境,不断提升群众的获得感和满意度,为推进"三个嵊州"建设创造良好的外部环境。会议还审议通过了《第十三届中国嵊州国际书法朝圣节活动方案》等其他事项。

【第57次常务会议】　4月5日,市政府召开第57次常务会议。会议研究《财政资金竞争性存放工作方案》,要求在确保财政资金安全和支付必要流动性的前提下,财政部门要按照"公开、公平、

"公正"的要求,建立竞争择优、体现激励、确保效益的财政资金存放机制,进一步盘活财政沉淀资金,提高财政资金保值、增值能力,实现财政资金效益的最大化。会议审议通过了《嵊州市第七届运动会方案》《2016中心镇培育发展专项资金"以奖代补"的若干意见》《加快旅游业发展的若干政策意见》《加快发展服务业的若干政策意见》《关于进一步做好扶持企业发展财政专项资金监督管理工作的补充意见》等其他事项。

【第58次常务会议】 4月29日,市政府召开第58次常务会议。会议听取2016年一季度安全生产工作形势的汇报,要求各级各部门,进一步增强政治意识,提高思想认识,做到守土有责、守土尽责、守土有效;加强问题整改,对前阶段排查出的问题实行销号式整改、挂牌式督查;狠抓监管执法,对事故多发、整改不力的企业、出租房、养老机构列入安全生产"黑名单",重点监管、重点执法;健全机制建设,确保安全生产网格化管理落实到位;强化宣传氛围,加大安全生产宣传力度,进一步增强企业、广大群众的安全意识。会议还强调做好防汛防台、G20安保等相关工作要求。会议审议通过了《嵊州市科技创新种子基金实施办法(试行)》《嵊州市产业发展转贷基金试行办法》《嵊州市护航G20百日环保执法专项行动方案》等其他事项。

【第59次常务会议】 5月19日,市政府召开第59次常务会议。会议听取了关于市区货车禁限行管理工作的汇报,明确从8月1日起,在罗小线以东、罗新路艇东路以南、上三高速以西、南六路以北、新昌江以东、环城南路以北合围区域内实行全时段或高峰时段货车禁限行。相关部门将加大监管执法力度,确保禁限行工作落到实处。会议还研究了关于有线数字电视基本收视维护费标准调整等其他事项。

【第60次常务会议】 6月8日,市政府召开第60次常务会议。会议研究了关于"美丽示范路"的建设情况,要求各乡镇(街道、平台)继续加大"拆"的力度,不断加快"建"的进度,确保按期完成工程建设;严格工程质量,牢固树立民生理念,不断拉高工作标杆,让每条"美丽示范路"都经得起老百姓和历史的检验;做好结合文章,把"美丽示范路"建设与"五水共治""三改一拆"、创建国家卫生城市等工作相结合,综合推进各项工作;强化成果转换,把"美丽示范路"的建设成果转化为经营成果,大力发展乡村旅游和民宿经济,让老百姓有更多的获得感。会议还研究了嵊州市农村生活垃圾分类工作实施方案等其他事项。

【第61次常务会议】 7月4日,市政府召开第61次常务会议。会议研究了《嵊州市人民政府关于支持大众创业促进就业的实施意见》,明确要以创业带动就业,加强就业创业服务,建立健全覆盖城乡的公共就业创业服务体系;加大创业资金扶持,鼓励企业吸纳就业,统筹做好各类群体就业,形成全社会支持就业创业的良好氛围。会议研究了加强城区犬类管理工作等其他事项。

【第62次常务会议】 7月14日,市政府召开第62次常务会议。会议研究了《嵊州市公共租赁住房实施细则》,指出制定实施公共租赁住房实施细则,是一件民生实事工程,有利于进一步完善全市住房保障体系,更好地解决困难群众的住房问题,要求有关部门各尽其责,在严格把关的同时,不断优化服务,为群众提供便利,把好事办好。会议还研究了加强市区户外广告管理工作等其他事项。

【第63次常务会议】 8月10日,市政府召开第63次常务会议。会议研究了《嵊州市"十三五"人才发展规划》,要求市人才工作领导小组发挥牵头抓总作用,制定任务分解方案,定期召开工作例会,确保"人才新政"落到实处;各部门各单位以本规划为纲要,编制部门和行业人才发展规划,并为各类人才施展才华创造更好条件、搭建更大平台,营造全社会尊才、爱才、留才、用才的良好氛围。会议还研究了《嵊州市科技创新种子基金实施办法(试行)》相关修订条款等其他事项。

【第64次常务会议】 9月2日,市政府召开第64次常务会议。会议研究了《关于绍兴市出入境检验检疫局嵊新办事处综合业务用房工程概算调整审核意见的请示》，要求相关部门要引以为鉴，举一反三，吸取教训，严格执行政府投资项目管理有关制度规定，进一步加强对政府投资项目的监督检查。发改局要加强政府投资项目前期会商，精准审核把关，并加强项目建设中的投资监督；纪委（监察局）、财政、审计、公管办和各行业主管部门要认真履行各自职能，加强项目监管，确保管理到位。会议还研究了《关于加快发展乡村旅游产业的若干意见》等其他事项。

【第65次常务会议】　　9月30日，市政府召开第65次常务会议。会议研究了《关于加快推进残疾人全面小康进程的实施意见》，明确市中医院内按照标准建好残疾人康复中心，建设资金纳入财政预算。会议还研究了《关于加强储备土地管护利用工作的实施办法》《嵊州市公务员考核实施办法（试行）》等其他事项。

【第66次常务会议】　　10月24日，市政府召开第66次常务会议。会议研究了《嵊州市农村承包土地的经营权抵押贷款试点管理办法》，要求各级各有关部门要加强协作配合，形成较为完善的试点管理办法和相关操作规程，建立风险补偿和政策激励机制等配套措施，以市场手段为主和政策引导为辅的方式协调借贷各方利益，推动试点贷款的增量扩面，真正把好事办好，服务好"三农"工作。会议还研究了全市三季度经济运行情况，《嵊州市人才公寓申请遴选暂行办法》等其他事项。

【第67次常务会议】　　11月23日，市政府召开第67次常务会议。会议研究了《嵊州市深化医药卫生体制改革综合试点实施方案》，要求通过建立健全市深化医药卫生体制改革领导小组，加强部门协作，确保改革有力有序推进；强化政府办医责任，鼓励社会资本积极投资医疗卫生事业，形成政府主导、社会参与的多元投入格局；加强行业监管，建立属地化、全行业管理体制，进一步推进医疗机构及医务人员信用体系建设。会议研究了《关于建立嵊州市疾病应急救助制度的实施意见》，明确从

2017年1月1日起，将通过财政支持、社会捐赠等形式，在市红十字会设立疾病应急救助基金，主要用于支付无法查明身份且无力缴费患者所发生的急救费用、身份明确但无力缴费的患者所拖欠的急救费用等项目，以进一步加强对弱势群体的医疗救助力度。会议还研究了其他事项。

【第68次常务会议】　　12月12日，市政府召开第68次常务会议。会议专题研究全市安全生产隐患大排查、大整治工作情况，强调全市上下要继续保持警钟长鸣，坚决克服侥幸心理和麻痹大意思想，牢固树立"生命至上、有隐患必治、守土有责、违章建筑内的企业必须关停"等四个意识，有效提高安全生产风险防范能力。要继续加大隐患排查，进一步落实企业安全生产主体责任，加强安全生产网格化管理，建立健全安全生产社会化服务体系，促进安全生产标准化建设。要继续加强工作保障，完善"党政同责、一岗双责、失职追责、齐抓共管"的安全生产责任体系，按照"严之又严、实之又实、细之又细，铁腕查处、铁腕整治、铁腕追责"的要求，督促企业真正树立主体意识，确保安全隐患发现一起，整治一起，不留死角，不留盲区；发挥新闻舆论监督和群众监督作用，加强安全生产工作的宣传教育和指导培训，提高企业法人、从业人员、党员干部和广大市民的安全意识、责任意识和法制意识，形成强有力的群防群治工作氛围。会议还要求全市各级各部门和乡镇（街道）要把安全生产作为最大的民生工程抓紧抓好，实现安全生产形势持续稳定向好，为嵊州经济发展和社会稳定提供坚强的安全保障。

专题会议

【全市"无违建"先进县市创建暨违法建筑大整治行动动员大会】　　3月4日，全市"无违建"先进县市创建暨违法建筑大整治行动动员大会召开。会议强调，要用"坐不住、等不起、慢不得"的紧迫感和责任感抓创建，各级各部门要形成全市上下齐抓共管、长效管理的格局，乡镇（街道）要强化属地责

任,克服厌烦、疲劳、畏难情绪,各执法部门要强化主体责任,市创建办要强化牵头抓总责任。要用雷厉风行、立竿见影的力度抓创建,重点抓好五大专项整治行动,各乡镇(街道)要做好"美妙三公里"示范路创建、垃圾房实名制管理、消灭道路沿线裸露地表等工作。全市上下要迅速行动起来,迎难而上,克难攻坚,大力推进违法建筑大整治行动,确保"无违建"创建目标的顺利实现,为加快建设实力嵊州、品质嵊州、魅力嵊州营造良好的城乡发展环境。

【全市招商选资领导小组第一次会议】　3月22日,全市招商选资领导小组第一次会议召开。会议强调,全市上下要形成"大招商"氛围,各个平台、乡镇街道、部门要树立"招商选资一号工程"理念,坚持"项目就是生命线、抓项目就是抓发展",实施精准招商,做好宣传工作,在全市范围内营造良好招商氛围;要强化招商选资责任意识,各平台、乡镇街道一把手要亲自抓、专职副职要全力抓,真正落实各项工作责任;要高度重视项目生成落地,根据既定任务目标,及时做好服务、协调工作,确保更多项目更好地生成、落地、投运;要真正提供好"店小二"式的服务,根据企业提出的要求提供全程、高效政府服务,营造良好的招商环境。

【全市2016年度新开工重点产业项目市领导专项负责推进工作动员大会】　5月5日,全市2016年度新开工重点产业项目市领导专项负责推进工作动员大会召开。会议指出,项目是经济发展的生命线,是做大全市经济总量的要求,也是转型升级和优化服务环境的需要,各级各部门要服务各项目快上、快建、快投产,落实"一切围绕基层转、一切围绕项目转、一切围绕企业转"的要求,把项目落到实处,把发展推向高处。会议强调,众人拾柴火焰高,企业要有主体意识,乡镇街道要负起属地责任,各部门要全力协调帮助各项目的推动。工作目标要明确,项目库实行"只增不减"的动态管理,各项目根据实施方案,按照时间节点顺利推进,进一步强化要素保障,确保督查切实有效。全市上下要有"人心齐泰山移"的信念和魄力,凝心聚力、群策群力,

真正发挥机制的促进作用。市领导亲力亲为,牵头部门统筹协调,责任部门全力支持,乡镇(平台)主动作为,全力营造服务项目的良好氛围,围绕建设"实力嵊州、品质嵊州、魅力嵊州"的目标,坚定信心,埋头苦干,以重点产业项目建设的新成效推动全市有效投资上新台阶,确保今年经济社会发展目标任务的全面实现。

【全市"无违建"创建工作会议暨违法建筑大整治行动现场推进会】　5月5日,全市"无违建"创建工作会议暨违法建筑大整治行动现场推进会召开。会议肯定前阶段工作取得的成效,指出摸排没有精准到位、工作推进没有统筹兼顾、工作机制不够完善等问题,并强调,"无违建"创建和违法建筑大整治是一项时间紧、任务重的重点工作。各乡镇、部门要再下决心,以自断退路的勇气,坚定不移地按时保质完成既定任务;全市范围内要再造声势,营造良好的创建氛围;要再破难点,确保5月底前两路两侧整治100%完成,裁执分离案件处置和"一户多宅"整治完成60%,违建拆除完成70%;要再推进度,确保6月底前完成所有既定任务和目标;要再次动员,发动市、乡镇、村三级力量,尤其是村干部、党员以及村民代表做到带头示范,并营造公平公正公开的环境,确保"无违建"创建和违法建筑大整治行动各项任务圆满完成,为创建"无违建"先进县市奠定基础。

【嵊州新型城市化发展论坛暨2016年度城市土地招商发布会】　6月29日,嵊州新型城市化发展论坛暨2016年度城市土地招商发布会召开,绿城、新城控股、碧桂园等57家全国知名开发商代表及多家银行、评估机构出席。会议指出,今天的嵊州交通便捷,百姓生活富足,人居环境优美,市民改善住房条件意愿强烈,房地产市场表现活跃。未来的嵊州,市委、市政府将一如既往秉承"开放包容、海纳百川"的发展理念,坚持"一切围绕企业转,一切围绕项目转、一切围绕基层转"的要求,提供高质量服务,全面提供"店小二"式的服务,确保项目顺利落地、成功运营。会议还举办了以"新型城市化样

本——嵊州"为主题的高峰论坛。

【城市管理委员会第一次全体工作会议】 7月6日，城市管理委员会第一次全体工作会议召开。会议指出，今年全市开展创"国卫"攻坚行动以来，已取得前所未有的成绩，但和国家卫生城市的要求还有差距。下一阶段，全市的城市管理还需进一步提高认识，突出重点，拉高标杆，全力确保国家卫生城市创建成功，城市管理水平再上新台阶。会议强调，要坚持问题导向，清晰认识城市管理中存在的不足和短板。部门层面，城市建设管理水平要紧跟城市发展步伐，重点抓好规划执行、基础设施建设，加强协作配合；属地层面，要加强统筹兼顾和责任落实；加大市民参与创建的力度，提升市民整体文明素质。下一阶段要突出重点，拉高标杆，全力做好城市管理十大整治工作。具体工作中，要落实责任，城管办要强化牵头责任，加强考核监督，各项任务的牵头单位要倒排工作计划，确保按时完成，配合单位要全力配合，街道充分承担属地责任；要坚持标准，注重实效，严守时间节点，不断提升工作水平，经得起群众检验；要统筹兼顾，注重结合，突出重点，重抓长效，发挥数字城管平台的督促考核作用；要加强人员、资金和物资保障，确保到位；要营造氛围，不断加大宣传力度，加大典型宣传和反面曝光，增强市民的主人翁意识和文明素养，真正参与到城市建设和管理中来。

【全市"小升规"工作专题推进会议】 8月17日，全市"小升规"工作专题推进会议召开。会议指出，数量众多的小微企业是嵊州工业经济的重要组成部分，是特色鲜明的块状经济的基础和保障，也是嵊州人民收入的重要来源，小微企业为嵊州发展作出的贡献应予以充分肯定。会议强调，要紧盯目标，优化服务，精准发力，全力确保完成今年"小升规"工作任务。各重点培育企业要树立主体意识，增强上规的主动性，坚定做大做强信心，确保能上尽上。各职能部门和属地要加强走访服务，按照"一切围绕项目转、一切围绕企业转、一切围绕基层转"的思路，建立"小升规"专项服务小分队，为企业当好"店小二"。要加强政策保障，助推工作落实。要强化联合执法，打击违法违纪行为，营造公平、公正、公开的市场竞争环境。要宣传上规典型，营造良好氛围。

【全市创建省食品安全县市动员大会】 8月26日，全市创建省食品安全县市动员大会召开。会议指出，食品安全工作事关人民群众身体健康和生命安全，事关社会大局和社会和谐稳定，是最重要、最根本的民生工程。会议强调，工作中要突出重点，拉高标杆，全面做好创建各项工作。重抓源头防控，坚持标准引领，强化农产品质量管控，加快食品企业转型升级；重抓过程监管，进一步完善监管执法体系，深化实施农贸市场提升工程等；重抓风险管控，加强监测，落实网格日常管理措施；重抓违法打击，保持打击食品安全违法犯罪行为高压态势，做到违法行为"零容忍"，执法行为"无禁区"。要加强领导，凝聚合力，确保创建工作落到实处。强化组织领导，坚持全市"一盘棋"思想，确保市镇两级联动，部门齐抓共管；抓好工作结合，确保良性互动，坚持真督实查，推动工作落实；有效落实政府监管职责和企业主体责任，营造良好氛围，坚决完成各项创建任务，为全市人民创造更加安全放心的食品环境。

【全市房地产业和建筑业发展专题调研会】 9月14日，全市房地产业和建筑业发展专题调研会召开。会议指出，房地产业和建筑业是城市发展的基础行业，既关乎城市建设，更关系全市群众的安居乐业。会议要求，要突出重点，强化服务，扎实推进全市房地产行业健康稳定发展。要抓好环境保障，按照"一切围绕项目转、一切围绕企业转、一切围绕基层转"的要求，为房地产项目引进、生成、落地当好"店小二"。要打造公开公平公正的市场环境，同时进一步完善城市功能配套。要提升行业发展水平，强化政策支持，加强监督管理，营造发展氛围，着力提升建筑企业的市场竞争力，进一步加快嵊州房地产行业和建筑业又好又快发展，以更多、更好、更美的城市项目，为打造"三个嵊州"提供更优质的内涵。

【全市安全生产工作调研督查会】　10月11日，全市安全生产工作调研督查会召开。会议指出，安全责任重于泰山，一年来，全市上下众志成城，坚持一手抓发展，一手抓安全，认真落实安全生产"党政同责、一岗双责"，全市安全生产形势总体平稳。但是近段时间以来，全市安全生产形势较为严峻，不管是从数据上看，责任落实上看，还是从工作保障上来看，要完成有关任务压力很大，全市上下思想上要高度重视，层层落实责任，强化管理，快速采取针对性措施，切实加以解决。会议强调，安全生产工作要以预防为先，全面落实各项工作责任，要全面排查隐患，坚决克服麻痹大意思想；着重围绕工矿企业、交通运输、建筑工程、消防安全、地质灾害、危旧房等重点领域，开展重点防控；属地乡镇街道要建好安全网格，建立长效机制，确保无缝监管；要由安监部门牵头，加强联合安全执法、现场执法等，强化执法效果，确保整改到位；要建立并严格执行信息上报制度。要加强组织领导，绷紧安全生产这根弦，安委会办公室要切实负起牵头抓总责任，进一步完善"党政同责、一岗双责、失职追责、齐抓共管"安全生产责任，要强化督查考核，严格实行安全生产目标责任制考核，要营造工作氛围，充分发挥舆论监督和群众监督的作用，形成强有力的群防群治安全氛围。全市上下要保持清醒头脑，以坚实的政治定力，饱满的工作热情，积极的工作态度，把安全生产作为政治工作、发展工程、民生工程抓紧抓好，实现安全生产形势持续稳定向好。

【全市"无违建"创建督查会】　10月14日，全市"无违建"创建督查会召开。会议强调，全市上下要紧盯目标，坚定信心，全力冲刺，紧盯"所有乡镇(街道)都要达到无违建创建要求，成功创建省'无违建'先进县市"的目标，牢牢把握时间节点，重点突出"一户多宅"整治、裁执分离案件处置、建成区小区违建、影响消防安全违建、沿线沿路违建、新增违法建筑管控等工作，全力做好各项验收准备。各级各部门要严肃纪律，强化保障，统筹落实。要强化

责任抓创建，创建办牵头抓总，各部门加强服务配合，乡镇(街道)全力推进；要明确纪律抓创建，继续坚决执行"十个一律"，抓住农村党员这个关键，并继续强化乡镇主体责任；要形成声势抓创建，不断挖掘正面典型，持续曝光典型违建，营造浓厚氛围，赢得更多群众支持。各级各部门要高标对齐，再接再厉，确保"无违建"创建各项工作目标全面完成。

【全市"小升规"工作督查推进会】　10月20日，全市"小升规"工作督查推进会召开。会议强调，要振奋精神，高度重视，上下齐心，紧盯目标任务和时间节点，积极主动开展服务，确保全年净增规上企业100家，为全市工业经济转型升级打下坚实基础。各级各部门一定要振奋精神，坚决克服畏难情绪，发扬创先争优、敢为人先的精神，全力推进"小升规"工作；相关乡镇、街道主要领导亲力亲为深入企业，班子成员组团服务紧盯看牢，小分队重点突出上门服务，兑现各项奖励、激励政策；要上下齐心，形成工作合力，一方面通过积极引导，强化企业主体责任，另一方面强化联合执法，对企业用电、用贷、用工、用地等开展联合稽查，营造公平、公正、公开的市场竞争环境；要强化舆论宣传氛围，精心挖掘小微企业的成功典型和样本进行推广，曝光反面典型，弘扬社会正气，通过"小升规"的深入开展，为全市工业经济转型升级打下坚实基础。

【全市"小升规"工作督查推进会】　12月1日，全市"小升规"工作督查推进会召开。会议指出，"小升规"和工业投资都是推进全市转型升级、做大做强工业经济、建设"三个嵊州"的有效载体、有力手段，各级党委政府一定要牢牢把握经济建设这一中心工作，高度重视工业经济发展，突出经济建设"一把手工程"，一刻也不能放松。就"小升规"工作，会议强调，各级各部门要确保能上尽上，完成全年净增100家规上企业的任务目标；要盯紧看牢，全力冲刺，各平台、乡镇一把手亲自挂帅，班子成员包干，每周分析进展情况，克难攻坚全力推进；要以"店小二"的姿态优化服务，在土地、资金、人才等要素保障方面向规上企业倾斜，积极引导企业做大育

强;要加大执法力度,国税、经信、环保、安监等部门成立联合执法队伍,对违法违规行为加强查处,查到一起处罚一起,并予以公开曝光。就工业有效投资,会议强调,相关部门、平台思想上要更重视,主要领导亲自挂帅,在时间上充分保证,研究部署工业经济建设;统计工作要更加认真细致,相关部门积极沟通,确保数据真实,口径统一;加强政策引导,做好差异化资源配置,完善奖罚措施,增强企业信心;加强项目服务和工业发展部门力量,树立"一切围绕企业转、一切围绕项目转"的理念,深入企业,加强联络;千方百计开展实施招商选资"一号工程",加大招商选资力度,为全市工业经济发展奠定扎实基础。

办公室工作

【思想工作】　　积极践行党的群众路线、"三严三实""两学一做"等系列专题教育活动,以办公室党组中心组学习为龙头,带动全体党员深入学习上级有关精神,特别是认真学习习近平系列重要讲话精神,及时掌握新动态、新要求,努力提高思想政治修养。坚持专题辅导与讨论交流相结合,定期组织召开党支部学习会、专题民主生活会和组织生活会等专题学习活动,邀请相关专家学者作严明作风纪律、法治政府建设、信息工作管理等报告讲座,确保学习取得实效。一年来,领导班子共集中学习20多次,有针对性地组织专题辅导5次以上。

【干部管理】　　一是强化内部管理。进一步健全内部管理制度,按照《关于全面推行首问负责制和AB岗位制度的实施意见》《嵊州市人民政府办公室关于建立健全行政调解与人民调解衔接机制的意见》等制度文件,不断优化政风党风,提升服务水平,强化领导班子责任,实现办公室工作的规范化和标准化,着力推进反腐倡廉制度建设。二是强化民主决策。对重大决策和重大事项,坚持集体讨论、集体决策,增强每项决策的科学性,形成班子成员之间互相支持、相互配合和相互团结的好风气。三是强化能力提升。重点结合"五水共治"

"三改一拆"、城中村改造、创国卫、G20维稳安保等重点工作,班子成员定期定岗定片下沉到第一线,在一线工作中提高工作能力。在城中村改造中,班子成员作为其中一个工作组的签约责任人,包干到户,在已经完成的两轮城中村改造中,所负责的工作组都率先完成集中签约任务,并负责到拆迁户的腾空、拆除完毕为止。在创国卫工作中,班子成员协助市领导负责有关城郊村的创国卫工作,经常进村入户去做好创建工作。四是强化干部培养。学习贯彻《干部任用条例》、干部监督四项制度等干部管理政策法规,在此基础上,制订并严格按照《嵊州市人民政府办公室中层干部选拔任用工作方案》开展中层干部选拔任用,共选拔中层副职2名。五是完善惩防体系。贯彻落实上级关于党风廉政建设的部署和要求,班子主要负责人带头履职尽责,落实党风廉政建设第一责任人职责;班子其他成员认真履行"一岗双责",严格抓好分管线内的党风廉政建设。六是加强警示教育。完善办公室学习制度,办公室每季度至少组织一次学习,各科室每月组织一次学习,教育干部牢固树立正确的世界观、人生观、价值观,增强自觉抵御腐朽思想侵蚀的能力,促进廉洁从政。

【参谋职能】　　一是提升办文水平。严格做好会议方案、领导讲话、下发文件、会后报道等材料的起草、行文、运转、审批等工作。精心做好文稿起草工作,准确体现领导工作意图,完成政府工作报告、市政府全体会议报告、相关专题会议材料、汇报材料、领导讲话材料等重要文稿起草工作。推进公文收发、拟制、流转等环节规范化,完善发文登记、审批、统计制度,对重要紧急文件,做到即收即送,并做好跟踪落实,公文处理质量和运转效率得到明显提高。一年来,共起草编发市政府文件120多期;市政府办公室文件175期;常务会议纪要16期;专题会议纪要105期。二是加强调查研究。围绕扩大有效投资、打造大交通格局、促进嵊新协同发展、城乡供排水一体化、各项改革试点、交通治堵等重点工作,主动对接人大、政协机关,组织人员下沉到部门、乡镇(街道)、企业和农村一线开展走访式调研、课题式攻关,参与起草市三次产业发展、《嵊新区域协同发展产业项目流转政策》等政策性文件,协助市领导做好10多个市级领导重点调研课题起草工作,以认真翔实、科学有效的调研资料,为领导决策提供参考。

【保障工作】 一是加强统筹协调。推动市政府各项中心工作稳步开展。加快工作节奏,对上及时请示汇报,精心搞好领导之间的工作衔接和活动安排。对部门、乡镇上报的各种诉求和各部门提交政府决策的事项,力争做到当日答复或转办,重大请示确保在一周内给予答复或协调。二是强化工作督查。围绕市委、市政府的中心工作和重要部署,建立健全督查工作机制,按照"责任到人、具体到事、进度到时、督查到位"的要求,建立工作督查函告单制度,促进各项决策和目标任务推进落实。同时,对重大决策、重点工作进行重点督查,抓好跟踪调度;对市长办公会议、专题会议确定的事项,及时分解落实,及时督办汇总,确保落到实处;对领导批示文件,做好分办、转办、催办工作,下达督办通知,做好结果反馈,确保事事有回音、项项有交代、件件有着落。三是提升服务群众能力。不断提升市长电话服务水平和办理效率,以群众来电反映的应急类事件和政策性解读为重点,协调部门、属地协商解决群众反映的热点和难办事项,提高建议提案办理水平。四是加强应急管理。以应急指挥中心建设为契机,加快应急联动机制建设,落实突发事件应急预案管理办法,建立健全应急管理工作机制,强化考核督查举措,加强应急演练,确保突发事件发生时能在第一时间做出反应。按照有关规定不折不扣做好值班后勤工作,完成G20、互联网大会等重要节点安保。五是加强外事管理。严格落实新形势下的外事工作管理要求,修改完善各类涉外政策,助推招商(才)引资(智)、深化民间对外交往、创新国际友城合作等,助推全市经济社会发展。六是规范会务接待。执行中共八项规定、"六个严禁",严格控制会议次数和规模,精减庆典、节会和评比表彰等活动。强化服务意识,做好来宾接待工作,严格控制陪餐人员,加强接待经费管理,较好地完成各项接待任务。

【信息工作】 围绕市委、市政府中心工作和各阶段重点工作,及时整理编发专报信息,2016年,共刊出《政务动态》247期,《政务信息》17期。积极向上宣传汇报嵊州发展新思路、新举措、新成效,努力为上级领导更好地了解指导嵊州工作提供参考,并确保信息工作在全省继续走在前列,在全省信息考核中继续保持中上游位次。(市府办)

政务热线

【机构设置】 7月,撤销原嵊州市市长热线12345,更名为嵊州市政务热线服务中心。除110、120、119等紧急类热线以外,将市场监管、质监、价格、医疗卫生、人力社保、环境保护、旅游、文化、知识产权、国土、城市管理、交通、公积金、农业、安全生产等领域涉及政策咨询、投诉举报等非紧急类政务服务热线,共15个部门20个热线号码统一整合到绍兴市市长电话受理中心,同时依托浙江政务服务网整合各类网上受理投诉举报的渠道,建立统一的政务咨询投诉举报平台,实现投诉举报事项的统一流转、统一查询、统一督办等功能。

【办理流程】 一是统一接收。整合后的统一政务咨询投诉举报平台在绍兴市范围内以12345一个号码对外,通过电话、网络(含电子信箱、微博、微信、QQ、网站)、短信、手机APP客户端等渠道接收公众的咨询、投诉、举报等事项。二是按责转办。按照"属地管理优先"和"谁主管谁负责"原则,分类处置,按责转办。对一般的转办事项,由市政务热线服务中心通过省平台转交相应的职能部门依据职责在规定时限内办理;对情况复杂、涉及多个部门职责的转办事项,由市信访局协调并确定责任单位办理。三是限时办结。承办部门对市政务热线服务中心的转办事项,按照"谁办理谁答复"原则,在规定时限内将办理结果反馈给提出诉求的群众,并将办理结果回复省统一政务咨询投诉举报平台。确因客观原因无法解决的,应认真做好相关政策解释和疏导工作。四是统一督办。根据市信访局部署,由市政务热线服务中心负责全程跟踪转办事项的办理情况,督促承办单位按规定时限办理并回复办理结果。同时,省统一政务咨询投诉举报平台对交办事项处理过程实行全程公开,方便群众实时查询了解反映事项的办理过程和办理结果。五是评价反馈。对办结事项,省统一政务咨询投诉举报平台及时向提出诉求的群众回访核实办理结果并进行满意度调查。对承办部门的办理情况作出评价,将评价结果列入考核。六是行政问责。加强对投诉举报事项办理情况的监督,对办理过程中出现的失职、渎职等行为,提出相应的问责建议,由纪检部门启动相应的问责程序。七是分析研判。依托统一政务咨询投诉举报平台形成的大数据,通过实时热点事件、热点区域和突发事件的分析,提供及时预警和阶段预警信息;定期梳理、分析和研判群众反映的社情民意、社会动态以及对政府管理和服务提出的意见、建议,为市委市政府科学决策提供参考依据。

【办理实效】　2016 年,政务热线服务中心共交办、转办 15487 件,有效办结率和群众满意率均达 85% 以上。通过摘报市长批示,联动公安局、住建局,开通了鹿山广场路口的行人通行红绿灯,方便市民的出行,杜绝了跨栏、攀爬等不文明不安全现象。城管局、黄泽镇获 2016 年度绍兴市政务热线工作先进集体称号,剡湖街道和政务热线有 2 人分别获 2016 年度绍兴市政务热线工作先进工作者称号。(王浙江)

人事工作

【工资福利改革】　1 月起,执行机关工作人员津贴补贴新标准,实现津贴补贴"三统一"(统一项目、统一标准、统一发放办法)。清理核查特殊岗位津贴,做好津贴补贴发放核查及清理整顿工作。执行事业单位基础性绩效工资新标准,允许事业单位在经费渠道不变的基础上浮绩效工资总量,并按上浮比例多少缴纳 50%、100%、200% 不等的调节金。调整精减退职人员补助费、机关事业单位工作人员遗属补助费,完成机关事业单位基本工资调标审批工作。

【人事招考】　完成 2016 年公务员公开招考笔试、面试、体检工作,共计招录 136 人。共组织全市事业单位公开招聘 20 次,共计招录或达成意向 530 人,其中事业单位硕士以上高层次人才招聘 2 次,合计招聘 22 人。共办理人事调动 433 人,完成 2016 年军转干部安置工作(8 人)。

【公务员队伍建设】　做好公务员年度考核和年报统计工作(公务员 2047 人,事业人员 10940 人),制订《嵊州市公务员考核实施办法(试行)》,推行公务员"日志式"考核管理。组织两期公务员知识更新培训班,来自乡镇(街道)、市级机关各部门共计 312 名公务员参加培训,举办 94 名新录用公务员初任培训班。有序推进公务员职务与职级并行制度实施(科员、副科级职级晋升)审批工作。

【专技人员评聘】　做好政府特贴专家、省突出贡献中青年专家、省"151 人才"的选拔推荐工作,公布嵊州市第八批专业技术拔尖人才、学术技术带头人后备人才。简化高校毕业生职称初定程序,严格职称申报材料和评审资格审查,充实和更新各类专业技术职务评委库,全年共评审初级职称 326 人、推荐中高级职称 293 人,共完成专业技术继续教育 1.3 万人次。结合教师"县管校聘"工作,在全市教育系统中推行事业单位岗位设置部门统筹管理,共核准岗位 6408 个,有效缓解了教师的聘评矛盾。联合市经信局开展嵊州市首届工艺美术大师评审工作,拟评选嵊州市工艺美术大师 25 名。(黄云飞)

法制工作

【规范性文件管理】　2016 年,市府办制发市政府行政规范性文件征求意见工作规定,进一步完善行政规范性文件制定程序。全年审核、报备行政规范性文件 28 件,其中市政府文件 9 件,市政府办公室文件 19 件。组织开展行政规范性文件集中清理。对1983年至2015年期间市政府及市政府办公室下发的598件行政规范性文件进行逐件甄别审查，并公布清理结果，共公告废止、失效文件174件。

【行政复议诉讼】　　2016年，市府办法制科共办理行政复议案件51件，其中受理并办结47件，不予受理4件；办理以市政府为被申请人的复议答复案件12件。处理各类行政应诉案件112件，代表市政府出庭应诉99起。

【行政执法监督】　　制发市人民政府特邀行政执法监督员工作规则；组织开展行政执法全过程记录和重大行政执法决定法制审核工作；对全市各主要执法单位的行政许可案卷、行政处罚案卷，以及行政执法与刑事司法衔接工作情况进行执法检查。并组织政府法律顾问积极参与"城中村改造""三改一拆""国卫创建"等工作。

【四张清单一张网】　　持续推进"四张清单一张网"建设。全面实施政务服务网向基层延伸工作，全市21个乡镇(街道)发布本级权力清单、责任清单，并完成乡镇(简介)、村(社区)简介、办事指南及联系方式等基本信息录入，其中5大集镇和开发区实现部分事项网上申报和网上办理。启动实施全省统一的行政处罚系统建设，至年底，基本完成自由裁量配置等应用系统建设，以及处罚事项测试办件工作。

【执法证件管理】　　对全市持有省行政执法证件人员进行清理公告。至年底，全市持有省行政执法证人员947人，其中部门828人，乡镇119人；持部颁执法证人员1274人，主要是公安、财政、国土、交通、农林、市场监管、国税等部门人员。

外事工作

【概况】　　2016年，市政府外事办累积审核申报因公出国(境)共计17批38人次。配合国家总体外交，全力做好2016年杭州G20峰会期间涉外管理的各项工作，妥善管理涉外事项，维护好地区安全稳定，展示嵊州良好的对外形象。完善外事为全市经济社会发展服务的功能，做好APEC商务旅行卡推广和外国人到嵊邀请预审等服务工作，帮助企业"请进来"和"走出去"。做好企业引进海外人才、赴国外参展、专业技能培训，以及医生、教师等专业技术人员赴国外进修学习等服务保障工作，提升市内专业人才的整体业务水平。协助市内公民处置领事保护事件，为公民争取国外的合法权益提供帮助。

【涉外交往】　　4月，市政府外事办友好接待印度驻沪总领事考察市领带产业，为全市企业和产品做好宣传和推广。5月，友好接待友城韩国庆山市市长一行到嵊访问，这是双方结好15年后，对方高层首次率团来访。此外，陪同庆山市代表团参加首届绍兴国际友城大会，做好团组的引导、接待和翻译等工作。11月，以"互联网＋教育资源全球化与共享"为主题的2016年国际校长中外教育研讨会在逸夫小学举行，5个国家的16位教育代表参加研讨会，精彩呈现了全市教育的成果，为嵊州市教育面向世界打开了窗口。在民间友好交流方面，12月，接待天溪会事务局长川村真山来王羲之墓地祭拜，双方继续保持友好交往。

电子政务

【政务服务网延伸基层】　　在2015年完成乡镇194项事项梳理入库和政务服务网乡镇站点建设的基础上，10月16日，市府办组织召开政务服务网乡镇延伸工作会议，在经黄泽镇及下属两个村的试点，在全市所有乡镇街道及重点村推广权力事项及服务事项的网上一站式运行，实现网上办事五级联动，至年底乡镇村已办件392件。同时，按照全省统一部署，继续完善乡镇站点信息，及时完成浙江政务服务网嵊州市站点及所有乡镇站点网格及相关信息的更新发布。

【行政处罚系统】　　在行政处罚结果及时公布到浙江政务服务网的基础上，按照绍兴市统建的模式建设行政处罚系统，5月份启动自由裁量管理系统建设，年内已基本完成；经过多轮技术培训,年底前完成处罚系统的后台配置工作,确保所有处罚事项有测试办件,为全面应用创造条件。

【在线审批监管平台】　　完成投资项目审批事项、办事指南等信息的梳理,配置流程节点和人员,实现投资项目审批事项的动态调整和实时更新。对统一权力运行系统实施规范性改造。在网上申报的基础上,在监管平台对具体投资项目进行统一赋码。在统一权力运行系统中就项目的具体审批办件开展在线审批,并通过浙江政务服务网数据交换平台实现投资项目数据上报。至年底已开展投资项目的网上申报及赋码100多项。

【地理信息采集共享】　　按照省、绍兴市的统一部署。9月12日,市府办发出《全市政务地理信息资源采集共享工作方案》,组织召开全市政务地理信息资源采集共享工作培训会;至年底,全市共有58个部门(乡镇、街道)共上报信息4053条,校核数据信息4051条,已成功发布信息3707条,受到省政府办公厅的通报表扬。

【电子政务视联网】　　已完成浙江省电子政务视联网嵊州平台建设,是全省24个工作进度良好县市区之一。全市接入终端83个,包括21个综治系统接入点,通过现场踏勘和联调,11月25日通过验收。

【政府门户网站群建设及维护】　　结合政府网站安全等级保护工作的展开,对安全等级达不到二级标准的部门网站进行整改。利用"中国嵊州"政府门户网站群平台进行改建,共迁入部门子站34个,实现门户网站与部门子站之间主动公开信息资源的共享。按照全国政府网站普查要求,责成信息发布不及时、安全措施不到位的政府网站整改或关停。组织开展门户网站群24小时安全监测,保障G20杭州峰会期间电子政务网络、网站群及相关业务系统的安全。(市府办)

机关后勤工作

【后勤服务保障】　　2016年,市机关事务局全力做好新行政中心、商检大楼、国资综合大楼、北直街大院的管理和服务工作,确保了安全保卫、食堂餐饮、物业管理、会务服务等各项后勤保障工作有序运行,全年安全无事故。接管国资综合大楼后勤保障工作,9家入驻单位全部搬迁入驻。新开办国资综合大楼食堂。至此,机关事务局两个食堂共保障就餐人员达1000余人;行政中心食堂、国资综合大楼食堂创建成为"嵊州市健康食堂",并被绍兴市市场监督管理局评为"绍兴市A级食堂",且顺利通过省级示范食堂的复评;在绍兴市机关事务管理系统业务技能竞赛中,机关食堂参赛团队获得团体一等奖。机关事务局被绍兴市机关事务管理局评为2016年度绍兴市机关事务管理工作先进集体。

【重大会务活动保障】　　2016年,市机关事务局完成了市"两会"、市第十四次党代会、全市经济工作会议、市第七届运动会、绍兴市"晒亮点、比业绩"活动、首届中国毛兔产业种业发展大会、纪念越剧诞辰110周年暨首届全国越剧戏迷大会、第十三届中国嵊州国际书法朝圣节、第九届中国嵊州电机厨具展览会暨高新技术成果交易会等系列活动及省"五水共治""三改一拆"督查组、创建国家卫生城市考核组、省委组织部专题调研组、换届考察组等的后勤服务保障工作。全年共保障市委、市政府召开的视频等各类会议420场次,与会人员3.5万余人次。

【接待工作】　　2016年,市机关事务局严格遵守中央八项规定、《嵊州市党政机关国内公务接待管理办法》,在标准范围内创新方式,创优服务,始终保持公务接待良好的对外形象。全年共接待来嵊领导和来宾290批次,接待人数4200人次,其中接待省级以上领导12批次,接待各地考察团11批次,接待港澳台来宾2批次,接待外宾团2批次。同时,做好市委、市政府组团赴外学习考察等活动的后勤保障工作,及早落实,打好前站。

【节能工作】　　2016年,全市公共机构人均综合能耗和单位建筑面积能耗分别比上年下降

3.48%和2.22%,人均水耗同比下降2.58%,顺利完成了2016年度的节能目标。组织开展了以"节能领跑,绿色发展"为主题的节能宣传周和全国"低碳日"能源紧缺体验活动。定期开展公共机构节能、节水检查,完成市行政中心能耗监测平台建设。推进节约型公共机构示范单位和节水型单位创建,2家单位被绍兴市机关事务管理局等部门授予"绍兴市级节约型公共机构示范单位",30家单位创建成为市公共机构节水型单位。

【办公用房管理】　　进一步规范、统筹全市党政机关办公用房配置使用。开展了全市党政机关办公用房清理整改成果"回头看"专项检查,制定出台了《嵊州市党政机关办公用房管理暂行办法》,切实加强办公用房统筹管理。拟定了《全市办公用房统筹利用方案》,经市政府第57次常务会议审定通过,对全市16幢办公大楼共38家单位办公用房作出调整,已全部搬迁调整到位,办公用房资源得到优化配置。(张明敏)

行政审批工作

【概况】　　2016年,市行政服务中心围绕高效审批和规范优质服务两大主题,在开展高效审批、优化审批服务、提升审批效能等方面取得前所未有的好成绩,获得2016年度绍兴市行政服务中心对各县区市行政服务中心的考核第二名。其中,企业投资项目高效审批做法在省政府深化"四张清单一张网"改革工作简报、《绍兴日报》头版、《绍兴信息》上刊登。便民服务平台建设作为基层社会综合治理四大平台之一入围全国创新社会治理优秀案例。发改窗口、国土窗口获得市"共产党员先锋岗",窗口7人获得市"先锋标兵"称号,市场监管窗口被评为2016年嵊州市文明窗口。

【审批服务供给侧改革】　　一是细化工作措施。4月初,审批中心制定并下发《关于深入实施行政审批制度改革实现投资项目高效审批的通知》,按照所有项目80天高效审批、重点项目50天高效审批、急需项目实现按需办理并联审批、土地摘牌后一天内出具开工报告的原则推动工作。二是加强在线监管。对进入高效审批流程的企业投资项目进展实施在线动态监管,对超时环节和存在问题的责任单位报市委、市政府后实施通报。三是推进"联审联动"工作。深化完善企业投资项目"联合验收""联合测绘""联合图审"等工作机制,继续开展并联审批服务和绿色通道服务。全年共受理103个项目,已办结87个项目,其中50天办结12个,占到绍兴市实现50天高效审批的一半,其余的75个项目则全部在80天内办结。列入50天高效审批的浙江定阳新材料有限公司热塑性弹性体项目审批进展顺利,在40个工作日内完成开工前的审批。

【投资项目跟踪代办制度】　　一是组建投资项目代办员队伍,明确代办员职责,对本辖区内投资2000万以上的项目实行全程跟踪、亿元以上项目全程代办。二是建立代办员工作例会制。定期组织代办员业务培训,交流代办员工作,掌握代办员的工作动态,督促代办员做好代办工作。三是建立代办管理考核制。代办员实行双重管理,工作上接受所在乡镇、街道、管委会的领导,业务上接受行政服务中心的指导,项目审批代办工作考核结果列入对各乡镇、街道、管委会年度目标岗位责任制考核内容。年底止,全市乡镇(街道)项目审批代办员26名,共实施跟踪服务的项目69只,实行全程代办服务的项目17个。

【平台建设】　　一是推进行政权力系统应用。全市纳入政务服务平台416项事项,其中四星级以上审批事项为291项。全年嵊州平台的访问量在全省县市区中位居前5名,电子政务视联网建设平台是24个工作进度良好县市区之一。二是有序开展政务服务网向镇村延伸工作。乡镇(街道)网上服务站建设已基本完成,共21个乡镇(街道)、村(社区)完成简介、联系方式等基本信息的录入,责任清单、权力清单已经发布,并确定黄泽镇进行政务服务网上运行试点。全市21个乡镇(街道)已全部实现部分事项的网上申报、网上办理。

三是抓好联网平台建设工作。已完成省电子政务联网嵊州平台建设,首批60家接入单位中已有50家完成联调。按照全省统一部署,综治系统需接入视联网的22个接入点也已基本完成。

【集中评价】　　一是提前谋划,实施"区域评价＋准入标准"制度。相关行业主管部门制定项目准入标准和负面清单,对负面清单以外的项目以"区域评价＋准入标准"方式取代每个项目的具体评价,并在项目业主作出相应承诺后,实行项目审批承诺备案制。二是快速推进,实施集中评价事前审批。在制定区域总量、实施规划评估、确定准入标准的基础上,优化审批流程,对节能评估、水土保持、环境影响评价等审批环节由开发区牵头进行集中评价,报相关职能部门同步进行审批,缩短办理时间。6月,开发区对入园企业浙江定阳新材料公司等4家企业的项目实行集中评价审批。浙江定阳新材料公司在实施50天高效审批流程过程中,对投资项目手续简、环节少、时间短、效率高的服务深感满意。

【投资项目"三测合一"联合测绘】　　按照"注重实际,整合测绘资源,简化测绘环节,提高服务效率"的要求,市政府出台《嵊州市企业投资项目联合测绘实施意见》,具体规定联合测绘的目标要求、资质条件、技术标准、服务时间、行为准则、操作程序。市建设局(测绘局)对有关测绘资质单位入驻"中介超市"资质情况进行审核,已有两家测绘资质单位通过入驻审核,行政服务中心指导中介做好网上超市的入驻。市城乡建设测量队已与新城控股旗下的投资项目吾悦广场及碧桂园江湾1号项目进行"三测合一"联合测绘。

【网上"中介超市"】　　一是编制目录。编制涉及投资项目审批的中介服务事项清单,对中介服务项目设定依据、中介服务时间、收费及收费标准等内容进行规范。中介服务事项清单实行动态管理,清单根据项目变化和政府定价目录调整实行动态调整。二是建设网络。开发与应用网上"中介超市",实行全程网络化办公。中介管理系统已

正式投入使用。三是入驻备案。按照"进入不限量,资质有要求"的原则,面向全国公开引进相关的中介机构,中介机构自行网上申请,经行业主管部门审核,行政服务中心核对后备案入驻嵊州市中介网。嵊州市中介服务网于9月份运行,涉及9个行政审批部门、16类中介服务事项的136家中介机构通过主管部门备案入驻中介超市。

【审批服务"两个即办"】　　根据审改三年规划,积极推动行政审批和服务事项的即办率。通过优化流程,对仅需形式审查的涉及企业、居民个人的审批事项"即来即办"率分别达到95%和73%,远远超出上级60%和50%的要求,即办率位于绍兴市前列。

市行政审批中心窗口服务现场

【提升服务水平】　　一是健全完善制度。对窗口工作人员考勤、着装、服务态度、办事效率等严格考核,并将其作为窗口绩效考评的重要依据。二是适时多次调整窗口设置。配合不动产登记改革,优化受理流程,不动产登记受理工作提速提效。全年中心各窗口共办件45.98万件,办结率99.98%,办件提前率86.5%,群众满意率达到99%以上,群众投诉及时处理满意率达到100%,有责投诉在总办件量万分之二以下。(郑超)

住房公积金管理

【概况】　　2016年,住房公积金管理嵊州分中心制定出台《2016年嵊州市住房公积金承办银行业务工作考核办法》,加大对银行的扩面考核和

存款奖励力度，针对企业发展面临的困难深入企业做好思想动员工作，切实转变企业主缴纳住房公积金观念；通过制作公积金专题宣传片和专刊，利用报纸、电影院、网络等媒体手段，全方位进行政策解读宣传，使住房公积金政策家喻户晓。全年归集住房公积金5.67亿元，同比增长10.7%。

【住房公积金贷款】 严格执行住房公积金贷款的各项操作规程，确保调查、审核、审批、跟踪每个环节严谨规范；积极开展公转商贷款业务和融资拆借工作。2016年向绍兴市中心拆借资金1亿元，新发放公转商贷款7152万元，缓解了贷款资金紧张矛盾，较好地满足了职工贷款需要。全年发放住房公积金贷款1253笔，贷款金额4.16亿元，支取住房公积金4.54亿元；发挥贷审会的集体监管作用，加强对贷款楼盘的贷前风险评估、控制和贷后跟踪管理，规避市场风险；加强逾期贷款催收工作，规避信用风险，降低贷款逾期率，保障资金运行安全。同时，按照规范资金管理要求，做好9500万元住房公积金资金竞争性存放工作。(赵慧)

公共资源交易

【概况】 2016年，市公共资源交易中心交易量、总额、四大交易均创历史新高。共开展交易1374项，实际交易额95.08亿元，同比增长29.6%；增收节资6.36亿元，增收节资率6.34%。其中，工程建设项目成交额45.62亿元，同比增长59.37%；经营性土地（矿产）成交价44.13亿元，同比增长1.1%；政府采购成交额2.50亿元，同比增长141.40%；产权交易成交价2.83亿元，同比增长2045.12%(21倍)。市公管办推进"1+4+N"工程建设项目招投标制度体系建设，着力"N"制度配套，使工程建设项目招投标更加"公平公正、规范高效"。总投资163.77万元，建设招投标信息化平台。已完成硬件建设，开通政务云服务，在云平台上已完成建设工程业务系统的部署，进入试运行阶段。

【工程建设项目提速招标】 根据项目进度需要，在投标人一致提出提速申请的情况下，开启绿色通道，实行限时办结。通过提速招标的项目，从递交招标文件到发出中标通知书的时间，800万元以下的从约30天压缩到8天左右，800万以上的从约30天压缩到15天左右。全年共完成35只项目的提速工作。

【异议投诉举报联动调处机制】 起草出台《嵊州市工程建设项目招投标异议、投诉和举报联动调处机制与责任追究办法》，明确各市场主体、行业主管和有关职能部门对处理异议、投诉、举报的具体职责，并建立联动机制，实行责任响应制度、联席会议制度、黄金三日应急调处机制，切实增强应急联动调处的能力，确保工程建设项目顺利实施，为联动调处和责任追究提供依据和处置办法。

【创新小额服务类项目采购方式】 起草出台《嵊州市小额工程建设服务类项目打包采购管理办法》。该办法对50万元以下的工程建设服务类项目，实行年度一次性打包采购。按"集中采购、集中建库、集中管理"的方式，在中标承包商备选库中随机抽取确定服务商。建立市政、水利、房建、交通监理和市政、水利、房建设计等7个类别的年度中标服务承包商备选库。全年共完成小额工程建设服务类项目打包采购23项。

【完善农村小额工程项目管理制度】 修订《嵊州市村级小额工程施工项目管理办法》，该办法适宜农村简易施工又不涉及安全的一些工程，重点从以下7个方面作了完善：1、额度变化，造价从原来的1万元至5万元提高到1万元至10万元。2、明确适用范围，同时强调节约资金，要求确实能节约20%以上造价。3、使用简易造价，不再要求专业的设计和预算（定额造价），可以通过农村土法编制设计和造价。4、简化流程，减少党员提议、党员大会决议等决策程序。5、实行2万元以上主材公开采购。6、严控变更和结算。超造价20%以上的，原则上不得办理变更；工程结算超造价10%的，先调查追责后支付。7、规定本村干部及亲属不得参与本村的工程竞包。

【市场和现场监管】　　一方面,制定《嵊州市工程建设领域招标代理(预算编制)机构招投标市场行为考评管理办法》,建立细化的考核制度,应用于招标代理打包采购之中。另一方面,制订《嵊州市招投标市场工程建设项目投标人不良行为处置改日常行为考评管理办法》,坚持实事求是原则,防止被动失管或一棍子打死两个极端,根据不同层次的行为性质,落实有针对性的考核措施,对投标人不同性质的行为表现进行考核并应用于评标之中,违法违规程度严重的坚决清出市场或列入黑名单。加强开评标过程现场的监督。在接收投标文件、审核投标人资格、投标入围、基准价确定等环节,严格按照招标文件规定实施监督监控设施的升级改造,实现开标现场、评标过程同步录像录音。

【集中采购】　　2016年,市公管办政府采购部共完成市教体局、公安局、卫计局、财政局、环卫处等单位委托的1034次采购任务。根据省财政厅《浙江省政府采购协议供货制实施办法(试行)》的精神,联合市财政局,组织21家政府采购供应商,学习关于2015至2016年度通用办公设备协议供货全省联动项目采购结果执行和监管工作的相关规定和程序,督促协议供货商严格履行承诺。

【服务指导】　　一是加强对全市招投标工作的业务指导。4月,市公管办组织召开全市所有乡镇长、分管领导及有关部门分管领导、业务人员参加的工程建设项目招投标工作培训会,取得良好效果。二是助力乡镇招投标工作。9月,推出乡镇街道招投标结对服务制度,由工作人员结对联系乡镇,每两个月至少一次走访联系乡镇,了解招投标工作,帮助解决业务问题,听取意见建议,以联系单的形式做好走访记录或问题反映,并及时会商、解答反映的问题。

【培训与考试】　　注重业务培训学习。组织有关业务骨干参加政府采购实践应用培训、统一公共资源交易平台整合建立、招标师、保密和信息化管理等多类培训,召开全市性的业务培训会议5次,单位领导、中层业务骨干评标专家、代理机构和乡镇、部门招投标从业人员参加。组织公务员和专业技术人员参加继续教育,全体公务员参加全市继续教育考试和专业技术人员继续教育网上考试。副科级以上领导干部参加全市统一组织的理论考试,年终开展述学、评学活动,促进业务水平的提高。

5月,市公管办在会议室举行评审专家培训考试（贾伟军）

市 政 协

综 述

【概况】 2016年,市政协树立和贯彻"创新、协调、绿色、开放、共享"五大发展理念,紧紧围绕全市工作大局,维护核心,服务中心,凝聚人心,充分发挥优势,积极履行职能,完成十四届四次会议确定的各项任务,为促进全市经济发展、社会稳定作出了贡献。共召开政协全体会议1次,常委会议3次,主席(扩大)会议6次,组织视察调研5次,开展联络联谊、"走进基层、服务群众"等系列活动。

【市政协十四届五次全体会议】 1月6日至8日,市政协十四届委员会第五次会议在市区召开。与会的246名委员履行政治协商、民主监督、参政议政职能,完成了各项议程。会议听取并审议市政协十四届常委会工作报告和提案工作报告,5名政协委员进行大会发言。与会人员列席市十五届人大五次会议,并讨论《政府工作报告》和其他有关报告。市委、市政府领导到会听取意见建议。会议通过决议,要求市政协认真落实市委十三届二十四次全体(扩大)会议精神,充分发挥人民政协作为协商民主重要渠道的作用,推进协商民主广泛多层制度化发展,号召全市政协组织、政协各参加单位和广大政协委员要围绕"发展特色优势产业,打造实力嵊州;建设精致城镇区带,打造品质嵊州;传承创新越乡文化,打造魅力嵊州"的目标,以提升经济质量、提高城市品质、改善民生福祉为重点,发挥政协优势,履行政协职能,为高水平全面建成小康社会作出新的贡献。

图为1月6日召开的十四届五次会议会场

常委会议

【第十七次常委会议】 1月8日,市政协召开十四届十七次常委会议,听取五次会议期间各组讨论情况的汇报。审议会议决议(草案)及提案审查情况的报告(草案)。讨论决定政协常委会全年工作安排。

【第十八次常委(扩大)会议】 5月24日,市政协召开十四届十八次常委会议,专题协商加强全市企业人才队伍建设工作。提出要解放思想,大胆突破传统人才观念,从战略高度重视企业人才工作;要创新机制,着力推进人才"供给侧"改革;要立足实际,进一步优化企业人才发展环境,在全社会营造尊重劳动、尊重知识、尊重人才、尊重创造的浓厚氛围等建议。

【第十九次常委(扩大)会议】 7月19日，市政协召开十四届十九次常委会议，听取政府专题报告和公安、法院、检察院工作通报。会议要求市政协常委、政协委员认真贯彻市委十三届三十一次全体(扩大)会议精神，深入查找、补齐市政协履职工作短板，发挥政协独特优势和作用，为服务"三个嵊州"建设作出更大贡献。

主席(扩大)会议

【4月14日会议】 市政协实地踏看浙大一院嵊州分院，听取市医疗资源"双下沉、两提升"工作情况汇报，就全市医护人员编制统筹、职称倾斜山区、医保报销等方面提出了针对性的意见建议。会议要求进一步增强服务意识，努力让百姓看得起病、看得好病；进一步坚持问题导向，相关部门携手共进，协商解决现有问题；进一步增强人才意识，积极争取上级医院更多资源。

【4月26日会议】 市政协听取城市规划编制和执行情况汇报。提出要坚持以人为本的城市规划理念，综合考虑全市的历史、人文、自然、生态的融合，新城、老城的衔接，人与自然的和谐；要完善规划管理制度，政府制定严格的规划实施机制，以法律手段确保城市规划的顺利进行；要重视规划人才的培养和引进，鼓励现有从业人员加强学习，提升自身素质和专业水平等建议。

【5月10日会议】 市政协在前期走访调研的基础上听取土地整治工作情况汇报。提出要重新认识土地整治推动经济发展的意义，采取更加有力的工作举措来推动土地整治工作，发挥土地效益的最大化作用；要学会众筹，坚持创新，通过整合各部门资金、利用农村闲置资金和运用金融杠杆等加大投入，发展农村经济；要有序进行，建立有效的实施、监督管理制度，务求实效等建议。

【6月16日会议】 市政协听取全市宗教工作情况汇报，就重视宗教工作、加强宗教信仰管理、着力解决宗教工作短板、大力宣传宗教工作精神、注重教职人才引进等方面提出了针对性的意见和建议。会议要求要善于把握宗教规律，坚持宗教中国化方向；要善于运用法治思维和法治方式开展宗教工作，助推宗教事务依法管理；要善于提升正能量，充分发挥爱国宗教团体的积极作用；要善于联系信教群众，不断提高新形势下宗教工作水平。

【8月18日会议】 市政协听取工程领域招投标工作情况汇报，就加强招投标领域的政府领导、强化技术创新、完善诚信体系建设、加大对违规操作的打击力度、重视人才队伍建设、加快平台建设等方面提出了有针对性的意见和建议。会议要求要正视问题，切实增强工作责任感和紧迫感；要把握重点，建立工程领域招投标的良好生态体系；要加大投入，加快软硬件建设；要强化统筹协调，严把质量关。

【10月27日会议】 市政协在前期调研的基础上听取市场监督管理工作情况汇报。提出要适应新常态，强化监管体制建设，实现从行政监管为主向法治监管为主的转变；要建立新模式，大力推进智慧管理，逐步建成源头可溯、全程可控、风险可防、责任可究、公众可查的市场监管体系；要借助新力量，积极建立企业诚信、行业自律、公众参与、舆论监督的"社会共治"体系，全力营造共管氛围等建议。

视察调研

【视察职业教育发展】 3月29日，市政协在前期调研的基础上，实地察看中等职业技术学校和职业教育中心，听取职业教育工作发展情况汇报。提出要充分认识职业教育的重要作用，把职业教育摆在更加突出的战略地位；科学研判职业教育面临的形势，精准服务地方经济发展；多措并举，形成推动职业教育健康发展的工作合力等建议。

【专题调研创新发展工作】 3月至5月，围绕"以人才队伍建设引领和支撑创新驱动"的主题,市政协组成调研组,深入有关部门、行业协会、企事业单位,重点对全市企业人才队伍建设开展专题调研,并到余杭、柯桥、上虞、新昌等地学习考察。通过深入的调查研究,形成《补齐企业人才短板搭建创新发展跳板》的专题调研报告。报告从构建创业环境、健全政策扶持、重点突破瓶颈、培养企业主体意识等方面提出真正确立人才优先战略,全力打造"近悦远来"创业环境;高效运用财政资金杠杆,健全完善企业人才扶持政策;努力畅通人才引进关隘,着力改变高级人才不足现状;重点突破产业技工瓶颈,加快构建"嵊州工匠"培养机制;牢固树立企业主体意识,全面实施企业家素质提升工程等建议,报市委、市政府研究。

【调研"五气合治"工作】 8月4日,市政协在前期走访调研的基础上,召开主席(扩大)会议,听取"五气合治"工作情况汇报,就汽车尾气整治、小餐饮管理、扬尘治理等方面提出意见建议。会议要求,有关部门要进一步认识"五气合治"工作的重要性和紧迫性,结合"五水共治""四边三化"等通盘考虑;进一步坚持问题导向,紧扣重点工作和重点地段推进"五气合治"工作;进一步建立健全"五气合治"长效机制,增强部门联动,落实责任。

【视察开发区二次创业工作】 8月25日,市政协在前期调研的基础上,实地察看开发区南二路快速通道、浦南大道延伸段、南二路基础设施、四明江改造工程、在建厂房建设及亿田科技馆、巴贝工厂化养蚕项目等,听取经济开发区管委会的有关情况汇报。会议提出开发区要继续负重担当,全力抓好项目建设;继续精准发力,努力增强发展后劲;要继续同舟共济,合力聚焦开发区"二次创业"等建议。

【视察剡溪江沿线综合整治工程】 11月10日,市政协实地察看剡溪江沿线综合整治工程现场,并听取剡溪江沿线综合整治工程建设情况汇报。提出思想上再重视,将水利项目与村庄建设、旅游项目有机结合,齐心协力发挥项目最佳效益;措施上再扎实,科学制定下一步的建设计划,精益求精推进工程建设;责任上再落实,坚持精细化工程管理,全力保障项目顺利推进等建议。

主要工作

【"五水共治"民主监督】 根据省政协统一部署,结合实际开展"走遍千村——看治水"专项民主监督活动。在全市452个行政村、43个社区、1000余个自然村和1085条大小河道建立相对应的90个小组,在嵊的省、绍兴市及市政协共276名委员全员参与,对主要河道、"两路两侧""四边三化"定点开展督查,提出务实科学管用的"补短板"对策建议110条,得到省和绍兴政协的充分肯定。

【提案督办】 进一步建立健全联合交办、重点提案市长们领办、提案督办、提案办理量化考核等制度,规范办理程序,提升办理实效。十四届五次会议共收到提案152件,经审查立案152件,办结率为100%,委员满意率和基本满意率为95.8%,提案整体工作水平有较大的提升。

【中秋茶话会】 9月13日,市政协举行中秋"各界人士座谈会",各民主党派,知联会、工商联,无党派人士等各界别代表参加。市政协主席何国英等领导出席,会上各界人士围绕全市经济发展、城市规划、社会管理、民生热点等问题畅所欲言,共谋发展,共话未来。

9月13日,市政协在嵊州宾馆举行中秋各界人士座谈会

【编纂政协志】 在市政协成立60周年之际，历时一年完成《嵊州市政协志》的编纂。全志围绕政协的性质、任务、主要职能和作用，分组织机构、重要会议、工作记述、人物档案、参政资料五大篇，约50余万字。以事实为依据，系统、全面、客观地记述市政协的产生、发展过程及履职工作的史实，广角度地反映政协事业的全貌，展示政协工作的创新之举和经验总结，为研究嵊州政协事业规律，促进嵊州政协事业发展提供宝贵的文献资料。

【政协读书会】 7月19日，市政协召开十四届十九次常委(扩大)会议暨读书会。会议全面了解了市委市政府及法检两院半年度工作，与会人员围绕"两学一做"学习教育，结合本职工作，就如何发挥好政协各专门委员会、乡镇(街道)工作委的作用展开学习交流，为进一步完善政协工作提出意见和建议。

【护航G20 助力创卫】 2016年，市政协围绕服务保障G20峰会和国家卫生城市创建开展相应活动。领导班子成员到联系乡镇指导维稳安保、五水共治、小城镇环境综合整治等工作；政协机关干部24小时值班轮岗，到联系乡镇、社区参加河渠清障、环境整治；组织政协委员以"随手拍"、民主监督、专题视察，座谈交流等形式，为G20峰会和国家卫生城市创建工作找短板、提对策。

【"走进基层、服务群众"活动】 10月至11月，市政协开展了"走进基层、服务群众"活动，组织政协委员深入乡镇(街道)、社区、企业等，上门入户走访群众，了解社情民意，开展调查研究；同时开展以送文化、送教育、送卫生、送科技、送法律为主要内容的下乡送服务活动；发动界别小组及委员，参与社会公益活动，与困难职工、贫困农户等结对互助，送温暖、送真情。(黄茵)

民主党派·工商联

农工民主党嵊州市委员会

【概况】　2016年,是农工党嵊州市委会成立三十周年,农工党嵊州市委会团结带领全体党员,围绕全市大局,立足特色优势,党派自身建设迈上新高度,履职工作取得新的业绩,为嵊州"十三五"良好开局发挥参政党的应有作用。市委会下设2个总支,6个支部,有党员185人。党员中担任绍兴市人大代表3人,绍兴市政协委员9人,市人大常委2人,市政协常委4人、委员16人。特邀监察员、监督员5人。

【农工党嵊州市委会第八次党员大会】　8月25日,召开农工党嵊州市委会第八次党员大会。全体党员本着高度的政治责任感和历史使命感,认真履行党员权利和义务,听取和审议第七届市委会工作报告,选举产生第八届市委会班子和绍兴市党代

8月25日,市委书记孙哲君出席农工党第八次党员大会,并在会上讲话

表。夏春燕再次当选为主委。

【成立30周年纪念活动】　一是编印一本纪念册。编写了30周年纪念册《而立》,全国政协副主席农工党中央常务副主席刘晓峰,省政协副主席、农工党浙江省委会主委姚克,中共嵊州市委书记孙哲君为纪念册题词。二是召开一次纪念大会。12月10日,在嵊州越剧艺校隆重举行市委会成立30周年纪念大会。三是举行一台联欢会。由党员自编、自导、自演、自己主持,举行市委会成立30周年党员联欢会。

【曲凤宏到嵊调研】　12月10日,农工党中央副主席、秘书长曲凤宏,到农工党嵊州市科技文教、人民医院两个总支实地调研基层组织规范化建设工作,希望嵊州市委会继续加强探索,用心实践,积极发挥基层的首创作用,在推进基层组织建设方面创造出更多可以借鉴、可以推广的好做法和好经验。

【学习实践活动】　组织党员深入学习贯彻中共十八届六中全会和习近平系列重要讲话精神,把握正确政治方向。向每一名党员分发习近平七一讲话学习读本。结合实际、突出重点,抓好学习宣传的落实工作。继续开展坚持和发展中国特色社会主义学习实践活动。发动广大党员开展"加入党派为什么,我为党派做什么,我为嵊州发展贡献什么"的大讨论。

【党员培训】　2016年,农工党市委会发展新党员9名。组织新党员赴绍兴市社会主义学院学习

培训，了解农工党的历史和中国共产党领导的多党合作和政治协商制度，认识中国特色社会主义参政党的历史责任，为提高履职能力打下基础。组织15名党员赴绍兴参加"走进基层，贴近党员，培育和践行社会主义核心价值观"百场主题宣讲活动。

【参政议政】　　市委会向中共嵊州市委提出《尽快保护迁建芷湘医院仅存建筑"红房子"至新人民医院的建议》，得到市委、市政府主要领导的批示，"红房子"保护工作正在实施中。党员中的人大代表、政协委员，分别参加市人大、政协组织的各项视察调研活动。政协委员参加"政协委员走遍千村看治水"专项集体民主监督活动。多位党员参加中共市委工作报告、政府工作报告、政协常委会工作报告征求意见会。多位党员担任人民法院人民陪审员和担任政府部门行风监督员，积极建言献策，其中，党员王跃三作为人民陪审员全年共参加庭审58场次。

【提交提案议案】　　在市政协十四届五次会议中，共提交市委会集体提案4件，个人提案16件。《关于鼓励发展工业旅游促进产业转型升级的建议》在大会上发言；《关于推进新型工业化与城镇化良性互动的建议》《关于进一步维护金融生态秩序，加强不良防控的建议》《关于打造越剧小镇，促进越剧创新发展的建议》等提案，被列入政协大会书面发言，其中两名党员写的提案被列为重点提案。《关于义务教育阶段学校教师专业技术职务评审和岗位聘任工作的几点建议》提案中的相关问题由绍兴市人力资源社会保障局进行落实。市委会《关于发展工业旅游促进产业转型升级的建议》等3个提案被评为优秀提案，受到大会表彰。

【义诊咨询服务】　　2016年，农工党市委会继续开展送文化、送教育、送卫生的"三下乡"活动。组织党员赴里南乡开展"国际科学与和平周"义诊活动。人医总支与中医支部分别赴广利、竹溪、里南、雅璜、三界、贵门等地开展义诊惠民活动，受益人群超过1000人次，分发健康宣传资料800多份。

【健康促进与教育活动】　　2016年，在逸夫小学建立第一个健康教育点，开展《学会洗手》《创伤急救四项技术》《身边的大药铺》《体质辨识与养生》等健康教育课程。人医总支继续打响"人医农工·健康行"口号，倡导健康生活方式，引领健康，传播健康，制订"小葵花·农工情"健康教育课程目标，分别为逸夫小学与爱德外国语学校小学部的孩子们讲授。中医支部组织开展《健康生活远离癌症》《治未病——中医学的瑰宝》《失眠病人的调养》等各类健康知识公益讲座。

【送教送法律活动】　　成立文化艺术专家组，发挥党派文化艺术界人士的人才优势，提升社会服务和参政议政能力。科教总支赴竹溪乡中心小学开展送教下乡活动，为山区孩子们送去两堂精彩的示范课，同时还向竹溪小学捐赠书籍，该校党员校长为教师作教科研讲座。一名党员组织成立古筝支教教师团队，为山区学校定期送教，并且推出成人古筝（琴）公益体验课，弘扬传统文化。农工法律援助工作站继续发挥党员律师专业优势，参与各类重大事项处置工作，参与市领导信访接待工作，接待群众来访，提供各类法律咨询。

【岗位工作业绩】　　2016年，党员杜素华被评为全国优秀工会工作者。党员倪锦锦获得市劳动模范称号。党员卢丹宁的企业佰誉电子被评为全市"三十强"企业。党员严娟英等4名人被评为市第八批专业技术拔尖人才、学术技术带头人。党员宓风光赴澳大利亚墨尔本举办个人作品展，在绍兴举办宓风光艺术小品展，其作品《巨匠的对话》获全国"子恺杯"大奖，《莎士比亚肖像》获全国读书大赛银奖。党员康信瑶成为中国医药教育协会乳腺疾病专业委员会浙江分会委员、浙江康复医学会肿瘤专业青年委员。党员施玲玲被聘请为绍兴市国土绿化专家服务团成员，被推荐为省优秀科技特派员。党员郑兴国的根雕作品在中国工艺美术协会主办的展览中获得金奖，并在省文化厅非遗中心作品展展出，12月在中国工艺美术协会主办的现场创作大赛中获得创意奖。（吕群芳）

民建嵊州市基层委员会

【概况】　　2016年，民建嵊州市基层委员会共有会员118人，平均年龄49.6岁。会员构成中，女会员35人，大专以上学历95人，中高级职称75

人,经济界66人。会员中担任省人大代表1人,绍兴市人大代表4人,市人大代表2人(其中常委1人);绍兴市政协委员5人(其中常委2人),市政协委员30人(其中常委10人),各级政协委员占总数的29.7%。全年发展新会员5人,均是大专以上学历,其中高级职称1人。

【参政议政】　在"两会"上,会员中的代表、委员向各级人大、政协递交议案、提案共36件。6件议案中,向省人大递交1件,向绍兴市人大递交4件;30件提案中,集体提案2件,编入大会发言材料6件,被评为优秀提案3件,被确定为重点提案3件。集体提案《加大工业有效投资　切实推进工业强市》在大会上发言,并确定为重点提案;《要求改善嵊州西部交通条件的建议》和《关于社会视频"共建共享"的建议》被评为重点提案;《关于大力发展嵊州时尚创意产业的建议》《加快推进市区繁华地段和划漆路边停车位集中路段停车收费的举措》和《加快市民卡工程建设　构建高效"智慧城市"》的被评为优秀提案。

【换届选举】　4月1日,民建嵊州市基层委员会举行换届大会,选举产生民建嵊州市新一届的基层委员会,实现新老班子的政治交接。新一届领导班子由原来的一正二副,提升到一正三副,委员成员结构更突出民建经济界的特色,更注重干部队伍的梯队后备,和团队的团结协作。

【省委主委到嵊调研】　4月18日,浙江省政协副主席、民建浙江省委主委陈小平到嵊调研民建基层组织建设情况。陈主委来到会员企业浙江科达新型建材有限公司和浙江宏达制衣有限公司分别召开座谈会,了解基层组织发展建设情况,对基层委员会取得的成绩肯定了五个"好",对今后工作提出四点要求。

【会员活动】　2016年,民建嵊州市基层委员会各支部纷纷围绕时事政治、党委、政府中心工作,开展形式多样的"学习与联谊"相结合活动,学习重要会议精神、统战等政策文件。第六支部组织部分会员前往义乌浙江高鸿科技有限公司举行"同心同德,开拓创新"交流考察活动;第五支部集体参加"智论财富,远见未来"财富巅峰论坛,听马光远先生解读经济大势;第四、五支部联合开展"弘扬传统文化"联谊活动,听元音琴院袁野老师讲解、演奏古琴曲,国学教师讲解国学知识。一年来,基层委员会及各支部共组织开展各项活动23次。

【社会服务和贡献】　一是以多种形式提供社会服务。市基层委员会组织"献爱心送温暖"活动,为市育才学校送上两名会员捐助学生们的价值9000余元衣服和运动用品。第三支部组织"嵊州爱泰敬老院"慰问活动,为老人们免费义诊,发放解暑药,送去必需品,并题字祝福。同时,许多会员也出钱出力,献爱心回报社会。两名会员利用空暇时间,到敬老院、社区、乡镇免费义诊,免费发放药物;一名会员资助多名贫困中小学生,为下岗工人提供再创业的机会;另一名会员坚持捐款捐物,助残帮困;律师界两名会员多年坚持为保护妇女儿童、残疾人权益提供法律咨询、法律援助。二是会员企业为社会作贡献。全市会员企业2016年工业总产值达29亿元,纳税1.2亿元。工业总产值2000万元以上的规上企业18家,其中:市工业企业30强企业5家。

11月15日,民建嵊州市基层委员会到市育才学校开展献爱心送温暖的社会服务活动

【作品获奖】　在民建中央、浙江民建建会70周年暨浙江民建成立60周年征文中,有1篇文章获民建中央办公厅颁发的"优秀作品奖";有两篇获民建浙江省委的"优秀作品奖"。5篇调研报告被市委统战部评为"优秀调研报告"。(贝仲林)

市工商联(总商会)

【概况】　2016年,市工商联(总商会)认真

按照年初制定的工作计划,找准工作短板,抓住工作重点,加强组织领导,一步一个脚印推进,确保了"创国卫""五水共治""精准扶贫""三改一拆"及异地商会联络活动等各项中心工作任务的完成。

【参政议政】　　一是深入企业进行各种专项调研。分别完成上规模民营企业的调研、制造企业成本问卷调查和省联的年轻一代非公有制经济人士问卷调查3个调研任务,并及时报送调研资料。二是陪同绍兴市政协副主席、工商联主席何小玲到嵊调研。分别走访浙江巴贝集团等4家绍兴市工商联副主席(副会长)企业,了解企业生产经营和发展情况,并为他们授牌。三是结合工商联界别团体提案及社情民意进行调研,确定两个方面的调研主题,把走访政府职能部门了解政策法规与走访企业了解实际困难问题相结合,找准切入点,撰写出高质量的调研报告。四是多方收集各种有效信息,保质保量完成向绍兴市联10篇和市委4篇的投稿任务,充分发挥好参政议政职能作用。

【服务会员】　　一是继续抓好精细化管理示范企业提升工程活动。6月22日下午,在嵊州宾馆与经信局、厨具协会一起举办"精细化管理"培训的启动仪式,对10家企业开展示范企业培训活动。二是依托锦程人才服务公司,实时为会员企业提供各种人才方面的服务。长期与180家企业建立人才服务关系,除节假日开展相对集中的人才招聘活动以外,我们每年都在年初、年中、年末如期组织春季大型人才招聘会、大中专毕业生人才招聘会和辞旧迎新大型人才招聘会。2016年,参加招聘的企业293家,提供就业岗位1321个,招聘人数7500人,接待人数1.06万人,登记人数8300人,达成就业意向3700人。三是做好业务培训和讲座论坛等服务。5月,会同信元会计师事务所开展企业会计业务培训,140人参加培训;6月,与新城吾悦广场联合举办新城吾悦广场城市发展论坛活动,邀请嘉宾外交部原部长李肇星、市委孙哲君书记等领导及企业界人士共计600多人参加。四是参加总工会、人力社保局和谐劳动关系"三方协调机制";工商联花木商会承接政府职能,对花木

进行评估收取每亩1000元的评估费,服务收入达90.8万元。

【联络联谊】　　一是支持开展对外的联络联谊活动。1月,参加嵊州市在宁企业商会年会和宁波市嵊州商会的二届一次会议;3月,市领导出面接待深圳绍兴商会企业家的来访;分别与吉林省的永吉县、昌邑区、磐石市工商联缔结为友好商会;5月,参加昆明市嵊州商会的换届选举大会,选举产生新一届领导班子;6月,应邀组团赴郑州的新密市、山东的新泰市进行实地考察等。二是建立完善市总商会微信群活动平台。三是制定出台《嵊州市异地商会交流联系制度》。明确主要目的,参加对象,具体内容等,努力使工商联促进嵊商回归工作。12月3日,在杭州市嵊州商会驻地召开异地商会交流活动。四是与市广电总台共同策划实施《天下嵊州人》大型系列寻访活动方案。

【组织建设】　　一是筹建成立了市新生代企业家联谊会。7月22日,在嵊州宾馆二楼多功能厅召开成立大会。大会选举产生市新生代企业家联谊会第一届理事会理事38名。同时,推荐2名同志担任省第二届新生代企业家联谊会理事;推荐9名同志担任绍兴市第一届新生代企业家联谊会理事。二是认真贯彻落实上级工商联的各项工作要求。按照《浙江省工商联2016年度"五优"县级工商联创建活动实施方案》要求,开展各项创建工作;对照《绍兴市工商联绍兴市农办"百企帮百村"精准扶贫行动实施方案》,制定《嵊州市工商联嵊州市农办"百企帮百村"精准扶贫行动实施方案》,促成实现精准扶贫的目标任务。按照《关于积极推广河道"认养制"、企业"河长制"的通知》要求,确定甘霖镇和黄泽镇2个基层商会所属的浙江科达新型建材有限公司等20家企业对长乐江、澄潭江、崇仁江、黄泽江、上东江、四明江、渔溪江等7条江共计59公里进行分段认养并担任企业"河长制"。同时认真落实市级一月2次的巡河活动,积极组织企业家开展"护水日"活动,参加企业100余家。三是切实加强党风廉政建设,严格落实"两学一做"等各项制度。确保全体党员干部在位在岗在状态。(吕决胜)

社会团体

总　工　会

【概况】　2016年,市总工会适应经济发展新常态,坚守工会工作主战场,推进工作理念大转变,谋求工会工作新作为,各项工作取得较好成绩。荣获区、县(市)工会重点工作考核优秀单位。

【工会组织】　抓住"基层组织建设年"的契机,以"党建带工建"为抓手,完善工会会员实名制管理,做实工会组织数据库和会员数据库,实现全市工会组建率和职工入会率动态保持在85%左右。全年全市新组建工会25家,发展会员1180名,全市基层工会组织已达1220家,工会会员11340人。

【立功竞赛活动】　组织动员职工参与建功立业活动,为促进经济转型升级作出新贡献。开展班组"工人先锋号"创建,重点在窗口单位、服务业单位选树一批典型,命名嵊州市城南小学儿童越剧普及岗等10个集体为嵊州市级"工人先锋号"荣誉称号,创建省级"工人先锋号"1个,绍兴市级"工人先锋号"5个;动员组织职工参加绍兴市职业技能大赛全部项目的技能竞赛。

【劳模评选模式创新】　开展嵊州市劳动模范评选工作,在公安、国税、卫计等10个部门联审的同时,创新性的实施"两代表一委员"评选模式。征求827名市党代表、人民代表和政协委员意见,共有543名"两代表一委员"参与网页推荐投票,占总人数的65%,为这次劳模评选提供强有力的参考依据。经评审委员会会议审核,确定35名嵊州市劳动模范。4月29日,在嵊州宾馆召开劳模座谈会,宣读了劳模表彰文件,劳模代表进行了交流发言。

4月29日,在嵊州宾馆召开劳模座谈会

【先进模范职工和集体】　2016年越盛集团厉法荣获全国五一劳动奖章;获绍兴市五一劳动奖状1名,下王镇政府俞水花获浙江省五一劳动奖章。

【职工素质提升工程】　实施绍兴市"名师带高徒"五年行动计划,择优推荐蔡利锋等18位相关行业名师,重点指导39名徒弟,打造一批优秀工匠。

【企业工资集体协商】　选树典型,以开展业务培训和开现场会的形式加强指导和交流,通过以点带面的方式深入推进工资集体协商规范化建设。从选举协商代表、发出邀约、协商准备、开展协商、制作文本草案、职工(代表)大会审议通过、形成工资专项集体合同、双方首席代表签字、报市人力社保部门审查、公示等8个环节加以规范。

【职工送温暖】 2016年,职工医疗互助保障参保单位382家,参保38300人,补助1348人次,补助金额2722196元;共接待群众来电来访231件,354人次,提供法律援助39起。元旦春节送温暖慰问特困职工178人计44.5万元,"爱心透析"专项救助9人次计4.05万元,金秋助学8人次计1.5万元。

10月25日,总工会领导向困难女职工发放慰问金

【职工文化活动】 开展第十三届"职工读书月"活动,在2月份农民工返乡高峰送杂志、报纸到客运中心、天乐集团;向长运集团、宏达制衣有限公司"图书漂流"近2000册,让广大职工享受到了精神文化大餐;不断创建企业"职工书屋",市宏达制衣有限公司被选为全国职工书屋,全市共有全国级"职工书屋"6家,省级"职工书屋"25家;组织职工参加绍兴市第二届职工智力运动会,中华经典与职工原创文艺作品诵读大赛等各类比赛。

【新媒体尝试】 创建工会微信公众号,增加职工了解工会的渠道,并鼓励督促乡镇、企业单建工会建立微信群(微博、QQ群);通过《今日嵊州》、嵊州电视台等媒体宣传劳模精神,在《今日嵊州》刊发劳模典型11个,嵊州电视台报道各级劳模4个;依托嵊州市工会网,将线下活动加载到线上,扩大活动影响力,打造健康向上的职工网络文化。

【工会经费】 8月,对征收名单进行了调整,减除了2015年度养老保险参保人数、工伤保险参保人数不足25人的单位62家,同时新增符合条件的82家企业,列入征收名单的为1142家。全市税务代征工会经费1519.23万元。按规定对乡镇(街道)工会经费进行回拨,全年回拨经费189万元。(祝森群)

团 市 委

【概况】 2016年,全市有基层团委76个,团工委3个,团总支69个,团支部1258个,团员40019名。嵊州市青年企业家协会被评为2016年度省青年企业家协会工作"先进单位"。

【团市委十九届三次全委(扩大)会议】 4月14日下午,共青团嵊州市委十九届三次全委(扩大)会议在嵊州宾馆召开。会议回顾总结2015年全市共青团工作开展情况及取得的成绩,同时分析当前共青团工作面临的新形势、新考验,提出了2016年全市共青团工作思路。大会还表彰了2015年度嵊州市共青团工作先进集体和个人。

4月14日下午,共青团嵊州市委十九届三次全委(扩大)会议在嵊州宾馆召开

【纪念五四运动97周年主题活动】 组织全市团组织围绕"建功立业'十三'五,助力嵊州新发展——共青团在行动"主题开展了"国旗下青春宣誓""青春建功保平安""青年座谈,共话成长"等主题特色活动,全市共开展"五四"主题活动近百余场。5月4日,《今日嵊州》还发表了市委书记孙哲君致全市青年朋友的一封信。市委书记从坚定信念、勤奋学习、敬业奋斗等3个方面寄予厚望,希望广大青年做向上向善好青年、与时俱进新青年、青

春建功排头兵。

【青少年思想引领】 在全市中小学中深入推进"红领巾相约中国梦""我为队旗添光彩""学党史 知党情 跟党走"等主题教育实践活动,举办了"红色手抄报""红色印迹走访体会小征文"等比赛活动。全市共举办团队日活动近200余场次。

【青年创业】 举办2016年"农商银行杯"嵊州市第三届青年创业创新大赛,发现挖掘一批优秀创业青年及创业项目,探索建立创业青年人才数据库;加大青年就业创业的扶持力度,推动落实青年就业创业小额贷款财政贴息政策,积极争取"扬帆工程"全省10个试点县市,为全市5名创业青年发放扶持资金共50万元;新建市级青年创客中心一个,不定期举办创业青年培训、论坛、沙龙等活动,搭建创业青年交流平台;加大对农村青年致富带头人的创业扶持力度,吸引、支持农村青年创业创新,组织参加第五届长三角地区农超对接洽谈会和"农村青年致富带头人"培训班,积极推荐多家创业企业参加2016年浙江省农博会共青团馆展销。发挥青联青企协作用,实施青年企业家素质培养提升工程。积极开展青企协走进乡镇、青联小组活动等,搭建杰出青年与青年企业家共话发展的平台,召开青企协全会暨新生代企业家联谊会成立大会。全年开展"青商大讲堂"、青商论坛、座谈等活动4场,增强青年企业家素质。

【青工提升】 加大"青字号"品牌工作力度,以青年文明号创建、青工技能比武等活动为切入点,带领青年投身经济社会建设。召开"2016年青年文明号争创分享会",规范青年文明号、手争创流程,加强争创单位之间的交流。

【志愿服务】 发挥雷锋广场作用,开展义诊、义卖、咨询等为民志愿服务活动,全年共开展雷锋广场活动8场;探索建立志愿服务供需对接形式,组织开展6场"爱心年夜饭"活动,共有170多名志愿者参与活动,服务孤寡、困难老人近300余人。召开"奋斗的青春最美丽"志愿服务座谈会,组织开展专项志愿服务培训会,做好"志愿汇"服务平台建设,引导广大志愿服务组织利用好"志愿汇"APP。

【青春助力创国卫】 围绕国家卫生城市创建组织开展"青春助力创国卫"志愿服务活动,专项开展"车窗抛物"曝光和文明劝导活动、清除"污目广告"活动、设立"创卫日",营造"人人参与创国卫"良好氛围。

【护航G20平安志愿行】 组建20000余人平安志愿者队伍,组织开展全市平安志愿者业务培训、誓师大会,参与"平安大巡防",专项开展五类重点青少年群体的摸排梳理和结对帮扶,专项承接全市峰会安保的车站购票身份验证工作,为G20峰会保驾护航。

【青少年关爱行动】 开展"共青团与市人大代表、政协委员面对面"活动,向人大代表、政协委员反映青少年关心关注的热点问题;不断完善青少年维权热线12355管理制度,建立"12355心灵花园体验中心",开展12355助力中、高考专场活动2场,使1000多名中学生直接受益,惠及全市所有中、高考生;开展"青年之声,圆梦未来"活动,圆了近70多名小朋友的"微心愿";开展盛和基金"金色梦想"活动,共有78名学生成为盛和基金资助对象,享受每月400元的资助;依托希望工程继续开展关爱贫困青少年活动,全年共资助困难学生200多人,涉及物资近11万元。

【"网上共青团"建设】 依托"青年之声"网络平台,及时了解掌握青年动态;不断壮大团属核心网评员、网络宣传员、网络志愿者和青年好网民四支队伍,依托青年核心网评员50人,不断发动广大团员青年注册成为网络文明志愿者,全年共计提问1580多条,回答2200条;做好"嵊州青年"微信公众平台建设,积极开展网络正面引导活动,在多次集中发声活动中效果明显;组织发起了"13岁少年用幼嫩肩膀扛起生活重担"的亲青筹项目,共计捐款15120.73元。

【校外教育】 发挥市青少年宫作用,推出彩虹工程——公益课堂,让低收入家庭的孩子、外来务工子女、留守儿童等弱势青少年享受优质校外教育资源，共有近200名青少年获得免费培训；推出"少代会圆梦系列"活动，组织流动少年宫走进王院乡中心小学等学校，全年开展流动少年宫10场，为全市2000多名小学生带去欢乐；组织开展了第二届队长学校培训班，共有38名少先队小干部参加培训；选拔产生了红领巾艺术团新成员，为艺术团的发展注入新活力。

【第六届童玩节】　　5月29日，第六届童玩节在嵊州青少年宫拉开帷幕。该届童玩节的主题是"吾心向上，悦动童年"，来自全市各地的1500余名小朋友们在青少年宫度过了一个快乐而有意义的一天。该次童玩节的游园项目更加丰富，有百步穿杨、抛砖引路、趣味保龄、蚂蚁搬家、你投我接、爆裂飞车、神奇脑力波等等，同时，更有一些亲子项目的游戏设计——亲亲宝贝，考验了小朋友们与家长之间的默契配合程度，增进了一家人之间的感情。此外，本次童玩节还举行了"小叮当"声乐社团选拔赛、科技探索、"抽大奖"赢IPAD"等活动，给参与的小朋友们带来了欢乐。

【团干队伍】　　配齐配全基层团干部队伍，完成全市乡镇（街道）团委集中换届工作；首次依托省团校组织开展全市团干培训班，进一步提高团干业务能力和综合素质；建立"1+100"直接联系青年制度，全市各专职团干联系青年2800余人；组织开展"我为团员青年讲一课"活动，安排各级团组织负责人为所在地区、单位青年上主题团课，围绕习近平系列重要讲话精神、团情团史团识、基层团组织自身的重点工作、自身成长经历经验分享、对团干部如何健康成长的建议等，共开展"团课"20余场；召开传达省十四次团代会与中共十八届六中全会精神读书会，锻炼团干作风，增强责任意识。

【团员管理】　　以学生团员发展为切入口，做好全市团员发展调控工作。下发《关于做好2016年全市学生团员发展调控工作的通知》（团嵊委〔2016〕80号）文件，印发《浙江共青团基础团务工作手册》，组织召开2次全市学校共青团工作会

议，落实学生团员发展工作，走访调研全市各中学团工作，规范学生入团程序，强化团前教育，确保新团员的质量，建立《团员花名册》，做好学生团员管理工作。（朱秋燕）

妇　联

【概况】　　嵊州市妇联贯彻落实关于加强和改进党的群团工作的决策部署，在保持和增强妇联组织政治性先进性群众性上下功夫，在服务全面建成小康社会大局上下功夫，在密切联系和服务妇女群众上下功夫，更好地履行服务大局、服务妇女双重使命，引领全市广大妇女建功立业。

【村嫂品牌】　　全年新建村嫂志愿服务队227支，新增村嫂志愿服务者4432人。开展"村嫂"志愿服务能力提升工程，开展了"菜单式"村嫂培训服务送基层活动，为"村嫂"送上创业创新、志愿服务、文体项目、心理咨询、法律调解等各类培训"大餐"。精心设计村嫂志愿服务载体，打造志愿村嫂、文艺村嫂、和谐村嫂和创业村嫂，使村嫂志愿服务获得持久的生命力。开展"文艺走基层·村嫂助乡邻"为主题的电视巡演活动。组织村嫂积极参与国家卫生城市创建、护航G20峰会、五水共治等中心工作。嵊州市"村嫂"志愿服务项目被全国妇联评为"全国优秀巾帼志愿服务项目"。

3月8日，在甘霖镇丽湖村举行《中华人民共和国反家庭暴力法》启动仪式暨村嫂成立联欢晚会

【"越乡嫂"品牌】　　深化农村妇女富余劳动力转移就业家政服务"越乡嫂"品牌。一是增加技能培训。与社区学院联合，调优培训方案，注重学

员素质的培养,开展月嫂、家政、电商、烹饪、糕点、老年护理等"越乡嫂"专业培训,做强做精"越乡嫂"品牌,全年培训"越乡嫂"2000人次。二是搭建就业平台。整合资源,借助女企业家联谊会,搭建就业平台,推动越乡嫂就业。与社区学院联合,定点定单培训"越乡嫂",为女企业家会员企业输送优质员工。三是推介越乡嫂品牌。通过互联网宣传,走出嵊州,到杭州、宁波、上海等地举办推介会、家政公司介绍等途径广泛宣传,打响"越乡嫂"品牌知名度,为妇女就业、妇女致富提供平台。《嵊州妇联打造"越乡嫂"品牌》9月6日在《中国妇女报》上刊登。

【平安家庭创建】　3月1日,《中华人民共和国反家庭暴力法》颁布实施。市妇联抓住颁布实施契机,联合平安办、人民法院等部门举办实施宣传月启动仪式暨三八维权服务咨询活动。活动主题为"远离暴力,让爱驻家",现场近50位志愿者宣传讲解了《中华人民共和国反家庭暴力法》相关法律知识,并开展了心理健康咨询、家庭关系指导等服务。活动共发放宣传资料3000多份。全年在各乡镇街道开展《中华人民共和国反家庭暴力法》法律宣传讲座18场,推动法律有效实施。完善"12338"妇女维权热线、法律援助中心妇联工作站等维权平台建设。完善婚姻家庭调解委员会运行机制,婚姻家庭调解窗口共接待来访46起,来电20起,其中反映家庭暴力的14起,反映婚外情的5起,反映财产纠纷9起,调解婚姻家庭纠纷11起,调处率达到了100%。举行2016年开展《平安大冲关》大型电视生活体验活动,进一步推进"平安嵊州"建设,倡导言传身教的优良家风,营造安居乐业的社会环境,和谐文明的平安家庭氛围。

【家庭教育】　一是深化家庭教育"大讲堂"活动。发挥总校教导团师资优势,以志愿服务促家教普及。暑假期间开设面向市区六年级学生家长的"小升初衔接家庭教育"公益讲座和小学一年级新生家长的"良好习惯铸就健全人格"大型公益讲座,引导家长帮助孩子尽早适应新的学习环境。二是开展家庭教育"送教下乡"活动。以农村学校家长学校、企业家长学校为主阵地,开展有影响的集中的大型讲座活动,同时辅以咨询的方式,对家长在教育子女过程中的疑难和困惑进行指导解答。家庭教育"送教下乡"活动的开展,为农村家庭提供了普惠性、公益性的家庭教育指导服务。全年安排送教42堂,已开展17堂仅此项活动,受益的农村家长达3500人次。

【文明家庭创建】　深化文明家庭等群众性创建活动,以自身的文明带动家庭的文明,以家庭的和谐促进社会的和谐。开展"最美家庭"寻找、"好家风好家训"活动,带动更多家庭学习最美、弘扬最美。表彰10户嵊州市级"最美家庭",16户绍兴市级"最美家庭"。深化"美丽家园"示范村(社区)工作,培育一批嵊州市级"美丽家园"示范村、户。

【"姐妹携手奔小康"工程】　为推进全市来料加工业的发展,帮助更多贫困妇女实现家门口就业,市妇联大力争取市委市政府重视,出台了《关于发展农村家庭来料加工业的若干政策意见》,扶持农村来料加工业的发展。设计"姐妹牵手奔小康"活动载体,加强女企业家和女经纪人的信息对接,双方互利共赢。加强对女经济人培训,提升她们技术管理能力。2016年,积极争取绍兴市妇联和农办出台的来料加工经纪专业村和来料加工经济人的奖励政策,嵊州市黄泽镇横路村、渔溪村,石璜镇白竹村获得了绍兴市来料加工专业村的荣誉,下王镇俞伟平获得了来料加工经济奖励。

【基层组织改革】　甘霖镇、黄胜堂村作为基层妇联组织改革创新试点,通过试点培育,抓点作样,示范引领,深入推进基层妇联组织建设。实行配备兼职妇联副主席制度,培育选拔一批有能力、有影响力的女性带头人或社会组织骨干兼任妇女工作者。建立执委、代表联系制度,发挥执委和代表先进性的作用,引领带动广大妇女支持和参与妇联工作。加强队伍建设。在妇联机关干部中深入开展"两学一做"学习教育活动,加强理论知识和相关政策的学习培训。开展"三万"基层调研走访活动,完善密切联系基层、联系妇女群众长效机制,在45个需加快提升的村(社区)基层妇联组织,建立联系点,开展指导帮扶,转变干部作风。(李友亚　郑琳琳)

社 科 联

【全民读书月活动】　2016年,市社科联围绕"推进全民阅读　建设三个嵊州"主题,开展自学书籍推荐、专题学习讨论、阅读推广、未成年人读书节、青年企业家培育提升行动等十大活动,组织开展各类讲座宣讲150多场次,向社会推介各类好书1000多册,着力营造全民读书、全民学习的浓厚氛围。4个典型被绍兴市委宣传部评为绍兴市全民读书优秀项目。

【社科专家基层行】　发挥社科联下属各学会、研究会、社科普及基地等资源优势,围绕"两学一做""五水共治""五气合治""三改一拆"等中心工作和健康养生、环境卫生、疾病防控、文明礼仪、惠民政策、实用技能等主题,组织社科骨干深入基层开展宣讲活动20多场次,扩大社科宣讲影响力。

【"嵊州好故事"宣讲】　围绕民生好政策、惠民好事情、善举好典型、创业好本领、公德好传统等主题,挖掘日常生产生活中涌现出的好典型、好故事、好做法,深入开展"嵊州好故事"创编宣传活动,评选出"钉子警察""无线密码"等好故事节目5个,并以电视讲坛的形式定期播放,进一步传播核心价值观、弘扬正能量、引领新风尚。

【社科知识空中课堂】　围绕群众关注的内容,在嵊州广播电台开设学习与思考栏目的空中课堂,定期播出以健康卫生、家庭教育、最美人物、嵊州故事等为主要内容的广播节目,传播社科知识,培养广大百姓群众的学习习惯,5月以来,累计播出节目20多期。

【社科宣传咨询】　以纪念石璜缴枪胜利70周年为契机,专门组织市级新闻媒体赴杭州、余杭等地采访参战老党员、老战士,并开设专栏专版进行报道,缅怀革命先烈丰功伟绩,学习革命前辈崇高精神。围绕群众关心的教育就业、社会保障、医疗卫生、食品安全、消费者权益保护等问题,组织开展社科咨询活动,宣传党的理论方针政策,普及相关法律健康生活知识,解答群众疑难。一年中已先后在城市广场组织开展健康生活方式宣传、纪念长征胜利80周年、好故事宣讲进学校等活动。(陈荣)

11月16日,预防医学会在官河路组织开展"健康中国行"活动

科 协

【院士专家工作站】　主动服务院士专家工作站,助推产业转型升级。如浙江特种电机有限公司依托唐任远院士专家团队,开发各类高性能稀土永磁电机新产品,其中高效稀土永磁电机占总销售额70%以上,产品销往美日欧。浙江昂利康制药股份有限公司与沈寅初院士合作研究生物酶法工艺生产头孢类原料药,比传统的化学合成法,成本节省19.7%,耗水量减少62%,污水高锰酸钾耗氧量(COD)下降80%以上,为企业绿色生产、做大做强奠定科技基础。生物酶法新工艺技术占总销售额50%以上。绿城现代农业开发有限公司依托陈剑平院士专家团队做好总体规划,建立了农产品检测平台,成为全市现代农业试验、示范基地。

【科普重点资助项目】　组织各学协会和基层科协积极申报涉及工业和农业等领域的科普重点资助项目,共上报49个项目,43个立项并组织实施,以项目为平台激发科技工作者创新创业热情,加快科技成果转变。如浙江迪贝电气股份有限公司实施的"高效能RB15603空调压缩机铝线电机"项目,采用铝线代替了常规的铜线,大大降低了产品材料成本。产品具有效率高、振动噪音低等优点,技术处国内同类产品领先水平。每台成本降低150元,提高公司产品竞争力,不但在国内形成进口替代,同时电机出口欧美,形成年产10万台空调压缩机电机生产能力,可实现产值3000万元以上。

【实施《纲要》系列活动】 　　表彰2015年度在实施全民科学素质工作中成绩突出的10个先进单位和20名先进个人。制定2016年实施《全民科学素质行动计划纲要》工作要点,编印5本全民科学素质系列丛书1.5万册,并组织开展系列活动。9月17日至24日,组织全国科普日活动,围绕"创新放飞梦想,科技引领未来"主题,市科协、教体局、科技局联合开展科普创卫进村(社区)活动、基层科普馆成果展示活动、剡溪科普讲坛活动等9项主题活动。9月20日,在市文化广场举办2016年全国科普日广场科普宣传活动,市科协、教体局、科技局、卫计局、消防大队、侨联、防范办、司法局、药学会、疾控中心等10多个部门、学会的科技工作者进行现场科普宣传和分发科普资料,医务工作者进行了义诊活动。发放科普资料2万册(份),义诊350人次,展出110块展板。农函大全年招生3830人,市科协组织举办了二期农村电子商务培训班,每期通过一个月集中学习,通过考试,给90名会员颁发农村电子商务专业证书,提升会员服务能力,促进农村电子商务发展。举办2016年嵊州市青少年科技

9月20日,在市文化广场举办2016年全国科普日广场科普宣传活动

节,科普大篷车进剡溪小学,组织开展"科学达人"比赛活动。

【人才培养】 　　市人民医院派出3名医生到美国、英国进修学习,开展国际学术交流活动。联合组织开展第二届嵊州创客、创新项目大赛,评比产生嵊州市十佳创客、十佳创新项目。向上举荐优秀科技工作者。宣传优秀科技工作者先进事迹,田军县和马科林被评为绍兴市优秀科技工作者。

【"四十佳"创建活动】 　　谷来镇香榧文化博物馆和浙江亿田电器有限公司科技馆为绍兴市十佳基层特色科普馆,市气象科普教育基地和浙江天乐集团有限公司电声博物馆为绍兴市十佳科普教育基地,通源乡地质科普示范基地和市农业三新技术实验园区为绍兴市十佳农村科普示范基地,绍兴市十佳农村科技示范户2户。

【科普报告会】 　　5月10日,市科协联合教体局组织了中科院老科学家科普演讲团七场科普报告。由中国科学院老科学家科普演讲团团长、中国科学院地质与地球物理研究所研究员,中国科学院研究生院教授,博士生导师白武明等7位老科学家为青少年作《科学就在我们身边》《南北极的故事》《科学与人生》等7场科普报告。共6580名学生听取了科普报告,增强学生科技创新意识,激发了学生爱科学、学科学、用科学的热情。(邵煜辉)

文　联

【概况】 　　市文联面向基层、服务群众,履行联络、协调、服务的基本职能,团结带领广大文艺工作者,深入生活,开展创作,繁荣嵊州文艺事业,为嵊州建设和谐社会作出了应有的贡献。

【文艺活动】 　　与浙江省音乐家协会和嵊州市委宣传部等单位举办浙江省"国乐乡村"启动仪式暨蒋家埠民乐村授牌仪式,蒋家埠村成为浙江省首个"民乐村";举办"国乐乡村"优秀团队命名和展演活动;开设名家讲堂,邀请省内外名家作艺术讲座10次;2016年为全市20多个乡镇、街道的200多户家庭拍摄了2000多张全家福照片;组织

摄影家参加 2016 第 16 届中国平遥国际摄影大展，举办《对一座古老县城的文化记忆》为主题的摄影展览，系嵊州市首次参加的国际性摄影大展；春节下乡进村写春联、送春联活动，共书送春联 2000 多幅；举办各类艺术展览 13 次；认真做好第十三届中国嵊州国际书法朝圣节相关现场书法活动；举办音乐交流活动 5 次；戏剧家协会会员参与送戏下乡演出和文化惠民演出共 48 场、二期折子戏专场先后于春节和五一节期间在央视 11 套黄金时段播出；原创剧目《袁雪芬》排练成功，并向越剧诞生 110 周年献礼演出；举办文学采风活动 5 次。与浙江省民间文艺家协会、上海故事会、山海经杂志社举办浙江首届"农商银行杯"越乡正道故事创作大赛；撰写嵊州好故事，配合拍摄嵊州好故事视频，10 月下旬起在嵊州电视台播出；组织根雕艺术家到温州等地学习考察、参加义乌文博会；组织民间工艺家参加了由文化部和教育部主办的"中国非物质文化遗产传承人群研修研习普及培训计划"同济大学首期培训班。

【文学创作】　　斯继东短篇小说《西凉》被《小说月报》2016 年 1 期转载，入选《2015 中国短篇小说年选》《中国短篇小说年度佳作 2015》，进入"2016 花地文学榜"短篇小说榜单，短篇小说《你为何心虚》获绍兴市第 13 届"鲁迅文学艺术奖"；陈瑜散文《最后的片断》发表在 2016 年 1 期《野草》被《散文选刊》2016 年 5 期转载；周建达小说《雪下得正紧》发《啄木鸟》2016 年第 6 期；短篇小说《自留地》获绍兴市第 13 届鲁迅文学艺术奖百花奖；竺时焕中篇小说《母亲之死》发《野草》2015 年第六期；中篇小说《二爷》发 2016 年《西湖》第五期；赵斐虹：《回家》发表在《野草》第五期，竺时焕《上海往事》发表在《野草》2016 第四期。

【美术作品】　　裘柯、章晓英、金孝明、赵刚作品入展浙江省首届水彩写生作品展；吕悦忠、何良丰作品入选纪念中国共产党成立 95 周年暨长征胜利 80 周年浙江省美术写生创作作品；裘高太、俞亚东作品作品入选由浙江省美术家协会主办的"喜迎 G20 最美是桐庐中国画作品邀请展"；何良丰作品入选纪念中国共产党成立 95 周年暨长征胜利 80 周年浙江省美术写生创作作品展、庆祝建党九十五周年——2016 年浙江省小幅油画作品展、第六届广东当代油画艺术大展、2016 第三届南京国际美术展、浙江美术馆 2016 年度浙江省视觉艺术青年人才培养"新峰计划"美术人才作品展；徐鄂麒钢笔画入选纪念孙中山先生诞辰 150 周年第二届钢笔画学术展；宓风光漫画入选子恺杯第十一届中国漫画大展；裘岱丽作品入选第十六届浙江省女花鸟画家作品展、绍兴市第三届女画家美术作品展并获优秀作品奖、绍兴市第三届女画家美术作品、绍兴市纪念建党 95 周年暨红军长征胜利 80 周年书画摄影展；袁志鹏作品参加"百花迎春"浙派名家名作邀请展；楼雪珍作品参加姜宝林名家统合工作室毕业作品展、入选由美术报出版"2016 届《美术报》名家学院师生优秀作品集、参加姜门传薪.姜宝林师生作品展暨《精英汇》杂志姜门传薪专辑发布、入展浙江省"高洁清风"墨竹画展、入展"纪念建党 95 周年暨长征胜利 80 周年绍兴市书画摄影展"；茹万军作品参加"深度——浙江省油画提名展"。

【书法作品】　　张兴南、石樟永、斯金亮、章夏明、骆玲萍作品在"绍兴市中青年精英展"中获优秀作品奖；张棂、张永、吴新春、王东海、张文蝶、俞忠毅的作品入展浙江省第四届"温泉杯"书法大赛；蒋秋菊、斯鹏华作品入选；斯金亮作品获"吴昌硕奖"第五届浙江省篆刻大展获二等奖。

【音乐舞蹈表演】　　剡韵女子合唱团表演的歌舞情景剧《村嫂》上央视戏曲频道；戴烨参加第五届绍兴市青歌赛，获得美声组二等奖；姚华江创作的村歌《华堂我的家》获浙江省第二届村歌大赛创作铜奖；第九届绍兴市合唱比赛市剡韵女子合唱团获得二等奖、嵊州市左岸童声合唱团和市逸夫小学"小百灵"合唱队获得三等奖。

【民间文艺作品】　　2016 浙江省民间故事会

征文大赛王鑫鸳撰写的《李白对上了小鲜肉》获得金奖,袁孟梁的《吃肉的牛》、任小霞的《伸手之意》、马苏亚的《巴结你不容易》获得优秀奖;王鑫鸳撰写的故事《片警天职》在"倾听上海"第二届上海市故事大赛中优秀奖,《老太也追星》荣获"逐梦路上——浦东曹路杯"东华六省一市故事邀请赛银奖、故事讲演最佳风采奖,《碰瓷》荣获"法宝杯"中国法治好故事讲演大赛铜奖;马苏亚的《终于找到你了》获绍兴市故事大赛一等奖。钱宁儿撰写的《陈张庙传奇》、钱正能撰写的《终极大奖》、王姚金撰写的《墙里的铜钱》发表于《民间文学》;袁孟梁的《赤焰神功》、王鑫鸳的《2克重的砖头》《你的玫瑰没有白栽》发表于《上海故事》;王鑫鸳的《麻烦大了》发表于《故事林》并被转载于《微型小说选刊》;王姚金撰写的《龙幸桥变龙星桥》、王鑫鸳撰写的《石浪蓬的传说》《千年古镇炖鸭香》发表于《山海经》;袁孟梁撰写的《把腰站直了》发表于《野马渡》;邢增尧的《不屈的雄狮》发表于《雨花》,作品《悬绫与挂酒》《草原之歌在心灵流淌》发表于《中国纪检监察报》;徐华铠出版了《中国木雕》《中国竹雕》《王林雕塑艺术》《弥勒》《龙凤装饰经典》等五本书。

【摄影作品】　　"浙江省第16届摄影艺术展"中,嵊州市摄影家协会取得了历史最好成绩,共获得了1金、2银、1铜以及1个评委推荐奖和4个优秀奖的好成绩,成为全省获奖数量最多的县级市之一。

【文艺人才】　　戏剧家协会会员黄美菊、倪锦锦加入中国戏剧家协会会员;戏剧家协会会员倪锦锦被评为嵊州市级劳动模范;民间工艺家协会新增加非遗代表性传承人5人;18名摄影家被批准为绍兴市摄影家协会新会员;美术家协会会员何良丰入选2016年度浙江省视觉艺术青年人才培养"新峰计划"美术人才;斯金亮在绍兴艺术基金"2015年度青年艺术人才优秀作品奖励"获首批奖励二等奖、裘秋浪获得三等奖;裘高太、姚镇波、章晓英、裘岱丽、裘柯、赵江加入浙江省水彩画家协会。(裘高太)

残　联

【康复工作】　　实施重度残疾人集中托养220名;实施助明、助行、助听对象和残疾儿童抢救性康复训练476人;完成无障碍设施进家庭项目建设46户、无障碍配送133件。开展"一对一"免费康复训练服务,全年为11位伤残人士开展康复训练956人次;做好听力评残初检。

【培训就业】　　以适合残疾人就业为出发点,拓宽培训渠道,为210名残疾人开展面点培训,为133名残疾人开展种植业培训;开展求职登记服务,服务社求职登记125人,经推荐就业113人;全市613家按比例单位安置1158人;征收残保金1888万元。

【扶贫解困工作】　　开展节日慰问活动,共慰问276户特困残疾人家庭,送去慰问金和慰问品共计价值14.24万元;鼓励残疾人自主创业,带动脱贫致富;开展助学工程,为全市135名残疾大中专学生和双残家庭子女学生发放助学补助金23.6万元;为1.5万名残疾人实施人身意外保险;实施重度残疾人城乡居民医疗保险金个人支付部分(260元)由财政全额承担的特惠政策,做到应享受尽享受;会同建设局等有关部门实施"安居工程"对象50户。

【宣传文体活动】　　开展残疾人重大节日等宣传助残活动,第二十六次全国助残日期间围绕"关爱孤残儿童,让爱洒满人间"开展主题活动:精心设计和制作公益广告在公共自行车站点投放;会同团市委、教体局组织"爱心志愿者"和幼儿园小朋友为市育才小学残障学生开展亲子游戏和文艺演出;组织慰问市阳光山庄孤残儿童。组织参加各类公益活动和评选工作。组织10名视力残疾人参加绍兴市第三届"迎新春、送温暖"慰问联欢公益活动;参加全省"最美残疾人"评选,长乐镇史训学获"最美残疾人"称号;推荐嵊州市广电总台记者章朦莎和费学军参加全国残疾人事业好新闻评选活动；组织应明洪、史训学、斯浙鹏、徐浩松等参加绍兴市残疾人书画美术、民间工艺、摄影展，其中斯浙鹏的工艺竹编"六和塔"获一等奖。三是加强残疾人证管理，全年新核发残疾人证479本。

5月13日至15日，开展"关爱孤残儿童，让爱洒满人间"第二十六次全国助残日系列活动育。图为育才学校现场

【护理和生活补贴政策】　出台并实施"两项补贴"政策，实现了与老政策的平稳过渡，共为全市5372名重度残疾人发放护理补贴1525万元，为2863名困难残疾人发放生活补贴517万元。

【服务和就业调查工作】　一是残疾人基本服务状况和需求动态更新调查工作。自7月份正式启动以来，累计落实专项调查经费46.5万元，涉及调查人数15385人，遍及全市516个村、社区、居委会，调查工作历时两个月，于9月10日顺利完成。二是残疾人就业和职业培训实名制统计调查工作。涉及全市劳动年龄段残疾人8513人，于10月底提前完成入户调查和信息录入两个100%的目标。

【信访维权】　维护残疾人合法权益，维护社会和谐稳定。全年共接处残疾人来访37批次，来信9件，办结率100%。完成绍兴市中级人民法院8宗涉残行政诉讼案件和1起婚姻诉讼案件的出庭应诉与法律维权工作，保障了残疾人合法权益。

【残疾人专用车治理】　根据全市交通治堵统一部署，紧盯目标任务，狠抓工作落实，扎实开展残疾人专用车规范整治，取得了明显成效，专用车已由2013年的3000多辆减少到2016年的422辆，实现了"只减不增、逐步淘汰、规范管理"的整治目标，改善了市区交通环境，提升了城市品位。（史微微）

红十字会

【人道救助】　1月中旬至2月上旬在全市范围内开展"情暖嵊州?红十字博爱送万家"活动，对因病、因残、因祸、因灾致贫的困难家庭、群众，以及生活困难的山区学生、失能老人等共181户（名）困难家庭（学生）发放救助款物近24万元。全年走访乡镇（街道）共10个，向全市325户（名）困难家庭（学生）发放救助款物30余万元；新募集捐赠款近200万元，其中嵊州农村商业银行捐赠第二轮博爱助学基金50万元；嵊州农商银行等8家企业获省红十字会博爱功勋奖。

【现场救护培训】　开展现场救护培训进学校、进社区、进农村、进机关、进企业活动，举办职高学生、新任教师、外贸企业员工、银行职工、农村消防员等各类现场救护培训班，完成救护员培训2258名、普及培训2.2万多人次。组织近2万名中小学生参加中国红十字会总会举办的2016年全国红十字防灾避险知识竞赛，市红十字会、剡城中学教育集团城关校区、剡山小学获最佳组织一等奖，崇仁中学等5所学校获二、三等奖。

【生命关爱】　通过报纸、微信发布人体器官（遗体）捐献和造血干细胞捐献倡议书，规范捐献志愿者登记工作，为捐献者提供更加便捷、有效、优质的服务，完成造血干细胞采样入库78名，提前超额完成绍兴市下达的全年任务数；新登记人体器官（遗体、组织）捐献15例。市红十字会被评为省造血干细胞和人体器官捐献工作先进集体。

【志愿服务】　5月8日，联合市卫计局在文化广场举办以造血干细胞捐献集中采样、器官（遗体）捐献宣传劝募、义务诊疗等为主要内容的广场志愿服务活动。5月31日，联合嵊州柏星天悦酒店管理有限公司到贵门乡中心学校开展助学活动。10月8日，联合市妇保院、柏星天悦酒店管理有限公司的20余名红十字志愿者到里南乡敬老院开展重阳节助老活动。2016年，全市各级红十字组织广泛开展以博爱帮困、博爱助学、博爱助残、博爱助老为主要内容的红十字志愿服务活动，红十字应急搜救队多次参与走失老年人的搜救，参与部门和乡镇户外活动的安全保障工作。全年共组织志愿服务61场次，参与志愿服务1066人次。市中医院获省红十字会奉献服务奖。

5月8日，红十字会文化广场志愿服务活动

【学校红十字活动】　结合学校德育工作，深入开展以"知善、行善、扬善"为主题的红十字青少年"日行一善"道德实践活动，弘扬善德，传递爱心，使红十字青少年各项工作深入人心，情满校园。黄泽中学、市职技校、市职教中心、鹿山小学教育集团等4所学校被评为省红十字示范校，马寅初中学、剡山小学等2所学校被评为省红十字达标校。

【人道传播】　在农村文化礼堂设立红十字宣传窗或宣传角，在市区和乡镇一些主要道路设置红十字文化墙，在市区主要医院、商场等电子屏滚动播出公益广告，普及应急救护、造血干细胞捐献、人体器官捐献及红十字会基本知识，传播"人道、博爱、奉献"精神。特别是"5·8"世界红十字日前后，通过嵊州广电总台《嵊州新闻》微信公众号共发布红十字会相关信息10条，累计阅读量3万余次，通过该平台举办的"红十字知识微竞答"活动，参与竞答近5000人次，收到了良好的效果。（杜海斌）

民间组织

表45

统一社会信用代码	社团名称	办公地址	法人代表	主管单位	登记时间
51330683MJ9555263C	嵊州市长跑协会	嵊州市三江街道兴旺街88号	张传真	嵊州市教育体育局	2016.5.10
51330683MJ95552717	嵊州市过氏文化研究会	嵊州市长乐镇环镇东路238-66号	过法松	嵊州市文化广电新闻出版局	2016.5.17
51330683MJ955528XY	嵊州市小笼包行业协会	嵊州市三江街道三江东街185-1号	李康义	嵊州市商务局	2016.7.1
51330683MJ9555298Y	嵊州市浦口农民合作经济组织联合会	嵊州市浦口街道北二路1号	童黎峰	嵊州市供销合作社联合社	2016.8.11
51330683MJ9555300J	嵊州市剡湖农民合作经济组织联合会	嵊州市剡湖街道相公殿北路35号	李水根	嵊州市供销合作社联合社	2016.8.11
51330683MJ9555319F	嵊州市仙岩农民合作经济组织联合会	嵊州市仙岩镇仙岩村化工路58号	张少雄	嵊州市供销合作社联合社	2016.8.11
51330683MJ9555327A	嵊州市鹿山农民合作经济组织联合会	嵊州市鹿山街道长兴路118号	竺剑育	嵊州市供销合作社联合社	2016.8.11
51330683MJ95553355	嵊州市崇仁农民合作经济组织联合会	嵊州市崇仁镇新街西路17号	屠珠彩	嵊州市供销合作社联合社	2016.8.11
51330683MJ95553430	嵊州市石璜农民合作经济组织联合会	嵊州市石璜镇镇东路25号	费鼎杰	嵊州市供销合作社联合社	2016.8.11
51330683MJ9555351T	嵊州市三界农民合作经济组织联合会	嵊州市三界镇青春路88号	尹益建	嵊州市供销合作社联合社	2016.8.15

续表

统一社会信用代码	社团名称	办公地址	法人代表	主管单位	登记时间
51330683MJ955536XJ	嵊州市黄泽农民合作经济组织联合会	嵊州市黄泽镇滨江路 1 号	周良永	嵊州市供销合作社联合社	2016.8.16
51330683MJ9555378J	嵊州市甘霖农民合作经济组织联合会	嵊州市甘霖镇桃源路 332 号	周江勇	嵊州市供销合作社联合社	2016.8.19
51330683MJ9555386D	嵊州市长乐农民合作经济组织联合会	嵊州市长乐镇政立路 1 号	邢承军	嵊州市供销合作社联合社	2016.8.22
51330683MJ95553948	嵊州市下王农民合作经济组织联合会	嵊州市下王镇金山角 1 号	乔荣	嵊州市供销合作社联合社	2016.8.23
51330683MJ9555407X	嵊州市北漳农民合作经济组织联合会	嵊州市北漳镇溪东路 42 号	胡晓东	嵊州市供销合作社联合社	2016.9.1
51330683MJ9555415Q	嵊州市谷来农民合作经济组织联合会	嵊州市谷来镇振兴路 119 号	吕苗生	嵊州市供销合作社联合社	2016.9.12
51330683MJ9555423K	嵊州市贵门乡亲文化促进会	嵊州市贵门乡鹿门书院	吕晋祥	中共嵊州市委宣传部	2016.10.26
51330683MJ9555431E	嵊州市森林资源保护志愿者协会	嵊州市崇仁镇茶亭岗村 305 号（嵊州林场内）	宋汇锋	嵊州市农林局	2016.11.1
51330683MJ955544X6	嵊州市金庭镇乡亲文化促进会	嵊州市金庭镇坎头村 80 号	芦汝园	中共嵊州市委宣传部	2016.12.27

（沈荣华）

续表

政　　法

综　述

【概况】　　2016年，全市政法战线以"平安护航 G20 大会战"为总牵引，推进"平安嵊州"建设，加强社会治安综合治理，推进社会治理创新，为打造"实力嵊州、品质嵊州、魅力嵊州"营造了和谐安全稳定的社会环境。

【平安嵊州建设】　　坚持实招出动，强机制、抓整改、造氛围，成功实现省平安县(市、区)"八连冠"总目标，全省排名 31 名，较去年提升了 32 位次。制定了 2016 年度建设"平安嵊州"职责任务清单，层层签订 2016 年度市平安综治暨 G20 维稳安保目标责任书；推行市级部门创建平安嵊州"六个一"活动，抽调 57 名政法干警组建政法专职暗访队伍，每月 2 次开展暗访，在省平安建设暗访检查中成效较为明显；对各类暗访发现的问题，联合有关

12 月 24 日，市委平安办、市文明办、市妇联、市广电总台联合推出《平安大冲关》大型电视生活体验活动的总决赛现场

部门多次开展专项督查整改，确保问题整改到点、到位、到底。联合举办全市《平安大冲关》大型电视生活体验活动；二次委托第三方对乡镇(街道)"平安三率"进行测评通报，逐一督查各乡镇(街道)列出问题清单，开展包村宣传、组团走访活动，逐一解决群众热点问题。在省平安建设考核中，群众安全感、知晓率、满意率均高于全省平均，较去年均有大幅度提升。

【维护社会稳定】　　以"平安护航 G20 大会战"为总牵引，实行涉稳信息即报、日报、月报制度；建立和完善定期会商、实名登记、社会动员、协调联动、信息支撑、责任落实等维稳工作长效机制；深入推进重大事项社会稳定风险评估机制。实现了全国"两会"、中共十八届六中全会、G20 杭州峰会等重要时段的稳定，全年未发生影响全市经济社会发展大局的各类政治事件，未发生境内外各种敌对势力对嵊州市的渗透、破坏事件；邪教组织活动得到有效防控打击；全市信访形势平稳有序，赴京去省到绍上访批次同比分别下降 19.1%、12.7%、9.1%；非访 1 人次，同比下降 75%；各类影响社会稳定的群体性事件得到有效预防和遏制，省、市挂牌督办重大矛盾纠纷全部得到有效化解；依法开出了全省首张反恐罚单，获省委副书记王辉忠等领导的批示肯定。

【社会治理创新】　　坚持和发展"枫桥经验"，不断推进社会治理创新。深化基层治理模式创新，

发挥综治平台综合指挥室统筹协调作用,21个乡镇(街道)、已全面运行。市级社会治理综合指挥中心与市应急指挥中心、数字城管指挥中心有效结合,实行合署办公。21个乡镇(街道)已基本达到省"四有"建设要求,综治视联网实现全覆盖,公共安全视频监控与乡镇(街道)综合指挥平台对接联网率达到100%。二级平台通过平安建设信息系理处置各类信息40708条,推广注册平安浙江APP用户注册53639个,开通率位居绍兴市各县(市、区)第二。在第二届全国创新社会治理经验交流会上,嵊州市被评为"2016年全国创新社会治理优秀城市"。

【保障服务大局】 坚持法治理念,按照"以打开路、一路严打"的工作主线,始终保持对"七类"案件、多发型侵财、"黄赌毒"等违法犯罪的严打高压态势,依法打击各类违法犯罪,护航经济社会发展。有序推进法治环境大提升专项行动,在历次排名中位列绍兴市各县(市、区)第一,法治环境进一步优化。深入推进围墙安保工作,严厉打击在征地拆迁过程中抢栽抢种骗取国家补偿款等违法犯罪行为,积极护航城中村改造、无违建创建、"五水共治""三改一拆"等重点工作。深化打击恶意"逃废债"专项整治行动,取得了良好的社会效果。严厉打击非访、诬告行为,有力震慑全市各类非访群体。加强安全隐患排查整治,寄递物流3个"100%"全面落实,敏感物资管控到位,全市未发生各类重特大安全事故和较大及以上食品药品安全、生态环境安全等责任事故。

【司法体制改革】 坚持以提高司法公信力为根本,推进司法体制改革重点任务,出台司法体制改革实施方案和法官、检察官入额实施方案;通过健全刑事案件快速办理机制,"案多人少"难题有新突破。加大对失信被执行人惩戒力度,将1092名"老赖"信息纳入全国失信被执行人名单库,对837人限制高消费,首次将履行生效法律文书情况纳入党代表换届联审工作中,形成失信被执行人处处受限的执行威慑氛围。强化执法监督机制,开展案件评查工作,开展涉法涉诉信访案件办理情况专项执法检查;完善司法救助工作机制,完善涉

法涉诉信访问题处置工作机制,落实"诉访分离"机制和涉法涉诉信访依法终结制度。紧扣普法重点,结合全民法治宣传教育30周年纪念活动,开展"六五"普法经验和成效的系列宣传,营造"七五"普法良好氛围。(叶乐园)

公 安

【概况】 2016年,市公安局以信息化实战为引领,以G20峰会安保为重点,提升打防效能、护航经济发展、治理交通拥堵、夯实基层基础、规范执法执勤、加强队伍建设,为打造"实力嵊州、品质嵊州、魅力嵊州"作出了积极贡献。市公安局连续3年被省公安厅评为全省执法优秀单位,被省、市两级分别评为G20峰会先进集体,被绍兴市局集体嘉奖,治安大队获得2016年度市长奖。

【G20峰会安保】 坚持主动应战理念,预防为先,确保社会大局稳定。强化反恐应急处置,建立"1、3、5"快速反应圈,建强3车、35人的嵊州"越剑"特战队,开出全省首张反恐罚单,获省委领导批示肯定;启动卡点卡口查控勤务机制,在全市各主干道动态增设11个勤务卡点、455个村级卡点,点面结合切断了重点人员去杭赴京的通道;开展社会矛盾纠纷排查化解工作,加强社会治安要素管控,共排查化解各类重大风险隐患173起,办结涉警信访积案43件,G20峰会期间无一名嵊州人非法上访。

8月5日,市公安局举办应急联动演练

【打击刑事犯罪】 通过信息化实战警务提升打击效能,保持对"七类"案件、多发型侵财、"黄赌毒"等违法犯罪的严打高压态势。"两类命案""五

类案件"连续 12 年全破,破获积年命案 2 起;全市刑事治安警情、刑事发案、侵财发案分别同比下降 12.47%、37.89% 和 31.72%,全局移送起诉各类犯罪嫌疑人 1532 人,同比上升 26.09%。其中,起诉侵财犯罪嫌疑人 546 人,起诉通讯网络诈骗团伙 17 个,犯罪嫌疑人 207 人;加大其他各类案件打击力度,打处黑恶团伙 7 个涉黑涉恶人员 141 人,打击"食药环"犯罪嫌疑人 84 名,破获一起公安部督办非法排放废弃硫酸的环境污染案件,禁毒部门破获"2016—526"部标毒品案件,共抓获犯罪嫌疑人 16 人,缴获毒品冰毒 1.25 公斤,斩断了一条占全市 80% 市场份额的毒品供应渠道。

【护航中心工作】 将维护经济社会健康发展作为全市公安工作的重中之重,保障了市委市政府中心工作顺利推进。保持社会风气清正,依法打击了 30 余名抢种、抢建、抢装修索取高额拆迁款的犯罪嫌疑人;保障国家卫生城市创建初检阶段的顺利通过,打击乱贴办假证广告行为,刑事拘留 3 人、治安拘留 3 人、罚款 4 人;建立防范、处置涉众型经济犯罪工作体系,摸排投融资咨询类公司 231 家,破获恶意逃废债 9 起,挽回经济损失 1.3 亿余元,在未形成风险之前侦破了涉及 4700 余名受害人的湖南创盈实业有限公司非法吸收公众存款案,一举抓获犯罪嫌疑人 20 人,挽回经济损失 1 亿余元。

【治理交通拥堵】 完善城市路网建设,甬金高速嵊州互通西接线工程已完成路面主体工程,2016 年浦口快速通道工程已累计完成投资额 2.95亿元,浦东大道至罗小线工程已累计完成投资 2.9亿元,预计都将在 2017 年年底前完工;加大对"老、大、难"拥堵路段改造,对东桥及周边区域 14 个交通拥堵点的交通状况进行分析,提出一点一方案,2016 年年底该区域已全部改造完成,交通拥堵状况明显改善;发展公共交通,开通嵊州至新昌的 50路公交线路,新增公交站点 20 个、6 辆公交车,公交线路运营线路增加 12 公里,公交客运量比去年提高 1.5%,提速 5%,增加公共自行车加密服务网点 5 个,投入公共自行车 200 辆;严管交通道路违

法,全年共查处各类交通违法行为 346386 余起,查处违章停车 105892 余起,拖离违章停车 2569 辆,减少机动车违法停车现象;强化治堵宣传,营造治堵氛围,在电视、电台、报纸设立"治堵保畅、文明出行"专栏,刊播新闻消息 217 余篇,在《今日嵊州》、市区电子显示屏设立"交通违法行为曝光台",对市区车辆乱停乱放、车窗抛物和行人闯红灯等不文明行为进行曝光,每天早晚高峰期间,连线嵊广电台,进行实时路况播报。

【社区警务管家】 力推"社区警务管家"模块化工作机制,整合基层基础民警工作职能,实行精细化操作。制定全局社区民警警务标配、责任清单,探索运用信息化手段建立业务指导、考核评价等长效工作机制;以新时期"枫桥经验"为驱动,发挥"平安村嫂""老娘舅调解室""六联工作法"等本地群防群治"品牌效应",搭建群防群治"云端"平台,全面发动村嫂、中介人员、快递员、社区大妈等"嵊州群众"资源,形成城市乡村一体化、网上网下相结合的群防群治联防网络;开展基础信息大采集常采常新活动考核,在对全市 26 万户 73 万常住人口及 8 万流动人口信息采集后,定期进行系统的维护更新,确保信息的一直真实有效。

【智慧天网工程】 深化"智慧天网"工程建设,完成天网工程城区 3 年 2700 个、乡镇 1 年5000 个视频监控建设任务。

【规范执法执勤】 强化全警执法素质提升,推进"三位一体"执法管理机制建设和审核监督。推进"又好又多"执法办案体系建设,推行执法办案积分制,成立了预审员队伍和专职法制员队伍,建立了办案区视频纠违日查周报管理制度,积极强化执法质量源头管控;加强对民警执法办案数量、办案质量及执法行为规范的考核评价,健全完善功能区使用、值班坐堂等制度,规范全局执法行为;加大执法培训力度,鼓励全局民警参加考试,全年有 3 名民警通过 2016 年度国家司法考试。

【队伍建设】 组织学习贯彻中共十八届六中全会和习近平系列重要讲话精神,巩固"两学一

做"学习教育成果,开展"无限忠诚、走在前列"教育实践活动;推行"绍兴公安队伍正规化建设绩效管理系统",推动政工十条等规章制度落地见效;加大问责力度,开展纪律作风整顿专项行动,加强民警八小时外管理,全年共对民警量化督查扣分 306 人次 1736 分,停止执行职务 4 人次、禁闭 3 人次;做好从优待警工作,继续推进新基层所队"五小工程"建设,营造拴心留人的"居家式"警营氛围,并提高协辅警工作待遇,提升协辅警工作积极性。(沈宇鹏)

检　察

【刑事检察】　依法打击刑事犯罪,共依法批准逮捕各类刑事案件 430 件 645 人、起诉 970 件 1412 人。其中,批准逮捕故意伤害、强奸、非法拘禁等危害人民群众人身财产权利犯罪案件 252 件 354 人、起诉 338 件 484 人;批准逮捕寻衅滋事、聚众斗殴等妨害社会管理秩序犯罪案件 144 件 229 人、起诉 225 件 390 人。严格落实宽严相济的刑事政策,对涉嫌犯罪但没有逮捕必要的不批准逮捕 26 人,决定相对不起诉 54 人。深化未成年人检察工作,附条件不起诉 11 人。

【职务犯罪惩防】　立案查处职务犯罪案件 24 件 24 人,其中贪污贿赂案件 15 件 15 人,渎职侵权案件 9 件 9 人。抓捕归案外逃一年有余的市房管会原主任吴建刚,依法查办涉案金额达 700 余万元的鹿山房地产公司改制贪污案 4 件 4 人,深挖窝案串案,以涉嫌受贿罪立案侦查市直机关党工委原书记林克。围绕地方粮食收储领域,依法查办市地方储备粮管理公司董事长袁小平、副总经理俞遒达等职务犯罪案件 8 件 10 人。贯彻市委优化环境"八大行动"部署要求,全面整治征地拆迁等重点领域失职渎职行为,以玩忽职守罪立案侦查鹿山街道工作人员 2 件 2 人。深化教育系统后勤管理环节突出问题整治,依法查办市教育局勤工俭学办公室副主任钱建华、市职业教育中心副校长邢小波等贪污受贿案件 4 件 4 人。加强职务犯罪预防工作,深化同步预防、工程预防,提升预防工作实效性。

【法律监督】　加强对于刑事立案和侦查活动的监督,依法监督侦查机关立案 11 人,其中依法监督立案的运输、贩卖毒品案被告人韦某被判处死缓,纠正漏捕 2 人、漏罪漏诉 23 人次,因证据不足或无罪不批捕 40 人,以纠正违法通知书、瑕疵通报等形式纠正违法和不规范侦查行为 10 件次。加强民事、行政诉讼监督,共办理民事申诉案件 28 件,经检察建议法院裁定再审 5 件,经依法移送公安机关立案侦查虚假诉讼案件 2 件,其中 1 起再审监督案被评为绍兴检察机关"十大精品案件"。加强刑罚执行和监管活动的法律监督,以帮助犯罪分子逃避处罚罪查办市看守所协警 1 名,依法监督收监执行暂予监外执行罪犯 7 名,判处实刑犯未执行刑罚人员 7 名,共监督财产刑执行到位 73 人次。

【经济检察】　着眼于营造规范诚信、健康有序的市场经济环境,依法批捕非法吸收公众存款、合同诈骗等破坏市场经济秩序犯罪 21 件 48 人,起诉 37 件 69 人。依法打击在征地拆迁过程中抢栽抢种骗取国家补偿款的犯罪行为,保障重点工程顺利进行,以诈骗罪批捕 3 件 8 人,起诉 3 件 16 人。与市场监管局、市文广新局等部门建立联合打击侵犯知识产权违法犯罪协作机制,有效强化行政执法与刑事司法联动,服务全市创新驱动发展。开展"诚信发展,检察伴你行"活动,制定出台《关于依法保障和促进非公有制企业健康发展的意见》,依法打击非法侵害非公有制企业及其从业者合法权益的犯罪行为,准确把握法律政策界限,切实改进案件办

12 月 23 日,"服务非公企业　嵊检在行动"检察开放日活动在浙江亿田电器有限公司举行

理方式方法，建立院领导带队联系 17 家规上企业制度，构建"亲""清"检商关系。

【民生检察】　　推进生态·环境保护与食品药品安全两个专项检察工作，针对污染环境、非法采矿、非法捕捞、生产销售有毒有害食品等犯罪行为，建议环保、国土、水利、市场监管等部门移送立案 21 件 24 人，依法监督公安机关立案 5 件 5 人，批捕 5 件 8 人，起诉 42 件 56 人，同步介入调查环境污染事件 1 起。

【配合 G20 安保】　　依法妥善处理进入检察环节的热点敏感重大案件，严格落实执法办案风险评估和预警响应机制，协同有关部门及乡镇党委政府做好重点人员稳控及重点信访案件化解处置，全力做好 G20 峰会维稳安保工作。加强法律监督工作，就摸排发现的重点物品管控、重点行业监管、重点场所管理等问题向绍兴市邮政管理局、嵊州市交通局等部门发出检察建议 3 份，督促整改落实。

【文明办案】　　出台《保障律师执业权利十项承诺》，承诺事项涵盖查询、会见、阅卷、约见、文证提交、申诉控告等环节，保障律师依法行使执业权利，优化律师执业服务。建成检察服务大厅，打造集案件查询、控申举报、业务咨询等为一体的一站式执法窗口。开展律师参与化解和代理涉法涉诉信访案件工作，依法维护控告申诉人的权益，增强司法机关依法处理涉法涉诉信访问题的公信力。加强控申接待大厅规范化管理，完善场地布置，添置硬件设备，严格流程管理，成功创建"省级文明接待示范窗口"。（袁丹清）

审　判

【概况】　　2016 年，市人民法院把握司法为民、公正司法工作主线，坚持"凝心聚力、创先争优"工作基调，忠实履行宪法法律赋予的职责，各项工作取得新成效，被省高院授予"全省优秀法院"荣誉称号。全年共受理各类案件 15799 件，审执结 15818 件（含旧存，下同），同比分别上升 17.34% 和 20.07%，一线办案法官人均结案数 281.87 件，同比增加 69.9 件。

【刑事审判】　　共受理刑事案件 954 件，审结 981 件，同比分别上升 13.71% 和 16.79%；判处罪犯 1361 人，其中判处五年以上有期徒刑 42 人。依法惩处故意杀人、故意伤害、两抢一盗等严重危害社会治安犯罪 375 件 546 人，审结聚众斗殴、赌博、涉毒涉黄等妨害社会管理秩序犯罪案件 238 件 414 人，审结危害食品药品安全犯罪 11 件 12 人，审结贪污贿赂、渎职犯罪 21 件 33 人。加强人权司法保障，三年以上辩护率 99.35%，列全省第七、全市第一。探索实施认罪认罚从宽制度，推进轻微刑事案件速裁程序，共审理案件 879 件，平均审理天数 11.46 天，当庭宣判率达到 96.25%。推动成立涉案财物管理中心，规范刑事涉案财物管理和处置工作。

【民商事审判】　　共受理民商事案件 8795 件，审结 8919 件，同比分别上升 9.58% 和 13.26%。坚持"调解优先，调判结合"，调解撤诉率 56.7%，对不宜调解或者调解不成的，及时依法判决。加强案件审理的专业化，分类设立婚姻家庭、医疗纠纷、劳动争议、机动车交通事故案件等合议庭。审结婚姻家庭、道路交通事故、人身损害赔偿等案件 2536 件，维护群众合法权益。审结劳动争议、工伤赔偿、农民工讨薪等案件 386 件，促进劳动关系和谐。审结买卖、承揽、租赁等合同纠纷案件 5807 件，维护诚实守信的交易原则。强化案件繁简分流，积极适用担保物权、小额诉讼程序，简易程序适用率达到 79.82%，缩短诉讼周期，减轻群众诉累。

【行政审判】　　共受理行政诉讼案件 222 件，审结 195 件，同比分别上升 18.09% 和 28.29%。其中，判决案件中行政机关败诉 21 件，败诉率为 10.77%。坚持依法裁判与协调化解相结合，经法院协调和解撤诉 24 件。依法支持合法行政行为，共受理行政非诉执行案件 180 件，裁定准予执行 174 件，准执率为 96.67%。大力推动行政首长出庭应诉制度，行政机关负责人出庭应诉率继续达到 100%。开展国土领域非诉执行积案清理专项行动，共排查 2007 年至 2013 年国土非诉审查案件 1553 件、非诉执行案件 788 件。强化司法与行政良性互动，发布行政审判白皮书，助推法治政府建设。

【执行破难】　共受理执行案件 5464 件，执结 5365 件，同比分别上升 48.88% 和 51.13%，执行到位金额 3.45 亿元。咬定第一批"基本解决执行难"目标，争取市委市政府和人大支持，召开全市破解执行难工作推进会，构建全市基本解决执行难工作大格局。开展涉执行暂存款清理，开通"一人一案一账号"案款管理系统，开展"六大专项行动"全面整治执行难。加强联合信用惩戒，曝光失信被执行人 204 名，将 2649 人／企业纳入全国失信被执行人名单库，将执行失信情况纳入"两代表一委员"选举资格审查。加强 24 小时执行出警备勤，指挥中心全年出警 461 次 1124 人，协控到位 348 人，拘留 177 人，罚款 37 人。加大执行宣传力度，与媒体联合制作《执行之窗》《执行在线》等专题节目，努力使公众理性区别"执行难"和"执行不能"。

12 月 23 日，市委组织在嵊州宾馆召开全市破解执行难工作推进会

【服务大局】　聚焦 G20 杭州峰会，全力做好涉诉信访排查化解，开展"天网行动"强化判实未执罪犯追捕收监，被评为全省法院 G20 峰会维稳安保工作先进集体。依法打击重点工程土地征用过程中的抢种抢建骗赔骗补、敲诈勒索、妨害公务等犯罪行为。推行国土非诉执行案件"裁执分离"工作机制，审结申请拆除违法建筑等案件 75 件，裁定准予执行 73 件。坚持市场化、法治化和常态化破产审判工作思路，共受理破产案件 8 件，审结 4 件。出台《执破衔接操作规程》，建立执行程序与破产程序衔接工作机制。依法打击骗取贷款等逃废债行为，开展涉金融案件专项执行行动，审结金融借款案件 441 件，结案标的额 12.56 亿元，同比分别上升 33.23% 和 30.7%；审结民间借贷纠纷 1999 件，涉案标的额 9.89 亿元，同比分别上升 38.15% 和 38.32%，有效防范区域金融风险。

【司法为民】　健全"大立案、大服务、大调解"三大机制建设，促进诉讼服务中心提档升级。启用律师服务平台，完善网上立案、查询等功能，方便律师参与诉讼。坚持公开透明的网络司法拍卖，100% 涉诉资产通过淘宝网公开拍卖，共成交 145 件，总成交额 3.3 亿元，为当事人节省佣金 848 万元。联合农商银行建立网拍房产按揭贷款机制，有效破解竞买人一次性付款难题，已办理按揭 18 件，标的额 5440 万元。加大司法救助力度，通过为困难当事人缓减免交诉讼费和发放司法救助金，彰显司法人文关怀。完成全库诉讼档案电子化扫描，在全市法院率先建成"省级示范数字档案室"。

【司法体制改革】　根据省委部署，浙江法院司法体制改革于 2016 年 5 月底全面推开，市法院按照统一部署，严格执行首批 28% 的员额比例，经过资格审查、考核考试、省法官检察官遴选委员会面试等程序，已完成首批 43 名员额法官遴选。探索建立以员额法官为核心的审判团队，落实员额法官文书签发权，实现"让审理者裁判，由裁判者负责"。常态化推进庭审记录改革，以全程录音录像方式代替书记员书面庭审笔录审理案件 5116 件，庭审改

8 月 1 日，市法院在会议室召开司法体制改革动员部署大会，司法体制改革正式启动

革适用率达 89.22% 以上。试行民商事案件网络公告送达,共发布公告 416 件次,为当事人节约公告费 12.5 万元。(王灵玲)

司法行政

【G20 峰会维稳安保】　市司法局按照"想细想全想万一防患未然,抓紧抓实抓具体毫不松懈,尽心尽力尽责任不辱使命"的要求,成立领导小组,制定工作方案,细化工作任务,加强督查考核,扎紧安全措施。G20 期间,累计开展各项工作督查 49 次,责任意识教育、案例警示教育等 48 次,组织开展实战应急演练、G20 主题教育实践活动 2 次,受教育人数达 1630 人次。综合运用人防、物防、技防等手段,充分落实重点排查、"定人包案"、情报信息交流等制度,引入电子腕带、GPS 定位、"司法 E 通"等新手段,落实专项排查、集中教育、重点盯防等措施,打好维稳安保攻坚战。峰会期间,无一监管对象进入杭州,无脱漏管,无重新犯罪。

【"七五"普法开局】　编制并实施"七五"普法规划,落实普法责任制,组织开展了"12·4"国家宪法日暨全民法治宣传教育 30 周年纪念活动。巩固提升《平安在嵊州》《洪伟说法》等栏目影响力,抓好重点对象普法教育,通过发送法治短信、开展"模拟法庭进校园"、举办企业经营管理者和职工的学法用法培训、赠书入企、送法下乡等活动,提升普法实效。一年来在机关、中小学、农村、企业开设法治讲座 60 堂,下发各类法治宣传挂图 115400 余份,法治书籍 39000 余份,其他法治宣传资料 24590 余份。

【民主法治村建设】　市司法局以落实"四民主、三公开"(民主选举、民主决策、民主管理、民主监督及党务公开、村务公开、财务公开)为重点,围绕规范村务管理,完善村民自治,提高基层法治化水平,培育创建省级和绍兴市级"民主法治村",下王镇石舍村被授予"省级民主法治村",崇仁镇王家市村、长乐镇南山湖村被授予绍兴市级"民主法治村"。截至年底,累计共创建嵊州市级以上"民主法治村"440 个,嵊州市级以上"民主法治社区"16 个,其中绍兴市级"民主法治村"47 个,绍兴市级"民主法治社区"3 个,省级"民主法治村"12 个,省级"民主法治社区"1 个,全国民主法治示范村 1 个(张家村)。

【基层基础建设】　市司法局以创建星级规范化司法所为目标,切实提升基层站所软硬件水平,2016 年先后投入 25 万元,对长乐、石璜司法所办公业务用房进行新建,并成功获评"省五星级规范化司法所"。充实司法所人员,招录 12 名司法行政工作辅助人员下派基层司法所和窗口;加强司法所队伍建设,开展业务知识培训、学习,累计组织开展各类培训 1960 余人次;加强对司法所业务工作的督查、指导,定期召开业务交流会,提高司法所履职能力,使司法行政职能在基层得到最大限度的发挥。全市共有"省星级规范化司法所"11 家,"绍兴市级规范化司法所"13 家。

【大调解体系建设】　市司法局加强人民调解组织建设和调解干部队伍建设,加强部门衔接协调,开展诉调对接专项调研活动,到各个专业性行业性调委会召开座谈会,探讨诉调对接相关情况。加强人民调解组织和专业性行业性调委会建设,抓好基层矛盾纠纷的常态化排查,做到"小事不出村,大事不出镇,矛盾不上交"。全年全市共排查出矛盾纠纷 2139 起,成功率达到 98.6%,排查出的 20 起重特大矛盾纠纷全部销案。未发生因调处不力或调处不当而转化为刑事案件或其他重大事件的情况。其中市医调会共接待来访咨询 137 批 334 人次,受理医疗纠纷 47 起,调解成功 47 起,调解成功率 100%,索赔金额 403 万元,其中调解后实际赔付 146.43 万元,没有发生因调处不力引起的信访事件;市交调会共受理交通事故纠纷案件 973 起,调解结案 973 起,涉案金额 1001.183 余万元,接待咨询 650 起。深化"四调对接"机制,加强与公、检、法等有关部门的业务对接。继续推行人民调解"以奖代补"政策,全市共上报人民调解"以奖代补"调解案件 1691 件,兑现奖励资金 80740 元。

【社区矫正】　　市司法局制订《嵊州市社区矫正执法工作规范(试行)》，对执法工作进行量化和规范。落实重点排查、"定人包案"、情报信息交流等制度，对重点人员做到时定位、日联系、周见面、月走访，利用社区矫正管理信息平台，加强 GPS 定位监管，引入电子腕带监管技术，实现对全市重点社区服刑人员手机定位和电子腕带"双管控"；引入"司法 E 通"，实现每日 24 小时巡查；利用微信群方式，对辖区内社区服刑人员不定期通过微信实时定位、发送小视频等方式进行抽查，杜绝停留超时、人机分离、呼叫转移、飞行模式等异常情况的出现。切实加强与法院、检察院、公安机关的衔接，建立了资料"一周一交接"、信息核对和报备、收监人员抓捕和收押、基层站所半月核查等制度，确保不出现脱漏管。截至年底，全市在册社区服刑人员共 542 名，累计接收服刑人员 339 人，累计期满解矫 512 人，共计作出警告处罚 106 件次，裁定撤销缓刑收监执行 11 人，实际收监 13 人(其中 2 人为逃犯收监执行)，变更居住地 35 人，全市无脱漏管人员。

【安置帮教】　　市司法局深化归正人员帮教安置工作"牵手"工程，落实重点对象"三对一"、一般对象"一对一"帮教措施，信息核查准确，帮教档案规范。G20 期间及时下发《关于对全市刑满释放人员开展专项排查工作的实施方案》，全面摸清了辖区内刑满释放人员的底数和基本情况。针对服刑人员未成年子女的特殊情况，开展了监狱服刑人员未成年子女"阳光关爱"活动，于六一期间，组成慰问小组到 38 户嵊州市籍服刑人员未成年子女家庭进行慰问，了解他们学习情况、家庭类型、监护情况、家庭经济情况、日常行为表现等，以促进监狱服刑人员积极改造，尽早回归社会。至 2016 年年底，5 年内归正人员 3251 人，2016 年回归 252 人，帮教率和安置率分别为 100%、98%。重新犯罪 30 人，重新犯罪率 0.92%。

【法律援助】　　市司法局开展法律援助惠民行动，以农村五保、低保对象、残疾人、老年人、未成年人、农民工、军人军属等特殊群体为重点对象，降低法律援助门槛，扩大法律援助受案范围。构建覆盖全市的法律援助工作网络，结合公共法律服务点建设，加强对全市乡镇(街道)法律援助工作站和全市所有行政村、律师事务所、法律服务所、市公证处等法律援助联系点的业务指导。加强和规范行业部门法律援助工作站建设，新建嵊州市人民检察院法律援助工作站。全面推行"四个当日"制度、开展法律援助农民工讨薪专项行动。全年共分发法律援助宣传资料 7200 余份，发放法律援助联系卡 5700 余张，共受理"12348"法律援助专线电话咨询 934 件，接待群众来访 1043 人次，办理法律援助案件 635 件，受援人数 1388 人次，共为受援人挽回和取得利益 1120 万元。(陈吉利　卜志民)

军　事

综　述

【概况】　2016年，市人武部贯彻省军区、军分区党委部署要求，以改革强军为统揽，盯住建设先进人武部的目标要求，各项工作主动适应新形势、新体制下的新状态，科学筹划，狠抓落实，全面建设呈现稳步推进、持续发展的良好势头。

【党管武装】　2016年，市人武部始终把思想政治建设放在首位，围绕主题，注重学习习主席系列重要讲话，抓实"两学一做""三严三实"教育。按照省军区、军分区要求，延续群众路线教育和专题教育整顿的好作风，开好党委民主生活会，分析检查向组织交"明白账"；在军队改革中，党委班子内部注重树立团结意识，严格执行集体领导下的首长分工负责制，规范议事程序，讲原则、讲规矩，切实以自身良好过硬的形象引领人武部的建设发展。推进军民融合。坚持"国防科技和武器装备发展纳入国家科技创新体系，国防和军队人文意识建设纳入人文意识建设体系，军队人才基础教育纳入国民教育体系，军队后勤保障纳入社会服务保障体系，国防设施和战场建设纳入国防基础设施建设体系，国防动员应急能力建设纳入国防应急管理体系"的"六个纳入"；加强协调，落实党管武装各项工作制度；抓"政府、军队、社会、学校、家庭""五位一体"大国防教育体系构建，深入开展国防动员、国防教育工作；注重军地联动抓建格局，优化专武干部结构。

【基层武装建设】　坚持军事斗争龙头地位不动摇。围绕"基本队伍、基本工作、基本制度、基本设施"的"四个基本"推进市人武部本级、乡镇（街道）、企业、行业系统武装部和民兵应急连建设。高标准完成基干民兵整组任务，落实集中点验和"现地整组点验、现地明确任务和协同、现地组织训练"的"三个现地"整组训练；抓好车辆装备支前保障点和国防动员专业队伍建设；按照有"战斗队、工作队、宣传队、专业队"的"四有"兼备要求建强民兵重点应急连；5月至11月，区分4个批次，狠抓专武干部、民兵应急分队、民兵连长、民兵信息员和网评员等各项军事训练。持续抓好民兵"红旗党支部"创建，民兵党组织和凝聚力、战斗力持续强化，在参与山林灭火、防台抗洪等急难险重任务中发挥突击作用。组织民兵参与G20峰会安保并在重大节日组织治安巡逻、反恐维稳等行动。

【作风建设】　开展规范整治，推进常态化作风建设。重点对2015年以来公务接待、违规发放福利、公车私用、物资采购、基层风气等内容，进行逐项分析逐事排查，对省军区暗访发现的问题，进行严肃整改，并举一反三，自查自纠超标准接待等4个方面的问题。

【安全工作】　盯紧隐患苗头，落实安全排查。开展"学习条令月"活动，签订、落实有关反渗透、反心战、反策反、反窃密的"四反"、安全保密、手机使用等责任书；进行G20峰会安全隐患大排查工作；与地方公安、消防、安监建立安全信息互通机制；抓好人员思想教育引导、政治考核和审查工作；组织专业队伍开展业务技能训练和开展军警民"红袖章"常态化治安巡逻,强化应急处置突发事件能力。

民兵·预备役·兵役

【民兵组织整顿】　2016年,市人武部民兵整组工作,着眼作战准备阶段转换和战时应战、急时应急、平时服务"三时一体"现实需求,按照筹划准备、全面展开、总结完善3个阶段,抓好调查摸底、动员部署、宣传教育、出入转队、编组配干、健全制度、集结点验、检查验收等各项工作。以2015年整组成果为重点,进行合理布局、规范编制,突出任务分队建设,把好新入队民兵政治考核关、已入队民兵掌控关和民兵干部任免关。经过3月至5月的整顿编组,全市编有72个基干民兵连、分队,基干民兵总人数3611人,其中应急分队1021人,支援分队1809人,储备分队781人。

【军事训练】　军事训练工作,坚持按纲施训,深化跨区联训,组织干部、骨干集训,突出基层专武干部、"会讲、会做、会教、会做思想工作的四会"教练员、民兵连长等各级指挥员和重点队伍专业骨干训练,强化各类人员军事技能的训练与掌握。3月,组织民兵应急分队和各类分队干部、骨干集训并考核评比;5月4日至10日,组织18名专武干部参加军分区第18期专武部长集训;5月中旬,全面开展为期10天335人参加的民兵应急分队训练;6月底至7月初,组织民兵预备役干部骨干参加省军区跨区联训,其中三界镇骨干训练无线通信、石璜镇骨干训练防化救援,黄泽、甘霖、崇仁等乡镇骨干训练山林灭火;5月25日至6月3日,分2批组织全市21个乡镇(街道)200多名民兵连长集训,集训结束,接受军分区考核。第3季度,结合G20峰会安保工作,重点进行民兵和分队应急处突训练。11月,组织全市专武干部集训、民兵连党支部书记轮训、民兵信息员和网评员集训。

【G20峰会安保】　G20峰会安保期间,市人武部贯彻省军区、军分区有关峰会安保的指示精神,抓好各项要求的落实,确保辖区在峰会安保期

间的安全稳定。一是制定落实G20安保的有关事宜,统筹做好各项准备;二是领导带头亲力亲为,对民兵训练基地、原民兵武器装备仓库、营院、办公楼等部位进行安全隐患全面排查,对各项战备物资进行全面检查,并多次到化工、电力、客运中心、西站等重要部门和地点检查安保情况;三是严格落实各类执勤值班;四是加强情报侦收工作;五是严格落实应急分队备勤;六是配合地方政法、公安等部门做好安保执勤工作,对重点部位、单位协同公安人员进行军警民巡逻。同时,加强自身人员管控、重点目标管控、车辆管控等工作。

11月9日,市人武部组织开展民兵信息员网评员培训

【兵役工作试点】　2016年,嵊州市受领绍兴市兵役工作试点任务。市征兵办从春节前就着手组织筹划,按照"节点提前、工作提速、把握重点、突出量化、严格标准、科学实施、按级施行、形成机制"的工作思路,多次召开会议,研究部署试点方案,抓紧试点各项准备。一是采取设站登记、上门登记、电话登记和亲属代登等方式,开展兵役登记工作,全市共登记青年9466人。二是市征兵办协调机关单位及时调整征兵领导机构。三是3月至5月,开展以走进全市9所高中、举办一次征兵宣传讲座等"八个一"活动为重点的征兵宣传活动。四是制定工作计划,细化分解44项内容,明确完成时限、目标要求、具体负责人等内容,并对各乡镇(街道)的征兵工作进行调研。五是协调相关保障工作。

【兵员征集】　7月下旬开始,市人武部开展报名体检、政治考核、走访调查,召开定兵会议、输送新兵、落实相关优待政策等工作,完成325名新兵征集任务,其中女兵2人,大学生比例达到81.5%。

国防教育和国防动员

【全市武装工作暨国动委会议】　3月1日，召开全市武装工作暨国防动员委员会会议。市委领导、市人武部领导、各乡镇（街道）党委书记及专武部长、有关局办主要负责人出席。会议围绕"强化担当，积极作为，不断开创国防动员和后备力量建设新局面""深刻领会上级精神，认清形势，切实增强武装工作和国防动员的责任感、使命感，坚定不移地把使命扛在肩上，在武装工作和国防动员事业上取得新突破，在落实党管武装工作取得新成效"等主题开展讨论，进行部署。

9月，市征兵办在市文化广场举行入伍新兵交接欢送仪式

【国防教育进校园】　5月中旬，市人武部协调全市9所普高职高，组织开展以"传承红色基因，当好红色传人"为主题的"征兵宣传与国防知识进校园"活动。其间，许多宣传横幅及标语和20多块内容以2013—2015年立功受奖官兵及现役官兵事迹为素材的嵊州籍军人风采展板，在各校园醒目位置展现。同时，围绕国防教育"八个一"活动，为适龄学生送上一份宣传手册、播放一部征兵宣传片、举办一次国防知识讲座、展示一组优秀军人光荣榜等等，开展与学生"面对面"宣传。9月，在黄泽镇中心小学、爱德外国语学校（小学部）首发并试用省国教办和省教育厅编印的《国防教育知识读本》，为绍兴市10所试用小学之一。纪念建党95周年、红军长征胜利80周年活动期间，全市小学开展"学党史、知党性、跟党走"主题宣传教育实践活动，写学习体会和寻访红色印迹日记、手抄红色小报等。此外，4月22日，黄泽镇少年军校举行年度活动启动仪式，并在《今日嵊州》进行报道；6月初，组织学校师生观看国防教育影片《激战黎明》。

5月，为增强学生国防意识，市人武部开展征兵宣传与国防知识讲座进校园活动。图为在三界中学进行国防知识讲座

【军功榜军人荣誉墙建设】　在全部推开乡村文化礼堂军人榜军功榜和学校军人荣誉墙建设。共建以黄泽镇青石桥、三界镇南街等村为代表的村文化礼堂"军人军功榜"76个，以黄泽镇中心小学、市初级中学为代表的校园"军人荣誉墙"60个。在《人民前线》报和《浙江国防》等报道军人榜军功榜建设工作。宣传军人军功典型。8月初，《绍兴日报》《今日嵊州》以大篇幅报道全国爱国拥军模范谢百军的事迹；《国防》《浙江国防》杂志和《人民前线》报以"永不褪色的排头兵"为题、以较大篇幅转载黄泽镇青石桥村退伍军人、党支部书记许忠明的先进事迹。并《人民前线》报以较大篇幅报道青石桥村设立"军人榜、军功榜"增强全民国防意识的事迹。

军民共建

【概况】　一是成立军民融合式发展工作领导小组并召开会议，重点研究制定加强民营企业武装工作、加大军民科技合作扶持力度、加快军民结合产业发展等意见办法。二是在继续巩固、提高长乐镇上南庄村军民共建文化示范村基础上，建立和巩固、完善黄泽镇青石桥村、贵门乡贵门村、通源乡通源村文化示范村建设。三是组织民兵预备役人员在完成战备训练任务的同时，积极参与和支持地方重大项目建设,参与"五水共治"、创建全国卫生城市和"三个嵊州""平安嵊州""美好家园"建设。四是在山林灭火、防汛抗台、维稳处突、G20杭州峰会安保等急难险重任务中,累计出动500余人次,发挥突击队作用。(竹元政)

武 警

【概况】　2016年,武警嵊州市中队围绕党在新形势下的强军目标,落实习近平系列重要讲话精神,提升了中队建设的正规化水平,一年来按照"强队伍、补短板、破瓶颈"的工作思路,倡导"六个我",即"信任我就请跟紧我,尊重我就请超越我,爱护我就请监督我",强化"三种意识"(精品意识、中心意识、爱兵意识),达到"三个提高"(党支部三个能力有所提高、中队正规化建设水平有所提高、官兵综合素质有所提高),大抓了经常性工作落实,完成了以执勤和处突为中心的各项任务,连续第24年实现执勤无事故,连续第26年实现安全"三无"。在完成日均500余人的固定目标看守任务的同时还担负押解、巡逻、城市武装巡逻等临时勤务任务,高标准实现了"两个确保"。8月,指导员陈晨率13名战士赴杭州参加杭州G20峰会顶级安保,圆满完成了峰会期间杭州南站卡点警戒任务。

武警战士刻苦训练

【反恐应急】　2016年,中队推进中队反恐应急班力量建设,配齐装备,开展各类反恐演练、应急处置训练,提高反恐维稳和应急处突能力,全年中队进行方案演练37次,看守所安全大检查17次,队所联合方案演练5次,完成押解任务69次,押解人犯582名,出动兵力138余人次。

【军事训练】　中队以《军事训练与考核大纲》和"2016年军事训练工作指示"为依据,按纲施训、严格管理,推进军事训练健康有序的发展。全年共完成12个科目36个内容的训练,共计93个训练日。针对社会动态形势,重点对擒敌、防暴、反袭击、射击、一岗一哨等进行临战训练,同时还开展"带离应用动作、主题会周边警戒、分队班组队形、日常英语口语"等专项训练,参训率达80%以上,总评成绩达到优良。

【四项建设】　中队坚持把"四项活动"经常化,把"深知兵、真爱兵"活动作为密切内部关系的有效载体,真正做到悉心知兵、真心爱兵、精心育兵、文明带兵,凝聚了兵心、提升了部队战斗力。"三互"活动采取干部骨干结对、新老兵结对、大学生战士与文化基础弱的战士结对,营造了组员共进、组内互助、组外互动、组间竞赛的浓厚氛围。"唱歌讲歌用歌"活动通过聘请教师定期教唱、警营广播循环播放、训练间隙拉歌赛唱、重大节日歌咏比赛等形式,让战士在情注信仰而歌、情注祖国而歌、情注使命而歌中感悟使命、感悟忠诚、感悟荣誉。"多读书、读好书、善读书"活动,干部每月撰写一篇学习体会,战士每读一本书写一篇读后感,并且每月进行评选读书之星。(朱啸雨)

消 防

【概况】　2016年,消防大队坚持以习近平重要讲话精神为引领,围绕"创人民满意消防队伍"

7月7日,消防大队官兵参加嵊新污水处理厂火灾事故的扑救

为主线,围绕防灭火中心工作,抓好 G20 杭州峰会和第三届世界互联网大会消防安保工作,加强队伍管理和执勤备战,消防工作和部队建设均取得明显成效,为地方经济社会发展创造了良好的消防安全环境。大队党委被公安部消防局评为先进基层党组织,被绍兴市公安局评为 G20 杭州峰会工作先进集体,2 人被绍兴市委、市政府评为 G20 安保先进个人;先后有 1 人荣立公安系统二等功,6 人荣立三等功。

【防火工作】　　2016 年重点推动乡镇(街道)加强对消防工作的领导,完善三级网格组织机制。结合 G20 峰会消防安保工作,联合安监、民政、教体、文广、经信等相关部门相继开展了养老机构、中小学幼儿园、易燃易爆危险品场所、网吧、印染行业等专项整治活动。发动全市 21 个乡镇(街道)以及 20 多个行业主管部门全面开展夏季消防安全大检查,督促全市 5000 余家社会单位开展隐患自查自纠工作。统筹推进夏季消防安全检查、消防安全大排查大整治行动、严重影响消防安全违法建筑、居住出租房、养老机构、护航、越剑系列行动等各类专项整治,对全市 52 家养老服务机构开展消防安全情况全面普查,关停 9 家,消除隐患 152 处,全部养老机构均安装了独立烟感探测器。会同甘霖镇在试点的基础上全面开展了织布机小作坊整治行动。完成 9 家政府挂牌重大火灾隐患单位整改销案工作,拆除严重影响消防安全违章搭建 30 万平方米。全年共检查社会单位 3599 家,发现火灾隐患 6558 处,整改隐患 6509 处,制发责令改正通知书 3088 份,下发行政处罚决定书 308 份,责令"三停"(停止施工、停止使用、停产停业)36 处,下发临时查封决定书 66 份,拘留 59 人。

【练兵成果】　　完成各类灭火救援任务。灭火救援工作是部队的中心工作之一,2016 年大队出色完成了"11·5"盐酸槽罐车泄漏事故处置等急难险重任务,完成了对义乌、上虞等地的增援任务;在抗击强台风中,多次成功排险。修订完善重点单位预案 40 余份,熟悉 861 家、演练 470 家,微型消防站拉动 70 余次,指导拉动专职队 25 次,指导村志愿队 101 次,定制水源手册 2 份,水源排查

率达 100%。通过各个层次的演练,提高了指战员的灭火技战术水平,改进了器材装备的使用功能,其中超长吸水管、水带推车在绍兴市范围内进行了推广。另外还招聘 10 名合同制队员,充实部队实力。在绍兴市体能对抗赛中取得团体第一的好成绩,鹿山中队取得非现役组团体第三,获得非现役组个人第一、第二名。

【宣传消防】　　2016 年,大队加强对党政机关、学校、福利机构、商贸企业、宾馆饭店等重点领域场所的宣传培训。专门印制行业部门消防监督指导手册 1000 册,培养消防安全"明白人"。联系嵊州电视台、广播滚动播放消防公益广告、消防安全提示和安全常识。协调教体、文广、民政、安监等部门共同对全市中小学校、福利机构、宗教场所、化工企业、网吧开展消防安全培训 225 次、消防演练 235 次,发动群众开展平安消防巡查宣传 1800 余次,印制发放居住出租房消防安全手册、电动车火灾案例警示等宣传资料 2 万份,印制张贴电动车消防安全管理通告 21000 余份、商市场消防安全管理通告 1000 份,发送消防安全提示短信 10 万余条。

12 月 26 日,消防大队防火监督人员对全市宗教场所开展元旦节前消防安全检查

【部队建设】　　2016 年,消防大队党委切保障了人员经费,保证部队装备、基础设施建设经费的落实,争取政府正常经费,增加专项经费,积极推进消防站建设。一是保证财政经费。二是规范财务管理,维护财经秩序。三是挖潜力,全面开源节流,加大经费节流力度。四是在基建方面,大队完成了大队电影院、文化走廊、鹿山中队健身房建设和士官公寓房改造建设,充实了荣誉室历史文物。(袁经)

科　技

综　述

【概况】　2016年,市科技部门实施创新驱动发展战略,围绕科技创新工作目标,开展科技服务专项行动,优化创业创新环境,激发创新创业活力,较好地完成了全年目标任务。全年发明专利授权量158件;万人专利授指数为79.31;高新技术产业投资额41.73亿元;高新技术产业增加值32亿元;规模以上工业新产品产值241.44亿元;省级及以上高新区规上工业高新技术产业产值占规上工业产值比43%;技术市场交易额为9492万元。

【科技项目】　新批国家火炬计划项目2项,省级重点研发项目2项;列入省农业重点研发项目1项,省重大专项1项;获绍兴市科学技术进步奖6项,评选嵊州市科学技术奖获奖项目12项。

【企业创新能力】　新建省级重点企业研究院1家,通过省级企业研发中心7家;绍兴市级企业研发中心21家。新下达省重点研发项目扶持资金280万元,省创新基金48万元,国家双创大赛资金30万元;争取农业科技资金380万元;列入2016年度省级新产品试制计划项目225项。培育国家高新技术企业18家;获批省科技型中小企业125家,省级农业科技企业1家。复审通过省级专利示范企业1家;绍兴市级专利示范企业4家,新增绍兴市级专利示范企业4家。

【产学研合作】　立足产业特色及产业需求,加强科技合作。除电机展会活动外,全年组织高校科研院所专家组团或定向服务嵊州市企业30多次,500多人次。引进浙江理工大学、省农科院专家团队,推进巴贝"工厂化养蚕"项目;引进中国电器科学研究院、西安微电机研究所等高层次科研院所的专家教授,推进机电产品升级改造项目,深入特种电机、希多电机、东方电机、蓝翔电机等企业开展技术合作;引进浙江理工大学服务学院等高校科研院所专业设计人才,建立领带服饰创新设计中心,提升行业品质品位;持续推进实施来福谐波公司与南京信息工程学院合作的"工业机器人核心功能部件设计与制造技术"项目;引进上海药物研究所、苏州大学等研发团队,创建了昂利康省级重点企业研究院,推进昂利康新药研发项目建设。共引进25所高校科研单位、155名指导员与我市63家企业结对,根据企业科技需求开展一对一或组团式指导服务。

【创新平台建设】　全年与大院名校共建"浙江理工大学——亿田集成灶发展研究所""浙江工业大学广瑞不锈钢高效电机及控制器研发中心"等创新载体等科研机构10家。全年共引进创业企业7家(其中3家为绍兴市"330海外英才计划"入选项目),领域涉及生物医药、3D打印、无人机、非标设备定制等。

【科技惠民】　　　理复合技术"(黄胜堂模式)治理农村生活污水,全市已应用该技术治理168个村的生活污水,受益农户达到6万多户。

【众创活动】　　　一是加快众创基地建设。积极推进科创中心三期工程——众创、孵化、研发综合大楼建设。二是推进北航投众创空间项目建设,引进专业技术人才,孵化航空航天领域科技创新企业。三是举办第二届嵊州创客、创新项目大赛。大赛吸引了社会大众的广泛关注与参与,有力地推动了"大众创业、万众创新"活动的深入开展。

【科技创新环境】　　　一是优化科技扶持政策。积极推行实施科技创新券,全年发放创新券150万元。二是探索建立健全科技投融资体系。启动总资金2亿元科技创新种子基金,扶持初创期、种子期科技型企业成长壮大。三是优化科技服务内涵。组织省科技开发中心、省火炬中心、杭州英杰会计师事务所、越星专利事务所等科技中介服务专业人员,举办科技统计、知识产权申报保护、国家高企培育申报等科技业务培训活动10场次,培训企业科技人员300多人次。

7月27日,在嵊州宾馆举行"嵊州市科技创新种子基金"启动仪式

【2016嵊州厨具产品推介会】　　　10月27日上午,电机厨具展会配套活动之一——2016嵊州厨具产品推介会在嵊州国际会展中心举行。来自江苏、江西、安徽、山东、河南、上海、浙江等20多个采购团队,及嵊州市厨具行业协会会员企业参加了嵊州厨电产品推介。

10月27日至29日,"2016第九届中国(嵊州)电机厨具展览会"在国际会展中心举行。图为嵊州集成灶展示厅

【电机产业技术创新报告会】　　　10月27日下午,电机产业技术创新报告会在嵊州宾馆举行。报告会上,中国电器工业协会分马力电机分会秘书长、教授级高工周修源主讲电机产业面临的机遇与挑战;浙江大学航天电气与微特电机研究所常务副所长、博导金孟加主讲电机领域的共享经济;西安微电机研究所所长助理、研究员闵琳主讲永磁电机关键技术与发展趋势;上海电器科学研究院院长助理、教授级高工陈伟华主讲电机行业发展的政策方向。浙江省电机行业协会相关负责人,嵊州市电机行业协会成员单位参加了报告会,报告会为全市电机行业企业家们拓展视野、谋求创新发展提供了很好的思路。

【家用厨房设备国家标准推介宣贯会】　　　10月27日下午,家用厨房设备国家标准推介宣贯会在嵊州宾馆举行。中国五金制品协会执行理事长兼全国五金制品标准化技术委员会主任委员张东立到会致辞;中国五金制品协会副理事长兼全国五金制品标准化技术委员会秘书长柳润峰对GB/T 18884–2015《家用厨房设备》国家标准进行推介;中国五金制品协会厨房设备分会执行秘书长赵汗青对GB/T 18884–2015《家用厨房设备》国家标准进行宣贯。宣贯会对于促进全市厨电企业规范化标准化发展起到了很好的推动作用。

【百名专家嵊州行活动】　　　10月27日下午,由中共嵊州市委、嵊州市人民政府主办,市委宣传部、市委人才办、市科学技术局等承办的"百名专家嵊州行活动暨科技合作项目集中签约仪式、第二届嵊州创客创新项目大赛颁奖仪式"在嵊州宾馆举行。有来自浙江大学、中科院相关研究所等30多家高校科研院所100多名专家教授参加了百名专家嵊州行活动暨科技合作项目集中签约仪式,签订科技合作项目30项。有10名优秀创客及十个创新项目获得了第二届嵊州创客创新项目大赛奖励,大赛对于推进全市民众积极投身创业创新起到了很好的作用。

【制造业自动化技术报告会】 10月28日上午,"制造业自动化技术报告会"在嵊州宾馆举行。由杭州电子科技大学自动化学院副院长、教授级高工王越胜主讲"智能装备在制造业中的应用",嵊州市机械行业协会成员单位80多名企业家及技术人员参加,报告会为嵊州市企业放眼"中国制造2025"提供了思路和视野。

【绍兴市跨境电子商务服务资源对接会】 10月28日下午,"绍兴市跨境电子商务服务资源对接会"在嵊州宾馆举行。对接会上,成立了嵊州跨境电子商务综合服务平台,该平台将集传统外贸综合服务和跨境电商综合运营两大功能,致力于为全国各地的工厂、创业者更加便捷地对接海外第三方平台。省商务厅领导,及绍兴市跨境电商和产业集群企业代表参加了对接会。

【花木产业形势与种苗培育关键技术报告会】 10月28日下午,"花木产业形势与种苗培育关键技术报告会"在嵊州宾馆举行,浙江省林业种苗管理总站教授级高工何云芳作"花木产业形势与种苗培育关键技术应用"报告,并与嵊州市行业企业进行了互动对接,为全市农业特色产业发展提供建议和指导。

科技计划

【概况】 2016年,全市新批国家火炬计划项目2项,省级重点研发项目2项;列入省农业重点研发项目1项,省重大专项1项,共获得省科技专项经费230万,省科技特派员专项1项;获绍兴市科学技术进步奖6项,评选嵊州市科学技术奖获奖项目12项;列入省级新产品试制计划项目225项。

【国家火炬计划项目】 2016年度,共实施国家火炬计划项目2项。分别为:浙江特种电机有限公司的"年产60万kw高效节能电机产业化";浙江威力锻压机械有限公司"年产1000台高速精密温热模锻机"等项目。

【省重点研发项目】 2016年度,共实施省级重点研发项目1项。分别为:浙江巴贝领带服饰设计研究有限公司的"浙江省嵊州领带产业技术创新服务平台(绩效补助)"项目,浙江来福谐波传动股份有限公司的"工业机器人核心功能部件设计与制造技术"项目。

【省农业重点研发项目】 2016年度,共实施省农业重点研发项目1项。为浙江佰帆农业开发有限公司的"山茶油功能评价与精深加工——营养高保全茶叶籽油精炼加工关键技术及功能产品开发"项目。

【省农业重大专项】 2016年度,共实施省农业重大专项1项。为浙江康牧药业有限公司的"实现节能减排的氟苯尼考绿色生产线"项目。

【省科技特派员专项】 2016年度,实施"团队特派员——长毛兔产业"省科技特派员专项1项。

【省级新产品计划】 2016年,实施省级新产品计划共225项。

高新技术产业

【概况】 2016年,全市新认定国家级高新技术企业15家;省级科技型中小企业125家。新认定省级重点企业研究院1家,通过省级企业研发中心7家;绍兴市级企业研发中心21家。市科技创业中心入驻孵化企业7家。

【国家级高新技术企业】 2016年度,全市新认定国家级高新技术企业15家,其中新增9家,全市累计国家级高新技术企业49家。

新增国家级高新技术企业

表 46

序 号	企业名称	证书编号
1	浙江阿斯克建材科技股份有限公司	GR201633000001
2	浙江中森电子有限公司	GR201633000273
3	嵊州盛泰色织科技有限公司	GR201633000358
4	浙江弘顺科技股份有限公司	GR201633000436
5	嵊州市中工电气有限公司	GR201633000448
6	浙江科恩电器有限公司	GR201633000733
7	浙江威隆机械科技有限公司	GR201633000763
8	嵊州市兰花电器科技有限公司	GR201633000835
9	浙江天禾生态科技有限公司	GR201633000860
10	浙江昂利泰制药有限公司	GR201633001027
11	绍兴汉立工业自动化科技有限公司	GR201633001076
12	浙江神州化工科技有限公司	GR201633001321
13	浙江盈亿机械有限公司	GR201633001402
14	嵊州市龙威机械有限公司	GR201633001822
15	浙江康牧药业有限公司	GR201633001908

【省级科技型中小企业】　　2016 年度，新增省级科技型中小企业 125 家。全市累计省级科技型企业 398 家。

【科创中心入孵企业】　　2016 年，科创中心新入孵企业 7 家。分别为浙江励胜电器有限公司、绍兴市富泰龙电子有限公司、嵊州市光迅电子科技有限公司、浙江绍兴宇域生物科技有限公司、绍兴力德自动化科技有限公司、嵊州奇妙智学网络科技有限公司、嵊州奇丽新材料科技有限公司。中心在孵企业已达 25 家。

【省级重点企业研究院】　　2016 年度，全市新增省级重点企业研究院 1 家，为浙江昂利康制药股份有限公司的"浙江省昂利康药用新材料重点企业研究院"。

【省级高新技术企业研究开发中心】　　2016 年度，全市新增省级高新技术企业研究开发中心 7 家：亿田智能环保集成灶省级高新技术企业研究开发中心、帅丰集成厨具省级高新技术企业研究开发中心、浙江盈亿机械制冷部件省级高新技术企业研究开发中心、东雄高精锻压机械省级高新技术企业研究开发中心、威力高精锻压机床省级高新技术企业研究开发中心、森歌集成厨房电器省级高新技术企业研究开发中心、富源微通道省级高新技术企业研究开发中心。全市累计省级科技研发中心 34 家。

【市级企业研究开发中心】　　2016 年度，全市新增中林勘察设计企业研究开发中心等市级企业研究开发中心 21 家。全市累计市级企业研究开发中心 180 家。

科技成果

【概况】　　2016 年，全市获绍兴市科学技术奖 6 项，评选嵊州市科学技术奖 12 项。科技成果登记 165 项。

获绍兴市科学技术奖项目

表47

序 号	项目名称	单位名称	奖 项
1	高效耐用的旋转活塞泵	浙江威隆机械科技有限公司	二等奖
2	MO4-5 自动弹簧端面磨床	浙江万能弹簧机械有限公司	二等奖
3	空调压缩机排气管	嵊州市致远焊接制品有限公司	三等奖
4	自启式导烟板的翻盖集成灶	浙江杰森厨具股份有限公司	三等奖
5	WTX-400 闭式双曲轴精密钢架冲床	浙江威力锻压机械有限公司	三等奖
6	KTS 系列滑块运行平衡式精密冲压机床	嵊州市康力机械有限公司	三等奖

2016 年度科技成果

表48

序 号	鉴定编号	科技成果名称	完成单位
1	绍市生鉴字（2016）第 51 号	切割机	浙江龙威机械制造有限公司
2	绍市生鉴字（2016）第 52 号	电机 MDS2.0ALS	
3	绍市生鉴字（2016）第 53 号	电机 FK9.5AL	浙江海宏电器有限公司
4	绍市生鉴字（2016）第 54 号	电机 B11FL	
5	绍市生鉴字（2016）第 55 号	保温板/条（JJL 系列）	嵊州市西格玛科技有限公司
6	绍市生鉴字（2016）第 56 号	齿轮	
7	绍市生鉴字（2016）第 57 号	高承载力长寿命链轮	浙江中益机械有限公司
8	绍市生鉴字（2016）第 58 号	链轮	
9	绍市生鉴字（2016）第 59 号	铜带（0.2—1.0 系列）	
10	绍市生鉴字（2016）第 60 号	青铜带（0.2—0.8 系列）	浙江万力铜业有限公司
11	绍市生鉴字（2016）第 61 号	磷铜带（0.2—0.8 系列）	
12	绍市生鉴字（2016）第 62 号	针织袜	
13	绍市生鉴字（2016）第 63 号	抗菌袜	浙江莎美纤维印染有限公司
14	绍市生鉴字（2016）第 64 号	涤纶袜	
15	绍市生鉴字（2016）第 65 号	女式背心	
16	绍市生鉴字（2016）第 66 号	女式 T 恤	浙江莎美实业股份有限公司
17	绍市生鉴字（2016）第 67 号	男式 T 恤	
18	绍市生鉴字[2016]第 68 号	易安装太阳能电池组件	
19	绍市生鉴字（2016）第 69 号	太阳能电池组件	浙江欧宝能源有限公司
20	绍市生鉴字（2016）第 70 号	太阳能电池组件 250W	
21	绍市生鉴字（2016）第 74 号	空调器风扇用电动机（YDK 系列）	嵊州市精达电机有限公司
22	绍市生鉴字（2016）第 75 号	朴道水汇商用直饮机（HS007 系列）	浙江久纯环保科技股份有限公司
23	绍市生鉴字（2016）第 76 号	油烟机（JE 系列）	
24	绍市生鉴字（2016）第 77 号	油烟机（Y、JE 系列）	绍兴市弗兰特电器股份有限公司
25	绍市生鉴字（2016）第 78 号	油烟机（Y 系列）	
26	绍市生鉴字（2016）第 79 号	阀门(龙威减压阀)	
27	绍市生鉴字（2016）第 80 号	气动调节阀	嵊州市龙威阀门有限公司
28	绍市生鉴字（2016）第 81 号	闸阀（远程控制闸阀）	
29	绍市生鉴字（2016）第 82 号	涤纶领带	绍兴亨利领带时装有限公司

续表1

序　号	鉴定编号	科技成果名称	完成单位
30	绍市生鉴字（2016）第 83 号	涤丝面料	
31	绍市生鉴字（2016）第 101 号	储纬器	
32	绍市生鉴字（2016）第 102 号	双喷储纬器	嵊州市中森电子有限公司
33	绍市生鉴字（2016）第 103 号	自动识别断纱的储纬器	
34	绍市生鉴字（2016）第 104 号	手动瓷砖切割机-540956	
35	绍市生鉴字（2016）第 105 号	瓷砖切割机-540957	
36	绍市生鉴字（2016）第 106 号	用于切割瓷砖和石材的电动切割机—185701	浙江龙威机械制造有限公司
37	绍市生鉴字（2016）第 107 号	双轨手动瓷砖切割机-540419	
38	绍市生鉴字（2016）第 112 号	新结构的储液器（旋压式）	嵊州市新高轮制冷设备有限公司
39	绍市生鉴字（2016）第 113 号	新结构的储液器（全电阻式）	
40	绍市生鉴字（2016）第 114 号	便于调节电感强度的电感器	嵊州市兰花电器科技有限公司
41	绍市生鉴字（2016）第 115 号	密封防水的低频天线	
42	绍市生鉴字（2016）第 116 号	带有可调式绕纱盘的储纬器	嵊州市中森电子有限公司
43	绍市生鉴字（2016）第 117 号	喷气织机用节能储纬器	
44	绍市生鉴字（2016）第 118 号	Bio-Thz2015001 全生物降解一次性梳子	
45	绍市生鉴字（2016）第 119 号	ST/PLA/PBAT/PPC 全降解生物基牙刷柄	浙江天禾生态科技有限公司
46	绍市生鉴字（2016）第 120 号	淀粉基隐形眼镜托	
47	绍市生鉴字（2016）第 121 号	全生物降解吸管系列产品	
48	绍市生鉴字（2016）第 122 号	塑料餐具（勺）	
49	绍市生鉴字（2016）第 123 号	直流变频循环热水泵	绍兴泰克精工机电有限公司
50	绍市生鉴字（2016）第 124 号	0 参数 H 型膨胀阀	浙江敏特汽车空调有限公司
51	绍市生鉴字（2016）第 131 号	6 参数 H 型膨胀阀	
52	绍市生鉴字（2016）第 132 号	膨胀阀（1687HAB-1.8T）	浙江敏特汽车空调有限公司
53	浙技促鉴字（2016）第 13 号	D—二聚体动态变化对进展性出血性颅脑损伤 PHI 及其预后的影响	嵊州市中医院
54	浙技促鉴字（2016）第 44 号	DLM-24B8SL 多工位冷镦成型机	
55	浙技促鉴字（2016）第 45 号	DLPD-450 型三工位肘节式冷挤压快速成型机	浙江东雄重工有限公司
56	浙技促鉴字（2016）第 46 号	DLP-850 肘节式冷挤压快速成型机	
57	浙技促鉴字（2016）第 47 号	DMK-400D 双曲轴多连杆式冲床	
58	浙技促鉴字（2016）第 48 号	GD050 进气歧管	浙江弘顺科技股份有限公司
59	浙技促鉴字（2016）第 49 号	高性能摩托车铝合金轮毂	
60	浙技促鉴字（2016）第 50 号	硅酸钙保温材料	浙江阿斯克建材科技股份有限公司
61	浙技促鉴字（2016）第 51 号	珍珠岩保温材料	
62	浙技促鉴字（2016）第 52 号	扬声器 KU675	
63	浙技促鉴字（2016）第 53 号	扬声器 KS9000	浙江嵊州佰誉电子有限公司
64	浙技促鉴字（2016）第 54 号	扬声器 KS7000	

续表 2

序 号	鉴定编号	科技成果名称	完成单位
65	浙技促鉴字（2016）第 55 号	超高效率三相异步电动机	
66	浙技促鉴字（2016）第 56 号	电梯用外转子电机	
67	浙技促鉴字（2016）第 57 号	交叠式直流变频电机	浙江特种电机股份有限公司
68	浙技促鉴字（2016）第 58 号	汽车用涡旋式空调压缩机永磁同步电机	
69	浙技促鉴字（2016）第 59 号	CXW-200-L6 型近吸式油烟机	
70	浙技促鉴字（2016）第 60 号	CXW-268-K5-2 型近吸式油烟机	
71	浙技促鉴字（2016）第 61 号	ET810C 型嵌入式烤箱	
72	浙技促鉴字（2016）第 62 号	JJZ（Y.T）-802 型（系列）集成灶	浙江万事兴电器有限公司
73	浙技促鉴字（2016）第 63 号	JZY/T-62B7 型嵌入式燃气灶	
74	浙技促鉴字（2016）第 64 号	TST901 出口型油烟机	
75	浙技促鉴字（2016）第 65 号	CXW-268-K9 型近吸式油烟机	
76	浙技促鉴字（2016）第 66 号	电脑数控卷簧机	浙江万能弹簧机械有限公司
77	浙技促鉴字（2016）第 67 号	钢管（耐腐蚀高强度）	嵊州市恒鑫金属制管有限公司
78	浙技促鉴字（2016）第 85 号	非痴呆型血管性认知障碍 5 年随访研究	嵊州市人民医院
79	浙技促鉴字（2016）第 118 号	三维立体控烟集成灶	
80	浙技促鉴字（2016）第 119 号	一种带快速蒸功能的集成灶	浙江帅丰电器有限公司
81	浙技促鉴字（2016）第 120 号	V5 集成灶	
82	浙技促鉴字（2016）第 121 号	DL 系列冷风机(170112 改成：吊顶式/水媒式/BF/DL 系列冷风机)	浙江北峰制冷设备有限公司
83	浙技促鉴字（2016）第 122 号	空气能热泵冷（热）水机组	
84	浙技促鉴字（2016）第 123 号	高精冲床高强度机身	
85	浙技促鉴字（2016）第 124 号	高精冲床飞轮总成	嵊州市齐重机床有限公司
86	浙技促鉴字（2016）第 125 号	高精冲床滑块组件	
87	浙技促鉴字（2016）第 126 号	APE-500 双点冲床	浙江威力锻压机械有限公司
88	浙技促鉴字（2016）第 127 号	WTP-800 双曲轴压力机	
89	浙技促鉴字（2016）第 128 号	220-J639BH 钢化玻璃	浙江莫尼厨具有限公司
90	浙技促鉴字（2016）第 129 号	CXW-220-ESL(S)油烟机	
91	浙技促鉴字（2016）第 130 号	9831 炉头	
92	浙技促鉴字（2016）第 131 号	9G88 炉头	
93	浙技促鉴字（2016）第 132 号	9G80 炉头	绍兴康尼电器有限公司
94	浙技促鉴字（2016）第 133 号	H010 火盖	
95	浙技促鉴字（2016）第 134 号	9G75 铜盖	
96	浙技促鉴字（2016）第 135 号	7B18 炉头	
97	浙技促鉴字（2016）第 136 号	抽油烟机 JX75	
98	浙技促鉴字（2016）第 137 号	抽油烟机 L703	
99	浙技促鉴字（2016）第 138 号	抽油烟机 L706	浙江松科电器有限公司
100	浙技促鉴字（2016）第 139 号	抽油烟机 JY501	
101	浙技促鉴字（2016）第 140 号	抽油烟机 JY508	

续表 3

序 号	鉴定编号	科技成果名称	完成单位
102	浙技促鉴字（2016）第 141 号	出口型中岛式吸油烟机（出口开票又名：抽油烟机）	浙江松科电器有限公司
103	浙技促鉴字（2016）第 142 号	空调用干燥过滤器	
104	浙技促鉴字（2016）第 143 号	空调用储液分离器	
105	浙技促鉴字（2016）第 144 号	铝储液器 0121-026002（3670134C1）	浙江盈亿机械股份有限公司
106	浙技促鉴字（2016）第 145 号	制冷机配件（储液器）	
107	浙技促鉴字（2016）第 146 号	气液分离器 98W 19C808 AC	
108	浙技促鉴字（2016）第 147 号	发动机尾气冷却技术	
109	浙技促鉴字（2016）第 148 号	复合风管	浙江天仁风管有限公司
110	浙技促鉴字（2016）第 169 号	联合支气管活检、刷检、灌洗、毛刷液基、术后痰检在肺癌中的诊断价值	嵊州市人民医院
111	浙技促鉴字（2016）第 214 号	颈部伸引手法配合超微针刀治疗颈源性眩晕症临床疗效观察	嵊州市中医院
112	浙技促鉴字（2016）第 235 号	长涤纶丝缝纫线捻线机	嵊州市南丰机械有限公司
113	浙技促鉴字（2016）第 236 号	微型环链电动葫芦	
114	浙技促鉴字（2016）第 237 号	低噪声免维护电动小车	
115	浙技促鉴字（2016）第 238 号	特高压电缆专用电力紧线器	浙江双鸟机械有限公司
116	浙技促鉴字（2016）第 239 号	双向提升手拉葫芦	
117	浙技促鉴字（2016）第 240 号	大吨位船用手拉小车	
118	浙技促鉴字（2016）第 241 号	A 系列锁	
119	浙技促鉴字（2016）第 242 号	B 系列铰链	
120	浙技促鉴字（2016）第 243 号	C 系列搭扣	绍兴斯科制锁工业有限公司
121	浙技促鉴字（2016）第 244 号	锁（锌合金等）	
122	浙技促鉴字（2016）第 245 号	铰链（锌合金等）	
123	浙技促鉴字（2016）第 246 号	F3 系列集成灶	
124	浙技促鉴字（2016）第 247 号	F6 系列集成灶	浙江亿田电器有限公司
125	浙技促鉴字（2016）第 248 号	A3 系列集成灶	
126	浙技促鉴字（2016）第 249 号	A5 系列集成灶	
127	浙技促鉴字（2016）第 250 号	智能电动车	浙江逗哈科技股份有限公司
128	浙技促鉴字（2016）第 251 号	电动自行车	
129	浙技促鉴字（2016）第 252 号	高性能 MPT16LA 系列商用冰箱压缩机电机	
130	浙技促鉴字（2016）第 253 号	高效能 NUT60CA 轻型商用制冷压缩机电机	浙江迪贝电气股份有限公司
131	浙技促鉴字（2016）第 254 号	高性能 NT(1113—1116)GZL 冰箱压缩机铝线电机	
132	浙技促鉴字（2016）第 255 号	L25W-244 小型冰箱压缩机铝线电机	
133	浙技促鉴字（2016）第 256 号	吸油烟机 AC6	
134	浙技促鉴字（2016）第 257 号	吸油烟机 AC601	浙江科恩电器有限公司
135	浙技促鉴字（2016）第 258 号	灶具 AC30	

续表4

序 号	鉴定编号	科技成果名称	完成单位
136	浙技促鉴字（2016）第259号	VFP-400T高速精密温热模锻机	浙江威力锻压机械有限公司
137	浙技促鉴字（2016）第260号	WTP-600T双曲轴压力机	
138	浙技促鉴字（2016）第261号	电脑开关	嵊州市中天利电子电器厂
139	浙技促鉴字（2016）第262号	扬声器KU6500	浙江嵊州佰誉电子有限公司
140	浙技促鉴字（2016）第333号	低噪音储液器	浙江富源制冷设备股份有限公司
141	浙技促鉴字（2016）第334号	空调系统双向过滤器	
142	浙技促鉴字（2016）第335号	水冷微通道换热器	
143	浙技促鉴字（2016）第336号	四通管路微通道	
144	浙技促鉴字（2016）第337号	YSZ系列蓝白（彩、白）锌长（短）轴电机	浙江乐丰电器有限公司
145	浙技促鉴字（2016）第338号	22J蓝白（蓝、彩、白）锌长（短）轴电机	
146	浙技促鉴字（2016）第339号	HC系列串励电机	
147	浙技促鉴字（2016）第340号	大塔扇电机	
148	浙技促鉴字（2016）第341号	排气辅助制动器1203120（B、D、E、G、H、L系列）	浙江博力机电制造有限公司
149	浙技促鉴字（2016）第342号	输气硬管总成（110930049）	
150	浙技促鉴字（2016）第343号	排气机构（1521350015310）	
151	浙技促鉴字（2016）第344号	进气制动阀总成（35481001系列）	
152	浙技促鉴字（2016）第345号	电动机	浙江乐丰机电科技有限公司
153	浙技促鉴字（2016）第346号	风扇电机	
154	浙技促鉴字（2016）第347号	轴流风扇	
155	浙技促鉴字（2016）第348号	J21系列冲床	嵊州市康力机械有限公司
156	浙技促鉴字（2016）第349号	J23系列冲床	
157	浙技促鉴字（2016）第350号	J31系列冲床	
158	浙技促鉴字（2016）第351号	TCP系列冲床	
159	浙技促鉴字（2016）第352号	集成灶	浙江普森电器有限公司
160	浙技促鉴字（2016）第353号	油烟机CXW-218-8908	浙江爱瑞卡普田电器有限公司
161	浙技促鉴字（2016）第354号	油烟机PH1G901C-SDBT	
162	浙技促鉴字（2016）第355号	油烟机CXW-218-8905GL	
163	浙技促鉴字（2016）第356号	GCS1-200型2000kN数控开式伺服压力机	浙江高精锻压股份有限公司
164	浙技促鉴字（2016）第357号	制冷阀体钎焊用高性能低银焊料	浙江新锐焊接科技股份有限公司
165	浙技促鉴字（2016）第358号	制冷阀体钎焊用高活性免清洗助焊剂	

科技合作

【概况】 2016年,与中科院、浙江大学等30多家高校、科研院所开展政产学研合作对接活动,全年共建合作创新载体10项,签订科技合作项目30项。

【产学研科技合作项目】 2016年,新实施产学研科技合作项目30项。

科技合作签约项目

表 49

序　号	嵊州市合作单位	合　作　高　校	合作项目名称
1	浙江特种电机股份有限公司	浙江大学	电动汽车空调压缩机驱动器研制
2	浙江普森电器有限公司	中国美术学院	新一代集成灶设计
3	嵊州市惠冠数码印花科技有限公司	浙江理工大学	重磅真丝面料数码叠印技术开发应用
4	浙江震凯化工有限公司	杭州电子科技大学	油水相集中制备控制系统研发
5	嵊州市荣峰助剂有限公司	上海应用技术大学	新型柔软剂研发
6	浙江昂利康制药股份有限公司	绍兴文理学院（化工学院）	医药原料及中间体分析技术开发
7	嵊州市德利经编网业有限公司	中科院寒区旱区环境与工程研究所	HDPE 经编防风固沙新材料与生态植被恢复技术研究
8	浙江特种电机股份有限公司	上海电器科学研究院	电机再制造技术
9	嵊州市广瑞电机有限公司	浙江工业大学	浙江工业大学广瑞不锈钢高效电机及控制器研发中心
10	浙江亿田电器有限公司	浙江理工大学	浙江理工大学－亿田集成灶发展研究所
11	嵊州福华燃具有限公司	中国美术学院	高效能油烟机工业设计
12	浙江昂利泰制药有限公司	浙江大学	五个酮酸的杂质的结构确证
13	浙江神州科技化工有限公司	上海应用技术大学	合作共建新材料技术研究开发中心
14	嵊州市华丰电子有限公司	杭州电子科技大学	PCB 板优化设计
15	嵊州市英华铜业有限公司	绍兴文理学院	铜冶炼过程中产生的废水处理技术
16	浙江巴贝领带有限公司	浙江理工大学	基于肌理效果的"织印一体"丝绸面料开发及产业化
17	嵊州市万能弹簧机械有限公司	浙江科技学院	产学研战略合作联盟
18	浙江中林勘察研究股份有限公司	浙江工业大学	岩土工程新方法和力学特性及自主研发
19	浙江一景乳业股份有限公司	绍兴文理学院	浙江一景乳业网络银行收款管理系统
20	浙江冠东印染服饰有限公司	浙江大学	温室气体排放核算项目
21	浙江英伦罗孚电器有限公司	中国美术学院	侧吸油烟机设计
22	嵊州市服装行业协会	浙江理工大学	服装服饰个性化定制培育
23	浙江震凯化工有限公司	杭州电子科技大学	PLC 控制系统的升级优化
24	浙江神州科技化工有限公司	上海应用技术大学	水性木器漆的研发
25	嵊州市格雷斯领带服装有限公司	绍兴文理学院	围巾制造后道工艺改进技术
26	浙江普森电器有限公司	中国美术学院	共建新型集成灶工业设计中心
27	绍兴鑫利达服饰印染有限公司	浙江理工大学	印染废水深度处理和中水回用技术开发应用
28	嵊州市西格玛科技有限公司	杭州电子科技大学	新型碳加热器件功效及可靠性研究
29	嵊州佳业广告材料有限公司	中国美术学院	展示展览灯箱设计
30	嵊州市荣峰助剂有限公司	上海应用技术大学	合作共建化工原料加工成型技术研发中心

【产学研合作创新载体】　2016 年, 全市共　建产学研合作创新载体 10 家。

共建创新载体情况

表 50

序　号	嵊州市合作单位	合作高校院所	合作项目名称
1	嵊州市广瑞电机有限公司	浙江工业大学	浙江工业大学广瑞不锈钢高效电机及控制器研发中心
2	嵊州市德利经编网业有限公司	中科院寒区旱区环境与工程研究所	HDPE 经编防风固沙新材料与生态植被恢复技术研发中心
3	嵊州市人民政府	北航投资有限公司	北航投星空众创空间
4	嵊州市人民政府	北航投资有限公司	航空航天科技综合体
5	嵊州市荣峰助剂有限公司	上海应用技术大学技术转移中心	化工原料加工成型技术研发中
6	浙江神州科技化工有限公司	上海应用技术大学技术转移中心	新材料技术研究开发中心
7	浙江亿田电器	浙江理工大学	集成灶发展研究所
8	浙江昂利康制药股份有限公司	绍兴文理学院	原料药合作研发平台
9	浙江普森电器有限公司	中国美术学院	新型集成灶工业设计中心
10	浙江亿田电器有限公司	浙江理工大学	校外实习与实践教育基地

专利与保护

【概况】　　2016 年，全市专利申请量 4391 件；专利授权量 2484 件，其中发明专利授权量 156 件，同比增长 18%。万人专利申请指数 182.34；万人专利授权指数 79.31。新增 4 家绍兴专利示范企业，分别为浙江东雄重工有限公司、浙江科恩电器有限公司、浙江威力锻压机械有限公司、浙江亿田电器有限公司。全市累计绍兴市级专利示范企业 79 家。（竺炯）

教　　育

综　　述

【概况】　　2016 年,全市各级各类学校(含幼儿园、特教学校)183 所,与上年持平。其中,普高 7 所,职高 3 所,特教学校 1 所,单独设立初中 14 所,九年一贯制学校 12 所;小学 52 所,比上年减少 2 所;幼儿园 94 所,比上年增加 1 所;班级数 2207 班,比上年减少 58 个班;招生 21654 人,比上年减少 651 人;在校人数 86339 人,比上年减少 2752 人;教职工 7321 人(其中专任教师 5970 人),比上年增加 119 人。

11 月 10 日,省义务教学标准化学校评估验收组到嵊州市验收检查

【办学条件】　　完成投资 2.81 亿元,实施了 30 个 100 万元以上建设项目,其中整体新建学校(幼儿园)4 所,改扩建项目 11 个;基本完成嵊州市高级中学、实验小学、中心幼儿园和开发区小学幼儿园联建工程的年度建设任务,新增学校建筑面积 2.1 万平方米。完成学校塑胶操场建设项目 17 个,公办中小学建成率达 93.4%。推进教育信息化,建成录播教室 9 个,新增创新实验室 5 个;新增绍兴市数字化示范学校 9 所,校本资源软件平台新增教育教学资源 2568 个。

【教育经费】　　全市教育总投入 16.35 亿元,其中高中教育投入 2.94 亿元,职业教育投入 1.15 亿元,学前教育投入 1.02 亿元,义务教育投入 10.44 亿元,其他教育投入 0.79 亿元。其中市财政教育预算内教育事业经费投入 11.89 亿元,占财政总支出的 23.04%。全年共争取省级教育经费补助 0.78 亿元。

【帮困助学】　　2016 年,全市中小学开展结对帮扶活动,校长、党员教师与学生结成帮扶对子 314 个,落实帮扶资金 102 万元。加强对残障儿童、留守儿童、孤儿及外来民工贫困家庭子女的关爱工作。配合绍兴市关工委对革命老区贫困生资助 577 人,资助 14.425 万元。上海杭州联谊嵊籍同乡会嵊州学子奖教奖学基金出资 80 万元奖励学生,为 42 位优秀高考学子颁发奖学金。龚玲玲基金出资 20 万元奖励贫困生 30 名。联合市民宗局为嵊籍少数民族困难家庭资助 15 万。"浙江益龙"嵊州中学奖教奖学基金,今年拿出 30 万元奖励学生。六一前夕,全市近 262 名贫困家庭的儿童分别接到了爱心人士"圆梦使者"送来的微心愿"礼物"。教体局被评为 2016 年度嵊州市关心下一代工作先进集体。

【教育成果】　　长乐镇成功创建绍兴市教育优质均衡示范乡镇，崇仁中学、长乐中学顺利通过省级特色示范高中评估验收，新增省标准化学校3所、省中小学心理辅导一级站2个、高考考点1个。积极推进义务教育阶段学校办学水平均衡发展，中小学八项差异系数平均值下降0.05以上。2016年普高高考一本上线615人，比上年增加13人。一人获全省理科并列第9名，进入省文理前100名2人，前200名6人。被北大、清华录取3人。被普通高校录取3676人，录取率为92.71%，比去年提高0.62个百分点，创历史新高。普高学科竞赛全国级获奖55人次，省级获奖114人次，其中省一等奖37人次。嵊州市技工学校在市职教中心正式挂牌成立，社区学院获省巾帼家政培训示范基地称号。职校师生技能大赛全国级获奖2人次，省级获奖34人次，完成各类社会培训11万人次。全力打响"越乡嫂"品牌，建设经验在省级推广。

学前教育

【概况】　　2016年，全市有幼儿园94所，其中教育部门办36所，民办58所，全市在园幼儿17266人，学前三年入园率为92.02%。嵊州市五爱幼教集团幼儿获2016年浙江省幼儿体育大会体育舞蹈表演大赛拉丁舞团体一等奖；红旗幼教集团幼儿体操队参加浙江省幼儿体育大会幼儿体操比赛获甲组自编操团体一等奖，幼儿围棋队参加浙江省幼儿体育大会幼儿围棋比赛获男子丙组团体第一名和女子丙组团体第一名；仙湖幼儿园9月被中国教育学会评定为2015年至2016年度安全教育试验区"全国示范学校"；五爱幼教集团园长章小燕被评为2016年浙江省中小学师德楷模和浙江省第二批"千名好支书"。

【幼儿园争创】　　仙湖幼儿园被评定为浙江省一级幼儿园；剡湖街道幼托中心、长乐镇欢乐幼儿园、里南乡中心幼儿园被评为绍兴市标准化幼儿园。甘霖镇中心幼儿园、金庭镇中心幼儿园等12所幼儿园通过省二级幼儿园的重新审核认定。认定甘霖镇博济幼儿园等17所幼儿园为2016年普惠性民办幼儿园。

【幼儿园建设】　　投资190万新建的甘霖镇幼托中心黄箭坂分园已经投入使用；开发区三塘园区投资200余万元完成改建并投入使用。投资280万的三江街道中心幼儿园桥里分园已经结顶。

10月30日改建竣工的嵊州经济开发区幼儿园三塘分园

【专项整治】　　无证幼儿园专项整治工作已经基本完成，全年取缔无证园19所，分流幼儿1200人。

义务教育

【概况】　　2016年，全市有小学64所(含12所九年一贯制学校)，936个班，招生6324人，在校学生33559人。有初中26所(含12所九年一贯制学校)，451个班，招生6114人，在校学生18615人。小学、初中和"三残"少年儿童入学率100%。有初中毕业生6322人，升入市高中5566人，高中升学率88.04%。

【德育工作】　　8月，嵊州市教体局在全市中小学启动"拥抱微笑·快乐成长"德育主题教育活动，为期一学年，月月有微笑主题。城南小学、浦口中学心理辅导站获评浙江省中小学一级心理辅导站；职教中心、甘霖镇中学和谷来镇中学通过浙江省100个标准化中小学心理辅导站考核验收。甘霖镇中心小学、长乐镇中心小学、黄泽镇中心小学等

6所学校获中央财政彩票公益金支持乡村学校少年宫补助24万元,为蓬勃开展少年宫活动、丰富课外生活起到了推进作用。常态化开展孝敬教育,开展了"十佳"孝敬之星和优秀孝敬之星评比,共评出10名十佳孝敬之星,74名优秀孝敬之星。开展"逐梦路上"主题演讲比赛和征文比赛,4名选手在绍兴市比赛中获奖,58篇征文获嵊州市一、二、三等奖。在学生中开展"法在心中"普法教育三个一活动,全市学校共开设各类法制教育活动80多场,受教育青少年1.5万多人次。今年,建成区范围内53所学校(单位)响应市委市政府号召深入开展爱国卫生运动,做好国家卫生城市创建迎检工作,完成了各项工作任务。

【艺术教育】 2016年,浙江省艺术特长生小B级测试(嵊州考点)在城北小学举行,全市630余名艺术特长初中八、九年级学生参加了本次测试。3月至12月,嵊州市教体局举行第十届中小学幼儿园艺术节系列活动。开展了合唱、合奏、书法、绘画、舞蹈、校园短剧、戏曲等比赛和文艺会演活动。2016年浙江省中小学艺术节闭幕式暨颁奖晚会在绍兴市举行。由嵊州市选送的10件学生书法美术作品、5个合唱合奏节目获奖,其中一等奖3个。据不完全统计,学生参加嵊州市级层面艺术节人数累计达6000多人次,学校层面参加艺术节人数累计达4万多人次,参与面之广、人数之多远远超过了往年列届。

【特色教育】 2016年国庆期间,第二十届全国少儿戏曲小梅花荟萃活动在嵊州市举行,城南小学的邢果、赵恩瑜、赵婕霓,罗星幼儿园的王书畅、鹿山小学教育集团的卢笑恬、乔艺沁等6人获得全国少儿戏曲小梅花金奖。其中邢果、卢笑恬、王书畅获得小梅花金奖"十佳"称号。城南小学的《越韵古诗联唱》被评为首届中国少儿戏曲小梅花集体节目创新类第一名。7月13日至23日,由市教体局和文广新局联合主办的2016年高校学生入学前暑期越剧演唱培训在越剧艺校进行,86名准大学生接受越剧名家专业培训。黄泽镇中心小学获2016年全国国防教育特色学校称号。

【特殊教育】 2016年,全市适龄"三残"(视残、听残、智残)儿童少年九年义务教育入学率达到99%。送教上门开展"五个一"关爱活动,送给学生"一张课桌、一个康复器材、一套点读笔、一盒文具、一次节日慰问",落实"送知识、送康复、送温暖"三送要求。随班就读逐步向学前和高中段延伸。甘霖镇中心小学建成投资50万元的特殊教育"卫星班",并开展教育教学活动,推进特教与普教的融合,特殊儿童和普通儿童学习成长的融合。特殊教育指导中心和育才学校拍摄完成《只为花开》嵊州市特殊教育宣传片,创作完成《一路有你》校歌,校园文化内涵有新提升,育才学校争创成为嵊州市第二批中小学校园文化示范校。

【课程改革】 2016年,推进新课程改革,召开了全市中小学课程改革推进会,举行了义务教育阶段课程设置方案评比及完小校长说课改视频评比活动。对48所小班化试点学校进行了考核,谷来镇中、育英小学、仙岩镇中心小学、仙岩镇百兴小学、长乐镇绿溪小学被评为小班化教学优秀学校。对11个城乡教育共同体和两个教育集团进行了考核,剡山小学-三江街道四海小学、剡溪小学-鹿山街道中心小学被评为优秀共同体。初中阶段深入开展了五步三查、分层走班模式研究。

【校园文化建设】 2016年,市教体局开展第二批校园文化建设示范学校评比活动。到年底,

10月9日,东圃小学举行"圃苗青青采众长 草根舞台秀才艺"活动

经考核共有 29 所学校获评。有 43 所学校评为嵊州市校园文化建设示范学校。暑期校长读书会期间，全市中小学"美丽校园"图片展在爱德外国语学校举行，共展出展板 53 块，评出 10 个最佳"美丽校园"展板、10 个优秀"美丽校园"展板。开展了标准化功能室评比活动，全市共申报 172 个项目，经评比考核 54 个功能室被评为标准化功能室。

普通高中教育

【概况】　2016 年，全市普通高中 7 所，招生数 3460 人，毕业生数 3924 人，在校学生 10459 人（其中女生 5735 人），在校学生数比上年减少 509 人。全市有省一级特色示范高中 1 所，省二级特色示范高中 2 所。嵊州中学学生王欣琪位居高考省理科第 9 名，马寅初中学学生竺可尔位居高考省文科第 82 名，全市上一本线 615 人。在学科竞赛中，获全国二等奖 17 人次，三等奖 46 人次；获省一等奖 40 人次，二等奖 87 人次，三等奖 121 人次。

【课程改革】　加强课程体系建设，推进《浙江省深化普通高中课程改革方案》。全市 2 门课程被评为浙江省普通高中精品选修课程，4 门课程列入浙江省普通高中推荐选修课程目录，9 门课程被评为绍兴市精品课程。贯彻执行《嵊州市普通高中优质多样化发展专项经费使用管理办法》，完成普通高中优质多样化发展专项资金建设项目共计 21 个。崇仁中学、长乐中学、三界中学申报创建浙江省普通高中特色示范学校。

【招生政策】　从 2016 年起，嵊州市高级中学、黄泽中学实行"公建民营"模式办学，两校同时招收公办生与民办生，除两校外，其他普高招收公办生。爱德外国语学校高中部停止招生，高中部学生从下半年起并入嵊州市高级中学，学生属性（公办生、择校生）保持不变。嵊州市高级中学暂在爱德外国语学校就读，待嵊州市高级中学建成可用后移址。嵊州市高级中学从下半年起与上海交通大学教育集团合作办学。普通高中实施提前招生，全市共招收提前入学新生 170 名，其中嵊州中学

90 名、马寅初中学 80 名。嵊州中学、马寅初中学各招收 4 班实验班，其中提前招生实验班各 2 班，中考招生实验班各 2 班。继续实行示范高中嵊州中学、马寅初中学部分名额定向招生，两所学校分配到各初中学校的人数为 640 名，占两校总招生人数的比率为 50%。

10 月 26 日上午，省教育厅专家组，赴嵊州中学开展"省一级特色示范普通高中学校适应新高考"专项调研

【学科建设】　出台《嵊州市普通高中"星级学科"评选管理办法》，明确星级学科建设指导思想、建设目标、评选原则、评选条件和程序、工作要求以及保障措施。根据"星级学科"管理办法，全市共评出五星级学科 1 门、四星级学科 2 门、三星级学科 17 门。

职业技术教育

【概况】　全市有职业学校 3 所，其中国家级职业学校 2 所（嵊州市职技校、嵊州市职教中心），特色艺术学校 1 所（嵊州越剧艺术学校），开设八大类 30 多个专业。2016 年招生 2106 人，毕业 1948 人，在校学生 6348 人。全市有省骨干示范专业 7 个，中央财政支持实训基地 2 个，省级实训基地 5 个，省级优秀校外实习实训基地 1 个，省级优秀农村预备劳动力培训基地 1 个，绍兴市高标准示范专业 9 个，绍兴市级示范专业 12 个，绍兴市级特色专业 3 个。

【中职质量提升行动计划】　职技校的机电技术应用专业被评为省品牌专业，职教中心的工艺美术（木雕）被评为省优势特色专业，职技校的省现

代服务业改革发展示范校建设项目于12月通过验收,职教中心的省改革发展示范校建设项目扎实推进。2016年市政府投资6950万元的职技校实训大楼工程开工建设,投入500万升级改造职教中心汽修工场和工艺木雕工场。职教中心与世界500强企业博世签约,加盟博世汽车诊断实训中心。培养新形势下各类技术人才,4月19日,在职教中心的基础上挂牌设立嵊州市技工学校。

12月23日,职技校省示范校建设通过验收

【选择性课改全覆盖】　　全市职校围绕"选择性"这个核心,各专业按核心课程模块、自选课程模块各50%重构实施性教学计划,开设自由选修课130门,进行全校走班制上课,实现课改100%覆盖。推进高效课堂建设,初步形成文化课高效课堂模式、专业理论课高效课堂模式、专业实训课高效课堂模式和机房课高效课堂模式。有7门教材在省市中职课改优秀校本选修教材评选活动中获奖。

【中职学生技能竞赛】　　师生技能大赛在2015年实现全国技能大赛金牌零的突破的基础上,2016年职技校学生徐海寅获装配钳工项目全国一等奖,胡夏春获数控车床项目全国二等奖,在文秘专业全国技能大赛中获得全国一等奖1项,全国二等奖2项,共获省级以上奖项34人次。

【校企合作】　　进一步加强产教融合,新增校企合作单位3家,建成校外模具产学研实训基地1个。2016年职技校模具专业联合浙江天盛机械有限公司、浙江中益机械有限公司、浙江龙威机械制造有限公司、浙江高精锻压机床有限公司4家企业

进行"现代学徒制"试点,职教中心汽修专业联合嵊州市汽修职教联盟的近20家汽修企业进行"现代学徒制"试点,职教中心被确定为省级现代学徒制试点单位,职技校的现代学徒制培养相关经验在绍兴市做典型宣传。

【学生文明素养提升】　　职校实现全员德育,职校学生的文明素养有效提升。职校学生的好人好事层出不穷,多次在市媒体上报道,如12月中职女生勇救八旬老人在市内外引起强烈反响。职教中心吕宏杰因花样魔方获首届浙江"科学玩家"青少年科学才能挑战赛十佳科学玩家称号。在省中等职业学校职业能力大赛学生素养比赛(创新创业)中有2件作品入围一等奖,在市级以上文明风采大赛中获得奖项12项。光明日报社旗下《教育家》杂志宣传了职技校的德育先进经验。职教中心被评为省文明单位、绍兴市平安校园。

【职校学生成长路径拓宽】　　通过模考、高考复习研讨会提高学生成绩,2016年全市有19名中职学生上线高职本科,高考上线率97%,超过省平均15个百分点。职校举行校园推荐会,毕业生供不应求,2014级学生初次就业率达到98%,专业对口率达到65.6%。

【传承越剧文化】　　1月13日,越剧艺校第二届越剧流派传承人班举行汇报演出。3月,越剧艺校师生积极参加纪念越剧诞辰110周年各类活动。11月,越剧艺校举行"同窗共读·越剧梁祝人物体验"首期全省中小学教师专业发展培训。越剧艺校围绕"以唱促演、以练出戏、以演促练、以赛促研",重点扶持宁波大学戏曲社、浙江商业职业学院江南戏雨越剧社、浙江纺织服装职业技术学院戏曲协会,让越剧之花在高校、在年轻人队伍中扎根、成长、绽放。

成人教育

【概况】　　2016年,成人(社区)教育以服务"三农"、服务就业和服务经济发展为宗旨,发挥

"市—街镇—村(社区)"三级成人(社区)教育网络,继续深化成人(社区)教育品质发展,建立健全老年教育组织体系,创建"嵊州市社区教育终身学习平台"——嵊州市社区教育网,推进学习型城市建设,补齐教育短板,为"十三五"期间整体推进嵊州市终身教育事业发展,实现教育现代化打好了开局基础,全年累计培训10.1万人次。其中,完成转移农民技能培训4.2万人次,培养农村实用人才1.29万名,培训企业职工2.8万人次,开展大专、本科、扫盲教育、老年教育和家政培训1.72万名。4月市社区学院被浙江省妇联命名为"第一批浙江省巾帼家政培训示范基地";12月,黄泽镇成校、甘霖镇成校被浙江省教育厅评为"浙江省现代化成人学校";市社区学院的"越乡嫂"家政服务系列培训被浙江省教育厅授予"省级成教品牌项目"。

【实用技术培训】　　2016年,全市有5.49人次农民参加了"政府买单、免费培训"实用技术培训。其中,市社区学院在黄泽、三界、甘霖镇举办了村嫂志愿服务能力提升培训;在谷来开展了香榧栽培技术培训,在北漳开展了花卉种植培训,在黄泽开展了甘蔗种植培训,在浦口开展了草莓和芦笋培训,在下王开展了民宿培训,走过7个乡镇,累计培训5300多人次。北漳成校与镇政府、各部门、各村积极联系,共举办桃形李管理、果木、苗木管理等培训班22期,培训农民1800多人次。谷来成校以农业增效、农民增收致富为目的,培养有文化、懂技术、会经营的新型农民为主线,全年累计办班20多期,培训2360多人次。黄泽成校以坚持

实际实用实效原则,开展"送培下乡"活动,全年举办服装、领带、木雕、电脑、家政、早孕奶、甘蔗、草莓、设施蔬菜、茶叶加工等就业技能培训24期,培训学员累计3125人次。

【家政服务人才培训】　　2016年,继续以社区学院为龙头,做强做大"越乡嫂"家政服务品牌,举办各类家政服务培训班41期,培训学员2005人。其中,家政281人,月嫂280人,养老护理118人,西式糕点272人,老年保健88人,小笼包培训966人次。上岗家政人员从"短工制"逐步走向"员工制",月工资一般在5000元左右,最高达到10000多元。9月社区教育工作案例《越乡嫂一二三四五工作模式》获浙江省一等奖。

【老年教育】　　为了积极应对人口老龄化,让更多的老年人老有所去、老有所学、老有所乐,9月,市社区学院(浙江省老年开放大学嵊州学院)针对嵊州市老年教育的实际,开设了声乐、越剧、电脑初级、电脑中级、瑜伽、书法、美术、养生与保健等8个教学专业,有700多名老年人分别根据自己的爱好参加了培训。北漳成校从4月起,正常开展"老年大学"学堂,每半个月举行一次,"老年大学"注册学生50人。黄泽成校开展"爱心服务情暖黄泽"乡村行之"社会居民健康知识与技能"专题讲座。聘请市人民医院、市中医院医生每月15日或16日进村入户,对老年人进行"社区居民健康知识与技能"讲座。所有老年教育培训班都实行免收学费,学制为一年,学员的学习积极性空前高涨,报名参加培训

11月,开发区(浦口街道)上屋村举办草莓培训

社区学院老年开放大学越剧班的表演课

的异常火爆。

【电子商务培训】 2016 年,联合市电子商务行业协会、社区学院、职技校、职教中心、商业职工学校、晨光农民培训学校、乡镇社区教育中心(成校),建立了电商专业技能培训网络。结合"电子商务进万村工程",在 21 个乡镇(街道)建立联络站,设置了 200 个服务网点,在每个行政村聘请 1 名联络员。通过农民信箱每月发送免费电子商务培训信息。参加电商培训的有中小企业老板、传统外贸企业员工、电子商务企业员工、实体店店主、有创业梦想的青年等。全年参加电子商务普及培训 3000 人。

教育管理

【概况】 全市 32 所市属学校(民办学校)、17 所乡镇(街道)中心学校,由市教育体育局直接管理。乡镇(街道)中心学校负责对各乡镇(街道)下属初中、小学、幼儿园、成人文化技术学校的管理。学校管理实行校长负责制。

【教育改革】 完成"县管校聘"管理改革试点工作, 举办全省试点工作现场会,"嵊州模式"受到省教育厅高度评价;继续实施义务教育学校教师校长交流工作,城乡、校际间交流 149 人,教师活力得到进一步激发。深化跨行政区域管理和集团化办学模式,高级中学、黄泽中学顺利实施"公建民营"办学模式,成功引进上海交通大学教育集团参与高级中学项目化管理,为嵊州市的教育注入了新的活力。开展精细化管理、高效课堂、小班化教育和幸福校园建设示范学校的评选,"四项工作"扎实推进。调整了普高招生录取方式,嵊州中学、马寅初中学对优秀初中毕业生进行提前签约、预录取,"阳光招生"制度不断深化。继续优化幼儿保育教育活动,不断提炼初中教改、课改新模式,探索"分层走班"教学,开发优质校本课程,教学改革逐渐成为提高质量的主渠道。

【学校安全】 加强校园安全,深化校园安全风险防范工程,完善"11530"(科任教师利用一日中最后一节课的最后 1 分钟对学生进行安全教育,值周教师利用一周值周总结时间留出 1 分钟进行全校师生的安全教育,班主任在双休日、短期假日放假前利用 5 分钟时间进行本班学生安全教育,班主任在寒暑假及小长假放假前对学生进行 30 分钟安全教育,并随之建立好安全教育台账)工程、"一周安全提示""学校安全月"等坚持多年的学校安管机制,组织开展了防溺水、传染病防控、消防应急演练等 20 多项安全主题教育,全市师生通过专题讲座、实践活动、网络平台等接受了生动的安全教育。加强"三防"(人防、技防、物防)建设,建设警务室 87 个,全覆盖配备"八件套"(安保器械),添置校园大门识别系统 70 多套,增加校门保安 180 人。出台保安管理细则,全面实施 7S 管理办法,开展"保安之星"评比,保安能力不断提升。积极做好学生接送车管理,实现连续十年接送"零事故"。强化警校联系,合力优化校园周边环境。加强食品安全管理,完成新一轮配送企业招标,新增"阳光厨房"28 家,升级改造 8 家,全市中小学和公办幼儿园食堂全部达到 B 级以上,校园安全工作的常态化、科学化、规范化管理进一步加强。

教师队伍

【概况】 全市有中小学、幼儿园教职工 7321 人,其中专任教师 5970 人。享受正高待遇的 10 人,高级职称的 1175 人,中级职称的 2989 人。全市累计获"全国优秀教师"荣誉 17 人,获浙江省特级教师称号 16 人,浙江省农村教师突出贡献奖 5 人,省劳动模范 3 人,获省"春蚕奖"荣誉称号的 104 人,省教坛新秀 21 人,绍兴市教坛新秀 139 人,绍兴市学科带头人 115 名。

【人事管理】 2016 年 2 月,出台了《关于推进教师"县管校聘"工作的实施意见》。4 月,成立了嵊州市教师管理服务中心。6 月,召开了全市"县管校聘"试点工作动员大会。7 月,完成首批 15 所市区市属中小学校"县管校聘"试点工作,2200余名教师通过竞聘上岗。11月,省教育厅在嵊州市举行全省中小学教师"县管校聘"改革试点工作现场会,"嵊州模式"受到高度评价和推广,省内外多个市地到嵊州市考察学习。

6月,教师"县管校聘"试点工作动员大会在嵊州宾馆召开

【师德建设】　　2016年,结合"两学一做"学习教育,开展了"学党章、守准则、做表率"主题活动,全市党员教师积极开设示范课,开展志愿服务,掀起了争做"政治坚定、纪律严明、作风优良、业务精湛"的合格党员的热潮,为教体事业发展提供了强大的正能量。重视行风建设和师德效能建设,执行教师行为"十不准",实施师德量化考核,师德建设长效机制进一步完善。

【教师培训】　　2016年,启动新一轮教师专业发展培训,教师在省教师专业发展培训平台注册人数达到5827人。开设培训项目52个,其中90学分培训项目4个,全市教师完成培训322987学分。继续实施新入职教师成长培养工程,基地学校由原来11所增加到12所,73位新入职乡镇学校教师也加入培养,培养对象人数增加到247人。落实教师高端培养工程,2016年参加国培3人,浙派名师名校长培养4人,其他省级培训31人,参加绍兴市名师名校长培养43人,出国(出境)培训7人,剑桥英语培训5人。2016年,对全市21个"名师工作室"和12个"名班主任工作室"进行了全面考核。重新认定36名优秀教师为个性化培养对象,实行动态管理培养。

【干部培养】　　开办了6期"校长学堂",285名校级领导参加了"校长学堂"培训;由57名学校干部组成的互助学习团队每月开展一次活动;选派了12名学校校长赴杭州市上城区开展为期2个月的集中蹲点挂职学习;组建了11个"校长互助成长工作坊",70名乡镇(街道)校长参加了工作坊互助学习。

【评先评优】　　2016年,1人获"省中小学师德楷模"称号,2人获"省农村教师突出贡献奖",4人获省"春蚕奖"称号;3人(集体)获绍兴市五一劳动节表彰,1人被评为绍兴市"最美教师",并入选浙江好人榜;1人获"嵊州市市长奖",11人获"教体系统年度突出贡献奖",7人(集体)被评为"感动嵊州教育体育人物",另有187人获嵊州市级其他各类荣誉称号。15人被评为绍兴市学科带头人,11人被评为嵊州市第八批专业技术拔尖人才、学术技术带头人,23人被评为嵊州市第八批专业技术拔尖人才、学术技术带头人后备人才。

教育教学研究

【概况】　　嵊州市教育体育局教研室、嵊州市教育科学研究所负责全市中小学、幼儿园的教学研究、指导、管理、服务工作。教研室内设高中组、初中组、小学组、评价室、办公室。下设初中、小学、幼儿园教研活动片6个,学科中心教研大组37个。

【教研员"五个一"要求】　　每学年开一次讲座、上一堂公开课、写一篇论文(调查报告)、精读一本专业书、带好一个团队。为了提高教研实效,交流教研经验,开设了"教研员论坛"活动。为了及时体察学校生活,还开展教研员"接地气"活动,即每学年下校一周,与教师同上下班,同办公,并要求完成指定任务,让教研员不忘初心,潜心前行。为了提升教研员业务水平,全体教研员赴上海华东师范大学通识培训一周。培训其间,参观学习了上海多所名校,聆听了国内一流专家开设的专题讲座,培训收到了理想的效果。

【教研活动过程管理】　　每次活动做到提前几周在网上公布主题,公示活动内容和要求,让教师有备而来。活动结束后,组织延伸活动,在网上反馈活动效果,督促教师把活动成效运用到课堂中,提升每次活动的质量。提出"教研活动课题化"和"课题研究活动化"的思路,2016年起,对课题实施分类管理,教研课题落实到学科教研员中,教研员全程负责教研课题的管理并要求课题与教研活动有机融合,实现科研与教研的一体化。

【教师大比武】　　有近3000多名教师参加教师大比武活动,设新教师组、青年教师组和中年教师组。根据参赛人数,分组设定一等奖、二等奖和三等奖。通过教师比武,提高教师的业务水平。对一等奖的获奖教师进行课堂展示,提高优质课活动的效益。

【研科研活动成果汇编成册】　　2016年,编了《从回望中走向未来——2016年高考之后话高考》《春华秋实励志前行——嵊州市教育科学研究所20周年成果回眸》《嵊州市教改课改科研集——嵊州市教改课改科研大会》《教研员论坛集——2016年学科教研员演讲实录》《实践者的智慧——2013年至2016年优秀教科研成果集》。通过汇编资料,系统总结了活动成果,提升了单位的工作品牌。

【教研成果】　　教育部组织开展"一师一优课、一课一名师"活动,全市教师共获得部级"优课"14节;获省级优课31节;绍兴市品质课堂获一等奖8人,在绍兴市学科主题论文评比中,共有27篇获一等奖。浙江省教研员调研报告评比,教研员任美姣获一等奖;　周南平负责的《中小学高效课堂发展性评价体系构建与实施的研究》获浙江省教育科研成果一等奖;浙江省教育科学研究课题立项10个。全年入选浙江省精品课程和第五届义务教育精品课程有5个;入选绍兴市精品课程14个。

教育设施

【概况】　　2016年,实施重大建设项目38个,完成投资2.81亿元。实施塑胶运动场地建设项目17个,完成投资2300万元。实施校舍维修改造项目205个,完成改造面积17547平方米,投资3007.5万元,完成第二轮校舍安全排查鉴定工作,完成首批校舍加固改造任务,投入资金306.5万元。剡山小学食堂体艺馆、三界镇校教学楼、长乐镇校综合楼、鹿山小学教育集团三塘校区雅戈尔教学楼、马寅初初级中学综合运动馆、三界镇陆康小学教学综合楼、甘霖镇白泥墩小学教学综合楼、剡湖街道幼托中心、浦口街道棠头溪小学改造等建设工程顺利完工并投入使用,新增校舍建筑面积2.1万平方米,新增塑胶运动面积3.7万平方米。嵊州市高级中学建设工程稳步推进,主体工程基本完成,

6月13日,教研室举办教研员学术论坛

嵊州市实验小学及人防工程新建于城南新区核心区内,设计规模24个班及地下人防工程,计划总投资10287万元。图为嵊州市实验小学建设现场

场外工程开始施工。嵊州市实验小学及人防工程、嵊州市中心幼儿园建设工程、嵊州市中等职业技术学校实训楼建设等工程顺利开工。

勤工俭学

【概况】　　全市农村中小学共有勤工俭学劳动实践基地45个,以茶叶基地、果木基地、蔬菜基地为主,可接纳2万多人次的学生参加劳动实践活动。嵊州市青少年综合实践活动中心是全市义务教育学校实施综合素质教育的主阵地,开设有30多个项目(课程),全年共有32所学校,35个批次,9000余名学生参加了该综合实践活动。

【综合实践活动中心】　　2016年,嵊州市青少年综合实践活动中心与绍兴市保监会、嵊州市人防办、交警大队等部门联合开设富有特色的体验活动,成效显著,广泛受到学生的欢迎,全年接待学生9700人次。

【饮食放心工程】　　开展了优秀校园营养菜谱征集和校园食品安全大检查等活动。进一步加强学校的膳食管理水平、提高膳食配伍水平,把优秀校园营养菜谱编撰成集便于学校借鉴。组织召开了校园食品安全专项检查工作会议,对相关人员进行了全面的培训,全市食堂、学校商店的经营模式已完全符合规定要求经营,学校商店已从原来的60多家减少到20家,实行直营的模式经营。加大了对配送企业的监管,开展一月一检查、一季度抽检、一学期两次考核等活动,要求所有配送企业参加食品安全责任保险,安装视频监控系统并与局监控联网。从2016年起设立"嵊州市学生伙食改善专项资金",并制定了具体的使用管理办法。年底接受了国务院六部委对全市校园及周边食品安全督查,受到好评及肯定。

【大宗物品采购】　　2016年,规范政府采购行为,完善大宗物品采购招投标工作,严格依照《政府采购法》,公开、公平、公正完成了学校大宗食材、学校商店配送企业的招标。在招标过程中邀请了5位家长监督员参与,并会同局招投标领导小组制定了《教体系统2016年招投标(集中采购)目录及标准》,对设施设备类(物品)、服务类(项目)以及审批限额作了新的规定。在此同时,加强采购项目检测验收工作,2016年全年全系统政府采购金额为427.38万元。

12月,接受绍兴市、省有关部门、国务院六部委对全市校园及周边食品安全检查

【贫困助学工程】　　贫困助学工程以困难学生享受国家助学金、免学费、爱心营养餐为主要内容,贫困助学实现幼儿教育、义务教育和高中(职业)教育全覆盖。并督促和检查用足用好农村中小学学生爱心营养餐工作,全年农村义务教育学校营养餐资助人数5469人次,资助金额273.45万元;困难寄宿生补助74人次,补助金额8.3875万元;普高免学费46.973万元;普高享受国家助学金人数2235人,资助金额218.21万元。

【校(园)方责任保险】　　2016年,继续实施浙江省校(园)方责任保险和学生实习责任保险优化方案,做好校园方责任保险和职高实习学生保险及理赔服务工作。全市174所中小学和幼儿园参加投保,投保学生总人数84870人,保费金额644480元。2016年,全市校方责任保险理赔结案9起,理赔金额1200558元。(俞继明)

新闻·传媒

报纸和新闻网

【概况】 2016年,市新闻传媒中心正确把握舆论导向,发挥新闻宣传工作职能,做到报网联动,造势鼓劲,服务大局,贡献突出。特别是在重点工作、工业经济报道、民生报道等方面均实现了新的提升和突破。与此同时,广告经营和队伍建设也有了新的改观,体现了新闻从业人员良好的精神面貌和超强的敬业精神。

【重点报道】 开设《建设三个嵊州,实现良好开局》栏目,为建设实力嵊州、品质嵊州、魅力嵊州提供舆论支持。该栏目全年已刊发报道100多篇。开设《深入开展八大行动,扎实推进三城同创》栏目,为优化提升嵊州发展环境鼓与呼,全年共刊发报道100多篇。在国家卫生城市创建活动中,重点开设《合力推进国家卫生城市创建》栏目,全力开展国家卫生城市创建等重点工作宣传报道。全年共刊发创卫新闻报道200多篇。同时,在新闻及副刊版面适时进行公益广告宣传,累计刊发100多条。此外,还进一步加强健康教育宣传报道,继续办好《健康嵊州》《生活新知》专栏,保持在每周一期以上,助推了全民健康教育工作顺利开展。开设《深入推进三改一拆,全力争创无违建市》栏目,继续做好无违建市创建宣传报道。全年已刊发无违建创建工作新闻报道100多篇,营造了创建工作深入人心、家喻户晓的良好氛围。针对市委市政府重点工作多,宣传任务重的情况,除上述栏目外,开设《大力弘扬城改精神,坚决打赢城改硬仗》栏目,以凝聚共识,为城中村改造加油鼓劲;开设《打好治水硬仗,全力冲刺夺鼎》栏目,为"五水共治"继续鼓与呼;开设《学党章党规,学系列讲话,做合格党员》栏目,宣传"两学一做"学习教育的做法和成效。对市里的重大活动,如两会、庆祝越剧诞辰110周年等重大活动,都进行了大篇幅深入专题报道。

【经济宣传】 在2016年春节后上班首日全市经济工作会议举行之际,推出会议特刊共计4个版面,开设《实现开门红 迈步新征程 贯彻落实全市经济工作会议精神》栏目,推出各级各部门贯彻落实会议精神、抓早抓实投身工作的现场动态以及围绕"十三五"规划、建设"三个嵊州"的思路规划等报道。在全年经济工作宣传中,以工业为重点,加大新闻策划与报道力度,推出《转型升级,工业强市》栏目,推出一批经济发展中的特色、亮点和先进典型,引导企业转变发展方式、加快转型升级。这些典型鲜活生动,起到了较好的宣传效果。此外,还持续关注各级各部门支持工业经济发展的好的做法和经验,对重点项目扎实推进及成效显著的典型、对广大干部群众积极参与投身经济建设工作的典型进行宣传报道,营造典型引路、全民参与的氛围。全年工业经济深度宣传报道达60多篇。

【民生报道】　　围绕省级文明县市创建工作，进一步加大了对民生新闻的报道力度，继续办好《民生热线》《嵊州好人榜》等栏目，弘扬主旋律，传播正能量。在内容选择上，坚持以正面为主，记录发生在城乡的新鲜事，好人好事，弘扬社会主义核心价值观。同时针对社会上的一些不实传闻，进行因势利导，强化主流媒体的引导作用。如《50岁男子不做寿　共同出资请戏班　黄泽镇甲青村这一习俗已沿袭23年，乡村舞台唱出了文明新风尚》《校门口的交通秩序好多了　剡溪小学有一个热心家长组织的志愿服务队》等报道，弘扬了文明新风。又如《鹿山广场前的人行横道取消了　市治堵办：取消斑马线实属无奈　正在研究人行天桥的可行性》《店内有一只苍蝇就要罚款5000元？记者多方证实：这消息不实！》等稿件，都是针对网络传闻，经记者实地采访、调查了解后写成的报道，这些报道还原了事实真相，配合了有关部门的工作，有助于社会和谐稳定前行。

【先进典型报道】　　为响应"2016生活方式绿色化推进年"活动，在全市范围开展十佳"环保好人物"、十佳"环保好故事"、十佳"环保好新闻"评选活动，之后表彰先进、树立环保楷模，提升了生态保护的公众参与意识。为响应"大众创业、万众创新"的号召，弘扬"双创"精神，助推创新驱动战略的全面实施，推动"三个嵊州"建设，联合承办了第二届嵊州创客、创新项目大赛活动。活动自5月12日启动，于10月27日结束。评比产生了嵊州市十佳创客、十佳创新项目并进行了表彰。为进一步践行"三贴近"、深化"走转改"，宣传各乡镇（街道）、部门的精彩故事，于9月开展蹲点采访活动，以工作亮点、典型经验、感人事迹为采访主题，坚持正确的舆论导向，营造了宣传氛围，推动了嵊州经济社会的发展。

【嵊州发布上线运行】　　继续办好嵊州新闻网、嵊州手机报两大新媒体平台，网站建设在全省处于领先水平。在浙江在线支站工作会议上，嵊州新闻网在全省56家县市支站中获评"浙江在线2015年度十佳支站"，受到浙江在线的表彰。4月底，正式上线运行"嵊州发布"两微一端新媒体平台，即"嵊州发布"微信、新浪、腾讯微博，今日头条新闻客户端。利用平台资源整合的优势，采用团队专业运作，发展势头良好，跻身5月份清博指数全国县区第二名。阅读量继续上升，关注人数已达4.5万人。

【获奖情况】　　2015年度中国县市区域报新闻奖评选，市新闻传媒中心选送的作品获一等奖3件、二等奖4件、三等奖5件；2015年度中国县市传媒新闻奖摄影作品评选，该中心选送的作品获三等奖2件；浙江省记协县市区域报2015年度好新闻奖评选，该中心选送的作品获一等奖3件、二等奖3件、三等奖2件。获奖等级在同行中处于领先地位。（黄玲娣）

广　播

【舆论宣传】　　主题宣传围绕工业经济、无违建创建、城中村改造、"五水共治"等主题，推出了一大批典型报道，为全市中心工作推进提供了强有力的舆论支撑。同时推出了文明县市创建、河道清淤、城乡环境"脏乱差"整治、2016第九届中国（嵊州）电机·厨具展览会暨高新技术成果交易会、纪念越剧诞辰110周年暨全国越剧戏迷大会等方面的宣传报道。

【外宣创优】　　在绍兴市级以上主流媒体共播发稿件614篇，排名省第33名、绍兴第2名。9件作品获得绍兴市级以上政府奖奖项，其中《我省首个民乐村举办第一场春晚》荣获全省广播电台通联优秀作品三等奖。评论《叫停"烟蒂换纸巾"尴尬了谁》获得绍兴市广播电视新闻政府奖一等奖。

【调频节目】　　全天七档不同类型的调频直播节目，涉及交通、生活、汽车、娱乐、情感等各个方面，各档节目拥有稳定的听众群。《城市早班车》《嵊州晚高峰》和帮忙服务类节目《上午好我的亲》，互动性和服务性强，实实在在地帮助听众解决出行和生活中的难题，深受大家的欢迎，收听群体和影响力也在不断地扩大。

【微信平台】 嵊广 1003 微信公众平台至目前，用户数已达 2 万多人。连续多次进入中国新媒体大数据平台清博指数前二十强，位次最高时达到全国第 16 位。天天都有推送内容，天天都有特色新闻。微信直播活动也从无到有，蓬勃开展。

【社会活动】 2016 年，开展了多场影响较大的活动，如春季、秋季大型车展、首届听众节、"一路有你，温暖同行"爱心公益活动等，通过活动，提高了主持人节目和整个频率的影响力，树立了品牌形象，取得了较明显的社会效益和经济效益。（周航）

电　视

【舆论宣传】 推出工业强市、创国卫、三改一拆、五水共治、城中村改造、"护航 G20"、村庄环境整治等系列报道。办好电视《今日关注》栏目，围绕创国卫、无违建创建等中心工作加大舆论监督力度，推动了问题解决，得到了市委市政府主要领导的高度肯定，栏目影响力日益提升。

【外宣创优】 电视在浙江卫视播出 66 条、绍兴台播发 618 条。在绍兴市排第 2 名。22 件作品获得绍兴市级以上政府奖，其中绍兴市一等奖 4 件。电视对农节目《大地春色》获得全省鼓励奖。

【服务保障】 完成全市经济工作会议、绍兴市清淤现场会、"晒亮点、看业绩"现场会等电视直播和技术保障工作。制作完成《嵊州市城中村改造专题片》《创卫曝光点集中展示》《嵊州市十大亮点项目集中展示》等 12 个专题片。配合城中村改造和市重点工程推进，对涉及的广电杆线及时进行了迁移或入地，并对 2017 年涉及的村进行了影像固定。

【媒体融合】 电视《嵊州新闻》公众微信号的覆盖面和点击率不断扩大。订阅用户突破 12 万，日点击量超过 4 万，从 10 月起，开通了直播平台，根据清博指数与广电新媒体联合发布，《嵊州新闻》微信公众号全国县级台微信公众号 2016 年度排名 37 位、绍兴地区第一，全年浏览量 819 万，日均 2.5 万。

【社会活动】 配合嵊州创建国家卫生城市，创国卫广告全屏全天候覆盖，为创国卫创造了浓厚的舆论氛围。坚持"节目活动化、活动节目化"，先后组织开展了《文艺走基层　村嫂助乡邻》系列电视巡演活动和《最美人物暨美丽村嫂颁奖晚会》，取得巨大的社会效益。全年还组织开展了《平安嵊州越乡真声音》家庭方言大赛、全民健身嘉年华、嵊州旅游文化月活动，在对内对外两个方面都收到了良好的社会效果。

【网络建设】 继续加快有线电视数字化进程，提升网络承载业务内容，丰富广大用户的收看选择，加快城市信息化建设程度。全年投入 1000 万元，用于双向互动网络改造，实现全市网络宽带"村村通"。长乐广电站业务用房建设工程如期完成。启用高清电视节目制作非编网络系统，提高自办节目质量。网络经营创收稳步增长，完成数字电视视听维护费调价，发展实力得到提升。（周航）

域外媒体看嵊州

【概况】 市对外宣传工作围绕市委、市政府总体部署，围绕"五水共治"、"三改一拆"、基层治理改革等重大主题和越剧传承发展、嵊州村嫂志愿服务品牌等特色亮点，加强与上级主流媒体的战略合作和联系沟通，借势借力讲透嵊州好故事、唱响嵊州好声音，宣传嵊州好形象。刊播了《回到越剧的起点》《过去房子盖得密，白天还要亮灯，浙江嵊州城中村改造后——阳光照进我的家》《浙江华堂村春节学家训　别样新年礼》《中国梦·劳动美：村嫂志愿队登上戏曲晚会舞台》等一批高质量的报道，扩大了嵊州的知名度和影响力。全市在中央级媒体正面报道 32 篇，省级媒体正面报道 411 篇，地市级媒体正面报道 429 篇，无论是数量上还是质量上都有了明显提升。（吴一赞）

中央级媒体部分篇目

表 51

媒 体	篇 目	日 期
《光明日报》	越剧传承专业：舞台绽放职教鲜花	1 月 26 日
《人民日报》	浙江华堂村 春节学家训 别样新年礼	2 月 13 日
《人民日报》	纪念越剧诞辰 110 周年 越剧庆生 戏乡寻根	4 月 3 日
《人民日报》	回到越剧的起点（观天下）	9 月 1 日
《人民日报》	绍兴五千河长管水乡（新理念引领新实践·绿色发展）	10 月 31 日
《人民日报》	过去房子盖得密，白天还要亮灯，浙江嵊州城中村改造后——阳光照进我的家	11 月 29 日
《人民日报》	嵊州的腔调	11 月 16 日
《人民日报》	部分省市创新机制治理河湖保护水生态 河长制 带来河长治	12 月 2 日
《人民日报》	小水电向绿色转型	12 月 5 日
新华每日电讯	农村治污水 嵊州好"榜样"	11 月 24 日
新华社	庆祝越剧诞辰 110 周年 嵊州戏迷热情高	3 月 28 日
新华社	越剧发源地浙江嵊州纪念该剧诞辰 110 周年	3 月 28 日
中央电视台 CCTV-13 新闻频道	强寒潮特别报道	1 月 24 日
中央电视台 CCTV-11 戏曲频道	嵊州举办纪念越剧诞辰 110 周年活动	4 月 9 日
中央电视台 CCTV-11 戏曲频道	"我们的中国梦——文化进万家"走进嵊州——纪念越剧诞辰 110 周年特别节目	4 月 24 日
中央电视台 CCTV-11 戏曲频道	我们的中国梦·文化进万家 走进嵊州（上、下）	5 月 1 日
中央电视台 CCTV-11 戏曲频道	2016 五一戏曲曲艺晚会 越剧音乐快板《美丽村嫂美心灵》	5 月 1 日
中央电视台 CCTV-13 新闻频道	中国梦·劳动美：村嫂志愿队登上戏曲晚会舞台	5 月 2 日
中央电视台 CCTV-2 财经频道	虚构白富美和高富帅 谈情说爱诱骗入局 嵊州公安破获重庆平台电信诈骗案件	6 月 22 日
中央电视台 CCTV-11 戏曲频道	第二十届中国少儿戏曲小梅花荟萃	11 月 25 日
中央电视台 CCTV-13 新闻频道	浙江嵊州：第九届高新技术成果交易会举行	12 月 1 日
中央人民广播电台	浙江嵊州：肺炎疫苗断供 影响不大	1 月 4 日
中央人民广播电台	燃放烟花爆竹存危害嵊州市不少市民今年不卖不放	2 月 4 日
中央人民广播电台	目连戏传承人王林铨（非遗稿）	3 月 21 日
中央人民广播电台	越剧传承人黄美菊 （非遗稿）	3 月 22 日
中央人民广播电台	电动车整治不能一蹴而就 嵊州调查	4 月 7 日
中央人民广播电台	嵊州市农林局科长宋汇锋认为，鼓励放生，但放生不可盲目和任性	4 月 11 日
中央人民广播电台	移动互联网时代 全民打拐	5 月 23 日
中央人民广播电台	旅游日景区免费开放 大部分市民表示没有时间享受这一福利	5 月 19 日
中央人民广播电台	浙江嵊州：儿童拐卖平台上线，使用情况调查	5 月 23 日
中央人民广播电台	沈红平和她的爱心包子（回访）	7 月 13 日
中央人民广播电台	关爱抗战老兵的裘黎阳	10 月 9 日

省级媒体部分篇目

表 52

媒 体	篇 目	日 期
《浙江日报》	嵊州：微信众筹爱心汤	1 月 22 日
《浙江日报》	一针一线用心缝三天赶制百双鞋——嵊州志愿"村嫂"温暖孤寡老人	2 月 3 日

续表 1

媒 体	篇 目	日 期
《浙江日报》	嵊州推广越剧教育传承非遗 童声越韵唱古诗	3 月 10 日
《浙江日报》	嵊州东阳合作治水 库水清 鱼儿欢	3 月 11 日
《浙江日报》	首届中国毛兔产业种业发展大会在嵊州举行 小兔子长成"招财猫"	3 月 21 日
《浙江日报》	越剧创新在路上	3 月 25 日
《浙江日报》	嵊州越剧艺校为戏迷开设微信课堂	3 月 26 日
《浙江日报》	越剧华彩 薪火相传	3 月 28 日
《浙江日报》	施家岙古戏台同飙戏 越剧庆生 戏乡打擂	3 月 28 日
《浙江日报》	名角专家相聚嵊州，畅谈传承传统艺术 戏曲振兴 人才为本	3 月 28 日
《浙江日报》	让越剧在天涯海角生根发芽	3 月 29 日
《浙江日报》	嵊州群艺越剧团一年演出近 600 场 走在春风里 唱在田野间	3 月 30 日
《浙江日报》	越剧传承，搏击市场竞芳华	3 月 30 日
《浙江日报》	全国民间越剧（社）团折子戏擂台赛总决赛云集民间高手 越剧之乡 擂台决战	3 月 31 日
《浙江日报》	污水处理厂拼颜值提气质	4 月 7 日
《浙江日报》	越商回归：补短板强产业链 提升完善绍兴产业格局	4 月 19 日
《浙江日报》	嵊州高跷 走进韩国	5 月 12 日
《浙江日报》	嵊州新昌区域协同发展改革起步	5 月 18 日
《浙江日报》	嵊州 166 亿元项目集中开工	5 月 18 日
《浙江日报》	拆违即时报，"刷屏"比进度	5 月 25 日
《浙江日报》	柳暗花明又一村 历经 110 个春秋的越剧 在市场化道路上焕发新生	5 月 26 日
《浙江日报》	端午节来临，我省各地纪检干部明查暗访、咬耳扯袖——火眼金睛，紧盯隐形"四风"	6 月 9 日
《浙江日报》	嵊州父子接力助残 30 年	7 月 14 日
《浙江日报》	嵊州整治"一户多宅"	7 月 27 日
《浙江日报》	嵊州党员签约 拒绝大操大办	7 月 28 日
《浙江日报》	曹娥江综合整治工程完成六成	8 月 13 日
《浙江日报》	负面言行清单 为党员立规矩	8 月 24 日
《浙江日报》	"扬帆工程"助力农村青年创业	8 月 28 日
《浙江日报》	挺纪立规抓整改 标本兼治重长效	9 月 11 日
《浙江日报》	乡干部每天微信上传工作信息 嵊州"三情地图"记录民生足迹	9 月 13 日
《浙江日报》	嵊州引进中科院污水处理技术 治污效果好 占用资源少	9 月 23 日
《浙江日报》	天蓝 水清 电优 ——浙江地方电厂的节能环保实践及新能源的发展	9 月 27 日
《浙江日报》	嵊州市通源乡地质文化村建设新貌	9 月 27 日
《浙江日报》	2016 年第二十届中国少儿戏曲小梅花荟萃活动近日在嵊州市举行。	10 月 13 日
《浙江日报》	青山埋忠骨 热血荐轩辕	10 月 17 日
《浙江日报》	从"村妇"到"村嫂"——嵊州市文明建设的"乡村实践"	11 月 10 日
《浙江日报》	嵊州城中村改造为发展腾空间	11 月 20 日
《浙江日报》	诗画剡溪踏梦来 魅力嵊州越味浓	11 月 21 日
《浙江日报》	嵊州"五水共治"攻坚三年重现剡水灵秀	11 月 25 日
《浙江日报》	拆改释红利 古城展新颜	11 月 25 日
《浙江日报》	嵊州发力资本市场补短板	11 月 29 日
《浙江日报》	一个偏远村落的文化实践——"地质+"激活乡村特色游	11 月 30 日

续表2

媒　体	篇　目	日　期
《浙江日报》	嵊州："拆"出美丽新农村　"改"出城市高颜值	11 月 30 日
浙江电视台 浙江卫视	正风肃纪新常态　好口碑如何炼成？	1 月 7 日
浙江电视台 浙江卫视	全省人民代表大会会议首次宪法宣誓仪式在嵊州举行	1 月 9 日
浙江电视台 浙江卫视	嵊州：全省优秀民营剧团进农村文化礼堂展演	1 月 11 日
浙江电视台 浙江卫视	新春走基层：文化进万家　欢乐送基层	2 月 17 日
浙江电视台 浙江卫视	嵊州：九旬老人身后捐书上万册	2 月 28 日
浙江电视台 浙江卫视	纪念越剧诞辰 110 周年活动暨首届全国越剧戏迷大会在嵊州开幕	3 月 27 日
浙江电视台 浙江卫视	嵊州：全国民间越剧社团比拼唱腔	3 月 30 日
浙江电视台 浙江卫视	正风肃纪新常态　好口碑如何炼成	4 月 1 日
浙江电视台 浙江卫视	百姓喜爱的好支书　　王炎明－学习创新就是"致富经"	6 月 19 日
浙江电视台 影视娱乐	首轮高温下的坚守	7 月 3 日
浙江电视台 浙江卫视	高分女考生和她的父亲	7 月 4 日
浙江电视台 浙江卫视	三岁女孩走失街头　暖心阿姨收留报警	7 月 14 日
浙江电视台 教育科技	嵊州：挺纪在前　重典整治农村党员干部非法"一户多宅"	8 月 21 日
浙江电视台 浙江卫视	"两学一做"进行时：嵊州——村干部值班制　全天候服务百姓	8 月 28 日
浙江电视台 浙江卫视	嵊州香榧开杆采摘	9 月 7 日
浙江电视台 浙江卫视	我们身边的正能量：村民被毒蛇咬伤　平安志愿者紧急送医	9 月 9 日
浙江电视台 浙江卫视	嵊州："县管校聘"让教师人尽其才合理流动	9 月 26 日
浙江电视台 浙江卫视	加快构建标准体系　引领"浙江制造"迈向高端	11 月 24 日
浙江电视台 教育科技频道	第九届电机·厨具展在浙江嵊州举行	11 月 6 日
浙江电视台 钱江频道	2016 浙江省"国乐乡村"在嵊州完美落幕	12 月 26 日

绍兴市级媒体部分篇目

表53

媒 体	篇 目	日 期
《绍兴日报》	村嫂志愿队 新年送文化	1月1日
《绍兴日报》	浙江首个民乐村落户嵊州蒋家埠	1月6日
《绍兴日报》	跨境电商新模式 破解贸易新瓶颈	1月7日
《绍兴日报》	嵊州树立新标杆迈向新征程	2月5日
《绍兴日报》	挖掘"美丽景致"潜力 致力"美丽经济"建设	2月5日
《绍兴日报》	特色产业 巩固实力	2月5日
《绍兴日报》	加快城市建设 提升品质	2月5日
《绍兴日报》	网上庄稼医院 惠及嵊州农户	2月5日
《绍兴日报》	艺校开设微课堂 戏迷手机学越剧	2月5日
《绍兴日报》	嵊州开发区"二次创业"雷达轰鸣	2月5日
《绍兴日报》	嵊州小笼包打开网上大市场	2月14日
《绍兴日报》	大企业开工率高 行业好的开工早	2月17日
《绍兴日报》	"浙江双鸟"舞动双翼 开年产销两旺	2月21日
《绍兴日报》	我市利用外资喜迎"开门红"	2月21日
《绍兴日报》	嵊州排定557亿重点项目投资	2月23日
《绍兴日报》	大力推进美丽乡村建设 不断提升生态文明水平	3月4日
《绍兴日报》	政府买单激活一大产业 嵊州培训出7400多名小笼包制作能手	3月7日
《绍兴日报》	嵊州打造美丽乡村升级版	3月17日
《绍兴日报》	医院启动升级版 省城名医搭把手	3月17日
《绍兴日报》	水利工程建设注重生态功能	3月17日
《绍兴日报》	区域协作共建"美丽边界"	3月21日
《绍兴日报》	粉丝力量 打造"越剧朝圣地"品牌	3月28日
《绍兴日报》	重视"戏迷经济" 培育"娃娃戏迷"	3月29日
《绍兴日报》	拆掉"部门篱笆"打破"条块分割"——嵊州黄泽镇整合资源破解乡镇治理难题	4月5日
《绍兴日报》	嵊州"村嫂志愿服务队"打造升级版	4月6日
《绍兴日报》	嵊新协同发展先让两地人走动起来	4月11日
《绍兴日报》	嵊州狠刹党员干部赌博歪风	4月21日
《绍兴日报》	缩短办业务时间 单笔只需一分钟	4月21日
《绍兴日报》	每天拆违突破一万平方米 嵊州用"六拆"模式推动违建大整治	4月22日
《绍兴日报》	山稻种在香榧地 每亩收益上万元	4月22日
《绍兴日报》	从贴牌到创牌 嵊州厨具要"点火"腾飞	4月26日
《绍兴日报》	嵊州21个乡镇街道完成清淤任务	5月22日
《绍兴日报》	新昌万丰集团15亿投进嵊州	5月23日
《绍兴日报》	亮身份 亮承诺 亮职责 仙岩镇农村党员变了样	5月23日
《绍兴日报》	嵊州2万余名党员干部承诺 带头整治非法"一户多宅"	6月4日
《绍兴日报》	微信"三圈"激发村民参政议政	6月12日
《绍兴日报》	重典整治农村党员干部非法"一户多宅" 嵊州出台"十个一律" 两名党员违规被处理带来不小震动	6月13日
《绍兴日报》	嵊新组合城市区域打造文化地标	6月14日

续表

媒　体	篇　目	日　期
《绍兴日报》	改革样本：探索区域协同发展新路	6月15日
《绍兴日报》	"诗画剡溪"一路诗意盎然	6月28日
《绍兴日报》	半年拆违173.7万平方米 嵊州是如何做到的3万农村党员完成"一户多宅"自查	7月15日
《绍兴日报》	告别"城南旧事"	7月28日
《绍兴日报》	嵊州开发区"双轮驱动"二次创业	8月6日
《绍兴日报》	入园企业抱团跨境 产品利润成倍提升 "嵊州云"探索新跨境电商模式	8月18日
《绍兴日报》	认领责任 年终体检 嵊州市开展农村党员"点名验收"活动	8月24日
《绍兴日报》	新媒体开辟党建新阵地	8月25日
《绍兴日报》	党员带头承诺 简办婚丧事宜	8月26日
《绍兴日报》	嵊州出台人才新政二十四条	8月29日
《绍兴日报》	高科技"污水宝"惠泽6万农户	9月15日
《绍兴日报》	非法"一户多宅"无处遁形 嵊州全面推广五色标识图	9月22日
《绍兴日报》	"嵊州制造"健步走向前台	10月31日
《绍兴日报》	嵊州设立1600万元治水激励资金	11月3日
《绍兴日报》	12个项目实现50天高效审批	11月21日
《绍兴日报》	把山区当景区 让青山变金山 通源乡美丽生态催生美丽经济	11月23日
《绍兴日报》	"七化"行动转型 创新驱动提速	12月6日
《绍兴日报》	破解执行难题 严查渎职行为 嵊州市突出问题导向提升法治环境	12月26日

续表

文 化

专业文化

【纪念越剧诞辰 110 周年】　　3 月 26 日至 28 日,由浙江省文化厅、绍兴市人民政府主办,嵊州市人民政府、绍兴市文广新局承办,中华文化促进会、中国戏剧家协会、央视"戏曲频道"全程支持参与的纪念越剧诞辰 110 周年活动暨首届全国越剧戏迷大会在越剧故乡——浙江嵊州隆重举行。该次活动紧扣"纪念越剧诞辰,感恩越剧前辈;凝聚戏迷力量,共商繁荣大计;彰显越剧生态,引领传承发展"主题,围绕"寄情越剧、倾心越剧、活力越剧"三大主题板块,召开政府责任、倾情耕耘、美丽越缘、市场经营等分层面论坛,向全国发出越剧传承发展《嵊州倡议》,对越剧的传承发展产生了广泛而深远的影响。省委常委、宣传部部长葛慧君宣布开幕,文化部非遗司、省文化厅领导和全国性文化、艺术组织领导以及来自全国越剧院团、演出剧场、各地民间越剧社团的代表和越剧传承人、越剧研究专家、资深人士出席纪念大会和祭祖感恩仪式,全国 15 个省、市的 300 多名越剧戏迷相聚故乡参加论坛和纪念活动。其间,央视《我们的中国梦·文化进万家》栏目组对"纪念越剧诞生 110 周年《过把瘾》嵊州行"进行录制,并在央视戏曲频道播出;组织开展"越剧嘉年华 110"活动,与全国戏迷进行了有效互动。纪念活动受到省级、中央媒体的高度关注,首发报道达 160 多篇。

3 月 26 日至 28 日,纪念越剧诞辰 110 周年活动暨首届全国越剧戏迷大会在嵊州举行,嵊州市委书记孙哲君致辞

【越剧文化生态区】　　越剧诞生地——嵊州越剧文化生态区自 2015 年开始创建,经过一年多的努力,经省文化厅验收通过,于 2016 年 3 月份命名授牌。按照越剧文化生态区规划,通过核心(越剧特色城市)、朝圣地(东王、施家岙)、重点区(甘霖、黄泽、崇仁、长乐)、外围(剡溪两岸)"四层"保护,对嵊州实施越剧生态"全域保护",以越剧文化遗产保护、越剧文化空间保护、越剧文化生活保护、越剧文化产业培育、越剧文化品牌创建"五大工程"为抓手,扎实开展生态区建设,并积极创建国家级越剧文化保护生态区。

【全国少儿戏曲"小梅花"荟萃活动】　　活动于国庆期间在嵊州市举行,参赛选手以及指导教师、家长等共 800 多人荟萃越乡,共涉及 115 个评审节目,28 个戏曲剧种,24 个省市区和 5 个小梅花基地。城南小学获集体项目"小梅花"金奖,有 6 名获个人"小梅花"金奖。整个活动结合赛事推出越剧主题文化旅游活动,受到来宾、媒体和全市各界一致好评。

【越剧现代戏《袁雪芬》】　　该剧由嵊州市越剧艺术保护传承中心新创排演,是越剧故乡向越剧诞辰110周年的献礼剧目,被列入省精品扶持工程项目。在市内公演后,计划赴全国各地巡演,在市场和观众的检验中进一步完善提升,打造精品。年内已在江苏常州等地演出。

【越剧传承推介】　　嵊州越剧艺校越剧流派传承人班打出品牌。2016届流派传承人班18位毕业生分别进入上海越剧院、浙江小百花越剧团、浙江越剧院等全国著名院团和嵊州市越剧艺术保护传承中心。2017届流派传承人班20位新生经过严格考试如期开课。越剧博物馆启动中国越剧戏迷网建设,组建爱越小站,凝聚戏迷力量;组织开展"高雅艺术进校园——越剧进中国人民大学(苏州校区)"等活动,进一步扩大了越剧和越乡的影响力。

公共文化

【文化综合大厦动建】　　位于城南的市文化综合大厦,6月12日举行奠基仪式。总建筑面积28000平方米;由16层地上主体(建筑面积20000平方米)及2层地下室(建筑面积8000平方米)组成。16层地上主体建筑设新华书店卖场,文化馆业务用房,培训活动场所,一个900座位的标准剧场;2层地下室为新华书店仓库,以及供参加文化活动的市民、读者停车车库。新华书店按国内领先标准设计建造,是实体书店、网上书城、手机书城有机融合的智能型书城。文化馆按国家一级馆标准规划设计,是全国一流水准的集活动、培训、展示、服务于一体的公共文化设施、群众文化活动场所和文化艺术中心。建成后将成为嵊州公共文化建设的标志性建筑和嵊州乃至嵊新两地的文化高地。计划于2018年投入使用。

【公共文化服务体系建设】　　经省第六次文化馆、站考评,全市拥有省文化强镇1个,文化分馆2个,特级乡镇(街道)文化站1个、一级站9个、二级站7个,省级文化示范村(社区)11个。在基层文化阵地建设中,有村文化礼堂108个,农家书屋实现全覆盖。有市区越剧戏迷角10个,乡镇越剧演唱点25个,村越剧演唱台门100多个。浙江省民间音乐村1个。

【文化"种、送"活动】　　实现"一月一主题,月月有活动,天天有演唱",以"周末剧场乡村行"等载体送戏下乡120场次。全年送电影4850场次、送书18000余册。组织文化骨干、越剧戏迷等赴海盐、海宁、磐安、义乌等地开展省内文化走亲活动。

【公共文化工作优秀个案】　　通过积极申报,经省文化厅审定,嵊州市的"文化站考核制度""送戏下乡——周末剧场"和"文化礼堂建设"等3个工作亮点,被列为浙江省2016年公共文化工作优秀个案。(王鑫君)

非遗传承

【调研国家级非遗传承人俞樟根】　　6月至8月,组织市非遗专家对嵊州竹编传承人俞樟根进行调研,以《群体传承立足创新》为题完成调研报告,报送省文化厅,获一等奖。调研报告提出设俞老个人健康档案,建立俞樟根大师工作室,摄制俞老个人视频档案,创建嵊州竹编展示馆,扶持竹文化传承生产基地,在嵊州职教中心和职技校开设竹编工艺教育传承基地等措施,开拓传承新路,加强竹编传承。

【非遗活态传承"三个坚持"】　　一是坚持"图文"并茂。画好非遗保护的路线图,做好非遗文字档案,制订针对性的具体方案,采取个性化的措施,予以重点保护,并积极申报各级非遗项目。二是坚持"人地"并重。努力做好非遗传承人的工作和传承基地的建设。三是坚持"进出"并行。大力推进非遗进农村、进社区、进校园,让非遗为大家所共识、所共享、所共推,并积极参加各级各类展示、展演、展览。

【灵鹅高跷参加韩国大邱广域市展演】　5月6日至9日，灵鹅高跷队代表绍兴市参加韩国大邱广域市"多彩大邱庆典"，顺利成功，受到绍兴市表彰。

【参展第八届浙江·中国非遗博览会】　10月中下旬，第八届浙江·中国非遗博览会在杭州举行，设生活馆、体验馆、工艺馆、展销馆、演艺馆等。黄泽戏剧服装、嵊州根雕、嵊州泥塑、嵊州竹编等非遗项目应邀参展，吸引观众眼球。

【《嵊州竹编》迎新广场展示活动】　2016年年底，在市文化广场举办以"守护绿色致敬环保"为主题的《嵊州竹编》迎2017新年广场展示活动。普及嵊州竹编工艺，解读人与竹编关系，促进人与自然融合，推动嵊州竹编传承发展，让竹编走进人们日常生产生活。

【非遗项目申报】　《嵊州木鱼制作技艺》《嵊州香榧传说》等2个项目成功申报第五批浙江省级非遗名录。至2016年年底，全市有国家级非遗项目4个，省级14个，绍兴市级45个，嵊州本级75个。（张小英）

文化与娱乐市场

【概况】　文化市场管理工作围绕平安护航G20和平安嵊州创建这个中心，加强文化市场监管，打击文化市场各类违法违规经营行为，各项工作取得了显著成效。市文广新局分别被评为2016年度全省文化市场综合执法先进集体、全省"扫黄打非"工作先进集体、全省文物执法工作成绩显著单位。

【执法检查】　全年共出动执法人员1382人次，检查各类经营单位2559家次，查获违规数42件，举报（督查）受理8件，行政处罚立案调查37件，办结案件37件，警告26家次，停业整顿3家，罚款24家次，罚款738099元，取缔无证娱乐场所3家，取缔非法出版物摊贩3个，收缴非法出版物13155册，取缔非法大篷演出2起。

【宣传引导】　一是做好法制宣传培训。结合"12318"宣传日、知识产权宣传周、平安嵊州宣传月等活动，通过悬挂宣传横幅、放置宣传展板、发放宣传册等方式，开展各类宣传3次，摆放宣传展板20块，发放宣传资料8000份。二是做好协会管理引导。引导文化市场行业协会开展行业自律和自我管理活动，以规范行业行为、促进文化产业提档升级为目标，指导协会开展行业自查自纠工作，引导文化市场良性竞争，健康发展。

【扫黄打非】　根据上级扫黄办统一部署，组织开展了"扫黄打非工作进乡镇（街道）""清源""净网""秋风""护苗""利用云盘传播淫秽色情专项行动"等专项行动，并结合实际适时组织开展了"两节"（春节、元宵节）"两会"（人代会、政协会议）文化市场集中整治、校园周边出版物市场专项整治、打击"三假"（假媒体、假记者、假记者站）等行动，确保每个专项行动有部署、有措施、有成果。全市破获网络涉黄案件13起，刑事处罚17人。

【配合G20峰会综合整治】　4月底以来先后下发了《嵊州市查短板补短板平安护航G20文化市场综合整治行动方案》等文件，召开了全市印刷企业、网吧、娱乐演出单位负责人管理工作会议，部署了全市护航G20专项行动工作任务，现场签订安全经营责任书和护航G20综合责任书，明确安保行动期间发现的违法违规行为，将按文化市场法律法规规定的顶格罚则进行处罚。8月以来全面做好护航行动实战、决战阶段工作，以网吧、娱乐场所为重点，开展"5+2""白加黑"执法模式，强化对全市网吧、娱乐场所留宿人员的管控，督促相关场所依法经营，严守营业时间，不超时营业，不留宿人员，确保了G20峰会期间文化市场的平安有序。

【文化市场（文物）目标管理责任书】　市政府与全市各乡镇（街道）分别签订《2016年度文化市场（文物）目标管理责任书》，明确各乡镇（街道）主要责任人是辖区文化市场（文物安全）管理第一责任人，要求各乡镇（街道）落实文化市场属地管理职责，依法做好辖区文化市场管理工作。

【文物安全监察】　开展全市文保单位巡查和全市文物安全大排查大整治暨文物护航G20专

项行动,全年共出动执法人员 86 人次,检查全市各类文物保护单位 142 家次,立案查处文物违法案件 1 起,消除安全隐患 13 处。(吕锋)

文 物

【文物维修保护】 一是文保单位修缮:全国重点文物保护单位崇仁村建筑群之当典台门、文元台门修缮工程,省保单位钱氏大新屋一期、王羲之墓修缮工程通过省级验收;崇仁村建筑群之沈家台门、员外台门,省保单位太平邢氏宗祠、钱氏大新屋二期修缮工程通过市级验收;推动举坑祠堂、瞻山庙、新镇庙、江十三公祠、冲旸公祠、起祥小学、岩头部队旧址、雅璜裘氏宗祠、屠家埠灵佑庙、灵鹅韩氏宗祠等一批市级文保单位及文保点开展修缮工程并做好业务指导。二是规划编制及方案设计:国保单位小黄山遗址保护总体规划通过国家文物局立项并已着手编制,省保单位城隍庙及溪山第一楼完成方案设计及报批,完成市保单位瞻山庙、省工委旧址、举坑祠堂以及文物保护点福德庙、岩头部队旧址、苍岩街中戏台等一批项目的方案设计,启动崇仁村建筑群三期修缮项目设计工作。

【"四有"工作】 嵊州市有全国重点文保单位 4 处、省级文保单位 10 处,上述 14 处国、省保单位已全部完成文字档案工作,其中的国保单位华堂王氏宗祠记录档案获评省优秀档案。2016 年,省人民政府公布了省保单位绍兴会稽山古香榧种植园的保护范围;市级文保单位缸窑山墓群树立了界址(六处);完成艇湖塔、天章塔两处市级文保单位的保护范围、建控地带及文物保护管理说明碑制作安装;按计划完成了尚未划定和新调整的 16 处市级文保单位的保护范围、建设控制地带划定工作。全市文保单位"四有"工作的推进规范有序。

【第一次全国可移动文物普查】 2016 年度是普查的验收阶段,主要任务是进行普查资料的整理、汇总、数据库建设和发布普查成果。在省文物局的统一部署和专家意见指导下,对嵊州市国有文物藏品数据信息进行修改、校对、审核、定性后,逐级递交,完成全市第一次全国可移动文物普查平台信息上报工作。与此同时,编制完成普查工作报告和验收报告。在普查基础上,编辑出版普查成果《剡地物华——嵊州国有文物藏品图录》。根据绍兴市文物局的要求,为绍兴市第一次全国可移动文物普查成果汇编提供嵊州部分 60 余件国有文物藏品的图文信息。

【文物考古】 嵊州市文物管理处会同省考古研究所完成上虞—新昌天然气管道工程嵊州段、甬金铁路嵊州段、杭绍台高铁嵊州段文物调查勘探工作;完成杭绍台高速公路嵊州段文物调查勘探工作。配合基建抢救性清理甘霖镇上高村东晋义熙二年(406)墓、嵊州市杨港路东延工程基建工地宋太常寺主簿周汝士墓,出土画像砖、墓志铭、买地券等重要文物,充实了嵊州的地方史研究资料。

【文物平安工程】 嵊州市 7 个文物平安工程项目全部启动,并取得初步成果。国保单位华堂王氏宗祠安防工程、消防工程设计、马寅初故居消防工程设计、省保单位城隍庙及溪山第一楼、太平邢氏宗祠消防工程设计相继完成招投标工作。配合崇仁镇政府完成国保单位崇仁村建筑群消防工程设计、安防工程设计招标。目前,崇仁消防工程设计方案已经通过国家文物局初步评审,总概算 5000 余万元。华堂王氏宗祠安防工程设计方案、太平邢氏宗祠消防工程设计方案、城隍庙及溪山第一楼消防工程设计方案已相继通过国家文物局、省文物局评审。华堂王氏宗祠消防工程设计、马寅初故居消防工程设计已报国家文物局审批。(尹志红)

图 书

【惠民服务】 图书馆投资 30 万元,购置自助借还机 2 台,提高图书借还效率,为读者提供了便捷服务。开通微信公众平台(图书馆微信公众号 szslib),读者开通后,可直接用手机获得第一手新书资讯,查阅馆藏资料,查看自己的图书借阅信息,或者进行图书续借,使读者享受到智能化数字图书馆带来的便利。

【图书活动】　2月中旬至3月,图书馆组织"图书馆就在我身边"主题有奖征文比赛、"图书馆随手拍"摄影比赛以及"全家共读一本书"书目推荐活动,共收集到散文、童话、诗歌等各类征文40余篇,体现图书馆建筑外观、阅读场景、阅读姿态等随手拍照片30余张,《目送》《舌尖上的风暴》《妈妈,让我陪你慢慢走》等适合全家共同阅读的书目20余条。举办《绍兴水利掠影》《回眸历届民间越剧节》《书香中国》《倾听生命》《建党95周年》《G20国家与经典文学》《健康卫生知识》等展览、阅读活动13次。

【全省未成年人"戏曲阅读经典"大赛】　城南小学《越韵古诗联唱》获绍兴地区选拔赛小学组一等奖,参加全省未成年人"戏曲阅读经典"大赛,在全省全民阅读节开幕式上代表绍兴地区参加决赛并获得小学组银奖。

【第21个世界读书日】　4月23日,举办了多形式阅读推广活动。一是读者荐书活动。二是读者捐书活动。三是晚上在馆内举办"图书馆之夜"活动。

【暑期少儿阅读活动】　除图书馆少儿借阅室全天对外开放外,一楼多功能厅每周一到周四免费播放电影和视频讲座,成为学生暑期的好去处。开通"绍兴市公共图书馆通用少儿读者卡",实现绍兴地区所有公共图书馆的通借通还。提高少儿读者一次借书数量,由原来的两本到五本。

【分馆建设】　2016年年底,全市有基层、农村图书馆流通站41个(乡镇图书分馆3个,企业流通站5个,部队流通站4个,村级农流站29个,新增的南山湖村和三鼎公司2个图书流动站),累计送书下乡,更新流通图书21138册。

【古籍保护】　在第三批浙江省珍贵古籍(184部)名录中,嵊州市有5种古籍入选,分别为:00432《春秋简融》四卷,〔清〕胡序撰,清乾隆五十六年(1791)活字印本;00473《新昌县志》十六卷首一卷末一卷,〔清〕陈谧纂,清光绪七年(1881)稿本;00542《石田稿》三卷,〔明〕沈周撰,明弘治十六年(1503)黄淮集义堂刻本;00589《剡西长乐钱氏诗存》七卷,〔清〕钱春波等辑,清光绪十年(1884)庆系堂活字本;00590《剡西长乐钱氏诗存》七卷,〔清〕钱春波等辑,清光绪十年(1884)庆系堂活字本(版本同上)。

【地方文献收集】　全年接受赠书、征集图书共5112册,其中科技局1100册,文广新局1800册,政协717册。个人赠书43人合计1495册。收集地方文献正式出版物213种。著录、分编地方文献300册。新增馆藏数字宗谱52种。完成钱方来捐赠图书、杂志、报纸以及手稿的整理汇总和录入,合计9131册。(裘友人)

著述目录提要(地方文献)

表54

书　名	著(编)者	出版社
两张照片:求惟慧诗文选	求惟慧	炎黄文化出版社
齐天之红徐天红:记著名越剧表演艺术家徐天红	百家出版社编	百家出版社
伊兵与戏剧	伊兵著	中国戏剧出版社
袁雪芬文集	袁雪芬著	中国戏剧出版社
越剧老生泰斗:张桂凤文论集	黄德君主编	上海文化出版社
吴琛文论集	沈去疾主编	上海文化出版社
中国越剧唱腔章法	金钦夫编	浙江文艺出版社
越剧	黄德君主编	上海文艺出版社
天上掉下个林妹妹:徐进越剧作品选集	徐进著	上海书店出版社
不与群芳争绝艳:我的越剧人生	金艳芳著	上海科学技术文献出版社
不负阳光:吕瑞英越剧之路	吕瑞英、吕俊编著	上海音乐出版社

续表1

书　　名	著（编）者	出　版　社
此生只为越剧生：袁雪芬	兰迪著	上海锦绣文章出版社
越剧舞台美术	上海越剧艺术研究中心编	上海人民美术出版社
上海越剧志	卢时俊、高义龙主编	中国戏剧出版社
越韵梅影：上海越剧院当代表演艺术家专集：A collection special on contemporary winners of China 'Meihua Award' from Shanghai Yueju opera troupe	上海越剧院当代表演艺术家专集组编著	上海文艺出版社
上海文化名片：上海越剧院建院五十周年纪念画册：commemoration picture album for the 50th anniversary of Shanghai yueju opera house	黄德君主编	复旦大学出版社
百年越剧名家唱腔精选	项管森主编	上海音乐出版社
尹小芳艺术人生		中国戏剧出版社
徐玉兰越剧唱腔精选	顾振遐编著	上海音乐出版社
傅全香越剧唱腔精选	马良忠编著	上海音乐出版社
尹桂芳越剧唱腔精选	连波主编	上海音乐出版社
王文娟越剧唱腔精选	金良编著	上海音乐出版社
吕瑞英越剧唱腔精选	苏进邹主编	上海音乐出版社
张云霞越剧唱腔精选	唐惠良编著	上海音乐出版社
陆锦花越剧唱腔精选	项管森编著	上海音乐出版社
袁雪芬越剧唱腔精选：早期	黄德君主编	上海音乐出版社
人民艺术家袁雪芬纪念文集	黄德君主编	上海音乐出版社
中国越剧创腔教程	金钦夫著	中国戏剧出版社
重新走向辉煌：越剧改革五十周年论文集	高义龙、卢时俊主编	中国戏剧出版社
百年越剧音乐新论	周来达著	中国文联出版社
越剧音韵手册	卢时俊编著	中国戏剧出版社
越剧《红楼梦》艺术谈：纪念越剧《红楼梦》首演五十周年	黄德君主编	中国戏剧出版社
越剧艺术论	高义龙主编	中国戏剧出版社
越剧发展史	宋光祖主编	中国戏剧出版社
上海越剧演出广告（1917年—1936年）	黄德君主编	中国戏剧出版社
尹桂芳舞台生活写照	傅骏主编	上海人民美术出版社
中国越剧戏目考	孙世基编著	宁波出版社
嵊州年鉴（2015）	嵊州市地方志办公室编	中国时代经济出版社
嵊县文史资料：第七辑：越剧溯源	嵊县政协文史资料委员会编	浙江文艺出版社
长乐镇志	邢出非主编	浙江人民出版社
嵊县志	嵊县志编纂委员会编	浙江人民出版社
嵊州市交通志	竺柏岳主编	浙江大学出版社
嵊州抗日史	中共嵊州市委党史研究室编	中国时代经济出版社
中国共产党浙江省嵊州市组织史资料(2002.1—2006.12).第四卷	杜柏松主编	中共党史出版社
社会主义时期嵊州市党史专题集.第一集	中共嵊州市委党史研究室	当代中国出版社
书圣故里历代诗联书画选	张忠进主编	中国戏剧出版社
如画人生	邢增尧著	中国戏剧出版社

续表 2

书　　名	著（编）者	出　版　社
凡间拾得	郑祖杰著	浙江文艺出版社
广湖乡思	童玄德著	中国文联出版社
越剧红伶传记	钱永林编著	内蒙古人民出版社
王羲之研究	王汝涛、刘茂辰主编	山东文艺出版社
家乡戏文	施钰兴著	大连出版社
回眸集	马尚骥著	百通出版社
洁白的记忆	郑竹圣著	作家出版社
心中的芳草地	邢增尧著	中国文联出版社
长河存壁：嵊州文物典藏	尹志红主编	中国文史出版社
越音润物：越剧博物馆藏品撷英：selected exhibits Of Yueju Opera Museum	俞伟主编	浙江人民美术出版社
养老服务社会化"嵊州模式"研究	董红亚著	中国社会出版社
岁月含香	张鹊屏	杭州出版社
为人格尊严而战：我与郑祖杰名誉侵权案全记录	顾延龄 杨维源	真相出版社
五王光辉耀中华	周先柏主编	甘肃文化出版社
嵊州市对联集成	黄皎昀主编	西泠印社出版社
乡歌唱晚：尹文欣文学作品自选集	尹文欣著	炎黄文化出版社
中国共产党嵊州历史大事记：1949—1997	中共嵊州市委党史研究室嵊州市档案馆编写	杭州大学出版社
中共嵊州地方史	中共嵊州市委党史研究室编写	杭州大学出版社
剡溪随笔	郑卫东著	上海人民出版社
蟋蟀	任大霖著	春风文艺出版社
走读嵊州	陈君主编	浙江科学技术出版社
嵊州市非物质文化遗产大观	夏春燕主编	西泠印社出版社
历代咏剡文选	徐国兆译注	浙江古籍出版社
嵊州方言辞典	求达人著	浙江古籍出版社
嵊州咏	何国英主编	北京文艺出版社
开口说话	斯继东著	北京文艺出版社
隐士奇情	商华水著	北京文艺出版社
想写就写	钱宁儿著	北京文艺出版社
乾隆皇帝买剪刀	徐华铛著	北京文艺出版社
嵊州人物传略	徐华铛主编	浙江古籍出版社
嵊州民间工艺	徐华铛编著	浙江古籍出版社
嵊州民间演艺	黄士波等编著	浙江古籍出版社
乡土嵊州	施钰兴著	浙江古籍出版社
典故嵊州	何国英主编	浙江古籍出版社
越剧志	黄士波等编著	浙江古籍出版社
行走剡溪	施展著	浙江古籍出版社
情系越乡	沈才土主编	海天出版社
坂田村志	俞慧君、俞香法编著	中国文史出版社
绍兴家谱总目提要	绍兴市档案馆、绍兴图书馆、绍兴市家谱协会编	西泠印社出版社

续表 3

书　　名	著（编）者	出　版　社
唱响嵊州：嵊州市村歌集	袁洪波、姚华江主编	中国文史出版社
用智慧耕耘文化：嵊州市公共文化亮点集	袁洪波、黄士波主编	中国言实出版社
邢球痕院士传记	滕叙兖著	中国宇航出版社
天上掉下个林妹妹：我的越剧人生	王文娟著	上海文艺出版社
王和祥文集	王和祥著	中国文联出版社
春梦何时能了	钱孝平著	文汇出版社
苦乐风流	小一著	中国文联出版公司
嵊州吹打	杨建新总主编	浙江摄影出版社
嵊州竹编	杨建新总主编	浙江摄影出版社
万紫千红总是春：大型电视节目《百年越剧》文集	钟冶平、何国英主编	浙江人民出版社
王羲之金庭岁月	金向银、金午江著	方志出版社
基石：农村基层党风廉政建设体制机制探索	中共嵊州市纪律检查委员会、嵊州市监察局编	中国方正出版社
我的人生：阔少·囚犯·摄影家	汪爱源著	宁夏人民出版社
绿满嵊州	浙江（嵊州）森林旅游节组委会	炎黄文化出版社
感悟草根：嵊州市群文干部论文集	嵊州市文化广电新闻出版局编	中国文史出版社
嵊州市水利志	嵊州市水利志编纂委员会编	浙江大学出版社
残菊傲霜集	钟敬又著	中国电影出版社
科技人生. 第二辑	支德瑜著	机械工业出版社
晚晴集	钱志华著	中国文联出版社
水云轩、云起楼对联集粹	远树著	九州出版社
新农民新素质	盛燕萍编著	哈尔滨工程大学出版社
周芝山纪念文集	共青团杭州市委员会等编	中共党史出版社
秋瑾革命史研究	王去病等主编	团结出版社
科技进步及其评价和案例	裘子法等著	北京科学技术出版社
苦竹记：农运领袖竺清旦和他的妻女	钟敬又著	诗联文化出版社
高良山水画选	屠高良绘	珠江文艺出版社
艺术人物	喻潇芳绘	中国文联国际出版社
嵊州书画精品集	嵊州文联编	中国文联出版社
中国当代花鸟画家：茹齐葵	茹齐葵绘	西冷印社
张永书法作品选	张永书	中国美术学院出版社
商敬诚国画选	商敬诚画	上海书画出版社
商敬诚画集	商敬诚绘	人民美术出版社
中国戏曲美术	杨冲霄、徐华铛著	中国林业出版社
张隆基油画集	张隆基著	上海人民美术出版社
情笺心语：邢力策诗词	邢力策著	中国文史出版社
飘来的幽香	曹江英著	炎黄文化出版社
金伯兴题字作品选	金伯兴著	湖北美术出版社

续表 4

书　　名	著（编）者	出 版 社
金伯兴扇面书法集	金伯兴著	湖北美术出版社
金伯兴书法集．一	金伯兴著	湖北美术出版社
如烟人生	陈华艺著	北京文艺出版社
桃花失眠	东方浩著	北京文艺出版社
风骨劲节：马寅初廉政故事集	钱杭瑛主编	中国方正出版社
今夜无人入眠	斯继东著	浙江文艺出版社
涛声行知录	赵传涛著	国家行政学院出版社
中国印刷史．上：插图珍藏增订本	张秀民著	浙江古籍出版社
中国印刷史．下：插图珍藏增订本	张秀民著	浙江古籍出版社

体　　育

群众体育

【概况】　以"农民体育健身工程"为动力,以"阳光体育活动"为载体,构建亲民、利民、便民的群众体育服务体系。以省体育强县复评为契机,普及和发展农村体育事业,开展以体育场地设施、体育健身指导、体育科普知识、小康体育村提升工程等为内容的农村小康体育工程活动。

【群体活动】　以嵊州市第七届运动会为主线,各体育社团及机关部门积极配合,共举办了全民健身嘉年华(三人篮球、乒乓球、羽毛球)、嵊州市机关干部羽毛球、篮球联赛、嵊新八人制足球比赛、嵊州市第六届驴友节、"中老年杯"男子篮球赛、"篮协杯"男子篮球超级联赛、"奔跑下王"首届微型山地马拉松比赛、嵊州荧光夜跑活动、"春游嵊州,诗

10月16日上午,市第七届运动会开幕式暨《健康芬芳》大型文体表演群舞《健康交响》

画剡溪"自行车环湖赛、嵊州市工间操(第九套广播体操)培训班等近20次群体比赛活动。先后组队参加了浙江省第二届女子体育节足球、羽毛球、健身气功、太极拳、围棋等10个大项,省幼儿体育大会基本体操、幼儿围棋、幼儿篮球,绍兴市第四届气排球锦标赛,绍兴市第四届排舞大赛,绍兴市首届民间五人制足球争霸赛,绍兴市迎新登高健身大会等20多次省、市级以上群体比赛活动。

【体育创建】　开展浙江省"农民体育健身工程"创建活动,创建浙江省体育强乡镇2个(里南乡、雅璜乡),完成省小康体育村提升工程21个,创建省村级体育俱乐部2个(里南乡西景山村、雅璜乡雅璜村)、省级老年活动中心2个(里南乡叶村、雅璜乡雅璜村)、全国校园足球特色学校2所(剡溪小学、东圃小学)、省校园足球特色学校3所(崇仁镇中心小学 / 下王镇中心小学、崇仁中学)。

【培训活动】　为加强体育社团整体实力,发挥其最大功能,全年共组织篮球、健身排舞、花样跳绳等社会体育指导员培训班5次,共培训450人次,在册体育社会指导员人数达到1601名。积极抓好国民体质测试工作,完成1467名市民体质抽样测试工作。

竞技体育

【概况】　竞技体育着眼绍兴市九运会和十

六届省运会的备战工作。全年共获绍兴市以上奖牌358.5枚，其中绍兴市级奖牌282枚，省级奖牌53.5枚，全国级以上奖牌23枚。游泳运动员商科元首次参加里约奥运会，成为全市参加奥运会游泳比赛第一人。

【水上项目】　　3月30日至4月1日，2016年全国静水皮划艇春季冠军赛于在上海市水上运动中心举行，嵊州市运动员周海赛与队友配合，夺得男子200米双人皮艇金牌。4月21日至26日，2016年全国赛艇冠军赛在浙江省千岛湖国家水上运动训练基地举行，嵊州市运动员周炯和张燕华分别获得男子2000米八人单桨金牌和女子2000米八人单桨银牌。9月9日至13日，2016年全国游泳锦标赛在安徽省黄山市举行，市游泳小将商科元，在9月7日晚举行的男子4×200米自由泳接力决赛中，与队员汪顺、李昀琦和邱子傲一起出战，以7分13秒19的成绩夺冠。9月22日至25日，2016年全国皮划艇（静水）锦标赛于在福建省长乐东湖水上运动中心举行，市运动员周海赛与队友配合，勇夺男子200米、500米双人皮艇及500米四人皮艇共3枚金牌，同时获得男子200米四人皮艇第三名，创造了在同一次比赛中获得3金1铜共4枚奖牌的个人最好成绩。

【田径项目】　　5月12日至14日，2016年全国田径大奖赛在河南郑州举行，市田径队员陈巧铃以4.30米的成绩获得女子撑竿跳高第一名。6月3日至6日，2016年亚洲青年田径锦标赛在越南胡志明市举行，市田径队员陈巧铃以4.15米的成绩获得女子撑竿跳高第一名。6月10日至13日，2016年全国少年（16—17岁组）田径锦标赛在济南奥体中心举行，市田径队员郑烨璠以6.73米的成绩获得男子跳远第一名，陈巧铃以4.10米的成绩获得女子撑杆跳高第二名。7月16日至18日，2016全国少年（14—15岁组）田径锦标赛在江西省南昌市举行。市运动员涂轲以13.90米的好成绩获得男子三级跳远第二名。7月19日至26日，2016年世界青年田径锦标赛在波兰比得哥什举行，市田径队员陈巧铃代表国家队参加比赛，以4.30米的成绩获得女子撑竿跳高第四名。

【射箭项目】　　4月13日，"五粮液杯"2016全国射箭冠军在四川宜宾南溪举行，市射箭运动员郑怡钗和队友马铖杰共同努力，以5:3的成绩获得混合团体赛冠军。

【市第七届运动会】　　由市政府主办，市教体局、市机关党工委、市体育总会承办的市第七届运动会开幕式于10月16日在体育中心体育馆举行。运动会以"全民参与健身、共创共享三个嵊州"为宗旨，大力弘扬"更快、更高、更强"的奥林匹克精神。各项赛事于4月开始陆续展开，在10月22日举行闭幕仪式。运动会设大众部和青少年部，比赛共设12个大项，近5200名运动员、教练员、裁判工作人员参加。其中大众部比赛项目有游泳、男子篮球、气排球、男子五人制足球、乒乓球、羽毛球、围棋、中国象棋、五子棋、体质健康大赛等10个比赛项目，分为乡镇（街道）组和行业系统组，乡镇组由全市21个乡镇（街道）代表团组成，行业系统组由市级机关综合、经贸、政法、城建交通、农林水、市场监管教文卫、垂直部门、金融等8个代表团组成。青少年部设有田径、篮球、足球、乒乓球、羽毛球、围棋、中国象棋、国际象棋等8个比赛项目，主要以学校为单位组队参加比赛。

【省女足锦标赛亚军】　　7月2日至10日，2016年浙江省青少年（女子乙组）足球锦标赛在嘉

7月10日，市女子乙组足球队在海宁举行的省青少年（女子乙组）足球锦标赛中夺得亚军

兴海宁市体育中心举行,市女子乙组足球队代表绍兴市参加比赛,夺得亚军。

【省第二十五届幼儿基本体操表演大赛】　6月10日至11日,2016年浙江省幼儿体育大会暨浙江省第二十五届幼儿基本体操表演大赛在市体育馆举行。来自全省各地各类幼儿园共17支代表队的300余名运动员、教练员参加本该表演大会。

6月10日至11日,幼儿基本体操表演大赛现场

4月29日至5月1日,"李宁·红双喜杯"乒乓球联赛比赛现场

【中乒协会员联赛永盛站走进嵊州】　4月29日至5月1日,由中国乒协主办的"李宁·红双喜杯"2016年中国乒乓球协会会员联赛——浙江嵊州永盛站比赛在市体育馆开赛,来自全国各地包括香港地区在内的60个代表队,共92支球队近500名民间乒乓球高手角逐大赛。(俞继明)

医疗卫生

综　述

【概况】　全市有各级各类医疗卫生机构405家,其中卫计部门所属165家,分别为市属医院4家,急救中心1家,市疾控中心1家,市卫生监督所1家,市妇幼保健计划生育服务中心1家,社区卫生服务中心4家,乡镇卫生院17家,社区卫生服务站130家,卫计单位下属门诊部、诊所6家;民营医院7家,分部1家;村卫生室143家;社会办门诊部7家,诊所53家(其中中医坐堂医诊所9家),医务室29家。各类医疗卫生机构开放床位3267张,每千人拥有床位4.48张,其中公立医疗机构开放床位2300张,民营医疗机构开放床位967张。各类医疗卫生机构共有在岗人员5108人,其中卫计人员4021人。各类医疗卫生机构总诊疗5280401人次,增长4.47%;出院86583人次,增长13.22%;医疗收入133287.7万元,增长15.36%。其中,公立医疗机构总诊疗4891674人次,出院70659人次,全年医疗收入113551.5万元。

【重点项目】　全面完成新人民医院项目建设,总投资11.32亿元,由市政府出资和宋卫平等嵊籍企业家捐资共同建设的嵊州市人民医院(浙大一院嵊州分院)于3月20日全面搬迁运行。9月11日,市中医院整体搬迁到原人民医院院址。三江社区卫生服务中心项目二期装修工程完成,鹿山社区卫生服务中心项目一期装修工作完成。

3月,人民医院搬迁新址。9月,中医院搬迁至人民医院旧址。图为人民医院搬迁现场

【国卫创建】　作为国卫创建的牵头单位,卫计局(创卫办)对照创建国卫城市标准积极整改;加强与上级部门、相关部门的联系沟通协调;分解创卫任务责任清单、强化检查督查通报;加大宣传力度,组织开展"一切为了您的满意——卫计系统356活动"及"创国卫健康接力"活动,提高市民创卫意识和热情。发扬城改精神,攻坚克难、真抓实干,城市基础设施、市容环境、管理水平和市民素质等各方面都有了较大提升,顺利通过了省级考核验收,通过了国家考核组暗访,为创建国家卫生城市迈出了坚实步伐,荣获2016年度嵊州市市长奖。

【健康服务】　转变服务模式,立足基层基础,强化绩效管理,进一步提升公共卫生服务均等化水平。妥善处置崇仁镇某学校食源性疾病事件。完成综合医改试点基线调查,调研起草试点方案,配合做好意见征求。强化卫生监督工作,加大公共场所、饮用水、医疗服务市场等监督检查力度。

共开展专项行动 12 次,监督 2500 户(次),受理查处举报投诉 11 起,立案处罚 28 件。孕前优生健康检查、分娩补助、生育保险报销等项目实行"凭证服务",即凭生育登记卡或《生育证》享受相关优惠政策。(全江)

市属医疗卫生单位概况

表 55

单位	医院类别等级	开放床位（张）	卫生技术人员数（人）			主要医疗仪器设备（台）							医院地址	办公室电话
			小计	其中		DSA	CT	磁共振	彩色B超	全自动生化仪	500mA以上X机	CR/DR		
				执业（助理）医师	注册护士									
人民医院	三级乙等综合性医院	973	1194	370	610	1	2	2	14	3	1	0/4	三江街道丹桂路 666 号	83032041
中医院	二级甲等中医院	397	414	148	172		1		4	1	2	1/1	剡湖街道医院路 208 号	83031478
妇保院	二级甲等妇保院	120	180	54	87				3	1	1	1/0	剡湖街道艇湖路 261 号	83110706
市五院	二级乙等精神病专科医院	120	48	17	17				1	2	1	1/0	城南新区南二路	83267138
疾控中心			47	22	4				1	1	1	1/0	剡湖街道学院路 20 弄 14 号	83370383
卫监所			13										经济开发区双塔路 55 号	83038078
妇计中心			13	7	3				2	1			剡湖街道越秀一路 5 号	832793698
急救中心		20												
合计		1610	1909	618	893	1	4	2	25	9	6	4/4		

全市民营医院概况

表 56

单位	医院类别等级	开放床位（张）	卫生技术人员数（人）			主要医疗仪器设备（台）					医院地址	办公室电话
			小计	其中		磁共振	彩色B超	全自动生化仪	500mA以上X机	CR/DR		
				执业（助理）医师	注册护士							
沈氏眼科医院	眼科未评	60	47	14	19						鹿山街道东南路 989 号	83202050

续表

单　位	医院类别等级	开放床位（张）	卫生技术人员数（人）			主要医疗仪器设备（台）					医院地址	办公室电话
			小计	其中		磁共振	彩色B超	全自动生化仪	500mA以上X机	CR/DR		
				执业（助理）医师	注册护士							
济德医院	综合未评	60	58	21	23					0/1	剡湖街道嵊州大道312号	83120120
康复护理医院	综合未评	400	173	44	76					0/1	三江街道仙湖路808号	83266928
三界康复医院	综合未评	48	21	6	13						三界镇南街村独山峧路东16号	83082770
国泰医院	综合未评	250	101	29	51					0/1	经济开发区经发路185号	83370892
新世纪医院	综合未评	99	79	28	41					0/1	三江街道江三路8号	83377110
心康医院	综合未评	50	37	15	8					0/1	鹿山街道东南路1057号	83377005
合计		967	516	157	231					0/5		

全市乡镇街道医疗卫生单位概况

表57

单位名称	开放床位（张）	卫生技术人员数（人）			主要医疗仪器设备（台）					医院地址	电话号码	邮政编码
		小计	其中		B超（其中彩超）	生化仪（其中全自动）	200mA以上X机	CR	DR			
			执业（助理）医师	注册护士								
甘霖镇中心卫生院	162	211	102	60	8(2)	3(2)		1	1	甘霖镇洪士桥路8号	83798558	312462
崇仁镇中心卫生院	77	164	65	43	4(1)	2(1)	2	1		崇仁镇七八村菱塘东路200号	83988688	312473
长乐镇中心卫生院	135	150	65	54	2(1)	2(2)		1	1	长乐镇锦绣大道5号	83071061	312467
三界镇中心卫生院	57	126	66	32	4(2)	2(1)	3	1	1	三界镇青春路60号	83083006	312452
黄泽镇中心卫生院	36	76	44	13	3(1)	1(1)	1	1		黄泽镇桥对岸村9号	83506668	312455

续表

单位名称	开放床位（张）	卫生技术人员数(人)			主要医疗仪器设备(台)					医院地址	电话号码	邮政编码
		小计	其中		B超（其中彩超）	生化仪（其中全自动）	200mA以上X机	CR	DR			
			执业(助理)医师	注册护士								
三江街道社区卫生服务中心	30	93	41	22	3(2)	2(2)	1	1		三江街道四海路1320号	83349079	312400
鹿山街道社区卫生服务中心	10	73	38	17	2(1)	1(1)				鹿山街道演头村	83227998	312400
剡湖街道社区卫生服务中心	50	116	53	33	4(2)	1(1)	1	1		剡湖街道剡城路168号	83018022	312400
浦口街道社区卫生服务中心	30	60	18	12	2(1)	2(2)				浦口街道浦南大道700号	83169586	3212451
石璜镇卫生院	13	45	24	9	3(2)	1(1)	1	1		石璜镇镇西路1号	83699995	312471
谷来镇卫生院	10	40	19	6	1(1)	1(1)	1	1		谷来镇文卫路43号	83901138	312472
仙岩镇卫生院	5	27	10	5	2(1)	1(1)	1			仙岩镇仙岩村仙吉路8号	83150037	312459
金庭镇卫生院	16	45	20	11	2(1)	1(1)	1	1		金庭镇晋溪村506号	83517899	312456
北漳镇卫生院	14	26	12	5	3(1)	1(1)	1	1		北漳镇溪东路227号	83588313	312458
下王镇卫生院	10	18	8	4	2(1)	2(1)	1			下王镇下王村	83190854	312454
贵门乡卫生院	2	13	7	2	1					贵门乡贵门村	83712251	3212466
里南乡卫生院	3	16	7	3	2(1)					里南乡下叶村	83631022	312453
雅璜乡卫生院	3	4	3	0	1					雅璜乡雅璜村	83671104	312471
王院乡卫生院	2	4	3	0	1					王院乡王院村	83940314	312472
通源乡卫生院	3	6	2	1	1					通源乡岗下村	83681042	312471
竹溪乡卫生院	2	4	2	1	1					竹溪乡竹溪村	83930442	312472
合计	670	1317	609	333	52(21)	23(19)	14	11	3			

注：长乐镇中心卫生院配有CT机1台。到2016年年底，全市有万元以上设备1833台，其中50万元以下1726台，50万元—99万元63台，100万元以上44台，万元以上设备合计总价值27838万元。

社区卫生服务

【基层卫生综合改革】　深化"全国基层卫生综合改革重点联系点"工作,根据省财政厅、省卫生计生委要求正式启动基层医疗卫生机构财政补偿机制改革试点工作,印发了《嵊州市人民政府办公室关于开展基层医疗卫生机构补偿机制改革的实施意见》和《嵊州市卫生和计划生育局嵊州市财政局关于印发嵊州市基层医疗卫生机构补偿机制改革基本服务项目标化工作当量标准(2016版)的通知》《嵊州市卫生和计划生育局嵊州市财政局关于印发嵊州市村卫生室补偿机制改革财政补偿实施办法(试行)的通知》《嵊州市卫生和计划生育局嵊州市财政局关于印发嵊州市基层医疗卫生机构补偿机制改革财政补偿实施办法(试行)的通知》等系列配套文件,同步实施乡镇卫生院(社区卫生服务中心)和社区卫生服务站(村卫生室)的财政补偿机制改革,建立"专项补助与付费购买相结合、资金补偿与服务绩效相挂钩"的基层运行新机制,既保障基层医疗卫生机构的公益性,又调动基层医疗卫生机构和医务人员的积极性;继续推进分级诊疗制度,结合"双下沉、两提升"试点工作,规范基层医疗机构慢性病联合门诊,促进医疗资源下沉基层,2016年全市基层医疗机构门急诊324.7万人次,同比增加4.5%,占总诊疗人次的61.45%。继续开展国家"群众满意的乡镇卫生院"创建,新增崇仁镇中心卫生院创建成国家卫生计生委"全国群众满意乡镇卫生院",至2016年年底全市共有4家中心卫生院获得此殊荣。

【全科(乡村)医生签约服务】　继续深化"全国乡村医生签约服务重点联系点"工作,黄泽镇中心卫生院作为全省"首批签约服务培训基地",发挥基地的示范引领作用,全年共接待省内外各级政府及卫计系统同行参观交流40多批次。责任医生签约服务做法得到副省长郑继伟批示,绍兴市政府签约服务现场会在嵊州市召开,郑继伟副省长一行实地察看了黄泽镇中心卫生院签约服务工作。2016年全市共签约20.7万人,占户籍人口数的28.3%。其中,规范签约18.26万人,规范签约率24.9%。

【基本公共卫生服务项目】　2016年,全市基本公共卫生服务项目与签约服务工作结合,促进了项目工作的扎实开展。一是制定下发《关于做好2016年国家基本公共卫生服务项目工作的通知》,基本公共卫生服务项目同步纳入基层补偿机制改革范畴,将每一个服务项目按照标准工作当量进行分解和标化,实行按当量购买。二是注重资金分配考核激励,市级业务指导单位每半年1次绩效考核,并将项目资金拨付与绩效考核得分挂钩,扣减的经费奖励给考核优胜单位,拉开差距,体现绩效。三是加强问题追踪整改。指导单位在考核过程中对发现的重点问题列出清单,提出整改要求,并在下次考核中追踪整改落实情况,促进项目工作逐步规范。到2016年底,累计建立城乡居民电子健康档案66.9万份。完成参保城乡居民健康体检24.7万人次,其中老年人体检9.9万人,体检率67.1%。全年规范管理高血压5.02万人,规范管理率65.5%,规范管理糖尿病1.08万人,规范管理率65.7%。共确诊登记重性精神障碍患者3360人,发现率4.59‰,规范管理2066人,规范管理率61.4%。完成贫困重性精神障碍患者规范化免费治疗301例,危险性行为应急处置34人次。对65岁以上老年人及0岁至3岁儿童开展中医药健康管理服务,开展老年人中医药健康管理服务50250人次,管理率46%;0岁到3岁儿童中医药健康管理服务7347人次,管理率49.8%。按要求做好肺结核患者随访管理工作。(徐建琴)

预防保健

【传染病和突发公共卫生事件防控】　2016年共报告甲乙丙类传染病4771例,与去年同期(3201例)相比上升49.05%,传染病报告上升的主要病例为手足口病 2250 例，占全部传染病比例 47.2%；报告突发公共卫生事件 1 起，其他聚集性疫情 97 起，共涉及 13 个乡镇(街道)，56 所学校和 1 个村庄，其中手足口病聚集性疫情共 76 起，共计发病 338 人；水痘疫情 7 起，共计发病 70 例；发热流感样病例聚集性疫情 14 起，共计发病 465 例。报告发热伴血小板减少综合征病例 1 例。做好 H7N9 流感疫情防控工作，全市联防联控成员部门及各乡镇(街道)严格落实各项防控措施，全市暂停活禽交易，主城区永久关闭活禽交易市场。组织开展登革热、寨卡病毒病、中东呼吸综合征等疫情防控工作。

【国家免疫规划工作】　　全市 21 个预防接种门诊均按规范做好预防接种服务，确保每位应种儿童都能及时接种。全市常住儿童建卡建证率 100%，"八苗"报告接种率均达 95% 以上。2016 年，全市共上报麻疹风疹疑似病例 12 例，全部在 24 小时内调查并采样，调查及时率和血清采集率都为 100%。最终实验室结果显示全部为麻疹风疹排除病例。全年开展两轮麻疹类疫苗集中式查漏补种 962 人，接种率 96.35%，两轮脊灰疫苗查漏补种补服儿童 1294 人，接种率 97.54%。举行"4·25"全国儿童预防接种宣传日大型宣传活动，通过市疾控中心官方微信平台举行免疫规划知识微竞赛，提高社会群众对免疫规划知识的知晓率。在全市各接种门诊建立了疫苗存储环境温湿度监控系统，实现冷链温度全天候监控，保障疫苗有效接种和安全接种。

【地方病防治工作】　　全市开展查螺 13 个乡镇(街道)、154 个村，查到有螺乡镇、街道 12 个，有螺村 38 个，螺点 269 个，有螺面积 4.441 万平方米，比 2015 年下降 4.33%；累计药物灭螺面积 183.30 万平方米；查治病 3227 人，发现血清学阳性 9 人，再进行粪便孵化检查，均为阴性。2016 年共完成"三热"病人血检 1684 例，未发现疟疾病例。完成监测布鲁氏菌病高危从业人员 166 人，血清学阳性 7 人，确诊 7 例布病病例。

【重点疾病防控】　　2016 年，全市共报告艾滋病感染者 / 病人 32 例，目前管理感染者 / 病人

122 例，正在接受治疗 109 人。开展艾滋病抗体检测 113883 人，查出 HIV 阳性 22 例。结核门诊共登记结核病人 356 例，其中涂阳病人 138 例(新发涂阳病人 128 例)，涂阴病人 173 例，结核性胸膜炎 45 例；新发涂阳病人 2 月末痰检转阴率 84.91%，新发涂阳病人治愈率 88.52%，追踪到位率 96.17%，总体到位率 97.99%，所有指标达上级标准。成功处置学校结核病疫情 14 起。

【慢性病防治】　　继续实施浙江省高血压社区综合防治管理规范推进项目及浙江省心脑血管疾病防治适宜技术试点项目，全市共创建成绍兴市慢性病社区综合防治规范化管理综合管理级 3 家、标准管理机 12 家、基本管理级 3 家，促进了全市慢性病综合管理质量的提高。2016 年全市高血压病人发现率 10.8%，规范管理率 65.5%，血压控制率 59.97%；糖尿病病人发现率 2.36%，规范管理率 65.73%，血糖控制率 58.05%；全市各医疗单位共报告慢性病 9777 例，其中糖尿病病例 3937 例，肿瘤病例 2578 例，冠心病急性事件病例 326 例，脑卒中发作 2936 例。根据 2016 年死因监测数据显示，全市平均期望寿命达 80.76 岁，其中男性为 79.02 岁，女性为 82.71 岁。

【健康危害因素监测】　　响应市政府"五水共治"方针，扩大全市饮用水水质监测网，完成水质监测工作，共监测 819 家次 960 份水质，项目合格率为 93.47%。积极开展公共场所卫生技术服务工作，全年共监测 24 案，检测项目 192 个，合格率 98.96%。全年共完成 23 类食品，402 份样品，44 个检测项目，1251 个项次的食品安全风险监测工作。

【精神卫生】　　2016 年继续强化重性精神障碍患者防控工作，以保障 G20 峰会为主线，结合基本公共卫生服务项目，圆完成各项工作指标：到年底全市登记在册严重精神障碍患者 3465 人，检出率为 4.72‰；严重精神障碍患者管理率 51.7%，病情稳定和基本稳定 3346 人，稳定率为 99.6%；规范管理病人数 2066 人，规范管理率 61.4%；服药患者 2207 人，服药治疗率 65.7%；全年免费发药 1407

人,免费金额 56.4 万元;免费检验 935 人次,经费 5.61 万元;补助住院治疗 17 例,经费 3.07 万元;完成贫困重性精神病人规范化免费治疗 301 例,危险性行为应急处置 32 例 34 人次;免费救治救助流浪肇事肇祸精神病人 255 人次,经费 352.9 万元。

【妇幼保健】 2016 年继续实施孕产妇和 0—6 岁儿童免费健康服务项目,孕产妇系统管理率 93.8%,住院分娩率 100%,高危孕妇管理率 100%,剖宫产率 39.2%,较 2015 年度 41.3%略有下降;7 岁以下儿童保健覆盖率 93.2%,3 岁以下儿童系统管理率 94.8%,5 岁以下儿童死亡率 3.29‰,婴儿死亡率 2.19‰,全年无孕产妇死亡。实施重大公共卫生妇幼服务项目和优生促进工程,完成农村妇女免费 HPV 检查 4910 人,乳腺癌检查 723 人,超额完成了下达的目标任务,确诊乳腺癌 2A1 期 1 人,已接受治疗随访。完成农村孕产妇住院分娩补助 1605 人,增补叶酸 3606 人,完成妇女病普查 73556 人,普查率 82.2%,查出各类疾病 19777 人次。引导婚龄青年参加婚检,婚前检查率 97.5%,检出各类疾病 1620 人。开展新生儿疾病筛查 4556 人,筛查率 99.98%,确诊异常 18 例;新生儿听力筛查 4556 人,筛查率 99.98%,确诊异常 8 人;产前筛查 3924 人,筛查率 86.5%,产前诊断 212 人,确诊异常并终止妊娠 10 人。2016 年度共签发《出生医学证明》5348 份,其中当年出生签发 4886 份,当年出生签发率为 96.5%。继续实施《出生医学证明》信息化管理工作。

【适龄儿童窝沟封闭项目】 2016 年度继续以医疗队 + 卫生院相结合的方式,为全市小学二年级学生免费开展窝沟封闭项目工作。全年共为 70 所小学开展了窝沟封闭项目,学校覆盖率 100%,全市二年级学生总数 5672 人,口腔检查学生总数 4511 人,学生覆盖率 79.5%,同意服务学生总数 4511 人,应封闭学生总数 1515 人,实际封闭学生总数 1505 人,应封闭的牙齿颗数 1947 颗,实际封闭的牙齿颗数 1934 颗,封闭率 99.3%,口腔复查牙齿 2000 颗,复查完好 1647 颗,完好率 82.4%。(徐建琴)

医政管理

【医疗机构管理】 完成医疗机构设置许可 11 家,执业许可 10 家,注销医疗机构 12 家,完成医疗机构年度校验工作。完成医师执业注册、变更等 551 人次,其中首次注册 71 人次,注销 22 人次;完成护士执业注册、变更等 330 人次,其中首次注册 131 人次,延续注册 72 人次;办理自由执业 32 人次,多点执业 21 人次。贯彻执行市政府《关于进一步加快推进社会资本举办医疗机构的意见(试行)和《关于鼓励民间资本进入社会事业领域的若干意见》精神,民营医院开放床位 967 张,占全市医疗机构总床位数的 29.6%,占比居绍兴市首位,门(急)诊 197675 人次,出院 15924 人次,医疗收入 16985.9 万元,分别增长 18%、28.8%和 42%。另有嵊州国医堂中医院和嵊州城南骨科医院已完成设置许可。

【双下沉两提升工作】 落实省委省政府"双下沉,两提升"的决策部署,推进浙大一院对市人民医院的全面托管。2016 年,浙大一院下派 10 批共 51 位专家,专家门诊 7145 人次,手术 849 例,其中Ⅲ类手术 470 例,Ⅳ类手术 321 例,讲课 83 次,在放射介入治疗、心血管介入治疗、内镜手术、肝胆外科手术等扶持专科取得较多突破。市中医院继续加强与中山医院、省中医院等上级医院的合作,市妇保院与省妇产医院、绍兴市妇幼保健院建立技术协作。初步实现了让老百姓在家门口得到省级医院优质服务的目标,2016 年市区域外转为 17833 人次,较 2015 年下降了 6677 人次,区域就诊率上升 8%。同时,继续深化市级医疗资源下沉,市人民医院、市中医院分别与甘霖镇中心卫生院、黄泽镇中心卫生院和崇仁镇中心卫生院、三界镇中心卫生院建立医疗联合体;4 家市级医院向支援单位派出 848 人次,举办学术讲座或业务培训 53 次,健康讲座 27 次,义诊 31 次,接受进修 20 人。继续深化 4 个偏远山区乡卫生院与附近较大规模镇卫生院的区域协作模式。推进共享中心建设和运行管理，嵊州市心电会诊中心于7月投入运行。市临床病理诊断中心、放射影像会诊中心、心电会诊中心分别帮助基层诊断51866人次、1066人次、87人次，消毒供应中心完成基层医疗机构手术包等物资消毒16613件。

【医疗质量管理】　　开展医院和基层医疗机构医院感染管理专项督导，对全市408家医疗机构分组分级开展检查和指导。组织病历、护理、院感、药事、放射、检验、口腔、麻醉、设备等质控中心专家完成全市乡镇以上医疗机构医疗质量联合检查，对核心制度、合理用药、医疗废物、精麻药品、实验室生物安全管理等重点环节重点开展检查。开展医疗机构和医疗技术临床应用管理自查，开展呼吸机使用情况自查和整改。接受省质控中心、绍兴市血透质控中心对市人民医院的检查。通过各质控中心开展专业知识和技能培训，临检和院感质控中心开展应急演练。市级医院临床路径共开展病种50种，2016年入径3533例，占出院病例数比例的6.3%。

【药事管理】　　贯彻执行《浙江省抗菌药物临床应用分级管理目录（2015版）》，实施新一轮抗菌药物分级管理，市级医院在6月1日起除儿科外已全部停止门诊患者静脉输注抗菌药物。对全市27家医疗机构开展精麻药品管理专项检查。继续实施药品集中采购与定价机制试点工作，制定了《嵊州市创新公立医疗卫生机构药品集中采购与定价机制试点工作绩效考核办法（试行）》，会同有关部门对全市25家医疗机构2015年度创新药品集中采购工作进行了考核。实行动态议价机制，12月份基层药品集中采购工作领导小组完成新一轮谈判工作。2016年议价产生药品差价收入1089万元。

【分级诊疗与预约服务】　　进一步加强信息化建设，双向转诊系统全面运行。加强宣传提高群众知晓度，市级医院全号源开放预约，市人民医院的门诊预约率8.3%，专家预约率26.1%，市中医院门诊预约率9%，专家预约率60%。全号源向基层医疗机构开放，提高群众接受度，引导患者合理就诊。2016年全市基层医疗机构门急诊就诊率60.5%，出院病人数占比20.7%。

【院前急救能力】　　甘霖急救分站于1月11日正式运行，完善了院前急救网络。执行急救车标准化配置，加强分工合作和沟通，开展院前急救知识和技能培训，开展突发事件医疗卫生应急救援演练。在较大交通事故和学生呕吐事件等突发事件中，均完成调度以及院前急救工作。2016年出车8849辆次，日平均出车24次，接回伤病人9087人；空诊率9.16%，回车率2.95%；平均调度反应时间1分49秒，平均出车时间2分40秒，平均急救反应时间16分钟41秒；病人满意度98%。院前急救工作得到绍兴市急救中心的肯定，市急救中心被评为2016年度绍兴市院前急救先进集体。

【医疗安全】　　落实加强医院安全防范系统建设要求，提高医院人防、物防、技防建设水平。完善医疗纠纷人民调解机制，积极做好医疗纠纷处置和预防工作。2016年尸体解剖4起，医疗事故技术鉴定1起，司法鉴定3起，医疗安全总体平稳，医疗纠纷起数、赔偿额与上年度相比均有一定程度下降。

【无偿献血】　　市府办组织召开了庆祝第十三个"6·14"世界献血者日暨全市无偿献血工作表彰大会，表彰了献血工作先进单位、先进个人、无偿献血先进工作者和无偿献血志愿者。全年累计献血3474人次，总采血量112.7万毫升，临床用血量106.4万毫升，无偿献血占临床用血比率105.9%，成分输血率100%，自体输血占临床用血比率15.2%。完成了市中心血库设置申请。（钱银霞）

中医中药

【概况】　　市中医院于9月11日整体搬迁至市人民医院旧址（嵊州市剡湖街道医院路208号），新院区总建筑面积66400平方米，占地面积30666平方米，硬件设施更趋完善，医院秉承"仁德为本、博爱至诚、您的健康、我的追求"的服务理念，搬迁后医院平稳有序运行。新增设康复科、神经外科，病区开放 10 个，开放床位增加到 397 张。全市各级各类医疗机构中共有中医药人员 373 人，其中中医类别执业(助理)医师 266 人，见习中医师 20 人，中药人员 87 人，在同类卫技人员中占比分别为 16.8%、9.5%、32.6%。另有"西学中"人员 57 人。全市共有省级名中医 1 名，省基层名中医 3 名，绍兴市名中医 2 名，绍兴市中青年名中医 5 名，绍兴市基层名中医 2 名，省农村中医骨干 12 名。

【中医特色建设】 市中医院"名医工作室"邀请了国家级名老中医裘昌林、姚新苗定期坐诊，并与浙江省中医院等 10 余家省级以上医院开展优势资源下沉工作；名医夜门诊全年共诊治 1 万多人次。3 月起，开设了中医护理门诊，开展了中医经络通乳、穴位贴敷、耳穴压豆、拔罐、中药透入治疗等 12 项中医护理操作，服务 1433 人次。发挥膏方的调理和治疗作用，继续加强冬令进补，推出了四季素膏，制作膏方 3135 份。继续开展"冬病夏治"，新开设了冬病冬治"三九贴"，治疗 7065 人次。每半月开展一次中医健康大讲堂，组织专家免费为市民讲授中医养生知识的，全年服务 937 人次。11 月 23 日，举办了第六届中医药文化节暨膏方节，邀请中央保健委员会陈意教授来指导并参加义诊活动，当天服务群众 300 余人次。张微在第二届"桐君堂"杯中药材真伪鉴别全国大赛中获得实物鉴别第一名。市中医院在绍兴市中医医疗质控中心 2016 年度中医基础知识竞赛中荣获团体二等奖。

【农村中医工作】 实施"中医药服务能力提升工程"，继续完善中医药服务网络，加强基层中医科建设，加大中医药人员招聘。依法准入社会办中医医疗机构，新设置中医诊所 2 家、中医坐堂医诊所 1 家。发挥中医基层指导科作用，做好中医基层指导等工作，7 次组建医疗队下乡镇进行业务指导，共 40 次组织医务人员到乡镇街道、社区、企业、山区农村义诊，举办健康知识讲座及各类助残、敬老志愿活动，服务人群达 3500 人次；指导长乐镇中心卫生院、石璜镇卫生院开展"冬病夏治"技术。发挥中医药在基本公共卫生服务中的作用，推 65 岁以上老年人和 0 月到 36 月儿童接受中医药健康管理项目服务分别为 50205 人和 7347 人，健康服务管理率分别为 45.99% 和 49.84%。（钱银霞）

医教科研

【学科专科建设】 市人民医院 DSA、64 排 CT、1.5TMR 等大型设备投入运行，在浙大一院专家带领下组建了脑科中心、微创中心、胸痛中心三大学科平台，6 名骨干与浙大一院名医拜师结对。新设备支持和浙大一院支援下，新技术新项目开展为我市医疗技术水平的提升和重要学科的发展奠定了扎实的基础。其中冠脉造影、PCI、经肝动脉栓塞化疗术、经肝动脉载药微球栓塞化疗术、早期胃癌的 ESD 技术、乳房重建、耳室成形等 42 项手术均为首次开展。全年开展 DSA 下介入手术 456 例。内镜中心全年开展胃肠镜 16067 例，开展了内镜下黏膜切除术（EMR）、内镜下粘膜剥离术（ESD）、食管狭窄扩张术及金属支架置入术、内镜下治疗胰胆疾病(ERCP)、超声内镜(EUS)、内镜下止血术等多项内镜微创手术。胸痛中心全年开展冠状动脉造影 336 例，其中冠脉介入术 205 例，急诊冠脉介入术 23 例，心脏起搏器植入常规开展，包括 CRT-D 三腔起搏和 ICD 双腔起搏。两个中心的建设从无到有，发展迅猛，手术从数量和质量上都快速提升。5 月，市人民医院与德国柏林切瑞特医学中心签订了医学合作框架协议。

【医学科研能力】 绍兴市科技计划项目立项 7 项，其中市人民医院的"持续有创颅内压监测在小骨窗开颅治疗脑出血中的应用研究"、"家庭访视联合微信随访在肠造口患者和主要照顾者中的应用""低 T3 综合征联合 B 型脑钠肽对急性心力衰竭患者预后的影响"被列为绍兴市科技创新项目，市人民医院的"糖皮质激素姑息治疗对晚期肺癌患者证素变化的影响""尖锐湿疣治疗后复发危险因素的回归分析"和市中医院的"基于光盘检索虫类药物治疗阳痿的明清处方研究""神阙通便膏穴位贴敷治疗功能性便秘的临床研究"被绍兴市列为青年科技项目。嵊州市立项9项，其中市人民医院5项，市中医院4项。完成课题评审5个，疾控的"嵊州市沙门菌监测及其耐药性的研究"达到国内先进水平，市人民医院的"非痴呆型血管性认知障碍5年随访研究""联合支气管活检、刷检、盥洗、毛刷液基、术后痰检在肺癌中的诊断价值"达到国内同类研究的先进水平，市中医院的"D—二聚体动态变化对进展性出血性颅脑损伤PHI及其预后的影响""腹针结合温针灸三膝眼治疗膝骨关节炎疗效观察"达到省内先进水平。科学技术获奖3项，市人民医院的"光疗对血白蛋白水平、骨代谢指标与血钙影响的研究"获2015年度绍兴市科学技术三等奖、嵊州市科学技术二等奖；市人民医院的"带状疱疹后遗神经痛高危因素分析与预报模型的建立""基层医院对牙列缺损修复的相关性研究"分别获得2015年度嵊州市科学技术二等奖和三等奖。全市发表论文95篇。

【人才队伍培养】　全年招录162人，其中研究生3人、本科生70人；参加骨干培训1人，新招录参加住院医师规范化培训84人，其中硕士3人，本科45人，专科36人。2016年年底，市人民医院规培基地和市中医院中医规培基地在培129人；参加社区护士岗位培训28人，放射、检验、B超、心电图岗位培训共13人。卫技人员外出进修学习174人，其中国外进修4人，市人民医院派出医生、护士、医技、行政人员等到浙大一院轮训共77人。市人民医院通过了浙江省住院医师规范化培训基地现场评估。各单位学术活动和学术交流丰富，2016年全市举办各类继教项目33次，其中国家级继续医学教育项目5项，省级继续医学教育项目2项、市级继续医学教育项目26项，参加5676人次；举办其他学术活动累计参加12566人次，其中市人民医院于2016年5月开设了芷湘论坛，每周四晚由专家开讲，以学术与管理为主题，截至12月底共计举办论坛33期，参加8769人次，开启了创建学术型医院的新篇章。（钱银霞）

卫生监督

【概况】　2016年，公共场所经营单位859家（住宿场所146家、沐浴（含足浴）场所127家、美容美发场所510家、歌舞娱乐场所15家，其他场所61家）、集中式供水单位13家、大中型宾馆二次供水7家、医疗机构403家。先后开展专项行动13次，监督检查7200户（次），现场卫生检测856家，合格率93.6%。受理查处举报投诉15起，立案查处违法案件57起，罚没款86080元。无行政败诉、撤销案件发生。

【公共场所卫生监督】　整合餐饮服务场所公共场所卫生许可，注销饭馆、咖啡馆、酒吧、茶座4类卫生许可证146本，不再核发。结合国卫创建，推进"四小"（小美容美发店、小旅店、小歌舞厅、小浴室）公共场所整治规范，共关停取缔无证经营119户，亮证经营率、健康证持证率、消毒设施配备率、卫生台账登记率、信息公示率100%。开展游泳场所突发公共卫生事件卫生监督应急演练，开展游泳场所夏季保健康行动，落实每周一检测一公示制度。推进公共场所量化分级管理，住宿场所和游泳场所100%、美容美发场所和沐浴场所80%以上。

【医疗卫生监督】　开展医疗机构"依法执业守护健康"行动，组织非公立医院依法执业培训。组织打击非法行医和"两非"百日整治，共取缔游医黑诊所5家、无证行医3家、行政处罚7起，无非法行医致残致死案件发生。开展传染病防控监督检查，与环保部门建立医疗废物协作机制，集中处置率100%，二级以上医疗机构医疗污水处置规范率100%，乡镇（街道）医疗机构落实项目资金168.5万元，完成医疗污水处理工程建设。开展集中消毒餐饮具"三大一严"（大抽检、大排查、大整治、严打击）专项行动，共监督抽检80批次，合格率100%。

【饮用水卫生管理】　推进供水单位卫生监

督量化分级管理,第二水厂复评 A 级,甘霖镇自来水厂等 12 家评为 C 级。强化集中式供水、二次供水监督检查,监督抽查覆盖率 100%,完成国家饮用水卫生监督检测任务。开展校园卫生安全健康 1、2、3 号行动,加强学校传染病防控、教学生活环境卫生以及饮用水卫生监督检查,督促自备水源、二次供水学校加强清洗消毒检测工作,监督检测覆盖率 100%。

【职业健康检查】　　加强职业健康检查机构规范化建设,市人民医院取得职业健康检查资质,市疾控中心信誉评级达 AAA 级。在岗体检 81 家 1958 人次、岗前体检 182 人、离岗体检 10 人,发现有疑似职业病 2 人、需复查观察 49 人、职业禁忌 19 人。加强医疗机构放射卫生管理,放射诊疗许可校验 25 家,放射工作人员体检和培训 103 名,启用放射工作人员培训微考试制度。(陈惠山)

爱国卫生

【国家卫生城市创建】　　2016 年,启动了国家卫生城市创建工作,并将此项工作作为建设"三个嵊州"的重要内容,纳入了部门、街道年度重点工作责任清单,列为"一把手"工程。成立了由市委市政府主要领导任组长的创建工作领导小组,建立起了统一领导、条块结合的创建工作网络。市领导联系包干到点到村,靠前指挥;76 个部门、单位与 47 个社区(村)结对,共创共建。多次召开动员会、现场会、推进会和督查会,部署创建工作,协调解决重点难点问题。实施创国卫督查督办和专项考核制度,通过"工作函告单""督办单"抓进度抓质量,通过督查通报和考核评分抓责任抓落实,强势推进创建工作。6 月 15 日,通过了创建国家卫生城市工作省级考核,成功上报全国爱卫办;10 月 12 日至 14 日,全国爱卫办专家对嵊州市进行了暗访并成功通过。

【其他卫生创建】　　继续组织开展各级卫生乡镇(街道)、村及单位创建活动,创建成果丰硕。一是城南新区(三江街道)、开发区(浦口街道)、鹿山街道、剡湖街道成功创建嵊州市卫生街道。二是三江街道忠铨村等 12 个村成功创建绍兴市级卫生村;剡湖街道荷花坪村等 12 个村成功创建嵊州市卫生村。三是剡湖街道龙会社区居民委员会等 5 个单位成功创建浙江省卫生先进单位;三江街道仙湖社区居民委员会等 6 个单位成功创建绍兴市卫生先进单位;浦口街道棠头溪社区居民委员会等 4 个单位成功创建嵊州市卫生先进单位;四是嵊州市卫生和计划生育局等 9 家单位被重新确认为浙江省卫生先进单位;四是贵门乡中心学校等 10 家单位创建成嵊州市无烟单位。

【病媒生物防治】　　市爱卫办引入第三方专业检测服务公司开展对蟑螂、蚊、鼠、蝇孳生地、密度、种群、分布、活动等情况进行实地调查和监测分析。上半年,省爱卫会确认嵊州市建成区鼠类、蚊虫、蝇类、蟑螂密度控制水平均达到国家标准 C 级。

【健康教育】　　组织开展了全市居民健康素养监测工作,其水平为 18.75%,通过在剡湖街道等 10 个乡镇街道对 14 岁到 59 岁之间 5 类人群共 500 人次的问卷调查和分析,全市居民重点卫生防病知识知晓率为 80.94%。开展多种形式健康教育知识宣传,拓宽宣传阵地。一是在森林公园、长乐江医院路段设立主题公园 1 个、健康步道 4 条;二是在人员密集场所的醒目位置设立大型公益广告共 20 块;三是增加了 140 多家单位电子屏幕,通过播放健康知识视频短片进行宣传,提升了居民健康素养水平。(沈梁)

社会保障

劳动就业

【概况】　全市城镇新增就业人数 16320 人，完成 121.8%。其中，失业人员再就业 5716 人，完成 125%；就业困难人员实现就业 1241 人，完成 132%。扶持农村电商创业 305 人，完成 105.2%；农村电商培训 980 人，完成 101.6%。城镇登记失业率 2.36%，较好控制在省、绍兴市要求的 3.2% 范围之内，"零就业家庭"动态归零。

【求职招工平台】　为劳动者就业与企业招工搭建双向交流平台，共组织举办各类当地劳动力招聘活动 20 余场次，开出"招工流动车"4 站，赴南昌、桂林外出招聘 1 次，累计提供就业岗位 1.7 万个，初步达成意向近 8000 人次。嵊州市新人力资源市场正式开业，市就业管理服务处、市人才市场办完成搬迁。

【就业援助】　市人力社保局制订《嵊州市人民政府关于支持大众创业促进就业的实施意见》，完成户籍制度改革就业失业政策社会稳定风险评估，明确户籍制度改革后有关就业政策衔接办理。开展 116 家企业失业动态数据监测，指导龙鼎机械去产能人员分流工作。完成 4230 名失业人员"大走访、大调查、大援助"行动，完成低收入农户家庭就业情况调查摸底与就业帮扶，举办 50 多名农民参加的农民就业创业培训班。

【失业保险基金】　计划安置公益性岗位 340 个，安排资金约 310 万元。申报"4050"社保补贴 12256 人，合计补贴 3564 万元。认定失业保险支持稳岗补贴企业 39 家，补助资金 67.59 万元。发放失业保险待遇 1556 万元，失业保险新增参保 3801 人，完成 101%。

【技工学校成立】　嵊州市技工学校经绍兴市人社局批准同意成立，填补了市技工学校空白。拓展农村电子商务培训，加大嵊州小吃、家政服务、民宿经营等项目职业技能培训，全市共开展各类职业技能培训 6587 人，组织职业技能鉴定 6310 人，完成 114.7%。创业培训 267 人，完成 106.8%；农村电子商务培训 226 人，完成 113%；农民工技能培训 4625 人，完成 132.1%。（黄云飞）

社会保险

【概况】　全市养老、医疗、失业、工伤、生育保险总参保人数分别达到 49.2 万人、71.7 万人、12 万人、22 万人、13.6 万人，养老、医疗保险总参保率分别达到 77.4%（同比增长 7.4%）、98%。

【全民参保计划】　健全全民参保登记信息库，通过进村入户开展"巡回式"政策宣传，推动五大社会保险参保扩面，并逐步向参保率管理过渡。明确被征地农民参加被征地农民养老保障超时办理事项处理意见，开展 2016 年养老待遇领取人员资格认证工作。

【机关事业单位养老保险改革】　做好新旧

政策在政策待遇、参保对象、基金等方面的衔接工作，完成信息采集 21387 人，其中在职人员 13815 人，退休人员 6510 人，离开人员 1062 人；已有 383 家机关事业单位共 13682 人开始正常缴费，机关事业退休人员退休费全部纳入社保发放。完成 2016 年退休职工基本养老金调整工作，其中企业退休人员平均增资 146.36 元／月。组织开展全市机关事业单位养老保险基金清算工作。

【城乡居民医保门诊待遇和筹资标准】　7 月 1 日起，调整城乡居民医疗保险基层医疗机构门诊报销比例，市基层医疗机构报销 50%（提高 15%），其中签约服务对象报销 55%（提高 15%）。制订《嵊州市城乡居民基本医疗保险暂行办法》，2017 年度城乡居民医疗保险筹资标准每人 1000 元（提高 150 元），其中参保人员个人缴纳 300 元（提高 40 元），参保总人数 47.52 万人。明确职工医保个人账户扩大使用范围（自费项目）相关规定，组织开展企业退休人员健康体检工作。

【降低企业生产成本】　从 2016 年 5 月 1 日至 2018 年 12 月 31 日，用人单位失业保险费率由 1.5% 降为 1%，每年减少全市企业用工成本 1680 万元。从 7 月 1 日起实施工伤保险行业浮动费率，对上一年度收支比例在 80% 以下的用人单位，工伤保险费率实行适当下浮。对符合产业转型升级发展方向的企业，减征企业基本医疗保险费 1 个月的额度，可为 495 家企业减负 957 万元。对 2015 年度规上工业企业中的困难企业，实施社会保险费缓缴政策（最长不超过 12 个月）。

【“互联网 +”社保服务】　总投资 160 万元的嵊州市人力社保信息一体化办事系统启动建设，嵊州市人事综合管理系统全面运行，人力社保公众短信服务平台每月发送短信近 3000 条。市民卡完成制卡共计 20 万张，已经发放 16 万张，社保待遇发放、公交车、公共自行车等功能陆续开通，市人力社保局被省厅列为“全省推进个人社保信息查询工作先行样本（试点）地区”。

【社保基金监督】　完成 2012 年至 2015 年

职工医保基金运行情况量化分析，细化完善社会保险费“五费合征”（单独参加工伤保险）办法。继续推进医保定点药店行业自律全国试点工作，在 7 家市区医院上线医保智能监控平台。组织开展社保局养老保险待遇核定专项检查，做好死亡人员信息比对、个案稽查和基金追讨工作，把好养老保险等基金待遇领取关。开展“两点单位”医保管理专项检查、集中检查行动，完成医保审计问题的整改与落实。上报新增定点零售药店 4 家、定点医疗机构 2 家。

【工伤认定】　受理工伤认定申请 1522 件，依法作出工伤认定 1427 件，结案率 93.75%，共调查案件相关人员 1635 余人次。受理工伤死亡事故申请 20 件，占总案件数的 1.31%，比 2015 年同期增加 66.67%。作出工伤职工劳动能力鉴定 893 人、病退职工劳动能力鉴定 112 人。

【特殊工种人员】　提前退休审批、冤假错案株连子女审核办理、部分退休人员视同缴费年限认定等工作，2016 年最低基本养老金标准（1134.23 元／月），调整企业职工死亡后遗属生活困难补助费标准。（黄云飞）

社会救助与福利

【城乡最低生活保障标准】　从 2016 年 10 月 1 日起，全市城镇居民最低生活保障标准由每人每月 611 元调整为 673 元，农村居民最低生活保障标准由每人每月 493 元调整为 543 元。截至 2016 年年底，全市城乡在册低保对象 6876 户，9658 人，城乡低保人数占比达到 1.32%。

【医疗救助】　从 2016 年 1 月 1 日起，提高城乡医疗救助比例：特困供养人员（农村五保对象和城镇“三无”人员）、福利机构集中养育孤儿，基本医疗费用全额救助；城乡居民最低生活保障对象、社会散居孤儿和困境儿童，住院自负合规医疗费用救助比例由 50% 提高到 70%；低保边缘对象住院自负合规医疗费用救助比例由 30% 提高到 60%；因病致贫对象、抚恤优待对象、农村“三老”人员、市总工会持证特困职工、因见义勇为而致病致残造成家庭生活困难人员和市政府规定的其他救助对象，住院自负合规医疗费用救助比例由30%提高到50%。同时提高救助限额，救助对象每年累计医疗救助额度由6万元提高到8万元，市财政医疗救助筹资标准也从人均15元提高到18元。2016年全市累计实施医疗救助80162人次，拨付救助资金1358.4万元。

【困难残疾人生活补贴】　2016年补贴标准分别按城镇居民每人每月184元，农村居民每人每月148元计发。补贴标准随着城乡低保标准调整而动态进行调整，由市残联会同市财政、民政部门制定，经市政府批准后公布。

【重度残疾人护理补贴】　2016年嵊州市重度残疾人护理补贴指导线，分别为每人每月500元、250元和125元。其中，家庭不具备照料条件，经市民政局、市残联批准由机构托养照料服务的残疾人，在上述补贴标准基础上上浮50%。重度残疾人护理补贴标准，根据经济社会发展水平、护理支出变化等情况适时调整，由市残联会同市财政、民政部门制定，经市政府批准后公布。

【自然灾害救助】　2016年共有2次较大台风影响，分别为9号台风"灿鸿"和13号台风"苏迪罗"，造成较大损失，共下拨救灾资金378万元，用于帮助受灾群众渡过难关。

【特困供养】　开展集中供养服务机构专项专项检查工作，对供养机构的2014年度供养资金管理情况、各项安全工作落实情况、供养机构服务管理情况以及供养对象身份认定情况等进行检查，加强动态管理，对2家资金管理不规范的机构落实整改。截至12月底，全市共有特困供养对象631人，其中农村五保604人，城镇"三无"人员27人，全年发放集中供养资金564万元，发放医疗补助284人次27万元。

【孤儿救助】　提高孤儿救助标准，散居孤儿补助金从702元/月提高到759元/月，机构孤儿补助金从1170元/月提高到1265元/月。截至年底，全市共有孤儿58名，其中福利机构孤儿5名，社会散居孤儿53名，全年发放孤儿基本生活费补助61.84万元。开展弃婴清理工作，2016年度共计办理各类收养登记58件。

【困境儿童救助】　从7月1日起，在实施孤儿基本生活保障制度的基础上，实施困境儿童基本生活保障制度。全市共有困境儿童117名（其中事实无人抚养困境儿童48人，重残困境儿童69人），三四两季度累计发放基本生活保障资金20.1354万元。

【防灾减灾】　按照新建村级避灾点"四个室""五有""六个一"的标准（即有避灾室、物资储备室、灾情会商室、卫生间；有准入登记制度、安全管理制度、日常管理制度、预案管理制度、责任追究制度；有一块指示牌、一块标识牌、一个宣传窗、一套制度牌、一个应急预案、一些应急物资），2016年，全市新建村级避灾点16个，村级避灾点总数达到227个，覆盖率46%。三界镇南街村创建成为全国综合减灾示范社区，剡湖街道龙会社区创建成为省级综合减灾示范社区。

【寒冬送温暖】　市救助管理站多举措开展寒冬送温暖活动：一是加强宣传引导，扩大社会知晓率，充分利用网络、微博、微信等公众平台，宣传救助管理政策，公布求助渠道、方法和电话，引导生活无着流浪、乞讨人员和群众及时拨打求助热线，力争将救助工作做到全方位无死角。二是加强部门协作，落实24小时值班制度。主动与公安、城市管理、卫生等部门协作，细化部门职责和协作程序，协调110指挥中心、数字城市管理平台、24小时求助热线等，落实发现报告制度和应急处置措施。救助站值班电话保持24小时畅通，及时收集各类信息，发挥好转介平台的功能。三是加强巡查力度，建立突发事件应急响应机制。在生活无着流浪、乞讨人员可能露宿的在建工地、城乡结合部、桥梁涵洞等地开展地毯式摸排，提高巡查频率，扩大巡查范围，确保重要地段无一遗漏。对不愿意到救助站的人员，就送上衣被、食物和水，确保他们不挨饿受冻,能平安度过寒冷的冬天。提前购置物资、部署人员、调度车辆,建立突发事件应急响应机制,积极做好和公安、医院等部门、单位的衔接和配合。(沈荣华)

慈善救助

【浙江慈善奖】 2016年12月28日,省政府组织召开第五届"浙江慈善奖"表彰大会,表彰了120个个人、单位、项目。嵊州市慈善总会"慈剡家园"安居工程荣获慈善项目奖,嵊州市慈善阳光志愿者服务队荣获志愿服务奖。

【"慈剡家园"安居工程】 由市慈善总会于2007年开始正式实施。作为一项慈善爱心工程,项目实施10年来,坚持"公平、公开、公正"的原则,受到社会各界的好评。通过多方联动,扩大救助范围,提升品牌效应。实施至2016年,累计资助住房困难户 3112 户,补助建设资金2357.9万元。2013年至2016年,加大了救助力度,提高了救助标准,对1320户困难家庭、残疾人家庭合计资助额达到了1038.15万元,确保了住房困难家庭住有所居,解决了他们的后顾之忧。

【慈善助学】 继续开展"慈善圆你大学梦"慈善助学活动,对34名大学新生和48名全程助学对象实施助学,发放助学金50万元,创新推进慈善助学券工作,对91位助学对象发放助学券6.35万元。万向结对助学61人,发放资金16.82万元。

【慈善助学购物券】 2016年,市慈善总会启动慈善助学购物券发放工作,发放标准为:第一类对象,即2016年考上普通高校第三批和单招单考的困难新生,每名学生一次性发慈善购物券1000元;第二类对象,即就读普通高中或职高的困难学生,每名学生一次性发慈善购物券500元。每张面值均为50元。购物券实施定点购物,三江购物有限公司是本会指定的"慈善爱心超市",为方便困难群众购物,"慈善购物券"可在全市所有三江购物门店使用,并享受会员价优惠。"慈善购物券"的发放对象实行动态管理,一年一定。

【慈善一日捐】 深入开展 "嵊州慈善周"活动,在全市范围内组织开展"慈善一日捐"活动,号召全市各级党政机关、企事业单位、社会团体、驻嵊部队及所属人员,以及其他有经济收入的单位和个人,按照自愿的原则,组织捐款活动。一日捐活动收到善款126.5万元,共150家捐款单位。另外,在慈善周活动中,慈善总会还组织开展了废旧衣服捐赠活动、义工志愿活动等,大力弘扬"慈善人人可为"的理念,引导更多市民参加慈善服务活动,将慈善培养成为普通市民的一种生活习惯。(沈荣华)

社会事务

民政工作

【概况】 2016年,推动民政事业健康发展,殡葬改革各项目标任务全面完成,全市共拆除违建坟墓37098穴,21个乡镇(街道)全部完成"无违建坟墓乡镇"创建任务;社会救助保障机制进一步优化,低保标准再次提高,全市城乡低保占比达到1.32%,医疗救助比例大幅度提高;养老机构规范化建设进一步加强,投资4300万元的社会福利中心(阳光山庄二期)启动建设,三界镇敬老院正式启用,里南乡敬老院完成建设,城乡居家养老服务建设实现全覆盖;防灾减灾示范社区创建卓有成效,三界镇南街村、剡湖街道龙会社区争创成为全国、省级防灾减灾综合示范社区;慈善项目化推进取得成效,"慈剡家园"荣获第五届"浙江省慈善奖"——慈善项目奖,市阳光慈善志愿者服务队荣获志愿服务奖;福利彩票销售再上台阶,全年销售额超过1.78亿元。

【养老机构建设】 投资1500万元的三界镇敬老院完成建设,5月1日正式入住;投资750万元的里南乡敬老院完成土建和装饰;投资4300万元的社会福利中心(阳光山庄二期,含救助站)完成建设前期各项工作,并与市公建公司签订代建合同,正式启动建设。落实市政府《关于鼓励民间资本进入社会事业领域的若干意见》政策,加快推进民办养老机构建设,浦口街道多仁养老院已经完成建设,新增养老床位100张。4家民办养老机构达成意向。其中,1家与上海"红日集团"合作投资,预计床位500张;1家与温州"红景天"合作,可新增床位200张;1家已经通过了发改立项,一期床位100张。

【养老机构消防安全】 按照"新建一批、规范一批、整改一批、过渡一批、取缔一批"要求推进养老机构消防安全整治,整改12家机构的19个消防安全隐患,安装独立式烟感火灾探测报警器961只。针对敬老院消防验收备案全覆盖的考核要求,会同公安消防部门、乡镇(街道)对13家乡镇敬老院逐一进行整改会商,按照一院一策的要求落实整改方案,其中里南乡敬老院完成建设正在申报消防验收、2家异地改建、9家进行整治提升、1家计划关停撤并。为确保目标任务的如期完成,市政府组织召开全市敬老院消防整改工作专题会议,落实财政50%的奖补资金,专项整治有序、分类推进。

【社区居家养老服务】 城乡社区居家养老服务覆盖面继续扩大,136家村居家养老服务照料中心完成建设,全市城乡居家养老服务照料中心基本实现全覆盖。继续做好城市社区居家养老服务工作,为符合养老服务补贴制度的299位社区老人提供居家养老服务,拨付居家养老服务补贴55万元。

【烈士公祭】 9月30日是全国第三个烈士纪念日,市委、市政府在烈士陵园隆重举行烈士公祭活动,市四套班子领导、驻嵊部队代表、双拥领导小组成员单位及民政局部分职工 70 多人参加,深切缅怀革命先烈的丰功伟绩,继承和发扬先烈的革命精神和光荣传统。

【优抚安置】　　贯彻落实上级各项优抚政策,提高优待抚恤水平,保障优抚对象的合法权益。根据自然增长机制原则对部分优抚对象的抚恤补助标准发文进行了调整,2016 年 10 月 1 日起,对部分优抚对象抚恤和生活补助标准发文进行了再次调整,全年发放各项优抚补助经费 2771.5 万元。为 5 人进行了带病回乡退伍军人身份认定,对 290 名符合条件的农村籍退役士兵进行了身份认定。接收 2016 年度秋季自主就业退役士兵 161 人、冬季自主就业退役士兵 97 人,按照绍兴市政府文件精神,自主就业退役士兵一次性经济补助实行城乡一体化,共发放 2015 年度自主就业退役士兵一次性经济补助费 676.2 万元。接收安置符合政府安排工作条件转业士官 10 人,完成工作岗位安置工作。

【谢百军荣获"全国双拥模范个人"】　　7 月 29 日,全国双拥模范城(县)命名暨双拥模范单位和个人表彰大会在北京召开。会议表彰了 416 个全国双拥模范城(县)、64 个全国双拥模范单位及 100 名全国双拥模范个人,其中,浙江有 16 个市县、1 个单位和 3 名个人受到表彰,浙江越盛集团有限公司董事长谢百军荣膺"全国双拥模范个人"。

【双拥工作】　　开展形式多样、充满活力的拥军优属工作,巩固提升"双拥在基层"活动成果,出台货币安置推介上岗方案,专项推介了货币安置转业士官 31 人(其中乡镇街道 26 人,城管执法局 5 人),12 月份又推介了 28 名三类下岗失业复退军人再就业,通过推介上岗,切实解决困难优抚对象的实际问题。完成鹿山烈士陵园地质灾害修复工程建设。

【无违建坟墓乡镇创建】　　按照"条块结合、以块为主,疏堵结合、以疏为主,拆控结合、以控为主,分布推进、综合治理"的工作原则,在 2015 年启动"无违建坟墓乡镇"创建并完成 10 个乡镇(街道)创建的基础上,至 2016 年 3 月底,石璜、谷来、金庭、北漳、下王 5 个乡镇完成"无违建坟墓"乡镇创建并通过了验收,6 月底,开发区(浦口街道)、高新园区(三界镇)、甘霖、崇仁、长乐、黄泽 6 个乡镇(街道)完成争创工作,全市共拆除违建坟墓 37098 穴,整改违建坟墓 1347 穴。

【生态公墓建设】　　推进生态公墓配套设施建设和专项整治工作,全市已建成的 44 个乡镇片级以上生态公墓配套设施建设基本完成,管理制度逐步完善,全市生态公墓总量达到 2.3 万穴,实现全覆盖。针对乡镇生态公墓建设中存在的用地、绿化、建设标准等问题,2016 年,按照"四个规范化"的要求(即规划审批规范化、建设标准规范化、墓地价格规范化、日常管理规范化),对全市生态公墓建设开展了专项整治。

【骨灰跟踪管理】　　按规存放、跟踪管理,全市骨灰跟踪安放工作有序规范。全市共死亡 5770 例,骨灰跟踪持续保持零违规,骨灰跟踪管控工作长效机制已经健全。惠民殡葬工作得到进一步落实,共发放惠民殡葬补助 400 万元。绿色殡葬、文明殡葬宣传工作得到加强。

【丧事"四禁"】　　市殡仪馆继续深化以丧事"四禁"工作为主要内容的殡葬改革工作,实现遗体火化后骨灰装盒率 100%,礼厅内固定花圈使用率 100%,电香、电蜡烛使用率 100%,吹打乐队限时吹打遵守率 100% 的工作目标。

【社会组织管理】　　社会组织登记门槛进一步降低,直接登记类别进一步扩大,截至 2016 年年底,社会团体名称预登记 23 家、成立登记 21 家、注册登记 19 家、变更登记 28 家、注销登记 11 家;民办非企业单位名称预登记 28 家、成立登记 16 家、变更登记 21 家、注销登记 6 家、撤销登记 3 家。在册登记的共有 453 家,其中社会团体 193 家、民办非企业单位 259 家、基金会 1 家。实行统一社会信用代码制度,全年已换发"三证合一"证书 341 家,着力开展社会组织评估工作,全年新增 3A 及以上社会组织 10 家,累计获得 3A 以上等级的达 43 家。加大社会组织监督管理力度,全年应检 404 家,实检 396 家,年检率达 98.02%,对连续两年及以上未年检的 3 家社会组织进行了撤销登记的行政处罚。探索社会组织党建管理工作,在登记和年检中同步做好党建工作,通过党建引领培育、规范和激活社会组织。

【社区社会组织备案】　全市社会组织备案数累计达到 686 家,依法登记的枢纽型、支持型社会组织街道级 3 个、社区级 13 个,已达到街道社区总数的 50%。积极支持行业协会商会与行政机关脱钩,摸底摸清 68 家行业协会商会脱钩基本情况,规范清理行业协会商会涉企收费项目,严格把关"公务员不得兼任行业协会商会领导职务"。

【社会组织孵化中心】　2016 年,市民政局投资 45 万元打造社会组织孵化中心,重点培育城乡社区、慈善救助、志愿服务等三类社会组织。第一批社会组织将在 2017 年上半年入驻。开发完成社会组织管理信息系统,对接浙江省政务服务网,推进信用系统建设,实现审批、管理和信用数据大融合。

【地名管理】　做好小区、道路命名及门楼户牌的申请、制作及门牌证发放工作。规范地名管理,减少办事环节,方便人民群众生产生活,结合行政权力事项梳理,在办证窗口继续办理门楼户牌的申请及门牌证发放等业务,共发放门牌证 3823 本,制作道路指路牌 80 块,制作钛金牌和农村门牌等共 424 块。完成《地名志》编纂工作和嵊州市行政区划图编制工作,出版嵊州市行政区划图 4000 份。

【地名命名】　加强地名管理,实现地名的规范化、标准化,方便人民群众生产生活,适应经济社会发展需要。2016 年,全市命名了 11 处新的地名,分别是:春风里(位于领带园一路 333 号。东至正大新世界,西至高杨路,南至领带园一路,北至兴盛街。总用地面积 25813 平方米,绿地率为 29.9%。建筑层最高层为 25 层。)、江湾 1 号(位于官河南路 58 号。东至官河南路,西至澄昌路,南至兴盛街,北至环堤北路。总用地面积 175077 平方米,绿地率为 26.05%,建筑层最高层为 33 层。)、阳光龙庭(位于兴旺街 99 号。东至四海路,西至嵊州

大道南,南至兴盛街,北至兴旺街。总用地面积 49193 平方米,绿地率为 23.5%,建筑最高层为 29 层。)、君泰大厦(位于官河南路 489 号。东至嵊州市津津布业有限公司,西至官河南路,南至浙江天佳服装服饰有限公司,北至丹桂路。总用地面积 6338 平方米,绿地率为 10.3%,建筑最高层为 21 层。)、上岛名苑(位于官河南路 1188 号。东至官河南路,西至规划道路,南至新七路,北至规划道路。总用地面积 41837 平方米,绿地率为 25.6%。建筑最高层为 11 层。)、香悦半岛(位于兴盛街 618 号。东至芷湘路,西至环堤西路,南至兴盛街,北至环堤西路。总用地面积 102482 平方米,绿地率为 25.1%,建筑最高层为 33 层。)、山水锦庭(位于东黄路 1555 号。东至双鸟机械,西至规划道路,南至用地红线,北至东黄路。总用地面积 21231 平方米,绿地率 29.9%,建筑最高层为 6 层。)、富民大厦(位于富民街 549 号。东至上三高速,西至富民街,南至三江东街,北至三江北街。总用地面积 4658 平方米,绿地率 5%,建筑最高层为 9 层。)、嵊州五亿二手车交易市场(位于嵊州大道南 1878 号。东至 104 国道,西至仙湖路,南至中泰机械有限公司,北至江二路。总用地面积 16001 平方米,绿地率 5.1%,建筑最高层为 5 层。)、嵊州市文化综合大厦(位于官河南路 368 号,东至官河南路,西至文慧苑,南至五里浦村,北至领带园二路。总用地面积 14303 平方米,绿地率 20%,建筑最高层为 21 层。)、文慧苑(位于领带园二路 18 号,东至嵊州市文化综合大厦,西至四海小学,南至五里浦村,北至领带园二路。总用地面积 7160 平方米,绿地率 20.14%,建筑最高层为 21 层。)、恒隆广场(位于嵊州大道南 528 号,东至嵊州大道南,西至领带园区,北至嵊州东站,南至兴旺街。总用地面积 13175 平方米,绿地率 6.35%,建筑最高层为 26 层。)、尚望名苑(位于世贸路 66 号,东至世贸路,西至规划小学,南至顶御华府,北至桥南路。总用地面积 11866 平方米,绿地率 23%,建筑最高层为 18 层。)、鑫福家园(位于江滨西路 777 号,东至电信

机房,西至卡尔路,南至工农社区,北至江滨西路。总用地面积 3936 平方米,绿地率 22%,建筑最高层为 6 层。)、丰泽园(位于黄泽镇丰泽大道 1 号,东至黄泽镇供电所,西至丰泽大道,南至居民区,北至镇北路。总用地面积 14277 平方米,绿地率 21.8%,建筑最高层为 5 层)。

【移民安置与后扶】　根据直补资金实行"统一管理、逐年核定、分次发放"的管理原则,完成大中型水库移民直补人口复核工作并完成四季度直补资金发放工作。2016 年度复核中核减移民人数为 56 人,重新登记人数为 3 人,最终核定 2016 年度发放直补资金人数为 10630 人,发放直补资金 637.8 万元。加强对移民扶持资金的规范化管理工作,制定了《嵊州市水库移民专项资金项目扶持管理实施细则》《嵊州市水库移民专项资金县级报账制实施细则》《嵊州市水库移民专项资金项目监督管理实施细则(试行)》等文件,推进项目化移民扶持,2016 年度共完工并验收项目 63 只,下拨项目补助资金 894 万元。

【福利企业规范管理】　全市共有福利企业 43 家,年平均职工总数 4300 人,其中残疾职工 1511 人,安置比例 35.13%;残疾职工劳动报酬总额 2985 万元,人均月收入 2195 元,全市工业总产值 14.31 亿元,销售收入 14.43 亿元,利润 5766 万元。各项指标稳中有升,为全市的经济社会发展做出了应有贡献。

【福彩销售】　全年实现销售额达 1.78 亿元,募集福彩公益金近 4550 多万元,返还嵊州市首超 1000 万元,其中中福在线 650 万元,发行费收入 325 万元,为发展社会福利和社会保障事业等方面作出了积极的贡献。

【婚姻登记】　加强和完善"一对一"的服务方式,实行登记员与当事人零距离、面对面的咨询、审查、登记制度,保护当事人隐私。所有窗口配置了身份证阅读器,有效防止骗婚、冒名顶替的现象发生,提升婚姻登记的正确率。加强规范化管理,"国家 AAA 级婚姻登记机关"通过复审。全年办理结婚登记 5624 对,离婚登记 1976 对,补发结婚证 1705 对。(沈荣华)

城乡社区建设

【一站式服务大厅】　全年下拨城市社区建设补助经费 38 万元。按照用房面积不低于 500 平米和建设"一站式"服务大厅的要求,对新建和改建的社区给予资金补助。对还未建设完成"一站式"服务大厅的社区,联系协调与解决社区办公用房相关事宜。通过建设,城市社区全部落实"一站式"服务大厅,社区活动用房面积都达到 500 平方米以上,最大的达到 1000 千平方米以上。

【对口见学】　为推进城乡社区建设,组织开展对口见学活动,制定了《嵊州市城乡社区建设对口见学活动实施方案》,针对 3 个阶段提出了具体的工作计划和活动安排,并作出活动要求。至 2016 年 6 月底,60% 的城乡社区已完成对口见学活动,至年底,全市所有城乡社区参与活动覆盖率达 100%。

【社工队伍】　加大宣传力度,积极做到全国社会工作职业水平考试的报名和组织工作,共有 21 人参加报名,5 人取得相应专业技术职务资格,其中 1 人通过社会工作师资格,4 人通过助理社会工作师资格。切实加强社会工作专业人才的培育、管理和服务工作,在落实社会工作职能科室的基础上,筹备成立了嵊州市社会工作协会,已办理预登记。(沈荣华)

民族宗教事务

【系列主题活动】　2016 年,市民族宗教事务局以"五进五化"系列活动为载体,在全市宗教界推进"同心同行·共建和谐"创建活动。建立健全"三级联系"和"五必到"制度,与宗教界人士谈心交心交朋友,加强与宗教界的经常联系与沟通,弘扬社会主义核心价值观,积极引导宗教与社会主义社会相适应。4 月,全市宗教界在惠安寺举行"三城同创·同心同行"活动启动仪式,3 个宗教团体分别发出了活动倡议,动员全市教职人员和广大信众以实际行动,积极承担社会责任,坚决支持、主动参与"三城同创"、优化环境等"八大行动",并先后组织开展"环境整治""慈善帮困""结对助学"和"社区共建"等主题活动。

【和谐寺观教堂创建】　　2016 年,市民族宗教事务局针对未达标场所的具体情况,逐一制定整改方案,落实整改措施,从场所的银行开户、财务管理、内部管理组织入手,继续深化和谐寺观教堂创建。全年新创建和谐场所 14 处,达标场所 13 处,全市已累计创建和谐场所 51 处,达标场所 77 处,达标率 93.9%。下半年组织开展消防安全示范场所建设试点,分别在佛教和基督教各选择一大一小 2 个场所,12 月 4 个场所均通过市消安委验收合格。

【民间信仰场所登记编号】　　在完成 58 处甲类场所登记编号的基础上,5 月启动民间信仰乙类场所登记编号工作。至 12 月中旬,全市共申报民间信仰乙类场所 262 处,并全部通过绍兴市局网上审核,报送省民宗委审批。同时制定《嵊州市民间信仰场所管理规范》,指导甲乙两类场所进行总结提高,完善相关制度,规范内部管理,建立健全民间信仰场所市、镇、村三级工作网络和长效机制。

【少数民族帮扶工作】　　以少数民族联谊会和同心基金为平台,搭建助学、助困、助业的"三助"行动的工作载体。主要针对全市的少数民族、归侨侨眷中的困难人员,开展常年性的一系列帮扶行动:一是助学行动。2016 年度,新资助少数民族大学生 2 名、高中生 5 名,4 年已累计资助少数民族大学生 22 名、高中生 19 名,共计发放助学资金 38.5 万元。同时开展"爱心接力",让每一位受资助的大学生,毕业就业后再接力资助至少一位困难学子就学。二是助业行动。推进民族团结进步创建活动进企业,利用在市温氏牧业等企业设立的嵊州市同心基金创业培训示范基地,通过"公

司＋农户""公司＋技能培训"等模式为少数民族家庭提供就业创业致富机会。至年底,与温氏牧业合作养殖的少数民族同胞共计 15 户,年户均增收均在 10 万元以上。三是助困行动。对一些因病因故而导致家庭生活特别困难的人员,通过同心基金,并组织发动社会各界爱心人士,对开展走访慰问,努力解决少数民族群众生产生活中的实际困难和问题,增强少数民族困难家庭人员的就学就业、创业致富的信心和能力。全年度资助困难家庭 17 户,4 年累计走访慰问困难家庭 54 户,发放慰问金 5.4 万元。　(高迎超)

人口与计划生育

【概况】　　全年出生 6505 人,计划生育率为 97.13%;全市多孩违法生育率为 0.61%;出生性别比为 106.59(女＝100);流动已婚育龄妇女登记管理率为 90%以上;统计误差率在 2%以下;2015 年 10 月至 2016 年 9 月,免费孕前优生健康检查目标人群覆盖率为 100%。各项指标均达到绍兴市考核要求。

【全面两孩政策】　　实行生育登记服务制度。全年共计发放一孩《生育登记卡》2871 人,二孩《生育登记卡》2820 人。继续实行再生育审批权限下放。全年全市再生育审批 200 例,未发生错批及信访。2016 年 1 月 1 日之前违反原条例生育子女的,按老人老办法的原则依法依规妥善处理;2016 年 1 月 1 日至 1 月 13 日出生的,按新人口计生法结合原省条例认定处理。2016 年之后生育子女的,不再发放《独生子女父母光荣证》;已领取《独生子女父母光荣证》的,可按新条例规定继续享受相关待遇。凭《生育登记服务卡》领取生育津贴及保险金。出台《关于进一步明确办理＜双农独女户计生优惠证＞有关规定的通知》,明确办理条件、办理时限、享受待遇。改善服务设施,重点倾斜妇产科投入。市妇保院充分挖掘潜力,产科床位数增加近一倍。调整充实市急危重症孕产妇抢救专家组,做好

全市产科急救的出诊、转送和救治工作。加强妇幼监督管理。健全妇幼健康服务信息网络,全面实施《出生医学证明》信息电子化管理项目;推进产妇分娩信息登记工作,规范"国家优生项目"统计表的网络直报和《孕前优生健康体检家庭档案》电子化管理。

【常住人口管理】　　做好依法征收工作。及时开展学习培训,确保适用条款不出差错。全市立案率达100%,金额未征收到位的案件一律移送法院,未出现诉讼、复议案件。落实计生惠民政策。2016年度,符合奖扶条件16199人,新增4106人,退出809人,发放金额1555.1万元;符合特扶条件的798人,新增117人,退出8人,发放金额571.44万元;资格确认准确率达到100%,无上访事件发生。双农独女户参加城镇养老保险补助857人,补贴金额42.85万元。公益金发放放人数143人,金额63.62万元。做好安保维稳工作。对重点信访对象实行专人负责制,确保了G20峰会平安。抓数据质量。严把"一票否决"审核关,全年市一级共审核"计生一票否决"96批次,涉及单位750个,被否决30个;涉及个人4690人,被否决24人。加强前瞻性研究,准确研判生育水平变动态势,做好积极应对。2015年10月至2016年9月,免费孕前优生健康检查6300人,遗传基因筛查2527人。健全跟踪随访制度。全年对79例孕前遗传基因高风险对象进行了市镇村三级干预跟踪随访工作。

【失独帮扶】　　2016年,以市计生协会志愿服务为依托,将"村嫂志愿服务+"作为创新项目组织实施,将"村嫂"志愿队伍力量注入失独家庭帮扶工作中,取得了明显成效。1.政策宣传与心理疏导。传达计生特别扶助政策及优惠政策,失独对象情况调查准确率达100%,享受计生特扶率达到100%。定期对"村嫂"进行心理辅导培训,帮助"村嫂"对失独者开展心理危机干预救助,引导失独者保持良好心态。2.生活照料与健康关怀。对年事已高失独家庭的生活照料更加细致到位,如遇突发状况,"村嫂"作为除其亲人之外的第一联系人,为其提供及时的帮助。3.主动联系与按需施助。建立特殊家庭档案及信息库,建立以"村嫂"为主的联系人制度,开展"七个一"活动,即"空巢老人望一望、残障人员帮一帮、留守儿童顾一顾、困难家庭助一助、不良言行管一管、邻里纠纷劝一劝、个人才艺亮一亮",让特殊家庭重拾幸福,重拾生活信心。全年共计走访慰问失独家庭2168次,大部分家庭重新参加工作或社会活动;共有5户失独家庭得到了18.9万元的辅助生育补助,5户依法收养了孩子并得到25万元的补助;317户依法享受了特别扶助制度,37户得到了公益金补助共计7.4万元。(赵可儿)

居民生活

【城镇居民收支状况】　　2016年,市委、市政府坚持富民导向,实施惠民政策,加快经济结构调整和推动居民就业创业,城镇居民收入呈现平稳增长的趋势。据国家统计局嵊州调查队抽样调查结果表明:全市城镇居民人均可支配收入48062元,同比增长8.0%,增幅列绍兴各县市(区)第二位。从收入结构看,城镇常住居民人均工资性收入24719元,同比增长8.9%;人均经营净收入10458元,增长6.2%;人均财产净收入5334元,增长7.9%;人均转移性收入7551元,增长7.6%。城镇居民人均生活消费支出22307元,比上年增长2.9%。其中,食品烟酒消费人均支出6434元,增长0.7%;衣着消费人均支出1671元,增长3.9%;居住消费人均支出5436元,增长0.4%;生活用品及服务人均支出1234元,增长1.5%;交通通讯人均支出3922元,增长5.3%;教育文化娱乐服务人均支出2103元,增长10.2%;医疗保健人均支出1102元,增长7.0%。

【农村居民收支状况】　　2016年,全市农村居民人均可支配收入24521元,同比增长8.4%。农民收入主要呈现6个特点:一、增速超绍兴全市平均水平。全年农村常住居民人均可支配收入增速比绍兴全市平均增速快0.2个百分点。二、增长快于城镇,全年农村居民人均可支配收入增幅高于城镇 0.4 个百分点。三、工资性收入有力支撑农民增收，农村常住居民人均工资性收入 9598 元,同比增长 13.5%。四、经营净收入占据主导地位,人均经营净收入 10744 元,增长 2.9%。五、财产性收入保持稳定增长, 人均财产净收入 505 元, 增长 9.3%;六、转移性收入成为增收新亮点,人均转移性收入 3674 元,增长 12.8%。随着农村居民收入的不断提高,农民的生活水平也越来越好。农村居民人均生活消费支出 14098 元,比上年增长 4.2%。其中,食品烟酒消费人均支出 4651 元,增长 3.5%;衣着消费人均支出 737 元,增长 3.1%;居住消费人均支出 2891 元,增长 0.6%;生活用品及服务人均支出 715 元,增长 3.2%;交通通讯人均支出 2377 元,增长 11.4%;教育文化娱乐服务人均支出 1342 元,增长 2.6%; 医疗保健人均支出 1271 元, 增长 5.8%。(梁思远)

流管工作

【护航 G20】　　　制定实施方案, 落实任务清单。制定了《嵊州市流动人口服务管理局关于明确反恐怖工作领导小组及工作职责的通知》《嵊州市流动人口服务管理局关于建立平安创建"六个一"长效机制的实施方案》《嵊州市流动人口服务管理局关于"平安护航 G20 大会战"维稳安保工作方案》等文件,明确了职责,落实好任务。强化督查,确保流动人口和出租房屋管理落实到位。G20 峰会期间,加强了对各乡镇、街道(开发区)的流管工作和出租房屋的督查检查,组织全局干部职工,和公安局联合分成三个督查组,每个督查组由局领导亲自带队,分人分片通过查看台账和实地抽查等方式,每周进行一次督查,每周一次通报督查结果。共计检查企业 171 家、企业流动人口 3610 余人,检查出租房屋 520 户、承租流动人口 1133 人。处罚未按规定申报登记和报送相关信息的用工企业、出租房东、流动人口 37 起。做好重点关注人群的摸排管控。

【积分制管理模式】　　　为不断完善和创新流动人口管理服务,保障流动人口合法权益,促进流动人口控量提质、结构优化,助推产业结构调整和经济转型升级,通过对周边县市开展积分制管理情况调研和学习,推动市两办出台了《嵊州市流动人口积分制管理办法》(试行),根据"科学规划、差异服务、统筹协调、属地管理"的原则,将涉及流动人口的公共服务项目纳入积分制管理内容,流动人口根据个人积分分值高低,对应享受相应档次的公共服务待遇, 发挥积分制公共服务政策的导向作用,以公开透明的方式,科学配置公共资源,引导人口有序流动。

【《条例》贯彻实施】　　　新修订的《浙江省流动人口居住登记条例》于 2016 年 7 月 1 日起正式施行,为做好贯彻实施工作,7 月和 8 月,多次举办对全市流管工作人员和流动人口专管员的业务知识提升培训会,落实强化居住登记、规范居住证申领、加强信息系统建设、做好宣传培训等措施。利用微信公众号、嵊州发布、嵊州新闻、嵊州电视台等多个新媒体平台高密度地开展新《条例》的宣传解读,运用案例解说和有奖知识竞赛等多种方式, 多管齐下, 层层推进,形成宣传热点,确保公众在第一时间对《条例》有所了解,为《条例》的顺利贯彻实施打下坚实的基础。

【IC 卡式居住证发放】　　　实施 IC 卡式居住证是推进流动人口精准化管理、差异化服务的有力手段,更是依法保障流动人口合法权益、逐步实行基本公共服务均等化的具体实践。IC 卡式居住证是集政府管理、公共服务及社会事务办理于一体的综合性卡证,其亮点是"一卡多能",集成政府部门及相关单位的公共服务功能,根据"先易后难"的原则,成熟一项,推广一项,循序渐进,分布拓展 IC 卡式居住证功能。截至 2016 年 12 月,全市已发放 IC 卡式居住证 21860 本。

【督查考核】　　　下发《2016 年嵊州市流动人口登记管理考核办法》,按照"公平、公正、公开"原则,在流动人口基础信息、出租房屋基础信息、流动人口治安管理、居住登记工作机制等方面作出明确的考核要求。采用"月考、年评"的考核方式,与公安局成立联合检查考核组,实行"一支队伍、一套标准、一个结果",每月对各所的流管工作进行督查考核。全市累计新登记流动人口 140392 人,新注销流动人口累计 126558 人,登记出租房屋 11696 间,发放二维码门牌 11454 块。全年市流动人口居住登记率达到 95% 以上,信息准确率(包括人户一致率和人走注销率)达到 90% 以上,居住出租房屋登记率达到 95% 以上。(周艳)

关心下一代工作

【基层基础建设】 健全班子队伍。及时做好充实乡镇、村、学校、企业关工委组织成员的工作,充实关工委主任 15 名、专职副主任 5 名,累计建立民营企业关工委 295 家。全市关工委系统建立讲师团、关爱团、帮扶团、家长学校、法制学校等组织282 个。召开全市基层组织建设经验交流会。会议回顾总结了几年来全市基层组织建设情况、经验和做法,对今后基层组织建设提出了要求。三界、甘霖、鹿山、谷来、里南、王院、南街等 9 个乡镇、街道、村介绍了经验。还编印下发了 3 万字的加强基层关工委组织建设经验的《资料汇编》。

【"五老"助力 G20】 据不完全统计,关工委系统"五老"(老干部、老战士、老专家、老教师、老模范)宣讲团助力 G20,组织各类宣讲辅导 61 场次,受教育青少年 6000 余人次;组织青少年学生参加"护航 G20,平安在我心"等各类活动 100 余场次,参加助力 G20 活动 7000 余人次;为助力 G20净化社会文化环境,全市关工委系统"五老"还会同文化稽查队伍,出动 300 余人次,对网吧开展检查监督 1000 余场次。

【"五老"和青少年队伍调查】 加强了对"五老"队伍的调查。按照绍兴市关工委要求,专门下发调查文件,列出调查提纲,做好整理归档。针对青少年队伍状况如何,市关工委组织发动乡镇街道关工委,对辖区进行了认真的调查摸底。从调查的 4431位农村青少年情况看,总体情况较好:义务教育完成之后,继续就读深造的约占 33.8%,从事农业的人数占 5.3%,从事手工业占 6.4%,11.9% 的青少年待业及去向不明,党团员占 36.8%,35 周岁未婚的尚有近百人,在押和曾经刑拘的占 0.7%。

【传统教育】 一是合力共抓家庭心理健康教育。市关工委会同市教体局、妇联等成员单位积极探索家庭、社会、学校相结合的教育新途径,形成了教育合力。二是继续开展孝敬教育。联合教体局关工委召开全市孝敬教育实效性研讨会,到部分乡镇、市区学校对孝敬教育工作进行指导、调研、督查活动,走访调研部分孝敬教育示范学校,推动孝敬教育不断深入。市关工委讲师团共讲课 129 场次,受教育人数达 28800 余人。

【帮困关爱工作】 市关工委继续做好帮困助学、科技帮扶、结对帮教、关爱留守儿童等工作,促进青少年的健康成长。全年资助贫困大学新生 93名,资助中小学生 3000 多名,资助款达 400 多万元,结对帮教未成年学员 12 名,参与庭前调查、讯问陪审、社区矫正等帮教活动 29 场次。(许剑文)

老龄工作

【百岁老人】 全市共有 21 位百岁老人。5月,市老龄办与卫计局一起,对名百岁老人实行"五个一"服务,即结对一名家庭医生,建立一份健康档案,每年一次健康体检,每月一次健康随访,办理一张优先诊疗卡,提高百岁老人的健康水平和生活质量。

【老龄人口】 截至 2016 年年底,全市老龄人口达到 178998 人,占总人口的 24.52%。

【敬老文明号】 开展第二轮"敬老文明号"创建活动,市老年活动中心、市老年电视大学和市中医院荣获绍兴市级"敬老文明号"称号,市人力社保局社保中心申报省级"敬老文明号"。

【老年节】 10 月 21 日是国家法定"老年节",同时也是浙江省第二十九个"老人节"。老年节期间,全市开展多种形式的敬老活动。市老年书画协会组织老年书画爱好者进行义卖会,所得善款全部捐赠市慈善总会,通过慈善机构用于助学、助残、助贫、助病等社会救助工作。市阳光志愿者服务队下乡进村为空巢老人送上节日的关怀,帮助他们维修家电、理发、量血压、分享爱心饺子;市爱心义工团走进市级敬老院(阳光山庄),为老人奉上一出出精彩的表演,给本月诞辰的老人过了一个难忘的生日。市老年活动中心组织老年艺术爱好者自导自演,编排了《欢度重阳》专场演出,节目有越剧表演、歌舞秀、小品,精彩纷呈。

【老年活动设施】　　对崇仁镇(湖村桥村、马家坑村)、北漳镇(北漳村)、下王镇(下王村)和剡湖街道(大湾村)等5个村的老年活动中心给予共计10万元的建设补助经费。市级老年活动中心通过政府资产调剂,新增原经信局的办公用房作为活动用房,活动中心面积将比目前扩大一倍。

【为老服务】　　市老年活动中心切实做好为老服务工作,中心内设乒乓球室、台球室、健身房、休闲室、桥牌室、围棋室、象棋室、麻将室、图书阅览室、多功能舞厅、唱歌室、书画室、抛圈室、飞镖室、电视大学,在各室搞好活动的同时,开展形式多样、适合老年人特点的活动来丰富老年人的文化生活,明确任务,做到让老年人高兴而来,满意而归。全年共接待来中心参加活动达15万多人次,平均每天500多人次,市机关事业单位退休干部职工参加组织活动4.8万人次。

【老年电大】　　全市老年电大蓬勃发展,鹿山街道雅致村教学点、北漳镇北漳村教学点获得了绍兴市示范教学点称号。嵊州老年电视大学作为绍兴市第一家实现实体化办学的分校,春季共招收学员60名,其中18名老年学员学满8门课程,取得了毕业证书。

【老年书画研究会】　　5月20日,嵊州老年书画研究会在嵊州老年活动中心举办了一次名为"羲风越韵"的松阳、嵊州老年书画联谊展,共展出两地老年书画爱好者作品百余幅。

【老年人意外伤害保险】　　2016年,首次启动老年人意外伤害保险工作,市财政全额买单,为市享受最低生活保障家庭中年满60周岁以上的3356名老年人,购买意外伤害保险,发生意外时可享受3000元至25000元不等的保险赔偿。(沈荣华)

街道镇乡

经济开发区(浦口街道)

【概况】 位于市区东北部,辖区面积101.08平方公里。下辖26个行政村,8个社区(包括城东社区),1个居委会。常住人口6万人,流动人口35854人。开发区园区规划面积35平方公里。全年实现规上工业总产值206.9亿元,同比增长8.9%;完成固定资产投资53.3亿元,其中基础设施投资10.2亿元,同比增长51%,完成高新技术产业产值111.5亿元,占全区规上工业的比重分别为53.9%(比全市高10个百分点),比去年同期提高8.6个百分点,一般公共预算收入同比增长10%。

【工业经济】 推进25只总投资37.4亿元的5000万元以上投资工业项目,全年完成投资18.1亿元,完成率163.4%。在推进转型升级"七化行动"中,培养了一批以巴贝工厂化养蚕和亿田浙江制造为代表的传统行业智能升级标杆企业。亿田电器获得4张浙江制造认证证书;帅丰电器荣获国家实验室认可证书2张,同时获得4张浙江制造认证证书。通过培育扶持、改造提升、突出重点、分类指导等措施,进一步加大对小微企业的政策扶持和服务力度。年度新增小升规企业31家,下升上8家,特种电机、天方科技、陌桑高科、一景乳业、逗哈科技、高翔冷链等6家企业完成股改,雅士林、特种电机在新三板成功上市。新引进宇域生物科技程洪斌、智学网络科技苏桑、天方科技曲欢欢、普田电器费郎西斯科等"330海外英才计划"4人。协调天乐集团、棉纺厂等多家企业出现的转贷困难、停息、停产等企业风险,有效控制风险局面。

【招商引资】 坚持招商选资"一号工程"不动摇,做好招大、引强、选优"三篇文章",在强链、补链上下功夫。全年通过深化招商选资突破年活动,累计引进市外境内资金10.6亿元,完成率125%。完成协议总投资5000万元以上项目16只,完成率107%。在外派7人到上海、深圳等地蹲点招商的基础上,由开发委主要领导挂帅,通过主动走出去和积极引进来活动,共接待客商134批,351人次,外出招商72批次。储备投资5000万元以上重点在谈项目32只。完成新开工5000万元以上项目21只,其他项目5只,完成率104%。先后引进禹舜、华丰、定阳、达人、立润、博赛、帅丰、越昌、唯真等优质项目,项目累计总投资18亿元以上,全年出让工业用地574亩。

【亮点项目】 定阳新材料项目。属浙商回归项目,总公司在宁波北仑。项目总投资5.25亿元,总建筑计容面积9.6万平方米。建成后将形成年产10万吨环保节能性热塑性弹性体的生产能力,年产值可达12亿元,利税1亿元,有望成为亚洲最大的热塑性新材料生产基地。定阳从项目组建开始就已经委托生产和销售,而新厂房的建设、竣工到马上可以投产销售,每一个环节都实现了无缝对接。该项目的引进通过"多规合一"协作审批实现了高效快捷,也体现了开发区转变政府职能、提供"保姆式"服务、打造一流投资环境的决心和能力。厨具产业转型升级项目(库卡、亿田)。库卡电器项目总投资6.5亿元,建成后形成年产100万台环保型循环式吸油烟机、100万台灶具、100万台水槽等厨具的生产能力;亿田电器项目总投资1.09亿,建成后形成年产20万套智能厨房电器的生产能力。库卡电器为嵊商回归项目,全部达产后,可实现销售收入20亿元以上,旨在打造成全球最高端的厨房用品制造中心。亿田电器为行业龙头企业,以建设智慧工厂为目标,利用物联网技术,构建高效节能的人性化工厂。库卡电器和亿田电器是嵊州市厨具产业转型升级的重点项目。开发区也因厨具行业的快速转型被评为省级智能环保集成灶产业示范基地。

【园区建设】　　加快推进以浦口新兴产业园基础设施配套工程(一期)为代表的总投资53.8亿元的19只重点基础设施建设项目。至2016年年底,浦口新兴产业园基础设施配套工程(一期)、四明江综合治理工程(浦东五路—无底井段)、东郭转盘绿化工程、浦口路面大修工程、浦寅路等工程全面完工;嵊张线两侧绿化景观整治工程、城东区块污水管网建设工程(一期)、科创中心建设工程(三期)、浦南大道延伸段工程、四明江综合治理工程(李家洋—浦东五路段)、浦南一路、浦南二路工程、花园南路工程、枫桦路工程、双塔路景观工程、城东、浦口垃圾中转站等工程正在有序推进;上杨及谢慕市政配套经环西路工程、四明江综合治理工程(浦口—屠家埠段)、浦南三路、浦东五路延伸段工程、五合西路延伸段等工程已完成招投标。全力推进G527、四明江综合整治等23个重点工程的政策处理工作,年度完成征地4000余亩,拆除房屋219户,确保了各类工程的无障碍施工。尤其是嵊张线两侧绿化景观提升工程开发区段项目从7月份开始前期准备,用短短2个月时间完成了沿线上杨、谢慕、莲塘、前园、东郭等5个行政村(社区)的政策处理工作,拆除或拆迁房屋建筑面积8547平方米。工程总造价3038万元,10月份动工,年底前完工,创造了工程推进加速度。

【要素保障】　　创新融资方式,组建开发区新型融资平台,重点保障城中村改造资金,全年完成融资29.35亿元。全年完成经济开发区M2016-01号等8宗共计574亩工业地块的挂牌出让,完成城中村改造拆迁安置地块等193亩土地的农转用审批,有效破解了发展瓶颈。全年引进绍兴市"330英才计划"人才3人,申报国家或省级"千人计划"人才4人,为经济转型注入活力。

【城中村改造】　　在上、下半年分别对谢慕、上杨小山、黄塘桥和上杨、湛头、桃花渡等6个区块实施了城中村改造工作,累计签约、腾空、拆除825户,拆除房屋面积约55.6万平方米,既有效改善了城市的人居环境,也为开发区完善功能、提升品位,腾出了发展空间。

【环境提升】　　开展无违建创建工作,累计完成拆违32.6万平方米,完成率123.34%;拆除"一户多宅"1079宅,完成各类裁执分离案件178起,完成两路两侧整治147处;"五水共治"完成河道清淤8.665万方,完成率166.6%;推进城乡环境整治和国家卫生城市创建工作,通过创国卫创建的省级、国家级验收;做好社会矛盾纠纷排查化解、初信初访的处理和信访积案的化解清理,荣获浙江省G20杭州峰会工作先进集体称号。

【民生实事工程】　　民生工程稳步实施。投资7900万元全面实施23个集镇村及城郊村生活污水治理工程;投资250多万元完成棠头溪小学改造工程,投资1000多万元的东郭幼儿园开工动建,中心幼儿园屠家埠分园完成前期手续办理;投资524万元实施大鞍银村胜利山塘综合整治工程等水利设施修复工程;投资1042万元完成"旱改水"207亩,投资1520万元完成160亩土地整理项目,投资286万元完成103亩土地开发项目。

【基层基础】　　一是作风建设不止步。从加强领导班子自身建设入手,在"一事全授权"、"六带头、六必须、六做到"和中层干部工作"三情"日报制度等基础上,以"两代表一委员"换届为契机着力构建"四理"特色廉政风险防控体系,全方位抓实干部作风建设。全年共追究效能责任5人,机关干部作风明显好转。二是两学一做有实效。在深度自学、强化比学、网络助学的同时，给予城中村改造、创卫、G20峰会等重点工作的层层压担，用行动践行开发区城改精神，有效倒逼干部"做"实绩，提升了干部的担当力和执行力。三是基层党建聚人心。开展基层治理大提升行动，厘清党建问题清单，落实问题整改37个。同时全面加强党建阵地建设，确定多仁、棠头溪等基层党建示范村6个，形成了1条以红立方、多仁党建长廊等党建品牌为代表的主题鲜明的党建示范带。（胡益萍）

浦东大道鸟瞰图

行政村数据库

表58

村名（社区）	书 记	主 任	户数（户）	人口（人）	水田（亩）	旱地（亩）	山林（亩）
谢慕社区	金华耀	马苏林	383	1153	—	—	—
下中西社区	尹锡仁	王小江	407	1111	—	—	—
莲塘社区	卢黎明	魏雪祥	425	1298	—	—	—
上杨社区	杨金林	杨相东	370	1077	—	—	—
东郭村	孙益斌	竹正苗	1109	3399	—	—	—
前园村	张贤荣	孙国祥	786	2309	—	—	—
宕头村	金锡才	金樟根	603	1768	—	—	—
曹家洋村	钱春峰	竹志培	501	1471	—	—	—
黄塘桥村	周云林	叶小江	335	900	—	—	—
花田村	高 科	赵瑞宝	744	2210	518	358	218
五合村	陈云江	金华千	618	1877	515	285	785
三星村	章苗欣	宋长财	620	1796	1080	480	650
大鞍银村	李庆祥	戚德建	470	1353	934	244	805
王明堂村	张柏林	金忠义	446	1448	691	372	200
周家坂村	魏义兵	魏义金	281	862	405	370	250
浦口社区	邵仁刚	邵仁刚	694	1864	—	—	—
沈茹新村	茹强刚	杨良庆	386	1196	—	—	—
浦东社区	陆颂良	俞柏忠	403	1184	—	—	—
棠头溪社区	吴孝忠	王再元	1057	3248	285	277	105
浦南村	俞桂福	张纪苗	366	1221	262	86	242
多仁村	茹永江	茹卫云	527	1550	863	28	150
五莲村	胡学明	牟永香	722	2174	1568	90	5247
新建村	胡仁才	胡仁才	603	1786	1329	319	1805
故江村	吕岳永	袁静野	685	1945	1661	800	5138
屠家埠村	屠正才	屠孺永	1045	3411	1470	300	6080

续表

村名（社区）	书　记	主　任	户数（户）	人口（人）	水田（亩）	旱地（亩）	山林（亩）
蒋林头村	葛军生	王家良	940	2851	1250	78	405
东江村	王方良	娄善永	416	1235	538	74	450
上江村	沈香贤	徐济仁	542	1648	635	100	100
大屋村	叶乃方	叶钦祥	643	1994	1191	282	147
四明村	叶立苗	周传江	695	2117	780	500	4334
东联村	叶春江	叶苗兴	450	1560	1000	417	5501
东俞村	陈君正	魏义洪	527	1536	1117	250	3343
珠溪村	孙樟明	孙　斌	1030	2826	1784	200	5451.6

城南新区(三江街道)

【概况】　位于市区南部，与新昌县接壤，面积26.88平方公里。辖3个工作片8个行政村、7个社区。户籍人口13353户、62422人。全年实现地区生产总值34.82亿元，增长6.8%；工业总产值112亿元，增长10.5%，其中规上工业总产值43.33亿元，增长7.4%；线上社会消费品零售额18.48亿元，增长27.6%；实际利用市外境内资金4.01亿元，增长29.4%；自营出口增长8.3%。出让土地1791亩，出让金额达53.78亿元，分别增长209.9%和171.8%。是年，在全市各乡镇(街道)年度工作考核中位列第一层面第一名，被评为市级先进集体、"五好"服务型乡镇(街道)、绍兴市先进基层党组织、G20杭州峰会工作先进集体、浙江省森林城镇等，并荣获多项市长奖。

【工业经济】　全年共实施工业性投资项目42只，完成投资14.69亿元。新增规上企业21家，落实"下升上"培育企业7家，完成股改2家。大力发展战略性新兴产业，其中万丰锦源高端装备园项目机器人车间、装配车间等厂房及行政楼已结顶，年度投资达4.2亿元，厂房建筑面积10万平方米；三江智能制造产业园初具雏形；引进了悦龙领带、高翔工贸、苏珀曼割草机器人等7只项目，完成投资7.6亿元，其中悦龙领带已全面投产，高翔工贸主体厂房已结顶。迪贝电气、宏达制衣、达亿领带等

3家企业被评为工业企业30强，优联汽车、盈创纺织、天盛机械等3家企业被评为成长型企业30优。

万丰锦源高端装备园项目机器人车间

【招商选资】　通过蹲点招商、"奔跑"引商、接待来商等方式，成功引进了碧桂园、新城、恒大、金昌、勤业、靓文包装等9只协议总投资5000万元以上项目，其中20亿元以上4只，10亿元以上5只，提前超额完成年度任务。实际利用外资6313万美元，完成年度目标任务的382.6%；实到市外境内资金4.01亿元，完成年度目标任务的210.91%。

【重点项目】　"美妙三公里"滨江公园主体工程已基本完工，东部停车场完成下部结构，景观绿化种植完成50%；桥南区域市政配套道路工程已完成排水和路面工程；高级中学配套道路、新七路工程已投入运行；嵊张线两侧提升工程已完工；三江C区配套市政工程一期除1号路外已全部完工，二期正在施工和监理招标；三江社区卫生服务中心已通过验收；综合档案馆和人防工程已完成地块清表和围墙砌筑；新城吾悦广场的住宅一期、二期封

顶,住宅三期完成地上八层,四期(商场、地标建筑)封顶;剡江越园一期、二期、三期、别墅及商业全部封顶。在绍兴市委、市政府"晒亮点、比业绩"考评活动中,美妙三公里、吾悦广场、城中村改造、三江智能制造产业园等 10 只项目得到了绍兴市主要领导的高度评价。

【城中村改造】　　分两批对下南田、高村、爱湖头、隔水、西港等 7 个区块实施了城中村改造,时间减半、任务加倍。在集中攻坚过程中,有 13 名市领导挂帅,抽调了 94 名市级机关部门和乡镇干部充实力量,新区有 140 人次干部参与,组成 111 个工作组实施攻坚,全体参战人员合心合力合拍,比进度、比作风,实现了签约、腾空、拆除"三个100%",完成了全年城改任务。总计补偿费用 53.7亿元,其中现金 33.7 亿元、房票 20 亿元;累计签约1138 户(国土户),拆除建筑面积 83.16 万平方米,

城中村改造(隔水区块)拆除现场

拆迁受益 4618 人。

【城乡环境】　　全力抓好国家卫生城市创建工作,顺利通过了省级、国家级暗访检查,下元塘社区"十大创建"工作经验还在全市得到了推广。开展"五水共治"、城乡环境整治、"无违建"创建、非法"一户多宅"整治、"两路两侧"整治等专项行动,集中整治渠道池塘淤泥,累计清淤 3.1 万立方米,完成率 130%;全年拆违 435 起,控新 35 起,拆除违建面积 26.9 万平方米;审核认定并拆除非法"一户多宅"254 宅;整改拆除嵊新大道、104 国道等主要道路两侧整治点 85 处,拆除沿路沿线广告牌 161 处。抓好交通治堵工作,完成南田大桥桥下停车场建设,拆除三江城四海路道路两侧 95 处临时摊点。

【社会稳定】　　抓好"平安建设"、G20 杭州峰会和乌镇世界互联网大会安保维稳工作,制定了重点信访和重信重访人员稳控化解等一系列工作方案,对重点和疑难信访对象实行责任领导、线(办)包办制,落实"六个一"措施,实现了全年"零非访"目标。组织开展万人平安志愿者护航专项巡防活动,群众参与意识和自防意识明显提高。信访和矛盾调处工作常抓不懈,成功化解 2 起信访积案;受理并办结绍兴、嵊州市长电话 513 件,办结信访 44件,调处各类矛盾纠纷 323 起。安全生产网格化管理工作模式得到深化完善,全年未发生一起重大安全生产事故。(张少坡)

行政村数据库

表 59

村　名 (社区)	书　记	主　任	户　数 (户)	人　口 (人)	农用地总面积 (亩)
桥南社区	王剑勇	王立明	848	2423	220
高南社区	袁一忠	丁国忠	573	1728	322
合新社区	钱洪军	李东华	677	2072	100
西湖社区	周莲海	谢立江	561	1648	225
阮庙新村	陈兴良	吴剑兵	366	1155	507
章村路村	王福君	章春林	611	1811	443
缸山村	章邦明	任忠联	484	1533	4237

续表

村 名 (社区)	书 记	主 任	户 数 (户)	人 口 (人)	农用地总面积 (亩)
圳塍村	李见云	张学园	443	1300	1638
忠铨村	任千茂	任国敏	610	1763	1036
茶坊村	祝长钧	汤柏明	840	2521	2851
桥里村	夏仲来	施益鸣	410	1198	453
上东潭村	王建平	张小军	407	1224	1271
下元塘社区	张成江	尹洋荣	2859	7100	—
仙湖社区	胡国海	鲁军宝	3217	8479	—
新越社区	胡宝钗	胡宝钗	447	1178	—

高新园区(三界镇)

【概况】　　高新园区(三界镇)位于柯桥、上虞、嵊州三县(区)交界处,被誉为嵊州市北大门,东北与上虞区接壤,西北与柯桥区相邻,距嵊州市区21公里,距绍兴城区45公里,上三高速、104国道、杭绍台高铁(在建)、曹娥江水路穿镇而过,是"浙江一小时经济圈"的重要地区之一。全镇总面积158.31平方公里,辖38个行政村(103个自然村),2个居委会,至2016年年末有18092户,59302人,全镇共有中共党员3614人,党支部100个,其中农村支部38个,党员2754名,两新组织党支部27个,党员288人。为全国环境优美乡镇,浙江省级文明镇,绍兴市级中心镇。

三界车站总建筑面积925个平方米,占地4亩,总投资为350万元

启航路完成1180米的一标段工程建设,并已通车运行

【园区建设】　　全年投资1.6亿元,完成集镇污水处理厂、启动区南雨污收集系统、茶场新村(三界)集中居住区(一、二期)及三期主体建设、三界汽车站等工程建设,推进启航路、发展大道、横一支路、横四支路、启动区南供水工程、电力三回路工程、集镇污水管网工程、振兴路(老104国道三界段)沿线提升改造工程等基础设施。投资4500万元,推进金地花园、泰康(二期)、宏森苑(二期)等商住楼盘,规划康旅置业商贸综合体。累计融资6.55亿,新征土地1200亩,完成供地出让600亩,通过内部挖潜,开展农村土地综合整治,盘活指标915亩,向上争取指标960亩,为园区发展提供了充足的要素保障。开展"招商选资"工作,全年接待客商28批,135人次,外出招商15次,实际利用市外境内资金达5.48亿元,完成年度任务数的274.39%,完成新开工2000万元以上项目12只,完成年度任务的120%。完成合同利用外资7750万美元,完成任务数的310%,完成新批外资项目2只。利用闲置

厂房,针对性开展了零土地招商,盘活闲置厂房 3 万多平方米。

【产业转型升级】　　全区 26 家规上企业实现产值 24.42 亿元,同比增长 9.7%;其中新产品产值 19.48 亿元, 同比增长 8.4%。实现固定资产投资 19.55 亿元,同比增长 2.2%;其中工业投资 16.03 亿元,和去年持平。净增小升规企业 6 家(新增 7 家),完成企业股改 2 家。新增村级电子商务服务点 19 个,在拓宽了农特产品网络销售渠道的同时,也让村民享受到了网购网销的便利。配合实施"诗画剡溪"景观工程建设,以曹娥江两岸环境整治为依托,整合谢灵运垂钓处、清风庙、崿浦庙等历史遗迹开发旅游资源,培育发展休闲农业、乡村旅游等新兴业态。

【农业生产】　　全年落实粮食作物播种面积 6.8 万亩,实现粮食总产量 3.1 万吨。累计发放涉及农资综合直补、农机、林业、生态等 11 类直补资金 770.3 余万元。累计投入 2968.1 万元,完成八郑畈高效节水灌溉工程、前岩水库至三界自来水厂引水复线工程、南街联合灌溉泵站等水利基础设施建设。完成园地开发项目 220.84 亩,旱改水(造田项目)352.96 亩。继续推进嵊州现代新有机农业园建设,顺利通过省旅游局 AAAA 资源质量评审资格,全面启动综合服务中心、现代农业展示区、四季花果采摘区、滨水休闲游乐区、民俗文化体验区、山地避暑养生区等布局建设,以农业园区和休闲旅游农业建设为龙头,以园带户,以景带乡,带动农业功能区、村、农户共同发展,游客量已达 10 万人次,十一期间旅游收入达到 300 万元。

【环境整治】　　全年完成清淤 7.83 万方,超额完成 6 万方的任务,完成率为 135%。相继完成马岙、白沙、谢岙、福源、大董、沈塘等 6 个村自来水改造工程,8 个村的农村生活污水治理工作全面完工;对全镇留存的 21 家猪场排泄物按一场一策的要求进行整治, 于 6 月底全部通过嵊州市环保局、农业局的联合验收。三改一拆累计拆除建筑面积 22.6 万平方米,38 个行政村基本达到了 "无违建村"创建标准。开展城乡环境卫生整治,投入保洁清运费 1000 多万元;加大基础设施投入,投资 327 万元, 新建公厕 21 座, 垃圾中转站 3 座, 垃圾站房 156 个,阳光房 1 座,购置垃圾桶 3840 只;投资 220 多万元, 整治脏乱差, 落实门前三包;投资投资 538.1 万元, 打造 6 个市级环境整治示范村;投资 600 多万元,打造特色乡村路。推进"五气合治",完成低小散企业整治 4 家,淘汰燃煤锅炉 34 台,关停拆除友谊砖瓦厂。生态环境不断改善,实施天然林保护、退耕还林和生态环境修复工程,完成造林更新 300 亩,森林廊道 3 公里,创建嵊州市级森林村庄 7 个,改造珍贵彩色健康林 2300 亩,新种植珍贵树种 2 万株,新发展林下经济 200 亩。

【社会和谐指数】　　落实安全生产责任制,抓危化、交通、消防、企业等领域安全隐患,累计检查单位 658 家次,摸排隐患 674 处,整改到位 667 处,整改率达 99%。化解信访难题,全年受理群众来访 57 件,上级转办 57 件,嵊州市市长专线 284 件,绍兴市市长公开电话 172 件,大部分已办结,重点信访积案化解率达 83.3%, 刑事发生率显著下降。推进"平安三界"、"平安家庭"创建,做好杭州 G20 峰会等重大会议活动期间社会稳定工作,未发生非访事件,荣获绍兴市平安乡镇、枫桥式乡镇称号。

【社会事业】　　教育工作成绩斐然,完成陆康、中心幼儿园等学校基础设施建设,关闭无证幼儿园 2 家,中考录取率持续走高,三界中学首次成为嵊州市浙江省普通高校招生考试点。全镇医疗卫生事业健康有序发展,有效防控人感染 H7N9 禽流感等传染病, 社区卫生服务网络覆盖率达 100%。民生保障日益健全,城乡居民基本医疗保险参保率达到 99.8%, 发放困难救助资金 300 余万元,镇敬老院集中供养孤寡老人 51 人,核定低保对象 633 户 978 人。推进殡葬改革,累计拆除违建坟墓 7676 穴,建设生态公墓点 38 个,保持骨灰生态化安葬率 100%。

【自身建设】　　围绕"民主化、法治化、公开化、科学化"目标,倡导求真务实的工作作风,从机制建设入手,规范乡镇权力运行,打造廉洁高效的服务型政府。按照"三严三实"活动相关要求及省委巡视组、绍兴市委巡查组对嵊州的巡视、巡查反馈意见，落实中央八项规定、省委"六个严禁"和嵊州市机关效能作风建设"五条"禁令精神，加大正风肃纪力度，严防"四风"问题反弹回潮，"三公"经费实际支出持续下降。加强农村"三资"管理。加强政府信息公开，健全政府工作运行机制。推进法治三界建设，依法办事。（陆江斌）

行政村数据库

表60

村　名	书　记	主　任	户　数 （户）	人　口 （人）	水　田 （亩）	旱　地 （亩）	林　地 （亩）
北　街	张向军	吴明明	749	2316	1662	304	1502
南　街	吴国灿	吴建余	652	2151	767	225	1172
任枫村	钱仲良	钱程校	413	1424	1039	470	2359
崿　浦	王乐炳	王仲良	277	948	503	159	3360
沈家湾	沈方洪	沈方龙	236	734	310	76	7953
茶园头	吴友军	钱圣杨	292	979	747	461	1477
蒋　镇	龚祥荣	周祥富	943	3114	2116	357	2570
杜　联	杜志军	杜国金	528	1850	1166	272	9910
清水塘	张锡泉	张根华	829	2797	2823	306	2996
大　龚	龚法林	龚建江	658	2253	1743	357	4324
董　龙	张尧根	董能灿	387	1274	716	112	3045
西　杜	张和木	杜祖原	607	1894	886	187	6812
友　谊	陈庆正	陈　刚	868	2690	1738	763	3744
谢　吞	赵志军	沈建国	511	1616	848	583	4413
沈　塘	沈秀春	沈友荣	468	1541	1238	877	1794
二溪村	朱武林	闾品飞	394	1264	970	410	1621
新西泉	沈国祥	韩成海	241	752	563	148	1276
袁　岭	孙信阳	袁张松	644	1951	803	461	4561
八　郑	郑民兴	郑亚江	842	2856	2479	722	5877
沈　湖	陈国君	苏永苗	646	2160	2914	280	3273
长桥一村	郑国诚	郑亚新	605	2021	1739	696	1257
长　桥	郑苗田	郑奇根	539	1842	1816	712	1744
上　三	何善林	郑长根	411	1479	1446	528	794
黄　石	郑林生	郑大成	309	1063	464	168	318
李　宅	李伟星	李正华	351	1202	1291	213	1638
西　后	贝叶根	舒张兴	108	348	729	120	185
盛　吞	王秋法	钱张宝	381	1197	1191	191	5420
叠　石	祝生木	李能富	308	905	746	206	6376
临　虞	郑万林	郑建飞	265	852	824	94	1775
剡　东	李大华	杜张华	403	1184	609	347	2628

续表

村　名	书　记	主　任	户　数（户）	人　口（人）	水　田（亩）	旱　地（亩）	林　地（亩）
车骑山	李明光	李林卫	315	993	791	374	3282
白　沙	金兰娟	吴尧根	186	624	430	60	368
福　源	周为军	王哲明	729	2372	1636	254	7285
前　岩	陈我根	陈本中	524	1623	691	270	7167
谢　塘	吴幼明	王小明	378	1271	602	159	5787
祝　峃	祝苗君	祝昌兴	397	1244	590	351	6900
嵧　山	王雪君	王卫民	277	948	588	396	6593
南　大	王国增	王传苗	187	587	596	35	4221

甘霖镇

【概况】　位于嵊州市西南部,离市区12公里,总区域面积156.82平方公里,辖71个行政村、2个居委会,至2016年年末,共有30294户,户籍人口84359人。甘霖是全国重点乡镇、省级中心镇、浙江省第三批小城市培育试点,还是全国环境优美乡镇、省级先进乡镇党委、省级文明镇、省级生态镇、省级卫生镇、省级体育强镇和省级东海文化明珠镇。2016年全镇实现地区生产总值61.5亿元,财政总收入1.67亿元,一般公共预算收入9765万元,农村居民人均可支配收入25685元。《2016中国中小城市发展报告·绿皮书》发布"2016全国综合实力千强镇"榜单,甘霖镇名列第550名。

甘霖镇东大门雄姿

【工业经济】　镇南工贸区完成二纵二横路基工程,来福谐波、瑞雪制冷、骏腾服饰项目投产,高德士滑润油科技项目主体厂房结顶,慧玻科技、英格电器、优品科技等3家土地摘牌并动建厂房。2016年全镇完成固定资产投资17.89亿元,增长13.8%。其中,工业性投资12.92亿元,增长15.35%。实现规上工业总产值27.4亿元,增长12.1%。2016年,新增规上企业12家,规上企业总数达64家。"小升规"工作获得市长奖。嵊州市双港电器有限公司、浙江北峰制冷设备有限公司被评为全市成长型企业30优。浙江北峰制冷设备有限公司、绍兴三鼎工具有限公司(集团)、浙江伊人电器有限公司、浙江凯迪制冷设备有限公司、嵊州市新华轴承有限公司、嵊州市三和混凝土有限公司、嵊州市双港电器有限公司、浙江威隆机械科技有限公司、浙江华美欧汽车零部件制造有限公司、绍兴市希多电机有限公司被评为2016年度甘霖镇工业十强企业。

【现代农村】　基本完成农村集体资产股份合作制改革工作,完成"三资"整合,消灭了"并村不并账"现象。开展农村土地承包经营权确权登记颁证工作。落实第三次农业普查前期工作。创建嵊州市级森林村庄20个、绍兴市级森林公园1个(亳岭村龟山森林公园)。甘霖镇求杓湾森林消防中队被评为省森林消防示范队伍。

【大交通建设】　完成杭绍台高速公路、527国道甘霖段政策处理工作。其中,杭绍台高速公路甘霖段长15.8公里,涉及18个行政村,征迁土地

1702.6亩,房屋拆迁133户、41429平方米,粮食作物、经济作物等653.9亩,坟墓征迁安置808穴。527国道甘霖段长5.66公里,其中江田村至绍甘线段3.16公里、绍甘线至杭绍台高速出口东湖连接线2.5公里,涉及8个行政村10个自然村,征用土地318.3亩,租用绿化用地325.2亩,涉及房屋征迁33户40间,迁移坟墓2座。

【镇中村改造】　甘霖镇东大门集镇核心区块(袁家)拆迁改造项目是嵊州市乡镇层面首个"镇中村"改造项目,获得市长奖。2015年下半年开始谋划拆除改造提升,由该村村民代表大会表决同意实施项目,并向镇政府书面申请。2016年5月19日,经市政府常务会议批准以货币(含房票)的方式整体拆迁安置袁家自然村73户农户(国土户)、265人。至2016年8月底,通过3个月时间攻坚,全部完成签约、腾空、拆除,为下一步改造提升创造了条件。

【文明集镇创建】　以全市城乡面貌大整治行动为载体,喊响"在甘霖最美的风景是文明"的口号,从"拆、改、建、埋、清、管"等方面入手,开展文明集镇创建。取缔农贸市场、文化广场、桃源路等违法摊点经营行为,落实沿街店铺"门前三包"和"齐门经营"要求。联合交警部门开展违章停车整治。投资3090万元创建嵊义线下倪至转盘至桃源路西牌坊、甬金高速出口连接线至转盘到绍甘线柳岸路口美丽示范路7.5公里,实施通信线路上改下、绿化亮化及道块修复、店面招牌规范、道路交通标志标识规范等。实施4万余平方米立面改造,设置文化墙1600米。拆除新老绍甘线、嵊义线蛟镇和梅涧桥段、蛟澄线、秀山路、桃源路等沿路违建共约5万平方米,清理各类广告牌2100多块,整改彩钢棚17.3万平方米,增设公共停车位240个。完成老绍甘线900米路段沥青路面修复。完成集镇截污纳管二期8公里管网铺设工程,镇污水处理厂运行负荷率达65%。占地约90亩的蛟镇天乐老厂区完成土地收回和拆除。概算投资7797万元的地质灾害避险安置二期工程全面动建。10月23日,全市第五次城乡环境整治现场会在甘霖镇召开。

【美丽示范村创建】　以党员示范带头、群众积极参与为抓手,开展环境整治党员先锋行动。组建了43支村嫂队伍,1095名志愿者,参与到五水共治、平安家庭创建、乡风文明传播、文化娱乐活动中。镇财政切出专项资金300万元,对全镇71个村分A、B、C三类实施整治提升,创建A类村19个、B类村11个,积极争创市级示范村15个,东王、上路西、毫岭等村特色初显。

【无违建创建】　全年拆除违法面积356630平方米,完成市下达任务的143%,通过绍兴市"无违建"先进乡镇初验。重拳整治农村党员干部非法"一户多宅",拆除1382宅,免、停职干部5人,通报批评1人。拆除违建坟墓6468穴,新建生态公墓园40处6500余穴,创建成为"无违建坟墓"镇。

【五水共治】　严格落实河长制,实行河长通APP巡河。继续对17条重点河道进行市场化保洁管理。毫岭坑被评为绍兴市最美河道。实施第三轮18个村农村生活污水治理设施建设,基本实现全覆盖。完成后门坑、湖坊段排洪渠等26处地段清淤13万方。其中,老长乐江雅沈段清淤5.1万立方米。87家留存治理畜禽养殖场通过市级初验。关停低小散企业3家,淘汰燃煤锅炉106只。扎实推进重点水利设施建设,总投资1222万元的苍岩畈高标准农田建设项目基本完工。总投资6017万元的长乐江(澄潭江)中小河流治理工程完成工程量的85%。完成苏木岙等4座山塘综合整治及除险加固,实施大小坑、殿前等4个村农村安全饮用水工程,新增白泥墩村高效节水灌溉面积1450亩。

【党建九套"组合拳"】　一是开展农村党员亮身份活动,强化阵地意识。全镇4324名农村共产党员挂牌率100%;二是"两学一做"基层党课全覆盖,争做合格党员;三是开展党员先锋活动。党员干部带头开展环境整治和服务保障G20峰会,累计组织9次,参与党员3.7万多人次;四是开展支部书记述职评议和"三先三后"承诺实践回头看,做好换届前调查摸底;五是党委书记对支部书记履职约谈全覆盖,落实党建责任清单;六是优化基层党组织星级评定,比学赶超树标杆。对全镇126个星级党组织实行动态升降管理,星级指数与政策、项目、资金扶持相挂钩,引导基层组织争先晋级;七是全面开展农村基层作风巡视,呼应群众关切,整改11个村;八是成立镇教育帮扶党支部,结合党员非法"一户多宅"整治,确定警示党员71名;九是执纪问责全覆盖,倒逼警醒党员干部。2016年共办结53件,完成自办案件3只,处理党员53名,其中警告22人、严重警告20人、留党察看4人、撤销党内职务1人、开除党籍6人。机关干部量化评价扣分10人次。村主职干部负面清单扣分18人次,其中8名村主职干部直接评定为不称职。

【基层治理模式】　　2016年6月,启动基层治理模式改革创新。调整镇机关机构设置,明确功能定位,撤销6个工作片,实行扁平化管理,镇机关内设机构由原来的"五办两中心"调整为"七办两中心",即:党政综合办、经济发展办、村镇建设办、社会事务管理办、社会治安综合治理办、综合执法办、市场监管办、便民服务中心、驻村指导员中心。按大口子综合管理原则,创新工作机制,运行4大平台,建立并运行综治工作(平安建设)、综合执法、市场监管和便民服务四大工作平台,进一步扩大社会管理自主权,加强站、所、庭资源整合,健全平台协调、畅通运转、信息共享、联合执法、网格管理等机制,提高中心镇自我运转能力。

【换届选举】　　11月25日,甘霖镇第十三届一次党代会胜利召开,选举产生中共甘霖镇第十三届委员会和纪律检查委员会。12月20日,完成市、镇两级人大代表换届,依法选举产生市人大代表28名、镇人大代表100名。

【文化教育事业】　　甘霖镇被中国文化管理协会、新农村文化建设管理委员会评为首届新农村文化建设魅力镇,东王村被评为新农村文化建设魅力村。3月27日,纪念越剧诞辰110周年活动暨首届全国越剧戏迷大会在越剧诞生地——甘霖镇东王村香火堂前开幕。省委常委、宣传部长葛慧君出席活动。承办《越乡越情》全国越迷唱游嵊州和全球越剧戏迷嘉年华活动。举办甘霖镇第四届全民才艺大展演暨越剧折子戏、书画、腰鼓大赛。三名村干部荣获全省"文化礼堂杯"才艺大赛团体入围奖。金才汉创作的歌词《醉美越乡》获2016浙江省新农村建设特色小镇题材歌词大赛金奖。黄箭坂舞龙队参加录制央视11套《过把瘾》栏目"我们的中国梦——文化进万家"走进嵊州节目;投资2万多元修复了文物保护点——亳岭隆庆桥。吉祥木鱼列入第五批省级非物质文化遗产名录,佛像塑造技艺和生漆脱胎技艺列入绍兴市第六批非物质文化遗产名录,生漆脱胎技艺的传承人张荣江被评为绍兴市第五批非物质文化遗产代表性传承人。蛟镇小学黄美红教师获得浙江省"助人为乐"好人、浙江最美教师提名奖、绍兴市"最美教师"等荣誉,甘霖镇中学黄寒冰老师获绍兴市"最美教师"提名奖。

甘霖镇幼托中心全景

【越剧小镇】　　越剧小镇是全省重点建设的3个文化小镇之一,以女子越剧诞生地施家岙村为核心,定位为"中国戏曲朝圣地,华东文旅新地标",坚持"越剧为魂、旅游为基、农业为根",规划面积3.68平方公里,总投资约40亿元,按AAAAA级景区标准建设,力争通过3—5年的建设和运营,将打造成为全国戏曲戏剧艺术交流体验的新乐园、文化产业创业创新的新平台、文化旅游农业融合发展的新样本,12月12日奠基动工。市区至施家岙专用道路——问越路一期建设于7月25日动工,路宽6米,当年底完成路基工程。继续推进蓝城现代农业基地建设,当年度投资6689万元,完成梅园休闲区、样板农庄和二期标准化种植园建设。(魏震宇)

行政村数据库

表 61

村　名	书　记	主　任	户　数 (户)	人　口 (人)	耕　地 (亩)	园　地 (亩)	山　林 (亩)	水　面 (亩)	村级经济总 收入 (万元)
前　王	郭锡增	郭杭军	450	1068	701	745	2500	—	57.29
上　蔡	郑华永	吕　钢	420	1127	885	599	1700	—	21.59
下　蔡	史浙南	史洪檠	388	1033	1067	364	1600	—	32.90
上路西	裘钢强	张少华	683	1935	1968	710	2550	—	110.41
下路西	过铁良	张良东	359	986	980	213	804	—	20.50
大王庙	张政民	章哲东	316	809	445	50	300	—	87.20
东　张	张炜松	张申东	536	1497	1165	204	1690	3	54.64
西叶家	叶伟东	梁剑波0	503	1371	1317	129	600	—	28.31
上　朱	周　斌	裘樟良	182	501	466	32	200	—	19.85
孔　村	袁利波	黄建达	649	1755	2216	259	200	—	22.85
下沙地	商学良	商新益	315	873	1041	135	—	9	11.36
郑　庄	周根荣	周正初	193	508	520	34	200	—	16.04
楼　下	陈根泉	史钢强	423	1136	1106	72	—	—	56.58
湖　坊	郑贤锦	郑贤锦	280	770	816	66	—	—	23.78
罗　村	钱　洪	魏益东	194	551	441	460	400	—	24.66
上沙地	袁仲超	商海锋	469	1217	1303	184	—	—	173.65
后　史	史纪生	史红兵	326	879	1192	361	—	—	24.94
上塘头	周庆祥	周林芳	606	1677	1227	426	1400	15	69.43
大王田湾	张春洪	张德炎	167	470	366	196	500	4	20.30
苍　岩	俞正桂	俞夏秋	1255	3566	3479	1794	5300	—	163.05
丽　湖	沈明江	沈　波	364	1108	943	581	800	—	18.05
殿　前	俞红兵	俞城均	712	2081	1095	833	3200	—	39.20
施家岙	施　波	李千福	431	1284	864	603	2500	—	127.30
和尚田	施岳兴	施春江	271	759	812	897	1600	—	10.50
田　东	俞喜银	陈连均	274	778	574	446	500	—	148.00
长　安	王志洪	陈水灿	530	1510	953	818	2000	—	107.00
石　坪	范维江	应焕仁	418	1222	1286	1128	2500	—	16.00
大小坑	王　欢	傅丽钢	449	1265	1010	1221	3700	—	27.00
大岩坂	俞正富	俞玉祥	192	564	286	478	2300	—	12.00
石道地	张华均	丁渔森	570	1668	850	872	5500	—	12.00
求杓湾	戴文明	戴国贤	250	640	402	384	3500	—	20.00
毫　岭	陈利华	陈增波	366	1022	582	773	7400	—	44.00
求家坎	求宇锋	求刚军	280	854	657	250	—	—	13.72
下　洋	李银安	李余樵	217	588	431	58	—	35	61.90
官　珏	陈仲浩	陈祝贤	339	987	407	—	—	70	16.78
雅言楼	沈铭扬	周祝华	348	998	1318	72	—	150	127.61

续表1

村　名	书　记	主　任	户　数 （户）	人　口 （人）	耕　地 （亩）	园　地 （亩）	山　林 （亩）	水　面 （亩）	村级经济总 收入 （万元）
甲秀坂	宋永军	王万锋	432	1259	969	214	—	—	41.35
笆前西	宋洪孝	王国园	300	805	659	71	—	—	98.44
过祝山	宋锡波	吕浙平	361	1067	962	38	—	—	35.63
义　杜	朱原军	黄建东	310	818	1076	34	—	4	31.83
查　村	李　宽	邢韩婷	374	1067	1422	47	—	2	42.95
东　湖	金国安	张洪炎	290	841	722	16	5	6	80.32
前后朱	邓文军	王平毅	302	918	907	8	—	—	24.81
马　塘	金小樵	吴荣华	552	1654	1812	85	—	—	30.66
江　田	沈方君	黄浙锋	445	1347	952	194	64	—	40.00
福宅安	支小福	张树峰	419	1217	1013	73	83	—	33.60
孙　屋	金宏光		462	1275	1045	99	—	—	13.02
桂　山	章少鹏	吕见明	505	1519	1473	62	8	—	44.52
白泥墩	陈伯南	董黎明	749	2091	1835	135	43	—	11.09
东雅后俞	袁正良	董少强	562	1594	1437	166	35	—	400.11
西　叶	马裕庚	马景春	669	1807	1913	251	40	—	54.30
柳　岸	任祥福	任学斌	405	1131	1006	57	—	—	24.40
东　山	金午荣	金园位	514	1465	422	387	1055	7	36.00
东　王	沈孝南		369	941	437	50	243	6	115.30
黄塘岭	何夏平	马小城	301	915	379	150	508	13	68.84
蛟　镇	沈伟钢	王　永	402	1222	530	82	20	32	162.00
黄箭坂	袁红伟	袁开君	626	1859	1427	189	298	30	69.10
西湖头	丁绍明		360	980	603	186	250	15	10.00
上　高	俞美君	高　方	510	1505	401	217	544	8	66.90
后袁湖	张文广	陈小方	404	1118	117	44	281	20	10.02
甘　一	尹伊	黄文忠	496	1394	616	45	401	—	27.67
甘霖新村	高洪斌	张　洪	316	862	557	28	49	3	19.50
甘　三			262	744	230	31	380	—	51.55
桃　源	张龙汀	赵　东	147	415	92	0	170	—	18.36
姜　王	刘君良	姜伟贤	231	728	479	8	213	15	10.92
俞　赵	张　鑫	俞正超	283	838	767	193	799	10	32.00
雅　沈	沈波	周秋勇	375	1158	301	84	182	23	19.19
黄胜堂	吕小明	俞江农	485	1354	1219	223	2274	11	37.04
大硑口	张小良	王良波	316	844	535	329	3512	10	52.00
尹　家	尹建江	尹六兴	569	1571	1452	255	1642	18	34.78
士　明	周宇东	高月锋	284	871	566	79	545	8	10.16

崇仁镇

【概况】　　崇仁镇地处嵊州市西北部,离市区11公里,总面积175.94平方公里,辖63个行政村、3个居委会,总人口79611人。全镇共有党支部131个,党员5000人。2016年,全镇实现规上工业总产值11.35亿元,完成固定资产投资10.08亿元;财政收入0.93亿元,实现同比增长8.78%。

【古建筑群】　　崇仁镇是一座美丽幽静的江南古镇,是第六批中国历史文化名镇,集镇核心区至今仍保留着庞大的连片古建筑群,保存完整的老台门就有100余座,台门之间用跨街楼钩连,既珠联璧合,又独立成章,体现了先人"分户合族、聚只一家"的遗风,独具宋朝遗风、明清特色,虽历经千年但风貌依旧。

【农业经济】　　多途径抓好政策宣传,提高农民种粮积极性。开展种粮大户和科技示范户培训工作,"三农"工作特色亮点鲜明。扎实推进省级粮食功能区建设和水稻产业提升工作,全镇种粮面积每年稳定在4.5万亩以上;新增国家级无公害农产品认证3只、省级无公害基地3个,建立起21个农业基地、各类花果基地1200亩;打造了"鹿峰"牌国家级无公害茶叶、"百岗雾尖"龙井茶等16个特色农产品品牌;完成农村集体资产股份合作制改革工作。打造千年古镇、中翔温泉城、家庭农场、水果采摘等旅游项目,促进了全镇休闲旅游产业的有序发展。

【工业经济】　　全镇规模以上工业产值达到11.35亿元,固定资产投资完成10.28亿元,实现稳步增长;财政收入完成9300万元,同比增长8.78%;农民人均可支配收入23650元。共实施重点项目70余个,完成总投资28亿元。新增规模以上工业企业12家、国家高新技术企业2家、科技型中小企业7家,完成企改股2家、新三板挂牌上市1家、省股交中心挂牌1家。推动产业结构转型和工业提质增效,淘汰落后黏土砖瓦窑企业10家、淘汰黄标车309辆、淘汰拆除燃煤锅炉64只,引进中节能风力发电项目,完成汇金房产、天仁风管项目交地,成立嵊州市崇仁新农村建设有限公司。

【城镇面貌】　　完善城镇基础设施,完成了镇南大道等主干道路改造提升和绍甘线绿化亮化,顺利推进杭绍台高速征迁工作和绍甘线、浦溪线两路两侧整治工作;开展猫狗岩、黄岩下、海湖公、考坑湾、托潭坑五座水库除险加固工程和31只山塘病险整治工程,实施土地开发垦造项目3100多亩,新增耕地1000多亩,提升了农业生产力;推进中心镇建设,崇仁六村省级历史文化古村落保护开发项目、镇区第一个商业楼盘开发顺利推进,农民集中安置区建设工程、商住综合体建设工程前期工作扎实筹备;推进环境整治,创建嵊州市生态村39个、绍兴市生态村34个、环境整治示范村9个和"美丽村部 + 精致党建"示范村15个,并运用信息化手段,强化对环境整治工作的全方位把控,实现全镇63个行政村和集镇建成区环境面貌持续改善。

【民生实事】　　实施三条主要河道禁养区内62家、全镇481家养殖场的清养关停和109家留存规模养殖场污染治理。推进殡葬改革,建成生态公墓1300穴,实现骨灰跟踪100%。开展社会救助,完成"全民参保登记"工作。加强文化惠民工程建设,新建文化礼堂8家、省级示范点2个,创建绍兴市级文明单位2个、嵊州市级文明(村)单位5个,建成文化墙2000多米、村级阅览室47个,组织农民种文化比赛5次、送戏下乡180多场次。抓好食药品安全工作,建立健全食药品安全监管网络,新建农村家宴中心28家,建成社区卫生服务站、农村卫生室等11家。制定完善全镇重大动物疫病防控预案,落实镇村二级动物疫情测报工作,完成农产品质量安全定性抽检监测工作任务。

【美丽乡村】　　推进张家村等9个环境整治示范村和15个"美丽村部 + 精致党建"示范村的创建工作、集镇整治各类重点项目和农户非法"一户多宅"、违建危房的全面整改,推进"五水共治",完成8条"黑臭河"和138条小溪小江整治,完成清淤总量9.95万方;关停、整治畜禽养殖场594家;完成18个村的生活污水治理设施建设,镇级污水处理厂(一期)管网建成投运;完成湖荫等25个村饮用水安全提升工程的一期工程建设。推进"四边三化",完成"两路两侧"53个自查点整治。推进殡葬改革,拆除违建坟墓3080穴,建成生态公墓1300穴。

【基层党建】　　围绕"党建推得开、清单摸得准、制度抓得严、责任落得实"的目标要求,突出抓好党建"三三"建设、"两两"工程,真正让基层支部"动"起来,基层党建"活"起来。以"两学一做"学习教育为契机,建立"党委书记＋总支书记＋支部书记"层级上党课制度,对全镇3800多名农村党员进行分批培训。认真分析崇仁党建"责任清单、考核清单、问题清单"三张清单,抓住支部书记这个关键少数,特别是"党委书记7项、支部书记10项责任清单,市委8项考核清单,支部63个问题清单"这个党建牛鼻子,推进各项党建"第一责任"的落到实处。以"党建＋"模式落实网格化管理,各行政村党支部认真划出党建责任网格,实行全覆盖无缝对接、不留空隙。签好党员承诺书,落实片区党员的包区域、包整齐、包清洁"三包责任制";及时公示党员的包干片区、联系方式等网格信息,突出党员责任性、先进性。先后建成木马岭村级党员服务中心、崇仁镇"红立方"党群服务中心。

【平安建设】　　一是推进社会治理网格体系建设。完善网格化管理,创新社会管理模式,建立崇仁镇平安建设信息管理指挥室,建立健全网上网下联动处理事件工作体系,推进和落实基层社会治理"一张网"体系建设。开展不稳定因素及矛盾纠纷排查;高度重视信访接待稳控及化解,问题调处率达到97%以上;落实重点信访对象包案措施,实现非访人次和件次双降。二是坚持社会治安综合治理。开展"平安崇仁"、"平安家庭"创建,成立镇、村乡贤参事会,做好普法宣传教育和平安村、民主法治村创建工作,完善应急机制,及时处置各类公共突发事件,社会治安工作取得了良好的成效,确保社会稳定。三是落实安全生产监管。对"十小"行业进行专项治理,开展安全生产专项检查,全年共检查企业390家次,发现安全隐患、违法行为93家次,全部落实整改。

【自身建设】　　落实中央八项规定和省、市各项规定,坚持"四风"突出问题整治常态化,认真开展"三严三实""两学一做"等专题学习教育活动,严守党的政治纪律和政治规矩,着力解决服务群众"最后一公里"问题。深化政务公开和信息公开,加强镇便民服务中心管理,抓严抓实作风建设,扎实开展作风建设"三大"专项行动,推进干部作风建设的好转。加强镇村干部的日常监督管理,推进基层廉洁工程建设。加强村监委管理,对村级重大事项的监管实现制度化。加大审计监督力度,强化政府督查和行政监察,政府廉政建设进一步加强。(俞思卿)

行政村数据库

表62

村　名	书记	主任	户数 (户)	人口 (人)	水田 (亩)	旱地 (亩)	山林 (亩)
崇仁一村	裘立虎	裘伟明	382	1126	608	46	1
崇仁二村	刘满朝	裘学庆	298	911	230	14	6
崇仁三村	蒋法高	裘江	427	1135	485	38	50
崇仁四五村	裘凌华	周志金	615	1651	1073	85	141
崇仁六村	裘伯富	裘武扬	410	1112	826	65	9
崇仁七八村	陈顺军	裘大产	906	2566	1546	196	181
崇仁九十村	应荣达	裘小华	980	2812	1721	155	223
胡　家	张丁庆	胡兴超	200	536	377	136	203
马　仁	费剑	马孝君	808	2386	1722	137	188

续表1

村　名	书　记	主　任	户　数 (户)	人　口 (人)	水　田 (亩)	旱　地 (亩)	山　林 (亩)
横　下	钱祥云	马国平	243	698	593	60	15
下　应	张文军	袁孟飞	150	414	251	33	130
溪　滩	张祝良	裘棚红	424	1146	868	83	282
湖　荫	张军增	沈庆祥	728	2072	1423	125	501
赵　马	费鼎杰	费少鹏	1046	2928	2182	249	79
招龙桥	袁力军	赵建华	264	720	616	82	—
西　青	汤绍占	费宇良	275	781	731	75	287
淡　竹	裘亦樵	张夏民	456	1234	898	33	1460
富　一	蒋双胜	黄剑超	379	1059	1041	45	794
富　二	俞维洋	张国良	473	1173	798	94	525
富　三	张文校	张浙明	436	1186	1009	82	302
富　四	张居浪	张立军	615	1673	1080	114	219
安　家	安军伟	安　钢	126	340	300	36	37
金　田	金明洪	金仁洪	329	926	740	120	29
前　村	王玉燕	李中朝	842	2359	1398	115	3944
福　安	丰贤章	姚军苗	567	1622	899	136	5834
富西新	楼洪良	吴　玉	638	1684	1247	271	2146
张　家	金霞芬	周其通	343	1008	882	247	48
滨　桥	陈浙初	张红东	378	1000	804	109	112
范　村	张华忠	张科雷	803	2051	2303	162	236
支鉴路	支梦冠	支其平	464	1245	1621	51	64
安　江	任哲明	金庆愉	774	2081	2047	114	827
升　一	相泽永	相秀千	511	1474	1092	37	1002
廿八都	张潮林	张忠德	978	2725	1670	122	3867
白水墩	张　龙	孙利军	116	323	120	68	2390
张　村	邹传富	郑伟波	799	2314	1008	398	7299
三懋楼	张樟喜	应生炎	289	836	457	30	2614
坑　口	吴善尧	吴海鹏	246	726	319	31	2635
秀　峰	沈宝焕	赵海庆	212	584	136	95	4498
王家市	张松洋	黄文旭	165	491	534	30	392
东　岭	丁喜庆	张超炳	408	1244	953	27	2247
高湖头	李祥华	裘兴江	105	295	105	16	1172
长龙岗		应其正	322	878	336	95	299
迎　联	张洪凡	应中龙	433	1251	603	205	441
王家年	赵福军	张平良	293	904	464	181	2006
淡　山	陈发扬	陈枝忠	391	1169	417	223	4159
横　岗	孙福标	赵小军	419	1252	362	238	2635

续表2

村　名	书　记	主　任	户　数（户）	人　口（人）	水　田（亩）	旱　地（亩）	山　林（亩）
茶亭岗	吕少平	裘志朋	477	1367	510	237	387
石　门	何柏海	俞兴君	317	910	486	99	3360
应桂岩	应夏超	应文生	439	1208	510	134	1053
岭头山	李孟华	陈春松	599	1765	809	339	4075
泥　塘	徐俊维	徐东良	494	1336	1015	178	521
马家坑	舒一峰	舒福良	298	901	566	158	123
裘　岩	裘来祥	郑订昌	236	616	713	47	37
新官桥	韩校汀	韩　龙	361	1062	952	121	65
逶　溪	徐国全	汪学锋	355	945	953	265	333
若　水	马旭东	马国昌	436	1199	699	551	665
木马峧	李政权	胡柏春	161	401	218	126	—
石楼对	周孟达	黄　春	518	1426	674	181	62
地雅园	裘小良	徐红裕	245	766	343	77	178
宋家墩	何林祥	胡金海	208	611	368	16	150
藏　岗	张剡苗	徐　颖	652	1734	942	192	1688
湖村桥	李剡军	郑良军	526	1558	873	123	297
董郎岗	李宏鹏	邹　征	193	578	289	139	1688

长乐镇

【概况】　位于嵊州市西南部,距市区25公里,面积214.4平方公里,2016年辖47个行政村,2个居委会,常住户数25719户,户籍人口65415人。2016年全镇实现固定资产投资10.9亿元,同比增长8.2%;工业性投资8.9亿元,同比增长9.9%;规上工业产值9.81亿元,同比增长15.64%;自营出口

长乐镇一角

3369万美元,同比增长39.21%。

【工业经济】　突出工业功能区平台建设,完成基础设施投资5660万元,水电路网络不断完善;加强土地要素保障,完成土地预征收580亩,累计储备土地1084亩。牢抓招商选资"一号工程",实际利用市外境内资金2.1亿元。推动企业转型升级,完成"企改股"1家,净增规上企业9家,"新三板"上市1家(嵊州市永宇冲片有限公司)。重抓工业项目建设,在建技改项目29只,新开工2000万元以上项目10只。

【现代农业】　抓好粮食生产,实种早稻2040亩,香榧套种山稻950亩,旱粮120亩。加快新型农业经营体系改革,完成并村并账,推进农村土地承包经营权确权登记颁证工作。抓五议两公开等制度建设,加强农村"三资"管理。推进土地开发工作,全年土地开发项目共立项10只,面积514亩;旱改水项目共立项5只,面积422亩。建设茶叶、香榧、北美红枫、七彩葡萄、冷水茭白等特色农

业生产基地。推广农业标准化生产和无公害生产技术,加强动植物疫病防控,建立农业政策性保险和农业救灾储备制度。引导农户采取转包、出租、互换、转让等形式流转土地承包经营权,规范土地流转操作程序,建立新型农业经营体系。

【中心镇建设】　　完成中心镇"六个一"项目投资 1.7 亿元,坚持规划引领建设,初步完成了 10 平方公里的城镇控制性详细规划和长乐镇总体规划修编,论证通过了产业布局规划,正在进行土地利用规划和相对集中精品区规划的调整修编工作。抓公共设施配套,建成广电大楼、人防大楼、镇级污水处理厂和剡源自来水厂,完成 3.5 万伏高压线迁移、太平转盘红绿灯改造和大通、政立北路改造,加快建设雅张工业区南北主通道硬化工程,东西主通道、开太路等项目正在推进之中。建成高档小区 4 个,高层商住楼 12 幢,商品房 811 套,十字形商业街区及广场型商业街区初步形成。

【新农村建设】　　推进"三改一拆",拆除违法建筑 31.1 万平方米。推进"五水共治",落实"河长制",打好治污"六大硬仗",7 条市级河道实现市场化保洁,清淤量 8.1 万立方米,关停畜禽养殖场 138 家,农村生活污水治理稳步推进。推进环境整治,突出"党建+"整治模式,深化党员干部"责任田"、"党员活动日"等制度建设,创建村庄环境整治示范村 15 个,初步完成嵊义线美丽示范路和西白山美丽区块的各项建设任务。

【社会事业】　　组织各类文化活动;开展中高考护航行动;投资 197 万元的钱氏大新屋二期修缮工程稳步推进。加强公共卫生体系建设,抓好卫生乡镇创建任务,实施农村家宴服务中心建设项目 4 只。深化计划生育综合改革,抓好"全面二孩"政策落实,人口结构不断优化。推进殡葬改革,抓好"无违建坟墓"乡镇创建和生态公墓建设,累计拆除违建坟墓 3510 穴。推进全民参保登记、扶残助残和低保对象扩面升级,健全社会保障体系,全年共发放低保及生活补贴 348 万元,残疾人生活补贴 251 万元。开展"平安长乐"创建工作,深化信访维稳和安全生产基层基础规范化建设,初步构建镇村二级防控网络,群体访、越级访、重复访三访案件和安全生产事故明显下降,顺利完成 G20 护航任务。

【自身建设】　　开展"两学一做"学习教育,党员干部自身素质和执政水平不断提高。推行依法、阳光行政,自觉接受人大监督,倾听群众呼声,办理人大代表建议 5 件,市长热线 398 件,办结率 100%。加强效能作风建设,执行作风量化考核制度,开展纪律检查 15 次,效能谈话 9 人。推进节约型机关建设,加大公务接待、资产管理、工程建设等重点领域监管力度,全镇"三公"经费支出下降达 15.8%。落实政府性资源交易制度,68 只工程项目进入镇级招投标后下浮资金 898 万元,节约率 15.6%。(杨冰)

行政村数据库

表63

村 名	书 记	主 任	户 数 (户)	人 口 (人)	水 田 (亩)	旱 地 (亩)	山 林 (亩)
下曹村	魏华良	周增南	248	649	221.75	85.65	793
福全村	吕尧中	周孟松	1033	2965	2329.00	2912	3509
珠溪村	郑文波	周淡军	539	1405	1742	113.55	2009
长乐一村	过纪安	钱仁宏	1014	2601	1054.50	639.75	2058
长乐二村	邢增校	钱幼华	596	1437	1548.30	28.35	1290
长乐三村	朱石兴	钱科锋	446	1104	636.30	33	396
南山湖村	杨伟国	吴红永	658	1657	1452.00	991.95	1682
长乐四村	钱卫勇	钱 波	660	1552	78.50	3.60	1020
长乐五村	过进华	钱 波	595	1539	151.80	180.90	1649

续表

村　名	书　记	主　任	户　数（户）	人　口（人）	水　田（亩）	旱　地（亩）	山　林（亩）
长乐六村	商伯灿	钱键枫	817	2080	1384.20	27.30	1294
三阳村	邢小平	过达军	400	1043	1754.25	106.50	2369
尤家村	过小南	过学江	615	1588	2312.85	714	2652
石岭村	钱幼炎	朱玉芳	545	1411	1332.15	802.95	2900
太平村	邢尚洪	张浙南	868	2091	1744.20	1246.95	2386
坎一村	邢达军	邢春亮	445	1114	1706.85	346.05	1471
坎二村	邢纪中	邢剑江	320	780	1390.20	567.90	1485
沃基村	李凌伟	过治安	670	1613	1975.50	813.30	2794
上南庄村	周良兴	史利波	218	553	1078.95	59.40	638
下南庄村	蒋立军	邢仲苗	246	596	686.40	10.35	358
石硃村	刘中南	钱增夫	741	1783	1990.95	1257	3895
西园村	潘青松	商列锋	333	833	2014.05	1671	2286
寺西苑村	钱幼平	钱永明	410	1043	1141.95	2072.70	4713
小昆村	马立校	马汝良	446	1115	925.05	4314.90	8518
大昆村	周志南	麻志洪	305	831	237.60	2636.40	5674
水口村	洪银达	周总献	403	1097	2060.40	4319.10	11546
蓬瑠村	操红军	邢校东	508	1355	2735.10	4873.65	11872
孔　村	刘其洪	朱秋忠	195	515	814.80	1344.15	3705
开元一村	周纪平	周兰勇	368	820	777.15	99.30	939
开元二村	周立民	王逸平	528	1308	281.10	627	2.5
开元三村	黄正芳	周立杨	406	1019	2650.95	805.35	1.2
开元四村	钱炜明	周武江	408	947	1016.40	181.05	5.5
开元五村	张志东	周学军	469	1215	2589.75	34.80	185
剡源村	张　孝	许爱国	980	2286	3673.20	851.10	1479
留公田村	钱建东	黄忠会	358	907	420	3666.30	5330
山口村	郑夏军	钱学君	980	2348	3858	4155.90	7666
四联村	钱国洪	钱　明	672	1660	3108.00	1305.90	3037
联塘村	周　荣	单文勇	373	966	1908.90	593.10	2201
郯城村	王小平	钱海杨	500	1248	1615.95	443.10	655
雅张村	张利彬	张小华	784	1930	3170.40	513.75	126
山贝村	楼秀良	张卫平	413	1196	2059.65	1201.35	935
岭丰村	刘科锋	胡波锋	688	1773	2217.90	1407.45	5035
水竹村	刘仲尧	邢贤军	538	1449	1544.40	1294.35	2470
新安村	安达军	安　波	411	1163	1563.30	1134	1323
高远村	刘秋达	刘德平	372	1016	649.50	1133.55	1566
东园村	刘文军	朱小金	625	1600	2044.65	1518.45	1866
周桥村	刘叶兴	周胜洪	488	1386	1817.25	2569.50	4440
胡双村	麻雪火	刘正平	264	724	1038.75	1101	4335

黄泽镇

【概况】　地处嵊州市东部,面积 97.64 平方公里,辖 25 个行政村、1 个居委会,人口 43996 人。2016 年,实现地方财政收入 6404 万元,同比增长 12.4%;完成社会固定资产投资 16.2 亿元,同比增长 22.5%;实现农民人均可支配收入 23479 元,同比增长 10.4%。荣获绍兴市 G20 杭州峰会工作先进集体、绍兴市无违建创建先进乡镇(街道)、绍兴市美丽乡村公路乡镇(街道)、绍兴市国防后备力量基层建设先进单位、嵊州市先进集体、嵊州市信访工作先进集体、嵊州市党员干部现代远程教育工作先进集体等荣誉称号。

【工业经济】　实施转型升级"七化"行动,以机械制造为主导的产业优势更加凸显,有各类工业企业 567 家,其中规模以上企业 44 家,产值超亿元企业 5 家。全年实现规上工业产值 21.7 亿元,同比增长 15.8%;实现规上工业增加值 4.02 亿元,同比增长 10.1%;实现工业性投资 14.4 亿元,同比增长 15%;引进市外境内资金 2.5 亿元,完成全年考核的 156.4%。完成小微企业培育 23 家,小升规新增 6 家,"新三板"挂牌企业 4 家(富源制冷、双鸟锚链、高精锻压、中林木业),占到全市的一半。双鸟机械跻身全市 30 强企业,永峰模具跻身全市 2016 年度成长型企业。推进创新步伐,新增国家级高新技术企业 3 家、省级科技型企业 7 家、绍兴市研发中心 3 个、发明专利 8 个。投入 500 万元对湖头小区至老仙黄公路道路、腾龙路断头路道路进行硬化,拓展发展空间,启动三王工业园区二期建设。

【现代农业】　发挥省级现代农业综合区优势,落实各项惠农补贴资金,发放耕地保护资金 245 万元,购机补助资金 12 余万元。健全农产品质量安全生产监管体系,完成 320 批次农产品检测任务,确保全镇农产品质量安全。有国家级无公害基地和无公害产品 7 个,农民专业合作社 80 余个。粮食播种面积 2.44 万亩,年粮食产量 1.16 万吨。推进农业基础设施建设,完成江南畈灌区二期排渠改造工程,黄泽江右岸麻车桥至前良桥堤防加固、渔溪江东山王等三处地段综合治理、渔溪坑水库灌区改造等工程顺利推进。实施农村土地综合整治工程,全年累计土地开发 250 亩,旱改水 450 亩。

【第三产业】　扶持电商产业发展。嵊州云电商产业园已有 117 家企业入驻,全年云电商信息科技产业园实现销售总额 3.4 亿元,新建村级电商服务网点 4 个,实现全镇 25 个行政村电商服务网点全覆盖,其中,甲青村被评为省级电子商务专业村 10 强,创建嵊州市"两店互动　服务三农"电子支付示范镇。依托红佛寺、普安寺等佛教资源,开发以养心养气等为特色的健康养生游,挖掘仿古木雕、戏剧服装等文化资源优势,提升旅游文化产业的知名度和美誉度。

【镇村建设】　以规划为龙头,完成集镇总体规划和控制性详细规划修编,完成丰泽大道商贸核心区规划编制,拉大集镇框架,完善集镇功能。动建丰泽大道商贸核心区项目,目前主体工程已基本结顶;完成甬金高速黄泽道口绿化改造工程,嵊张线黄泽段景观提升工程 A 段提前半个月完成政策处理。家园村成功入选 2016 浙江省美丽乡村特色精品村。推进"三改一拆"工作,累计拆改面积近 23.7 万平方米,完成目标任务的 121.3%,通过"无违建先进乡镇"验收;推进"五水共治"工作,清淤 5.4 万方,完成任务数的 141.6%;整治青山白化,创建"无违建坟墓"乡镇。启动环境卫生"六治六创"活动,整治农村"四乱"现象,推进环境整治示范村创建工作;中山湖完成整治改造,有效改善湖面周边环境;东直街一期工程立面改造基本完成,二期工程老嵊张线湖头段违建已基本拆除,集镇形象实现较大改观。

【社会事业】　文化阵地建设加快推进,举办内容丰富、镇村互动的传统节日和戏迷文艺晚会 22 场,"3 号剧场"品牌影响力、知名度不断提升。规范保护地域特色文化,木雕、吹打、目连戏类 4 人申报并获评第五批绍兴市级非遗传承人,"绍兴目连戏"项目地前良村被评为浙江省传统戏剧特色村。教育教学稳步发展,完成湖头、甲青 2

所无证幼儿园整治，争创浙江省乡镇级社区教育示范学校、绍兴市现代化示范乡镇成校。公共卫生保障有力，巩固和推广全科医生签约服务试点服务，开展春秋两季查螺灭螺，开展家园村市级健康社区创建。人口计生总体良好，全年计生率96.64%，优生检测率、流动已婚育龄妇女登记管理率85%以上。人社平台规范运作，推进人力社保平台业务"五不出镇"试点，可办理的人力社保服务业务从原先11项增加到24项，居民医疗保险参保率达98.61%。加强社会治安综合治理，实施"一张网"工程，完成G20杭州峰会和互联网大会维稳安保工作。

【美丽示范路建设】　嵊张线（三王－兰洲村）"美丽示范路"全长10千米，由黄泽镇负责政策处理工作，交通局负责沿路绿化美化工作。完成嵊张线两侧8个绍兴市级整治点、16个嵊州市级整治点以及28个镇级自查整治点的整改工作，累计拆除面积近20000平方米。完成甬金高速出口嵊张线200米绿化示范，以及嵊张线路段前良村、顺富村等10个绿化示范点建设。

【基层治理】　开展基层治理模式改革创新试点工作，以实现"四个化"为目标，通过体制机制的创新，化解乡镇职权分离问题，解决服务群众"最后一公里"的问题。借助基层社会治理"一张网"平台，四大平台在镇党委、政府统一领导下，既各司其职，又分工协作，相互联动，基本实现"综合执法不过夜、平安建设不漏网、问题食品不上桌、便民服务不出镇"的目标。2016年，全镇共排查出矛盾纠纷181件，各类安全隐患259余处，上报综治信息2113件，刑事案件下降41.2%，群众满意度有效提升。首批下放的35项市级行政审批事项中，已办理企业投资备案22项，临时救助审批152户，工程建设30项，工商登记917项。（缪琼丽）

嵊张线美丽示范路

行政村数据库

表64

村　名	书　记	主　任	户　数（户）	人　口（人）	水　田（亩）	旱　地（亩）	山　林（亩）
七　一	刘淼铨	凌志晓	788	2081	1104	144	70
光　明	徐建龙	吕旭锋	794	2368	1079.6	144	651
前　良	王炎明	吕　斌	838	2293	1519	681	352
白泥坎	魏明雷	魏东升	795	2324	2087	224	2799
新　田	贾洪星	俞伯伟	289	795	526	68	212
桥对岸	丁德锋	魏　铭	211	621	389	21	121
湖　头	俞昌瑜	魏金武	543	1723	948	397	154
三　王	高苏林	王海江	347	1086	161	67	252
普　安	魏孝忠	魏海波	581	1571	780	153	488
唐　叶	唐建江	叶向东	408	1178	174.9	91	471
官湖桥	魏德庆	袁国林	667	1967	1318.6	160	402
后枣园	唐海江	王　勇	671	1991	1146	1250.5	2519

续表

村 名	书 记	主 任	户 数 (户)	人 口 (人)	水 田 (亩)	旱 地 (亩)	山 林 (亩)
白泥塘	陈文云	章少波	475	1397	1240.8	164	1624
许 宅	王庆财	丁小贤	1050	3050	2351	478	1699
甲 青	单建功	汪明卫	535	1628	1130	177	4930
灵 溪	林建标	刘元海	496	1503	1459	150	4861
恒 路	王林章	胡小军	489	1487	979	82	8185
石 苎	张林法	李永江	380	1102	932	80	3333
李 丰	魏香标	俞松芹	325	998	500	114	8651
渔 溪	李林锋	李学海	492	1530	905	163	6613
东山王	王有林	丁 高	378	1224	829	472	876
兰 洲	倪国铭	丁永良	580	1771	1124	325	1610
家 园	董香火	潘汉明	523	1573	1048	320	900
顺 富	龚大春	许鑫耀	760	2271	1694	455	1529
青石桥	许忠明	袁 建	958	2838	2083	535	2814

鹿山街道

【概况】 位于嵊州市区西部,东接剡湖街道,西临甘霖镇,南连城南新区(三江街道),北毗崇仁镇,区域面积52.49平方公里,辖3个工作片24个行政村和3个社区,至2016年年末,共有19816户,57688人。2016年实现工业总产值22亿元,其中规上产值3.58亿元,同比增长12.3%。实现财政总收入1.3亿元,其中地方财政收入7744万元,乡镇体制性收入7592万元。农村集体经济总收入3592万元,同比增长8%。城镇、农村常住居民人均可支配收入均增长10%以上。

【区域经济】 鹿山街道是嵊州市重点农业产区,拥有花木1000亩、水果3500亩、蔬菜600亩,是"全国特色种苗基地""浙江省花木之乡""浙江省十强花卉乡镇""浙江省农业特色优势产业强街道"。工业以领带服饰、丝织服装、橱具电器等为主导,拥有规上企业8家,规下企业326家,个体工业企业496家。2016年完成有效投资2.52亿元,其中工业技改投入4600万元,分别增长13.68%和15%。2016年共完成小升规2家、下升上9家、企改

股1家、个转企2家,发展农村电商网点7家。

【三改一拆】 中南田自然村实施整村拆迁,涉及农户200户(国土户165户),人口674人,拆除建筑面积7.7万平方米。全年共计拆除各类违建870宗,拆除建筑面积19.4万平方米,完成率120%;完成"一户多宅"整治675宅,完成率130%。

【交通建设】 2016年以来,鹿山街道以大交通建设为契机,推进项目建设,为城市路网基础、拉大城市框架、有效承接中心城区辐射奠定基础。完成G527(鹿山段)、问越路一期、南沿路二期等政策处理工作,实现征交地600余亩,拆除建筑面积约25000平方米,迁移坟墓800多座(穴),迁移街道级公墓1处,完成花木、水果及其他青苗签约600余户。同时,保障了甬金西接线、城西路二期工程、新党校路的无障碍施工。推进"四边三化"专项整治行动。完成省级"四边三化"整治点1个,市级整治点47个;累计清理立杆、灯箱、挂式、废弃、污目广告260块,整改并刷白非法墙体广告面积约3200平方米,清理路边废弃垃圾2600立方米。同时,完成实施罗小线、城西入城口两条美丽示范路建设工程。开展道路修复和拓宽工程。全年共计修复破损农村道路路面1787平方米、清理塌方230

立方米、修复捣坎 150 立方米;完成中碧溪—舍姆岗、舍姆岗—四十亩两个省级农村公路提升改造项目,合计完成改造拓宽里程 3107 米;完成新市桥限高设施建设项目。

【环境整治】 对照国家卫生城市创建标准和问题清单,分解落实 3 个社区、8 个城郊结合部村共建包干责任,组建帮扶团队、攻坚突击队、巡逻队和环卫巡逻应急队开展集中攻坚整治和"全天候、全辖区、全覆盖"巡查、清理、保洁,共清理露天粪坑、旱厕 425 座,新建改造公厕 30 只,整治小餐饮小食品店 320 多家,取缔废品收购站 32 家。在此期间,鹿山街道雅良村通过集中攻坚、全面整治,在不到一个月的时间里村庄环境有了翻天覆地的变化,同时结合创卫工作实际总结制定了 6 方面 28 条的"雅良标准"。6 月 11 日,国家卫生城市创建城中村及城郊接合部整治工作现场会在鹿山街道雅良村召开,"雅良标准"在全市范围推广。

鹿山街道湿地公园

【五水共治】 落实 4 条市级河道、10 条街道级河道、35 条村级河道"河长"和联村工作组包干责任,配合完成湿地公园清淤,实施长乐江老江、下马、浦桥、下张安 4 个重点水域和 35 口村中池塘清淤,全年累计清淤 7.6 万立方米,完成任务的 253.3%;基本完成 12 个近郊村生活污水截污纳管改造工程;开展畜禽养殖综合整治工作,共计清养关停畜禽养殖场 134 家,改造 16 家养猪场,2 家规模化养猪场实现实现智能化平台监控全覆盖,整治 2 家规模性养鸭场,整治改造完成率 100%;开展污染行业治理工作,河流断面水质保持在Ⅲ类以上。共投入 200 多万元对长乐江堤防、山塘、病险水库、渠、沟等进行修复加固,确保了灌溉和汛期的安全。

【平安建设】 开展安全隐患、经济秩序、社会治安大整治和法治环境大提升等专项行动,推进"平安鹿山"建设,4 月份创建成为绍兴市"枫桥式街道";完成原旅游鞋厂地块和欧米茄公司 2 个绍兴市级挂牌隐患点整治,强化企业、矿山等安全监管工作;开展矛盾纠纷摸排调处和积案化解工作,重视初信初访化解工作,全年共办理初信初访 156 件,当面答复 51 件,书面答复 85 件,转职能办公室调解 20 件,做到件件有答复,事事有回应,群众满意率从 80% 提升至 90%,共化解绍兴市级信访积案 7 件;抓好反邪防恐安全工作,巩固提高"绍兴市无邪教乡镇"的创建成果,加强村(社区)专属反邪禁毒宣传阵地,开展邪教组织专项整治,依法打击反宣滋扰活动;做好全国"两会"、G20 杭州峰会、世界互联网大会的维稳安保工作,并被评为绍兴市级 G20 杭州峰会工作先进集体。

【农业发展】 推进农业信息化进程,为农民发布农产品买卖信息,共发农民信箱 382 条,网上农博会 23 次,产品 43 只,万村联网建站 24 个,省级示范网站 2 个。加强疫情监测,落实消毒措施,严把检疫关,检疫率达 100%。完成农业政策性和种植业保险工作,面积达 3000 余亩。重视科技强农,推介农业新技术、新产品、新设备,促进生态农业、高效农业,西求高产葡萄栽培技术示范基地、上碧溪向东专业合作社引进的优质李项目、江夏茭白专业合作社种养结合增效等 3 只品牌获嵊州市"金桥工程"奖。向东水果专业合作社在 2016 年浙江精品水果蔬菜展销会中,获得金奖。利用机插早稻、粮食示范方等多种形式,开展高产粮食试验田工作,下燕窠、中碧溪畈、江夏等 3 只粮食亩产试验田获得高产丰收,同时对辖区内的油菜、早稻、晚稻实行统防统治,使农民增产增收。

【惠民实事】 实施了一批村庄综合整治、垦造耕地、农田提升、病险水库除险加固、农民饮用水、村级办公活动场所建设改造项目,城乡基础设施得到较好改善。开展文明城市创建,群众性文化活动丰富繁荣,建成一批农村文化礼堂和家宴中心。加大医疗卫生投入,鹿山社区卫生服务中心已完成主体工程建设。开展五气合治,推进扬尘、秸秆焚烧治理和低小散、高能耗污染企业治理。开展森林城市创建,全年共造林 30 亩,种植四傍植树 25 万株,完成松线虫病防治 700 亩,控制病虫害防治扩散。上碧溪村、方田山村成功创建为嵊州市级森林村庄。

【基层组织建设】　　开展"两学一做"学习教育和基层治理大提升行动,统筹抓好机关、农村、社区、两新组织和大学生村官、民间人才等基层党建和基层政权建设,形成了一级抓一级、层层落实的党建工作格局。落实党风廉政建设责任制,构建惩治和预防腐败体系,执行中央八项规定、"六个严禁",执行履职清单和负面清单制度,完善和规范执行村级各项制度,加强党员干部队伍教育、管理和监督,抓好违纪案件查处和纠风治乱工作,保障队伍的风清气正。实施"整乡推进、整县提升"工作,完成党员发展规划和软弱落后党组织帮扶整转工作,完成 5 个村"美丽村部 + 精致党建"示范村创建、15 个村达标创建。抓好人才工作,强化基层人才队伍建设,加强高层次人才的引进力度,2016 年嵊州宝矾硅藻土有限公司的黄道棋入选绍兴市"330 海外英才计划",实现了鹿山街道零的突破。(施金燕)

行政村数据库

表 65

村　名	书　记	主　任	户　数（户）	人　口（人）	水　田（亩）	旱　地（亩）	山　林（亩）
浦　桥	史钱江	史长松	1309	3961	2214.52	334.30	724
两湾新村	卢新生	徐绍锋	386	1122	640.00	147	138
东大湾	李裕华	张　洪	518	1540	697.58	262	611
方田山	陆小龙	陆贤良	96	282	158.81	28	214
钱　塘	张雪宝	张国连	362	1066	637.60	201	502
雅　致	丁朝黎	谢通超	470	1459	280.02	81	494
雅　良	马华良	周少华	130	367	63.33	31	40
新大洋	金友锋	袁传君	507	1530	1069.20	274	260
白沙地	周方勇	陶顺钧	581	1847	677.50	196	361
双　燕	竺开红	竺香华	403	1370	816.50	105	52
南　田	赵烈钢	袁良军	349	1176	543.50	98	94
江　东	王悠忠	屠章伟	585	1633	1443.63	72	147
三　联	郭香富	郭德良	516	1433	474.76	127	47
中央宅	赵秀君	赵云良	243	737	114.89	58	49
小　砩	赵忠昌	赵小力	443	1435	150.88	123	53
下　马	马浙峰	马生龙	270	899	481.51	5	104
李　西	李小军	李　斌	390	1193	938.25	121	32
马　家	马人振	—	431	1366	734.51	215	81
上碧溪	袁林章	袁连军	555	1619	1116.01	118	1047
中碧溪	袁士浩	魏法良	906	2604	1900.84	334	1326
上　任	谢余军	胡永铭	460	1414	945.00	88	801
新　市	裘移风	裘惠龙	587	1762	859.51	115	177
江　夏	谢其永	谢纪超	516	1541	969.34	46	1092
新板头	金君钦	周　军	467	1470	944.00	74	111

剡湖街道

【概况】 面积 34.36 平方公里,东至曹娥江和开发区(浦口街道)相邻,南至长乐江,与三江街道接壤,西至工农村,同鹿山街道相连,北至禹溪村,跟仙岩镇毗邻,下辖 11 个社区和 13 个行政村,共有 27758 户,77775 人。2016 年,固定资产投资 9.23 亿元,同比增长 9.4%;规上工业总产值 65.7 亿元,同比增长 15.0%。

【工业经济】 2016 年工业性投资 7.7 亿,增速 15.0%;农业投资 0.14 亿元,服务业投资 1.37 亿元,外贸出口 1.03 亿元,同比增长 7.2%。新增在建厂房面积达到 2.13 万平方米。三产服务业限下升限上完成 12 家,小升规净增 9 家,上市企业 2 家(浙江新光药业 6 月 24 日在创业板成功上市,易心堂大药房 7 月 18 日在新三板成功挂牌)。

【项目投资】 按照工业强市的战略方针,突出发展重点,加强协同服务,促进项目落地。嵊州市丰盛布敦沥青科技有限公司的布敦岩沥青新材料项目、嵊州市城溪化工厂的年产 30 吨 β—胡萝卜素斑蝥黄技改项目、浙江乾元新能源股份有限公司的分布式光伏发电站项目、嵊州市汇源纺织印染有限公司的中高档印花面料生产线技改项目、浙江好运来印染有限公司的纱线面料染色和面料印花及整理定型生产线技改项目等等都在顺利推进中。

【安全生产】 2016 年,剡湖街道(城北办)的安全生产工作在街道党工委、办事处领导下有序开展。落实网格化管理要求,共检查企业 132 家,发现并整改隐患 343 处,完成低小散整治 7 家。开展出租房专项整治,配合完成 G20 峰会和互联网大会安保工作,完成城北区域火灾体系建设,全年保持零事故零伤亡,提升了企业发展环境,确保辖区安全生产形势持续好转。

【经济秩序】 做好对辖区欠薪欠税欠息、恶意转移资产、非法集资等问题的整治打击工作。推进"低小散"整治,淘汰落后产能,开展印染行业企业的专项提档升级工作,辖区 17 家印染企业已基本完成整治工作;联合派出所和市场监督所开展辖区内 47 家金融投资公司的风险摸排,摸排出 2 家高危投资公司,落实应急措施,优化社会发展稳定环境。

【创国卫】 开展了城乡环境大整治专项行动,针对乱堆乱放、乱搭乱建、乱种乱养、乱贴乱画等四乱现象,对涉及创卫的 11 个社区、8 个村下派责任团队,市联系部门参与共建;签订好门前"三包"承诺。落实 13 个行政村 788 名党员的环境保洁包干责任区,落实保洁人员,每个行政村至少配备两名以上保洁人员,出台三级巡查制度,按照"三监管三解决"落实各村的环境卫生清扫、检查工作。成功通过"国卫"的省级检查和国家暗访,特别是 11 个社区和荷花坪、东塘、里坂、漩泽墅等城郊结合村,环境卫生得到了明显的改善。

【城中村改造】 完成"三改一拆"133584 平方米,完成率 112.44%。艇湖旧村改造项目 8 天完成 47 户的全部签约工作,原丝织厂城中村改造项目 6 天完成 95 户签约。

【城乡统筹】 结合全市重点,开展城乡建设工作,重点推进城北入城口改造,完成城北入城口立面改造建设;完成嵊州大道城市景观项目红线选定区域的施工方案设计、招标阶段工作;基本完成 G527 国道剡湖段的政策处理工作和嵊新污水处理厂二期扩容工程政策处理工作;投资 80 万元的江滨社区活动用房已完成项目工程主体建设。禹溪排涝站综合改造工程,正在抓紧施工中,确保 2017 年 5 月底完工。

【五水共治】 加大治水项目投入力度,推进"三清三建"工程,完成"城北工业区排污改造项目"和农村生活污水改造工程,顺利通过省"清三河"达标验收。对街道的 9 条重要河道及 12 个村的村内池塘沟渠清淤疏浚工作任务进行分解落实,街道突出建成区、工业区周边河渠清淤,结合项目配套,开展集中清淤,累计完成清淤 1.663 万立方米,完成市级任务数的 126.46%。开展畜禽养殖场清养关停工作,严格落实街道河长一周一次、村级河长一周两次的河长通 APP 巡河制度,每周一通报,发现问题及时进行整改落实。完善对城郊村污水管网整治，完成 6 个村的农村生活污水治理，对 7 个城郊村的生活污水治理工程已全面铺开。

【惠民保障工作】 2016 年，共办理城乡居民医疗保险 27370 人，办理"4050"人员养老医疗保险补贴 3332 人；开展"福彩暖万家·爱心敬老""红十字会博爱送万家"活动，服务 25 户困难老人家庭；完成 9 个行政村的农村居家养老服务照料中心建设；开展"慈善圆你大学梦"慈善救助活动，发放救助困难金 7.8 万元，帮助 4 名困难大学生顺利就学。

【文卫事业】 推进二胎政策，做好计划生育特殊困难家庭扶助工作，进一步抓好优生健康检查，减少缺陷儿童的出生。配合开展越剧诞辰 110周年走进嵊州"我们的中国梦·文化进万家"文艺演出活动，做好文化礼堂和农家书屋管理工作，组织文艺团队参加活动 9 次，开展文艺培训 20 次，联合漩泽墅村设置街道综合文化站，完善设备和制度，

3月 27 日，剡湖戏迷角参加在甘霖镇东王村举行的第二届全国越剧戏迷大会暨中国越剧戏迷网启动仪式

配强文化站工作。有力开展幼儿园专项整治；完成街道幼托中心建设并正常招生。

【社会治安稳定】 做好"平安建设"、G20 峰会维稳工作，做好重点人员的摸排、化解、稳控工作。建立健全下访接访、领导包案等制度，通过逐案会商、会诊等措施，包案解决一些久拖不决的重大疑难信访积案；围绕街道重大决策部署，主动服务"五水共治""三改一拆""八大行动"等重点工作，解决拖欠职工工资、企业债务纠纷等方面可能发生的群体性事件的防范和控制工作。街道全年共排查矛盾纠纷 135 起，受理调解 135 起，调解成功 133 起，成功率达 98.52%；吸纳机关干部、离退休干部、社区工作者、党员、村民代表、村嫂、网格员及热心公益事业的居民群众等积极参加平安志愿服务队伍，招募平安志愿者 1751 名。学习"枫桥经验"，推进基层社会治理模式改革。

【干部队伍建设】 开展"走村不漏户、户户见干部"活动。完善驻村指导员民情联系卡进村入户，建立驻村台账，开展农村党员先锋指数考评工作。全街道 694 名农村党员参加考评，评出优秀党员 29 名，先锋党员 58 名，合格党员 600 名，警示党员 7 名，并对 7 名警示党员落实了一对一的帮扶措施。以社区服务平台为依托，推行"一体化办公、一站式服务、一条龙办事"的"三个一"标准化服务模式，实现网络信息共享，协调办公，解决各部门办公地点不一，职责不一等问题，解决社区群众 "人难找"、"事难办"、"多头跑"等难题。通过各党群部门协作，各级党群服务中心协作，实现"一条龙"服务，从根本上解决了群众办事难的问题。（邢丽）

行政村数据库

表 66

村　名	书　记	主　任	户　数（户）	人　口（人）	水　田（亩）	旱　地（亩）	山　林（亩）	农村集体经济总收入（万元）
里坂村	童万钧	尹寒杨	949	2703	337.20	293.21	50	213.95
大湾村	张文江	张江良	570	1631	1414.30	244.00	200	138.87

续表

村　名	书　记	主　任	户　数（户）	人　口（人）	水　田（亩）	旱　地（亩）	山　林（亩）	农村集体经济总收入（万元）
后璋村	丁军桥	丁才士	372	1035	778.00	352.47	277	22.60
漩泽墅村	喻潮良	尹　德	356	1073	95.70	119.00	286	88.53
竹前村	竹秋桥	郑赛月	503	1521	701.70	353.00	95	162.68
八何洋村	宓梦君	朱国仁	500	1402	112.00	16.96	159	235.30
禹溪村	张培正	王高洪	465	1490	207.45	105.70	170	221.06
沙园村	张栽良	张立云	435	1234	906.47	208.00	225	108.08
罗南村	黄绍军	邹良军	477	1249	891.03	923.60	755	46.37
碑　山	徐满荣	马华军	380	1204	717.00	377.00	1114	50.80
荷花坪村	孙水华	俞学林	219	688	183.00	10.00	129	96.55
东塘村	王方军	王世平	138	456	251.70	59.00	500	104.20
戴望村	裘建松	张雪仁	259	780	346.71	2.60	1753	99.94

石璜镇

【概况】　位于嵊州市西部，西白山东麓。面积 63.87 平方公里，辖 17 个行政村，1 个居委会，25616 人。2016 年工业总产值达到 39.5 亿元，同比增长 12%，其中规模以上工业实现产值 3.6 亿元，同比增长 20%。完成固定资产投资 1.85 亿元，同比增幅 12.3%，技改投入 10400 万元，同比增长 15.6%。

【工业经济】　培育小微企业 8 家，实现"下升上"企业 3 家。全年工业性投资项目 7 个，合计 10400 万元，年均增长 15.6%。总投资 6372 万元。新建并完成嵊州市日兴纺织有限公司、嵊州市华成茶叶有限公司 2 个生产线技改项目。计划总投资 6345 万元，嵊州市富华通用设备厂和嵊州市星灿制冷设备有限公司年产 10 万套蒸发器生产线技改项目，已投入 3459 万元。嵊州市何家年糕厂、嵊州市溪口线路板厂、嵊州市隆裕茶厂等 6 家企业新建厂房面积 10194 平方米。完善工业小区水电、道路、管网等基础配套设施建设。

【农业经济】　新建农业专业合作社 6 家，家庭农场 5 家，外拓农业基地 8000 亩。花木、葱姜、茶叶为三大支柱产业，年产值分别达 2 亿元、3000 万元、1600 万元。完成蛟湖畈等 1000 亩高标准农田补建项目和雅宅村前王畈 54 亩"旱改水"耕地提升项目；罗松村、何王村等 2 只土地开发项目也在有序推进。完成农村土地经营权确权登记试点颁证工作；开展第三次全国农业普查试点工作。

【村镇建设】　完成"美丽示范路"、石璜道口和入镇口景观建设。改造提升集镇市场，对日常保洁和广告标牌实现长效管理。完成向阳、罗松等第一批 6 个环境整治示范村建设。集镇全线安装路灯，铺设雨水管网，划分 220 个停车位，设置 80 只箱式花坛，拆除乱搭雨棚 75 处，违建钢棚 53 处，破损广告牌 24 块，为商户更换 60 只灭火器。购置城

向阳示范村主题公园

管车辆,增加管理人员开展集镇街面巡逻密度和频次,加大车辆违停处罚力度,全面提升整体有序、管理有法、违章必究的集镇管理水平。

【环境整治】　对集镇、嵊松线、上竹线、村庄"四乱问题"进行地毯式、循环式清理。共拆除各类建筑93583平方米,其中拆除"一户多宅"376户,占全年任务数151.92%,完成裁执分离点处置28处,创建"无违建"先进乡镇。优化拆后土地利用,强化危旧房的排查和巡查力度。完善"河长制",加快入河排污(水)口登记建档工作。河道池塘清淤达7.07万平方米,占年度计划的321%,完成包括青草坡奶牛专业合作社在内的60家畜禽养殖场的清养关停工作,创建成为"清三河"达标乡镇。推进供排水一体化工程,完成镇级污水厂装修及厂外附属工程、污水处理(管网二期)主管网工程,实现17个村的村级污水处理全覆盖。

【平安建设】　为确保G20峰会和世界互联网大会期间社会稳定和谐,出台维稳安保工作方案,在全镇范围内对各类人员进行摸排梳理,针对8名二类人员、15名三类人员建立"一人一档",落实领导包案制度和"六个一"稳控措施;行政村每周开展1次排查,镇区每半个月开展1次排查,对重大矛盾纠纷由领导包案。全年排查解决矛盾纠纷76起,信访信件16件,市长热线电话143个。开展创建"平安石璜"宣传活动、反邪禁毒警示教育活动,做好科普宣传工作。以村为单位建立平安志愿者队伍,深化网格化管理,对辖区内的各营业场所和人群密集区域进行明察暗访,做到底数清、情况明。

【民生事业】　完成夏相村相家至上村下村段路面硬化、白竹村环村路建设、寺新村张家山至新塘机耕路硬化等9个移民村工程项目。倡导全民健身理念,17个行政村全部配备灯光篮球场;创建白竹绍兴市文明村,完成范油车和寺新两个省级文明村的复评工作;开展社会救助工作,完成11户低保家庭和5户困难家庭的申报、审核工作;农村最低生活保障、城乡居民基本医疗保险、慈善助学、就业帮扶等工作顺利开展;落实计生优惠,做好45名计生养老保险补助对象的逐个调查、审核落实,以及新增的180名奖励扶助对象和特扶4人的调查审批,做好计划生育公益金的落实工作。

【党建工作】　一是开展"基层治理大提升",一方面抓党建责任清单,落实17个村的党支部书记和1246名普通党员的党建责任清单。建立村干部目标管理和岗位责任制,完善五比绩效考核办法和值班制度。另一方面抓党建服务平台,由党建办牵头,镇团委、妇联、社会事业办及各行政村配合,协调组织党员干部、"村嫂"、共青团员、治水义务监督员在各村建立一支环境保洁志愿者队伍,定期、不定期开展环境保洁义务劳动。二是强化党员责任意识。完成900名党员的卫生包干区责任落实,并建立相应的包干区考评机制,对排名靠后、表现较差的党员结合先锋指数考评等方式采取相应组织措施。持续开展党员固定日活动,每月对党员活动日参与情况进行公示。三是推进"两学一做",在42个基层党组织开展"两学一做"学习教育应知应会测试,通过组织党课、远教平台、微信群等形式积极组织党员干部开展全方位的学习教育。班子成员带头下村"上党课",掀起全镇党员干部送党课的学教氛围。四是打造党建品牌。党建"微教室"——富丽石璜信息每周至少一更,建立17个由联系领导、联村干部、村两委班子、党员群众参加的微信群,拓宽党内信息互通渠道,推进党建工作信息化,扩大党的工作影响力和覆盖面;开展"青年大论坛"活动,围绕"理想、责任、奉献"等主题,开展基层锻炼、座谈会、演讲比赛、自主课堂、专题讲座等多种形式的活动,发掘一批、培养一批可担当重任的优秀年轻干部。五是加强党风廉政建设。严格落实主体责任和监督责任,对全镇机关干部开展责任认领及履职约谈工作;班子成员认真履行"一岗双责",线办负责人向分管线领导负责,班子成员向党委负责;根据"一级抓一级、层层抓落实"的工作原则,完成了与12名班子成员、17个行政村、所辖4个站所庭的《党风廉政建设责任书》签订工作。对16名党员进行了党纪处分,其中开除党籍3人、留党察看2人,严重警告2人、警告9人,并对8名村主职干部进行了履职负面清单扣分处理。(赵叶舟)

行政村数据库

表67

村 名	书 记	主 任	户 数（户）	人 口（人）	水 田（亩）	旱 地（亩）	山 林（亩）
石 璜	陈福增	王玉萍	673	981	1453.7	236.0	87
沈 村	沈万成	沈仕阳	313	916	510.6	247.9	124
朱 村	陈烨勇	陈胜平	409	1279	1248.8	1019.6	234
罗 松	胡根初	吕荣良	297	889	1162.5	459.0	278
白 竹	裘蔡安	裘美祥	756	2306	2134.4	53.0	36
雅 宅	王琪江	王 勇	662	1890	1783.9	666.0	34
堰 底	商卫平	商卫国	376	1050	1139.6	93.8	67
寺 新	张珂炎	杨宗超	578	1606	1629.8	336.8	18
丁 家	黄建丰	范章江	506	1536	1427.7	35.0	106
夏 相	周国江	夏松庆	541	1511	1494.2	131.0	54
何 王	金林达	鲁伯洋	428	1203	1060.9	18.0	94
范油车	范少彤	范利洋	254	769	574.6	42.0	17
楼 家	钱国锋	夏 冬	829	2343	1912.3	133.6	7557
溪 西	相 忠	张 弛	546	1552	1404.9	1420.7	5247
向 阳	商金永	楼开校	213	561	387.7	203.0	4508
三 溪	—	金初君	557	1523	968.1	190.0	9802
徐家培	葛小兔	骆苗顺	448	1285	517.9	165.0	8999

谷来镇

【概况】 位于嵊州市境西北部，据宋嘉泰《会稽志》引唐梁载言《十道志》记载："舜耕于此，天降嘉谷"，故名"谷来"。驻地距市区44公里，东邻崇仁镇，南连王院、竹溪乡，西接诸暨市，北靠绍兴柯桥区。全镇镇域面积105.01平方公里，下辖20个行政村和1个居委会，共8300户，25058人，其中，非农业人口3895人。2016年全镇完成固定资产投资4230万元，同比增长22.8%，其中工业投资1200万元，同比增长12%，三产投资2058万元，同比增长67%；规上工业产值657万元。农民人均可支配收入18559元，同比增长12.5%。

【工业经济】 生态工业提质增效。加大技改投入力度，完成七七、显潭一级、吕岙三个电站技改项目，并全部投产发电运行。加快电子商务发展，全面开展"电子商务进万村"工作，已有14个村完成示范点建设工作。开展招商选资工作，洽谈劳务工资投资项目。加大企业帮扶力度，完成个转企3家，引导和帮助低效企业转型升级，实现"低小散"产业格局提质。完成招商引资水源项目3家。

【农业经济】 推广山稻套种790亩，现已完成播种。新建林间道路3.5公里。实施2000亩木本油料产业提升项目。创新开展"香榧书院"技能培训活动4期。实施2只标准农田提升工程，完成土地开发垦造耕地立项65亩，完成小舜江流域（谷来段）整治工程谷来江入江口砌坎和部分填方，完成3只山塘水库的除险加固工程部分招标、预算等工作。吕岙村完成浙江省生态文化基地创建，创建绍兴市森林城镇

【三改一拆】 结合"一户多宅"整治和"裁执分离"处置，对全镇20个行政村的存量违建和住宅情况进行调查摸底，细化分解各村"三改一拆"任务数，实行分片抱团包案、工作日、报倒逼等制度，强

势推进"无违建"创建工作。已拆除违建61825平方米,完成全年目标任务的140.51%;完成"一户多拆"整治286户,占基数的119.17%;完成"裁执分离"案件处置52件,占目标任务的100%;完成绍兴市级沿路沿线整治点23处,综合完成率100%。创建为基本无违建乡镇。

【五水共治】　对97条河道的"河长"重新进行了梳理和调整,使之更加科学合理。村级"河长"做到一日一巡查,镇级"河长"一周一巡查。镇里不定期开展对河道卫生及"河长"台账的检查,对发现存在的问题,立即处理。建立长效保洁机制,巩固"清三河"成效。全年完成对5条河段,3口池塘的清淤工作,共完成2.666万立方米。超额完成市下达的任务数2.2万立方米。清淤过程严格按照上级文件规定,严控淤泥堆放点,防止二次污染。推进以联谊村垃圾处理站成功的优秀经验,村带村,片带片,用好垃圾资源化处理设备,减少垃圾对环境的污染,提升水质。

【环境整治】　拆除违章搭建180余处,劝阻并清理道路沿线乱堆乱放农户220余户,完成集镇区域、道路沿线及村内乱搭乱建、垃圾淤积等各类问题销号438个,完成率100%。加快环境整治规划设计工作进度,对绍甘线、枫谷线环境实施综合整治。

5月起,开始整治枫谷线。图为整治后的枫谷线一角

【乡村建设】　完成杭绍台高速(谷来段)土地征用、苗木迁移、房屋拆除等政策处理和建设保障工作。三村、马村、北岙、榆树等4个村的农村生活污水处理工程基本完成。实施集镇改造,对集镇主要道路两侧店面实行统一整改,有效提升集镇面貌。加快美丽谷来建设,8个自然村的村庄整治提升项目已上报立项。一事一议财政奖补项目已完成立项,正在施工中。

【社会事业】　增加对集镇环境卫生整治,交通秩序监管,集镇基础设施的完善,社会综合治理提升,以及在不同程度上提高居民的道德和文明素养,使集镇达到街容整洁、环境卫生、镇风文明、管理有序的文明集镇创建目标,到2016年年底,创建成为绍兴市示范文明集镇。集镇和农村饮用水工程正与市水务集团对接中。已完成4个村的村级居家养老照料中心建设,并对剩余3个村正在添置硬件设施中。实施4只山区发展项目和4只一事一议财政助推美丽乡村试点项目。加强救贫扶弱,全年共发放低保金76万元。完成城乡医保参保18000人,完成被征地人员参保1000余人。完成做好中心幼儿园双溪教学点配套设施建设,启动谷来镇中学校园绿化和文化建设,创建嵊州市校园文化建设示范学校。

【党建工作】　以"抓落实,敢担当,比速度"为活动载体,全面加强农村基层党建工作。开展"两学一做"学习教育,举办各类学习培训活动8次,受训人数300余人次。引导党员干部在城乡环境整治"脏乱差"百日大会战、非法"一户多宅"整治等中心工作中带头垂范,发挥正面典型的激励作用和反面典型的警示作用。全镇共有农村党员干部1293名,其中党员1243名,非党干部50名。国土所审核、认定党员干部非法"一户多宅"38户44人,非法率3.4%,其中村主职干部1人,四委会干部5人。党员干部非法"一户多宅"整治已全部完成,拆除率100%。警示党员2人。严格执行党风廉政建设责任制,强化党委主体责任的落实,深化"签字背书"和履职约谈等制度,履行镇纪委在党政中心工作的职责。

【平安建设】　加强乡镇社会治理现代化建设,开展"平安谷来"创建联动宣传,成立镇村两级平安志愿者队伍,全落实安全生产责任制,与各村、企事业单位签订安全生产责任书,对重点区域和行业开展矛盾纠纷、消防等安全检查,对排查出的安全隐患及时整改。全年共排查出矛盾纠纷53起,各类安全隐患23余处,上报综治信息540余件。全镇治安良好,刑事案件下降,群众满意度有效提升。开展安全隐患排查整治专项行动。对网格员进行集中培训,要求网格管理员每月进行安全生产检查,尤其是对特种车辆、锅炉、校车、烟花爆竹等方面进行重点检查,对每一项整治任务,逐一明确责任人、工作目标、完成时限,并报镇综治办、安监站备案。(姜金泽)

行政村数据库

表 68

村　名	书　记	主　任	户　数 (户)	人　口 (人)	水　田 (亩)	旱　地 (亩)	山　林 (亩)
九里斜村	求绍庆	求中南	330	1036	323	252	4182
护国岭村	刘永海	蒋裕明	400	1201	537	351	4844
一　村	王绍军	何彬彬	585	1874	694	363	8054
三　村	罗石荣	黄正军	705	2190	582	516	9603
二　村	黄健均	黄春强	494	1446	651	218	4534
勤勇村	黄华庆	蒋连军	280	885	369	395	3130
石城新村	蒋仲林	马胜军	347	1015	320	174	1350
金山湖村	董云华	董贵军	233	708	242	196	3975
三合村	屠南华	徐国平	316	856	253	145	7829
马溪村	马志根	马志明	392	1182	486	396	5232
横山村	马陆军	蔡良兴	402	1229	99	358	5685
上显潭村	楼正海	楼伟军	335	1000	122	289	3693
举坑村	马利强	马玲亚	370	1051	68	247	4023
马村村	金绍贤	马永法	713	2123	250	511	7971
联宜村	马乐兴	卞利成	319	1074	133	326	3994
双溪村	卞关兴	黄雷钧	333	1043	136	269	5764
北岙村	李永见	王柏松	352	1131	193	348	4568
吕岙村	黄　琼	卞善法	335	1113	193	154	6356
袁郭岭村	袁文江	郭仁荣	283	1004	144	329	3402
榆树村	袁和智	袁乐勇	383	1322	207	259	5062
居委会	黄永苗	黄永苗	417	615	—	—	—
茶林场	—	—	—	—	—	—	1392
合　计			8324	25098	6002	6069	104643

仙岩镇

【概况】　位于嵊州市北部,距市区10公里,东邻下王镇,南靠市区,西傍崇仁镇,北与三界镇接壤。104国道、常台(上三)高速穿境而行,剡溪横贯而过,水路、陆路通畅,交通便捷。面积74.53平方公里,辖18个行政村,全镇总户数5523户人口15358人。

【工业经济】　2016年全镇完成规上工业产值21.71亿元,同比增长13.6%,其中造纸作为龙头产业,约占全镇规上产值的60%;实现财政总收入

8388万元(根据即征即退政策要求,造纸企业资源综合利用退税3982.35万元,实际同比增长13.19%);固定资产投资增长12.8%,其中工业性投资增长16.07%;实现小升规2家,纳税超百万企业16家,其中超千万元3家;全镇共有规上企业22家,实现全市30强企业5家,30优企业2家。乡镇财政体制收入2314万元,实现利税11165万元,实现农民人均可支配收入22396元,同比增长8.54%。2只重点项目推进较为顺利。其中,投资5000万元的浙江力普粉碎有限公司新增超微粉碎设备生产线项目在8月底开工建设;嵊新污水二期项目待中标结果公示后,在11月开工建设。

【发展空间有效拓展】 完成全镇土地利用总体规划和工业园控制性详细规划编制,对原西鲍造纸园区土地进行调整,新增严坑高新园区工业土地指标14.5亩。实施旧厂房"三改"面积13320平方米,盘活天美助剂等闲置用地1647亩。累计完成土地开发项目9只,新增耕地面积360亩,其中水田120亩。完成3只农村土地综合整治项目,新增耕地面积70亩。

【企业风险稳控】 在2015年成功化解天宇纸业风险经验的基础上,2016年开展了一次全镇企业的风险摸排工作,对企业存在重大风险的,及时上报市委、市政府主要领导统筹协调,加强了与各部门、银行等金融机构的协作,做到信息互通、资源共享,构建企业风险联防共帮工作机制,推动企业健康平稳发展。

【城乡建设】 引导村民制定并自觉遵守《村民环境保护公约》《门前三包制度》,规范村民行为。开展"美丽仙岩"创建活动,评比出"美丽示范户"100户、"美丽村庄"10个、"美丽河段"10条。实施农村垃圾分类工作,对沿线8个村配置垃圾分类设施。通过整合资源,重点抓好王树精品村、强口整改村,以及沿路沿线西鲍、仙岩等村整治,发挥好典型在全镇的示范辐射作用,形成全民参与、共同推进的工作态势。以沿路、沿江为重点,完成桥石头等4个环境整治示范村,项目建设力求高标准、高档次、

做到村容村貌整体风格与村落自然环境相协调。建造特色景观,并融入党建、文化等多种元素,体现"一村一品"。结合安全检查、APP巡河,对重点区域、卫生死角开展"地毯式"巡查,督促企业主履行好责任区保洁义务。对巡查发现的问题,实行整改销号制度。开展行政村环境卫生月度考核排名,对前三位、末三位的村主职干部、驻村指导员、保洁员落实奖惩措施。同时对工作推进不力的村和责任人,进行通报批评并问责;对工作成效显著的村,予以通报表扬,激发干部的主动性和能动性。

整治后的王树村一角

【五水共治】 完善"河长"负责制,加强河道综合治理,河长APP巡河完成率均达100%。推进入河排污(水)口的清理整治和统一标识工作,境内断面水质均达到Ⅲ类及Ⅲ类以上标准。深化畜禽养殖综合整治行动,新增清养关停规模水禽养殖场1家,治理规模养牛场1家,并对历年关停的34家养殖场建立网格化管理机制,对存留猪场5家,落实环保达标治理并通过验收。抓好农村、城镇污水治理,全镇最后1个农村生活污水治理村(西鲍)生活污水纳管工程即将完工,集镇村及城郊村截污纳管的2个村(仙岩、严坑)正紧张施工。共完成2条河道、9口池塘的清淤工程,清淤量1.6万方,完成率达114.3%。

【三改一拆】 以"无违建"创建为载体,加大拆改力度,拆除建筑面积62077平方米,完成市下达任务的141.08%。推进一户多宅整治工作,累计拆除非法"一户多宅"229户,完成率136.3%,其中党员干部48户。拆除沿路沿线整治点223个,完成裁执分离案件处置21件。

【集镇形象】　　围绕打造有序、繁荣的集镇形象，扎实推进了 104 国道边立面改造、大坑彭河道整治、镇区污水纳户建设、老村立面改造等工程，重点推进乱搭乱建、占道经营、乱种乱养专项整治，提升集镇品位。抓好"诗画剡溪"景观工程建设，初步完成沿线绿道、生态护岸、绿化提升、地形整理、通信杆线上改下等工程建设，"唐诗之路"景观初显，成为仙岩的新地标。

【社会治理】　　实施社会治理"一张网"工程，巩固基层平安队伍建设，建立"网格员""平安志愿者""村嫂"三支队伍 310 余人。重视信访工作，完善矛盾纠纷排查化解和领导周一接访、约访、下访的信访工作制度，强化信访一岗双责和领导包案责任体系建设，完成黄色信访积案的化解，化解率 100%，开展 1 件红色信访积案的化解工作，全年无新增信访积案，没有发生重复访、越级访、集体访案件。圆满完成 G20 安保任务，被评为绍兴市先进集体。

【社会保障】　　关心关爱社会弱势群体，实施危旧房改造 16 户，加强对现有 161 户低保对象的动态管理。新建村级避灾场所建设 1 个(桥石头)，农村家宴服务中心 1 家(仁村)。完成全民参保登记工作，办理原征地农民参加职工养老保险 15 人，办理退休人员登记 36 人，完成 4050 人员登记 113 人，公益性岗位 9 人。

【文教事业】　　推进教育优质均衡发展，中小学教育质量稳居同类乡镇前列。文化事业亮点纷呈，健全镇文化活动中心功能，新建新岩头、唐天竺 2 个村文化礼堂，组织千名党员向党献礼"庆七一"文艺演出；开展文化走亲，与竹溪、浦口、剡湖等乡镇联合举办文化汇演；在王树、合溪坑等村分别举办"迎国庆"、"庆重阳"文艺活动；创作"三新"节目，"星火燎原保家园"大合唱参加市艺术中心演唱会。

【党建工作】　　围绕上级党委统一部署，扎实开展"两学一做"学习教育活动，做到规定动作不少，自选动作深化拓展，并以此为抓手，抓好基层党建工作。一是创新方式抓教育。制定学习教育方案，分别召开"两学一做"学习教育暨"三亮"行动动员会和"立足岗位创先争优，献礼建党 95 周年"系列活动，全镇 38 个党小组坚持每月一次的党小组会议，"一牌、二学、三亮、四定、五步"，"四达一线"等工作法在市级刊物和媒体上发表。二是层层传导抓机制。分层面制定党建工作责任清单，建立行政村党支部书记季度例会和党建工作例会制度，层层传导工作压力，促进工作的落实。调整完善驻村指导员，组建民情通工作微信群 18 个，结合"驻村干部在现场，发现问题在现场，解决问题在现场"的三个现场工作方法，使微信的作用得到有力发挥。全年共计走访 2450 多农户，民情日记 838 篇，排查发现问题 250 件，解决问题 122 件，推动了基层治理大提升行动的全面化、高效化。三是强化责任抓队伍。围绕落实优化环境"八大行动"、党员干部非法"一户多宅"整治等重点工作的开展，对 18 个村实行"指数"考核，以考核来促进各村主职干部工作作风转变。建立党员教育帮扶支部，加强对 "警示党员"的教育管理。加大后备干部的选育力度，出台《仙岩镇"青年成长行动"实施方案》《青年干部积分考核制度》。(张英)

行政村数据库

表 69

村　名	书记	主任	户　数(户)	人　口(人)	水　田(亩)	旱　地(亩)	山　林(亩)
仙　岩	汪汉良	王华江	282	746	139	20	1812
严　坑	王奕新	屠国江	119	362	35	55	983
强　口	王善宝	王　永	255	787	347	76	1812
西　鲍	童开华		257	738	187	40	2262
王　树	童勇敏	王利明	300	895	313	78	3250
新岩头	蒋香旺		326	931	663	492	1802

续表

村　名	书　记	主　任	户　数（户）	人　口（人）	水　田（亩）	旱　地（亩）	山　林（亩）
白　岩	徐浙龙		234	620	409	168	4932
唐天竺	李如东	王镇焕	349	914	587	531	6178
谢家庄	童贤君	钱茂君	221	590	404	61	5245
舜　皇	王廷才	郑苏明	310	772	460	169	5675
仁　村	竹汝弟	竹新华	544	1485	1114	175	4292
禹　山	竹善福	竹汝来	395	1114	589	852	3224
张　溪	汪建铭	沈兰仁	330	988	495	282	4672
大　东	蒋雪伟	童贤军	350	919	429	244	5804
桥石头	徐浩松		452	1430	923	112	8356
闹　水	俞香财	周国淦	290	754	580	98	4649
贤　家	阎六生	徐丰洛	279	734	502	87	4693
合溪坑	徐林生	吴功樵	230	579	257	50	9441
合　计	—	—	5523	15358	84323	3590	79082

金庭镇

【概况】　位于嵊州市东部,距市区19公里,西靠黄泽镇、北连北漳镇、东接奉化市、南邻新昌县。镇域面积74.58平方公里,辖9个行政村,8965户,25993人。2016年,全镇6家规上工业企业实现产值2.19亿元,同比增长32.07%;完成固定资产投资1.63亿元,同比增长12.38%;其中工业性投资1.35亿元,同比增长22.25%;上缴国地两税937.92万元;农村居民人均可支配收入19674元,同比增长9.9%。

【工业经济】　一是工业经济提质增效,重点项目建设顺利。平隆建材、华明机械两家公司通过股份制改造在省股权交易中心挂牌交易。2016年和平鸽鞋业成为规上企业,使得规上企业达到6家。6只2000万元以上的在建重点工业投资项目,当年完成投资1.16亿元,其中裕泰机械、和平鸽鞋业、立成机械、兴达石业等4只项目全部在9月份投产,共计实现产值近1亿元。东昇机械9000平方米的主体厂房已基本建成,信泰遮阳网5485平方米主体厂房已于11月底动建。二是实施创新驱动战略,实行政策倾斜扶持。出台《金庭镇加快产业升级推动跨越发展的若干政策意见》,安排50万元专项资金对项目建设、科技创新、开放型经济、创强争先等4方面17项优惠扶持政策,引导企业加快经济结构调整,推动产业转型升级,增加可持续发展后劲。三是加快园区设施配套,优化投资环境。加大对工业园区水、电、路等基础建设的投入,完成410米电信光缆线杆改道入地建设。开展走访企业活动,帮助企业解决在生产发展中的实际困难。四是把握机遇招商选资,接轨宁波商圈。通过亲情招商和以企引企,来自台湾、上海、宁波、绍兴、新昌等地的立成机械、裕泰机械、和平鸽鞋业、大易金属等10家企业落户金庭工业区。宁波市鄞州卓钰机械厂已与镇政府签订投资协议。

【三改一拆】　以农村党员干部非法"一户多宅"整治为突破口,以村庄测绘和农房确权登记为基础,完善农村"一户一档"资料。2016年,全镇累计拆除各类违法建筑78620平方米,完成目标任务的148.90%,处置裁执分离案件79起,拆后利用率达到70%以上。健全完善违法建设防控制度,落实动态巡查机制,加强违章举报宣传工作,落实新增违法建设即查即拆,确保无新增违法建设,创建成为"无违建"先进乡镇。

【五水共治】　落实全镇45条河道常态长效管理机制,确保各项工作职责落到实处。开展"党员干部护水日""清三河"反弹隐患拉网排查、入河排污(水)口标识、"河长通"APP使用等专项行动,完成225个入河排污(水)口治理并实现排污(水)口标识牌全覆盖,镇、村二级河长每周"河长通"APP巡河率95%以上。开展污泥浊水大整治行动,年度累计清淤3.38万立方米,完成任务的147%;完成23家留存规模养殖场提升改造并通过验收;主要河流断面水质保持在Ⅱ类及以上,通过全省河长制工作和绍兴市"五水共治"工作考核验收。

【环境整治】　完成嵊张线沿线、甬金高速两侧绍兴市级整治点15个,嵊州市级整治点21个,拆除两路两侧违建钢棚8520平方米,绘制具有金庭特色的文化墙3000多平方米。创建嵊张线至高龙新峰、嵊张线至金庭彭里湾两条美丽乡村示范道路。新建垃圾中转站6个,建造1个阳光堆肥房,为保洁员增添保洁车辆、清扫工具等。在"四乱整治"基础上积极推进5个环境综合整治示范村建设,开展环境卫生百日攻坚活动,全镇环境卫生工作取得了较好成绩。结合"书圣故里"景观带建设项目和嵊张线农林景观带建设,以灵鹅、华堂、坎头等村和嵊张线两侧为示范,突出村级特色和历史文化底蕴,拉高标杆,以点带面,着力打造河清、岸绿、路畅、村美、基本无违建的美丽新农村。

【农田水利】　加大投入,保障农业生产安全。依托千库保安、农业发展、小流域治理等项目平台,实施了一批农田提升、堤防综合整治、病险水库治理等项目建设,完成金固水库除险加固、马家塘坑晋溪段整治工程,金庭江济渡段、床光坑后山段、现代农业开发项目、灵鹅游步道二期等项目正在抓紧推进中。灵鹅、华堂和晋溪、新合等村分别成功创建绍兴市级、嵊州市级森林村庄。通过建设,全镇农田水利基础设施得到较大改善,提高了农业抗御自然灾害能力。

【土地开发】　改善土地使用质量。华堂孝康和金庭官田等2只80亩农村土地综合整治项目、华堂335亩旱改水项目已通过市级验收。后山、床光、彭里湾、下任等土地开发垦造耕地项目200亩已完成建设,通过了上级验收。晋溪村412亩晋溪畈"旱改水"耕地质量提升项目已完成80%工程量。

【新农村建设】　提升环境整治效果。全镇9个行政村全部完成污水管网建设,其中6个村污水终端已开始运行。华堂村孝康、高龙村泗沽坪已完成停车场硬化,华堂村新岩已完成道路硬化,官田、坎头和彭里湾已完成提升村整治。投资1620万元的华堂古村保护和利用开发项目进展顺利,王氏祠堂于2013年被列入全国重点文保单位。灵鹅村历史文化村落建设硬化、绿化、亮化、洁化、美化工作已基本完成。5个农村环境综合整治示范村各类工程正在紧张实施中。及时修复水毁倒坎,清理各类塌方,定期对各警示牌进行检修,保证道路交通安全和畅通。开展"农民创业服务一线行"活动,举办各类农民培训192期,累计受训人员达到8242人,帮助农民找到了一条创业致富的门路,增加农民经济收入。

【旅游服务】　搭建对外宣传平台,知名度不断提升。抓住王羲之金名片和桃形李品牌的宣传推介,配合市政府举办第十三届中国嵊州国际书法朝圣节,开展春游嵊州——金庭登山节、与省交通台FM93联合举办桃形李自驾采摘游、桃形李品质大赛、"花样周末·味道嵊州"2016年嵊州旅游文化月活动。成立金庭镇乡亲文化促进会,举办"羲之故里·金庭雅集"联谊活动。

【社会事业】　文教卫事业不断进步。完成镇中、镇校食宿改造和镇中塑胶操场建设,金庭村幼儿园扩建教学楼已进入招投标阶段,教育硬件日趋完善。金庭镇中考成绩喜人,在同类学校中名列前茅。在高考中,金庭籍学子竺可尔和王欣琪分别摘得嵊州市文理科状元头衔。开展王羲之家训家规深化系列活动,得到了中纪委的肯定和中央媒体的报道。建设农村公共文化娱乐设施,全镇9个行政村均已完成农家书屋建设,新建4家文化礼堂,新建2800平方米"文化墙",华堂被评为省书法村,灵鹅高跷被浙江省文化厅评为中国民间文化艺术,灵鹅高跷队代表绍兴市出使韩国参加"2016多彩大邱庆典"活动,促进了两国文化交流。医疗卫生事业成效显著,完成血防工作和精神病防治工作,完成每年度新医合收缴工作。2016年公共卫生服务项目荣获全市第一,医疗业务收入1300万元创新高,同比增长20%。人武民政工作不断加强。新入伍大学生比例达到100%,圆满完成征兵任务,得到绍兴市表彰。深化基层战备规范化建设,整顿民兵组织,开展点验活动。加强消防队伍规范化建设,强化消防装备建设,新增5名专职人员和17名志愿者。开展殡葬专项整治工作,规范各村生态公墓建设,创建"无违建"坟墓乡镇。做好济困帮扶工作,关爱弱势群体,严格审批程序,镇敬老院集中供养孤寡老人24人,核定低保对象120户204人,其中重残人数76人。开展临时救助、医疗救助,妥善安置复退军人,兑现住房保险赔付,支持老年人开展丰富多彩的文体活动。

【社会稳定】　　　开展安全生产"大排查、大整治"活动,实施"平安乡镇"、"平安家庭"建设,全年没有发生重特大安全生产责任事故。畅通信访举报渠道,化解信访积案,各类纠纷、矛盾调处成功率达100%,受理各类信访、来电、市长热线,办结率、反馈率均达100%,上半年通过"枫桥式"乡镇考核验收。根据备战、临战、实战、决战阶段分步做好G20维稳安保工作,做好中共十八届六中全会和互联网大会安保工作。

8月5日,"金榜题名时·文化礼堂行"系列活动在华堂村文化礼堂举行

【自身建设】　　　建设法治政府,接受人大依法监督和政协民主监督,听取社会各界人士和团体的意见和建议。开展"两学一做"学习教育活动,执行中央八项规定、"六个严禁",严格控制"三公"经费支出。落实党风廉政建设责任制,建立班子成员"一岗双责"履行情况月报分析制,签订党风廉政建设目标责任书,开展干部履职约谈活动。加强政府性投资项目监管及专项资金审计,开展往来款项清理整顿和"小金库"专项检查。(操肖科)

行政村数据库

表70

村　名	书　记	主　任	户　数 (户)	人　口 (人)	耕　地 (亩)	人　均 收　入 (元)	茶　园 (亩)	桑　园 (亩)	果　园 (亩)	林　地 面　积 (亩)
合　计	—	—	8965	25993	16201	15952	2899	1185	18756	51119
新　合	虞国标	杨忠明	696	2051	1076	13836	248	470	1806	15005
济　渡	张惠东	竺焕龙	620	1737	899	13962	298	40	1986	9775
华　堂	王建伟	姚华荣	1939	5640	2854	17314	460	190	4989	8490
金　庭	—	姚扬江	1370	4183	2511	18084	265	80	2331	1472
灵　鹅	韩波东	韩锦凡	814	2458	1495	16897	161	200	3653	862
欢　潭	袁香见	姚宇锋	561	1733	1262	15358	202	50	375	4060
晋　溪	陈春荣	姚金龙	991	2808	2181	15924	328	30	898	293
后　山	竺志华	竺忠云	1065	3182	2601	14771	592	110	820	1258
高　龙	单香云	—	605	1781	1322	13858	345	15	1898	9904
居　民	—	—	304	420	—	—	—	—	—	—

北漳镇

【概况】　位于嵊州市东部，上东江上游，距嵊州市区 23 公里，东连奉化市，南接金庭镇，西毗黄泽镇，北邻下王镇并与余姚市接壤。全镇区域面积 89.13 平方公里，下辖 13 个行政村和 1 个居民委员会，全镇总户数 6262 户，人口 17014 人，有水田 9981.5 亩、山林 98244 亩、旱地 2176 亩。麦饭石资源贮藏面积占全镇镇域面积的 40%，享有同类矿产资源"华东地区第一矿"之美誉。2016 年是"十三五"规划的开局之年，全镇实现财政收入 329 万元，同比增长 4.4%；完成固定资产投资 5649 万元，同比增长 20.1%。

【经济建设】　全镇完成工业性投资 3760 万元，同比增长 25.3%；实现规上产值 4588 万元，同比增长 13.3%。重视企业技改力度。德欣精密铸造年产 1500 吨高精密铸件、电器配件厂年产 1500 套齿轮箱生产线和瑞泰锻造年产 2500 吨曲轴锻打生产线等技改项目试运行。重视招商选资工作。新引进索爱工艺品、施妍木制品等 2 家税源项目。重视休闲经济发展。美丽乡村游精品线初具雏形，投资 235 万实施北庵线金兰至彦坑村的市农林景观带建设；投资 228 万元建设下溪线金兰至北漳段美丽示范路 3 公里；投资 160 万元实施"书圣故里精品区"项目建设；投资 30 万元培育董坞岗民宿特色村；成功创建绍兴市级森林村庄 1 个、嵊州市级森林村庄 2 个；完成北漳、董坞岗等村的古树林改造工程。重视农产品销售渠道拓展。新增农村电子商务网点 5 家。重视农业经营体系建设。与金庭镇联合成立农业合作经济组织联合会，入会合作社达 33 家。

图为北漳镇上东水库鸟瞰图

【项目建设】　重视要素保障项目。完成土地开发项目 117 亩；完成"旱改水"项目 270 亩。实施农村土地综合整治项目 327 亩，完成工程量的 70% 以上。谋划启动小城镇综合整治工作。落实规划设计初步方案编制、可行性研究等前期工作。实施污水处理工程。镇级污水处理厂成功投入运行，最后 3 个村级生活污水处理工程完工，实现全覆盖。推进民生项目工程。完成鱼湖山等 3 个村 2015 年度山区发展项目；完成金兰等 4 个村财政"一事一议"项目。逐步完善基础设施建设。完成农村公路管理示范站建设；完成新岭至东兰等 3 段农村公路提升改造项目；完成青山头至土块联网公路项目。

【整治工作】　开展城乡环境卫生大整治，创建高风和金兰村 2 个市级环境整治示范村，金兰村入选浙江美丽乡村示范村，建设农村垃圾阳光堆肥房 1 座。发动群众积极参与环境卫生整治，农村"脏乱差"面貌得到明显改善。推进违法建筑大整治，完成拆除违筑面积达 48283 平方米，为目标任务的 156.76%，通过绍兴市基本无违建乡镇验收。推进"五水共治"工作，完成清淤 2 万立方米，为市下达任务的 128.1%；新关停规模以上畜禽养殖场 1 家，16 家留存养殖场完成整治任务；全镇 70 条河道实行"河长制"管理，开展 APP 巡河。深入开展安全隐患大整治，加强对森林防火、汛期防汛、地质灾害、农村危旧房以及企业矿山的排查治理，确保群众生命财产安全，全年未发生安全类突发性事件。

【社会事业】　不断繁荣农村文化，在高风村举办浙江电视台《流动大舞台》走进北漳镇文艺演出。北漳村文化礼堂被评为市级四星级文化礼堂，新增文化礼堂村 1 个。完善社会养老保障，新建居家养老场所 5 个。完成东风水库除险加固工程招投标工作。完成 2016 年全镇城乡居民医疗保险缴费工作，参保率达 100%。做好安全生产和食品安全工作，完善应急管理工作机制，新增重点企业安全生产电子监控系统 9 家。继续保持对山砂资源和森林资源的严管态势，实行 24 小时值班巡查制度。开展生态公墓建设与违建坟墓整治工作，创建无违建坟墓乡镇。

【基层组织】　完成中共北漳镇第十三届党委换届选举工作。开展"两学一做"活动,21个党支部上党课、微党课共计45次。抓好高风村软弱落后村党组织整转工作,创建环境综合整治示范村。812名党员家庭亮身份,凸显党员责任包干区。非法"一户多宅"整治工作党员干部先行,拆除整改率为100%,因漏报瞒报被镇党委确定警示党员4人。深化村级廉情"红绿灯"预警机制,以"三资"管理内容为重点,完成5个村的基层作风巡查工作,对发现的8类17个问题落实限改措施,对3名村主职干部实行负面清单考核扣分,全年共受理涉纪信访案件4件,同比下降33%。(吕烨沙)

行政村数据库

表71

村　名	书　记	主　任	户　数（户）	人　口（人）	水　田（亩）	旱　地（亩）	林　地（亩）
北漳村	黄春桥	吕建立	839	2399	1382	440	6201
金兰村	王化江	俞申强	452	1230	640	134	12068
高风村	王棋伟	—	467	1236	876	113	6572
土块村	唐益江	陈利江	460	1312	674	31	2811
小柏村	凌香庆	蔡立中	312	927	526	232	2516
鱼湖山村	王正尧	王余良	414	1171	708	296	5755
翡翠湖村	竺伟正	单均岳	578	1528	1130	135	12453
东张村	王军强	王千云	244	660	310	24	5561
彦坑村	徐基宏	陈恒火	284	761	424	240	17821
东林村	王庆才	王小永	830	2288	1606	512	9105
约和村	王再兴	杨新忠	433	1242	576	263	5466
董坞岗村	单兴根	董礼锋	423	1171	769	153	7247
东坑村	—	王茂森	311	804	360	123	13587

下王镇

【概况】　位于嵊州市东北部,距市区27公里,面积80.05平方公里,19个行政村,4558户13010人。有水田9277亩,旱地2596亩,山林105974万亩,茶园9124亩。全镇财政总收入4980.07万元,增长67.28%;农民人均可支配收入17797元;19个行政村集体经济收入达到241.98万元。

【美丽乡村建设】　农业发展体系逐步走向产业化。发挥山地资源优势,通过建基地、打品牌等途径,拓展农业特色基地,培育扶持农业块状经济,规模种植茶叶、油茶、香榧等作物,打造基地+大户+专业合作社的模式,在94家农业专业合作社基础上,成立下王镇农民合作经济组织联合会,专门提供农业生产、农产品营销、信用融资等"三位一体"合作服务。积极培育农村电商,实现19个行政村全

4月17日,嵊州市首届山地微马大赛在下王镇覆卮山度假村开跑

覆盖,提高农业生产组织化程度和市场竞争力。旅游产业走向特色化。依托下王独特的山水资源优势发展旅游业,十八都江风景旅游区通过AAA级景区复评验收。加大旅游基础设施建设力度,投资近100万元,建成泉岗游步道一公里。加大旅游宣传推介力度,以乡村旅游节、趣味运动会、首届大型微马活动、拍摄微电影等活动为载体,打响十八都江风景旅游区品牌。

【新农村建设】　　完成农村饮用水项目9只,提升改造农村公路10.2公里;完成投资600万元的下王加油站主体工程,2017年年初可投入使用;投资900多万元完成8座山塘水库除险加固项目、水毁项目、十八都江小流域水土流失综合治理项目、十八都江集镇段左堤、沙弄段护村堤加固工程;投资800多万元完成上店等19个村的农村土地综合整治项目;投资1500多万元完成镇茶场等14只土地开发项目;投资300多万元完成下王等5个村的高标准农田提升项目;投资700多万元完成泉岗游步道、下王江畔画廊等11只山区项目建设。

【五水共治】　　落实河长制,建立河道管理长效保洁机制,开展"深化垃圾河治理百日攻坚专项行动"、"清三河"达标乡镇创建工作,组织千余人次对十八都江、四都江等66条村级河道进行集中整治12次;投资近2000万元基本完成18个村农村生活污水治理主体工程建设;投资近300万元,开展下王、小溪、上店等3个环境整治示范村建设;完善农村环境卫生长效管理机制,建立"户集村收镇运"生活垃圾处理机制,落实月度检查考核公示制,全镇环境卫生进一步优化。上店、小溪等示范村环境整治成效得到与会领导的充分肯定。

【"无违建"乡镇创建】　　按照"拆、改、建、埋、清、管"六字方针,全镇累计完成"三改一拆"面积75903平方米,整治党员干部非法"一户多宅"29户、农户非法"一户多宅"146户,并连续两年被评为绍兴市"无违建乡镇"创建工作先进集体,2016

年成功通过绍兴市"基本无违建"乡镇创建验收。推进农房登记确权发证工作,完成19个村的地籍测绘数据和19个村的房屋测绘。

【文教事业】　　2016年中考,城关普高上线6人,录取率创新高。元明奖学金累计发放5次共计38万元,受益师生200多人;实施"元明阳光教育奖励基金——天马关爱"留守儿童爱心直通车项目,创建"爱心小屋"。镇中心幼儿园达到省二级复评标准,镇中学和小学分别完成茶文化特色专用室建设和学生饮用直供水工程等建设。农村文化发展迅猛。在已建11支"村嫂"文艺队伍基础上,探索"村嫂"文艺队发展管理模式;在下王镇第五届乡村旅游节期间,与"奔跑下王"暨首届微型山地马拉松大赛同时举行"摄趣下王"摄影大赛和"品读下王"美文大赛,助推下王镇乡村休闲旅游文化的进一步发掘和推广。石舍、上店、樟家田、泉岗等文化礼堂村开展各类文艺演出。发源于下王的村嫂志愿服务队,目前已建队伍16支,志愿者突破600人,成为倡导乡风文明、推动村级治理的有效抓手和载体;启动绍兴市文明集镇创建,深化家风家规建设,普及社会主义核心价值观宣传,完成入镇口(小溪)千米文化墙建设;2016年创建成为绍兴市级文明镇;樟家田村创建成为绍兴市级文明村。

【平安建设】　　健全维稳信访协调机制,扩大"平安家庭建设积分卡"和平安APP推广面,继续开展民情分析会,建立村治调干部工作例会制度,按照"有访必接、有问必答、有疑必释、有难必解"的要求,帮助群众解决实际问题;加大矛盾纠纷排查调处工作力度,完成乡镇社会治理现代化"一张网"网格体系建设,全镇共建19个总网格,26个责任网格,26个服务团队;加强安全生产监督管理,落实安全生产责任,开展安全生产隐患大整治行动,累计安全大检查达67次,实现安全生产零事故。(马科丽)

行政村数据库

表 72

村 名	书 记	主 任	户 数（户）	人 口（人）	水 田（亩）	山 林（亩）	旱 地（亩）	茶 园（亩）
下 王	童元朝	童国苗	603	1667	1383.3	7103	200.0	630
上 店	童亚忠	刘永江	360	1107	721.0	6233	124.0	1800
小 溪	徐智根	徐锡进	369	1070	905.0	4004	146.0	730
泉 岗	俞微方	俞芳华	358	931	1178.0	12357	176.0	400
梅 坑	叶宏昌	童亮亮	311	945	372.0	9832	101.0	445
石 舍	任团结	任国庆	275	816	665.0	4487	75.0	950
清 溪	俞士达	俞国云	230	690	360.0	8644	71.0	195
溪 后	陈根土	吕荣根	225	689	518.0	5560	276.4	500
日 月	陈春花	陈春花	227	619	663.0	5593	94.0	400
大浦平	徐友水	徐忠军	216	590	92.0	7074	59.0	600
郑家岙	俞均珠	俞科明	210	565	609.0	8010	81.0	470
叶 岙	李良平	李良平	158	512	290.0	1226	36.0	220
沙 弄	施礼金	宓见富	167	478	239.0	6235	30.0	270
青 桥	宓可平	宓汉民	136	401	36.0	3979	88.0	550
樟家田	陈仁灿	陈小明	170	403	649.0	2092	50.0	200
高 山	宓雪灿	徐建忠	148	406	76.0	4111	898.5	250
何 村	童林章	滕苗章	133	407	192.0	2142	27.0	214
高彦岭	张金元	俞国荣	110	360	162.0	2563	27.0	100
童家坞	杨永江	黄水源	116	322	167.0	4729	36.0	200

贵门乡

【概况】　位于嵊州市西南部，距市区 28 公里，面积 60.61 平方公里，辖 10 个行政村，3709 户 9783 人。全乡实现地区生产总值 1.81 亿元，同比增长 10%；财政总收入 2915 万元，同比增长 15%；完成固定资产投资 2445 万元，其中农业投资 1200 万元，分别同比增长 11% 和 12%；农民人均纯收入 16537 元，同比增长 10%。

【生态农业】　支持上坞山村与会稽红茶叶有限公司开展合作；加强珏溪茶叶专业合作社与龙冠公司的合作，巩固白宅墅高档龙井茶加工点；筹建越乡茶叶研究所，同龙冠公司达成共同发展标准化、高档龙井茶的生产线，不断引导茶叶产业走精采、精制名茶之路，实现由粗放型茶叶生产向高档高品质生产转型。

【乡村旅游】　做好旅游资源保护开发，修缮维护更楼建筑体，建造更楼游步道、修建望湖亭、崦辉亭等。挖掘民宿资源，做好上坞山、贵门等民宿村培育工作，鼓励开办农家乐、民宿等餐饮住宿业。加强与旅游局等部门合作，推广贵门国学讲堂、亲子采摘等项目，促进了全乡休闲旅游产业的有序发展。

【基础设施】　完成雅安、珏溪、新茗等村宅基地整治 75 亩，完成 7050 亩高标准基本农田提升改造工程。依托千库保安、农业发展、小流域治理等项目平台，做好山塘水库、江堤沟渠进行除险加固，确保了人民群众生命财产安全。

【集体经济】　开展薪茗、雅安、上坞山、横山和流岭等村与绍兴市及市有关部门的结对帮扶工作,累计争取各类结对帮扶资金 45 万元,有效推动屠溪、金溪坑、东楼等村入股"市联心奔小康物业有限公司",为有关村每年增加村级集体经济收入 5 万元以上。

【五水共治】 加大"清三河"工作力度,落实乡村两级"河长制"责任,开展"五水共治"红帽子行动,启动实施河道保洁市场化运作机制,全乡 32 条河道通过绍兴市级验收;加强"畜禽养殖场"专项整治,关停 16 家规模以下畜禽养殖场,完成 3 家整治改造提升工作。

【"无违建"创建】 全年累计拆除违章建筑 11348 平方米,完成年度考核任务数的 141%。做好农房登记发证工作,完成全乡 10 个行政村农房面积测量及农房登记发证资料整理。做好"无违建"宣传及控违工作,新增违建数量得到有效控制。

【宣传文化工作】 玠溪村郑中金、郑法金两兄弟的孝贤事迹受到省、市媒体报道,并参加浙江孝贤颁奖晚会,受到省委夏宝龙书记的接见。文化礼堂建设深入推进,雅安村吕飞飞荣获 2015 年浙江省文化礼堂文化员才艺大赛戏剧曲艺类金兰花奖。

【教育卫生事业】 优先发展教育事业,完成绍兴市教育优质均衡示范乡复评,中心学校荣获绍兴市文明单位和绍兴市平安校园称号,教育质量得到稳步提升。完善卫计服务网络,推进乡卫生服务站和村卫生服务室建设,提升流动社区卫生服务能力,缓解山区群众看病难问题。

【基层基础建设】 实行一村一策社会管理模式,做到领导意识到位、责任落实到位、三网建设到位、矛盾化解到位、安全管控到位"五到位"。强化物防技防,安装高清摄像头 100 只,社会治安维稳能力大幅提升。

【矛盾纠纷化解】 结合"走村不落户、户户见干部"活动,落实维稳包干责任制,对各类矛盾纠纷实行领导包案处置。2016 年,全乡干部共计走村入户 3500 多户,摸排并帮助解决实际问题 85 个。全年未出现群体性事件和非法赴京上访现象,被评为市级平安乡镇、市信访"三无"乡镇。(裘吉丰)

鹿山书院俯瞰图

行政村数据库

表 73

村 名	书 记	主 任	人 口(人)	户 数(户)	耕地面积(亩)	山 林(亩)	茶 园(亩)	村级集体经济收入(万元)
合 计	—	—	9783	3709	7717	57620	12486	116.55
屠 溪	黄忠尧	黄永豪	1014	360	937	4308	977	11.70
横 山	何湘达	过良金	560	211	539	3242	831	10.10
雅 安	吕小波	吕晓林	1614	648	1383	13378	2806	11.12
新 茗	钱传顶	周银述	824	316	629	3558	1495	11.74
贵 门	吕 永	吕玉成	853	339	600	1926	938	10.84
上坞山	朱善兴	张仲洋	923	370	780	4340	1389	12.85
金溪坑	李兴国		692	267	614	4676	842	12.99

续表

村　名	书　记	主　任	人　口（人）	户　数（户）	耕地面积（亩）	山　林（亩）	茶　园（亩）	村级集体经济收入（万元）
玠　溪	郑宝兰	郑桥东	1828	663	1337	15148	1602	10.12
东　楼	楼志良	朱安初	736	255	412	3151	975	11.34
流　岭	顾林德	郑双巍	632	228	486	3893	631	13.75

里南乡

【概况】　位于嵊州市西南部,距市区23公里,面积89.42平方公里,4634户人口13120人,下辖14个行政村。全年完成固定资产投资2111万元,同比增长19%;公共财政预算收入1562万元,同比增长8.9%。

【富民强乡】　全乡实现地区生产总值年均增长11%,财政收入年均增长12%,全社会固定资产投资增长15%,农民人均纯收入增长11%。注重挖掘传统农产品潜力,实施毛竹覆盖项目,丰岭村毛竹精品园被评为省级精品园。新发展香榧500多亩,建成香榧基地2个。通过出政策、强基础、重服务等手段,引导丝织产业实现集群化发展,现已成为里南乡第一支柱产业,实现2500名人员转移就业,年增收4000万元以上。

【生态效益】　树立生态本底就是里南最大的资源优势这一理念,结合"五水共治""三改一拆""四边三化""三清三建"等工作,开展农村环境卫生综合整治,加强环卫设施建设,建立健全村级保洁员队伍与监督员队伍,落实村级环境卫生日常巡查和考核奖惩制度,以新思路、新方法,推动美丽乡村建设。开展畜禽养殖关停专项治理行动,清养关停畜禽养殖场33家,留存规模以上养殖场2家。完成河道清淤1.45万立方米,实施农业面源污染整治,绘就一幅幅青山绿水新画卷。

【村庄建设】　完成西景山村农房改造和停车场建设项目,完成璞玉、屏岫、西朱等村路灯安装、道路硬化、停车场改造等一批惠民实事工程,实现村级亮化、硬化、美化全覆盖。推进"三改一拆"工作,全乡累计拆除各类违法建筑7万平方米,14个行政村基本完成"无违建村"创建任务,在方贵线两侧开展"四边三化"集中整治,累计拆除违法广告牌25个、违法搭建堆放场所36处。完成璞玉、西景山等11个村的农村生活污水治理工程。投资132万元,完成丁溪饮用水提升工程,投资580万元,实施6个行政村13个自然村的饮用水提升项目,保障了村民群众用水安全。完善农业基础设施建设,累计投入307万元,完成小乌溪江(上庄、汉溪等6条小流域)水土保持综合整治项目,主要河道新建7条生态砩坝。投资256万元,完成丁溪、西景山、奖山三座山塘除险加固,投资297万元,对西朱铁耙、周溪西坑、叶村下山塘、浪坑石下坑山塘进行除险加固,投资210万元,完成大岭等村共计44处水毁修复工程。实施周溪村、屏岫村林间道路工程8公里,基本打通浪坑5个自然村、东坑口祝壶坪、丁溪村朱家岭连接公路,方便群众生产生活出行。

里南美丽的风光

【社会事业】　乡卫生院创建为省级规范化乡镇卫生院,深化乡村医生签约工作,累计签约4984人,占户籍人口的38.32%,先进经验在全绍兴市推广。加强农村文化阵地建设,所有行政村均建成农家书屋,建设西景山村、八宿屋村文化礼堂,建设文艺队伍2支。开展殡葬改革工作,投资50万元建成东景山生态公墓首期650穴建设任务,完成坟墓整治工作。重视人口和计划生育工作,落实计生奖扶政策。完善社会救助体系建设,做好五保户集中供养工作,民政大病慈善救助顺利实施,低保户生活基本得到保障。完善城乡居民合作医疗保障制度,全乡农民参合率每年达90%以上。

【社会治理】　着眼于社会和谐与稳定,化解各类矛盾纠纷250余起,重点答复处理省市信访件572件,已连续四年被评为绍兴市信访"三无"乡镇;创新矛盾梳理化解机制,建立了"老娘舅"工作室,化解民间纠纷;重视"平安里南"创建工作,抓好社会治安综合治理目标管理责任制落实工作,社区矫正、禁毒、流动人口、反邪教等工作也得到了进一步提升;重视安全生产工作,每年6月份开展为期一月的"安全生产月"活动,对重点行业、重点单位进行了检查,消除了安全隐患,乡消防队在全市演习比武中连续两年获得第一名。(邱梦笑)

行政村数据库

表74

村　名	书　记	主　任	户　数(户)	人　口(人)	水　田(亩)	旱　地(亩)	林　地(亩)
西朱村	周桂军	姚仁峰	319	874	444	400	4851
周溪村	周先权	张良达	289	780	280	312	3809
叶　村	王齐洪	王科峰	579	1650	630	431	7384
西景山村	张纪方	张庆华	389	1127	313	951	5322
璞玉村	梁锡增	张科平	341	825	415	145	5062
大岭村	陈雷潇		463	1228	504	230	7545
丁溪村	袁金友	袁荣波	399	1164	434	200	10038
东坑口村	梁学祥	杨伯庆	173	529	172	77	5824
考溪坞村	崔卫平	柳成义	97	260	88	70	3009
八宿屋村	周鸿东	周建东	433	1177	364	276	7012
屏岫村	王柏永	王德忠	388	1131	300	237	18335
奖山村	张长坚	厉丰平	342	973	276	215	12601
浪坑村	厉国荣	赵兰江	191	509	127	150	8214
丰岭村	孔勤永	周德慧	280	800	227	209	9141

雅璜乡

【概况】　位于嵊州市西北山区,距离市区38公里,总面积28.37平方公里。辖4个行政村,1345户3614人。2016年固定资产投资2784万元,同比增长16%,服务业1704万元,增长21.7%。境内山林如海,翠竹环抱,千年群林,是青山绿水小高原,属于全球重要农业文化遗产——绍兴会稽山古香榧群的重点区,是省级东海文化明珠,是国家级生态乡,是民情日记的发源地。

【生态农业】　以毛竹、茶叶、香榧为三大传统主导产业。全乡现有毛竹20000亩,茶叶7700亩,香榧12000亩。古香榧树350棵。完成土地综合整治17亩,拓展生态农业发展空间,大力发展香榧苗培育、红豆杉苗培育、乡村旅游观光休闲游等。同时利用网络电商平台,建立电商服务网点3个,商业网点 12 个，大幅提高雅璜农产品销量和销售辐射区域。承办 2016 年"嵊州香榧"推荐品牌评选暨雅璜乡首届民情文化节，"雅璜香榧"、"雾尖香榧"获得"嵊州香榧"推荐品牌，"雾尖香榧"获得"嵊州香榧米"推荐品牌。

【美丽乡村建设】 　投入 27 万元，引入樱花树和海棠树，形成"车在路上行，人犹画中游"的美丽长廊。利用当地丰富的竹资源优势，盘活竹元素，创意竹篮、竹檐、竹窗、竹字、竹篱笆、竹文化墙等，传承竹文化。雅璜村实施村口公园改造提升、沿江河道以及污水终端绿化工程，焦坑村、长坑村活用竹元素"催美"生态乡村建设，戴溪村实施戴溪江综合整治工程，完成焦坑村整治提升工程；完成雅璜村环境整治示范村。推进"三改一拆"工作。全年拆除违法建筑 115 宗，共 7028 平方米，完成目标任务的 158.68%，创建成为"无违建"乡镇。推进"五水共治"工作。落实"河长制"APP 巡河制度，深化"三河"治理，实现河道保洁和农村环境保洁全覆盖。巩固

美丽雅璜一角

"清三河"成果，开展"河库塘"清淤工作，全年对河道池塘清淤 0.6246 万立方米，完成年度任务的 208%；加大源头污染管控力度，石璜江雅璜段断面水质达到一类标准。

【社会事业】 　完成船坞口至小船坞道路硬化工程；完成东湾至桃树湾连接道路；完成长坑至高界岭(徐家培)的连接公路建设；完成焦坑里湾山塘综合整治项目；完成实施园地开发 83 亩；实施方潭电站报废重建工程；完成 8 个自然村农村饮用水安全工程等工程。加大体育基础设施投入，新增篮球场地 2 个，完善健身休闲场所建设，创建浙江省体育强乡。提高医疗卫生，幼托等公共服务水平，加强公共卫生体系建设，提高处理突发公共卫生应急的能力。鼓励和支持组建农民文化队伍，加强运作管理，组织倡导健康向上的文化活动。做好民政工作和人武征兵工作。实施殡葬改革。发挥群团组织能动性，组建志愿者服务队 4 支，整合各种资源优势，形成工作合力，为群众服务。

【平安建设】 　巩固绍兴市"信访三无"乡镇成果，积极开展"枫桥式"乡镇工作模式。建立治保干部月度例会制，完善乡贤参事会制度，及时处理各种矛盾，维护社会稳定；完善乡村两级巡查制度，打击各类刑事犯罪活动，维护社会公平正义；强化农村"三资"管理，从源头杜绝矛盾纠纷；加强安全生产工作，落实安全生产责任制，为全乡经济营造和谐稳定的社会环境。创建为"枫桥式"乡镇，连续九年被评为"平安乡镇"和信访"三无"乡镇。(潘洁英)

行政村数据库

表 75

村　名	书　记	主　任	户　数 (户)	人　口 (人)	水　田 (亩)	旱　地 (亩)	山　林 (亩)
雅璜村	朱光军	朱海明	675	1770	849	610	20610
焦坑村	张喜祥	裘全火	86	239	87	40	3276
戴溪村	樊功城	斯英华	367	1048	436	169	9328
长坑村	李仲来	李力军	201	534	206	157	5373

王院乡

【概况】　地处嵊州市西北山区，面积 31.01 平方公里，辖 4 个行政村，1915 户农户人口 5274 人。丰竹线横贯全乡，与绍甘线、枫谷线等省道相接，距绍兴市区 50 公里，嵊州市区 40 公里。全乡山林面积 40393 亩，其中生态公益林 21500 亩，森林复盖率达 86%；竹园 8073 亩，茶园 7761 亩，香榧 3500 亩，耕地 3626 亩。

【生态经济】　在原有百丈飞瀑风景旅游区的基础上，结合王院实际，对丰田岭村、石山屏村进行规划设计，以实现"全乡景区化"为目标，挖掘利用王院的山水优势，推动"采摘游、亲子游、休闲、民宿度假"等发展模式，把美丽转化为生产力。

【特色产业】　把发展香榧产业作为王院农业提档升级的主要方向，制定扶持政策，切出财政资金支持各村集体和农户发展香榧产业，通过外出考察、现场指导、跟踪服务、资金扶持等手段，促进香榧产业发展。全年共发展香榧基地 850 亩，榧苗基地 100 亩，发展香榧基地套种山稻 110 亩。成功引进农产品加工龙头企业 1 家，计划总投资 3000 万元，建成投产后产值达 3 亿元。

【传统产业】　推广茶叶改良技术，培育有机茶、白茶等高端产品，打响名茶声誉。在推广品牌茶的基础上，发展订单农业，拓宽竹笋、药材等特色农产品的销售渠道。投资 150 余万元建成和修缮丰田岭村农产品交易中心。

【五水共治】　开展畜禽清养关停"回头看"工作，强制关停 11 家畜禽复养户，拆除 14 户养殖户的违建养殖场，杜绝农业面源污染。落实河长制和河长 APP，建立"一河一册"档案，坚持一周二次巡河制度。根据清淤的工作任务，成立了专项领导小组负责全乡清淤工作，层层压实责任，明确时间节点，确保责任到人、措施到位。

【"无违建"创建】　对辖区内所有村开展"一宅一档"调查汇总工作，建立台账，对排查出来的违法建筑按照有关文件进行了分类处置，为确权发证奠定基础；对违建拆除后的土地，加强管理和拆后利用，夯实"无违建"乡、村创建基础。全乡审核认定非法"一户多宅"83 宅，非法率 6.3%；已拆除违法面积 11499 平方，完成年度新目标任务的 195.99%，其中拆除非法"一户多宅"83 宅，占认定数的 100%；"裁执分离"案件已全部完成处置。

【环境整治】　对绍甘线丰田岭两侧、丰竹线沿路沿线进行整治改造，完成入乡口建设改造。实施农村垃圾"户集、村收、乡运"工作机制，完善保洁员制度，建设垃圾分类处理站，全乡环境卫生得到有效提升，4 个行政村面貌得到明显改善。

【空间发展】　启动王院村、石山屏村、丰田岭村和培坑村 4 个行政村的农村土地综合整治项目，新增建设用地 8 亩。启动培坑村张龙培、王院村塘山和石山屏村高坪等 3 只土地开发项目 171 亩。开展农村土地确权登记颁证工作。把握政策底线，公平公正，稳步推进农村土地确权登记工作，保障农民土地权益。

【基础设施】　实施山区发展扶持项目 2 只、一事一议财政奖补项目 2 只、村庄整治提升项目 4 只、饮用水提升项目 9 只，实施洋大坑通村公路、丰田岭至王院道路提升改造工程完成水门口停车场、紫岩沿路绿化、道路硬化、停车位硬化，丰田岭办公室停车场硬化工程，新增村内及周边绿化 3000 平方米。健全落实生态保护长效管理机制，做好小舜江源头水保护工作，交界断面水质长年保持在Ⅱ类

整治后的入乡口

水质以上。

【平安建设】　完成 G20 安保工作。推进稳定工作,创新方法,把矛盾化解在萌芽状态之中。坚持领导班子约访、接访制度,对于群众的来信来访,不躲、不拖、不推、不靠,依法处理各种问题确保全乡不出现非访、越级访。排查各种安全隐患,开展地质灾害演练,确保了辖区内无重特大安全事故发生。

【社会事业】　新型农村合作医疗参合率、新型农村养老保险参保率均达到98%以上;全面消除年收入 4600 元以下农户,对符合低保条件的 98 户农户做到应保尽保;扎实开展计划生育工作,树立婚育新观念,全面落实二孩政策。

【党建工作】　开展"两学一做"教育工作。落实各村党支部实行值班制度和党员固定活动日,做好党员责任干区划分,推行"党员挂牌亮户",落实

村干部"五零承诺"和党员干部"四带头四不为"承诺,深化环境整治先锋行动。要求党员对标"四讲四有",拉高标杆,建立党员常态化责任清单,认真查找问题短板,边学边改。执行"周一驻乡学习制度",为机关干部搭建起具有互动、互学、互助等特性的新的学习载体;开展"进村入户"和"民情通"专项行动,各联系村干部分别对全乡内的 4 个行政村进行了走访。加强村干部队伍的教育培训,共计组织培训、考察 30 余次,激发村干部干事创业的信心和热情。开展民间人才星级评定工作,充分发挥他们"传、帮、带"的农民致富作用。规范党员发展工作,严把新进党员资格审查关,2016 年共计发展党员 5名。实施党员先锋指数动态评价、积分制管理,做好警示型党员教育帮扶和不合格党员处置工作。规范全乡 4 个行政村的考评工作,评出优秀党员 6 名、先锋党员 10 名,警示性党员 5 名。（王蓉）

行政村数据库

表 76

村　名	书　记	主　任	户　数（户）	人　口（人）	水　田（亩）	旱　地（亩）	山　林（亩）
王　院	张绍平	张绍平	706	1990	904	1468	17938
石山屏	丁英财	吕兴财	383	1061	499	683	3516
丰田岭	蒋松安	骆永贵	432	1205	542	856	6899
培　坑	张小良	张光祥	353	963	386	619	12040
合　计	—	—	1874	5219	2331	3626	40393

通源乡

【概况】　地处嵊州西部山区,距市区 35 公里,区域面积 42.89 平方公里,辖 6 个行政村,1971户 5581 人。2016 年,全乡地区生产总值 24519 万元,完成固定资产投资 3008 万元,农村居民人均可支配收入 16083 元。全乡山林面积 4.67 万亩,森林覆盖率 94%。境内群峰峭立,树木葱郁,拥有古香榧公园、高山湿地、第四纪冰川崩塌遗迹等丰富独特

的自然资源。是国家级生态乡、浙江省"首批美丽乡村建设示范乡镇"、绍兴市"枫桥式平安乡镇"、清水河道示范乡镇、农家乐特色乡镇、嵊州市"十大生态休闲区"。围绕"把山区像景区一样打造,建设宜居宜游美丽乡村"的发展目标,以"西白山美丽区块"建设为契机,以自然生态资源为依托,按照"整线提升,整乡推进"的工作思路,一村一品,在重点打造"地质古村、云上人家"——白雁坑村、"云海茶香、多彩山村"——西三村的基础上,按照"十里通源江,万千图画里"的规划目标,把通源江"一江两岸"

打造成最具原乡特色和乡愁文化的美丽乡村,通过全域景区化建设,着力把通源建设成为"一个没有目的地的旅行地"。

【生态农业】 "两树一游"(茶叶、香榧两大特色产业和乡村旅游)是全乡经济支柱,香榧、香茶、番薯面被称为"通源三宝"。全乡共有茶园2万亩,产值近2500万元,是高山龙井茶的重要生产基地;香榧1.21万亩,百年以上古香榧树4043棵,产值近3500万元,为嵊州市重点香榧产区之一,是全球重要农业文化遗产——会稽山古香榧群的核心区;毛竹16782亩,形成了壮观的竹海。举办"通源·西白茶人节"、文化采风、"通源?西白香榧节暨中国首届香榧诗歌节"等活动,茶榧产业从单一型农业生产向复合型观光旅游发展,农产品转化为旅游商品,附加值得到进一步提升。

【特色经济】 围绕"生态好,环境优,旅游热"的总体要求,完善基础设施建设、政策扶持,强化"四统一"服务管理,加强宣传推介措施,使西白山的云雾、白雁坑的巨石古榧、三王堂的高山茶园、通源通益的美丽乡愁等成为通源乡响当当的金名片,"走古道、赏榧林、品香茶、游农家""走一段心灵的旅程,过一段云上的日子"已成为通源乡村游的品牌,成为嵊州市乡村旅游的重要目的地。通过集中培训、制订民宿经营公约、评星活动等措施,规范提升民宿经营管理,推出"通源与民宿"微信公众号,加强宣传推介,民宿经济快速兴起,目前已有民宿12家,床位160个,年接待游客在2万人次以上,带动村民直接增收在300万元以上,带动农副产品增收在1500万元以上。

【美丽乡村建设】 对通益、通源、白雁坑、西三沿线进行重点打造,共完成立面改造近30000平方米,绿化近1000平方米,砌坎3公里,设计景观节点17个,美丽乡村建设成效初显。新建登山道6.7千米,打通环西白山慢行线5.3千米,新建景区停车场4000平方米、观景台(亭)200平方米,设立古榧林标识标牌,为乡村旅游的进一步发展打下基础。通过整线打造、整乡提升建设,一个"望得见山,看得见水,记得住乡愁"的美丽乡村示范带基本形

成,"清新山村"通源、通益村,"地质古村"白雁坑村,"云海茶香"西三村等一村一品各具特色。

2016年省级地质文化村白雁坑村一角

【社会事业】 城乡居民社会保障服务不断深化,新型农村合作医疗范围日益扩大,参保率95%以上;殡葬整治不断推进,完善乡级生态公墓建设,实施骨灰跟踪管理制度,骨灰跟踪率100%;加大农村建房规范化建设,实施农村建房审批全程代办制;推进防汛抗旱、地质灾害防治工作;抓好安全生产、药品食品安全、民政优抚工作,完善老年人服务,健全困难家庭子女教育救助制度、因病致贫等扶贫帮困长效机制,实施教育扶贫,关心弱势群体,实现低保应保尽保和对象动态管理。完善村文化礼堂2个、山村文化小广场1个,提升整改村级文化活动室6个和通源乡综合文化活动中心,新建家宴中心1个。组织开展送戏下乡,结合传统节日开展喜闻乐见的文化活动,不断丰富群众文化生活。完成文明县市创建工作任务;开展春泥计划,完善村嫂志愿队和青年志愿服务队建设;开展"绿色通源行"活动,打响"通源一家亲"志愿服务品牌。举办通源乡西白茶人节、西白香榧诗歌节等大型文化活动,生态文化、地质文化等特色文化知名度进一步提升。

【平安建设】 重视安全生产工作,完善安全体系,确保排查范围全覆盖,重点领域全覆盖,及时整改安全隐患。完善防汛抗旱、地质灾害防治等预案机制,开展地质灾害应急演练。完成护航"G20"峰会和世界互联网大会任务。开展"排查整治、强基促稳"专项活动,完成"一张网"建设,抓好村级矛盾纠纷排查化解,强化维稳信息沟通

反馈机制。加强信访工作,落实领导干部大接访活动,依靠村级组织和广大党员群众健全群防群治工作机制,把矛盾纠纷处置在萌芽状态,做到小事不出村,大事不出乡。全乡经济社会发展情况稳定良好,被评为绍兴市平安乡镇和信访"三无"乡镇。

【基层组织建设】 开展"美丽村部+精致

党建"示范村创建活动,对各村级组织硬件设施进行了更新改造,通源村、通益村达到了 B 类标准。实施村干部值班、村主职干部考评制度,党员活动日、村主职干部月度例会制度,做好"三务"公开,深化村级重大事项备案制、村级财务网上直拨制度等工作,执行工程招投标制度,开展村级财务专项审计,规范村干部用权行为。(吕欣　盛婕　马周漾　龚森)

行政村数据库

表 77

村 名	书 记	主 任	户 数 (户)	人 口 (人)	水 田 (亩)	旱 地 (亩)	山 林 (亩)
通源村	黄用明	王成军	435	1137	464	349.9	11892
通益村	王南军	吕银苗	245	700	356	171.4	10011
吴联村	斯松桥	斯江正	338	1033	356	170.0	11017
西三村	徐华飞	操小余	434	1138	542	256.0	10516
白雁坑	钱秋华	斯伯荣	255	773	212	192.0	7538
松明培	邢奇明	邢忠华	234	755	159	85.0	5972

竹溪乡

【概况】 位于嵊州市西北部,距离嵊州、诸暨、绍兴市区各50公里,地处会稽山脉腹地,下辖3个行政村,总面积28.39平方公里,耕地面积3894亩,1338户4044人。2016年,实现全乡国内生产总值9520万元,增长12%;固定资产投资2250万元,增长15%;农村居民人均可支配收入15908元,增长11%;财政总收入780万元,增长16%。

【特色农业】 将发展品牌建设作为香榧产业提档升级的重中之重,参加会稽山香榧主产区合作交流会;建设完成盛家坞村香榧交易市场,举办嵊州市第六届香榧文化节暨竹溪乡第二届森林休闲养生节,力推竹溪香榧品牌"金盘谷",推行原产地追溯标签和公众号宣传及网络销售;提高农户的香榧管理、炒制和营销水平,扩大竹溪香榧的知名度。以现代林业园区建设为抓手,建成省级森林食品(香榧)基地、省级无公害竹笋基地、舜源村香榧

油料示范基地、年家山木本油料产业良种推广基地等特色基地,使农业向规模化、专业化发展。推广香榧、茶叶、山稻套种项目,引进名茶企业,改良茶叶品种,探索企业+农户的产销模式。

12 月 30 日,举办第六届香榧文化节暨竹溪乡第二届森林休闲养生节

【村庄环境】 以"五水共治"为契机,美化村庄环境。完成河道"三清"工程、农业面源污染综合治理、畜禽养殖场整治关停为重点的小舜江源头保护工程。完成 3 个村的农村生活污水治理工程。完

善农村生活垃圾处理长效管理机制,加强保洁员队伍建设,建立"户投、村集、乡运"的保洁模式。下大力气开展了环境卫生大整治,改善了"脏、乱、差"的环境顽疾。以"三改一拆"为抓手,提升村庄形象。启动"无违建"乡镇创建工作,控制新建违章,完成全乡建筑物摸排登记工作,申报创建"无违建"乡。全年拆除违法建筑面积 10110 平方米。竹溪古村被评为省级历史文化村,被列入第二批中国传统村落名录;推进古村保护和开发利用工作,完成竹溪古村开发利用省级项目的立项、规划设计等前期工作,古村立面改造、景观绿化等工程均已启动实施,古建筑修缮工程正在进行招投标。开展枫谷线美丽示范路项目建设,实施包含 17 个节点改造、弱电地埋、景观绿化工程和总面积达 9000 余平方米的立面改造工程,有效提升枫谷线整体面貌。

【社会事业】　　　完善农业配套设施,完成小舜江流域"三清"和水毁修复工作,实施树坞岭、上谷岭水库的除险加固工程,完成竹溪电站报废重建项目。完成郑坞坑至西坑道路硬化、舜源村家宴中心、半程文化礼堂等一批实事工程。完善社会保障体系。推进社会治安综合治理。开展"平安竹溪"创建工作,完善网格化管理,创新社会管理模式,通过加强矛盾纠纷排查调处,有效将矛盾化解在萌芽状态,努力实现"小事不出村,大事不出乡,矛盾不上交"的目标。重新调整平安巡防队伍,加大安全隐患排查力度,完成 G20 峰会和乌镇互联网大会的安保工作。

【社会保障】　　　做好城乡居民养老保险工作,开展农村住房保险工作。实施困难群体社会救助,实施残疾人员困难救助和贫困学生结对帮扶。对全乡弱势群体进行摸底,按照农村低保政策,重新申报审核,确定审批低保对象及其待遇,做到应保尽保,保障社会弱势群体的基本生活。构筑社会大救助网络,发放好大病救助、临时救助等款项。

【自身建设】　　　加强政府自身建设。加强中心组理论学习,提高领导班子思想理论素养、工作水平和引领发展的能力。执行中央八项规定和省、市关于改进作风的各项规定,推动作风建设常态化、长效化。打造"阳光政府",推行政务、村务、事务公开。健全和完善"三重一大"事项集体决策制度,实行"三重一大"事项集体决策常态化管理。加强招投标制度建设,规范招投标行为,加强内部管理制度执行。深化"三资"管理,强化"三资"信息化监管,形成以制度管人、按制度办事、靠制度管权的制度体系,从源头上预防和治理腐败。实施"一二三四五"联村工作法,引导干部深入实际,深入村庄,深入村民,查实情、办实事、出实招,做到干部联村连心,解忧解难,推动干部为民服务在一线、政策落实在一线、解决问题在一线。每周一召开机关干部业务线和联系村工作交流会,由党政"一把手"进行点评落实,提高干部分两条线工作的主动性、积极性,增强干部的责任意识和办事能力。定期召开民情民意分析会,对牵涉面广、热点、难点问题,组织机关干部、村干部、群众代表等不同层次的人员讨论分析,广泛听取意见,找出解决问题的途径和办法。(张新平)

行政村数据库

表78

村　名	书　记	主　任	户　数（户）	人　口（人）	水　田（亩）	旱　地（亩）	山　林（亩）
竹溪村	钱云祥	钱财灿	573	1609	615	312	7639
舜源村	蒋　忠	蒋　忠	387	1137	444	272	10041
盛家坞村	郭纪元	张仁芳	425	1449	478	272	14027

乡镇(街道)基本情况

表 79

街道（镇、乡）	面积（平方公里）	居委会数（个）	村委会数（个）	年末总人口	农业人口	耕地面积（公顷）	固定资产投资（万元）	农民人均纯收入（元）
甘霖镇	156.82	2	71	84359		5938.60	178910	25685
崇仁镇	175.94	3	63	79611		6466.07	100800	23692
长乐镇	214.40	2	47	65415		4965.31	109525	24785
三界镇	158.31	2	38	59302		5070.82	195509	23618
黄泽镇	97.64	1	25	43996		3816.80	162129	23479
三江街道	60.59	7	8	62422		1834.02	201745	24293
鹿山街道	52.49	3	24	57688		2250.48	25241	26463
剡湖街道	34.36	11	13	77775		1171.98	92293	25155
浦口街道（经济开发区）	67.37	8	26	35854		2063.05	532704	25016
石璜镇	63.87	1	17	25616		1825.36	18530	22931
仙岩镇	74.53		18	15358		1421.78	33813	22396
金庭镇	74.58		9	25993		1788.64	16295	19674
谷来镇	105.01	1	20	25058		854.98	4230	18559
北漳镇	87.42	1	13	17014		1674.08	5649	17454
下王镇	85.05		19	13010		1368.51	2268	17797
贵门乡	60.61		10	9783		980.83	2445	16537
里南乡	89.42		14	13120		418.51	2111	16946
雅璜乡	28.37		4	3614		198.69	2784	16261
王院乡	31.01		4	5274		386.17	2464	16552
通源乡	42.89		6	5581		226.82	3008	16083
竹溪乡	28.39		3	4044		271.15	2550	15908

统 计 资 料

统 计 图

（万人、万户）

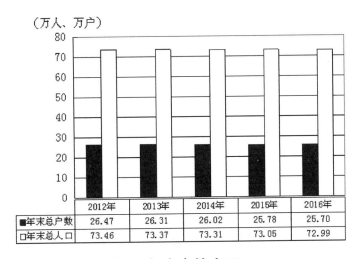

	2012年	2013年	2014年	2015年	2016年
■年末总户数	26.47	26.31	26.02	25.78	25.70
□年末总人口	73.46	73.37	73.31	73.05	72.99

图1　年末户籍人口

（亿元）

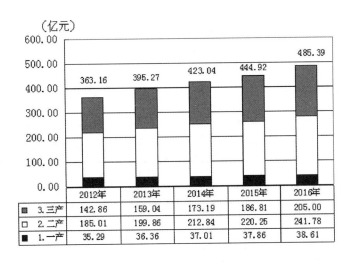

	2012年	2013年	2014年	2015年	2016年
■ 3.三产	142.86	159.04	173.19	186.81	205.00
□ 2.二产	185.01	199.86	212.84	220.25	241.78
■ 1.一产	35.29	36.36	37.01	37.86	38.61

图2　地区生产总值及产业构成

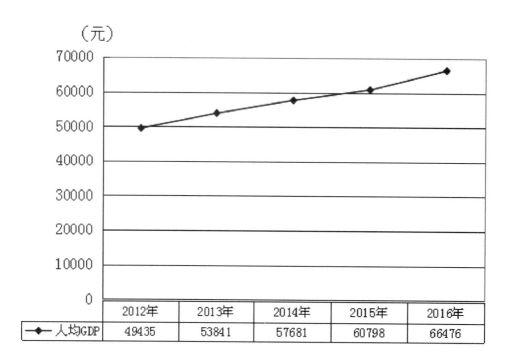

（元）

	2012年	2013年	2014年	2015年	2016年
人均GDP	49435	53841	57681	60798	66476

图3　人均地区生产总值

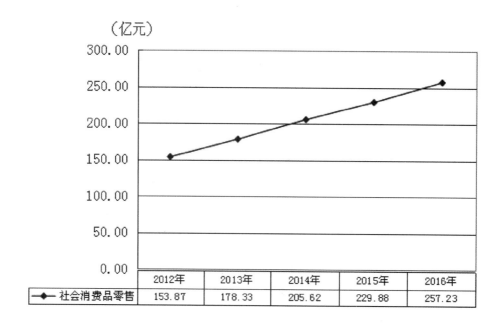

（亿元）

	2012年	2013年	2014年	2015年	2016年
社会消费品零售	153.87	178.33	205.62	229.88	257.23

图4　社会消费品零售额

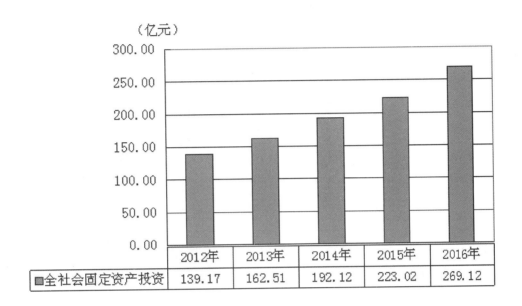

（亿元）

	2012年	2013年	2014年	2015年	2016年
全社会固定资产投资	139.17	162.51	192.12	223.02	269.12

图 5　全社会固定资产投资

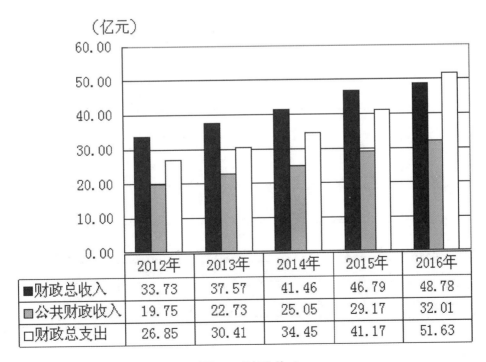

（亿元）

	2012年	2013年	2014年	2015年	2016年
财政总收入	33.73	37.57	41.46	46.79	48.78
公共财政收入	19.75	22.73	25.05	29.17	32.01
财政总支出	26.85	30.41	34.45	41.17	51.63

图 6　财政收支

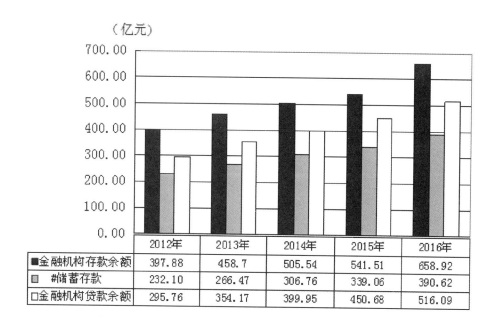

（亿元）

	2012年	2013年	2014年	2015年	2016年
■金融机构存款余额	397.88	458.7	505.54	541.51	658.92
▨ #储蓄存款	232.10	266.47	306.76	339.06	390.62
□金融机构贷款余额	295.76	354.17	399.95	450.68	516.09

图 7　金融存贷款余额

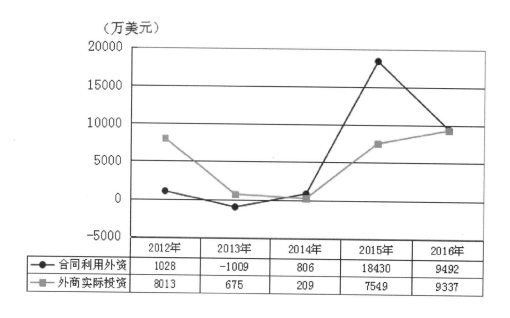

（万美元）

	2012年	2013年	2014年	2015年	2016年
●合同利用外资	1028	-1009	806	18430	9492
■外商实际投资	8013	675	209	7549	9337

图 8　外资情况

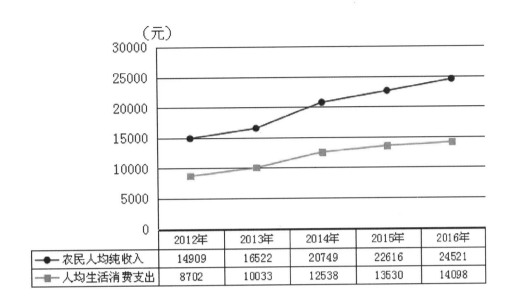

（元）

	2012年	2013年	2014年	2015年	2016年
农民人均纯收入	14909	16522	20749	22616	24521
人均生活消费支出	8702	10033	12538	13530	14098

图 9　　农民人均收支

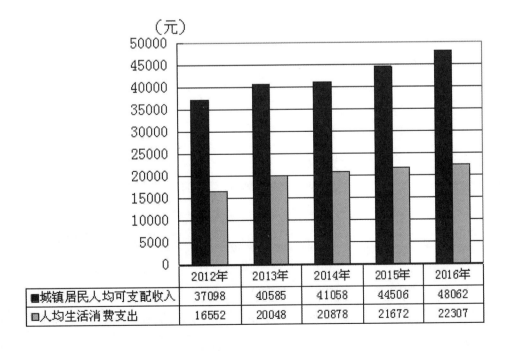

（元）

	2012年	2013年	2014年	2015年	2016年
城镇居民人均可支配收入	37098	40585	41058	44506	48062
人均生活消费支出	16552	20048	20878	21672	22307

图 10　城镇居民人均收支

统 计 表

国民经济主要指标

表 80

指标名称	单位	2011 年	2012 年	2013 年	2014 年	2015 年	2016 年
年末总户数	万户	26.64	26.47	26.31	26.02	25.78	25.70
年末总人口	万人	73.46	73.46	73.37	73.31	73.05	72.99
#非农人口	万人	17.97	19.09	19.47	19.84	28.96	—
出生人数	人	5377.00	6080.00	5269.00	6326.00	5197.00	5732.00
死亡人数	人	5539.00	5925.00	5476.00	5609.00	5304.00	5152.00
地区生产总值	亿元	327.63	363.16	395.27	423.04	444.92	485.39
#一产	亿元	32.62	35.29	36.36	37.01	37.86	38.61
二产	亿元	170.21	185.01	199.86	212.84	220.25	241.78
三产	亿元	124.80	142.86	159.04	173.19	186.81	205.00
人均 GDP	元	44606.00	49435.00	53841.00	57681.00	60798.00	66476.00
工业总产值	亿元	856.02	963.93	1007.41	990.15	873.49	859.17
#规模以上	亿元	378.85	395.75	399.82	392.33	419.55	468.74
农业总产值	亿元	48.791	52.20	54.36	55.30	56.36	60.54
社会消费品零售	亿元	132.99	153.87	178.33	205.62	229.88	257.23
全社会固定资产投资	亿元	117.44	139.17	162.51	192.12	223.02	269.12
财政总收入	万元	305028.00	337279.00	375723.00	414565.00	467896.00	487822.00
#公共财政收入	万元	167868.00	197498.00	227275.00	250538.00	291745.00	320096.00
财政总支出	万元	231803.00	268498.00	304114.00	344500.00	411737.00	516270.00
金融机构存款余额（本外币）	亿元	344.52	401.14	462.78	510.05	545.69	666.09
#储蓄存款	亿元	197.84	232.92	267.23	307.62	340.25	392.61
金融机构贷款余额	亿元	255.29	300.2	362.21	408.67	459.15	519.48
合同利用外资	万美元	13837.00	1028.00	-1009.00	806.00	18430.00	9492.00
外商实际投资	万美元	8672.00	8013.00	675.00	209.00	7549.00	9337.00
全社会用电量	万千瓦时	188719.00	190070.00	209546.00	216252.00	223043.00	251843.00
#工业用电	万千瓦时	133361.00	128703.00	138998.00	148218.00	150541.00	166195.00
生活用电	万千瓦时	35108.00	38746.00	44956.00	42684.00	45322.00	52592.00
城镇常住居民人均可支配收入	元	33553.00	37098.00	37485.00	41058.00	44506.00	48062.00
农村常住居民人均可支配收入	元	13345.00	14909.00	18769.00	20749.00	22616.00	24521.00

注：2013 年起，城镇和农村居民收入口径调整，2013 年前分别为城镇居民人均可支配收入和农民人均纯收入。

地区生产总值情况

表 81

年 份	地区生产总值 （万元）	地区生产总值发展指数 （%）	人均地区生产总值 （元）	人均地区生产总值发展指数 （%）
1978	17490	—	257	—
1979	21990	114.2	321	113.3
1980	25246	109.9	366	109.3
1981	28136	104.2	406	103.5
1982	31399	112.9	450	112.0
1983	32101	99.7	456	99.1
1984	37202	112.3	527	111.9
1985	49805	118.9	704	118.6
1986	57169	108.9	805	108.4
1987	68439	116.1	958	115.5
1988	86501	108.6	1204	107.9
1989	93557	100.5	1294	100.0
1990	99845	101.5	1373	100.9
1991	121725	119.9	1666	119.3
1992	159414	120.3	2174	119.9
1993	244980	122.2	3333	121.9
1994	328929	109.1	4468	109.0
1995	447045	121.5	6066	121.4
1996	528410	115.0	7160	114.8
1997	560393	105.9	7589	105.8
1998	597305	110.6	8093	110.7
1999	651447	111.0	8828	111.0
2000	701619	108.0	9494	107.9
2001	782167	111.3	10581	111.3
2002	877807	112.1	11895	112.3
2003	1000405	112.7	13586	113.0
2004	1191027	113.7	16203	113.9
2005	1413719	114.8	19254	114.9
2006	1640929	112.5	22361	112.5
2007	1934667	114.1	26365	114.1
2008	2181406	110.0	29721	110.0
2009	2315608	109.2	31551	109.2
2010	2730494	112.8	37200	112.8
2011	3276275	110.1	44606	110.1
2012	3631626	109.5	49435	109.5
2013	3952682	108.0	53841	108.1
2014	4230375	107.5	57681	107.6
2015	4449206	107.1	60798	107.4
2016	4853895	107.6	66476	107.7

注：2016 年起，研发支出纳入 GDP 核算。

人口基本情况

表 82

乡镇(街道)	2011		2012		2013		2014		2015		2016	
	总户数（户）	年末总人口（人）	总户数（户）	年末总人口（人）	总户数（户）	年末总人口（人）	总户数（户）	年末总人口（人）	总户数（户）	年末总人口（人）	总户数（户）	年末总人口（人）
总计（全市）	266380	734643	264678	734609	263076	733667	260245	733147	257849	730461	256951	729887
剡湖街道	28595	78365	28666	78959	28534	79003	28281	78658	27971	78039	27758	77775
鹿山街道	19576	54235	19685	55177	19800	55953	19796	56812	19841	57222	19816	57688
三江街道	21165	57159	21311	58220	21441	59055	21559	60350	21615	61134	21760	62422
浦口街道	12118	34902	12078	35121	12029	35219	11965	35590	11900	35657	11842	35854
甘霖镇	31755	85766	31405	85454	31119	85257	30793	84876	29909	84515	30294	84359
长乐镇	27172	67515	26843	67167	26554	66646	26265	66270	25961	65746	25719	65415
崇仁镇	30165	82157	29798	81454	29502	80997	29141	80423	28886	79997	28635	79611
黄泽镇	15982	44615	15822	44500	15663	44337	15441	44259	15340	44042	15234	43996
三界镇	19369	60992	19182	60650	19066	60267	18282	59996	18171	59570	18092	59302
谷来镇	8572	26084	8523	25903	8476	25704	8400	25465	8367	25308	8300	25058
石璜镇	9735	26636	9629	26468	9536	26280	9446	26069	9362	25798	9281	25616
北漳镇	6593	17720	6514	17616	6439	17501	6382	17334	6316	17138	6262	17014
下王镇	4741	13597	4690	13436	4651	13345	4620	13250	4587	13079	4558	13010
仙岩镇	5833	15847	5765	15678	5711	15630	5600	15524	5562	15409	5523	15358
金庭镇	9387	26538	9297	26532	9217	26432	9122	26325	9031	26135	8965	25993
通源乡	2054	5868	2042	5826	2029	5767	1998	5693	1982	5616	1971	5581
雅璜乡	1413	3783	1404	3778	1390	3746	1372	3695	1360	3646	1345	3614
王院乡	1997	5549	1973	5466	1959	5413	1945	5383	1934	5351	1915	5274
竹溪乡	1385	4195	1376	4176	1359	4139	1350	4106	1345	4077	1338	4044
贵门乡	3922	10156	3879	10066	3842	9973	3775	9869	3738	9787	3709	9783
里南乡	4851	12964	4796	12962	4759	13003	4712	13200	4671	13195	4634	13120

农村劳动力分布情况

表 83

单位：万人

指 标 名 称	2011 年	2012 年	2013 年	2014 年	2015 年	2016 年
农村户数（万户）	22.45	22.79	24.47	23.32	23.81	22.68
农村人口（万人）	61.82	62.79	68.07	64.91	65.44	62.57
农村劳动力资源总数	41.27	41.80	45.11	43.58	43.13	41.24
农村劳动力	39.61	39.98	43.17	42.16	41.28	39.52
按性别分						
男劳动力	20.85	21.06	22.65	22.09	21.71	20.78
女劳动力	18.75	18.92	20.52	20.07	19.56	18.74

农业资源及基础设施

表 84

指 标 名 称	2011	2012	2013	2014	2015	2016
年末耕地面积（千公顷）	44.65	44.93	44.88	44.92	45.09	44.99
#有效灌溉面积（千公顷）	37.49	37.74	30.61	30.66	30.83	39.36
农业机械总动力（万千瓦）	36.63	—	39.81	40.36	40.23	39.8458
建成水库（座）	141.00	141.00	141.00	141.00	141.00	141.00
蓄水工程总库容（万立方米）	28202	28202	28202	28202	25108	25501

农林牧渔业总产值

单位：万元

表 85

指 标 名 称	2011	2012	2013	2014	2015	2016
合计：	487910	522046	543573	553004	563636	576093
一、农业	344105	373994	386221	399132	406395	417735
其中：谷物	41817	40931	41690	43462	40849	40258
豆类	5399	5760	6278	6658	7931	7303
薯类	8026	8959	7987	7360	10641	11440
油料	5711	5123	5226	4783	7342	6459
棉花	221	187	232	219	179	222
麻类	5	6	9	18	34	31
甘蔗	3467	3686	3964	3665	2451	2083
烟叶	2246	2407	2473	2557	3237	3126
药材	6753	6414	6114	6165	12807	12850
食用菌	1131	1085	2728	3880	4674	4000
花木	57940	68350	73947	82429	71298	71208
蔬菜、瓜类	94966	104602	107503	112072	114704	127755
茶叶	71282	75256	76523	73903	78143	72557
桑叶	1290	2538	2409	2409	1358	1370
水果	34078	35716	35814	39432	31991	36195
其他农作物	1476	2436	2786	2650	1627	1576
二、林业	39805	44018	45637	49287	49529	51710
三、牧业	97361	98655	104153	96781	99208	97720
四、渔业	4954	5379	5682	5824	5837	6050

规模以上工业企业主要经济指标

表86

单位：万元

指 标 名 称	2011年	2012年	2013年	2014年	2015年	2016年
企业单位数（个）	305	367	440	438	519	579
#亏损企业（个）	56	87	116	118	140	135
工业总产值（现价）	3788470	3957492	3998203	3923254	4195522	4687379
工业销售产值（现价）	3634613	3859961	3888306	3816998	4061850	4498295
#出口交货值	1182265	1246458	949458	1103558	934545	946482
工业增加值（生产法）	657694	686793	670710	674334	764983	818115
资产合计	3284818	3733003	4365678	4276780	4507115	4437277
应收账款净额	498268	606422	736721	758567	826041	827361
产成品存货	146794	163965	215714	196143	200539	193756
流动资产合计	2049587	2383963	2741928	2653401	2770879	2729736
固定资产合计	804383	841106	917595	942102	1043873	1074161
固定资产原价	1102468	1231100	1394101	1455934	1699000	1791298
累计折旧	405629	459520	574266	631332	714666	781233
负债合计	2232063	2577250	3141515	3069232	3209304	3051930
#流动负债	2104830	2446965	2894774	2883591	3024108	2927032
所有者权益	1052755	1155753	1226347	1187672	1293815	1385343
主营业务收入	3568548	3788462	3817352	3756328	4064629	4510963
主营业务成本	3071553	3275588	3284041	3288333	3525456	3909106
主营业务税金及附加	11269	13806	17273	17802	21317	23579
管理费用	180544	202845	212302	225308	253201	275056
财务费用	95496	121032	138631	136632	122953	105215
营业利润	127709	85943	86728	90798	95972	116669
利润总额	134707	98765	92201	101799	115118	145897
亏损企业亏损总额	10369	21267	43892	40721	45188	38344
利税总额	233376	216130	225576	230851	290902	317673
应付工资总额	177948	207544	244640	304936	303019	341296
应缴增值税	87400	103560	115360	110826	153998	147432
全部从业人员年平均人数（人）	65241	67587	68923	67813	67392	67098

注：2011年起，规模以上工业企业口径从主营业务收入500万以上改为2000万以上。

房地产开发投资主要指标

表 87　　　　　　　　　　　　　　　　　　　　　　　　　　　　　　　　　　　　单位:万元

指 标 名 称	2011 年	2012 年	2013 年	2014 年	2015 年	2016 年
房地产开发投资额	219799.00	247470.00	288031.00	355830.00	426063.00	585442.00
按资金来源分						
国家预算内资金	—	—	—	—	—	—
国内贷款	47500.00	18000.00	19435.00	65440.00	33346.00	5400.00
利用外资	—	—	—	—	—	—
自筹资金	125743.00	190885.00	81367.00	173461.00	105694.00	208846.00
其他资金	200200.00	229547.00	375755.00	178829.00	366757.00	519720.00
按构成分						
建筑工程	86267.00	139956.00	166194.00	197553.00	246202.00	355616.00
安装工程	7134.00	9757.00	15596.00	15019.00	32448.00	22252.00
设备、工器具购置	574.00	442.00	136.00	4519.00	10838.00	559.00
其他费用	125824.00	97315.00	106105.00	138739.00	136575.00	207015.00
按用途分						
住　宅	175148.00	173880.00	191596.00	235943.00	267318.00	417340.00
办 公 楼	10.00	50.00	381.00	4808.00	1939.00	6511.00
商业营业用房	28214.00	64490.00	62911.00	63234.00	134108.00	113585.00
其　他	16427.00	9050.00	33143.00	51845.00	22698.00	48006.00
新增固定资产	63412.00	9146.00	45008.00	188915.00	371912.00	395381.00
竣工房屋价值	38671.00	8918.00	39607.00	174092.00	257416.00	272382.00
房屋建筑面积（万平方米）						
施工面积	173.41	202.58	278.22	293.95	287.66	353.59
#住宅	131.17	145.20	188.42	190.86	191.16	257.32
竣工面积	19.16	11.97	17.48	48.24	76.71	109.59
#住宅	15.57	9.60	9.38	29.42	30.33	81.37
商品房销售面积（万平方米）	47.06	38.42	44.90	31.22	47.64	84.84
商品房待售面积（万平方米）	14.18	11.47	12.09	14.81	42.74	61.60
商品房销售额	319149.00	314228.00	392821.00	236445.00	414284.00	692973.00

邮电业务主要指标

表 88

指 标 名 称	2011 年	2012 年	2013 年	2014 年	2015 年	2016 年
邮政业务收入（万元）	4132.00	4700.00	5216.00	5607.00	6165.00	7251.00
电信业务收入（万元）	49132.00	51272.00	55275.00	53608.00	50758.00	51990.00
固定电话期末户数（万户）	25.77	24.92	22.87	18.06	16.14	14.36
其中:住宅电话	17.16	16.73	18.46	13.03	10.53	8.99
移动电话总数（万部）	68.34	76.98	78.98	81.35	85.15	91.97

全社会固定资产投资

表89　　　　　　　　　　　　　　　　　　　　　　　　　　　　　　　　　　　　　单位:万元

指 标 名 称	2011 年	2012 年	2013 年	2014 年	2015 年	2016 年
全社会固定资产投资总额	1174366	1391712	1625096	1921196	2230187	2691198
#工业性投资	715275	837690	972867	1118800	1289558	1336474
全部限额以上投资	1174366	1391712	1625096	1921196	2230187	2691198
1、房地产投资	219799	247470	288031	355830	426063	585442
2、项目完成投资数	954567	1144242	1337065	1565366	1804124	1953826
#城镇限额以上	571385	687021	804588	1311350	—	—
农村限额以上	383182	457221	532477	254016	—	—
#基础设施投资	202550	245387	272018	354714	422684	558199

注:2011 年后投资统计指标体系发生变化,限额以下部分不再统计。

社会消费品零售总额

表90　　　　　　　　　　　　　　　　　　　　　　　　　　　　　　　　　　　　　单位:亿元

指 标 名 称	2011 年	2012 年	2013 年	2014 年	2015 年	2016 年
社会消费品零售总额	132.99	153.87	178.33	205.62	229.88	257.23
按销售单位所在地分						
1.城镇	93.36	108.09	120.53	144.66	172.42	191.85
其中:城区	49.14	56.88	63.45	75.94	71.65	81.32
2.乡村	39.63	45.78	50.98	60.95	57.46	65.39
商品交易市场成交额	63.04	67.07	75.12	86.01	90.74	94.36

对外经济情况

表91　　　　　　　　　　　　　　　　　　　　　　　　　　　　　　　　　　　　　单位:万美元

指 标 名 称	2011 年	2012 年	2013 年	2014 年	2015 年	2016 年
历年累计总投资额	342553	345149	344381	354251	382690	395590
合同利用外资	13837	1028	−1009	806	18430	9492
实际利用外资	8672	8013	675	209	7549	9337
进出口总额	165997	167954	162910	163577	143628	138854
自营出口额	154504	158472	152155	155035	134864	132266

财政金融情况

表92　　　　　　　　　　　　　　　　　　　　　　　　　　　　　　　　　　　　　单位:万元

指 标 名 称	2011 年	2012 年	2013 年	2014 年	2015 年	2016 年
财政总收入	305028	337279	375723	414565	467896	487822
#公共财政收入	167868	197498	227275	250538	291745	320096
财政支出	231803	268498	304114	344500	411737	516270
年末存款余额（人民币）	3403288	3978774	4587041	5055389	5415069	6589219
# 城乡居民储蓄	1971396	2321042	2664712	3067645	3390629	3906249
单位存款		1581825	1779906	1837543	1192814	1729645
年末贷款余额（人民币）	2520045	2957602	3541706	3999520	4506781	5166913

用电量及分行业用电情况

表 93　　　　　　　　　　　　　　　　　　　　　　　　　　　　　　　单位：万千瓦时

指 标 名 称	2011 年	2012 年	2013 年	2014 年	2015 年	2016 年
全社会用电量	188719	190070	209546	216252	223043	251843
#居民生活用电	35108	38746	44956	42684	45322	52592
#农村居民	18998	21137	24472	23410	24905	28694
城镇居民	16110	17610	20484	19274	20417	23898
行业用电合计：	153611	151324	164589	173567	177721	199251
一、农林牧渔业	2440	2383	2783	2350	2418	2924
#排灌	250	186	258	185	181	230
二、工　　业	133361	128703	138998	148218	150541	166195
# 轻工业	73189	70861	75325	79673	84096	92064
重工业	60172	57842	63672	68545	66445	74130
1、采矿业合计	2481	2199	1811	2364	2088	2446
2、制造业合计	117861	112973	122538	129748	134688	145717
（1）食品、饮料业	4224	4065	3854	3885	3898	4014
（2）纺织业	31691	30477	31354	32849	35538	37230
（3）造纸及纸制品业	7929	8542	9545	10572	13864	17325
（4）炼焦、煤制品业	253	203	98	93	87	62
（5）化学原料及化学制品	1139	1194	1227	1331	1247	1147
（6）医药制造业	4726	4869	4554	4343	2588	2931
（7）橡胶及塑料制品业	4804	4487	4924	4482	4110	4178
（8）非金属矿制品业	4421	4491	5131	5989	7054	6706
（9）黑色金属冶炼及压延加工业	1767	1097	1056	971	62	—
（10）有色金属冶炼及压制加工业	3365	3363	3480	3309	2969	3296
（11）金属制品业	9638	9192	10775	11666	12113	13456
（12）通用及专用设备制造业	9561	8801	10110	10816	11591	12695
（13）交通、电气、电子设备制造业	16589	15891	17811	19362	19161	21346
（14）其他制造业	17755	16301	18619	20080	—	—
3、电力生产和供应业*	13020	13531	14649	16106	13765	18032
三、建筑业	1893	2068	2399	2519	2086	2170
四、交通运输、邮电业	751	812	904	884	948	1078
五、商业、住宿和餐饮	6831	8029	9019	8898	10025	12420
六、其他事业	8335	9329	10486	10698	—	—

学校教育基本情况

表 94

指 标 名 称	2011 年	2012 年	2013 年	2014 年	2015 年	2016 年
学校数（所）	104	100	95	90	89	89
#高中	7	7	7	7	7	7
职高	3	3	3	3	3	3
初中	30	29	27	25	25	27
小学	64	61	58	55	54	52
在校生（人）	81889	78954	77005	73876	71522	68981
#高中	14580	13747	12933	11752	10968	10459
职高	6682	6695	6929	6495	6343	6348
初中	20297	19436	19153	19388	19011	18615
小学	40330	39076	37990	36241	35200	33559
专任教师（人）	4774	4740	5158	5128	5134	5970
#中学	2723	2676	3020	2974	2957	2940
小学	2051	2064	2138	2154	2177	2185

城镇居民家庭人均现金收入

表 95　　　　　　　　　　　　　　　　　　　　　　　　　　　　　　　　　　　　单位:元

指 标 名 称	2011 年	2012 年	2013 年	2014 年	2015 年	2016 年
一、现金收入	44270	42570	—	—	—	—
二、实际收入	36124	39720	43518	—	—	—
可支配收入	33553	37098	40585	41058	44506	48062
（一）工薪收入	27134	28878	20494	19447	22691	24719
1、工资及补贴收入	25879	27643	20276	—	—	—
2、其他劳动收入	1255	1234	218	—	—	—
（二）经营者净收入	2755	3227	10354	8757	9852	10458
（三）财产性收入	1348	1420	4973	6341	4945	5334
#利　息	240	290	120	—	—	—
（四）转移性收入	4888	6195	7697	6513	7018	7551
#离退休金	3448	4519	5853	—	—	—
三、储蓄借贷收入	8146	2850	—	1767	1800	1172
#提取储蓄存款	6582	2846	—	1243	1345	912

城镇居民家庭人均现金支出

表 96　　　　　　　　　　　　　　　　　　　　　　　　　　　　　　单位:元

指 标 名 称	2011 年	2012 年	2013 年	2014 年	2015 年	2016 年
一、实际支出	28549	23781	27522	27782	28160	29462
（一）消费性支出	18002	16552	20048	20878	21672	22307
1、食品烟酒	5968	6455	7289	6370	6392	6434
1）粮食	509	689	479	925	931	936
2）油脂类	80	63	81	70	85	83
3）猪肉	505	471	866	755	771	769
4）蛋类	111	105	106	120	125	144
5）水产品类	410	429	571	504	493	522
6）鲜菜	439	452	739	620	629	641
7）禽及制品	274	292	289	227	207	175
8）酒及饮料	199	214	380	332	337	342
9）干鲜瓜果类	651	725	914	744	739	706
10）奶及奶制品	183	214	261	168	175	193
11）饮食服务	—	—	—	—	1020	1036
2、衣着支出	1774	1889	2464	1584	1608	1671
3、生活用品及服务	1275	1008	1523	1180	1216	1234
4、医疗保健	697	980	1017	931	1030	1102
5、交通通讯	3420	2333	3368	3335	3723	3922
6、娱乐文教服务	2619	2206	2614	1758	1908	2103
7、居住	1950	1334	1155	5375	5415	5436
8、杂项商品服务	298	347	617	346	380	405
（二）非消费性支出	10547	7229	7474	—	—	—
赡养支出	607	516	523	170	198	—
赠送支出	2438	2438	1763	—	—	—
二、储蓄借贷支出	16598	19104	7629	11043	—	1008
存入储蓄款	14714	17290	6237	10188	—	—

农村常住居民人均可支配收入与消费支出

表 97　　　　　　　　　　　　　　　　　　　　　　　　　　　　　　单位:元

指 标 名 称	2011 年	2012 年	2013 年	2014 年	2015 年	2016 年
一、农村常住居民人均可支配收入	16873	19092	19095	20749	22616	24521
1、工资性收入	6599	6892	7581	7879	8454	9598
2、家庭经营收入	8823	10345	9680	9330	10444	10744
3、财产性收入	417	392	432	447	462	505
4、转移性收入	1035	1443	1401	3093	3256	3674
二、消费支出	8010	8702	10453	12538	13530	14098
1、食品消费支出	3220	3464	4171	4299	4494	4651
2、衣着消费	462	503	664	656	715	737
3、居住消费	1086	1656	1419	2664	2873	2891
4、家庭设备、用品及服务	575	587	572	630	693	715
5、医疗保健	646	628	994	1054	1201	1271
6、交通通讯消费	1165	1176	1725	1928	2134	2377
7、文教娱乐用品及服务	777	520	779	1208	1308	1342
8、其他商品和服务消费	80	170	128	99	112	114

文件目录

市委及办公室文件目录

市委文件目录

表 98

文 号	月	日	文 件 标 题
1	1	31	关于进一步规范政府投资项目管理的意见
2	3	21	关于落实省委巡视组反馈意见整改方案的报告
3	4	11	关于印发《2016年嵊州市工作目标责任制考核实施意见》的通知
4	7	12	关于印发孙哲君同志在市委十三届三十一次全体（扩大）会议上的报告的通知
5	7	19	关于建立中共嵊州农村商业银行股份有限公司委员会的决定
6	9	5	关于建立中共共产党嵊州市市场发展有限公司委员会的决定

市委发文件目录

表 99

文 号	月	日	文 件 标 题
1	1	5	关于公布嵊州市红十字会第二次代表大会及嵊州市红十字会第二次代表大会第二届事理会第一次会议选举结果的通知
2	1	5	关于制定嵊州市国民经济和社会发展第十三个五年规划的建议
3	1	16	关于召开市委常委会专题民主生活会的请示
4	1	18	关于嵊州市1月15日《今日聚焦》栏目曝光事件研究落实整改措施情况的报告
5	1	27	关于黄景同志任职的请示
6	1	27	关于公布嵊州市妇女联合会第十五次妇女代表大会及嵊州市妇女联合会第十五届执行委员会第一次会议选举结果的通知
7	2	5	关于印发《优化环境"八大行动"总体方案》的通知
8	2	1	关于印发《中共嵊州市委常委会2016年工作要点》的通知
9	2	5	关于表彰2015年度乡镇（街道）、部门先进集体和优秀领导干部的决定
10	2	5	关于同意建立中共华汇建设集团有限公司委员会的批复
11	2	5	关于公布2015年度嵊州市经济发展特别贡献奖和嵊州市经济发展功臣称号的通知
12	2	5	关于公布2015年度工业企业30强名单的通知

续表 1

文　号	月	日	文　件　标　题
13	2	5	关于公布 2015 年度成长型企业名单的通知
14	2	5	关于表彰 2015 年度"五好"服务型乡镇（街道）和优秀共产党员的决定
15	2	5	关于命名表彰 2015 年度五星级和四星级基层党组织的决定
16	2	18	关于印发《市委理论学习中心组 2016 年学习计划》的通知
17	2	24	关于表彰 2015 年度先进工作者的决定
18	3	1	关于表彰 2015 年度建设"平安嵊州"和社会管理综合治理先进单位与先进个人的决定
19	3	10	关于中共嵊州市委原书记金志同志嵊州市原市长阮建尧同志任期经济责任审计整改落实情况的报告
20	3	10	关于成立落实省委巡视组反馈意见整改工作领导小组的通知
21	3	22	关于建议丁卓芬同志为近期可提任绍兴市级部门正局级领导职务人选考察对象的报告
22	4	1	关于陈强等同志职级晋升为正处级的通知
23	4	1	关于倪明等同志职级晋升为副处级的通知
24	4	1	关于金午江等同志职级晋升为正科级的通知
25	4	5	关于绍兴市管领导干部 2015 年度考核等次的报告
26	4	6	关于嵊州市 4 月 5 日《今日聚焦》栏目曝光事件研究落实整改措施情况的报告
27	4	14	关于同意召开中共金庭镇第十三届代表大会第一次会议的批复
28	4	21	关于加强对市人大常委会工作领导的若干意见
29	4	22	印发《关于激励干部干事创业治理为官不为的若干意见》的通知
30	4	22	关于印发《加快发展战略性新兴产业推动工业经济转型升级的政策意见》的通知
31	4	22	关于成立乡镇换届工作领导小组的通知
32	5	3	关于对 2015 年度优秀公务员（参照公务员管理单位工作人员）进行奖励的决定
33	5	4	关于对花园山庄被罚没后仍违法搭建非法排污存在干部工作失职情况的调查报告
34	5	6	2016 年促进农业现代化发展政策意见
35	5	17	关于推进嵊新协同发展建立经济合作区(暂名)设想情况的报告
36	5	30	关于开展竞争性选拔领导干部工作的通知
37	5	31	关于给予俞雷留党察看 2 年处分的批复
38	5	31	关于开展"对标看齐、有为担当"作风建设专项行动的意见
39	6	1	关于公布嵊州市残疾人联合会第六届主席团第四次全委会选举结果的通知
40	6	21	关于表彰优秀共产党员优秀党务工作者先进基层党组织的决定
41	6	27	关于落实党风廉政建设主体责任评价意见的情况报告
42	7	4	关于按期解除马烽行政降级处分的决定
43	7	11	关于落实省委巡视组反馈意见整改情况的报告
44	7	15	关于宋建平同志免职的请示
45	7	15	关于嵊州市 7 月 15 日《今日聚焦》栏目曝光事件研究落实整改措施情况的报告
46	7	16	中共嵊州市委关于补短板的若干意见
47	7	18	关于给予林克开除党籍、开除公职处分的请示
48	7	29	关于给予林克开除党籍、开除公职处分的决定
49	8	3	关于确定嵊州市领导班子换届会议推荐建议人选名单的报告
50	8	3	关于确定嵊州市纪委领导班子换届会议推荐建议人选名单的报告
51	8	4	关于给予林克党纪政纪处分执行情况的报告
52	8	7	印发《关于进一步加强高层次人才队伍建设加快推进创新驱动发展的意见》的通知
53	8	8	关于嵊州市领导班子换届拟新提拔人选考察对象建议人选名单的报告
54	8	8	关于嵊州市纪委领导班子换届拟新提拔人选考察对象建议人选名单的报告
55	8	18	关于嵊州市纪委领导班子换届增加一名纪委常委拟新任人选考察对象建议名单的报告
56	8	19	关于张金初同志晋升职级的请示
57	8	28	关于换届拟新提拔人选考察对象信访核查暨廉政情况的报告

续表 2

文 号	月	日	文 件 标 题
58	9	2	关于授予施陶峰等 20 位同志"嵊州市模范教师""嵊州市模范班主任"荣誉称号的决定
59	9	2	关于审计整改督查反馈意见落实情况的报告
60	9	2	关于终止马志龙等 11 人中共嵊州市第十三次代表大会代表资格的决定
61	9	2	关于申请终止王皆兵等 3 人中共绍兴市第七次代表大会代表资格的报告
62	9	3	关于印发《嵊州市"十三五"人才发展规划》的通知
63	9	13	关于王煜峰同志任职的请示
64	9	17	关于做好 2016 年乡镇换届工作的实施意见
65	9	24	转发《中共嵊州市人大常委会党组关于做好市乡（镇）两级人民代表大会换届选举工作的意见》的通知
66	9	24	关于同意召开中共甘霖镇第十三届代表大会第一次会议的批复
67	9	24	关于同意召开中共崇仁镇第十四届代表大会第一次会议的批复
68	9	24	关于同意召开中共长乐镇第十五届代表大会第一次会议的批复
69	9	24	关于同意召开中共三界镇第十三届代表大会第一次会议的批复
70	9	24	关于同意召开中共黄泽镇第十三届代表大会第一次会议的批复
71	9	24	关于同意召开中共石璜镇第十三届代表大会第一次会议的批复
72	9	24	关于同意召开中共谷来镇第十三届代表大会第一次会议的批复
73	9	24	关于同意召开中共仙岩镇第十三届代表大会第一次会议的批复
74	9	24	关于同意召开中共下王镇第十三届代表大会第一次会议的批复
75	9	24	关于同意召开中共北漳镇第十三届代表大会第一次会议的批复
76	9	24	关于同意召开中共贵门乡第十三届代表大会第一次会议的批复
77	9	24	关于同意召开中共里南乡第十三届代表大会第一次会议的批复
78	9	24	关于同意召开中共雅璜乡第十三届代表大会第一次会议的批复
79	9	24	关于同意召开中共王院乡第十三届代表大会第一次会议的批复
80	9	24	关于同意召开中共通源乡第十三届代表大会第一次会议的批复
81	9	24	关于同意召开中共竹溪乡第十三届代表大会第一次会议的批复
82	10	21	关于召开中国共产党嵊州市第十四次代表大会的请示
83	10	21	关于做好中国共产党嵊州市第十四次代表大会代表选举工作的通知
84	10	31	转发《嵊州市普法教育领导小组关于在全市公民中开展法治宣传教育的第七个五年规划（2016—2020 年）》的通知
85	11	9	关于批转《市政协党组市委组织部市委统战部关于做好第十五届市政协人事安排工作的意见》的通知
86	11	10	关于建议孙海荣等同志为近期可提任或转任相关领导职务人选考察对象的报告
87	11	27	关于进一步加强城市规划建设管理的实施意见
88	11	27	关于认真组织学习《胡锦涛文选》的通知
89	11	29	关于表彰嵊州市 G20 杭州峰会和第三届世界互联网大会工作先进集体和先进个人的通报
90	12	2	关于俞仲兴等同志拟推荐为嵊州市第十六届人民代表大会代表人选的报告
91	12	12	关于李茂林等同志职务晋升为正处级的通知
92	12	12	关于张道福等同志职务晋升为副处级的通知
93	12	12	关于周一中等同志职务晋升为正科级的通知
94	12	15	关于给予王锡民开除党籍处分的批复
95	12	15	关于给予王良超开除党籍处分的批复
96	12	19	中共嵊州市纪律检查委员会换届人事安排问题的请示
97	12	19	关于中共嵊州市委、市纪委换届人事安排问题的请示
98	12	19	关于确定嵊州市出席中国共产党绍兴市第八次代表大会代表候选人预备人选的情况报告
99	12	20	关于同意召开共青团嵊州市第二十次代表大会的批复
100	12	22	关于越剧小镇项目建设推进情况的报告

续表 2

续表3

文　号	月	日	文　件　标　题
101	12	22	关于公布嵊州市第八批转业技术拔尖人才、学术技术带头人名单的通知
102	12	30	关于出席中国共产党绍兴市第八次代表大会代表选举结果的报告
103	12	30	关于嵊州市第十四次党代表大会及市委、市纪委一次全会选举结果的报告

市委干任文件目录

表 100

文　号	月	日	文　件　标　题
1	1	27	关于王正军等同志任免的通知
2	1	27	关于陶利江等同志高配职级的通知
3	1	27	关于孔志钢等同志职务任免的通知
4	1	27	关于孔志钢等同志职务任免的通知
5	2	4	转发中共绍兴市气象局党组关于陈国勇同志任职的通知
6	2	4	关于张新安等同志高配职级的通知
7	2	4	关于孙海祥等同志明确职级的通知
8	2	4	关于黄柏才等同志任职的通知
9	2	4	关于周丽等同志任职的通知
10	2	4	关于章晓明等同志任职的通知
11	2	5	关于刘雅莉等同志任职的通知
12	3	6	关于公布汪正浩同志任职的通知
13	3	6	关于公布甘霖镇等乡镇第十六届人民代表大会第五次会议人大主席、副主席选举结果的通知
14	3	15	关于王春江等同志职务任免的通知
15	3	15	关于朱华权等同志职务任免的通知
16	3	15	关于黄景同志任职的通知
17	3	16	关于竺柏海等同志职务任免的通知
18	3	16	关于金浙贤等同志职务任免的通知
19	4	6	关于钱兰芬等同志职务任免的通知
20	4	6	关于金一鸣等同志任职的通知
21	4	18	关于赵文中等同志职务任免的通知
22	4	18	关于黄孟军等同志职务任免的通知
23	4	28	关于周宝灿等同志职务免职的通知
24	5	24	关于赵夏初等同志免职的通知
25	5	24	关于吕洪峰等同志职务任免的通知
26	7	5	关于马志龙同志免职的通知
27	7	5	关于孙哲君同志任职的通知
28	7	5	关于马晓洲等同志职务任免的通知
29	7	5	关于孙益林等同志职务任免的通知
30	7	5	关于吴智辉等同志任职的通知
31	7	5	关于宋建平等同志职务任免的通知
32	11	5	关于李连仁等同志职务任免的通知
33	11	5	关于沈建平等同志职务任免的通知
34	11	5	关于陈勇等同志职务任免的通知
35	11	5	关于陈勇等同志职务任免的通知
36	11	5	关于袁小弟同志任职的通知
37	11	23	转发中共绍兴市国土资源局委员会关于张剑斌等同志任职的通知

续表

文　号	月	日	文　件　标　题
38	12	8	转发中共绍兴市委关于潘启富等同志职务任免的通知
39	12	8	转发中共绍兴市委关于李连仁等同志职务任免的通知
40	12	8	转发中共绍兴市委关于张凯等同志职务任免的通知
41	12	8	关于何国英等同志职务任免的通知
42	12	8	关于孙海荣等同志职务任免的通知
43	12	8	关于潘启富等同志职务任免的通知
44	12	8	关于金毅等同志职务任免的通知
45	12	8	关于王正军等同志职务任免的通知
46	12	8	关于王建祥等同志职务任免的通知

市委干通文件目录

表101

文　号	月	日	文　件　标　题
1	1	27	关于提名陈云海等同志任职的通知
2	1	27	关于提议吴波同志免职的通知
3	1	27	关于提名汪正浩等同志职务任免的通知
4	1	27	关于提议商侠明等同志免职的通知
5	1	27	关于提名傅君铭等同志职务任免的通知
6	2	4	关于提名郑杭燕等同志职务任免的通知
7	2	4	关于提名求均平等同志职务任免的通知
8	2	4	关于提名陈红涛等同志职务任免的通知
9	2	4	关于提名支浩权等同志职务任免的通知
10	2	5	关于提名王红春等同志职务任免的通知
11	3	8	关于提名许建超同志任职的通知
12	3	15	关于提名孔志刚等同志职务任免的通知
13	3	15	关于提名王春江等同志职务任免的通知
14	3	15	关于提名竺柏海等同志职务任免的通知
15	3	15	关于提名朱华权等同志职务任免的通知
16	3	16	关于提名冯银水等同志职务任免的通知
17	4	6	关于提议吕永华同志免职的通知
18	4	6	关于提名吕永华等同志职务任免的通知
19	4	6	关于提议陈国良同志免职的通知
20	4	6	关于提名王建江同志任职的通知
21	4	11	关于提名李志刚同志任职的通知
22	4	14	关于提名黄柏才同志职务任免的通知
23	4	18	关于提名求均平等同志任免的通知
24	4	18	关于提议王海洋同志免职的通知
25	4	25	关于中共嵊州市金庭镇第十三届委员会和纪律检查委员会组成人员候选人的批复
26	4	28	关于提名韩海洋等同志职务任免的通知
27	5	3	关于中共嵊州市金庭镇第十三届代表大会和第十三届委员会、纪律检查委员会第一次会议选举结果的批复
28	5	24	关于提名俞铮等同志职务任免的通知
29	5	24	关于提议郑林海同志免职的通知
30	5	24	关于提议胡金猴同志免职的通知

续表1

文　号	月	日	文　件　标　题
31	5	24	关于提名沈丽华同志职务任免的通知
32	5	24	关于提名郭夏声同志任职的通知
33	7	5	关于提名吕勇进等同志职务任免的通知
34	7	5	关于提名俞建华等同志职务任免的通知
35	7	1	关于提名金毅等同志职务任免的通知
36	7	15	关于提名宋建平等同志职务任免的通知
37	7	15	关于提名吴达贤同志任职的通知
38	7	5	关于提名朱国清同志任职的通知
39	7	5	关于提名邢向农等同志职务任免的通知
40	7	5	关于提名张永等同志职务任免的通知
41	7	5	关于提名赵国栋等同志任职的通知
42	7	5	关于提名张小东等同志任职的通知
43	7	5	关于提名余雨松等同志任职的通知
44	7	5	关于提名王熠锋等同志任职的通知
45	7	5	关于提名李江等同志任职的通知
46	7	5	关于提名陈立峰等同志任职的通知
47	7	5	关于提名马春波等同志任职的通知
48	7	5	关于提名沈传定等同志任职的通知
49	7	5	关于提名楼美芳等同志任职的通知
50	7	5	关于提名张霞等同志任职的通知
51	7	5	关于提名夏洪汀等同志任职的通知
52	7	5	关于提名王哲等同志任职的通知
53	7	5	关于提名王霞燕等同志任职的通知
54	7	5	关于提名陈红涛等同志任职的通知
55	7	5	关于提名钱杭栋等同志任职的通知
56	7	5	关于提名竺杭军等同志任职的通知
57	7	5	关于提名蒋志军等同志职务任免的通知
58	7	5	关于提名张自力等同志职务任免的通知
59	7	5	关于提议童建军同志免职的通知
60	7	15	关于提名黄永苗等同志职务任免的通知
61	9	15	关于提名杨建根等同志为嵊州市选举委员会组成人员的通知
62	10	11	关于施利胜等同志职务任免征求意见的复函
63	10	17	关于中共嵊州市崇仁镇第十四届委员会和纪律检查委员会组成人员候选人的批复
64	10	17	关于中共嵊州市长乐镇第十五届委员会和纪律检查委员会组成人员候选人的批复
65	10	17	关于中共嵊州市黄泽镇第十三届委员会和纪律检查委员会组成人员候选人的批复
66	10	17	关于中共嵊州市石璜镇第十三届委员会和纪律检查委员会组成人员候选人的批复
67	10	17	关于中共嵊州市谷来镇第十三届委员会和纪律检查委员会组成人员候选人的批复
68	10	17	关于中共嵊州市仙岩镇第十三届委员会和纪律检查委员会组成人员候选人的批复
69	10	17	关于中共嵊州市北漳镇第十三届委员会和纪律检查委员会组成人员候选人的批复
70	10	17	关于中共嵊州市下王镇第十三届委员会和纪律检查委员会组成人员候选人的批复
71	10	17	关于中共嵊州市贵门乡第十三届委员会和纪律检查委员会组成人员候选人的批复
72	10	17	关于中共嵊州市里南乡第十三届委员会和纪律检查委员会组成人员候选人的批复
73	10	17	关于中共嵊州市雅璜乡第十三届委员会和纪律检查委员会组成人员候选人的批复
74	10	17	关于中共嵊州市王院乡第十三届委员会和纪律检查委员会组成人员候选人的批复
75	10	17	关于中共嵊州市通源乡第十三届委员会和纪律检查委员会组成人员候选人的批复
76	10	17	关于中共嵊州市竹溪乡第十三届委员会和纪律检查委员会组成人员候选人的批复

续表2

文 号	月	日	文 件 标 题
77	11	5	关于中共嵊州市崇仁镇第十四届代表大会和第十四届委员会纪律检查委员会第一次会议选举结果的批复
78	11	5	关于中共嵊州市长乐镇第十五届代表大会和第十五届委员会纪律检查委员会第一次会议选举结果的批复
79	11	5	关于中共嵊州市黄泽镇第十三届代表大会和第十三届委员会纪律检查委员会第一次会议选举结果的批复
80	11	5	关于中共嵊州市石璜镇第十三届代表大会和第十三届委员会纪律检查委员会第一次会议选举结果的批复
81	11	5	关于中共嵊州市谷来镇第十三届代表大会和第十三届委员会纪律检查委员会第一次会议选举结果的批复
82	11	5	关于中共嵊州市仙岩镇第十三届代表大会和第十三届委员会纪律检查委员会第一次会议选举结果的批复
83	11	5	关于中共嵊州市北漳镇第十三届代表大会和第十三届委员会纪律检查委员会第一次会议选举结果的批复
84	11	5	关于中共嵊州市下王镇第十三届代表大会和第十三届委员会纪律检查委员会第一次会议选举结果的批复
85	11	5	关于中共嵊州市贵门乡第十三届代表大会和第十三届委员会纪律检查委员会第一次会议选举结果的批复
86	11	5	关于中共嵊州市里南乡第十三届代表大会和第十三届委员会纪律检查委员会第一次会议选举结果的批复
87	11	5	关于中共嵊州市雅璜乡第十三届代表大会和第十三届委员会纪律检查委员会第一次会议选举结果的批复
88	11	5	关于中共嵊州市王院乡第十三届代表大会和第十三届委员会纪律检查委员会第一次会议选举结果的批复
89	11	5	关于中共嵊州市通源乡第十三届代表大会和第十三届委员会纪律检查委员会第一次会议选举结果的批复
90	11	5	关于中共嵊州市竹溪乡第十三届代表大会和第十三届委员会纪律检查委员会第一次会议选举结果的批复
91	11	5	关于提名李连仁等同志职务任免的通知
92	11	5	关于提名李连仁等同志职务任免的通知
93	11	5	关于提名沈建平同志任职的通知
94	11	5	关于提名童年等同志职务任免的通知
95	11	5	关于提名陈勇等同志职务任免的通知
96	11	5	关于提名张义明等同志任职的通知
97	11	5	关于提名马鹏超等同志职务任免的通知
98	11	5	关于张明达等同志职务任免征求意见的复函
99	11	5	关于张剑斌等同志任职征求意见的复函
100	11	5	关于提名吴孝东等同志任职的通知
101	11	16	关于中共嵊州市三界镇第十三届代表大会和纪律检查委员会组成人员候选人的批复
102	11	23	关于中共嵊州市甘霖镇第十三届代表大会和纪律检查委员会组成人员候选人的批复
103	11	25	关于中共嵊州市三界镇第十三届代表大会和第十三届委员会、纪律检查委员会第一次会议选举结果的批复
104	11	25	关于中共嵊州市甘霖镇第十三届代表大会和第十三届委员会、纪律检查委员会第一次会议选举结果的批复
105	12	8	关于提名丁贵等同志职务任免的通知
106	12	8	关于提名张凯等同志职务任免的通知

续表2

续表 3

文 号	月	日	文 件 标 题
107	12	8	关于提名朱祖洋等同志职务任免的通知
108	12	8	关于提名董友庆等同志职务任职的通知
109	12	8	关于提名王建祥等同志职务任免的通知
110	12	8	关于提名金兴安等同志职务任免的通知
111	12	8	关于提名陈炎根等同志职务任免的通知
112	12	8	关于提名求正祥同志任职的通知
113	12	8	关于提名王霞燕等同志职务任免的通知
114	12	8	关于提名张小东等同志职务任免的通知
115	12	8	关于提名谢岗等同志职务任免的通知
116	12	8	关于提名童德君等同志职务任免的通知
117	12	8	关于提名张奎等同志职务任免的通知

市委办文件目录

表 102

文 号	月	日	文 件 标 题
1	1	4	关于蒋浙峰同志任职的通知
2	2	14	关于推进老师"县管校聘"工作的实施意见
3	2	18	关于印发《2016 年全市党员干部理论学习教育意见》的通知
4	3	1	关于《嵊州年鉴》(2016)编纂工作的意见
5	3	6	关于调整完善嵊州市省级高新园区(三界镇)体制机制的通知
6	3	6	关于明确艇湖城市公园(暂名)建设管理体制的通知
7	3	6	关于明确领尚小镇建设管理体制的通知
8	3	6	关于明确越剧小镇建设管理体制的通知
9	3	15	关于印发《2016 年全市人才工作要点》的通知
10	3	15	关于印发《2016 年全市干部教育培训工作要点》的通知
11	3	21	关于印发《市委全面深化改革领导小组 2016 年工作要点》的通知
12	4	11	关于印发《嵊州市 2016 年落实党风廉政建设责任制考核办法》的通知
13	4	11	关于印发《2016 年重点工作责任清单考核办法》的通知
14	5	9	关于在全体党员干部中开展学党章党规、学系列讲话、做合格党员学习教育的实施方案
15	5	28	关于印发《2016 年党风廉政建设和反腐败工作组织领导与责任分工》的通知
16	6	15	关于印发中共嵊州市委办公室党风廉政建设主体责任分解细则的通知
17	7	7	关于行政事业单位资产清查的函

市委办发文件目录

表 103

文 号	月	日	文 件 标 题
1	1	4	关于印发《书记工作例会纲要》的通知
2	1	4	关于评选"五好"服务型乡镇(街道)、优秀共产党员和先进工作的通知
3	1	4	关于蒋浙峰同志职务任免的请示
4	1	5	关于开展 2016 年领导干部大接访活动的通知
5	1	8	关于印发《中共嵊州市委嵊州市人民政府政协嵊州市委员会 2016 年度协商工作计划》的通知
6	1	11	关于改造党风廉政建设责任制主体责任情况的报告

续表1

文　号	月	日	文　件　标　题
7	1	13	关于加强重大突发事件和紧急敏感情况报告工作的通知
8	1	16	关于调整嵊州市城中村改造工作领导小组成员的通知
9	1	25	关于周丽同志为近期可提任台办副主任拟任人选的建议意见及廉政鉴定情况报告
10	1	26	关于表彰2015年度全市党务信息工作先进单位和先进个人的通知
11	2	28	关于表彰2015年度优化发展环境工作优胜单位的通知
12	2	2	关于印发《2016年全市宣传思想文化工作要点》的通知
13	2	5	关于2015年乡镇（街道）、部门年度工作考核结果的通报
14	2	5	关于公布2015年度嵊州市新锐企业名单的通知
15	2	5	关于印发《书记工作例会纪要》的通知
16	2	17	关于开展嵊州市劳动模范评选活动的通知
17	2	18	关于印发《统一战线工作责任清单》的通知
18	2	19	关于成立市委市政府美丽嵊州建设领导小组的通知
19	2	20	关于开展违规发放津贴整改工作的通知
20	2	22	关于表彰2015年度信访工作先进集体、先进工作者和信访"三无"乡镇（平台、街道）的通报
21	2	22	《关于加快构建现代化公共文化服务体系的实施方案（2016-2020）》的通知
22	2	26	关于要求缴纳事业人员绩效工资调节金的报告
23	2	29	关于印发《意识形态工作责任清单》的通知
24	2	29	关于印发《嵊州市党委（党组）意识形态工作责任制实施细则》的通知
25	2	29	关于公布2015年度市重点工作建设"三比"竞赛及优化服务考核结果的通知
26	2	27	关于扎实推进2016年度重点帮扶村党组织整转提升工作的通知
27	3	3	关于印发《书记工作例会纪要》的通知
28	3	3	关于印发《嵊州市"无违建市"创建工作三年行动计划（2016-2018年）》《嵊州市2016年度违法建筑大整治行动工作方案》和《嵊州市2016年度"三改一拆"和"无违建市"创建工作考核办法》的通知
29	3	3	关于进一步建立健全违法建设长效管理机制的通知
30	3	3	关于竹相国同志近期可提任市委督查室主任拟任人选的建议意见及廉政鉴定情况报告
31	3	7	关于对有关会议方案落实不到位情况的通报
32	3	10	关于对民政局、黄泽镇、石璜镇、里南乡进行通报批评的通知
33	3	10	关于印发嵊州市国有企业用工管理办法（试行）的通知
34	3	10	关于开展2016年度党风廉政建设主体责任"履职约谈"专项活动的通知
35	3	11	关于印发《嵊州市村级集体经济发展基金管理办法（试行）的》通知
36	3	14	关于党员干部带头推进"无违建"创建活动的通知
37	3	14	关于加强楼宇用地管理促进楼宇经济发展的实施意见
38	3	21	关于对全国"两会"期间信访维稳工作成绩突出的鹿山街道、甘霖镇、崇仁镇、市驻京信访工作组通报表彰的通知
39	3	21	关于开展市领导2016年攻坚克难"八个一"联席工作的通知
40	3	22	关于对财政局和建设局解决市政处经费保障问题进行黄牌警示督办的通知
41	3	25	印发《关于建立"三级书记"抓市直机关党建工作责任清单并实行三级联述联评联考的制度（试行）》的通知
42	3	29	关于印发《市直机关"五型"基层党组织星级评定和先进创评实施意见（试行）》的通知
43	3	31	关于对出现集体进京违规上访责任单位通报批评的通知
44	3	31	关于对长乐镇工业区7块工业土地新厂区建设进展缓慢的监督通报
45	4	2	关于印发《进一步健全完善新闻发布工作实施办法》的通知
46	4	7	关于印发嵊州市创建浙江省教育现代化市实施方案的通知
47	4	6	关于对4月5日《今日聚焦栏目曝光事件的通报》

续表2

文　号	月	日	文　件　标　题
48	4	8	关于印发《书记工作例会纪要》的通知
49	4	7	关于印发《建设嵊州发布网络平台工作实施方案》的通知
50	4	1	印发《关于加强社会治安防范体系建设的实施意见》的通知
51	4	8	关于调整完善旅游局（温泉度假区管委会）体制机制的通知
52	4	11	关于做好2016年软环境指数管理工作的通知
53	4	11	关于印发《2016年度嵊州市党务信息工作考核办法》的通知
54	4	11	关于印发《社会治安大整治行动实施方案》的通知
55	4	14	印发《关于加强市纪委派驻机构建设的实施意见》的通知
56	4	15	关于印发《2016年度嵊州市工业强市竞赛考核办法》的通知
57	4	19	转发《关于严禁党员干部违规承揽存款业务切实防止利益冲突的通知》的通知
58	4	19	关于印发《嵊州市党政机关办公用房管理暂行办法》的通知
59	4	21	关于进一步优化督查考核机制的通知
60	4	25	关于进一步加强和完善防汛防台组织指挥体系的实施意见
61	4	22	关于2015年度平安建设项目在省"平安县（市）"考核中扣分情况的通报
62	4	27	关于进一步加强全市机关事业单位津贴补贴和有关福利待遇管理的通知
63	4	29	关于印发《书记工作例会纪要》的通知
64	4	29	关于印发嵊州市"五水共治"募捐资金和使用管理办法的通知
65	4	29	印发《关于在全市党员中开展"学党章党规、学系列讲话、做合格党员"学习教育的实施方案》的通知
66	5	3	关于对长乐镇工业区7宗工业用地项目建设进行黄牌警示督办的通知
67	5	3	关于对长乐镇在违法建筑大整治行动中连续两次排名末位的通报
68	5	3	关于建立2016年度新开工重点产业项目市领导专项负责推进机制的通知
69	5	3	关于印发《嵊州市反恐怖工作领导小组及其办公室、成员单位工作职责》的通知
70	4	27	关于明确2016年全面深化法治嵊州建设20项工作重点的通知
71	5	6	关于2016年4月城乡环境"脏乱差"检查工作的情况通报
72	5	4	关于对全市一季度GDP核算相关指标增速完成情况较差责任单位进行通报批评的通知
73	5	6	关于对甘霖镇出现进京违规上访情况进行通报批评的通知
74	5	9	关于评选和推荐优秀共产党、优秀党务工作者、先进基层党组织的通知
75	5	9	关于印发《2016年全市农村工作要点》的通知
76	5	10	关于市委市政府领导劳动节前督查安全生产情况的通报
77	5	12	关于印发嵊州市创建国家卫生城市工作"网格化"管理考核办法（试行）的通知
78	5	3	关于开展平安建设"六个一"活动的通知
79	5	17	关于严肃整治农村党员干部"一户多宅"的通知
80	5	19	关于印发嵊州市建成区农贸市场创卫整治市领导联系责任制实施方案的通知
81	5	19	关于全市信访维稳工作的督查通报
82	5	21	关于对未按时完成创国卫问题整改责任单位通报批评的通知
83	5	23	关于对鹿山街道在违法建筑大整治行动中连续两次排负末位的通报
84	5	25	关于印发嵊州市"平安护航G20大会战"实施方案的通知
85	5	25	关于对有关部门未按要求参加会议的通报
86	5	25	关于同意开展甘霖镇基层治理模式改革创新工作的批复
87	5	30	关于1-4月全市限额以上社会消费品零售额完成情况的通报
88	5	31	关于开展2016年绍兴市挂钩考核办法的通知
89	5	31	关于明确嵊州市督考委员会运作机制的通知
90	6	1	关于印发《市委、市人大常委会、市政府、市政协六月份主要工作安排》的通知
91	6	1	关于印发《嵊州市构建"三位一体"农民合作经济组织体系实施意见》的通知
92	6	7	关于长乐镇工业区7宗工业用地项目建设进展情况的通报

续表2

续表3

文 号	月	日	文 件 标 题
93	6	7	关于印发《G20峰会嵊州市环境质量保障实施方案》的通知
94	6	8	关于对石璜镇在违法建筑大整治行动中连续两次排名末位的通报
95	6	8	关于"违法建筑大整治行动"中末完成非法"一户多宅"整治和裁执分离案件处置阶段性任务的鹿山街道 进行通报的通知
96	6	8	关于对"违法建筑大整治行动"中完成阶段性任务的长乐镇等11各乡镇进行通报表彰的通知
97	6	8	关于对农村生活污水治理工作严重滞后的高新园区（三界镇）、崇仁镇、长乐镇、鹿山街道进行通报批评的通知
98	6	16	关于在全市基层党组织和广大党员中开展纪念建党95周年系列活动的通知
99	6	17	关于构建国家卫生城市创建工作长效机制的实施意见
100	6	17	关于印发嵊州市创建国家卫生城市共建活动社区（村）重点工作责任清单的通知
101	6	13	关于加快推进行政村"并村并账"工作的通知
102	6	20	关于金张乐同志为近期可提任交通运输局副局长建议人选的意见及廉政鉴定情况报告
103	6	20	关于2016年5月城乡环境"脏乱差"检查工作的情况通报
104	6	21	关于印发《嵊州市总部型企业培育发展实施办法（试行）》的通知
105	6	21	关于进一步降低企业成本推进实施经济健康发展的实施意见
106	6	22	关于要求核拨协办及帮扶经费的请示
107	6	26	关于印发嵊州市国卫创建"十大整治、十大创建"活动总体方案的通知
108	6	27	关于印发《嵊州市2016年度"五水共治"考核办法》的通知
109	6	27	关于印发《嵊州市2016年度乡镇交接断面水质考核办法》的通知
110	6	27	关于对有关单位在土地出让过程中执行不力情况进行通报批评的通知
111	7	4	关于张永同志为近期可转任部门正职拟任人选的建议意见及廉政鉴定情况报告
112	7	4	关于张剑同志为近期可转任乡镇（街道）党委（党工委）副书记拟任人选的建议意见及廉政鉴定情况报告
113	7	4	关于印发《2016年嵊州市大气污染防治工作计划》的通知
114	7	4	关于印发《嵊州市城乡供排水一体化实施意见》的通知
115	7	4	关于印发嵊州市国有划拨住宅土地有偿使用若干规定的通知
116	7	7	关于印发《书记工作例会纪要》的通知
117	7	7	关于农村生产污水治理工作的通报
118	7	7	关于印发《中共嵊州市委2016年统一战线政党协商计划》的通知
119	7	11	关于对甘霖镇在违法建筑大整治行动中持续两次排名末位的通报
120	7	16	关于对谷来镇和水利局（砂管办）非法砂场整治工作进行黄牌督办的通知
121	7	18	关于认真贯彻执行换届纪律要求 切实加强换届风气监督的通知
122	7	18	关于2016年6月城乡环境"脏乱差"检查工作的情况通报
123	7	23	嵊州市无违建创建违法建设处置若干补充意见
124	7	23	关于进一步加强工业强市培育扶持发展的若干政策意见
125	7	23	关于嵊州市旅游产业发展的指导意见
126	7	29	关于印发嵊州市万人平安志愿者护航G20专项巡防活动实施方案的通知
127	7	29	关于全面整治农村非法"一户多宅"的通知
128	7	29	关于印发《书记工作例会纪要》的通知
129	8	1	印发《关于对党员干部开展谈话提醒的实施办法（试行）》的通知
130	8	1	关于印发《2016年人才工作责任清单》的通知
131	8	3	关于重新明确市领导联系乡镇（街道）、村（社区）的河道的通知
132	8	4	关于进一步做好机关单位保密工作的通知
133	8	4	关于印发全市"八大会战"专项行动工作方案的通知
134	8	5	关于对泛亚投资人欲赴京集体上访事件处置情况的通报

续表 4

文　号	月	日	文　件　标　题
135	8	7	关于对未按时间进度完成外资任务的 7 个乡镇（街道）进行黄牌警示督办的通知
136	8	7	关于市委领导联系民主党派、工商联及有关团体和党外副处级领导的通知
137	8	7	关于对未按时完成创卫省级考核问题整改责任单位进行通报批评的通知
138	8	10	关于对长乐镇、三界镇污水处理厂和污水管网建设明显滞后情况进行通报批评的通知
139	8	15	关于印发嵊州市国有企业员工实名制管理实施办法的通知
140	8	18	印发《关于进一步加强社会组织党的建设工作的实施方案》的通知
141	8	19	关于 2016 年城乡环境整治提升夏季大决战 7 月份检查考核情况的通报
142	8	19	关于印发《嵊州市环境整治示范村创建实施办法》的通知
143	8	28	关于对里南乡在违法建筑大整治行动中连续两次排名末位的通报
144	8	30	关于印发《市委、市人大常委会、市政府、市政协九月份主要工作安排》的通知
145	8	30	关于印发《党风廉政建设党委（党组）主体责任和纪律（纪检组）监督责任清单》的通知
146	9	2	关于对创卫办工作拖沓情况进行通报批评的通知
147	9	3	关于印发嵊州市建成区环境整治示范村创建实施办法的通知
148	9	5	关于"奋战 5 个月、合力促外贸"的竞赛活动支持出口增长的政策意见
149	9	7	关于对剡湖街道在国家卫生城市创建中推进不力进行通报批评的通知
150	9	7	关于对谷来镇在杭绍台高速公路建设中进度缓慢情况进行黄牌警示督办的通知
151	9	8	关于进一步做好值班工作的通知
152	9	12	关于对开发区（浦口街道）莲塘农贸市场整治不力情况进行黄牌警示督办的通知
153	9	15	关于成立嵊州市乡镇两级换届工作领导小组的通知
154	9	23	关于对入河排污口标识工作和河长APP巡河工作推进不力的相关单位进行通报批评的通知
155	9	24	关于印发《嵊州市换届风气监督工作责任清单和换届纪律负面清单》的通知
156	9	26	关于加快发展乡村旅游产业的基本意见
157	9	26	关于对剡湖街道在违法建筑大整治行动中连续两次排名末位的通报
158	9	30	关于印发嵊州市公务用车制度改革实施方案的通知
159	10	8	关于印发《嵊州市优化 2016 年经济考核工作方案》的通知
160	10	8	关于 2016 年城乡环境整治提升夏季大决战 8 月份检查考核情况的通报
161	10	4	关于印发市委、市人大常委会、市政府、市政协十月份主要工作安排的通知
162	10	12	关于印发审计整改工作联席会议制度的通知
163	10	10	关于成立嵊州市小城镇环境综合整治行动领导小组的通知
164	10	17	关于建立市委人才工作领导小组成员和乡镇（街道）党委（党工委）书记抓人才工作年度专项述职评议制度的通知
165	10	19	关于印发公务员考核实施办法（试行）的通知
166	10	27	关于 2016 年城乡环境整治提升夏季大决战 9 月份检查考核情况的通报
167	10	31	关于对鹿山街道、石璜镇在违法建筑大整治行动中连续两次排名末位的通报
168	10	31	关于印发《嵊州市小城镇环境综合整治行动实施方案》的通知
169	11	7	关于印发《市委、市人大常委会、市政府、市政协十一月份主要工作安排》的通知
170	11	7	关于进一步落实行政村主职干部报酬的意见
171	11	9	关于深入贯彻中央八项规定精神坚决整治四风问题的通知
172	11	8	关于城郊村和集镇村生活污水截污纳管工作进展情况的督查通报
173	11	9	关于切实做好 2017 年度党报党刊发行工作的通知
174	11	10	关于对鹿山路二期拆迁户集体进京上访责任单位建设局进行通报批评的通知
175	11	10	关于对新开工重点产业项目推进得分情况不实的督查通报
176	11	17	关于印发《嵊州市人才公寓申请遴选暂行办法》的通知
177	11	21	关于表扬 2011—2015 年全市法治宣传教育优秀集体和优秀个人的通报
178	11	23	关于对开发区（浦口街道）、鹿山街道等 10 各乡镇（街道）未完成"无违建"创建任务进行黄牌警示督办的通知

续表5

文　号	月	日	文　件　标　题
179	11	23	关于对土地承包经营权确权登记颁证工作推进不力的鹿山街道剡湖街道进行通报批评的通知
180	11	29	关于对城乡环境暗访发现问题的通报
181	11	29	关于全市"小升规"工作进度的通报
182	12	5	关于印发《市委、市人大常委会、市政府、市政协十二月份主要工作安排》的通知
183	12	10	关于进一步简化政府投资项目审批手续的有关意见
184	12	12	关于对鹿山街道等单位提前完成"城中村改造大会战"任务进行通报表扬的通知
185	12	15	关于2016年城乡环境整治提升工作11月份检查考核情况的通报
186	12	22	关于召开中国共产党嵊州市第十四次代表大会的通知
187	12	22	关于认真做好市第十四次党代会代表提案征集与办理工作的通知
188	12	26	印发《关于在全 市行政事业人员中开展廉政法规季考的实施办法》的通知
189	12	28	关于评选市级先进工作者的通知
190	12	26	关于对甘霖镇、谷来镇、交通运输局、国土局等单位较好完成杭绍台高速公路嵊州段征地拆迁任务进行通报表扬的通知

市委办传文件目录

表104

文　号	月	日	文　件　标　题
1	1	19	关于做好雨雪冰冻天气防范应对工作的通知
2	1	20	关于做好强寒潮及雨雪冰冻天气防御工作的紧急通知
3	1	20	关于开展全市财经纪律执行情况专项检查的通知
4	1	21	关于春节前市领导带队开展安全生产工作专项督查的通知
5	1	22	关于对全市重点工作"百日攻坚"专项行动任务完成情况的通报
6	2	3	关于做好春节期间信息报送和值班工作的通知
7	2	6	关于市领导赴联系点开展新春下基层调研活动的通知
8	2	7	关于加强春节期间违法建设管控工作的通知
9	2	18	关于成立市委统战工作领导小组的通知
10	2	18	关于成立市民族宗教工作协调小组的通知
11	2	24	关于充实调整市反恐怖工作领导小组成员的通知
12	3	1	关于印发《嵊州市党政机关、事业单位和国有企业互联网网站安全专项整治行动工作方案》的通知
13	3	1	关于开展公租房清理整改工作的通知
14	3	1	关于开展领导干部"走访企业、破解难题"专项行动的通知
15	3	3	关于印发《基层治理大提升行动实施方案》的通知
16	3	7	关于印发《城乡面貌大整治行动具体方案》的通知
17	3	8	关于印发《经济秩序大整治行动工作方案》的通知
18	3	9	关于印发《安全隐患大整治行动工作方案》的通知
19	3	10	关于印发《污泥浊水大整治行动工作方案》的通知
20	3	10	关于印发《法治环境大提升实施方案》的通知
21	3	10	关于推动化解群众信访反映突出问题责任清单的通知
22	3	11	关于印发《纪念越剧诞辰110周年暨首届全国越剧戏迷大会活动方案》的通知
23	3	10	关于扎实推进河湖库塘清淤疏浚工作的实施意见
24	3	11	关于成立艇湖城市公园（暂名）建设领导小组的通知
25	3	7	关于成立嵊州市特色小镇建设领导小组的通知
26	3	14	关于成立嵊州市省级高新园区工作领导小组的通知

续表1

文　号	月	日	文　件　标　题
27	3	16	关于调整市委对台工作领导小组成员的通知
28	3	17	关于严格执行领导干部外出（离岗）请假报告制度的通知
29	3	21	关于成立鹿山路二期拆迁安置后续问题处置和信访化解领导小组的通知
30	3	22	关于印发城乡环境"脏乱差"百日整治大会战行动方案的通知
31	3	21	关于调整嵊州市城市管理委员会成员的通知
32	3	25	关于组织参加纪念越剧诞辰110周年暨首届全国越剧戏迷大会活动的通知
33	3	24	关于开展党政机关办公用房清理整改情况"回头看"专项检查的通知
34	3	25	关于重申编制所在单位与实际工作单位不一致人员基本工资津补贴奖金等发放的通知
35	3	28	关于成立嵊州市公务用车改革领导小组的通知
36	3	31	关于切实做好国家卫生城市创建重点问题整改工作的通知
37	3	31	关于开展公务用车基本情况调查的通知
38	3	31	关于开展涉改单位司勤人员情况调查的通知
39	4	2	关于巩固家庭人均年收入4600元以下贫困人口脱贫成果的通知
40	4	5	关于社会管理综合治理委员会更名为市社会治安综合治理委员会的通知
41	4	5	关于公布城乡环境"脏乱差"百日整治督查组人员名单的通知
42	4	7	关于举行嵊州市第七届运动会的通知
43	4	7	关于成立嵊州市第七届运动会筹备委员会的通知
44	4	8	关于做好2016年度信访积案化解工作的通知
45	4	11	关于印发《嵊州市创建国家卫生城市小餐饮小食品店专项整治工作方案》
46	4	13	关于印发江滨市场及周边环境专项整治工作方案的通知
47	4	11	关于表彰2015年度全市"五水共治"工作先进集体和先进个人的通报
48	4	13	关于在全市宗教界深入开展"同心同行、共建和谐"活动的通知
49	4	18	关于下发《2016年嵊州市"五水共治"重点工作责任清单》的通知
50	4	18	关于调整嵊州市国家安全领导小组组成人员的通知
51	4	21	关于切实做好江滨市场周边环境专项整治工作的通知
52	4	22	关于做好"提升市民文明素质 改善市容环境"宣传发动工作的通知
53	4	18	关于印发《2016年嵊州市党政机关义务植树工作方案》的通知
54	4	26	关于劳动节前市领导带队开展安全生产工作专项督查的通知
55	4	26	关于进一步做好"嵊州发布"网络平台推广工作的通知
56	4	27	关于印发《嵊州市护航G20百日环保执法专项行动方案》的通知
57	4	28	关于下发《2016年旅游局（温泉度假区）及部分临时机构重点工作责任清单》的通知
58	4	29	关于成立嵊州市旅游产业发展领导小组的通知
59	5	4	关于举办2016年部分主体班次集中开班仪式的通知
60	5	3	关于下达2016年度非正常上访目标控制指标的通知
61	5	4	关于建立全市畜禽养殖污染整治三级网格化管控机制的通知
62	5	9	关于举办市委中心组学习会暨市委专家讲座中心报告会的通知
63	5	11	关于组织开展阿里巴巴"钉钉"软件使用培训的通知
64	5	12	关于深入开展"创建国家卫生城市"共建活动的通知
65	5	16	关于召开乡镇 （街道）党委（党工委）书记工作例会的预备通知
66	5	16	第二季度重大项目开工仪式
67	5	17	关于调整市构建"三位一体"农民合作经济组织体系推进工作领导小组的通知
68	5	19	关于迅速开展单位卫生大扫除活动的通知
69	5	19	关于重申市领导下基层调研有关规定的通知
70	5	23	关于市领导开展"无违建"创建工作专项督查的通知
71	5	24	关于开展单位卫生大扫除活动的情况通报
72	5	25	关于成立嵊州市G20峰会维稳安保工作统筹协调小组的通知

续表2

文 号	月	日	文 件 标 题
73	5	27	关于做好 2016 年度《浙江领导专供》征订工作的通知
74	5	31	关于举办市委中心组专题学习会暨"两学一做"专题报告会的通知
75	6	7	关于建立嵊州市国卫创建城中村及城乡结合部环境整治市领导联系责任制度的通知
76	6	12	关于报送上半年总结和下半年思路的通知
77	6	13	关于调整"无违建市"创建工作领导小组的通知
78	6	15	关于印发《嵊州市 2016 年普法依法治理工作要点》的通知
79	6	20	关于对开发区连续发生安全生产事故的通报
80	6	21	关于印发《嵊州市工业园区污染专项整治行动方案》的通知
81	6	29	关于全市财经纪律执行情况专项检查结果的通报
82	7	11	关于调整市人口和计划生育领导小组成员的通知
83	7	12	关于八一建军节期间开展慰问活动的通知
84	7	14	关于做好原"4600 以下"低收入农户动态管理工作的通知
85	7	15	关于 2016 年度新开工重点产业项目 6 月份推进情况的通报
86	7	15	关于印发嵊州市创建国家卫生城市志愿服务考核办法的通知
87	7	15	关于印发嵊州市货币安置转业士官岗位推介有关问题的指导意见的通知
88	7	23	关于学习贯彻《中国共产党问责条例》的通知
89	7	23	关于印发开展城乡环境整治提升夏季大决战实施方案的通知
90	7	25	关于严禁干部职工参与违规上访的通知
91	7	25	关于邀请人大代表、政协委员会对全市"美丽示范路"建设情况进行评议的通知
92	7	28	关于成立城西农贸市场搬迁改造工作领导小组的通知
93	7	29	关于开展"无违建"创建大会战的行动方案
94	8	2	关于印发《市委常委、副市长 G20 峰会维稳安保、平安建设重点工作任务清单》的通知
95	8	3	关于印发《嵊州市城乡环境整治提升夏季大决战考核办法》的通知
96	8	4	关于进一步推进农村土地承包经营权确权登记颁证工作的通知
97	8	7	关于做好 G20 峰会维稳安保实战阶段 24 小时带班值班工作的通知
98	8	10	关于深入学习贯彻《中国共产党问责条例》的通知
99	8	11	关于城乡环境整治提升夏季大决战考核办法的补充意见
100	8	10	关于印发《嵊州市流动人口积分制管理办法（试行）》的通知
101	8	15	关于对有关单位值班工作不到位情况进行通报并切实加强值班备勤工作的通知
102	8	18	关于调整嵊州市创建国家卫生城市工作领导小组办公室组成人员的通知
103	8	18	关于 2016 年度新开工重点产业项目 7 月份推进情况的通报
104	8	19	关于进一步规范市委文件、市政府文件定密工作的通知
105	8	19	关于开展"奋战 5 个月，全力保外贸"竞赛活动的通知
106	8	24	关于人大代表政协委员对"美丽示范路"建设情况评议结果的通报
107	8	27	关于做好 24 小时带班值守工作的通知
108	8	30	关于嵊州市创建国家卫生城市千分制暗访责任清单的通知
109	8	31	关于对嵊州市创建省红十字工作示范市实施方案的通知
110	9	2	关于全市 1-7 月份"小升规"工作进度的通报
111	9	2	关于下达 GDP 有关指标目标任务的通知
112	9	3	关于印发全市项目攻坚大会战行动方案的通知
113	9	6	关于印发《2016 城中村改造大会战行动方案》的通知
114	9	8	关于做好参改单位公务用车集中封存停驶工作的通知
115	9	8	关于迅速开展全民清扫活动的通知
116	9	9	关于分解落实"无违建"先进县市创建工作职责的通知
117	9	9	关于 9 月 9 日创卫联合督查情况的通报
118	9	10	关于 9 月 10 日创卫联合督查情况的通报

续表3

文 号	月	日	文 件 标 题
119	9	11	关于9月11日创卫联合督查情况的通报
120	9	12	关于召开乡镇（街道）党委（党工委）书记和部门主任负责人会议的通知
121	9	12	关于9月12日创卫联合督查情况的通报
122	9	12	关于举办市委中心组专题学习会暨市委专家讲座中心报告会的通知
123	9	13	关于9月13日创卫联合督查情况的通报
124	9	13	关于2016年度新开工重点产业项目8月份推进情况的通报
125	9	14	关于印发转型升级"七化"行动攻坚作战方案的通知
126	9	14	关于9月14日创卫联合督查情况的通报
127	9	14	切实做好中秋、国庆期间各项工作
128	9	14	关于9月15日创卫联合督查情况的通报
129	9	16	关于9月16日创卫联合督查情况的通报
130	9	17	关于9月17日创卫联合督查情况的通报
131	9	18	关于9月18日创卫联合督查情况的通报
132	9	19	关于9月19日创卫联合督查情况的通报
133	9	21	关于9月21日创卫联合督查情况的通报
134	9	23	关于9月23日创卫联合督查情况的通报
135	9	26	关于国庆节前市领导带队开展安全生产工作专项督查的通知
136	9	24	关于印发2016年度省"五水共治"工作考核内容及职责分工责任清单的通知
137	9	24	关于印发《嵊州市乡镇交接断面水质考核奖补办法》的通知
138	9	26	关于9月26日创卫联合督查情况的通报
139	9	27	关于做好集体土地违法建筑处置有关联审工作的通知
140	9	27	关于9月27日创卫联合督查情况的通报
141	9	28	关于做好国庆节期间违法建设监管工作的通知
142	9	28	关于9月28日创卫联合督查情况的通报
143	9	29	关于做好国庆期间信息报送工作的通知
144	9	29	关于9月29日创卫联合督查情况的通报
145	9	30	关于9月30日创卫联合督查情况的通报
146	10	3	关于10月3日创卫联合督查情况的通报
147	10	4	关于10月4日创卫联合督查情况的通报
148	10	5	关于10月5日创卫联合督查情况的通报
149	10	6	关于10月6日创卫联合督查情况的通报
150	10	7	关于10月7日创卫联合督查情况的通报
151	10	8	关于迅速开展单位卫生大扫除活动的紧急通知
152	10	8	关于10月8日创卫联合督查情况的通报
153	9	29	关于"奋战5个月、全力促外贸"竞赛活动情况的通报
154	10	14	关于举行嵊州市第七届运动会开幕式的通知
155	10	11	关于开展嵊州市无违建创建验收工作的通知
156	10	14	关于集中开展食品安全大检查活动的通知
157	10	15	关于开展《"勤力同心、清污夺鼎"全民护水活动》的通知
158	10	20	关于举行嵊州市第七届运动会闭幕式的通知
159	10	24	关于推荐嵊州市级G20杭州峰会工作先进集体和先进个人的通知
160	10	23	关于2016年度新开工重点产业项目9月份推进情况的通报
161	10	25	关于组织参加"2016第九届中国（嵊州）电机、厨具展览会暨高新技术成果交易会系列活动"的通知
162	10	25	关于报送工作总结和工作思路的通知
163	10	31	关于组织收看电视专题片《永远在路上》的通知

续表4

文　号	月	日	文　件　标　题
164	11	3	关于公布嵊州市第七届运动会（大众部）比赛成绩的通知
165	11	5	关于进一步加强创卫巡查和执法处罚工作的通知
166	11	7	关于对部分乡镇（街道）开展约谈的通知
167	11	7	关于"奋战5个月、合力促外贸"竞赛活动9月份工作推进情况的通报
168	11	8	关于印发嵊州市下岗失业复退军人推介再就业有关问题指导意见的通知
169	11	14	关于认真学习贯彻党的十八大六中全会精神的通知
170	11	18	关于在全市范围内开展《绍兴市大气污染防治条例》《绍兴市水质资源保护条例》宣传贯彻工作的通知
171	11	23	关于举办市委中心组专题学习会暨市委专家讲座中心报告会的通知
172	11	23	关于学习贯彻《信访工作责任制实施办法》的通知
173	11	25	关于做好市领导在人大换届选举工作中包选区工作的通知
174	11	25	关于在全市开展落实中央八项规定精神"回头看"工作的通知
175	11	28	关于认真做好2017年《中办通讯》《秘书工作》《内参选编》《改革内容》《政策瞭望》征订工作的通知
176	12	5	关于2016年度新开工重点产业项目10月份推进情况的通报
177	12	6	关于报送2016年亮点特色工作的通知
178	12	10	关于组织开展"走访企业、破解难题、助推发展"专项行动的通知
179	12	10	关于组织全市领导干部政治知识考试的通知
180	12	12	关于开展"晒亮点、比业绩"活动准备工作专项督查的通知
181	12	13	关于奋战5个月、合力促外贸竞赛活动10月份工作推进情况的报告
182	12	16	关于进一步加强涉枪违法犯罪打击治理工作的通知
183	12	20	关于开展2016年重点工作项目考核验收的通知
184	12	20	关于做好2016年度乡镇（街道）、部门工作目标责任制考核的通知
185	12	21	关于开展2016年"嵊州慈善周"活动的通知
186	12	22	关于有关项目前期工作交办落实情况的督查通报
187	12	23	关于开展2016年度落实党风廉政建设责任制情况、党委（党组）意识形态责任制情况检查考核和领导干部学习检查评价的通知
188	12	28	关于做好2017年元旦春节有关工作的通知

市委办备案文件目录

表105

文　号	月	日	文　件　标　题
1	1	13	关于《中共嵊州市委办公室嵊州市人民政府办公室关于印发<嵊州市产业发展基金试行办法>的通知》的备案报告
2	1	13	关于《中共嵊州市委办公室嵊州市人民政府办公室关于印发<嵊州市完善农村土地承包权确权登记颁证工作实施意见>的通知》的备案报告
3	1	14	关于《中共嵊州市委办公室嵊州市人民政府办公室关于印发<嵊州市安全生产党政同责、一岗双责暂行规定>的通知》的备案报告
4	1	14	关于《中共嵊州市委办公室嵊州市人民政府办公室关于印发<关于加强乡镇（街道）安全生产工作的实施意见>的通知》的备案报告
5	2	22	关于《中共嵊州市委嵊州市人民政府关于进一步规范政府投资项目管理的意见》的备案报告
6	2	29	关于《中共嵊州市委办公室嵊州市人民政府办公室关于推进教师"县管校聘"工作的实施意见》的备案报告

续表1

文　号	月	日	文　件　标　题
7	2	29	关于《中共嵊州市委办公室嵊州市人民政府办公室关于加快构建现代公共文化服务体系的实施方案（2016—2020）》的备案报告
8	3	21	关于《中共嵊州市委办公室嵊州市人民政府办公室关于印发〈嵊州市"无违建市"创建工作三年行动计划（2016-2018年）〉〈嵊州州市2016年度违法建筑大整治行动工作方案〉和〈嵊州市2016年度"三改一拆"和"无违建市"创建工作考核办法〉的通知》的备案报告
9	3	21	关于《中共嵊州市委办公室　嵊州市人民政府办公室关于印发嵊州市国有企业用工管理办法（试行）的通知》的备案报告
10	3	21	关于《中共嵊州市委办公室　嵊州市人民政府办公室关于印发嵊州市村级集体经济发展基金管理办法（试行）的通知》的备案报告
11	3	23	关于《中共嵊州市委办公室关于印发嵊州市党委（党组）意识形态工作责任制实施细则的通知》的备案报告
12	4	6	关于《中共嵊州市委办公室　嵊州市人民政府办公室关于加强楼宇用地管理促进楼宇经济发展的实施意见》的备案报告
13	4	20	关于《中共嵊州市委办公室嵊州市人民政府办公室关于印发进一步健全完善新闻发布工作实施办法的通知》的备案报告
14	4	21	关于《中共嵊州市委办公室　嵊州市人民政府办公室印发关于加强社会治安防控体系建设的实施意见的通知》的备案报告
15	4	21	关于《中共嵊州市委办公室印发关于加强市纪委派驻机构建设的实施意见的通知》的备案报告
16	4	27	关于《中共嵊州市委印发关于激励干部干事创业治理为官不为的若干意见的通知》的备案报告
17	5	6	关于《中共嵊州市委办公室嵊州市人民政府办公室关于印发嵊州市党政机关办公用房管理暂行办法的通知》的备案报告
18	5	18	关于《中共嵊州市委关于加强对市人大常委会工作领导的若干意见》的备案报告
19	5	18	关于《中共嵊州市委办公室嵊州市人民政府办公室关于进一步加强全市机关事业单位津贴补贴和有关福利待遇管理的通知》的备案报告
20	7	1	关于《中共嵊州市委办公室嵊州市人民政府办公室关于构建国家卫生城市创建工作长效机制的实施意见》的备案报告
21	7	5	关于《中共嵊州市委办公室嵊州市人民政府办公室关于印发嵊州市总部型企业培育发展实施办法（试行）的通知》的备案报告
22	7	13	关于《中共嵊州市委办公室嵊州市人民政府办公室关于进一步降低企业成本推进实体经济健康发展的实施意见》的备案报告
23	7	22	关于《中共嵊州市委办公室嵊州市人民政府办公室关于印发嵊州市城乡供排水一体化实施意见的通知》的备案报告
24	7	25	关于《中共嵊州市委办公室嵊州市人民政府办公室关于印发嵊州市国有划拨住宅土地实行有偿使用的若干补充意见的通知》的备案报告
25	8	9	关于《中共嵊州市委关于补短板的若干意见》的备案报告
26	8	9	关于《中共嵊州市委办公室嵊州市人民政府办公室关于印发进一步加强工业强市培育扶持发展若干政策意见的通知》的备案报告
27	8	18	关于《中共嵊州市办公室嵊州市人民政府办公室关于印发嵊州市旅游产业发展指导意见的通知》的备案报告
28	8	18	关于《中共嵊州市委办公室印发关于对党员干部开展谈话提醒的实施办法（试行）的通知》的备案报告
29	8	26	关于《中共嵊州市委办公室嵊州市人民政府办公室关于印发嵊州市国有企业员工实名制管理实施办法的通知》的备案报告

续表 2

文　号	月	日	文　件　标　题
30	8	29	关于《中共嵊州市委嵊州市人民政府印发关于进一步加强高层次人才队伍建设加快推进创新驱动发展的意见的通知》的备案报告
31	9	7	关于《中共嵊州市委办公室印发关于进一步加强社会组织党的建设工作的实施方案的通知》的备案报告
32	9	12	关于《中共嵊州市委嵊州市人民政府关于印发嵊州市"十三五"人才发展规划的通知》的备案报告
33	9	19	关于《中共嵊州市委办公室嵊州市人民政府办公室关于印发嵊州市环境整治示范村创建实施办法（试行)的通知》的备案报告
34	10	16	关于《中共嵊州市委办公室嵊州市人民政府办公室关于印发嵊州市公务用车制度改革实施方案的通知》的备案报告
35	10	25	关于《中共嵊州市委办公室嵊州市人民政府办公室关于加快发展乡村旅游产业的若干意见》的积案报告
36	11	16	关于《中共嵊州市委嵊州市人民政府转发嵊州市普法教育领导小组关于在全市公民中开展法治宣传教育的第七个五年规划（2016-2020 年）的通知》的备案报告
37	12	19	关于《中共嵊州市委嵊州市人民政府办公室关于进一步加强老爷庙规划建设管理的实施意见》的备案报告

（市委办）

市政府及办公室文件目录

市政府文件目录

表 106

文　号	月	日	文　件　标　题
1	1	13	关于加强主城区活禽交易管理的通告
2	1	13	关于公布 2015 年度嵊州市科学技术奖获奖项目的通知
3	1	22	关于要求批准公布绍兴会稽山古香榧种植园（嵊州市域）保护范围的请示
4	1	27	关于下达 2015 年嵊州市重点建设项目建设计划的通知
5	1	27	关于印发《嵊州市城中村房屋征收补偿安置实施办法》的通知
6	1	28	关于市区 2016 年春节期间有限开禁燃放烟花爆竹的通知
7	2	4	关于表彰 2015 年度嵊州市学前教育先进乡镇的通知
8	2	10	关于下达嵊州市 2016 年政府投资项目形象进度及资金计划的通知
9	2	6	关于印发嵊州市国民经济和社会发展第十三个五年规划纲要的通知
10	2	15	关于明确市政府领导分工的通知
11	2	15	关于表彰 2015 年度金融机构支持经济发展突出贡献奖优胜单位的通知
12	2	15	关于表彰 2015 年度嵊州市市长奖获奖人员的决定
13	2	23	关于下达 2016 年融资工作任务的通知
14	2	26	关于表彰后备力量基层建设先进单位的通报（人武部）
15	3	19	关于申报浙江省电子商务示范县（市、区）的请示
16	3	1	关于要求设立嵊州市三界中学高考考点的请示
17	2	29	关于上报《嵊州市 2015 年耕地保护责任目标执行自查情况》的报告

续表1

文 号	月	日	文 件 标 题
18	3	2	关于要求省文化厅主办纪念越剧诞辰110周年暨首届全国越剧戏迷大会的请示
19	2	29	关于开展第三次农业普查的通知
20	3	7	关于嵊州市投资有限公司发行2016年公司债券有关问题说明的报告
21	3	7	关于2016年民兵组织整顿工作的实施方案
22	3	10	关于2014年度财政决算审计报告整改情况的报告
23	3	11	关于市人大常委会对社会救助工作情况审议意见整改情况的报告
24	3	11	关于要求绍兴市人民政府主办越剧诞辰110周年暨首届全国越剧戏迷大会的请示
25	3	31	关于下达嵊州市2016年度国有建设用地供应计划的通知
26	4	6	关于申报创建国家森林城市的请示
27	4	13	关于开展江滨市场及周边环境专项整治的通告
28	4	11	关于印发嵊州市人民政府工作规则的通知
29	4	18	关于严禁527国道建控区内非法抢种抢建的通告
30	4	15	关于进一步加快推进项目建设的若干意见
31	4	18	关于加强新时期爱国卫生工作的实施意见
32	4	18	关于申报创建国家卫生城市的请示
33	4	18	关于印发《嵊州市企业破产处置协调工作机制》的通知
34	4	18	关于委托嵊州市大地有限公司实施土地开发垦造耕地的通知
35	4	21	关于表彰嵊州市劳动模范的决定
36	5	9	关于严禁杨港路东延建控区内非法抢种抢建的通告
37	5	10	关于加快发展服务业的若干政策意见
38	5	18	关于嵊州市2015年保障性安居工程跟踪审计整改落实情况的报告
39	5	24	关于要求解决嵊州市农业重点建设项目用地指标的请示
40	5	25	关于要求给予财政支持的报告
41	5	30	关于印发2016年嵊州市治理城市交通拥堵工作白皮书的通知
42	6	1	关于在市区实行货车禁限行管理的通告
43	6	7	关于调整市征兵领导小组成员的通知
44	6	16	关于嵊州市城南新区城中村拆迁改造项目有关事项的通知
45	6	22	关于要求同意浙江迪贝电器股份有限公司首次向社会公开发行股票的请示
46	6	22	关于调整部分市政府领导分工的通知
47	6	29	关于鼓励民间资本进入社会事业领域的若干意见
48	7	5	关于全面建立困难残疾人生活补贴和重度残疾人护理补贴制度的若干意见
50	6	20	关于表彰2015年度夏秋季征兵工作先进单位和个人的通报
51	7	15	关于重新明确市政府领导分工的通知
52	7	18	关于嵊州市2015年财政收支决算（草案）的报告
53	7	18	关于提请审议批准嵊州市2015年地方政府债务限额和新增地方债务使用方案的报告
54	7	21	关于支持大众创业促进就业的实施意见
55	7	21	关于嵊州市和柯桥区行政区域界线联合检查工作情况的报告
56	7	21	关于市人大常委会食品安全工作审议意见整改情况的报告
57	7	26	关于要求将甘霖镇施家岙村向上申报国家级美丽宜居示范村试点的请示
58	7	26	关于申请2016年度城乡建设用地扩展边界内规划新增建设用地指标的请示
59	7	22	关于要求审议嵊州市长乐镇等十四个乡镇土地利用总体规划调整完善成果的请示
60	8	8	关于原"4600元以下"低收入农户动态管理工作的报告
61	8	10	关于开展城区犬类管理工作的通告
62	8	10	关于甘霖镇申报小城市培育试点镇的请示
63	8	10	关于加快甘霖镇小城市培育试点工作的若干意见
64	8	15	关于要求批准嵊新区域协同发展产业项目流转和企业搬移政策的请示

续表2

文号	月	日	文件标题
65	8	17	关于要求预支用地指标的请示
66	8	16	关于印发嵊州市综合行政执法工作实施方案的通知
67	8	24	关于加强道路交通安全管理工作的实施意见
68	8	26	2016年度征兵命令
69	9	5	关于要求调整嵊州市三界镇污水处理厂运行负荷率的请示
70	9	23	关于要求协调并调整对嵊州市三界镇污水处理厂运行负荷率考核的请示
71	9	23	关于要求协调并调整对嵊州市三界镇污水处理厂运行负荷率考核的请示
72	9	23	关于推进户籍制度改革工作的通告
73	9	25	关于印发嵊州市水利工程维修养护管理工作办法（试行）的通知
74	9	27	关于积极稳妥推进户籍制度改革的实施意见
75	10	9	关于划定露天禁烧区的通告
76	10	10	关于2015年保障性跟踪审计补充发现问题整改工作落实情况的报告
77	10	10	关于加快推进残疾人全面小康进程的实施意见
78	10	18	关于印发城乡居民基本医疗保险暂行办法的通知
79	10	20	关于提请审议《城北原丝织厂周边地块旧住宅区改造房屋征收方案》的报告
80	10	25	关于要求市人大党委会对艇湖城市公园项目和越剧小镇项目建设作出决定的报告
81	11	23	关于调整2016年度财政收支预算的报告
82	10	27	关于要求认定嵊州为浙江省电机专业商标品牌基地的请示
83	10	27	关于加强小餐饮小食品店安全管理的通告
84	11	3	关于要求对浙江昂利康制药股份有限公司历史沿革相关事项进行确认的请示
85	11	15	关于2015年度市本级财政预算执行和其他财政收支审计工作报告审议意见整改落实情况的报告
86	11	15	关于2016年上半年国民经济和社会发展计划执行情况报告和财政预算执行情况报告审议意见落实情况的报告
87	11	15	关于要求对嵊州市食品检验检测资源整合项目组织验收的请示
88	12	3	关于印发嵊州市深化医药卫生体制改革综合试点实施方案的通知
89	12	7	关于加快建筑业发展的若干政策意见
90	12	9	关于要求对嵊州市城中村改造相关诉讼案件延期审理的报告
91	12	10	关于要求将嵊州越剧小镇列为省级特色小镇创建对象的请示
92	12	16	关于表彰后备力量建设先进单位和个人的通报
93	12	23	关于嵊州市农副产品物流中心情况及"16嵊州债"募投项目情况报告
94	12	23	关于嵊州市在收回闲置土地时给予企业15%土地收益补偿问题的整改情况报告
95	12	29	关于要求转报527国道嵊州黄泽至甘霖段工程用地的请示
96	9	20	关于落实市人大常委会新医院管理及市区医疗资源整合工作审议意见的报告

市政府办公室文件目录

表107

文号	月	日	文件标题
1	1	8	关于印发嵊州市活禽交易管理办法的通知
2	1	19	关于印发《嵊州市大气重污染应急预案（试行）》的通知
3	1	28	关于2015年甘霖镇等六镇（街道）高标准基本建设项目通过市级验收认定的通知
4	1	27	关于印发《嵊州市城市市政、园林、环卫、亮化一体化管理实施方案》的通知
5	1	29	关于加快实施农村土地综合整治项目的通知
6	1	29	关于转发浙江省国土资源厅关于加快实施"旱地改水田"耕地质量提升项目建设的通知
7	2	3	关于经济开发区（浦口街道）王明堂村侬家坂四个土地开展项目通过市级验收认定的通知

续表1

文　号	月	日	文　件　标　题
8	2	1	关于成立上虞—新昌天然气管道《嵊州段》工程指挥部的通知
9	2	1	关于表彰2015年度全市政务信息工作先进和先进个人的通知
10	2	1	关于印发《嵊州市县域经济体制改革实施方案》的通知
11	2	4	关于印发《2016年土地开发垦造耕地工作方案》的通知
12	2	5	关于转发《浙江省行政复议责任追究办法》的通知
13	2	4	关于印发嵊州市人民医院整体搬迁工作方案的通知
14	2	15	关于调整办公设备配置价格标准的通知
15	2	15	关于印发进一步完善政府投资项目代建制管理若干意见的通知
16	2	22	关于印发市级行政事业单位公款竞争性存放管理暂行办法的通知
17	2	26	关于深化权力清单责任工作的意见
18	2	26	关于下达2016年重点建设项目形象进度分解计划的通知
19	2	26	关于下达2016年政府投资项目形象进度分解计划的通知
20	2	26	关于要求缴纳事业人员绩效工资调节金的报告
21	3	1	关于成立美丽乡村公路建设领导小组的通知
22	3	3	关于对涉及房产采取"四不予"措施的通知
23	3	10	关于市政府领导领办市人大代表建议和政协提案的通知
24	3	31	关于下达2016年有效投资计划的通知
25	3	31	关于印发《嵊州市工程建设项目招投标投异议、投诉和举报联动调处机制与责任追究办法》的通知
26	4	1	关于印发嵊州市2016年地质灾害防治方案的通知
27	4	1	关于印发嵊州市防洪抢险石料应急的通知
28	4	1	关于印发嵊州市2016年血吸虫病防治工作意见的通知
29	4	11	关于转发嵊州市2016年本级财政预算执行和其他财政收支审计总体方案的通知
30	4	11	关于印发嵊州市防汛防台抗旱应急预案的通知
31	4	6	关于继续施行《嵊州市人民政府关于促进房地产市场平稳健康发展的意见》等政策的通知
32	4	6	关于印发《2016年嵊州市城区道路交通拥堵治理工作实施方案》的通知
33	4	14	关于印发《嵊州市危旧房安全事故应急预案》及《嵊州市危旧房日常巡查制度》的通知
34	4	18	关于印发嵊州市建成区病媒生物防控管理办法（试行）的通知
35	4	18	关于印发单位爱国卫生管理办法的通知
36	4	18	关于印发2016年嵊州市工业转型升级"七化"行动工作任务清单的通知
37	4	19	关于印发《嵊州市新型墙体材料专项基金和散装水泥专项资金预征收管理办法》的通知
38	4	19	关于2015年度嵊州市消防安全形势分析研制综合评估的报告
39	4	11	关于《嵊州市扶持企业发展财政专项资金监督管理暂行办法》的补充意见
40	4	21	转发市人力社保局财政局关于调整机关事业单位工作人员基本工资标准两个实施办法的通知
41	4	26	关于2016年度中心镇培育发展专项资金"以奖代补"的若干意见
42	4	29	关于印发《嵊州市企业自备水管管理办法》的通知
43	4	28	关于印发2016年度金融支持经济发展进行考评办法的通知
44	4	28	关于2016年度加快旅游产业发展的若干政策意见
45	5	3	关于印发嵊州市科技创新种子基金实施办法（试行）的通知
46	5	3	关于印发嵊州市产业发展转贷基金试行办法的通知
47	5	6	关于印发嵊州市推进"低小散"整治、淘汰落后产能暨印染、化工行业专项提档升级工作方案的通知
48	5	6	关于印发《嵊州市房地产市场风险突发事件应急预案》的通知
49	5	3	关于印发嵊州市中小企业助保金管理办法的通知
50	5	9	关于印发《嵊州市工程渣土处置管理暂行办法》的通知
51	5	12	关于下达2016年浙商回归工作目标任务分解计划的通知

续表 2

文 号	月	日	文 件 标 题
52	5	12	关于印发嵊州市创建浙江省慢性非传染性疾病综合防控示范区工作方案的通知
53	5	13	关于印发《嵊州市农村承包土地的经营权抵押贷款试点暂行办法》的通知
54	2	12	印发嵊州市农产品"安全嵊州"品牌建设工作实施方案的通知
55	5	20	关于印发市建设统一政务咨询投诉举报平台实施方案的通知
56	5	13	关于明确嵊州市燃煤锅炉淘汰2015年度市本级财政资金专项补贴相关事项的通知
57	5	23	关于明确市应急联动单位和填报机关信息的通知
58	5	23	关于对蓝色钢房（棚）专项整治工作实行奖补的通知
59	5	25	关于三界镇盛岙村王家书岙等十个"旱改水"耕地质量提升项目立项的通知
60	5	26	关于要求做好原旅游鞋厂区域安全隐患整治工作的通知
61	6	30	关于印发市区货车禁限行管理工作实施方案的通知
62	6	1	关于调整嵊州市劳动人事争议仲裁委员会的通知
63	6	1	关于印发《关于推行全市网格化环境监管工作的实施意见》的通知
64	6	3	关于印发小额工程建设服务类项目打包采购管理办法（试行）的通知
65	6	7	关于严控城中村改造或重点项目拆迁区域户口迁移的通知
66	6	6	关于印发2016年度依法行政等专项工作清单的通知
67	6	6	关于印发进一步做好2016年政策性农业保险工作的通知
68	6	7	关于印发《嵊州市"美丽乡村公路"建设实施方案》的通知
69	6	12	关于三界镇盛岙村等二十五个土地开发项目专项的通知
70	6	15	关于明确责任加快推进印染行业整治工作的通知
71	6	7	印发《关于进一步加强畜禽养殖场综合整治工作补充意见》的通知
72	6	17	关于下达2016年度农村住房改造建设任务的通知
73	6	17	关于提高城乡居民医疗保险门诊报销待遇的通知
74	6	22	关于印发《2016年嵊州市农村生活垃圾分类工作实施方案》的通知
75	6	27	关于进一步明确社会保险费"五费合征"有关工作的通知
76	6	29	关于印发嵊州市企业投资项目50天高效审批试点方案的通知
77	6	28	关于阶段性降低社会保险费有关问题的通知
78	6	30	关于长乐镇岭丰村深溪大湾等三十二个土地开发项目立项的通知
79	7	2	关于印发嵊州市治超联合执法实施方案的通知
80	7	2	关于调整治理车辆超限超载工作领导小组的通知
81	7	4	2016年度党风廉政建设工作计划
82	7	4	关于印发党风廉政建设主体责任分解细则的通知
83	7	4	关于印发嵊州市2016年建成区卫生街道、卫生村（社区）创建工作实施方案的通知
84	7	4	关于印发建成区"门前三包"专题整治暨文明秩序示范街创建工作方案的通知
85	7	7	关于开展基层医疗卫生机构补偿机制改革的实施意见
86	7	8	关于做好专项应负预案相关信息完善和备案工作的通知
87	7	8	关于印发市欠薪应急周转金管理暂行办法的通知
88	7	7	关于调整嵊州市人民防空指挥部编组分工的通知
89	7	11	关于印发嵊州市农业发展基金管理办法（试行）的通知
90	7	12	关于做好行政规范性文件清理工作的通知
91	7	15	关于成立嵊州市工程渣土处置管理领导小组的通知
92	7	15	关于印发《嵊州市屠家埠断面水质（稳定）方案的通知》
93	7	15	关于印发《嵊州市公共租赁住房实施细则》的通知
94	7	18	关于进一步加强和规范地名管理工作的意见
95	7	21	关于印发《嵊州市突发公共事件科学技术应急保障行动方案》的通知
96	7	21	关于进一步完善我市国有土地使用权出让收入分配管理机制的通知
97	7	25	关于印发嵊州市耕地保护补偿机制及实施办法的通知

续表 2

续表3

文 号	月	日	文 件 标 题
98	7	27	关于开展成品油市场突出问题专项整治工作的通知
99	7	27	关于成立嵊州市城区犬类管理工作领导小组的通知
100	7	27	关于印发嵊州市创建浙江省食品安全县市工作方案的通知
101	7	29	关于印发《南山水库放水预案方案》的通知
102	8	4	关于印发《嵊州市大面积停电事件应急预案》的通知
103	8	4	关于印发嵊州市村级小型工程施工项目管理办法（修订）的通知
104	8	9	关于印发嵊州市网络与信息安全应急预案（2016年修订版）的通知
105	8	10	关于印发嵊州市区户外广告规范整治实施方案的通知
106	8	15	关于印发《嵊州市公共安全气象事业发展实施办法》的通知
107	8	15	关于印发G20峰会食材准出工作保障方案的通知
108	8	15	转发市人力社保局市财政局关于规范机关单位劳务量等支出管理规定的通知
109	8	15	关于印发2016年度城市管理工作实施意见的通知
110	8	15	关于印发嵊州市排水防涝应急预案的通知
111	8	15	关于印发嵊州市突发公共事件人员防护保障行动方案的通知
112	8	25	关于印发钢铁行业化解过剩产能实施方案的通知
113	4	12	关于印发《杭绍台高速公路嵊州市段建设征迁安置补偿实施办法》的通知
114	8	30	关于落实"八大会战"专项行动暨细化举措推进转型升级电商换市、三产项目招商引资和平台提升等攻坚行动的通知
115	9	2	关于印发开发区企业投资项目集中评价实施方案的通知
116	9	4	关于推进职能向社会组织转移的实施意见
117	9	5	关于印发嵊州市中医院整体搬迁工作方案的通知
118	9	5	关于进一步强化金融支持实体经济发展的意见
119	9	5	关于印发加快推进"小升规"工作实施意见的通知
120	9	12	关于印发《浙江政务服务网嵊州平台政务地理信息资源采集共享工作实施方案》的通知
121	9	12	关于印发《浙江飞翼生态农业园创建国家4A级旅游景区工作方案》的通知
122	9	12	关于印发2016年嵊州市"限下升限上"工作实施方案的通知
123	9	19	关于在民营企业中深入开展对接现代科技、对接现代金融双对接工作的通知
124	9	19	关于印发市政府行政规范性文件征求意见工作规定的通知
125	9	18	关于黄泽镇兰洲村寺里湾、长乐镇小昆村盘等三十三个土地开发项目通过市级验收认定的通知
126	9	30	关于印发《嵊州市省级农产品质量安全放心县创建实施方案》的通知
127	9	22	关于对招商局北航投项目推进不力情况进行通报批评的通知
128	9	23	关于印发建成区非法小广告专项整治工作方案的通知
129	8	4	关于农村村民建房审批有关权限委托下放的若干意见
130	8	4	关于印发《嵊州市突发公共事件道路运输应急保障行动方案》的通知
131	10	9	印发《关于进一步加强房地产开发管理的意见》的通知
132	10	10	关于印发审计整改督查工作制度的通知
133	10	12	关于推进2016年度电子商务终端（E邮柜）建设的通知
134	10	17	关于三界镇福源村联欢等二十一个土地开发项目通过中级验收认定的通知
135	10	18	关于印发《嵊州市打造整洁建设美丽农业实施意见》的通知
136	10	18	关于印发嵊州市"十三五"松线虫病防治方案的通知
137	10	20	关于印发农村道路交通安全"两站两员"建设工作实施方案的通知
138	10	20	关于印发《嵊州市加强储备土地管护利用工作的实施办法》的通知
139	10	27	关于印发《嵊州市预拌混凝土管理办法》的通知
140	10	27	关于印发嵊州市新型职业农民认定管理办法（试行）的通知
141	10	27	关于建立统计主要指标预警分析、工作交办和重要问题研制机制的实施意见
142	10	27	关于市区二手车经营主体划行归市工作的实施意见

续表4

文　号	月	日	文　件　标　题
143	10	27	关于印发2016年新能源汽车推广应用工作实施方案的通知
144	10	27	关于调整嵊州市城乡最低生活保障超标准的通知
145	10	26	关于印发《嵊州市2016年主要污染物总量减排计划》的通知
146	11	7	关于印发嵊州市农村承包土地经营权抵押贷款试点工作有关文件政策的通知
147	11	10	关于印发《2016今冬明春防控工作方案》的通知
148	11	17	关于对水务集团落实工作不力情况进行通报批评的通知
149	11	17	关于组织开展招商选资金"集中推进月"的通知
150	11	17	关于命名嵊州市第一批"美丽乡村公路乡镇（街道）"的通知
151	11	23	关于印发《嵊州市化工产业整治提升行动方案》的通知
152	11	24	关于做好2016年嵊州市老旧车淘汰工作的通知
153	11	22	关于印发《嵊州市2016年创标水利工程范围划界实施方案》的通知
154	11	22	关于印发《嵊州市职业病危害事故应急预案》的通知
155	11	28	关于印发嵊州市安全生产委员会组织机构设置及工作规则与组成人员的通知
156	11	28	关于成立嵊州市安全生产大检查领导小组的通知
157	11	28	关于开展安全生产大检查的通知
158	11	30	关于印染行业改造按排污纳税绩放实施审批的通知
159	11	30	关于印发嵊州市住宅小区配套幼儿园建设管理办理的通知
160	12	3	关于建立市疾病应急救助制度的实施意见
161	12	3	关于印发深化十万学生饮食放心工程三年计划（2016—2018年）实施方案的通知
162	12	8	关于成立嵊州市治危拆违攻坚战工作领导小组的通知
163	12	8	关于印发《嵊州市农村危旧房排查治理专项行动实施方案》的通知
164	12	8	关于印发《嵊州市户籍制度改革突发事件应急工作预案》的通知
165	12	8	关于印发市公务用车服务有限公司试运营方案的通知
166	12	20	关于印发《嵊州市人民政府特邀行政执法监督员工作规则》的通知
167	12	12	关于开展建立各类事业单位统一登记制度试点促进民办公益事业发展的实施意见
168	12	16	关于同意甘霖镇2016年高标准基本农田建设项目立项的通知
169	12	20	关于成立嵊州市城市管理和行政执法联合协调指挥部领导小组的通知
170	12	22	关于崇仁镇赵马村西畈第八个"旱改水"耕地质量提升项目通过高级验收认定的通知
171	12	22	关于长乐镇沃基村里山角湾、甘霖镇长安村龙定湾等三十四个土地开发项目通过高级验收认定的通知
172	12	23	关于印发市政府职能向社会组织转移目录（第一批）的通知
173	12	29	关于组织做好行政执法全过程记录和重大行政执法决定法制审核工作的通知
174	12	29	关于吕筱等同志任职的通知
175	12	28	关于公共停车空间差别化停车收费工作的实施意见
176	12	30	关于三界镇叠岙村等十五个土地开发（旱改水）项目通过市级验收认定的通知
177	7	6	关于三界镇谢岙箭岭等四十四个"旱改水"耕地质量提升项目立项的通知

（市府办）

人 物

爱国拥军模范获得者

爱国拥军模范获得者

表 108

姓 名	谢百军	工作单位	浙江越盛集团	荣誉称号	全军爱国拥军模范
表彰时间	2016 年 7 月	表彰单位	全国双拥工作领导小组、国家人力资源社会保障部、民政部、中央军委政治工作部		
主要事迹			任浙江越盛集团董事长兼党委书记,是绍兴市节能协会会长,2016 年 3 月被浙江省经信委录选为浙江省能源(热电)专家库成员。2009 年 3 月,主持组建浙江越盛集团有限公司人民武装部并任第一部长;2010 年 3 月组建企业民兵保障分队。多次参加企业家进军营慰问活动,经常捐款捐物。对辖区内低保退伍军人经常上门了解情况,送去慰问金,帮助解决生活困难。企业先后接受退伍军人 83 人次,欢送 18 名优秀工人入伍,对伤残退伍军人予以优先照顾。关心企业中退伍军人的成长。鼓励支持年青退伍军人的学习、培训,费用全部由企业承担,对成绩优良的优先安排在重要岗位,对有一技之长或有管理能力的人员,聘任他们为高中层管理人员。历年来退伍军人中共有 34 人聘为高中层管理、技术人员。公司设立专款专用的大病救助基金,发放救助金累计 60 万元。		

(王幼妃)

见义勇为受表彰者

见义勇为受表彰者

表 109

姓 名	姚军良	家庭地址	嵊州市金庭镇晋溪二村	荣誉称号	市见义勇为先进分子
表彰时间	2016 年 11 月	表彰单位	市见义勇为奖励协会		
主要事迹			2016 年 7 月 13 日中午 12 时许,嵊州市金庭镇晋溪二村花桥头一家熟菜店煤气桶倒下皮管脱落,煤气火管乱喷,正在隔壁贩卖蔬菜的姚军良见状,勇敢冲进店内想帮忙关上煤气阀门,过程中,姚军良手脚被烫伤。		

(沈宇鹏)

市长奖获得者

市长奖获得者

表110

序号	姓名 单位	职务与事迹
1	王岳钧 浙江新光药业股份有限公司	董事长 于6月在深圳证券所创业板成功上市。
2	吴锦华 万丰派斯林机器人有限公司	董事长 实施万丰高端智能装备园项目。
3	市经信局、统计局、国税局、地税局、经济开发区(浦口街道)城南新区(三江街道)、甘霖镇	在"小升规"工作中业绩突出。
4	城中村改造指挥部、经济开发区(浦口街道)、城南新区(三江街道)、鹿山街道、剡湖街道、甘霖镇	在城中村改造中业绩突出。
5	市卫计局(爱卫办)、建设局、公安局、综合执法局、市场监管局、经济开发区(浦口街道)、城南新区(三江街道)、鹿山街道、剡湖街道	在国家卫生城市创建中业绩突出。
6	城南新区(三江街道)、市建设局、国土局、招商局	在城市土地招商中,业绩突出。
7	市政府投资项目审计中心	全年完成投资审计52.55亿元,提出并落实审计意见建议602条。
8	市人民医院(浙大一院嵊州分院)	顺利完成整体搬迁,实现正常运转。 创新实现一批新技术、新项目,42项手术填补市内空白。
9	市交通运输局	在市大交通建设中,工作业绩突出。
10	市公安局治安大队	在护航清障、打击防控、安保维稳等工作中业绩突出。
11	沈秋德 嵊州中学	2016届高三级主任 在2016年高考中成绩突出
12	市林业技术推广中心 施玲玲、王飞高、郭玮龙、求鹏英、丁建林、王少军、宋春燕、徐全华	历时10年研究的科研项目通过国家鉴定,并成功申报林业系统最高科技奖,第八届梁希林业科学技术奖;引导山区群众茶榧套种,实现"一亩山万元钱"。

（市府办）

附　录

市领导名录

【市委领导名录】

中共嵊州市第十三届委员会

　　书　记:孙哲君

　　副书记:陈玲芳(女)　杨建根

　　常务委员:

　　　　　　孙哲君　　陈玲芳(女)　杨建根

　　　　　　丁卓芬(女,4月免)　俞仲兴

　　　　　　孙海荣　赵祥军　郑法根(11月免)

　　　　　　徐凯盛　项万林(11月免)　宣七一

　　　　　　楼柳燕(女,6月挂职期满)

　　　　　　赵文中(4月任)　李连仁(11月任)

　　　　　　潘启富(11月任)

中共嵊州市第十四届委员会

　　书　记:孙哲君

　　副书记:陈玲芳　杨建根

　　常务委员:孙哲君　陈玲芳　杨建根　潘启富

　　　　　　徐凯盛　李连仁　赵文中　孔志刚

　　　　　　董友庆　王正军

【市纪委领导名录】

中共嵊州市纪律检查委员会

　　书　记:徐凯盛

【市人大领导名录】

十五届市人大常委会

　　主　任、党组书记:马志龙(7月免去党组书记,9月终止人大代表资格)

　　党组书记:孙哲君(7月任,12月免)

　　　　　　何国英(12月任)

　　党组副书记:俞仲兴(12月任)

　　副主任:夏春燕(女)　沈颂理(兼)

　　副主任、党组成员:王灿林　张金初　叶江仁

　　　　　　　　　　俞越江

　　党组成员:赵祥军(12月任)　丁法军(12月任)

【市政府领导名录】

十五届市人民政府

　　市长、党组书记:陈玲芳(女,1月任)

　　副市长、党组成员:俞仲兴　孔志刚　俞忠毅

　　　　　　　　　　齐方良(7月免)　董友庆

　　　　　　　　　　金毅(8月任)　丁贵(12月任)

　　副市长:楼柳燕(女,6月挂职期满)

　　　　　　钱群飞(女)

　　　　　　许建超(3月任,12月免,挂职)

　　　　　　李志刚(3月任,挂职)

　　　　　　许月妹(7月任,挂职)

　　　　　　娄万总(7月任,挂职)

【市政协领导名录】

政协嵊州市第十四届委员会

主席、党组书记：何国英（女，12月免党组书记）

党组书记：孙海荣（12月任）

副主席、党组成员：丁法军（12月免党组成员）

　　　　　李香富　杨　军　竺理文

　　　　　张科卿

副主席：袁辉尧（兼）

【市人武部领导名录】

嵊州市人民武装部

党委第一书记：孙哲君

党委书记、政治委员：方新建

部长、副书记：宣七一

副部长、党委委员、纪检组长：霍敬军

【市司法机构领导名录】

嵊州市人民法院

院长：陈建民（12月免）

　　张　凯（12月任副院长、代理院长）

【市检察院领导名录】

嵊州市人民检察院

检察长：戚建文（12月免）

　　朱祖洋（12月任副检察长、代理检察长）

　　　　　　　　　　（王刚梁）

名牌产品

新增绍兴名牌产品

表 111

序号		企业名称	产品名称	商标名称	编号	备注
工业类	1	浙江普森电器有限公司	家用燃气灶具	pusen	2016（工）-022	新评
	2	浙江高精锻压股份有限公司	机械压力机		2016（工）-023	新评
	3	浙江博仑高精机械有限公司	压力机	博仑 博纶 bo lun	2016（工）-024	新评
	4	嵊州市双港电器有限公司	小功率电动机	双江	2016（工）-025	新评
	5	嵊州市东方电机有限公司	小功率电动机		2016（工）-026	新评
	6	绍兴欧米茄服装有限公司	领带		2016（工）-087	复评
	7	浙江松科电器有限公司	吸油烟机	Histar 尼泰 海丽达	2016（工）-088	复评
	8	浙江亿田电器有限公司	家用燃气灶具	entive	2016（工）-089	复评
	9	浙江天仁风管有限公司	GM-Ⅱ天仁复合风管	TERASUN	2016（工）-090	复评

续表

	序号	企业名称	产品名称	商标名称	编号	备注
工业类	10	嵊州市金狮弹簧机械有限公司	数控弹簧机		2016（工）-091	复评
	11	嵊州金舟电声有限公司	扬声器		2016（工）-092	复评
	12	浙江金河制衣有限公司	针织工艺衫	美帆	2016（工）-093	复评
农业类	1	嵊州市五百岗农副产品专业合作社	高山鸡		2016（农）-004	新评
	2	嵊州市生态林苗木专业合作社	花卉苗木		2016（农）-013	复评
服务类	1	浙江嵊州市客运出租车有限公司	出租车客运服务		2016（服）-016	复评
	2	嵊州市市区职工农民培训中心	家政培训及就业服务		2016（服）-017	复评
	3	浙江中林工程管理有限公司	工程监理服务		2016（服）-018	复评

新增浙江名牌产品

表 112

	序号	产品名称	申报企业名称	商标
新增工业产品	1	吸油烟机	浙江爱瑞卡普田电器有限公司	PUTI 普田
	2	集成灶	浙江森歌电器有限公司	SENG森歌
	3	领带	加佳控股集团有限公司	
新增服务业产品	1	蔬菜配送	浙江飞翼生态农业有限公司	
复评工业产品	1	领带	浙江巴贝领带有限公司	巴贝
	2	领带	麦地郎集团有限公司	麦地郎
	3	起重葫芦	浙江双鸟机械有限公司	双鸟
	4	齿轮、链轮	浙江中益机械有限公司	szs
	5	三相异步电动机、压缩机电机	浙江特种电机股份有限公司	三宝
	6	扬声器配件	浙江天乐集团有限公司	神州天乐
复评农业产品	1	高山鸡	嵊州市五百岗农副产品专业合作社	五百岗
	2	长毛兔	浙江白中王绒业股份有限公司	白中王
	3	米面	嵊州市溪滩食品有限公司溪滩	溪滩

续表

序号		产品名称	申报企业名称	商标
复评服务业产品	1	工程管理服务	华汇建设集团有限公司	华汇 HUAHUI
复评块状产业产品	2	嵊州领带	嵊州市市场发展有限公司	越之娇

（李良校）

著名商标

新增浙江省著名商标

表 113

编号	企 业 名 称	商标名称	类别	使用商品	注册日期
1	浙江森歌电器有限公司	SENG森歌	11	厨房用抽油烟机、煤气灶、洗涤槽	2012 年 9 月 21 日
2	浙江科恩电器有限公司	KEUN XUANDA	11	厨房用吸油烟机、煤气灶	2011 年 12 月 14 日
3	嵊州市香榧产业协会	嵊州香榧	29	加工过的香榧	2013 年 9 月 7 日

新增绍兴市著名商标

表 114

编号	企 业 名 称	商标名称	类 别	使 用 商 品	注册日期
1	浙江威力锻压机械有限公司	威力	7	机械压力机	2007 年 4 月 21 日
2	浙江普森电器有限公司	PUSEN	11	集成灶、煤气灶、厨房用抽油烟机	2012 年 6 月 7 日
3	嵊州市惠冠数码印花科技有限公司	芃艺	25	服装、领带、围巾	2012 年 7 月 7 日
4	加佳控股集团有限公司	加	25	领带、针织服装、袜子	2011 年 4 月 14 日
5	易心堂大药房连锁股份有限公司	易心堂	35	药品、药用制剂、医疗用品	2014 年 7 月 21 日

（陈华艳　吕红江）

服务指南

【公交车营运线路】

公交车营运线路（2017年1月最新）

1路：西站→体育馆→马寅初中学高中部→劳动服务中心→长春路→富豪路→西桥→菜场西→江滨菜场→剡园→襟带门→中医院→合作银行→邮电大楼→新闻传媒中心→艇湖路→安平东路→嵊州宾馆→客运中心

返回：客运中心→嵊州宾馆→安平东路→艇湖路→新闻传媒中心→邮电大楼→合作银行→中医院→襟带门→南津路→江滨菜场→菜场西→西桥→富豪路→长春路→劳动服务中心→马寅初中学高中部→体育馆→西站

夏令：（西站）首班 5:40　　末班 17:40
　　　　（客运中心）首班 6:10　末班 18:00
冬令：（西站）首班 5:40　　末班 17:30
　　　　（客运中心）首班 6:10　末班 18:00

2—15路：客运中心→嵊州大道→济德医院→老北站→交通局→城中路→电影院→文化广场→剡园→跨湖桥→三江西街→民政局→三江派出所→假日大酒店→夜宵城→东站→上杨村→广通驾校→谢幕→嵊州中学高中部→莲塘→麦地郎→沿宅→飘逸服饰→全化→宕头→四村→奥力集团→新村→前宅→棠头溪→浙锻集团→浙锻路→畈田→万力铜业→无底井→上江→大屋桥头→大屋→上林站→上林→东坂庄路口→板坑→上屋→杜潭→李家洋→甲青桥头→红佛寺路口→甲青→灵溪→新牛团仓→许宅→甲青桥头→李家洋→杜潭→上屋

客运中心至许宅：（客运中心）
发车时间：7:55　　　　15:50
（许宅）发车时间：9:00　　16:10

返回：许宅→新牛团仓→灵溪→甲青→红佛寺路口→甲青桥头→李家洋→杜潭→上屋→板坑→东坂庄路口→上林→上林站→大屋→大屋桥头→

上江→无底井→万力铜业→畈田→浙锻路→浙锻集团→棠头溪→前宅→新村→奥力集团→四村→宕头→全化→飘逸服饰→沿宅→麦地郎→莲塘→嵊州中学高中部→谢幕→广通驾校→上杨村→东站→夜宵城→假日大酒店→三江派出所→三江西街→跨湖桥→襟带门→交通局→老北站→济德医院→嵊州大道→客运中心

（客运中心）首班 5:40　　末班 17:00
（甲青）首班 6:15　　　　末班 17:50

3路：顺时针方向（A线）

新医院枢纽站→浙一分院门诊楼→丽湖小区→国税大楼→吾悦广场→西站→体育馆→马寅初中学高中部→劳动服务中心→滨江小区→富豪路→南桥→剡园→襟带门→东岗亭→东桥→领带城→新鸿→夜宵城→东站→市审批中心（茶叶城）→爱湖头→威特领带厂→领带园二路→领带园三路→市政府→爱德南门→浙一分院住院楼→浙一分院门诊楼→新医院枢纽站

逆时针方向（B线）

新医院枢纽站→浙一分院门诊楼→浙一分院住院楼→浙一分院南门→爱德南门→市政府→领带园三路→领带园二路→威特领带厂→爱湖头→市审批中心（茶叶城）→东站→夜宵城→新鸿→领带城→东桥→马寅初中学初中部→医院路→南津路→南桥→富豪路→滨江小区→劳动服务中心→马寅初中学高中部→体育馆→西站→吾悦广场→国税大楼→丽湖小区→浙一分院门诊楼→新医院枢纽站

夏令：（西站）首班 5:40　　末班 17:40
　　　　（市政府）首班 6:15　末班 18:00
冬令：（西站）首班 5:40　　末班 17:30
　　　　（市政府）首班 6:10　末班 18:00

5路：客运中心→嵊州宾馆→安平东路→城北小学→妇保医院→丝织厂→农机总站→越秀路→剧院→北岗亭→电影院→文化广场→剡园→襟带门→东岗亭→东桥→领带城→三江塑像→夜宵城→东站→民政局→国商购物广场→米兰阳光→

领带园四路→领带园五路→章村路

返回：章村路→领带园五路　领带园四路→米兰阳光→国商购物广场→民政局→东站→夜宵城→三江塑像→领带城→东桥→马寅初中学初中部→人民医院→南津路→文化广场→电影院→北岗亭→剧院→越秀路→农机总站→丝织厂→妇保医院→城北小学→安平东路→嵊州宾馆→客运中心

夏令：（客运中心）首班 5:40　末班 17:40

　　　　（章村路）首班 6:15　末班 17:40

冬令：（客运中心）首班 5:40　末班 17:30

　　　　（章村路）首班 6:15　末班 17:30

6路：西站→下马→雅致桥头→雅致→雅良→路田岭→工农一路→工农路→自来水厂→石柱头→西桥→菜场西→江滨菜场→文化广场→电影院→北岗亭→剧院→越秀路→农机总站→丝织厂→妇保→城北小学→法院→客运中心

返回：客运中心→法院→城北小学→妇保→丝织厂→农机总站→越秀路→剧院→北岗亭→电影院→文化广场→江滨菜场→菜场西→西桥→石柱头→自来水厂→工农路→工农一路→路田岭→雅良→雅致→雅致桥头→下马→西站

夏令：（西站）首班 5:40　末班 17:40

　　　　（客运中心）首班 6:10　末班 18:05

冬令：（客运中心）首班 5:40　末班 17:30

　　　　（西站）首班 6:10　末班 18:00

7—8路：　　　　　　（新大洋→）

（岩后→外岩后→后王→菜花岭→）白沙地→岩后路口→白沙地小学→乌梓山头→白沙地村→路田岭→鹿山公园→城隍庙→电力公司→北岗亭→电影院→文化广场→剡园→襟带门→东岗亭→东桥→领带城→富民街→一景路→城东开发区→莲塘→（8）麦地郎→沿宅→飘逸服饰→全化→宕头→四村→奥力集团→新村→前宅→棠头溪→浙锻集团→浙东丝绸→茹家村→浦口→故江路口→屠家埠

返回：（8）屠家埠→故江路口→浦口→明山桃源→多仁→明山桃源→茹家村→浙东丝绸→浙锻

集团→棠头溪→前宅→新村→奥力集团→四村→宕头→全化→飘逸服饰→沿宅→麦地郎→莲塘→（7）城东开发区→一景路→富民街→领带城→东桥→马寅初中学初中部→人民医院→南津路→文化广场→电影院→北岗亭→电力公司→城隍庙→鹿山公园→路田岭→白沙地村→乌梓山头→白沙地小学→岩后路口→白沙地

夏令：（白沙地）首班 5:30　末班 17:30

　　　　（浦口）首班 6:20　末班 18:15

冬令：（白沙地）首班 5:30　末班 17:10

　　　　（浦口）首班 6:20　末班 18:00

白沙地至屠家埠：（白沙地）发车时间：6:00　9:15　12:10　15:55

（屠家埠）发车时间：6:50　10:00　13:00　16:48

浦口至新大洋：（新大洋）发车时间：7:40

（浦口）发车时间：10:18　14:58

浦口至岩后：（岩后）发车时间：7:25

（浦口）发车时间：10:33　15:13

7—9路：（7）白沙地→岩后路口→白沙地小学→乌梓山头→白沙地村→路田岭→鹿山公园→城隍庙→电力公司→北岗亭→电影院→文化广场→剡园→襟带门→东岗亭→东桥→领带城→富民街→一景路→城东开发区→莲塘→（9）普田大道→华业丝绸→开发区叉口→花园地→花园地幼儿园→新立→上花田→龙枣→三塘中学→下洋棚→丫叉坑→丫叉坑叉口→沙帽山→岭岗→两湾

（白沙地）发车时间：6:30　7:50　9:10　13:00　14:15

（两湾）发车时间：7:05　8:35　9:55　13:45　14:45　15:45

7—9路：（7）白沙地→岩后路口→白沙地小学→乌梓山头→白沙地村→路田岭→鹿山公园→城隍庙→电力公司→北岗亭→电影院→文化广场→剡园→人民医院→马寅初中学初中部→东桥→领带城→富民街→一景路→城东开发区→莲塘→（9）普田大道→华业丝绸→开发区叉口→花园

地→花园地幼儿园→新立→胡公庙→打宅呑→丝车湾→外湾→王明堂

（白沙地）发车时间：5:50　10:45　16:40

（王明堂）发车时间：6:35　11:30　17:25

7—9路：（7）白沙地→岩后路口→白沙地小学→乌梓山头→白沙地村→路田岭→鹿山公园→城隍庙→电力公司→北岗亭→电影院→文化广场→剡园→人民医院→马寅初中学初中部→东桥→领带城→富民街→一景路→城东开发区→莲塘→（9）普田大道→华业丝绸→开发区叉口→花园地→花园地幼儿园→新立→下花田→上花田→龙枣→三塘中学→下洋棚→丫叉坑→银鱼尖→马鞍桥→大塘山→五万庄→大塘头→大万岗

（白沙地）发车时间：11:00　16:00

（大万岗）发车时间：7:50　11:50　16:50

10路：西站→城西花木市场→湿地公园→马寅初中学高中部→家居装饰市场→逸夫小学→交通培训学校→滨江小区→富豪路→西桥→剡山小学→文化广场→世纪广场→剡园→襟带门→交通局→老北站→东圃菜场→东圃幼儿园→剡湖派出所→东圃北路世纪广场→相公殿北路→客运中心

返回：客运中心→相公殿北路→东圃北路→剡湖派出所→东圃幼儿园→东圃菜场→老北站→交通局→城中路→电影院→世纪广场→文化广场→剡山小学→西桥→富豪路→滨江小区→交通培训学校→逸夫小学→家居装饰市场→马寅初中学高中部→湿地公园→城西花木市场→西站

夏令：（西站）首班5:40　　末班17:40
　　　（客运中心）首班6:10　　末班18:00

冬令：（西站）首班5:40　　末班17:30
　　　（客运中心）首班6:10　　末班17:55

11路：文化广场→剡园→襟带门→中医院→合作银行→邮电大楼→艇湖路→安平东路→客运中心→艇湖老村→艇湖村→艇湖花苑→罗柱呑水泵站→东塘→好运来→罗城路→东豪集团→旋泽→张墅→东豪集团→里坂→环城北路→昂利

康→看守所→下王山头→割滕岩→后樟路口→大湾→后樟

返回：后樟→后樟路口→割滕岩→下王山头→看守所→昂利康→看守所→里坂→东豪集团→旋泽→张墅→旋泽→东豪集团→罗城路→好运来→东塘→罗柱呑水泵站→艇湖花苑→艇湖村→艇湖老村→客运中心→安平东路→艇湖路→邮电大楼→合作银行→中医院→襟带门→南津路→文化广场

（文化广场）发车时间：7:00　7:30　9:30　10:30　12:30　14:00　16:10

（昂利康）发车时间：7:20　8:00　10:00　11:00　13:00　14:30　16:45

延伸线文化广场：7:30　10:30　12:30　16:00
　　　　　后樟：8:10　11:10　13:10　16:50

（其中后樟8:10　文化广场16:00两班次途经张墅、旋泽）

12路：文化广场→剡山小学→自来水厂→工农路→工农一路→路田岭→雅良→雅致→方田山→东大湾

返回：东大湾→方田山→雅致→雅良→路田岭→工农一路→工农路→自来水厂→剡山小学→文化广场

（文化广场）发车时间：10:00　16:40

（东大湾）发车时间：6:30　10:20　17:00

13路：文化广场→剡园→跨湖桥→三江西街→国商购物广场→国税大楼→丽湖小区→南田→潭遇→东胜堂→上岛→下墩头→上墩头→茶坊庄下→茶坊庄上→任家湾→桥里→泰风科技
返回：

（文化广场）发车时间：7:50　9:30　12:00　14:30　16:00

（华泰）发车时间：6:20　8:20　10:00　12:30　15:00　16:30

16—17路：（16路）北门新村→电力公司→北岗亭→电影院→文化广场→剡园→襟带门→东岗亭→东桥→领带城→富民街→质监局→金湾国

际→赞成雍景园→下中西→经发路（国泰医院)→(17路)吴家楼下→官俞→蒋家埠→下林→湛头→浦口→明山桃源→湖头桥→多仁→珠溪→东坂庄

返回:(17)东坂庄→珠溪→多仁→湖头桥→明山桃源→浦口→湛头→下林→蒋家埠→官俞→吴家楼下→(16)经发路(国泰医院)→下中西→赞成雍景园→金湾国际→质监局→富民街→领带城→东桥→马寅初初中部→人民医院→南津路→文化广场→电影院→北岗亭→电力公司→北门新村

（北门新村）发车时间:6:10　8:10　10:40　14:10　16:10

（东坂庄）发车时间:7:00　9:00　11:30　15:00　17:00

18—19路:(18)文化广场→剡山小学→石柱头→自来水厂→锦越名都→雅致桥头→(19)象鼻山→三头桥→浦桥→大浦桥→梅家湾→西大湾

返回:西大湾→梅家湾→大浦桥→浦桥→三头桥→象鼻山→雅致桥头→锦越名都→自来水厂→石柱头→剡山小学→文化广场

（文化广场)发车时间:6:00　10:00　15:40

（西大湾)发车时间:6:30　10:30　16:10

21—22路:西站→体育馆→马寅初中学高中部→劳动服务中心→滨江小区→富豪路→南桥→剡园→跨湖桥→三江西街→新国商→米兰阳光→领带园四路→西港村→阮庙→江三路→圳塍→江四路→黄泥桥

返回:黄泥桥→江四路→圳塍→江三路→阮庙→西港村→领带园四路→米兰阳光→新国商→三江西街→南津路→南桥→富豪路→滨江小区→劳动服务中心→马寅初中学高中部→体育馆→西站

（西站)发车时间:6:30　10:30　13:15　16:50

（黄泥桥)发车时间:7:00　11:00　13:45　17:20

23路:西站→高南村→桥南村→宓家→高村→米兰阳光→国商购物广场→三江西街→南津路→文化广场→电影院→北岗亭→剡园→越秀路→农机总站→东豪新村→荷花坪→越剧艺校→山头顶→马家村→戴望村→马家村→山头顶→越剧艺校

返回:越剧艺校→荷花坪→东豪新村→农机总站→越秀路→剧院→北岗亭→电影院→文化广场→剡园→跨湖桥→三江西街→国商购物广场→米兰阳光→高村→宓家→桥南村→高南村→西站

（西站)发车时间:7:20　11:30　13:30　16:30

（越剧艺校）发车时间:8:10　12:10　14:10　17:10

25路:剡园→襟带门→中医院→市审批中心→邮电大楼→新闻传媒中心→艇湖路→法院大楼→相公殿北路→绿城玉兰花园→三禾公司→美宁电器→天乐集团→经五路→巴贝→交警队→永升电机→特种电机厂→前扬→陈家→曹家洋

返回:曹家洋→陈家→前扬→特种电机厂→永升电机→交警队→巴贝→经五路→天乐集团→美宁电器→三禾公司→绿城玉兰花园→相公殿北路→法院大楼→艇湖路→新闻传媒中心→邮电大楼→市审批中心→中医院→城中路→电影院→文化广场→剡园

（剡园)首班6:30　末班17:00

（曹家洋)首班6:30　末班17:00

27路:文化广场→世纪广场→剡山小学→石柱头→自来水厂→锦越名都→雅致→雅致桥头→下马→小砩→小砩职技校→江东→新市→新市桥头→中碧溪→上碧溪→古岩→和尚田→下岙→施家岙→黄泥岗→苍岩

返回:苍岩→黄泥岗→施家岙→下岙→和尚田→古岩→上碧溪→中碧溪→新市桥头→新市→江东→小砩职技校→小砩→下马→雅致桥头→雅致→锦越名都→自来水厂→石柱头→剡山小学→文化广场

（文化广场)发车时间:6:10　6:40　8:00　9:30　11:00　13:00　14:30　15:30　16:10　16:50

（施家岙)发车时间:6:50　7:20　8:40　10:10

11:40　13:40　15:10　16:10　16:50　17:30

28 路：新医院枢纽站→浙一分院门诊楼→浙一分院住院楼→浙一分院南门→爱德南门→领带园五路→领带园三路→米兰阳光→领带园一路→国商购物广场→三江西街→跨湖桥→襟带门→中医院→合作银行→邮电大楼→新闻传媒中心→艇湖路→安平东路→嵊州宾馆→客运中心

返回：

(客运中心)首班 5:40　末班 17:40

(领带园五路)首班 5:40　末班 17:40

29 路：文化广场→剡园→跨湖桥→三江西街→民政局→茶叶城（市审批中心）→康复医院→领带园三路→市政府→信源国际

返回：信源国际→市政府→领带园三路→康复医院→茶叶城（市审批中心）→民政局→三江西街→南津路→文化广场

(文化广场)首班 6:30　末班 17:40

(信源国际)首班 6:47　末班 17:57

50 路：嵊州长春路(首末站)→西桥→江滨市场（国商大厦）→南桥→富豪路→吾悦广场→国商购物广场→领带园一路→米兰阳光→领带园三路→领带园五路→章村路→上岛→墩头→茶坊庄→桥里→五洲新春→达利丝绸→五都村→泰坦公司→浙江印染机械→庙前地新村→安家兴→滨江一号→香樟公馆→博大山水→梅园新村（北）→新柴分厂→锦绣华庭（北）→桃源新村→鼓山加油站→石城路口→钟楼菜场（北）→世贸广场→南明小学→南明花园→大佛城东(小寺岙)→新昌商城

夏令(嵊州长春路)首班 6:20　末班 17:40

(新昌商城)首班 6:20　末班 17:40

冬令(嵊州长春路)首班 6:20　末班 17:40

(新昌商城)首班 6:20　末班 17:40

101 路(夜)：西站→体育馆→马寅初中学高中部→劳动服务中心→滨江小区→富豪路→南桥→剡园→襟带门→东岗亭→东桥→领带城→新鸿→夜宵城→东站→民政局→国商购物广场→领带园一路→米兰阳光→领带园三路→丹桂路→领带园五路→爱德南门→浙一分院住院楼→浙一分院门诊楼→新医院枢纽站

返回：

夏令(西站)首班 17:50　末班 20:40

(新国商)首班 18:10　末班 21:00

冬令(西站)首班 17:40　末班 20:30

(新国商)首班 18:00　末班 20:50

102 路（夜）：新医院枢纽站→浙一分院门诊楼→浙一分院住院楼→浙一分院南门→爱德南门→领带园五路→领带园三路→领带园一路→国商购物广场→三江西街→南津路→文化广场→电影院→北岗亭→剧院→运管局→合作银行→邮电大楼→新闻传媒中心→艇湖路→安平东路→嵊州宾馆→客运中心

返回：

夏令(新国商)首班 17:50　末班 20:40

(客运中心)首班 18:10　末班 21:00

冬令(新国商)首班 17:50　末班 20:30

(客运中心)首班 18:10　末班 20:40

103 路(夜)：客运中心→绿城玉兰花园→三禾公司→斯乃格→天姿针织→城东开发区→一景路→富民街→领带城→东桥→马寅初中学初中部→人民医院→南津路→剡园

回程：剡园→襟带门→东岗亭→东桥→领带城→富民街→一景路→城东开发区→天姿针织→斯乃格→三禾公司→绿城玉兰花园→相公殿北路→客运中心

夏令(客运中心)首班 17:50　末班 20:40

(剡园)首班 18:15　末班 21:00

冬令(客运中心)首班 17:40　末班 20:30

(剡园)首班 18:05　末班 20:50

备注:夜间班车间隔均为 10 分钟 / 班。

市客运东站简易时刻表

表 115

到 站	发车时间	到 站	发车时间	到 站	发车时间	到 站	发车时间
北漳	6：00—17：30 每各 15 分钟 1 班	华堂	6：00—17：30 每各 15 分钟 1 班	黄泽	6：00—17：30 每各 15 分钟 1 班	横路	7：15　9：40　15：30　17：00
董坞岗	7：55　10：55　16：20	东坑	8：25　13：45 16：35	东林	7：45　10：25 14：00　16：45	念宅	7：25　10：05　16：30
岭塘	16：10	孝康	16：50	土块	17：00	张婆坞	16：00
东山王	7：10　11：30　16：40	坑边	10：00　16：50				

注：冬天北漳、华堂、黄泽 6：10—15：20

途径东站补员长途班车：

客运中心—宁波	6：30　7：15　8：15　9：00　9：40　10：20　13：05　13：45　14：40　15：20　16：00　16：40
黄岩：8：35	奉化：6：10　9：00　12：15　14：40　　　　天台：7：25　9：20　13：00　15：10

注：1.上海、杭州、绍兴等长途班车及三界方向在客运中心上车；

　　2.长乐、义乌西片方向在客运西站上车；

　　班车变动请注意车站公告。

东站联系电话：83046938

客 运 中 心：83189101

西　　　　　站：83201569

班车营运线路

嵊州市内外长途班车简明时刻表

表 116

站 名	发车时间	站 名	发车时间	站 名	发车时间	站 名	发车时间	站 名	发车时间	站 名	发车时间
杭州 快客	5：00　5：50　6：25　7：05　7：35 8：00　8：15　8：30　8：51　9：15 9：45　10：10　10：35　11：00 11：30　11：55　12：20　12：40 13：05　13：20　13：40　14：01 14：20　14：40　15：00　15：20	上海	6：05　7：00（浦东）8：00 9：05　10：10　11：40　13：10 14：30　15：50　18：38	北京	12：00卧	贵阳	12：30	蒋镇	6：12—17：08 每隔 8 分钟 1 班
		四季青	4：00　5：10	武汉	14：30卧\隔日	深圳	9：00卧 （停班）	下王	7：00—17：00 流水发班
		杭州	6：10　6：30　7：15 9：35　14：00	济南	12：50 隔日	瑞安	8：25		
				青岛	14：50卧	温州	12：20 16：40		
				合肥	7：45	路桥	8：35 13：40		
				临泉	10：10 隔日				

续表

站　名	发车时间	站　名	发车时间	站　名	发车时间	站　名	发车时间	站　名	发车时间
杭州快客	15：35　16：00 16：25　16：50 17：15　17：45 18：09　18：35	萧山机场	6：00　10：30 12：30 15：00　16：30 17：55	黄　山	9：10	临海	10：20 13：05		
				南　京	9：00				
绍兴快客（绍中）	6：35绍中　6：50 7：15 7：40　8：00 8：25(绍中) 8：45 9：05（绍中） 9：40　10：05绍中 10：30　11：05 11：30　11：50 12：05(绍中) 12：25 12：50　13：10 13：30　13：50 （绍中）14：10 14：35　14：55 15：05(绍中) 15：25　15：50 16：20 17：00(绍中) 17：40(绍中) 18：30	萧　山	7：40　8：50 10：20 13：20　14：35 15：50	常　熟	7：30	天　台	7：25　9：20 13：00 15：10		
				江　阴	8：00				
		柯　桥	6：20　7：30 9：30 9：50　12：10 13：00 15：30　16：10	无　锡	8：00	沈家门	8：30 13：30		
				信　阳	5：40	宁　波	7：50　8：45 14：10		
				徐　州	16：50	石　浦	6：50　13：10		
		绍兴城际公交	5：55　7：10 7：50　8：10 8：30　9：10 11：45 12：40　13：35 14：12 15：10　17：01 17：30	苏　州	8：58 14：00	奉　化	6：10　9：00 12：15 14：40		
				西　塘	9：55				
				嘉　兴	6：55 12：55	慈　溪	08：40 12：15		
				海　宁	13：40	余　姚	7：40 10：35		
宁波快客	6：30　7：15 8：15 9：00 9：40 10：20 11：00　11：40 12：20 13：05　13：45 14：40 15：20　16：00 16：40 17：20 18：00	上虞	6：00　6：30 7：00　7：30 8：00　8：30 8：55　9：10 9：30 9：50 10：10 10：30 11：20 11：50 12：10 12：30 12：50 13：20 13：40 14：00 14：20 14：45 15：05	桐　庐	05：30 13：45	天　竺	5：30 10：00 15：00		
				富　阳	7：55 13：10	舜皇山	9：30　14：40		
				临　平	15：40	岭头山	8：55 14：50		
				临　安	8：10 14：45	前　岗	8：20 14：20		
				湖　州	7：25 13：00	乌　坑	8：05 14：05		
				安　吉	8：50 13：06	合溪口	14：30		
诸暨快客	7：10　8：30 9：55 12：30　14：00 15：45		武　康	7：00 11：50	高　山	7：40 14：30			
				灵　璧	6：20				
			16：30 16：50 17：10 17：30 17：45 18：00 18：15 18：30						注：上东方向在东站上车；长乐、义乌方向在西站上车。具体以车站开行时间为准。

客运二公司班车时刻表（含长途）

表 119

到站	发车时间	到站	发车时间	到站	发车时间
南昌	8：00	高沙	7：10　12：06　15：46	雅璜	8：48　14：40
南丰	暂停	雅安	7：30　10：02　15：14	三王堂	8：10　14：34
乐平	9：00	尤家村	10：42　16：20	徐家培	8：22　15：06
上饶	7：10	溜璜	8：14　14：46	榆树	5：50　12：20
衢州	6：55　14：15	下园	8：54　14：26	竹溪	8：20　8：40　14：03
金华	6：40　13：10	太平	9：14　15：30	青童岭	9：20　14：40
建德	13：30	里余	9：30　15：40	显潭	7：50　9：40　11：50　15：25
丽水	7：05	东园	7：02　9：46　16：02	谷来	5：50　6：30　7：00　7：20　9：00　10：10　10：40　11：20　12：50　13：20　14：21　15：02　16：00　16：40
永康	停班	上湖	7：42　10：34　16：14		
磐安	9：50　15：25（暂停）	山口	7：22　10：18　13：38　16：38　8：50　12：10　15：18		
义乌	5：00　5：30　6：00　7：30　8：50　10：25　12：45　14：00　15：42	东坑湾	8：00　14：20（经大王庙）	袁家岭	8：05　13：45
		叶村	7：10　14：45	张村	10：30　13：15　16：10
		施家岙	7：10　10：00　15：30（暂停）	前村	11：00　17：10
东阳	6：15　7：45　8：35　10：10　10：50　12：00　13：05　13：50　15：15　16：20	奖山	6：25　8：45　12：45　15：05　16：50	范村	7：10　10：40　16：45
		黄双岭	7：30　10：20　13：50　16：10	应桂岩	7：35　10：30　13：40　16：25
		石道地	6：30　6：50　7：10　7：50　8：20　8：50　9：15　9：45　10：50　11：15　11：50　12：15　12：50　13：15　14：15　14：50　15：10　15：40　16：35　17：10	王院	7：02　7：40　10：00　13：05　16：15(经升高)　13：50（经猪娘岭）
诸暨	7：35　12：30				
长乐	5：50—17：10（隔4分钟1班）			淡山	8：25　12：25　15：30
石璜	5：50—17：10（隔6分钟1班）			董湾	8：50　15：00
崇仁	5：50—17：10（隔8分钟1班）	宣家岗	6：02　12：12	富润	5：45　6：30　6：50　7：10　7：37　8：00　8：20　8：45　9：05　9：25　9：50　10：15　10：40　11：00　11：25　11：50　12：15　12：45　13：10　13：35　14：00　14：25　14：50　15：10　15：40　16：00　16：27　17：10
广利	6：30—16：45（隔40分钟1班）	松明培	9：06　13：42		
澄潭	6：00—17：10（隔20分钟1班）	吴家湾	7：38　14：12		
介溪	9：02　14：58	分水岗	8：36　14：46		
横山	8：30　14：02	下枝	6：44　9：18　13：12　14：00		
支铿路	10：00　16：06	堰底	10：18　16：00		

（黄位娟）

索　引

说　明

1. 索引分条目索引、图表索引两部分，采用主题词分析方法编制，按标引词首字汉语拼音（同音字按声调）顺序排列，首字相同，按第二字排列，以下依次类推。

2. 标引词后的阿拉伯数字表示内容所在页码，标引词后有多个页码，表示该参见内容也在其他位置。

3. 索引名称一般采用主题词、中心词或简称。单位和事件一般用简称，通常不冠以"嵊州市"、"嵊州"字样（特殊情况除外）。

4. 彩页、随文照片未编索引。

图表索引

A

B

C